M. Sakenobé
M. Kastl
/Lord Lugard

M. Merlin

M. Rappard
Comte de Penha-Garcia
M. Catastini
M. Palacios
M. Weaver

〔加拿大〕苏珊·佩德森　著

仇朝兵　译

T.H.E.Guardians

Susan Pedersen

The League of
Nations and the Crisis of Empire

守护者

与国际联盟
帝国危机

社会科学文献出版社
SOCIAL SCIENCES ACADEMIC PRESS (CHINA)

Mlle Dannevig

Marquis Théodoli
Président

M. Van Rees
Vice-Président

M. Orts

常设委任统治委员会（1929 年），前排就座者（从左至右）为：弗雷德里克·卢格德爵士、瓦伦丁·丹尼维格、阿尔贝托·西奥多利侯爵、D. F. W. 范里斯和皮埃尔·奥尔茨。站立者（从左到右）为：鲑延信道（Nobumichi Sakenobe）、路德维希·卡斯特尔、威廉·韦弗、马夏尔·梅兰、威廉·拉帕德、孔德斯·德·佩尼亚·加西亚伯爵、维托·卡塔斯蒂尼和莱奥波尔多·帕拉西奥斯。

我们这样主张并不是因为，我们认为奴隶应当接受对自己有害的管理或统治，而是因为，受神圣的智慧者的统治对于大家都是比较善的。当然，智慧和控制管理最好来自自身内部，否则就必须从外部强加……制定法律作为城邦所有公民的盟友，其意图就在这里。我们管教儿童，直到我们已经在他们身上确立了所谓的宪法管理时，才放他们自由。直到我们已经靠我们自己心灵里的最善部分帮助，在他们心灵里培养出了最善部分来，并使之成为儿童心灵的护卫者和统治者时，我们才让他们自由。

柏拉图，《理想国》，第 9 卷

目　录

第一部分　委任统治制度的形成

第二部分　放弃民族自决（1923～1930）

第三部分 新时代、新规范（1927～1933）

第四部分 在帝国与国际主义之间（1933～1939）

插图目录

表格与地图

主要人物

关于委任统治地的行政长官，见附录二。

殖民地部和外交部中的人物

利奥·埃默里（Leo Amery）（1873～1955），热情的英国帝国主义者、保守党人和国联批评者；1919～1921年任副殖民地大臣；1924～1929年任殖民地大臣。

罗贝尔·德·凯（Robert de Caix）（1869～1970），法国中东战略设计者；法国亚洲委员会（Comité de l'Asie française）秘书；1923年之前任职于高级专员公署（贝鲁特）；1923～1939年任职于法国外交部（Quai d'Orsay）。

弗里茨·格罗巴（Fritz Grobba）（1886～1973），德国东方学家和外交官；1926～1932年任职外交部；1932～1939年任德国驻伊拉克大使。

阿勒维克·德·霍伊施（Halewyck de Heusch）（1876～1950），比利时殖民地部政治与行政事务局局长（Director-General of Political and Administrative Affairs）。

威廉·奥姆斯比－戈尔（William Ormsby-Gore）（1885～1964），英国政治家；1916～1917年任职于阿拉伯局；1918年任犹太复国主义委员会（Zionist Commission）联络人；1921～1922年任常设委任统治委员会英国成员；1922、1924～1929年任副殖民地大臣；1936～1938年任殖民地大臣。

国联秘书处中的人物

维托·卡塔斯蒂尼（Vito Catastini）（1879~?），意大利殖民官员；1921 年起任委任统治部（Mandates Section）职员；1925~1929 年任委任统治部科长（Chef de Section），1929~1937 年任委任统治部主任（Director）。

埃里克·德拉蒙德爵士（Eric Drummond）（1876~1951），外交部公务员；巴黎和会期间 A. J. 贝尔福（A. J. Balfour）的私人秘书；1919~1933 年任国联第一任秘书长；随后任英国驻意大利大使。

亨廷顿·吉尔克里斯特（Huntington Gilchrist）（1891~1975），1919~1928 年国联秘书处美籍成员；1924~1928 年任职于委任统治部；后来参与了联合国的筹建。

爱德华·德·哈勒尔（Edouard de Haller）（1897~1957），1928~1940 年委任统治部瑞士籍成员；1938~1940 年任委任统治部主任。

威廉·拉帕德（William Rappard）（1883~1958），瑞士裔美国政治科学家、国际主义者和教授；1920~1924 年任委任统治部主任；1925~1939 年委任统治委员会成员。

委任统治委员会中的人物

瓦伦丁·丹尼维格（Valentine Dannevig），挪威教育家；1928~1939 年为常设委任统治委员会斯堪的纳维亚成员。

阿尔弗雷多·弗莱雷·德·安德雷德（Alfredo Freire d'Andrade）（1859~1929），军人和莫桑比克总督，1921~1928 年任葡萄牙籍常设委任统治委员会成员。

路德维希·卡斯特尔（Ludwig Kastl）（1878～1969），1910～1920年任德属西南非洲殖民地行政长官（colonial administrator）；任职于外交部赔款部门（reparations section）；德国工业联合会主席；1927～1929年常设委任统治委员会德籍成员。

弗雷德里克·卢格德（Frederick Lugard）（1858～1945），殖民地高级官员和尼日利亚总督；《英属热带非洲的双重委任统治》（*The Dual Mandate in British Tropical Africa*）之作者；1923～1936年常设委任统治委员会英籍成员。

马夏尔·亨利·梅兰（Martial Henri Merlin）（1860～1935），法属西非总督；1926～1934年常设委任统治委员会法籍成员。

皮埃尔·奥尔茨（Pierre Orts）（1872～1958），外交官、教授和比利时殖民地部顾问；1921～1939年常设委任统治委员会比利时籍成员；1934～1937年任常设委任统治委员会副主席，1937～1939年任主席。

莱奥波尔多·帕拉西奥斯（Leopoldo Palacios）（1876～1952），社会改革家和教授；1924～1939年常设委任统治委员会西班牙籍成员。

阿尔贝托·西奥多利（Alberto Theodoli）（1873～1955），贵族（aristocrat）、外交官、政治家和银行家；1921～1937年常设委任统治委员会意大利籍成员和主席。

D. F. W. 范里斯（D. F. W. van Rees）（1863～1934），殖民官员和荷属印度委员会（Dutch Council of the Indies）法定成员；1921～1934年常设委任统治委员会荷兰籍成员和副主席。

国际主义者和民族主义者、申诉者和当权者

阿卜杜拉·伊本·侯赛因（Abdullah bin Husayn）（1882～

1951)，1921~1946 年任外约旦的埃米尔；1946~1951 年任约旦国王。

阿特拉什苏丹（Sultan al-Atrash）（1891~1982），1925~1926 年叙利亚德鲁兹派叛乱（Druze Revolt）的领导人。

谢基卜·阿尔斯兰（Shakib Arslan）（1869~1946），德鲁兹派贵族，泛伊斯兰主义者和知识分子；设在开罗的叙利亚 – 巴勒斯坦大会（Syro-Palestinian Congress）秘书和驻日内瓦代表。

唐太斯·贝勒加德（Dantès Bellegarde）（1877~1966），1921~1922、1930 年海地共和国驻国联代表。

雷蒙德·莱斯利·比尔（Raymond Leslie Buell）（1896~1946），美国研究非洲的学者，逍遥学派研究者（peripatetic researcher），外交政策协会（Foreign Policy Association）会长，《非洲的土著问题》（*The Native Problem in Africa*，1928）一书的作者。

拉尔夫·邦奇（Ralph Bunche）（1904~1971），哈佛大学培养的任职于霍华德大学的政治科学家；1941~1946 年参与了美国关于战后秩序的规划；后来任联合国托管事会（the UN Trusteeship Council）的主任。

W. E. B. 杜波伊斯（W. E. B. Du Bois）（1868~1963），非洲裔美国知识分子、民权运动者和泛非主义者。

费萨尔·本·侯赛因（Faysal bin Husayn）（1883~1933），阿拉伯大起义的领导人；1920 年叙利亚国王，被法国驱逐出境；1921~1933 年伊拉克国王。

哈吉·阿明·侯赛尼（Hajj Amin al-Husayni）（1897~1974），1921~1937 年耶路撒冷的穆夫提（Mufti）。

J. H. 哈里斯（J. H. Harris）（1874～1940），人道主义者；1910～1940 年任反奴隶制协会（Anti-Slavery Society）的组织秘书。

迈克尔·莱希（Michael Leahy）（1901～1977），澳大利亚探险家和在新几内亚的探矿者。

亚伯拉罕·莫里斯（Abraham Morris）（？～1922），邦德尔斯瓦特人的领袖，在 1903～1906 年进行了反对德国人的那马（Nama）战争；1915 年侦察南非军队；因抵抗南非政府被杀害。

穆辛加（Yuhi V Musinga）（？～1944），1896～1931 年卢旺达国王，被比利时人废黜。

奥拉夫·弗雷德里克·纳尔逊（Olaf Frederick Nelson）（1883～1944），椰子贸易商和萨摩亚反殖民统治的"马乌"运动（Samoan Mau movement）的领导人。

海因里希·施内（Heinrich Schnee）（1871～1949），1912～1918 年任德属东非总督；后为德国殖民运动的领导人；1932 年加入纳粹党。

A. J. 汤因比（A. J. Toynbee）（1889～1975），世界历史学家和英国国际主义者；1925～1955 年皇家国际事务学会研究部主任；20 世纪 30 年代支持绥靖德国。

哈伊姆·魏茨曼（Chaim Weizmann）（1874～1952），1920～1931、1935～1946 年世界犹太复国主义组织主席；后来任以色列总统。

昆西·赖特（Quincy Wright）（1890～1970），美国政治科学家和芝加哥大学国际法教授；《国际联盟治下的委任统治地》（Mandates under the League of Nations，1930）之作者。

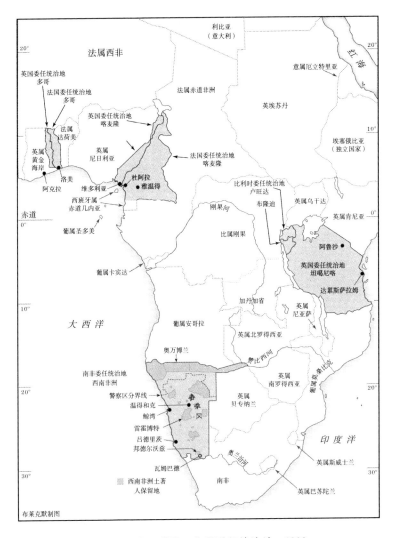

利比亚
（意大利）

法属西非

英国委任统治地
多哥
法国委任统治地
多哥

法属
达荷美

英属
黄金
海岸

阿克拉

赤道

大西洋

法属赤道非洲

英属
尼日利亚

英国委任统治地
喀麦隆

杜阿拉
雅温得

西班属
赤道几内亚

洛美

维多利亚

葡属圣多美

刚果河

比属刚果

葡属卡宾达

意属尼立特里亚

英埃苏丹

埃塞俄比亚
（独立国家）

红海

法国委任统治地
喀麦隆

比利时委任统治地
卢旺达
布隆迪

英属乌干达

英属肯尼亚

阿鲁沙

英国委任统治地
坦噶尼喀

达累斯萨拉姆

加丹加省

英属
尼亚萨

葡属安哥拉

英属北罗得西亚

奥万博兰

南非委任统治地
西南非洲

警察区分界线
温得和克
鲸湾
雷霍博特
吕德里茨
邦德尔沃兹

瓦姆巴德

西南非洲土著
人保留地

赞
韦
冈

布莱克默制图

赞比西河

葡属莫桑比克

英属
南罗得西亚

英属
贝专纳兰

奥兰治河

南非

印度洋

英属斯威士兰

英属巴苏陀兰

地图1　国际联盟：非洲委任统治地，1922

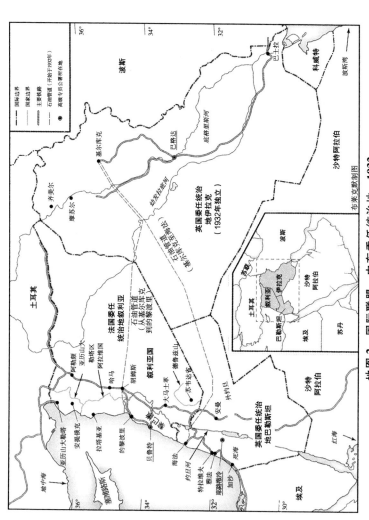

地图 2　国际联盟：中东委任统治地，1932

表1　各委任统治地的人口与面积

委任统治地:面积与人口
（根据受委任统治国进行计算和划分）

	委任统治地	面积（平方公里）	1921 年人口	1938 年人口
甲类委任统治地	巴勒斯坦委任统治地			
	仅巴勒斯坦	27009	589177 穆斯林 83790 犹太人 71464 基督徒 7617 其他（1922）	997000 阿拉伯人 411000 犹太人 27000 其他
	仅外约旦地区	90000	200000（1924 年估值）	300214
	叙利亚和黎巴嫩	202500		
	仅叙利亚		1509000 殖民定居者 250000 贝都因人	2715107
	仅黎巴嫩		570000	850000
	伊拉克	438000	2850000（1927）[1]	独立
乙类委任统治地	喀麦隆（英国）	88266	600000（估值）	857227
	喀麦隆（法国）	429750	1877113 土著 1570 非土著 （1926 年估值）	2606281 土著 3227 非土著
	多哥（英国）[2]	33772	187939	370327
	多哥（法国）[2]	52000	698130（估值）	780170
	坦噶尼喀	932364	4107000 土著 19700 非土著	5214000 非洲人 9345 欧洲人 33784 亚洲人
	卢旺达/布隆迪	53200	3000000（估值）	3752742
丙类委任统治地	西南非洲	822909	208605 非白人 19432 白人	261138 非白人 30941 白人

委任统治地		面积 （平方公里）	1921 年人口	1938 年人口
丙类 委任 统治地	西萨摩亚	2934	32601 土著 3821 欧洲人	54160 土著 3599 欧洲人
	新几内亚	240864	包括 214136 土著 2927 非土著	包括 581342 土著 6283 非土著
	瑙鲁	30	1084 瑙鲁人 266 太平洋岛民 497 华人 119 欧洲人	1661 土著 1533 华人 206 其他
	日本委任 统治的岛屿	2149	48494 土著 3200 日本人 （1921）	50868 土著 70141 日本人 119 其他

说明：1. 什叶派约 150 万人，逊尼派约 115 万人，犹太人约 8.8 万人，基督徒约 7.9 万人，以及雅兹迪人约 2.7 万人，12*PMCM*，21。

2. 数量只包含非洲人；非非洲人数量不足 1000 人。

资料来源：Peter Anker, *The Mandates System：Origin-Principles-Application* (Geneva, 1945)。

导论 守护者们聚集在一起

1921年10月4日，威廉·拉帕德欢迎国联常设委任统治委员会（Permanent Mandates Commission）成员赴日内瓦参加第一次会议。拉帕德是一位38岁的瑞士教授，一年前被任命为国联秘书处委任统治部（Mandates Section）主任。也就是说，他被任命为国际官员，主要是帮助新的委员会开展工作，审查各帝国对它们在第一次世界大战期间从德国和奥斯曼帝国攫取的非洲、太平洋及中东领土的行政管理情况。高大的身材，红润的脸庞，卷曲的头发，无法掩饰的爽朗，看上去就像一个瑞士农夫——但拉帕德却是一个高效率、有才干的人，能够毫不费力地运用三种语言，拥有经济学和法律学位，而且与自由国际主义者建立了广泛的网络。他对国联的工作充满热情，国际联盟是根据两年多前签署的《凡尔赛和约》建立的。

对那些被占领土的统治应该在国联的监督之下——这是巴黎和会做出的争议最大的决定之一。协约国各方都想得到赔偿，以弥补在战争中遭受的损失和苦难；其中多数国家认为，兼并它们占领的领土远不及它们应得的赔偿。它们只是非常不情愿地屈从于美国的压力和席卷全球的国际主义和反帝国主义潮流，即便如此，它们依然让自己的责任和国联的权力维持着有限和模糊的状态。《国联盟约》第22条非常傲慢地规定，由"先进国"遵照"此等人民之福利及发展成为文明之神圣任务"这一原则，管理"尚不克自立于今世特别困难状况之中"的居民，但

2　并未包含切实可行的细节。受委任国应每年报告其管理情况，并由一专门设立的常设委员会对其进行审查。但是，对于委任统治持续多长时间、如何结束委任统治或者国联在委任统治国未坚持"神圣任务"原则时应该采取何种行动，《国联盟约》都只字未提。

因而，如拉帕德在对委任统治委员会的演讲中所承认的，委任统治制度充其量不过是帝国兼并派与希望把所有殖民地都置于国际控制之下的派别之间的妥协。而且，这种妥协已濒临破裂。在美国国会参议院拒绝批准《凡尔赛和约》及沃伦·哈定（Warren Harding）继伍德罗·威尔逊（Woodrow Wilson）成为总统后，帝国的政治家便认为已没有必要继续维持在完全不同的情况下做出的让步。受委任国的选择应征询中东人民之意见的承诺早已被抛到九霄云外。领土已被转让给其占领者（或有意提出领土要求的国家，比如法国在叙利亚的统治）。拉帕德承认，这种处置方式到 1921 年已成为不可能更改的"既成事实"。[1]更糟糕的是，这些假托的"受委任国"已无意就其统治的条件进行谈判，对设立监督机构更毫无兴趣。1920 年和 1921 年国联第一次和第二次年度大会上对它们的推诿搪塞和故意拖延的严厉批评——这些批评一定程度上是拉帕德本人发动的——才迫使国联行政院最终召集新的委任统治委员会。

然而，拉帕德于 1921 年 10 月在日内瓦欢迎的 8 个男人和 1 个女人能否让各帝国就范，还是一个悬而未决的问题。他们大都是退休的外交官或前殖民地官员，虽然是由国联行政院任命的，但通常是各国政府推荐的。除一人外，其他都来自殖民帝国，其中四人来自领土受委任统治委员会监督的国家。除来自日本的成员外，其他皆为欧洲白人；只有来自北欧的成员是女性。尽管他们都是作为"独立专家"才得以任命的，表面上是因为其"个人素质"而不是作为其国家的代表，但他们大都与各自的政府有密切的联系，甚至直接听命于各自政府。来自意大利的成员是以前负责殖民地事务的副部长，他因意大利未获得委任统治权而倍感气愤。来自比利时的成员成功地通过谈判为其国家争取到对卢旺达和布隆迪的委任统治权。来自葡萄牙的成员厚颜无耻地支持对非洲人的强制劳动。难怪非洲裔美国知识分子 W. E. B. 杜波伊斯在数周之前与拉帕德谈话时，敦促在委任统治委员会增加一名"非洲裔人士"。这样的任命过去没有，未来也不会有。[2]

　　人们对此也不应感到意外。到 1921 年，事情已变得越来越明显，无论委任统治制度想达成什么目标，扩展民族自治权利都不在其列。处于委任统治之下的人们对各帝国所施加的强力统治进行了同样顽强的抵抗。阿拉伯民族主义者认为，他们已得到的承诺是独立而不是"监护"；萨摩亚人坚称，他们文明化的程度与他们的新西兰"导师"完全是一样的，能够自主自立。就在委任统治委员会组建前数月，一个由当时流亡在外的阿拉伯知名人士组成的、有影响力的代表团已向拉帕德发出呼吁，抗议协约国不遵守民族自决的承诺。推翻费萨尔·本·侯赛因（Faysal bin Husayn）的脆弱的阿拉伯国家之后，法国正在把殖民统治强加于叙利亚；不顾阿拉伯多数人的意愿，不列颠正在支持犹太人向巴勒斯坦移民的政策。[3]通过与反奴隶运动人士的联系，拉帕德还听到了喀麦隆杜阿拉市（Duala）精英和多哥的埃维族（Ewe）商人反对法国的委任统治的诉求。他还知道，这些抗议产生的作用非常有限。实际上，根据其老板，也就是国联首任秘书长埃里克·德拉蒙德爵士的吩咐，拉帕德已帮助阻止了其中的一些抗议。

威廉·伊曼纽尔·拉帕德，国联的官员和律师，绝不是反帝国主义者。在 1921 年，很少有西方自由主义者是反帝国主义者。他并不认为被占领地区已做好了自治的准备；文明阶段、"落后"的人民以及西方的引导等说法经常脱口而出。尽管如此，拉帕德仍然是一个国际主义者。他相信，国际合作能够缓解国家间的对立；他认为，应以符合"原住民"利益而非各帝国利益的方式进行统治。在任一年的时间已让他不再抱有某些幻想，但这并未挫伤他的信念。重要的是，他在这一年中学到了很多。就其本性而言，拉帕德是一个心胸开阔、说话直接的人，但他学到了谨慎、外交技巧，甚至一定程度的狡诈。他学会了从文本内容而不是从原则上进行争论，充分利用《国联盟约》任何可能的一点点授权。他学会了秘密磋商和谨慎透漏消息的技巧。他还在国联秘书处、热心为国联提供帮助的人道主义组织和国际组织、美国的大学和基金会找到了盟友，特别是委任统治委员会里来自英国的新成员、年轻的理想主义者威廉·奥姆斯比－戈尔。拉帕德拥有至关重要的资产，即委任统治委员会——一个不管其成员多么谨慎，《国联盟约》已授权其就有关委任统治之实施的"所有问题"为国联行政院提供咨询（拉帕德也乐于经常强调"所有"这个很关键的词语）的机构。拉帕德确信，委任统治委员会可以被用作改变帝国秩序的工具。我们工作的"重要性不可估量"，拉帕德对那些感到震惊的委员说。该委员会"标志着殖民历史中一个新时代的开始"。[4]

本书认为，拉帕德是正确的。这种试图把帝国的统治置于国际控制之下的堂吉诃德式的、几乎已被遗忘的努力已产生了深远影响，尽管这些影响和其设计者及支持者期望的有所不同。

对受委任统治国的监督，应该使帝国的统治更加人道，因而也更加正当；它应该像其更加理想主义的支持者希望的那样，"提升"落后的人民，甚至为他们做好自治准备。但它未能产生这样的效果：对受委任统治地的治理并不比对殖民地的治理好，有些地方的统治反而更加残暴；国联监督下的人们对政治权利的诉求，遭遇的更多是镇压而非妥协。强调这种制度的重要性在于其对地方管理之影响的历史学家受限于帝国历史的二元结构，未能研究其至关重要的动力和影响。[5]

要想理解国联为何重要，我们必须从其他地方着手：日内瓦的委任统治委员会、支持它的秘书处官员以及寻求接近并影响它的新兴的、广泛的关系网。因为，对于委任统治制度来说，新的、能够起到改造作用的，不是关于教化使命的说辞，所有帝国都使用这套说辞；甚至也不是实际的统治实践，这与在殖民地的实践并无二致。新的是国际外交的机构和水平、公开性以及这种制度带来的"讨论"。坦白地说，国联的监督不可能强迫受委任统治国以不同方式对被委任统治地进行治理；只是迫使它们说它们正在以不同的方式进行治理。各帝国的政治家和官员在日内瓦往往要面对这样的情形，经常有人道主义游说团体或敌对国家的外交部门通报情况，不得不面对令人厌烦、事无巨细且往往非常尖刻的讯问，一大群记者、请愿者甚至民族主义领袖在大门外等待着。

换句话说，委任统治制度是我们所称的"国际共管"的工具——在这一过程中，某些政治议题和功能被从国家或帝国领域转移到国际领域。在各帝国努力捍卫自己的权力时（其他国家试图挑战它们），合法化的工作而不是管理转移到了日内瓦。5这种层次的冲突是始料未及的，因为正如秘书处官员菲利普·

诺埃尔-贝克（Philip Noel-Baker）所言，作为"一个在殖民问题上进行建设性合作的机构"，或者说作为各帝国之间进行协调的一种工具，委任统治机构还是第一次被构想出来。[6]但是，国际共管如何产生效果，取决于谁进入了国际会议室。握有进入日内瓦的门票的人们，尽管主要是欧洲人而且几乎全部是白人，但他们人数过于庞大，使用的语言太多，随着时间推移又因相互间的敌意而四分五裂，于是就很难被集中在同一旗帜下。受到来自欧洲之外的民族自决之诉求以及欧洲内部修改凡尔赛安排之要求的猛烈冲击，其审议意见和决定因批评家、学者和媒体的关注而被放大，国联的委任统治制度攸关帝国主义之重大国际诉求。

因此，在委任统治制度的历史上，我们恢复了国联作为地缘政治转型之代理机构的作用。在国联解散后的几十年里，它从未被以这种方式回忆起来。它是被期望用于结束战争的机构，可悲的是它未能结束战争。在过去的十年里——毫无疑问，因为我们现在也生活在一个日益网络化但仍然充满不确定的多极化世界里——历史学家已经在用新眼光回顾国联了。在这种回顾中，我们认识到这一在国际治理方面的首次重大试验是多么复杂、多么重要。国联不能被当作一个拥有清晰的决策结构和强制权力的国家来看待。事实上，它最好被看作是由不断变化的联盟、网络和机构组成的角力场（force field），大量行为体进入其中并试图利用它。[7]特别是如下三个机构构成了这种角力场。

第一个机构是国联大会（the Assembly），也就是全体大会，表面上的世界议会。当然，由于非洲和亚洲大部分都处于欧洲统治之下，国联大会比今天的联合国大会要小很多，而且也更多是白人主导的。其全球影响是非常有限的，因为美国从未正式加入其中（尽管大多数拉美国家加入其中），德国只是在1926年才被允许加入，土耳其在1932年加入，苏联在1934年加入——此时最坚决推翻凡尔赛秩序的国家正陆续退出国联。[8] 然而，恰恰因为它诞生于领土争端混乱的时刻，国联不仅仅被认为是主权国家的会议场所：它是超越民族仇恨和捍卫"文明"的。在1920年11月以及之后的每年9月，来自50多个成员国的代表，连同一些记者、游说者和支持者涌入日内瓦，把这个平静的资产阶级小镇变成充斥辞令、外交和潮流的世界之都。当权者和社会名流竞相光顾相互攀比的盛大招待会；来自小国的政客们追求在会议上崭露头角，吸引国内的观众；一些著名的国联人物——捷克斯洛伐克的爱德华·贝奈斯（Eduard Beneš）、比利时的保罗·海曼斯（Paul Hymans）、中国的顾维钧（Wellington Koo）——发挥了四两拨千斤的作用。匈牙利漫画家阿洛伊斯·德索（Alois Derso）和埃默里·凯伦（Emery Kelen）以及伟大的德国犹太摄影家埃里希·萨洛蒙（Erich Salomon）（后来在奥斯维辛被杀害）给这个世界留下了美好的、深刻的纪念。国联的胜利和悲剧——允许德国加入，海尔·塞拉西（Haile Selassie）皇帝对意大利侵略埃塞俄比亚的强有力的谴责——被拍摄成电影这种超越国界的新媒体。[9] 即使是英国的帝国主义者利奥·埃默里（Leo Amery），他讨厌国联——我们将会看到——并竭尽全力削弱它，想起他在国联大会期间的事情也是充满温情的。他回忆了在一次节日午宴[10]上，当一个香槟酒瓶软木塞突然呼的一声飞走时，西班牙代表团大声惊叫的情形。这是真实的：国联的权力不在于武力，而存在于这样简单的事实，它把世界上喝得烂醉如泥的政治家聚集在一个公

6

共舞台上，在这里他们必须表现得彬彬有礼并支持国际主义，无论其内心的倾向甚或政治倾向如何。[11]

在暗地里和更小的圈子中，国联的政治本来可能有更大的优势。第二个机构，国联行政院（League Council），在政治上受大国的操纵，如果不是数量上的操纵的话。国联行政院定期举行会议（大概每年举行四次），并决定解决哪些问题——尤其是不解决哪些问题。那些不是大国但有时却自认为是大国的国家对国联行政院席位的争夺是非常野蛮的。只有斯堪的纳维亚人很友善地做出妥协；其他国家都不相信，它们的利益，除了在自己手里，掌握在任何人手里会是安全的。当德国在1926年加入国联（巴西也于同年加入）获得永久性席位时，西班牙和巴西都威胁称如果它们不能得到永久性席位，将退出国联；高度敏感的波兰利用各种计谋，为的就是在国联存在期间牢牢保住其席位。埃里克·德拉蒙德爵士从不怀疑国联行政院是整个计划的神经中枢，但他对自己参与这些谈判也感到厌倦。国联行政院发展得越来越大，但随着规模不断扩大，其效率越来越低了。[12] 大国的反应是退出，另外进行不公开的讨论——"洛迦诺茶会"（Locarno tea-parties），这受到被排除在外的国家的强烈谴责，但德拉蒙德很精明地意识到，各国能够默许国联的制度，才是至关重要的。

但是，如果国联大会试图确定议程，而国联行政院控制议程，那么实际执行政策的责任就落在第三个机构——秘书处身上。德拉蒙德在伦敦时就已经开始筹建秘书处了，特别依赖战时负责联盟合作的机构的富有才干的男人（和富有才干的女性，几乎总是在更低职位上）。在1920年10月，这个初创的官僚机构，连同行李和孩子们，在维多利亚车站登上一辆专门租来的火车，驶向日内瓦。这一行动加强了其成员的选拔意识。一所国联学校和一个国联广播电台建立起来了；轶闻不断；一种与众不同的社会思潮——平等主义、世界主义、性别解放——占据了统治地位。当然，"间谍活动"也会成为一个重要问题，表面上公正的官员会向他们的外交部发回报告，但到20世纪20年代初，德拉蒙德已经创立了一套全新的东西：一个按照职能而非国籍组织起来、忠于国际宪章、有能力管理复杂项目的真正国际性的官僚机构。这也是联合国依然沿用至今的结构。[13]

这三个机构是至关重要的，但当评论者谈到"日内瓦精神"时，他们还有更多含义。国联的影响是通过众多国际委员会、组织、游说团体以及融入其各方面工作或者只是志愿提供服务的专家维持和放大的。由于规模和资源非常有限（秘书处最多时有大约700人），国联就利用大量迅速国际化的公民组织和志愿组织的专门知识，有时也直接把权力移交给这些组织。像卫生部（Health Section）的路德维希·赖赫曼（Ludwig Rajchman）和社会部（Social Section）的拉谢尔·克劳迪（Rachel Crowdy）等聪明的官员，利用他们与美国的基金会或国际慈善组织的密切关系，来补充适当的预算和人员。随着这些计划的激增和志愿组织把办公室搬到日内瓦，想要独立建国的民族、寻找工作的专家、寻找项目的学者以及寻求认可的游说集团都喧闹着希望他们的声音被听到。[14]秘书长管理着这种不和谐的声音却不能控制它。没有人能做到：这才是重点。

目睹这种喧闹、复杂的世界的兴起，1919年的和平缔造者们有一种矛盾的感觉，有时是一种恐惧感。他们之前曾设想把国联作为大国合作的工具，但由于美国人和苏联人待在外面，

8

德国人因法国的坚持而被排除在外，以及太多说话滔滔不绝的三流政客、和平主义者和"怪人"（cranks）聚集在日内瓦的舞台上，这些和平缔造者怀疑它还能否发挥那样的作用。国联"更可能成为密谋的中心而不是真正有益于世界的和平"，英国首相大卫·劳合·乔治（David Lloyd George）在 1920 年 12 月如此抱怨道；[15] 其内阁大臣莫里斯·汉基（Maurice Hankey）爵士——起初是让他承担德拉蒙德的工作，但被他拒绝了，因为这个工作不如协调英帝国政策的工作重要——谴责了"国联秘书处攫取太多权力的危险倾向"。[16] 这二人散布了用一个以大国为中心的新组织取代国联的方案，并试图通过那些年的"会议外交"——华盛顿会议、热那亚会议等——绕开国联。

然而，国联不可能被打入冷宫。这部分是因为国联拥有唯一一支有能力的国际工作人员队伍，以至于德拉蒙德在 1922 年连续被请求派出译员、打字员和摘要撰写者团队到日内瓦，管理之前试图把他们排除在外的会议。[17] 国联得以维持，部分是因为数以百万计的人的希望，他们建立起支持国联的全国性社团，他们在其政府违反国联规范时签署请愿书或进行抗议，他们研究《国联盟约》文本或就国联的工作进行演说，他们虔诚地到国联在日内瓦的总部旅行。[18] 但国联能够存活下来还因为它解决了没有政府愿意或能够单独解决的问题——确实，它是在其成员国的压力下、在《国联盟约》的限制下解决这些问题的。

威廉·拉帕德对这一机构非常了解。他在 1925 年出版的书中记录了国联活动的范围，这本书有一个很恰当的题目《从日内瓦看国际关系》（*International Relations as Viewed from Geneva*）。拉帕德解释道，就其使命而言，确实存在三个相互独立的国联。[19]第一个，他称为"宣布战争不合法的国联"。这个国联的规定采纳了政府和国际律师的见解，因为他们试图让《国联盟约》有约束力。它把政治家和官员聚集在一起讨论裁军问题。在日本侵占中国东北、第二次裁军会议（Second Disarmament Conference）和意大利入侵埃塞俄比亚的三重打击之前，它在干预领土冲突——瑞典和芬兰之间、希腊和保加利亚之间、哥伦比亚和秘鲁之间以及其他许多冲突——上多多少少取得了成功。正是这个意义上被人们寄予希望的国联在1945年后饱受抨击；当今天的人们说国联"失败了"时，心中想到的依然是这个意义上的国联。[20]

然而，与这个被安全会议和国际危机困扰的世界同时存在的还有其他两个意义上的国联。一个是"技术上的"国联，它致力于解决日益互相连通的世界中不断增加的危险和贸易。这个国联为航空运输、无线电广播以及儿童福利确立了标准；组织奥地利紧急财政援助和经济数据的标准化；打击性交易和毒品走私；处理俄罗斯难民问题并协商希腊－土耳其居民交换；倡导向中国和利比里亚派出开发代表团；建立研究工作站追踪传染性疾病；以及管理研究所和组织会议以促进经济和文化合作。这个意义上的国联从未"衰落"，反而是扩大了，逐步促进了这些新的国际行为体——"专家"和我们今天所称的非政府组织——的权威并提升了它们的作用。与国联官员有密切关系的政治学家戴维·米特兰尼（David Mitrany）在第二次世界大战期间创立其"功能主义"理论时是把这些活动牢记心中的，这种理论探讨的是在世俗事务上的合作如何创建可能促进和平的网络。[21]正是这个意义上的国联为我们今天的全球治理制度奠定了基础，这也正是它当前还受注目的历史价值所在。[22]

最后，第三个意义上的国联可以称为"世界秩序塑造者"的国联，它致力于裁决与主权有关的关系。意识到它在 1919 年已做出的多个领土裁决——以及这些裁决的执行难度，拉帕德不太优雅地称这第三个意义上的国联为"执行和平条约的国联"。这个国联在某些有争议地区（梅梅尔、西里西亚、维尔纳、摩苏尔、亚历山大勒塔）举行了公民投票或试图进行裁决，并管理着其他地区（但泽、萨尔州）。它还管理着两个极其重要的制度，它们是为了稳定并使在巴黎和洛桑做出的决定合法化而建立的。第一个是少数民族保护制度，国联行政院在秘书处官员领导下，通过这一制度力图使十二个新的或重新建立的东欧或巴尔干国家兑现它们为获得主权而做出的关于少数民族权利的承诺；[23]第二个是委任统治制度（mandates system）。和另两个意义上的国联一样，这个意义上的国联随着时间推移发生了变化，特别是对德国在 1926 年加入以及仅 7 年后又退出国联所做出的反应明显体现其变化。在有些人看来，它变成了挑战和平条约的国联，不仅德国，其他国家和国际主义者也试图利用这些机制挑战和改变这种安排。到 20 世纪 30 年代中期，在修正主义者的猛烈攻击下，少数民族保护制度崩溃了，而委任统治制度却延续下来，在 1945 年作为联合国的托管制度再度出现。

本书是 50 多年来第一部关于委任统治制度之全面历史——也就是，国联管理帝国秩序之活动的历史——的著作。[24]本书把委任统治制度视为一个整体，关注七个受委任统治国和所有散布在非洲、太平洋和中东的 14 个委任统治地。它还考察对委任统治地的战略与争夺是如何出现的以及如何在三个不同的领域结束的——帝国和大国利益与外交领域、国联的官员与规则领域，以及委任统治地内部自身的力量平衡领域。当然，这些领域并不是截然分开的。它们一直是流动、相互交叉和互相冲突的。的确，正是通过研究这些相互影响，我们的故事才浮现出来。

这个故事将把我们带到世界上许多地方——南非北部奥兰治河岸在风中摇曳的灌木丛林地、卢旺达被饥荒摧毁的小山顶、独立时期巴格达的公园、叙利亚被包围的德鲁兹山（Jabal Druze）。我们将看到萨摩亚商人奥拉夫·纳尔逊（Olaf Nelson）征集签名反对新西兰的统治，非洲裔美国学者拉尔夫·邦奇（Ralphe Bunche）前往多哥进行其毕业论文研究，勘探者米克·莱希（Mick Leahy）长驱进入新几内亚高原地区留下死亡和惊奇。但这些旅行通常都将会把我们带回日内瓦。因为日内瓦是关于委任统治地的争吵结束的地方：这是纳尔逊提交请愿书的地方，邦奇开始其研究的地方，莱希发现自己被控告为杀人犯的地方。国联各机构通过国际授权的公共程序和灵活的秘密外交，通过严密的文本分析和个人的游说和压力，对这些争议做出了裁决。官员们有时努力让问题处于秘密状态，但并未取得太大成功，不仅因为国联是以公开开放原则为基础建立起来的，而且其组织过于庞大且容易受到国家和意识形态的对抗的影响。民族国家的官员与秘书处的官员共享信息（反之亦然）；愤愤不平的居民把真相透露给人道主义组织和政治盟友。许多信息被登载到非常警觉的媒体的专栏当中。

所有受委任国和所有委任统治地都受到这种国际化进程的影响。然而，它们受到的影响并不一样，国联各机构或阅读报纸的西方民众实际上也不会在乎这些。因而，它不是——也不能是——每一个委任统治地区政治发展的历史。这种解释必然

11

一定是地方性的；它们不可能特别优待在国际上产生反响的事件而忽视对委任统治地区自身内部发展至关重要的其他事件。然而，国际变化的历史必须这么做。它必须考察争端和冲突溢出单个国家或帝国进入国联的管辖范围并对我们称为全球秩序产生影响的时刻。因而，本书会追踪这些事件和争论——当然包括叛乱和饥荒，而且还有关于"托管"（trusteeship）、"文明"、"独立"以及"主权"等的争论——这些争论通过日内瓦产生反响并迫使国际社会做出反应。处于争议的风口浪尖的地区（特别是西南非洲和巴勒斯坦，尽管在特定的时间点上还有叙利亚、新几内亚、法国托管的喀麦隆、西萨摩亚、坦噶尼喀、卢旺达和伊拉克）因而得到持续的关注；很少引起国际社会审视的地区（日本托管的群岛、英国托管的喀麦隆、英国和法国托管的多哥以及瑙鲁）只是断断续续地被注意到。日内瓦的眼睛倾向于对灾难和危机的关注；其耳朵倾向于倾听特别刺耳或雄辩的声音。我们也将追随着他们的做法。

但在开始这段旅程之前，我们必须明白委任统治制度是如何出现和运作的。第一部分对此进行了解释，用三章考察了帝国的争夺、官僚机构的创新以及来自底层的压力在塑造委任统治制度的特点方面发挥的作用。英美创建者曾计划把它用作帝国之间合作的工具，控制在政府官员手中并推广英美的规范，可一旦这些创建者失去了兴趣，它就被一群（主要是英国的）国际主义者、人道主义者和国联的下一级官员拿过来重新进行塑造。与预期的相比，最后出现的制度远不是国家主义的，而更多是真正国际主义的。它更多依赖秘书处，而秘书处也比预期的更加独立。最后，这个制度对来自各种声称代表居民或"民意"的团体的压力——这种压力通过一种极其开放的申诉过程流向了日内瓦——是更加开放的。

然后，本书探究了从第一次世界大战直到第二次世界大战间国联的监管如何影响了帝国的秩序。如同我们将看到的，地缘政治形势和紧张，特别是做出凡尔赛安排的大国与挑战这一安排的大国之间的紧张态势，有人可能称之为第一次"冷战"，确定了国联制度发挥作用的界限。确实，从1922年直到20世纪20年代末期，委任统治制度在很大程度上帮助缓解了英法之间的对抗，传播了"托管制度"的家长式的定义，并推动不予讨论"民族自决"的诉求。第二部分对此进行了探讨。关于国联处理西南非洲、叙利亚及西萨摩亚的起义和非暴力反抗运动的各章，详细说明了这种倒退。

然而，委任统治制度并未在英法僵局中延续下来，因为德国在1926年加入国联释放出一种新动力。有人可能会说，德国人占据了美国人已经放弃的位置，因为作为共和政体的重要欧洲国家——而且作为许多委任统治地的前主权国家——德国下定决心，如果不能收回其殖民地，它至少要为实现1919年国际共管、开放经济准入和走向独立的路线图等承诺而战斗。第三部分各章探究国联内外关于主权、自由劳动以及走向独立的可能行动等问题的激烈争论，其高潮是英国很有先见之明地决定把伊拉克从委任统治地的地位转变成一种庇护主义模式（clientelist form）的国家。

这种行动或许可以成为未来发展的前兆，但经济危机、德国于1933年退出国联以及随后国联权威的弱化使发展关于帝国之国际规范的尝试面临着巨大的压力。就像第四部分各章所显示的，1935年之后这一计划在各个层面上都陷入危机。意大利在这一年入侵埃塞俄比亚，破坏了西方所倡导的文明优越性，

12

而盟国愿意考虑在殖民地问题上对德国做出让步——也就是，考虑归还纳粹德国一个或更多非白人居住的地区——进一步侵蚀了委任统治制度的合法性。当委任统治委员会对英国的巴勒斯坦政策的谴责变得更加严厉时，即使英国——到目前为止依然是国联的主要保护者——也对帝国的"国际共管"的计划失去了信心。到1939年，几乎已经没有人再捍卫委任统治制度了。

无论如何，它已经产生了非常深远的影响。如果说国际监管——与更普遍的外国统治不同——在某些地区只留下很微小的影响，那么监督和公开性的力度在另一些地区确实产生了实实在在的影响。英国无法在巴勒斯坦问题上不履行对犹太复国主义者做出的承诺，即便其高级专员认为英国被误导了；比利时决定把种族分裂牢固地确立为在卢旺达和布隆迪进行劳工控制的工具；南非无法轻松兼并人口众多的西南非洲：所有这些都说明，以日内瓦为基础的国际游说与辩论的文化对帝国主义国家造成了新的风险，而且有时会让它们得非所愿。这些地方性的影响是异变的，并不遵循任何单一的模式。然而，在作为整体的制度中，我们仍然可以发现其中的逻辑和目的论。

委任统治制度使帝国治理负担更加繁重，并使委任统治地更加接近规范性的国家地位。这不是其创造者和官员期望的。相反，他们时时处处追求的是支持帝国的权威以及加强外国强制统治的声望和合法性。问题是，国联监督内在的国际化与这些目标是背离的。通过为喋喋不休的人道主义者、好战的德国修正主义者以及决心暴露帝国统治之残暴的民族主义者提供平台，委任统治制度不但削弱了帝国权威，可能更重要的还是导致欧洲各帝国内一些人质疑直接统治是否真的那么可取。似乎很明显，大多数当地居民对委任统治制度没有好感。然而，随着时间推移，各帝国内的许多人也失去了对它的同情。毕竟，既然委任统治委员会认可其他形式的帝国入侵，未能防止大规模转让土著人土地，并坚持认为委任统治地向国际特许和贸易开放，正式的行政控制真的有必要吗？毫不奇怪，英国——最具"全球性"的帝国强权——选择在伊拉克设计了麻烦似乎少很多的一种独立形式。

　　1945 年之后，国家独立运动将会加速。在 1920 年，有大约 50 个独立国家；现在有约 200 个。殖民地和保护国、共管地和托管地——帝国的这些附属品已经从地球上消失了。然而，如果国家地位现在是普遍存在的，而其构成实际上是多种多样的。有些国家确立了它们自己的统治，而另一些国家不但缺少被伟大的德国社会学家马克斯·韦伯（Max Weber）视为国家身份之基础的"合法使用武力的垄断权力"，还缺少为其公民提供基本服务和权利的能力。它们的领导人反驳道，它们就像曾受制于帝国主义国家一样正受制于跨国公司和国际借贷机构。我们生活在一个由能力各不相同的正式独立国家组成的世界里，回顾委任统治制度，我们能看到这种秩序是如何出现的。

第一部分
委任统治制度的形成

第 1 章　盟约与瓜分

我个人非常怀疑国联的成功，但无论如何我都不会怀疑，如果要让它成为一种有效的工具，只有借助大英帝国和美国的影响力……我们必须努力把大英帝国治下的和平扩展为世界和平。

米尔纳勋爵，1919 年 8 月 14 日[1]

[亨利·]西蒙坦承，他没看出殖民地和这种委任统治地之间有什么根本差异。这是法国的看法。如佩雷蒂后来在巴黎对我所言："在 10 年内你将会看到这些委任统治地发展的样子。"

乔治·路易斯·比尔 1919 年 8 月 10 日的日记[2]

大象打架，小草遭殃。

东非谚语[3]

1918 年 12 月，在冰冷的大西洋中部，在"乔治·华盛顿" 号上，乔治·路易斯·比尔（George Louis Beer）感到整个世界的压力都在他的肩上。比尔，46 岁，曾是商人和哥伦比亚大学的英国史教师，是陪同伍德罗·威尔逊（Woodrow Wilson）的百人代表团的成员之一，其使命是为欧洲带来公正和持久的和平。比尔之前是"调查团"里的殖民政策专家，该"调查团"是由战时被聚集在一起规划战后安排的美国学者组成的；他的特别使命是确保兑现威尔逊的"十四点计划"中第五点承诺，"公正处理殖民地问题，在决定一切有关主权问题时，应兼顾当地居民的利益和殖民政府之正当要求"。兼并战败的德国和奥斯曼土耳其帝国控制的领土是不可能的，且1918年的建议书已经把"落后的"或"被遗弃的"人们置于国际共管之下。但这种国际制度安排到底如何仍然不清楚。

18　　比尔是一个做事有条理、严肃认真的人，除了吃大量的食物并在甲板上进行奇怪的保健运动，他在船上无事可做。比尔希望利用这个航程设计出一个计划，但他发现船上的气氛——他在日记中写道——"非常不民主，也非常不友善"：威尔逊待在他的特等舱里，任何人想见到他都几乎是不可能的。当比尔最终设法让威尔逊坐下来进行一次认真的谈话时，他发现威尔逊的想法非常模糊。德国的殖民地应该成为设想的计划，也就是国联的"公共财产"，其实际管理被委托给一些非帝国的小国。威尔逊认为，斯堪的纳维亚人可能能够胜任。[4]

　　比尔自己的想法也尚未成熟，但他非常肯定这是行不通的。在基本原则上，他与威尔逊是一致的。和威尔逊一样，他也认为不能归还被占领的地区，因为"没有什么比……让成千上万无助的土著受战败的德国的怜悯更不光彩的了"。[5]和威尔逊一样，他也从未考虑非洲人自治这种前景。在给调查团的一份备忘录中，比尔表示，"黑人种族迄今尚未表现出发展的能力，除非在其他人民的监护之下"。[6]他还认为，"监护"（tutelage）工作必须是国际化的，与帝国统治不同，而且必须在公众监督之下并根据人道的和进步的规范实施。

但比尔认为欧洲小国很难有效地推进这一计划。关于管理殖民地，挪威人能知道什么呢？不仅仅是因为挪威人缺少经验让他感到困惑。比尔认同 19 世纪的不同欧洲人和文明的相对价值的思想。在巴黎和会上，他很震惊地发现"德国人、匈牙利人和意大利人……为文化价值极其低下的人们做出了牺牲"；他认为，"让波兰人处于德国人控制之下、南斯拉夫人处于意大利人控制之下远比反过来好".[7] 而当谈到殖民地治理时，比尔被说服相信一个国家提供了世界追随的榜样。在英国的殖民地，"当地居民的权利受到细心和有效的保护"，英国也是最认同美国自由贸易经济政策的国家。而美国认为自由贸易对未来和平至关重要。[8] 为何不利用国联来推广大英帝国的杰出做法？

毫不奇怪，英国的政客、国际主义者和人道主义者大都也是这么看的。打个比方说，威尔逊出航时，英国人已经在大西洋中部准备迎接他了。凡尔赛达成的关于欧洲大陆的安排，受到法国的利益和担心的极大影响，法国竭力要遏制德国；然而，殖民地的安排是英美的产物。它看起来和实际一致，因为英国非常渴望得到美国这个盟国，还因为美国的偏好和理想最容易与英国的帝国实践调和起来。但如果美国利益与英国利益之间的密切关系从一开始就对形成委任统治制度产生了影响，那么当美国人退出时，这个制度便会更加脆弱。到 1919 年底，法国开始公然推翻他们——理所当然地——认为是精心组织起来针对自己的国际制度。到 1920 年，在巴黎和会中诞生的委任统治制度几乎已经死亡，这使我们的第一个故事成为一个几乎无可避免的杀婴犯的故事。这个制度会存活下来，但会发生变化，

19

其得以维持不是因为美国的理想主义或帝国的合谋，而是由于国联自身非常不牢靠的权威。

战时的激烈争夺

没有人会把第一次世界大战开始几年里地区易手视为一种新秩序的前兆。它们只是战利品。既然近两个世纪，欧洲的各帝国已经通过全球战争调整了它们的权益和边界，随着权力平衡的不断变化，盛产食糖的群岛和藩属国多次易手，为何这场战争应该有所不同？

在德国军队穿越比利时并在佛兰德和法国北部掘壕固守之时，协约国和英联邦自治领的军队占领了德国的殖民地。1914年8月29日，德属萨摩亚群岛在毫无防备的情况下向新西兰军队的一支先遣登陆部队投降。9月9日，瑙鲁的磷酸盐岛屿被移交给澳大利亚皇家海军舰艇"墨尔本"号（HMAS Melbourne），大约三个星期之后，经过一场短暂的战斗，德国控制的新几内亚首府和俾斯麦群岛落入澳大利亚海军手中。然而，澳大利亚人继续向前推进到赤道，不料却发现日本人已派军舰夺取了加罗林（Caroline）群岛、马里亚纳群岛以及马绍尔群岛。到10月中旬，德国的所有太平洋属地都落入协约国手中。[9]

把德国从非洲驱逐出去花费了更长的时间。英国和法国军队迅速占领了多哥兰和喀麦隆的杜阿拉港（Duala），但遭遇了装备精良的德国军队的抵抗。直到1916年初，它们才进入西班牙领土。西南非的战役也陷入了困境，因为一些军队宁愿哗变，也不愿拿起武器对抗白人；直到1915年春季才发起新的进攻并夺取温得和克。争夺德属东非的战役对各方都是最棘手的。聪明的德国将军保罗·冯·莱托-福贝克（Paul von Lettow-

Vorbeck）和他能征善战的非洲土著士兵把英国及南非军队牢牢困在东非的游击战中整四年。这场战役，以及贪婪的比利时军队伺机占领卢旺达和布隆迪，造成了饥荒和灾难。[10]

所有这些征服者都不认为他们很快就会离开。南非将其铁路线向北延长，并开始把土地分给白人殖民者；澳大利亚占领的新几内亚椰子种植园里的契约劳工数量增加了一倍。到 1916 年，当英国政府首先任命一跨部门的委员会来通盘考虑制定被占领土政策时，兼并主义情绪是非常强烈的。尽管来自总参谋部的代表警告说，均势政策需要中欧有一个"强大的日耳曼国家"，如果不给予它一个殖民势力范围，德国将会变得充满仇恨并难以对付，但他的反对很快就被制止了。无论是扩大帝国的租借地（如德国的东非），为自治领提供战利品和缓冲保护（如太平洋领地和西南非洲），或者只是作为给纠缠不休的盟国的好处（为多哥和喀麦隆制订的计划），德国的殖民地都应该保留下来——这是由关于"领土需求"（Territorial Desiderata）的战时内阁委员会在 1917 年春确认的决定。[11]

"守住我们所有的"：这是一项历史悠久的帝国政策，也赢得法国和比利时的支持。由于法国内阁（French Cabinet）和民众都被西部战线的杀戮吓呆了，对殖民目的的解释成为官员和说客的任务，现在他们的野心无法抑制地增长了。德国的殖民地不能恢复，这是不言而喻的。分别任法国外交部非洲司和殖民事务部非洲司司长的埃马纽埃尔·德·佩雷蒂（Emmanuel de Peretti）和阿尔贝·迪谢纳（Albert Duchêne）在 1917 年 9 月邀请比利时殖民官员奥克塔夫·卢维尔（Octave Louwers）和皮埃尔·奥尔茨（Pierre Orts）访问巴黎时，这些人聚集在一起很快就达成了协议要点。一是必须废止在刚果盆地建立自由贸易和共同规范的《柏林法案》和《布鲁塞尔法案》，以便欧洲国家可以全权控制它们的非洲领地。另一个是，由于对国际协定和自由贸易越来越感兴趣，英国可能会成为主要障碍。记住迪谢纳和奥尔茨：我们还会遇到他们，戴着新的、不太合适的"国联"的帽子。[12]

但德国的殖民地不是唯一的战利品。协约国还肢解了奥斯曼帝国并就此展开了激烈的争吵。1915 年 4 月秘密签署的《伦敦条约》允诺把南安纳托利亚划归意大利，并在非洲对其做出"公正的补偿"，由此意大利被拉入战争，而中东各省划给了英国和法国。[13]然而，所有国家都发现很难兑现这些计划。英属印度军队在战争初期就已经攻击了美索不达米亚，结果却发现自己深陷一场持续四年并伤亡 9 万多人（主要是印度人）的消耗战。[14]它们急需新的代理人，1915 年汉志（Hejaz）地区的统治者、奥斯曼帝国封建君主统治下桀骜不驯的谢里夫·侯赛因（Sharif Husayn）愿意为英国提供帮助，作为交换，英国认可他的主权。侯赛因和驻埃及的高级专员亨利·麦克马洪（Henry McMahon）爵士之间的照会巩固了这一联盟（也开启长达一个世纪的相互指责）。开罗情报部门"阿拉伯局"（Arab Bureau）负责协调战略并支付补助金，侯赛因聪明能干、魅力十足的三儿子费萨尔（Faysal）（图 1 - 1）全身心地投入在由奥斯曼帝国控制的、饥荒横行的大马士革培养叙利亚民族主义者的危险工作。1916 年 6 月爆发的阿拉伯大起义，袭击了奥斯曼帝国在麦加、麦地那和塔伊夫（Ta'if）及其附近的要塞和补给线。[15]记住费萨尔：他冒险把赌注压在英国的支持上，这为他赢得一顶王冠和一个国家，却不是他或他的支持者想要的。

图 1–1 费萨尔·本·侯赛因，叙利亚国王
（1920）和伊拉克国王（1921～1933）。

在法国，法国亚洲委员会强有力的而且有良好社会关系的秘书、贵族般的信仰天主教的罗贝尔·德·凯，对这个英国－阿拉伯联盟感到惊恐。法国在黎凡特有重大利益。到 1914 年，法国已确保黎巴嫩山（Mount Lebanon）的基督教社团获得自主权长达半个世纪之久，法国的公司控制了大部分的丝绸贸易，法语已经成为受教育阶层的通用语，法语学校登记在册的儿童有 4 万名。[16] 现在，德·凯的帝国游说团体希望把整个叙利亚——如果可能，也包括巴勒斯坦——都置于法国的庇护之下。但法国没有多余的军队在中东进行冒险，必须使用外交手段满足诉求。在麦克马洪成功利用侯赛因的同时，法国外交官和殖民主义者弗朗索瓦·乔治－皮科（François Georges-Picot）也与英国的中东专家马克·赛克斯（Mark Sykes）爵士进行了谈判。这个以他们的名字命名、充满争议的协定最终在 1916 年 5 月达成，但直到一年之后才公开。该协定规定，法国将"按照其愿望"在黎巴嫩以及从奇里乞亚（Celicia）到亚美尼亚（Armenia）的大片地区建立"直接或间接的管理与控制"，英国在美索不达米亚也将拥有类似的自由，巴勒斯坦沿海大部分地区将被置于国际控制之下。该协定承诺英法两国支持建立"独立的阿拉伯国家或阿拉伯国家联盟"，但把该地区划分成两个"区域"，其中法国在北部，英国在南部拥有排他性权利。[17]

在 1916 年，大多数英国官员和几乎所有法国官员都认为，关于阿拉伯国家地位的这些承诺永远都不可能兑现。这是一个广泛、模棱两可的承诺。接下来的 11 月，英国外交大臣阿瑟·贝尔福（Arthur Balfour）在致英国犹太复国主义者罗斯柴尔德男爵（Baron Rothschild）的信中以很特别的形式公布了这些承诺当中最著名的一个。信中写道，"陛下的政府赞同在巴勒斯坦为犹太人民建立一个民族家园，并将竭尽全力促进实现这一目标，同时明确承诺不损害巴勒斯坦现有的非犹太社区之公民的权利和宗教权利，且保证犹太人在其他任何国家享有的权利和政治地位"——这段话已造成了持续一个世纪的争议。[18] 1918 年春，就在埃德蒙·艾伦比（Edmund Allenby）将军率领大英帝国军队进入耶路撒冷数月之后，一个犹太复国主义委员会（Zionist Commission）到达巴勒斯坦，开始规划新的"家园"。该委员会由犹太复国主义运动最成熟的领导人哈伊姆·魏茨曼（Chaim Weizmann）领导，此人是杰出的犹太复国主义政治家和化学家，出生在俄国，后入籍英国。记住魏茨曼：他也冒险把赌注压在英国的支持上并赢得了一个国家，而这个国家正是他想要的。

　　所以，到 1918 年秋季，当德国和奥斯曼帝国的抵抗崩溃以及德国请求停战时，所有德国殖民地和奥斯曼帝国的阿拉伯省份都已处于协约国的占领之下。它们只是土地的一种不相干的集合：除在为欧洲人利益而战的战争中所发生的易手事件外，它们没有任何相同之处。微小的瑙鲁只有几公里宽，而西南非洲比法国还大。卢旺达和布隆迪人口稠密，但广袤的坦噶尼喀（Tanganyika）只有大约 400 万人，委任统治地巴勒斯坦不足100 万人，干旱的西南非洲只有几十万人。它们在气候、资源、经济发展、社会结构，甚至它们之前殖民统治的经历等方面都不一样，而对于中东地区的领地来说，至少还有共同的奥斯曼帝国的制度和阿拉伯文化，德国一直没有按照单一的计划管理其海外领地。西南非洲的土著居民被野蛮地征服，为白人殖民者让路，但那些世故老练、等级意识强烈的萨摩亚人受到非常谨慎的对待，大多数新几内亚人可能从来都不知道他们处于德国的统治之下。然而，在两次大战之间这些年中，这些毫不相干、距离遥远的领地将会有一种相同的经历。它们将会在国联的监督之下受到管理。

委任统治计划的出现

　　要想了解战时的抢夺是如何在一年之内让位于一项计划，即委托"文明的"人仁慈地"监护"其他人，我们考虑问题必须超越帝国的政治家以及他们的阴谋诡计。这么做有一个理由。面对布尔什维克的挑战以及美国公众不愿意为帝国主义目的而参与战争，自负且充满书生气的美国总统承诺实现一种新的和平，一种由一个新的全球组织——国联监督的没有兼并和赔偿 24

的和平。如我们所知，这个"威尔逊时刻"（Wilsonian moment）引发了一种威尔逊从未想过的反应，从朝鲜到波兰再到萨摩亚的被动员起来的民众——更不用说中东已经着手直接解决问题的民众——都认为总统激动人心的言论也适用于他们。[19]

是打虎还是骑虎？这是极其重要的，英国政府不是最后一次决定，它们除了和美国人站在一起别无选择。实际上，不但英国官员和知识分子已经充分参与了关于创建国联的跨大西洋对话，而且当提到如何改革帝国的实践这一特殊问题时，英国已经超前了。[20]出现这些情况部分是因为英国的政治家也受到既阻碍威尔逊又为其赋能的同一种自由主义政治文化的驱使。与法国和比利时不同，英国也是在没有受到直接攻击的情况下参加到第一次世界大战当中的，为其参战提供合理化理由的是捍卫弱小国家的权利和国际法的原则。强烈要求议会的监督和更加民主地控制对外政策，公开的兼并主义情绪受到广泛谴责。确实，非洲的征服甚至受到自由主义者的欢迎，但只是作为挽救当地人免受德国兵（the Hun）蹂躏的一种手段。早在1916年初，最直言不讳和最有影响力的人道主义游说团体反奴隶制协会就提出了战争结束时如何保护"世界的弱小种族"的问题。如果该协会设想"曼丁戈人、赫雷罗人、波利尼西亚人、菲奥特人（Fiots）、芳人（Fans，疑有误，应为Fangs）以及基库尤人"可能会与"俄国、法国和德国的外交官们"坐在一起决定他们的命运是"愚蠢的"，[21]一年之后它已经改变了看法。在1917年和1918年初，该协会、工党以及自由派舆论中非常有影响力的部分一致认为，应该就关于非洲人的愿望以及建立起来保护其权利的"国际共管"制度同非洲人进行协商。[22]

大多数人认为，这些原则与大英帝国的统治是完全相容的。帝国监护或"托管"的思想源远流长，英国反奴隶制的历史常被用来作为帝国在推广人道主义规范方面发挥作用的证据。[23]由于对其道德领导的假设感到安全，就像劳合·乔治在 1917 年 6 月承诺的一样，英国的政客们自信地宣称，原德国殖民地人民的"希望、愿望和利益""在确定其未来的政府时必须是支配性的因素"。[24]六个月之后，就在威尔逊的"十四点计划"演说之前三天的 1918 年 1 月 5 日的演讲中，英国首相不但认同中东人民应该让人们认识到他们"各自不同的国情"，还确认原德国殖民地的"酋长和议事机构""有能力进行磋商和代表其部落及其成员"[25]。毕竟，这种磋商只会显示出对英国规则的强烈偏好。英国将会面临的主要问题是，一位外交部官员沾沾自喜地评论道："我们不能期望把世界上所有人都纳入英国的势力范围，即便他们愿意加入。"[26]

英国为何发现威尔逊的思想很容易调和的另一个原因是：它们与英国的帝国实践是高度吻合的。英国政治家早已在煞费苦心地寻找能够与之结盟和贸易的"当地统治者"了；对"间接统治"的偏爱在很多时候都是帝国的标志。各王公政要确实应该管理他们自己的事务，由英国居民或顾问进行指导，皇家海军维持全球和平：这是最好的（和最廉价的）办法。但帝国的政治家们这么说的意思往往是——就像殖民地大臣米尔纳勋爵在 1919 年（谈到阿拉伯半岛）很有耐心地向劳合·乔治解释的——这个土生土长的国家"应该远离欧洲政治阴谋的影响，置于英国的势力范围内：换句话说，其独立的土著统治者不应该与我们之外的任何外国签订条约"[27]。确实，已经建立的阿拉伯局也是按照这样的原则扩

25

展英国霸权的。

但在这一过程中，意料之外的事情发生了。这些英国官员中有一些开始对威尔逊的说法耿耿于怀。想想威廉·奥姆斯比－戈尔，一位来自贵族家庭的保守的青年陆军军官，他在1916年被临时调遣到阿拉伯局。奥姆斯比－戈尔发现埃及政治是令人沮丧的——"我是靠恐惧而不是爱、感激或忠诚统治这里"[28]——但他与侯赛因建立联盟的工作使他确信，一种新的方法是可能的。《赛克斯－皮科协定》深深地震撼了他。他向比自己级别更高的官员抗议道："我们的职责是保卫和帮助弱小的受压迫的国家。"如果"我们把不喜欢我们的国家的广袤土地在我们的盟国和我们之间进行分配……我们将不得不承认，国内的拉姆齐·麦克唐纳们（Ramsay Macdonalds）、特里维廉们（Trevelyans）和肖们（Shaws）以及我们疑心的印度批评家都比我们更了解我们自己"。[29]他（热心地即便不是完全合乎逻辑地）认为，英国应该通过支持民族自决来赢得朋友，为争取阿拉伯人和犹太人也应该这么做。回顾1917年的伦敦，奥姆斯比－戈尔是起草设计《贝尔福宣言》（Balfour Declaration）的圈子的成员，并在1918年春与哈伊姆·魏茨曼和犹太复国主义委员会（Zionist Commission）（图1－2）一起被派往巴勒斯坦，尝试"让阿拉伯和犹太领导人就他们各自未来的权利和权力达成某种协定"[30]。记住奥姆斯比－戈尔：我们很快就会再次遇到他，指望日内瓦来推进这些目标。

当然，英国对民族自决的支持常常受到更多怀疑。当奥斯曼人仍然处于控制地位时，《赛克斯－皮科协定》受到打击，但到1918年整个中东实际上已落入英国手中。胜利孕育了更大的野心，因为一大群决策者开始认为可以把法国放在一边，大

图 1-2　1918 年春哈伊姆·魏茨曼（穿白色衣服者）和犹太复国主义委员会赴巴勒斯坦。第一排左起的两位官员为：埃德温·塞缪尔（赫伯特·塞缪尔之子）和威廉·奥姆斯比-戈尔。

英帝国掌握支配从印度到好望角（the Cape）由殖民地和"土著国家"（native states）组成的走廊。当艾伦比在当年 12 月撤出其军队，让费萨尔骑着白色大马在他之前进入大马士革时，就像英国官员宣读《英法宣言》（Anglo-French Declaration），承诺"全国性政府和行政机构从土著居民的倡议和自由选择中获得权威"，他们也都是企图获得自己的霸权。就像当时的枢密院议长（Lord President of Council）寇松勋爵在一次内阁委员会会

27

议上简洁而有力地指出的，为保护他们的帝国收益，英国人将要"充分利用民族自决"。[31]

由于自由国际主义、帝国人道主义以及纯粹的领土占有欲等强力发酵，英国关于委任统治制度的建议应运而生。[32]但此时仍未达成共识。南非总理扬·克里斯蒂安·史末资（Jan Christiaan Smuts）在其1918年12月的小册子《国际联盟：一种切实可行的建议》（*The League of Nations: A Practical Suggestion*）中指出，大英帝国为国联树立了一个非常有影响力的榜样。但史末资华丽的作品实际上是一种遏制，他只是想把国际控制限定在中东，因为德国殖民地全部"被野蛮人占据着，他们不但自己不能管理自己，而且对他们来说任何政治自决的理想都是不可行的"[33]。反奴隶制协会的看法不同，甚至殖民地部（Colonial Office）内部有些人准备接受国联应该有权访问各领地、结束委任统治并裁决国家间的争端。的确，如果国联认为这些规定应该扩展到所有殖民地，一位官员指出"英国无论如何都不会提出反对意见"[34]。

但法国会提出反对。整个1918年12月，法国官员日益愤怒地注视着正在形成的英美联盟。在他们看来，法国在凡尔登（Verdun）已经赢得了领土补偿之权利，英国试图改变游戏规则等同于背叛。法国需要西非在未来的战争中提供士兵，在奥赛码头（法国外交部）罗贝尔·德·凯认为费萨尔的新的叙利亚国家不过就是英国的一个代理。[35]但当法国外交官试图与英国外交官在美国人到达之前达成双边协定时，他们发现自己往昔的盟友变得闪烁其词、难以沟通。英国人已把他们的命运与威尔逊镶铸在一起，他们将会利用这种联盟强迫其他国家接受一个没有人想要的委任统治制度。

威尔逊主义的消长

1919 年 1 月，各国代表团在巴黎奢华的酒店安顿下来并开始工作。乔治·路易斯·比尔认为，他们工作差异很大。英国人准备得很好，比尔发现马杰斯迪克酒店（Hotel Majestic）充满了令人耳目一新的"民主精神"，来自大英帝国各地的所有大政治人物一起在餐厅用餐。[36]法国人准备得很差，但这并不重要，因为乔治·克里孟梭根本不在意他的部长们，完全不理会他们的建议。[37]比尔自己的美国代表团是最矛盾的。威尔逊带着几十位专家和大量报告和计划到达巴黎，可一旦到位，他就忽略了他们。比尔在 3 月带着失望记录道，一个故事正在流传着，当美国专家有好想法时，他们就带着这些想法去找法国人，法国人再把这些想法传递给英国人，英国人最后把这些想法带给威尔逊。[38]

这一点已变得越来越明显，殖民地安排问题一被提出，英国人就会在不断进行道德说教的美国人和其他人之间进行调解。美国、法国、英国、意大利和日本很快就在 1 月 24 日达成协议，不能归还德国的殖民地，但威尔逊的授权国联管理它们的建议仅得到劳合·乔治的支持，但劳合·乔治也建议把太平洋和南非领地排除在外。英联邦各自治领和日本的大臣们在吵吵闹闹中同意了，法国殖民地部长亨利·西蒙（Henry Simon）在 1 月 27 日声明说，尽管法国愿意实行"门户开放"政策并保护当地人口，但法国"拥有主权"，以实施"其文明教化之工作"。巴黎和会已经开了 10 天，反兼并主义已经彻底破产。威尔逊非常气愤地插嘴说："世界各国可能会说，大国第一次划分了世界上非常无助的各个部分，然后建立了一个国联。"没有人会对一个建立在这样的基础之上的国联有信心。[39]

劳合·乔治努力争取妥协。他认为委任统治制度是值得挽救的，不仅是为了留住威尔逊，也是为了——就像他对大英帝国代表团所说的——纯粹的帝国原因。特立独行的保守党人和国际主义者，构建国联的计划中的威尔逊在英国的主要伙伴罗伯特·塞西尔（Robert Cecil）勋爵同意：这些已提出的在大英帝国盛行的标准无论如何都会迫使"法国和葡萄牙治理糟糕的殖民地"进行改革。史末资强调把委任统治制度限定在中东领地，那里的人民能够"为自己辩护"，但现在，1月27日，劳合·乔治认为可以扩大这个制度——如果存在不同程度的委任统治。[40] 澳大利亚暴躁的威尔士人总理比利·休斯（Billy Hughes）仍然吹毛求疵，但依靠威尔逊及各自治领的总理支持，劳合·乔治赢得了协议。

1919年1月30日，最高理事会（Supreme Council）同意，奥斯曼帝国的中东部分和原德国殖民地居住着的"在现代世界的紧张条件下还不能自立的人们"，由"先进民族"根据"这些人民的幸福与发展构成对文明的一种神圣信任"这一原则进行管理。三个层次的委任统治制度得以界定。"甲类"委任统治制度是为之前处于奥斯曼帝国统治下的群体制定的，它们已经"发展到作为独立国家存在可以得到临时承认的阶段"，因而根据它们的意愿选择的受委任国将会为其提供"建议和帮助"。"乙类"委任统治制度将适用于德国在东非、西非和中非的前殖民地，这些地区将根据各种人道主义原则进行治理并获得经济上平等进入所有国联成员国的机会。最后，一些领地，"由于其人口稀少，或规模较小，或远离文明中心，或与受委任统治国地理上的临近"——和平缔造者们心中惦记着的太平洋领地和西南非——可以根据"丙类"委任统治制度把其作为受委任统治国自己领土"不可或缺的部分"进行管理。法国对禁止军事化仍然感到不快，但当劳合·乔治爽快地向克里孟梭保证如果不是"为侵略目的而训练大规模黑人军队"，他们可以随意征募，法国也原则上接受了委任统治制度。[41]

　　1 月 30 日做出的决定将会得到坚持。这样将会有一套委任统治制度，有三个层次的"委任统治"，统治国家的责任和被统治人民的权利在每个层次上都各不相同。这一天达成的协定的语言和结构将成为《国联盟约》之第 22 条的内容。但还有很多问题尚不明确——包括哪些国家将会是"受委任统治国"，中东哪些民族群体将会纳入这个制度（亚美尼亚人、库尔德人，事实上安纳托利亚本身的形势都处于不稳定状态），以及受委任统治国统治将要面临的具体形势等。理论上讲，协约国的最高理事会应该就这些问题做出决定，而且它已就此举行了多次听证会。"四大国"——后来意大利退出后的"三大国"——听取了比利时保留卢旺达和布隆迪的请求、意大利苛刻的要求以及哈伊姆·魏茨曼争取犹太复国主义者在巴勒斯坦权利的主张。他们听到了费萨尔埃米尔为其在大马士革的脆弱的政府争取国际承认的请求，美国学者对叙利亚人反对法国统治的警告，马龙派族长（Maronite patriarch）争取法国保护下的"大黎巴嫩"的主张，以及法国外交部组织的亲法叙利亚代表团辞藻华丽的夸夸其谈。3 月 20 日，他们同意派出一国际委员会（后来法国和英国联合进行了抵制）以弄清中东人民的看法。他们让英国反奴隶制协会的秘书长、精力充沛的 J. H. 哈里斯（J. H. Harris）——竭尽全力使该协会"被视为大国之一"，一位公务员抱怨道——论证严格的国际监督，禁止土地转让，并设立"上诉法院"，以便听取当地代表的意见这些做法。[42]
他们没有派一个代表参与 W. E. B. 杜波伊斯在巴黎召开的第
一次泛非大会（Pan-African Congress），杜波伊斯主张非洲裔
人民的权利，以便就非洲大陆的命运进行咨询，尽管杜波伊
斯确实会见了比尔及威尔逊的其他一些顾问。[43]对于来自非
洲、中东和太平洋地区各地人民的磋商或自治的诉求，最高
理事会都未予承认。[44]

　　然而，直到 5 月 7 日最高理事会都没有做出进一步的决定。
相反，首长们转而依靠其助手们在幕后解决问题。对于委任统
治问题的谈判，威尔逊把责任留给了比尔及其信任的顾问"陆
军上校"爱德华·豪斯（Edward House），克里孟梭留给了其殖
民地部长亨利·西蒙，劳合·乔治把责任留给其殖民地大臣阿尔
弗雷德·米尔纳（Alfred Milner）子爵；米尔纳被召到巴黎的任
务就是制定一个所有各方都能同意的制度。米尔纳对此感到五
味杂陈。作为英王爱德华七世时代一位伟大的帝国殖民地总督，
在成为劳合·乔治政府中负责战争政策的集团的一分子之前，
米尔纳曾是驻南非的一位奉行扩张主义的高级专员并赞助了一
群有才华的帝国青年官员。他经历了第一次世界大战，确信只
有英国的帝国权力才能保护世界免受无政府状态的伤害，尽管
他愿意为"国联"博一把，但和史末资一样，米尔纳基本上是
把它作为普及英国规则和实践的一种机制。作为一个实用主义
者和一个爱国者，他已经"不无焦虑地"读过劳合·乔治胁迫
自治领总理的报告，相信无论其他地方怎么解决，西南非和太
平洋地区殖民地"应该被无条件地移交到英国的旗帜下"。[45]

　　因此，米尔纳决定大英帝国代表团的首要工作是在担心与
其他国家进行谈判的复杂性之前"努力弄清我们想要的东西"。

31

在 3 月 8 日的一份至关重要的备忘录中，他把这个制度重铸成英国帝国主义的强大力量。他把"甲类"委任统治搁置在一边，因为中东战争仍在继续，除了等待观望什么都做不了。然而，当涉及非洲时，米尔纳开始推动不再讨论国联的最高统治权——在威尔逊的设想中处于核心地位。他非常不老实地争辩说，最高统治权对律师来说只是一种技术性的利益问题：关键是"实际的权威"将完全由受委任统治国行使，这就如同"人在遭受某些奴役的情况下得到一种财产"。这是一种仍暗含着把最高权威授予帝国权力的方案，确实，米尔纳认为在"丙类"委任统治情况下，这些奴役如此轻微以至于这些领地可以被并入对其进行管理的国家。他也不会看到把一个处于"乙类"委任统治的地区（这里他想到的是东非）与一个邻近的殖民地合并到行政联盟中的特殊障碍。完全不同于反奴隶制协会的计划，米尔纳没有试图界定国联的权力，因为他清楚说得越少越好。[46] 从早期与亨利·西蒙和阿尔贝·迪谢纳的会谈中，米尔纳知道法国很不喜欢国联监督的想法，但至少在他确定的制度中，几乎没有他们可能会反对的"监督"。[47]

　　5 月 7 日，最高理事会最终分配了非洲的委任统治地。一点都不奇怪，每一个地方的占领者都被确定为委任统治者，尽管德国的整个东非（包括卢旺达和布隆迪，现在由比利时占领）被分配给英国，英国和法国还被要求就多哥和喀麦隆提出联合建议。[48] 然后，米尔纳试图解决所有遗留的问题。他和西蒙一再会见意大利人，并一起抵制他们在北非的过分要求。[49] 他会见了比利时代表团，被皮埃尔·奥尔茨无可挑剔的准备说服，同意比利时继续拥有卢旺达和布隆迪——而比尔、他自己的副秘书长利奥·埃默里、寇松勋爵（不久后接任外交大臣）

以及反奴隶制协会都不可能同意比利时的殖民统治。[50]他与西蒙就多哥和喀麦隆进行了双边会谈，最初非常愉快地同意把多哥的"小条块"地区并入邻近的法国和英国殖民地，"不存在授权问题"，[51]只是由劳合·乔治告知最高理事会西非不适用委任统治机制。[52]如果让米尔纳和西蒙按照他们自己的方法行事，他们可能很快就全部解决了委任统治制度。

32   但就像劳合·乔治所意识到的，协约国需要委任统治制度，因为这是对它们赤裸裸吞并指控的唯一辩护手段。5月7日，也就是各领地被分配的那一天，德国代表团得到和平条款的草案，这激起了群众集会、抗议和持续一周的"全国哀悼"。[53]"战争罪责"条款和在东方的领土损失可能是最严重的打击，但要求德国声明放弃海外殖民地也是一种打击。两个月前，德国"常胜"将军保罗·冯·莱托－福贝克率领刚刚被遣送回国的、身穿其殖民地制服的东非防卫军（Schutztruppe）穿过柏林欢呼雀跃的人群（图 1－3）。德国代表团坚决主张，现在比以前更需要德国的殖民地，它们提供了对于新的满目疮痍的共和国来说必不可少的原材料、市场和殖民空间。此外，"作为伟大的文明种族之一，在落后种族的教育方面，这是文明人的共同任务……德国人民有权利，也有责任进行合作"，也愿意"以托管形式"进行治理。[54]协约国反驳说，德国已经完全丧失了文明人的地位。它已经发起过一场战争，这是"对人类和人民之自由所犯的最严重的罪行，任何称自己为文明人的国家都不会故意犯下这种罪行"。德国殖民统治的记录使得不可能"把

33   训练和教育其居民的责任托付给它了"。[55]这可能是最让人耿耿于怀的言论。

与此同时，在1919年6月28日，也是国联成立的庆祝仪

图 1-3　1919 年 3 月 2 日东非防卫军在柏林游行，由保罗·冯·莱托 - 福贝克率领。第三个穿黑色制服者是海因里希·施内，德属东非最后一任总督。

式上，德国新的社会民主党（Social Democratic）政府被迫签署和约。尽管《国联盟约》包含在和约文本当中，但委任统治制度并未包含其中，因为米尔纳之前未能就此达成一致。尽管从 7 月到 8 月初，一个由他任主席的委员会一直在伦敦开会，但未能取得什么进展。[56] 一个问题是，日本人坚决反对从"丙类"委任统治制度文本中删除"门户开放"条款——这一决定使澳大利亚能够维持其排斥非白人的做法[57]，但第二个更棘手的问题是，法国现在希望完全废除这套制度。就像英国外交部（Foreign Office）的法律顾问所解释的，法国是想让整个法属西非普遍承担兵役但又不想受到任何可能会使之变得困难的协议的约束，[58] 他们根本也不会讨论"甲类"委任统治制度。[59] 在 8 月 5 日该委员会的最后一次会议之后，法国拒绝参加这次会议，米尔纳放弃了努力。[60]法国人决心去做"擅自居住者，"他私下里向外交大臣 A. J. 贝尔福报告说，"和其他擅自居住者一样，只是随着时间的流逝，他们就会成为主人。"[61]

米尔纳没有太在意。相较于国联的支持者，他更是一个帝国主义者，如他所言，也是少数几个认为英国不应该试图"把法国骗出叙利亚"者之一。[62]但对于致力于国联，更不用说对费萨尔作出承诺的那些英国政治家来说，法国人的推诿搪塞是极其令人担忧的。罗伯特·塞西尔、贝尔福以及新任命的国联秘书长埃里克·德拉蒙德爵士，都敦促米尔纳继续举行委任统治委员会会议，起草中东的委任统治制度——塞西尔积极地建议包含一个条款，该条款规定每一领地现在都是"国联担保下的独立国家"，这种说法对于英国和法国来说都是完全不可接受的。[63]8 个月前，法国在中东的地位是微不足道的，威尔逊也处于支配地位，英国粗暴地拒绝了法国的建议；现在，美国明星黯然失色，轮到法国搪塞英国了。米尔纳准备去埃及，设计一种新的宪政安排，而塞西尔现在建议他通过把埃及置于委任统治之下来为此确立标准——米尔纳的书信当中有一封正体现了此一精明要求。

34   "我……一直是赞成'委任统治'原则的"，米尔纳告诉塞西尔——在米尔纳看来这种原则"只是一种具体形式的外衣，实际上为我们在埃及一直试图实施的制度赋予国际权力"。确实，如果奥斯曼帝国的其他地区已经被置于委任统治之下，英国可能会考虑是否通过同等对待埃及而"结束这种体系"。但是这种委任统治制度尚未被创造出来，而且：

> 我们确实也不能完全靠我们自己继续玩这种委任统治

的游戏。在我同意把世界上目前我们控制的地区置于委任统治之下之前，我应该更加确信委任统治制度将会是有效的。目前，除了我们所做的（我几乎可以说是我做的），没有什么能使它成为现实，我们尚未成功地对任何人施加限制除了我们自己。

米尔纳特别指出，法国人已经"坚定地拒绝接受令他们不满意委任统治制度的根本条款"，而且已经明确表示他们完全不会接受在西非的委任统治。

谁会让他们这么做呢？只有英国和美国真正希望国联成为现实，而美国"在我看来越来越不愿意为国联发挥作用而出力"。因而，英国既不愿意与法国争吵，也不愿接受因赋予"反对委任统治的人……有权在国际法庭进行严厉谴责"而造成的所有麻烦，除非这么做能够"全面"确立国联的权威。米尔纳很想努力"以我所称的委任统治路线为基础"为埃及制定一部宪法，但不会允许国际会议讨论埃及，除非这种机制有可能被其他大国接受。[64]带着这一目的，他动身前往埃及。

当然，米尔纳未能认识到的是，法国所反对的"根本条款"——关于军事征募的禁令——会削弱法国的安全而英国的实力却完好无损。西非是法兰西帝国军事人员的主要来源地，就像印度（而不是非洲）之于英国一样——如果法国提出印度次大陆实现非军事化以促进世界和平的建议，人们可以设想英国的反应。随着右翼的国民联盟（Bloc National）在1919年11月议会选举胜出，威尔逊以及令人烦恼的比尔先生返回美国，塞内加尔和摩洛哥的军队到达黎凡特地区，法国更没有理由作出妥协了。

35   在这一年冬季，委任统治制度的前景陷入最黯淡的状态。《凡尔赛和约》在美国国会遇到麻烦；尽管没有几个人知道，威尔逊患上了严重的中风，其体力再也无法恢复了。万幸的是，国联的支持者无法预料美国会报复性地攻击自己的创造物：1922 年和 1923 年，沃伦·哈定（Warren Harding）的共和党政府对寄给它的信件视而不见，同时又迫使每个委任统治国单独谈判条约，以确保美国在每一个领地都拥有平等的权利——这一令人疲惫的过程进一步延迟了委任统治制度文本的批准。[65]但 1920 年 3 月更是糟糕透了，因为美国参议院最后一次否决了《凡尔赛和约》，乔治·路易斯·比尔——被提名领导设在日内瓦的委任统治部（Mandates Section）的人——突然去世了。作为一项英美计划，委任统治制度结束了。

创造既成事实

美国的退缩使这一点非常清楚了：英国和法国不得不进行协调。对美国在亚美尼亚或安纳托利亚之存在不抱期望，英国很快就得出结论，它们面包上的黄油与法国的面包上的一样，都是涂在同一边的。《赛克斯 - 皮科协定》再次提供了框架，英国官员同意不干涉法国的"区域"。作为交换，他们明确表示巴勒斯坦与法国无关。在 1919 年底和 1921 年初之间的一系列通常非常激烈的闭门会议中，通过造成"既成事实"，两个帝国达成了妥协（图 1 - 4）。

这一协定是在 1920 年 4 月举行的圣雷莫（San Remo）会议上公开的。在这次会议上，最高理事会最终分配了中东的委任统治地。美索不达米亚和巴勒斯坦被分配给英国，叙利

图 1 - 4　意见不一的协约国：1920 年 5 月海斯（Hythe）第一次会议。从左至右：菲利普·沙逊（Philip Sassoon）、魏刚将军、福煦（Foch）元帅、陆军元帅亨利·威尔逊（Henry Wilson）爵士、佚名、大卫·劳合·乔治、菲利普·克尔（Philip Kerr）、亚历山大·米勒兰、弗朗索瓦·马萨尔（François Marsal）、奥斯丁·张伯伦、G. 卡梅奎克（G. Camelqueck）和莫里斯·汉基。

亚（包括黎巴嫩）被分配给法国；两大国还临时签署了一个秘密协定，把伊拉克四分之一的石油给予法国。然而，在圣雷莫达成的方案不同于威尔逊和史末资共同设想的方案，而是更像一个同意保留分歧的协定。因而，尽管法国人和意大利人明确表达了他们对巴勒斯坦委任统治地的犹太复国主义倾向的憎恶，且对承诺仅仅保障非犹太人口的"公民和宗教"

权利而非其"政治"权利的语句强烈不满，但他们接受了寇松牵强的说法，"在英国的语言中，'公民权利'包含所有普通权利"。[66] 出席圣雷莫会议的魏茨曼心情愉悦：这个协议"和《贝尔福宣言》一样重要"。[67] 作为回报，英国人确保他们从叙利亚撤离。

36　　这两大国于是按照它们的期望创立了中东的国家和边界。法属区域的安排基本上是按照罗贝尔·德·凯的设想进行的，现在他被任命为新任驻叙利亚高级专员、摩洛哥战役中虔诚信仰天主教的老兵亨利·古罗（Henri Gouraud）将军的秘书长。古罗和德·凯一起在贝鲁特的基地开始重新确定叙利亚的地图。他们的第一个行动是确保黎巴嫩的独立存在。费萨尔曾告诉于1919 年 7 月被派去了解当地看法的美国委员，一个独立的黎巴嫩是受正在占领着该地的法国的启发而提出来的"一种不自然的想法"："叙利亚"是一个国家，黎巴嫩是其中的一个组成部分。并不是所有成为"黎巴嫩"居民的人都同意，特别是黎巴嫩山区的马龙派教徒群体（Maronite community）特别担心费萨尔的议程。1919 年 11 月，靠哈威克族长（Patriarch Hawayik）

37　熟练的游说，克里孟梭承诺给予黎巴嫩独立；在古罗的坚持下，"我们黎巴嫩的受保护者……我们在叙利亚影响力的主要基础"所要求的主要由穆斯林居住的地区（包括贝卡谷地、贝鲁特和的黎波里）也包含其中（图 1 - 5）。[68] 1920 年 9 月 1 日，古罗宣布在法国的委任统治下建立"大黎巴嫩"。[69]

　　到这时，费萨尔的国家也已经被清除了。美国人亨利·金（Henry King）和查尔斯·克兰（Charles Crane）领导的委员会曾于 1919 年夏季访问过叙利亚和黎巴嫩，早就得出叙利亚人坚决反对法国统治的结论，但其报告从未公开过，而且——除了

图 1 - 5　叙利亚委任统治制度设计者：古罗将军和弗朗索瓦·乔治 - 皮科，前排中部，1919 年 11 月 23 日在贝鲁特拉丁教堂前的阶梯上；穿着黑色外套的罗贝尔·德·凯在皮科的正右后方。

在动员当地民意方面——没有任何影响。[70] 在整个 1919 年，艾伦比在叙利亚维持着大约 4.5 万人的英国军队，而法国军队只有 8000 人，[71] 但到这一年年底，这些军队都开始撤出了，由费萨尔来与法国谈判他能得到的结果。费萨尔在 10 月时被召唤到巴黎，听取了法国宣读的条件。法国承认阿拉伯国家的"独立"，但作为交换，法国顾问团将组织其政府、军队和警察；法国将保卫其边界并管理其对外关系；并把经济上的特许优先给予法国——这一要求与第 22 条本身是相悖的。[72] 费萨尔极不情愿地接受了这一最后通牒——"他是被捆住手脚送到法国的"，他对一位英国官员说[73]——但叙利亚民族主义者没有接受。1920 年 3 月 8 日，也就是美国参议院拒绝《凡尔赛和约》的日子，大马士革举行的叙利亚国民代表大会（Syrian General

38

Congress）宣布叙利亚是一个"在其自然边界之内的"独立国家——也就是说，包括黎巴嫩和巴勒斯坦——并任命费萨尔为其国王。[74]次月，费萨尔拒绝了圣雷莫做出的把委任统治权授予法国的决定。[75]

古罗和德·凯不会容忍这种违逆行动。法国外交部已得到英国绝对不干涉的承诺，无论法国采取什么行动。[76]就在这一年5月，德·凯与土耳其谈判达成了停战协定——这一举动，费萨尔在致寇松勋爵的信中写道，表明古罗的意图是"为反对我在大马士革的政府的军事行动寻找借口"（图1-6）。[77]他（费萨尔）是正确的：在一份关于叙利亚之计划的长篇备忘录中，德·凯已经决定驱逐费萨尔政府。"谢里夫的君主政体不仅是人为的而且与这个国家传统的抱负和分歧完全格格不入"，还被"英国的阿拉伯同情者"凭空想象成用来反对法国的武器。德·凯非常愤怒地写道，英国人的目的一直是在叙利亚唤起阿拉伯的民族主义，同时保持美索不达米亚不受损害，"从而利用它把法国从叙利亚驱逐出去"。妥协是不可能的：相反，法国必须罢黜费萨尔并分割这个领地。黎巴嫩和库尔德人与土耳其人的地区将会单独管理，而叙利亚本身将会被分割成8个或9个松散联邦州。这完全是一种分而治之的计划。[78]

随着法国军队增加到8万人，几天之后结局就出现了。伦敦方面已经指示艾伦比不要对费萨尔的请求做出反应，[79] 1920年7月24日，谢里夫的部队与由塞内加尔人和摩洛哥人组成的法国部队在大马士革外的梅萨伦（Maysalun）平原上进行了大约8个小时的战斗（图1-7）。古罗向巴黎报告说，战斗中大量使用了火炮和飞机，费萨尔的战争部长被发现死在战场上。[80]

图 1 - 6　1920 年 6 月，费萨尔国王骑着白马在阿勒颇
巴龙酒店（Hotel Baron）前检阅军队。

图 1 - 7　1920 年 7 月，古罗将军骑着白马在梅萨伦战役
前检阅法属塞内加尔人军队。

40 英国方面收到这些消息后非常震惊。奥姆斯比－戈尔和塞西尔几天前在下议院已谴责法国的行为与《国联盟约》的原则绝对是冲突的，但很快被告知英国没有理由抱怨，法国只是寻求维持秩序并确保委任统治得到尊重——这与英国在美索不达米亚采取的政策是相同的。[81] 刚刚取代贝尔福任外交大臣的寇松勋爵私下里对法国外交部秘书长菲利普·贝特洛说，英国对费萨尔负有责任，不会"毫无关切地……看着他消失"——但除了这种警告，英国不会进行干涉。[82] 费萨尔及其支持者逃走了，几天之内就到了巴勒斯坦。

美索不达米亚发生的情况非常相似，因为在 1920 年夏季英属地区也处于烈焰之中。就像在大马士革和耶路撒冷一样，英法在 1918 年 11 月承诺地方自治的宣言在巴格达已经被宣读过，但是这儿的民事专员、陆军军官阿诺德·威尔逊（Arnold Wilson）爵士被说服，认为当地的阿拉伯人没有自治的愿望，因而实施了"印度"式的直接管理。这一年夏天，幼发拉底河地区的什叶派部落联合城市（主要是逊尼派）民族主义者，发起了大规模起义，目的是赶走异教占领者。到 11 月，英国已重新确立了控制，但是通过大量使用空中力量并花费了 4 亿英镑才得以实现。[83]

然而，正当开支攀升、战斗激烈之时，英国关于"独立"的独特思想再次占据上风。"东方人满足于由一个欧洲国家培养出自治能力的时代已经过去了"，英国外交部一位顾问在 1920 年 5 月如此写道；考虑到那些已经被唤醒的民族情感，在中东实行"直接管理"是毫无可能的。[84] 其代价过于高昂：军事上和财政上的过度扩张，爱尔兰、印度、埃及和东欧都在为战争寻找经费和人力了。英国伦敦的大臣们——更别提难以驾驭的英国下议院——现在已经把英国对于美索不达米亚的责任视为一种巨大的浪费。在法国向叙利亚派出大量军队时，英国的大臣们以及在伊拉克的官员们在寻找另外一种模式。[85]

对费萨尔的愧疚感也影响了英国人的思维。"所有阿拉伯的君主中只有费萨尔知道管理一个文明政府的实际困难，"阿诺德·威尔逊爵士在这位君主被驱逐出大马士革一周之后写道。 41
作为替代，可能会把美索不达米亚给费萨尔吗？[86]寇松同意这么做，并在 8 月初与劳合·乔治一起把这一计划通知新任法国总理亚历山大·米勒兰（Alexandre Millerand）和菲利普·贝特洛。可以预料到，米勒兰非常震惊。英国应该理解"对于法国政府来说，让背叛法国的费萨尔一世占领美索不达米亚是多么不可能的"。然而，英国不愿意放弃自己的主张。劳合·乔治非常坦率地告诉米勒兰，他们向伊拉克的土地上倾注了大量的人力和财富，已经再也负担不起了。而且，尽管他们在法国把费萨尔从大马士革驱逐出去之时没有进行抗议，认为这事不关己，但他们已经承诺建立一个阿拉伯国家并打算支持它。[87]古罗在叙利亚发起的强烈抗议没有产生影响。[88]在伊拉克，英国的政治官员开始组织他们地区的重要人物发表宣言，支持费萨尔作为候选人（这在北部库尔德人地区并不是简单的事情，有人非常不高兴地回忆道）。[89]1921 年 8 月 23 日，穿着军装而非传统的阿拉伯服装，费萨尔被加冕成为伊拉克国王。

在 1920 年春天，巴勒斯坦也是难以驾驭的地方，犹太复国主义者和阿拉伯城市人口的敌对动员模式已经为其公共生活打上了烙印。4 月初，穆斯林拿比牧撒节（Nebi Musa）的庆祝活动演变成残酷的大屠杀，犹太人的自卫部队动员起来做出回应。[90]

《贝尔福宣言》适用于巴勒斯坦委任统治地的消息在巴勒斯坦几乎 90% 的阿拉伯人中引起"极大兴奋"，艾伦比在埃及警告说，穆斯林会把"任命一位犹太人作为首任总督，即使他是一位英国犹太人，视为把国家转交给一个永久性的犹太复国主义者的政府"。[91] 随着赫伯特·塞缪尔爵士，前自由党的内政大臣和英国犹太复国主义者（他曾出席圣雷莫会议以确保在委任统治制度中包含《贝尔福宣言》的内容），抵达巴勒斯坦接任高级专员，英国争取阿拉伯世界同意犹太移民的长期且徒劳的努力开始了（图 1-8）。但塞缪尔另一项调解努力更加持久：外约旦（Transjordan）的形成。

图 1-8 1920 年 6 月 30 日，赫伯特·塞缪尔作为首任
高级专员抵达雅法。

1920 年，约旦河东岸一大片土地的分配还未确定。这个地区人口稀少，大约一半的人口，估计约有 23 万人，是游牧的贝都因人。根据《赛克斯－皮科协定》，该地区位于英属地区，

原本处于国家控制之下，费萨尔通过提供调解、补贴和服务而
得到当地谢赫们（shaykhs）的拥护，统治着毗邻叙利亚的北部
地区。[92] 费萨尔政权的崩溃导致部落权威的重新确立，法国人
也采取了一些行动施加影响力。塞缪尔渴望建立英国的权威，
得到伦敦勉强同意后，他在 1920 年 8 月前往索尔特（Salt），以
争取重要人物支持英国向这一地区派出政治官员。[93] 但哈希姆
王室（Hashemite）的利益也必须考虑。这一年 11 月，侯赛因
的第二个儿子阿卜杜拉（Abdullah）带着 300 人的武装部队到
达马安（Ma'an），以捍卫其家族诉求。由于他的出现、对法
国之影响的担忧以及降低开支的迫切需要等因素的驱动，第二
个"谢里夫解决方案"成型了。[94]

* * *

1921 年 3 月，几乎所有影响英国中东政策的重要人物都到
开罗开会了。新任殖民地大臣温斯顿·丘吉尔（Winston
Churchill）与一大群英国高级军事将领一起参加了会议，分别
担任驻伊拉克和巴勒斯坦高级专员的珀西·考克斯（Percy
Cox）和赫伯特·塞缪尔带着他们最重要的官员。在这里，"谢
里夫解决方案"得到正式批准。英国将会支持伊拉克的阿拉伯
政府；皇家空军将受委托承担保卫职责，从空中"安抚"库尔
德人和部落成员；将会谈判一个《英国 – 伊拉克条约》（Anglo-
Iraq Treaty），规范两国之间的关系；王位将会给予费萨尔。这
群人对于阿卜杜拉不太确定，但他们同意在外约旦地区考验他
一下，由英国政府补贴和英国官员为其提供支持。[95]

当然，罗贝尔·德·凯正在贝鲁特关注着这一进程，3 月
底他前往耶路撒冷与丘吉尔进行沟通，当时丘吉尔在开罗会议

42

43

之后正与塞缪尔及阿卜杜拉进行会谈（图 1 - 9）。他应该去抚平英法关系，但在两国的政策如此截然对立之时，他如何才能做到这一点呢？与阿拉伯人联盟，德·凯警告说，"英国是在玩弄一种它无法掌控的力量"，这种力量也不可避免地影响法国。丘吉尔反驳道，法国驱逐费萨尔已经导致英国自身的困难，英国在其所属地区有组织政府的自由，就像法国在他们所属地区所做的那样。[96]

图 1 - 9　1921 年 3 月 28 日，巴勒斯坦委任统治制度设计者在耶路撒冷。包括阿卜杜拉一世、赫伯特·塞缪尔和温斯顿·丘吉尔。

44　　　现在我们只能指望按《赛克斯 - 皮科协定》互相虎视眈眈地敌视着对方的两个帝国了。最终，他们达成了妥协，接受了在非洲根据占领情况、在中东根据秘密条约确定的相对范围。但它们共谋的看法是完全不可信的，因为它们几乎不愿进行太多交流，它们应该管理的制度——委任统治制度——也几乎没有出现。这一制度的英美基础已经坍塌了，法国对整个计划极其反感。但其支持者们——在这一阶段是通晓数国语言的、各种各样的（大多数是英国人）国际主义者、人道主义者以及律师，还有投入其中的怪异的国联官员——仍然有锦囊妙计。"两人之间的对话能够为其中一位谈判者展现无理性创造机会，有外部参与者在场时就不会表现出来，"罗伯特·塞西尔精明地建议；到了让更多人加入谈判的时候了。[97]应该从哪里找到这些人呢？如果要想让委任统治制度成为现实，英国就不得不依赖日内瓦。

第2章　游戏的规则

　　阿弗诺尔（法国籍副秘书长）先生说……秘书处……
自身没有行政权或管理权，其成员也没有提出政策的义务
或权利……因而，所有倡议权都归国联成员国所有。

　　尽管拉帕德教授承认秘书处应该是官方的、非个人
色彩的，但实际上他却塑造了秘书处完全不同的地位，
也就是说，秘书处成员对国联事务的看法，特别是得到
承认的制度有实实在在的影响力，因为国联行政院的决
定是由其秘书处的雇员——他们既有才华又有责任心——
准备的。

国联行政院会议备忘录，

第 74 号，1923 年 2 月 28 日[1]

　　到 1920 年夏，委任统治制度不过是掩饰威尔逊式面目的一
种粗陋和破碎的影子。占领者已被指定为"受委任统治者"，
但没有达成一个委任统治制度文本，也没有建立任何监督机构。
咨询当地人民意愿的承诺——远非建立全国性政府——已经被
违背了，那些反对新分配方案的人被放逐或镇压了。但是，如
果这种镇压巩固了协约国的控制，它会让全世界的国际主义者
感到失望和愤怒。1920 年 8 月初，也就是做出圣雷莫决议四个
月后，在西班牙圣塞瓦斯蒂安（San Sebastian）举行的国联行
政院第八次大会上，意大利代表指出，"公众舆论似乎也没抱着

极大同情接受委任统治制度"。"委任统治权被视为便利的、临
时虚构的东西。"[2] 人们根本不清楚这套制度到底是什么。

的确，它本可以就此结束。然而一群不那么光彩夺目而且
很大程度上被遗忘的人们——国联秘书处早期的官员——默默
坚持所发挥的作用，绝不会比委任统治制度表面上的设计师威
尔逊、史末资、劳合·乔治和米尔纳——到 1920 年他们已经不
再密切关注委任统治事务了——所发挥的作用小。官僚们都是
枯燥乏味的历史演员。但计划转变为实践，特别是在有远见的
人们已经离开舞台或变得任性时，需要特殊的个性和能力。在
1920 年，将自己的命运与国联联系在一起的三个人——国联首
任秘书长埃里克·德拉蒙德爵士、其机要助理菲利普·贝克
（Philip Baker）以及委任统治部首任主任威廉·拉帕德——挽
救了已经奄奄一息的委任统治制度。他们还得到重要（主要是
英国的）政治家的支持，但他们把这种工作视为自己的职责并
把成功的行政管理所依赖的所有技巧——建立人际关系网、计
划制订、报告写作、结盟、折中妥协——都运用到这一工作当
中。官僚体制比理想主义更能驯服权力的魔鬼。在 1920 年，协
约国还可以为所欲为；到 1922 年，它们就开始非常不情愿地学
习新规则了。为理解这种转变是如何发生的，我们需要回到
1919 年的伦敦，在这里一位循规蹈矩的苏格兰人开始建立一支
"新型军队"。

德拉蒙德、贝克与国联秘书处

国联造就的东西当中没有什么比国际性的秘书处更加具有
静悄悄的革命性影响。这确实是没有先例的。在 1914 年之前，
当政治家聚集在一起做交易时，他们通常是秘密地进行的，最

多带一到两名秘书，去保留备忘录和拟订公报。接下来的事情就由（或不由）各个国家来处理了。但国联需要定期开会，因而需要一套工作人员班子。所以，《国联盟约》规定设立一常设秘书处，并在一份附件中任命埃里克·德拉蒙德爵士为首任秘书长，领导秘书处。

作为英国外交部的职业官员，德拉蒙德在巴黎和会上曾是阿瑟·贝尔福的得力助手。德拉蒙德被选中是因为最重要的政治家似乎都不合适或无法担任，就连莫里斯·汉基爵士也决定留任内阁大臣。1919 年时，德拉蒙德 43 岁。来自西班牙的狡猾的裁军部负责人评论道，德拉蒙德是一位身材消瘦、眼睑下垂的苏格兰贵族（在 1937 年成为第七任珀斯伯爵），是他所见到过的唯一一个穿着大灯笼裤看起来十分自然的人。然而，德拉蒙德无精打采的外表很具欺骗性，因为后来证明他做事非常有条理、细心、善于选择工作人员（特别是在早期），能够调解争端，而且能够在不造成伤害的情况下说出坏消息。确实，与像达格·哈马舍尔德（Dag Hammarskjöld）这样坚持己见的人物不同，德拉蒙德面对过错是非常谦逊的，47 他更像是秘书而非秘书长（就像那个玩笑所讲的那样）。但是，从零开始创建一套机构的任务落到他身上，且无先例可循，他内在的谨慎（这不是屈从）被证明是一种非常有用的资产。他在离任时已取得了卓越成就，赢得了比接受这一任命时更高的声誉（图 2 - 1）。[3]

1919 年夏天，《凡尔赛和约》签订后，德拉蒙德在靠近白厅（Whitehall）的一套房间安顿下来，开始筹划秘书处的结构并雇用工作人员。在拒绝秘书长职位之前，莫里斯·汉基爵士已拟订出一个旨在方便大国协调的结构，法国、英国、美国、

图 2 - 1　国联秘书长埃里克·德拉蒙德爵士。

意大利和日本的副秘书长分别设有单独的办事处，都安排他们自己国家的工作人员。[4]但德拉蒙德出人意料地打破了这种以国家为中心的安排。德拉蒙德不是按照国家来组织秘书处的架构，而是按照职能对其进行了组织，设立了独立的部门——法务部（Legal Section）、经济和财政部（Economic and Financial Section）、委任统治部，等等——支持该组织各个重要领域的工作。更大胆的是，他决定打造真正国际性的官员，一批不是从国家的官僚机构借来的而是新雇用的、只忠诚于国联的男男女女。这并不是说秘书处是完全"中立的"。一群经过考验的战时合作者组成了中坚力量，德拉蒙德把政治部（Political Section）委托给曾在巴黎和会上担任克里孟梭翻译的历史学家保罗·芒图（Paul Mantoux）；经济部委托给牛津大学经济学家阿瑟·索尔特（Arthur Salter）爵士；信息部委托给法国记者皮埃尔·科默特（Pierre Comert）；法务部委托给荷兰法学家约斯特·范·哈默尔（Joost van Hamel）；管理少数民族事务这种特别棘手的任务交给了才能出众的挪威外交官埃里克·科尔班

（Erik Colban）。但也有一些不同寻常或很有远见的任命，特别是因第一次世界大战期间在法国组织英国的志愿护理服务而出名的雷谢尔·克劳迪（Rachel Crowdy）女爵士被任命为社会部（Social Section）负责人；在克劳迪的推动下，声名显赫的波兰流行病学家路德维希·赖赫曼被任命为卫生部负责人。[5]他们将服务于国联而非他们国家的消息吸引了年轻且特别进步的工作人员，德拉蒙德把大多数女性申请者调去从事办公室服务工作，他因此使得秘书处赢得标准和专业的声誉。

委任统治部本应该由乔治·路易斯·比尔领导，米尔纳委员会（Milner Commission）停止举行会议后他就返回纽约了，随着美国参加国联的前景变得越来越不确定，他对这个职位的兴趣也下降了。比尔在1919年10月拒绝了返回伦敦重新开始关于委任统治的踟蹰不前的谈判的紧急要求，德拉蒙德转而求助于从英国外交部借调来的一位聪明、年轻的官员（后来成为诺贝尔和平奖获得者）菲利普·贝克（Philip Baker）〔也即诺埃尔-贝克（Noel-Baker）〕。[6]由贝克处理各种事务，直到比尔回来。但从那时起，比尔始终没有回来，直到1920年夏天秘书处迁到日内瓦，威廉·拉帕德在这一年10月被任命为主任——也就是说，在一年多的时间里——国联在委任统治问题上取得的进展在很大程度上都是贝克的功劳。[7]

在政治上，贝克远比德拉蒙德要左很多，但他对英国官僚的游戏规则的形成、联系有着细致入微的了解，这使他们二人能很好地合作。贝克曾经是才华横溢的剑桥大学毕业生和奥林匹克运动会田径运动员，因在第一次世界大战期间服务于友谊（Friends）救护车队所表现出的勇气而被授予勋章。1918年后，贝克成为我们所说的国际政治变色龙（the Zeligs），在官方照片中处在部长后面身份不明但面孔又有些熟悉。他曾任罗伯特·塞西尔的机要助理和委任统治委员会秘书，在巴黎和会上草拟《国联盟约》，后来任米尔纳在委任统治委员会的秘书，这些角色使贝克比其他任何人都更好地了解每一个受委任统治国的立场。德拉蒙德知道他年轻的合作者将会试图把这些大国往更进步的方向推，但他相信贝克会尊重英国政府虚伪的赋权：政治家做出决定，官员只是提供技术援助。国联行政院或秘书长发布的关于委任统治的重要文件上都没有出现贝克的名字。但在国联的档案中，每一个草案中都有他姓名中的大写字母出现。

　　贝克通过给这些英国政治家和官员打下手开始了自己的工作——1919 年 8 月帮助 A. J. 贝尔福，9 月帮助德拉蒙德，这年冬季末帮助塞西尔·赫斯特爵士和寇松勋爵——他在试图让法国人重回谈判桌。[8] 但是，这些双边努力没有任何结果，这使贝克相信国联行政院必须自己处理委任统治问题。秘书处法务部荷兰籍主任约斯特·范·哈默尔向德拉蒙德保证，国联行政院有权这么做，因为当《凡尔赛和约》中不可能包含委任统治的内容时，短短的一行文字被补充到第 22 条之中，规定受委任统治国进行控制的程度将"由国联行政院在每一个案中做出明确界定"。[9] 1920 年春，现在戴着一顶"国联"的帽子，贝克说服德拉蒙德在一份给国联行政院的极其尖锐的最后通牒上签字，[10] 8 月国联行政院在圣塞瓦斯蒂安举行的会议上批准了后来很出名的《海曼斯报告》（因提交报告的比利时公使的名字而得名），该报告为国联的监管制度确立了框架。确实，美国 3 月否决《凡尔赛和约》导致了许多让步。分配领地、确定边界以及实际上拟订委任统治制度本身的责任全部划归协约国了，由大国操控的国联行政院而不是更加进步的国联大会负责监管这一点也达成一致。然而，由于所有这些因素，《海曼斯报告》既规定国联不但应该关注委任统治条款中特别提及的事务，而且应该关注"处于委任统治之下的各民族整体的物质和精神状况"，还规定委任统治委员会的大多数成员必须来自非受委任统治国。国联行政院随即要求协约国提供授权文本，以便展开监管工作。[11]

于是到 1920 年秋，很大程度上是在秘书处的坚持下，国联行政院同意实施这一制度。德拉蒙德和贝克能够解决这一问题是因为，虽然表面上他们都是国际性的官员，但都与很多英国官员和政治家有顺畅和隐秘的关系。确实，在这个阶段，秘书处就像英国外交部的前哨基地一样，把责任从协约国最高理事会（Supreme Allied Council）转到国联行政院的决定是针对美国退出而做出的一种非常务实的反应。已经失去了与美国的联盟，英国将依靠国联行政院来稳定殖民地安排。然而，德拉蒙德知道，英国的控制会引起憎恨，而且如果要想让国联顺利发展，这种控制必须受到抑制。6 个月后，他把贝克转出委任统治部，但贝克在离开前做了最后一件，也是非常危险的事情，刺激国联大会实现"神圣托管"愿望。

塞西尔、南森和国联大会

1920 年 8 月，德拉蒙德提前来到日内瓦，商定购买了湖畔宾馆的 200 个房间，这成为接下来 16 年里安置国联的地方。把国联迁往中立国瑞士——而不是像已经提议的那样迁往"被解放的"布鲁塞尔——表明了新机构超越战争仇恨的决心，并增强了秘书处的优越感。短短几个星期之后，11 月 15 日——比预期的要晚，国联行政院一直徒劳地等待美国加入——第一次国联大会举行了。42 个成员国派出代表团,许多官员、说客、记者、来自准成员国的代表以及单纯的祝福者也出席了会议。各代表团很快陷入大量会议当中,因为六个独立的委员会开始就接收新成员国、技术性部门的任务、秘书处的组织以及诸如亚美尼亚难民或经济封锁的使用等"热点话题"展开工作。还有大量的社交活动,各国家代表团竞相主办了许多奢华的招待活动。[12]

国联大会(就像后来的联合国大会一样)不可能成为反殖民主义的民族主义者的讲台和支持非殖民化的力量。它过于受欧洲和白人控制。除印度这个特例,帝国的属地都没有发言权。然而,国联大会是小国能够大声说话的地方:其精神是民主的,其威尔逊式的同情是非常强烈的。11 月抵达日内瓦后,许多代表也有理由担心大国可能会遮遮掩掩地清除掉威尔逊的重要成就——委任统治制度。他们知道侯赛因·谢里夫向英国和国联提出的无效诉求,贝克确认他们的档案包含《海曼斯报告》和圣塞瓦斯蒂安决定的副本,这些正是国联行政院声称对委任统治问题负责的依据。[13] 这些档案中还有德国政府提出的强烈抗议。[14] 许多代表同情德国的诉求,国联行政院正凌驾于作为一个整体的国联的权力(即国联大会)之上;私下里,英国官员确实也是这么做的。控制委任统治制度的斗争正在酝酿当中。

在国联大会上,委任统治事务被划归负责处理安全和军备事务的第六委员会(Sixth Committee)管辖。保禄·海曼斯在这一委员会,善变的罗伯特·塞西尔、著名的挪威人道主义者和探险家弗里乔夫·南森(Fridtjof Nansen)(被任命为委任统治小组的主席)、来自小国的许多成员以及作为"记录秘书"

51

（Recording Secretary）无所不在的贝克都在这一委员会。第六委员会立刻要求审核委任统治文本，但国联行政院推诿搪塞，只是在最后一刻才同意对其进行审核，且该委员会必须保证不在公开会议中提及它们。[15]然而，南森和塞西尔拒绝被胁迫，在国联大会的最后一天，他们提出一种解决办法，要求受委任统治国立即让这套制度生效。

这使 A. J. 贝尔福非常气愤，国联行政院和国联大会之间（帝国利益和国际利益之间）的冲突公开了。"处理委任统治问题的责任，"贝尔福在国联大会上简要地说，"只属于国联行政院。"由于英国代表在这一机构中，他认为自己"是完全自由地根据这些问题的是非曲直思考的，不受国联大会可能采取的行动的限制"。然后，会议成为一种非常英国式的公开争吵，塞西尔（贝尔福的堂兄）驳斥说，贝尔福自己的委员会早已同意国联大会自由地讨论任何国联事务。决议通过了，但代表们非常含蓄地同意，国联行政院不会被胁迫，而且在处理这一问题时"保留其完全的自由"。[16]

于是，国联行政院确定了其控制地位——然而，国联大会公开的批判也产生了影响。现在处于守势，国联行政院批准了常设委任统治委员会章程，发电报给受委任统治国，要求它们提交其委任统治制度文本草案并于 12 月 17 日使丙类委任统治制度生效。在接下来的几个月中，它提出了乙类委任统治制度文本，并任命了委任统治委员会成员——根据国联大会的要求，包含一位女性成员。于是，真正的监管权转到了委任统治委员会，但作为委任统治制度的助产士做了大量工作的国联大会从未丧失对这套制度的兴趣。其第六委员会每年都会评估委任统治委员会的报告，且直到 1934 年全体会议都会讨论其结论。当委任统治委员会受到攻击时，国联大会会为其提供支持；代表个人可以谴责受委任统治地的镇压行动或者在异常拥挤的大厅里详细控诉帝国主义的罪恶。南非代表用坦白直率的语言描述他们的新控诉，比如——"人们陷入野蛮状态，不知道会延续多少个世纪"[17]——在国联大会的世界主义的世界里并没有产生很好的效果。受委任统治国经常发现自己处于守势。

国联大会早期能够发挥这种重要作用有多种原因。其程序的公开性非常重要；这一事实也很重要，在这一阶段离任并试图建立一种"中央党"的塞西尔愿意发挥一种独立而且革命的作用。[18]不过，塞西尔还可以依靠贝克随时把情况告诉他：确实，认为国联官员决定了——甚至是策划了——国联大会的反应一点也不过分。然而，贝克也为忠于塞西尔以及支持国联大会反对国联行政院付出了代价，德拉蒙德因此无法信任由贝克掌管裁军部（贝克自认为板上钉钉的工作）；贝克经常认为由一位英国公民（或任何受委任统治国的公民）负责委任统治部是错误的，于是也决定离开了秘书处。[19]贝克离开后，很多事情将取决于委任统治部新主任的个性。

拉帕德与委任统治部

1920 年 10 月 9 日，就在第一次国联大会和秘书处迁往日内瓦之前，德拉蒙德请求威廉·伊曼纽尔·拉帕德，一位瑞士的大学教师和国际主义者，接受委任统治部主任一职。[20]这是一个大胆的选择，也是德拉蒙德可能会懊悔的一个选择。问题不仅仅是因为拉帕德——一位高大、友善和机智的男人——内心深处绝不是一个官僚。还因为拉帕德和贝克一样，是一个真正的威尔逊主义者，而且对于国联应该如何运作也与德拉蒙德有着非常不同的看法。德拉蒙德认为，国联应该使大国之间的合作更加平顺，而在拉帕德看来，应该让那些大国对一个民主化的世界承担责任。拉帕德在秘书处工作的四年期间，他们二人冲突了许多次，拉帕德几乎总是失败。毕竟，他是对德拉蒙德负责的，后者拥有绝对的权威。然而，拉帕德努力摆脱德拉蒙德的束缚，设法把他自己的独立性和理想主义在一定程度上渗透到委任统治部和委任统治委员会。

53

拉帕德，1883 年生于纽约的一个瑞士商人家庭，17 岁时返回瑞士。拉帕德通晓法语、德语和英语三种语言，在日内瓦学习经济学和法律并于 1908 年获得博士学位。尽管他酷爱旅行，但还是花费时间在欧洲的大学以及哈佛大学广交朋友，1911 ~ 1913 年在哈佛大学任经济学助理教授。然后，他在日内瓦获得一个教授职位，但也从事许多其他工作，在战争期间代表瑞士政府长时间出使华盛顿、伦敦和巴黎。作为威尔逊思想的热情支持者，他通过谈判不但使瑞士加入国联，而且使日内瓦成为国联所在地。[21]拉帕德对在德拉蒙德手下工作感到不安，他之前与德拉蒙德在另一个可能的职位问题上有过不愉快，但他的朋友们［包括来自法国的副秘书长让·莫内（Jean Monnet）］和他自己希望看到一个瑞士人成为高级官员的愿望说服他接受了现在的职位。[22]

拉帕德从到秘书处工作的第一天起就与德拉蒙德之间的关系很紧张。和贝克一样，拉帕德认为必须推动国联行政院与美国人达成协议并批准委任统治制度——在这一点上，纵然是非常不情愿，德拉蒙德还是支持了他。[23]但是，拉帕德还希望确保这些文本"在文字上和在精神上"都与第 22 条一致，这是《国联盟约》的支持者们不愿说出的。担心是有理由的，因为乙类委任统治制度文本到 1920 年冬才被缓慢送到秘书处。在对自治领的让步上，丙类委任统治制度文本中已包含了允许受委任统治国管理这种领土"作为自己领土不可分割的一部分"的条款，为换取法国同意把这些领地置于委任统治之下，类似条款也被加进多哥和喀麦隆的委任统治制度文本当中。现在，比利时提出在关于卢旺达和布隆迪的委任统治文本中加入类似条款，作为细微的行政管理问题这种改变很容易混过去。[24] 贝克和拉帕德没有被欺骗。贝克写道，除英属东非的委任统治制度文本外，所有乙类委任统治制度文本草案现在都"需要国联行政院进行大幅修改，如果要让它们真正符合第 22 条的文字和精神的话"。关于奴隶制、强制劳动、酒类贩运，以及土地的条款都应该更加严格，允许建立行政同盟的条款必须被全部废除，否则乙类和丙类委任统治制度之间的差异就几乎消失了。[25]

但是，除自治领外，所有受委任统治国都在国联行政院中，它真的会让这些文本更加严格吗？拉帕德认为这是不可能的，和他的前任贝克一样，他也开始在幕后寻找盟友。从第一次国联大会上的争吵以及对英国报纸的解读，拉帕德知道英国许多有地位的国际主义者和人道主义者对于国联迟迟不让委任统治制度生效感到十分气愤，被背叛的感觉十分强烈。1921 年初，他开始私下里与他们当中最出名的两位合作——反奴隶制协会不屈不挠的组织秘书 J. H. 哈里斯和前阿拉伯局（Arab Bureau）成员、现保守党议员威廉·奥姆斯比－戈尔。记住，两人都参加了巴黎和会（哈里斯致力于推动反奴隶制事业，奥姆斯比－戈尔作为米尔纳的随从人员之一）；两人都是委任统治理想的热情支持者；两人都竭尽全力——私下里、在议会、通过国际联盟协会（League of Nations Union），以及在媒体上——使之更加充实具体。[26]直到1921年1月，拉帕德一直在就如何解决乙类委任统治制度文本中的酒类贩运、军备以及奴隶制问题征求哈里斯的建议；出人意料的是，完全不同于支撑许多人道主义思想的种族主义假设，哈里斯对他说，他不赞成解除当地居民的武装，"因为人们被完全解除了武装往往会让政府变得专横跋扈"；他还认为，当地人不具备白人的精神的说法有失公允。[27]奥姆斯比-戈尔也致信拉帕德，否认非洲人缺乏能力的说法，并淡化了区分甲类和乙类领地的重要性。"你可能会认为我的想法……是革命性的"，但受委任统治国应该"只是临时守护者或受托人，代表国联行使这种受托人职责，目的是促进每一个受委任统治地区都发展"——在非洲以及中东——"成为一个独立的国家"。[28]拉帕德公开表示听到这些"十分高兴"，但也指出"无论如何，毫无疑问，你们的想法与受委任统治国家的想法总会有遥远的距离"。[29]哈里斯和奥姆斯比-戈尔做出的反应是，公布委任统治制度文本，增加对英国政府的压力。

55　　拉帕德与英国国际主义者的合谋激怒了德拉蒙德。他告诉拉帕德不要把甲类和乙类委任统治制度文本草案提交新任命的常设委任统治委员会成员审议，当拉帕德说出奥姆斯比-戈尔认为常设委任统治委员会完全有权阅读这些文本时，德拉蒙德说他对拉帕德在秘书处之外讨论这些问题感到遗憾。[30]但国联行政院那么保密，德拉蒙德那么小心谨慎，除了英国的直言不讳的国际主义者，拉帕德能向谁求助呢？他在3月给奥姆斯比-戈尔的信中写道："我从未像现在这样觉得，委任统治制度和国联的未来主要依靠大英帝国的朋友们的支持。"[31]德拉蒙德仍然拒绝让常设委任统治委员会看到这些文本草案——国联的

"某些成员"，"非常坚定地认为只有国联行政院有权"解释这些文本。[32]然而，在1921年夏季的第二次国联大会上，拉帕德、塞西尔和南森一起利用代们对这些委任统治制度文本仍然未被批准这一事实的愤怒，设法让受委任统治国做出立即向新任命的常设委任统治委员会提交报告的承诺。[33]

为实现真正的大国一致，只能做出这些努力。英国殖民地部甚至外交部同情委任统治原则（这主要是他们塑造的），英国政府确实对美国的梗阻和法国拖后腿的行为感到愤怒，英国不会也不可能仅凭自己的力量强推这套制度。直到1922年7月18日协约国间才达成共识，也即达成停战协定几乎四年后，国联行政院才最终批准了乙类委任统治制度文本——这些文本中包含了贝克和拉帕德早就发现的那些令人反感的附加条款。[34]然而，拉帕德的关系网确实产生了影响，使英国的关键支持者即便在贝克离开之后依然能够塑造国联关于委任统治的政策。一种环形的模式已经建立起来了，其中秘书处官员与国家的政治人物分享机密信息，然后这些政治人物再施压于他们的政府，以在日内瓦采取行动。因为拉帕德处于主管的位置，而且国联也严重依赖英国的善意，这种模式对英国是有利的。但随着秘书处变得"更加容易泄露消息"以及地缘政治压力变得更加紧张，关系网也更加难以管理了。

1920～1924年，在维护国联盟约之地位的同时，拉帕德还建立了委任统治部并雇用了第一批工作人员。与经济部、政治部和信息部相比，委任统治部非常小，但随着其责任的增加也扩大了。国联的大多数非文书工作都委托给被称为"第一分组"（First Division）的工作人员了，这类工作人员既包括高级

56

官员，也包括作为国联主力的"各部成员"。（贝克，因其广泛的联系及积极性，早就已经成为主力。）有两年时间，委任统治部只包含两位"第一分组"的成员，拉帕德和意大利人维托·卡塔斯蒂尼（Vito Catastini）（1921 年中期取代贝克），有两到三位秘书进行辅助（图 2 - 2）。1923 年补充了第三位成员，拉帕德在 1924 年辞职时，美国人亨廷顿·吉尔克里斯特（Huntington Gilchrist）被从少数民族部转过来，以保持六个人的规模——三位"第一分组"的工作人员和三位秘书。德国加入国联之后，又增加了两位"第一分组"的工作人员作为成员（都不是德国人）；到 1932 年 6 月，加上秘书，委任统治部共有十位工作人员。20 世纪 30 年代后期其规模略有减少，但直到 1939 ~ 1940 年危机时都未急剧下降。

作为一个在政治上非常敏感的部门，委任统治部的工作人员应由非受委任统治国的国民充任。除贝克和文书人员（大多数是英国人、法国人和瑞士人）外，这一准则得到严格遵守。这并未使委任统治部免于国家阴谋。因为尽管意大利不是受委任统治国，但它无疑希望成为这样的国家，卡塔斯蒂尼这位前意大利殖民地部官员、巴黎和会意大利代表团成员，直接向罗马做了报告。[35]然而拉帕德强力推动一种公平公正的精神（对他来说，这意味着与英国的国际主义者而非一般意义上的英国官员分享信息），几位在委任统治部工作很长时间的成员——1923 ~ 1930 年的丹麦人 F. T. B. 弗里斯（F. T. B. Friis），1924 ~ 1928 年的美国人亨廷顿·吉尔克里斯特，1928 ~ 1940 年的瑞士人爱德华·德·哈勒尔，以及在 20 世纪 30 年代大部分时间的挪威人彼得·安克尔（Peter Anker）——因他们的才干和贡献而维持了委任统治部的声誉。

图 2 - 2　威廉·拉帕德（坐在最右边）与维托·卡塔斯蒂尼
及委任统治部的工作人员在一起。

　　如果要说有什么区别的话，拉帕德会让工作人员精疲力
竭地工作。当委任统治委员会一位成员在 1922 年抱怨核心部
门（central pool）派来的某些打字员不服从指挥时，他们的
主管勃然大怒。他的打字员已经连续两周毫无抱怨地工作到
半夜。或许，下一年委任统治委员会可能会"被说服把秘书
处或多或少看成委任统治地，以及更密切地关注当地土著的
福祉"？[36]

　　诸如此类的抱怨是非常少的。与其他某些部门（特别是社
会部，只给雷谢尔·克劳迪安排了少量的、能力严重不足的工
作人员）不同，委任统治部运行非常顺利。在 20 世纪 20 年代
中期，委任统治部承担了国联反奴隶制工作的责任，但其主要
工作是为委任统治委员会提供支持。它确定会议的日程，安排

成员的旅行和食宿，收集受委任统治国的年度报告（并在他们未按时提交时不断致信催促它们），保管和检查委任统治委员会的大量备忘录，接收和追踪所有申诉书，确保委任统治委员会的报告及时提交国联行政院，以及编写大量其他资料（法律、条约、演讲、学术文章、抗议书），每月向常设委任统治委员会（PMC）成员提供一份资料选编。[37]

拉帕德非常认真地对待信息收集工作，为此咨询了哈里斯以及他的学术界的朋友，寻找能够反映当地人看法的地方报纸。对《黄金海岸领导者》（Gold Coast Leader）、《太平洋群岛月刊》（The Pacific Islands Monthly）、《温得和克广告商》（Windhoek Advertiser）以及其他偏僻地区出版物的定期详细研究，为委任统治委员会成员和国联官员观察受委任统治国的管理情况提供了一种尖锐且经常是批判性的视角，有时也适用于他们观察自己的审议意见。由于受到 1925 年叙利亚叛乱的刺激，也意识到欧洲媒体的新闻是"极其有限而且经常是不可靠的"，拉帕德、卡塔斯蒂尼和吉尔克里斯特在 20 世纪 20 年代末陷入了极大困境，很难找到能够把贝鲁特、大马士革、耶路撒冷、雅法、开罗和巴格达出版的阿拉伯语报纸的文章翻译过来的人。[38]委任统治部也一直在跟踪不断激增的关于委任统治的学术文献，与国联图书馆合作，积累了大量文献并定期发布篇幅越来越长的文献目录。[39]许多博士研究生和学者，其中就有像拉尔夫·邦奇和阿兰·洛克（Alain Locke）这样的非常重要的非洲裔美国知识分子，花费大量时间研读这些文献。

在拉帕德的积极指导下，委任统治部的官员们经常跨越官僚机构支持与政策规划、客观分析与政策主张之间的界限。官员们不但要写那些委任统治委员会成员（相当少）因为太繁忙或太懒惰而不愿亲自动手撰写的报告，还要向国联行政院成员和被任命为委任统治问题"特别报告人"的国联大会代表进行情况介绍，而且要有意识地努力提升委任统治制度的权威和声誉。拉帕德用三种语言发表关于国际关系的文章并就国际关系进行演讲，并非常愿意阅读昆西·赖特、A. J. 汤因比（A. J. Toynbee）以及其他著名学者撰写的关于委任统治制度的尚未出版的著作。吉尔克里斯特在访美期间为美国政治家和慈善家进行了情况介绍，德拉蒙德利用他与雷蒙德·福斯迪克（Raymond Fosdick）以及其他来自美国的著名的国联支持者们（他们作为纯粹的"委任统治部成员"的薪水几乎与他们名义上的长官卡塔斯蒂尼的相当）保持着联系。委任统治部官员还一丝不苟地回复政治家、学者、活动家以及慈善家写给国联的关于委任统治的大量来信，并接待来访者。由于其世界性并热情地欢迎来访者，委任统治部成了热情款待犹太复国主义者、阿拉伯民族主义者、泛非主义者以及德国修正主义者——更不用说拉帕德学术和政治界朋友构成的庞大网络了——的地方。

如果委任统治部是他的特殊职责，拉帕德还建立了委任统治委员会自身的规则。很多人希望德拉蒙德能够发挥作用，拉帕德为了表明信任，在召开的每一次会议上都会做一简短报告，总结各种事务的发展并概括各项工作任务。他很明智地只是把自己作为委任统治委员会的工具——"一个人会感谢它的钢笔吗？"[40]——他尽心尽力领导和服务着委任统治委员会。正是由于拉帕德，主席西奥多利侯爵在第一次会议上讽刺道，他们"已经对日内瓦美丽的小镇进行了一次糟糕的访问，拉帕德不知疲倦的活动没有给他们提供一点喘息时间，每天都给他们准备

59

新的任务"。[41]拉帕德的奉献甚至刺激了好逸恶劳者；在离开秘书处很久之后，他仍然能够把委任统治委员会团结在一起。他在几十年里都与许多成员保持着联系。

1924 年，拉帕德获得日内瓦大学副校长的职位并从秘书处辞职。[42]他内心深处是一个愿意从事学术研究的人，可能对与德拉蒙德之间的较量已经感到厌烦了。委任统治委员会的成员们极为震惊，先是请求拉帕德同时担任两个职务，这是德拉蒙德已经排除的选项，[43]然后他们派出一个重量级代表团要求任命拉帕德为"特别"成员。[44]考虑到这种强烈的情感，国联行政院同意了，拉帕德在 1925 年 6 月第一次作为成员参加了会议。作为日内瓦的居民，已经非常了解委任统治委员会工作的各个方面，并拥有与整个秘书处的秘密联系，拉帕德迅速成为该委员会处于领导地位的人物。在委任统治委员会存续期间，他一直在这里服务。

德拉蒙德对拉帕德的新角色表示"非常满意"，[45]但他再也未任命具有拉帕德这样才干的人。卡塔斯蒂尼以"部门长官"之名接管了拉帕德的职责，薪水大约是拉帕德的一半，直到他在 1929 年最终升为主任。卡塔斯蒂尼一直担任这一职务，直到 1935 年因最高职位任期六年的工作人员规定而被解雇（只为像卫生部的赖赫曼和经济部的索尔特，或者少数民族事务部的科尔班这样的有影响力的人物破过例）；其继任者是谈吐得体但不能令人振奋的瑞士官员爱德华·德·哈勒尔。到 20 世纪 30 年代，委任统治部在大多数情况下只是走走过场，但这并不是特别重要，这既因为拉帕德已经建立了这些规则，也因为主动权早已转到了委任统治委员会，它已成为整个委任统治制度的关键所在。

常设委任统治委员会

委任统治委员会是根据《国联盟约》的规定建立的。设立该委员会的目的是"收集和审查受委任统治国提交的年度报告并就所有有关委任统治制度之遵守情况的事务为国联行政院提供建议"，英国和美国官员在巴黎和会时即开始规划其规模、结构和权力。例如，乔治·路易斯·比尔设想了一个大约有 36 个政府代表、专家和国联官员组成的机构，分成分别负责非洲和奥斯曼帝国领地的独立委员会。[46]当美国转而反对国联时，这些计划大大缩小了，但贝克在第一次国联大会准备阶段拟订了修改后的建议，督促德拉蒙德至少要确保其成员不是由政府任命的"无名的副秘书长"，而是"有经验、有分量和有声望者"，其活动的范围将是开放的。[47]国联行政院在 1920 年 11 月批准的章程（constitution）旨在竭力维护受委任统治国的特权。当委任统治委员会讨论一个领地时，它们有权派出一名代表参加；它做出的任何"观察评论"在提交国联行政院之前都必须先交由这一代表进行评议；国联行政院必须同时公布这些评论和委任统治委员会的"评论"及报告。[48]

然而，即便是在这种性质已被改变的文本中，仍然保留着贝克理想主义的某些碎片。常设委任统治委员会的所有九名成员都是由国联行政院任命的，如果这令国联大会失望的话，但它确实比由政府代表组成的一个委员会要好。而且，他们是"凭个人的优点和才干"而得到任命的，没有担任任何政府职务；其中只有四人是受委任统治国的国民（这一规定排除了三个拥有委任统治地的自治领派出代表的可能）；还

60

有，国际劳工组织的一位官员可以参加所有会议。[49]最后，常设委任统治委员会可以"在得到国联行政院批准的情况下自由地规范自身的程序"。这些权力似乎并不过分，但得知法国政府已同意这些章程后，法国殖民地部部长阿尔贝·萨罗（Albert Sarraut）感到非常不安。一个主要由非受委任统治国成员组成的机构往往会做出"理论上的"或者甚至是"轻率的"判断。各种要求和抗议将会围绕着它，因而会存在无穷无尽的麻烦。[50]

萨罗的这些担心在多大程度上是现实的？在最简单的层面上，它们看起来很荒唐，因为当国联行政院在1921年2月任命第一批成员时，大多数是殖民官员，没有谁比萨罗本人更难对付。更加激进的名单已经被提出来。劳工部的阿瑟·亨德森（Arthur Henderson）提名了反奴隶制协会的J. H. 哈里斯和费边社的殖民问题专家伦纳德·伍尔夫（Leonard Woolf）。设在瑞士的国际土著保护局（Bureau International pour la Défence des Indigènes）提名了长期供职于该组织的总裁勒内·克拉帕雷德（René Claparède）。[51]1921年9月在巴黎举行的第二次泛非大会要求增加一名有色人种成员——这一要求在1921年国联大会上得到海地代表唐太斯·贝勒加德（Dantès Bellegarde）公开支持和贝克私下的支持，贝克认为国联行政院应该考虑"所有人都在讨论的这个〔W. E. B.〕杜布瓦（Dubois，原文如此）"。[52]但所有这些建议都未被采纳，因为国联行政院通常是让各国外交部做出选择。毫不奇怪，没有人愿意任命一位坐而论道的哲学家，更不会愿意任命一位反殖民主义的激进人士，只有瑞典愿意把机会"浪费"在只是起装点作用的女人身上。

所以，委任统治委员会只是一个帝国主义者的俱乐部。九个成员中五人是最近退休的殖民地总督、部长或高级官员。来自法国的成员让－巴蒂斯特·保罗·博（Jean-Baptiste Paul Beau），64 岁，是其中年龄最长者，曾在远东多个外交职位上工作，最高曾任很长一段时间的印度支那总督。来自葡萄牙的成员，阿尔弗雷多·奥古斯托·弗莱雷·德·安德雷德，1921年时 61 岁，其职业生涯的很长时间从事葡萄牙的非洲事务，最高任莫桑比克总督。丹尼尔·弗朗索瓦·威廉·范里斯（Daniel François Willem van Rees）是来自荷兰的成员，58 岁，曾追随其父服务于荷属东印度（Dutch East Indies），1914 年退休时任荷属印度委员会副主席。来自意大利的成员阿尔贝托·西奥多利侯爵，在 1921 年时 47 岁，是一位工程师和银行家，曾任意大利驻奥斯曼帝国公共债务委员会（Commission on Ottoman Public Debt）的代表，在弗朗西斯科·尼蒂（Francesco Nitti）的自由党政府中短暂担任负责殖民地事务的副国务秘书，作为意大利代表团的成员参加巴黎和会。然而，核心人物可能正是来自比利时的成员，47 岁的皮埃尔·奥尔茨。作为一个来自律师和外交官世家的律师和外交官，奥尔茨曾任暹罗国王的法律顾问，然后担任比利时殖民事务部的机密顾问——就像我们所知道的，正是他设法说服米尔纳推翻协约国的最高理事会最初的决定并把卢旺达和布隆迪割让给比利时。[53]所有这五位成员在委任统治委员会工作了至少五年，大多数人的工作时间更长。[54]

来自西班牙、日本、瑞典以及英国的成员和往常多少有些不同。在美国人卡梅伦·福布斯（Cameron Forbes）拒绝加入后，这一名额给了西班牙。西班牙只是把这个职位当成挂名闲差，先后任命了两位外交官，每人只待了一个会期，第二人提名了其继任者。[55]尽管这非常不合常规，但它成就了委任统治委员会当中民族自决原则的唯一一位长期捍卫者，自由主义教授和社会改革家莱奥波尔多·帕拉西奥斯，他在 1924 年获得任命时是 48 岁。第一位来自日本的成员，1921 年时 46 岁的柳田国男（Kunio Yanagita）也是不同寻常的进步主义人士，思想非常开明。他担任过国会官员，曾到密克罗尼西亚旅行并出版了关于民间传说和民族学的著作。但他只干了三个会期，继任者是两位勤勉但正统的外务省官员。[56]瑞典提出的候选人是安娜·布格－维克塞尔（Anna Bugge-Wicksell），1921 年时 59 岁，一位争取退伍女兵选举权和和平运动领导者，她把"照顾并代表"委任统治地区"无助的"妇女和儿童的利益作为"专门的事务"。她的继任者是志趣相投的瓦伦丁·丹尼维格。瓦伦丁·丹尼维格在 50 多岁加入常设委任统治委员会时，是挪威一所女子学校的主任和世界妇女和平与自由联盟挪威分部的创立者之一。[57]

62

但最令人吃惊的选择是英国的成员，不是别人，正是贝克和拉帕德的同谋威廉·奥姆斯比－戈尔。36 岁的奥姆斯比－戈尔不但某种程度上说是最年轻的成员，由于其战时在开罗和巴勒斯坦的经历，还是最了解中东的人。外交部和殖民地部的官员们之前希望把这份工作给予著名的前尼日利亚总督弗雷德里克·卢格德爵士，但温斯顿·丘吉尔在 1921 年 2 月接任殖民地大臣，希望安抚对劳合·乔治不再抱有幻想的坐在普通议员席上的保守党议员。[58]奥姆斯比－戈尔的任命让反奴隶制协会非常振奋，也让拉帕德非常高兴。[59]就像我们将要看到的，这两人之间的秘密合作对于确定委任统治委员会早期的发展方向发挥了很大作用。但奥姆斯比－戈尔太有抱负，也太有才干，以至于无法长期处于英国政府之外。他在 1922 年末辞职，成为安德鲁·博纳·劳（Andrew Bonar Law）的保守党政府中负责殖民地事务的副大臣（Under-Secretary of State for the Colonies），为 65 岁的卢格德腾出了位子。当法国于 1926 年任命曾在 1918～1923 年担任法属西非总督的马夏尔·亨利·梅兰（当时梅兰 66 岁）接任博时，委任统治委员会开始看起来像一个退休非洲总督的疗养中心。

然而，委任统治委员会是一个比任何人预想的都更加独立的机构。这并不是因为它既欢迎理论家也欢迎激进主义者。况且有这种倾向的成员数量非常少，主要是西班牙人帕拉西奥斯，而他也从未产生多大影响。相反，恰恰是因为委任统治委员会的成员都高度参与他们国家的帝国和外交政策制定，这使他们都是很难被控制的。曾经管理过殖民地的人不会愿意接受政客们的命令，当德国在 1927 年获得一个席位〔先后任命了两位严肃认真的经济专家，路德维希·卡斯特尔和尤利乌斯·鲁佩尔（Julius Ruppel）〕时，委任统治委员会的成员们的独立性甚至变得更加自觉了。委任统治委员会也因如下三个正式特征更加有恃无恐：其成员没有任期限制；其权威来自书面文本；其讨论内容都会被公布并广为宣传。

第一，没有任期限制使其成员极其稳定。只有 28 人，包括先后两位国际劳工组织的代表哈罗德·格里姆肖（Harold Grimshaw）和威廉·韦弗（William Weaver）（都是与世界反奴隶制运动有密切联系的有献身精神的改革家），在委任统治委员会活跃存在的整整 20 年中一直在其中供职。意大利人西奥多利供职 16 年，瑞士人拉帕德和西班牙人帕拉西奥斯供职 15

年，荷兰人范里斯供职 14 年，卢格德供职 13 年，挪威人瓦伦丁·丹尼维格供职 11 年，奥尔茨则贯穿委任统治委员会始终。1926～1935 年的 9 年中，它表现出极强的稳定性，只有 15 人在 11 个席位上轮换。确实，1930～1935 年，没有一位新成员加入其中，而且只有一位——来自德国的成员——离开。各成员坚守着他们的职位，只有在丧失履行职务能力时或在他们的政府下令离开时（表 2），他们才会辞职。更年长的成员在任上去世。

长期任职意味着，各成员发展起了同事情谊和专业知识。在第二个会期，关于不同话题——酒类贩运、劳工、教育、公共健康、"门户开放"——的责任是由各成员分担的，如果某些人忽视了他们的工作，其他人就会竭力投入其中。或许是对杰出的职业生涯的结束感到厌倦或孤独，有些成员把大量时间用于委任统治委员会的工作——比如，这种奉献使来自荷兰的成员范里斯成为委任统治方面的卓越的法律权威，并脾气暴躁地斥责他所质询的代表们。各成员承担着向他们的同胞解释委任统治制度的任务，撰写文章，发表演讲，并——就范里斯和帕拉西奥斯来说——为不断增长的学术文献增添大量的法律研究。[60] 然而，随着各成员相互熟悉起来，跨国联盟也发展了。拉帕德、卢格德和奥尔茨坐在一起，经常作为一个集团采取行动；在"德国时期"，来自瑞士、德国、西班牙和斯堪的纳维亚的成员有时会联合起来，让来自受委任统治国的成员处于守势。熟悉也可能导致厌恶——来自法国的好逸恶劳而又不愿合作的成员马夏尔·梅兰没交几个朋友——但久而久之，一种团队精神形成了。

这一精神的核心是坚守委任统治委员会的第二个关键特征，

64

其成员往往称其独立或公正，但把它理解成法律主义或文本主 65
义可能会更好。大多数成员同意瑞典人安娜·布格－维克塞尔
的说法，委任统治委员会"就像恺撒的夫人，不容置疑"；[61] 如

表 2　常设委任统治委员会成员（按国籍划分）

会议日程（月/年 与 会议序号）：

月/年	会议	月/年	会议	月/年	会议
10/1921	1	6/27	11	10/34	26
8/22	2	10/27	12	6/35	27
7/23	3	6/28	13	10/35	28
6/24	4	10/28	14	5/36	29
10/24	5	7/29	15	10/36	30
6/25	6	11/29	16	5/37	31
10/25	7	6/30	17	6/37	32
2/26	8	6/30	18	11/37	33
6/26	9	11/30	19	6/38	34
11/26	10	6/31	20	10/38	35
		10/31	21	6/39	36
		11/32	22	12/39	37
		6/33	23		
		10/33	24		
		6/34	25		

各国籍成员：

国籍	成员
意大利	西奥多利
荷兰	范里斯、范·阿斯贝克
英国	卢格德、奥蒙比－戈尔、海利、汉基、黑利
比利时	奥尔茨、鲁宾
法国	博、鲁姆、梅兰、德·佩尼亚·加西亚、芒斯龙、吉罗
日本	柳田国男、山中
西班牙	皮纳、帕拉西奥斯、巴尔加巴尔
葡萄牙	弗雷雷·德·安德雷德
斯塔的纳维亚	布格－维克塞尔、丹尼维格
德国	卡斯特尔、鲁佩尔
瑞士	拉帕德
国际劳工组织（ILO）	格里姆肖、韦弗

资料来源：1921～1939 年常设委任统治委员会会议记录。

西奥多利所言，他们很骄傲能够"像自由人一样"坐在那里。[62] 然而，重要的是认识到，"独立"是一种公开的立场。它并未阻止各成员本能地捍卫他们为之付出一生的帝国风范，也未阻止他们在会议之前私下里与他们的政府进行磋商。实际上，来自大国或受委任统治国的所有成员都是这么做的；所不同的是这种合作明目张胆的程度。现在，来自法国的成员恰好在一方，因为所有人都认为其作用只是捍卫法国的利益，这和法国外交部的看法一样——他们在这项工作上表现得非常执着但又如此透明，以至于使他们丧失了在委任统治委员会内部的权威。相反，奥尔茨、西奥多利以及在一定程度上甚至是卢格德和来自德国的代表，在做出他们的解释时，都表现得不偏不倚，小心翼翼地引用国联的文本或国联行政院的决定——而不是国家利益甚或常识。被迫发言时本本主义成为语言政治，不仅委任统治委员会成员，就连受委任统治国、法律学者、人道主义者以及请愿者谈及"精神"和"文字"时也引经据典。

最后，本本主义是必要的，因为委任统治委员会处在公开性的漩涡中。除了每个会期举行的一次致力于解决某些一般性问题（比如公共卫生）的全体大会，委任统治委员会通常都是秘密举行会议，因为即使是最具批判性者——西奥多利，来自德国的成员——也认识到，获得官方认可的代表也不可能公开讨论"微妙的"问题。[63] 然而，委任统治委员会的成员们也认识到，要想产生预期效果，他们需要激发起公众的兴趣并威胁要曝光。开始时，人们认为这是毋庸讨论的，委任统治委员会提交国联行政院的报告、关于各领地的意见、有关申诉书的报告以及备忘（即便是"被修改"了，这些备忘也有许多需要披露的信息）等都应该公开出版。国联各成员国政府都会得到这些出版物，其副本通常也会被免费送给大约 46 个国家的样本图书馆、公共和大学图书馆（特别是在美国）、国际和人道主义组织、全球几百家报纸和杂志以及一些被挑选出的殖民地官员、人道主义者、记者和学者。[64]

随着受委任统治国越来越意识到国际舆论对其事务的极大兴趣，它们试图努力地控制委任统治委员会的权力。它访问特定领地的建议很快遭拒绝（尽管拉帕德、奥尔茨、西奥多利、德国人尤利乌斯·鲁佩尔以及其他几位成员个人确实自己去旅行了）；[65] 正如我们将会在第 7 章看到的，所有受委任统治国在 20 世纪 20 年代中期还联合起来否认委任统治委员会有接见申诉者或专家的权利。然而，用公正服务的言辞做武器，委任统治委员会成功地捍卫了其审议外部信息并发表看法的权利。当然，委任统治委员会"只拥有向国联行政院提交依据受委任统治国的报告整理的观察报告的权利，"西奥多利曾对指责做出谨慎的回应，但"凝聚了我们良好愿望和高度公正的艰辛的观察报告，如果不对公众舆论公开，特别是不对国联大会公开的话，无疑是非常遗憾的"。[66] 由于受委任统治国家如此敏感，委任统治委员会通常无法搜集到外部信息，但接收提交给它的大量资料的权利是不能被拒绝的。有时，委任统治委员会会忽视这些资料，但这些资料作为提出诉求和投诉的焦点具有深远的，有时是意想不到的影响。

委任统治委员会是如何开展工作的呢？各成员在他们家中接收受委任统治国提交的年度报告。他们会利用这些报告提出关于他们负责的具体领域的问题，并撰写相关诉求的初步报告，这正是他们被任命为"报告起草人"的原因。在日内瓦，委任

66

统治委员会审查政府报告及每个受委任统治国授权代表关于所属领地的相关申请。委任统治委员会仅仅在最后一天或两天举行会议，草拟他们自己的报告以及他们关于每个领地的"观察报告"，然后在提交国联行政院之前送达受委任统治国进行评议。委任统治委员会的工作就结束了，尽管西奥多利或范里斯受邀出席了国联行政院讨论其报告的会议，但经常是在六个月之后。这时，国联行政院中的一个非委任统治国的代表对报告做出总结，感谢委任统治委员会，提出一项国联行政院认可的建议的决议——这一过程通常是经过精心策划的，委任统治部审查（有时撰写）"报告起草人"的文本，受委任统治国自己就建议进行谈判。

67 　　由于在 1921 年 10 月委任统治委员会举行第一次会议时只批准了关于西南非洲、西萨摩亚、新几内亚和日本托管的岛屿的"丙类"委任统治制度文本，这次会议只开了五天。但 1922 年 8 月举行的第二次会议开了十天，而 1923 年的第三次会议委任统治委员会需要三个星期对所有太平洋和非洲领地进行审查，并处理其第一大丑闻。从 1924 年起，它开始审查关于中东的"甲类"委任统治地的报告，此后委任统治委员会每年举行两次为期三周的会议（1932 年除外，当时国联的财政紧缩措施将其限定为一次为期五个星期的马拉松式的会议）。还有三次特别会议：1926 年 2 月讨论叙利亚叛乱的会议，1930 年 6 月关于英国对巴勒斯坦西墙（又称哭墙）骚乱之反应的会议和 1937 年 6 月审查英国关于巴勒斯坦分治方案的会议。1939 年 10 月，委任统治委员会举行第 37 次，也是最后一次会议。它本计划在 1940 年春举行第 38 次会议，但德国进攻比利时和法国使会议不可能举行了。

所有委任统治地都受到审查。但是，每地审查所需时间各不相同。一些敷衍的审查只持续几个小时；一些审查耗时一个星期。基于每个领地的备忘录所占比例粗略计算，如表 3 所示，委任统治委员会花费了一半多的时间在这五个领地——巴勒斯坦、叙利亚、西南非洲、坦噶尼喀以及卢旺达 - 布隆迪，不足五分之一的时间在另外五个领地（英国托管的多哥，英国托管的喀麦隆，法国托管的多哥、瑙鲁以及日本托管的各岛屿）的审查上。用于审查法国托管的喀麦隆、伊拉克、新几内亚和西萨摩亚的时间介于以上二者之间。这种差别反映了不同程度的兴趣和认知。例如，用于审查日本托管的各岛屿的时间异乎寻常地少，这与其说是因为土著的满意，不如说是因为委任统治委员会的无知和日本的抵制。但是，委任统治委员会还对内部的叛乱或地缘政治的紧张局势做出反应，在第一个六年里花了三分之一的时间用于处理两个领地——叙利亚和西南非洲，这里出现了政治上的严重不满。德国加入国联后，随着巴勒斯坦紧张局势越来越恶化，英国赋予伊拉克独立和建立一个包含坦噶尼喀的行政同盟的计划占用了大量时间（德国利用委任统治委员会反对后者）。1933 ~ 1939 年，随着巴勒斯坦成为严重的教派冲突的场所和国际关注的焦点，委任统治委员会仅仅在这一个领地上就花费了接近四分之一的时间。

这种关注的模式影响着反应的模式。初期是政治学习的时期，委任统治委员会教会那些更加桀骜不驯的国家——法国、南非——如何提供文件，如何措辞可以获得好感。（南非人从未真正学到这一点。）大多数受委任统治国逐渐理解委任统治委员会多么重视对委任统治制度之程序的正式执行以及对其所宣称之目标口头上的尊重。报告很重要，各国利用它们来掩饰自己

的缺点，突出自己的优点；确实，任何地方的官僚政治的行为
方式都是这样的，它们想掩饰的东西越多，提交的报告就会越
长。但个人交往也很重要，就如同选择派谁担任"合格的代
表"一样。

68　　**表3　1921～1939年常设委任统治委员会对不同委任统治地的评估**

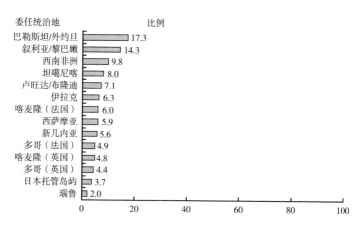

委任统治地　　　　　　　比例

委任统治地	比例
巴勒斯坦/外约旦	17.3
叙利亚/黎巴嫩	14.3
西南非洲	9.8
坦噶尼喀	8.0
卢旺达/布隆迪	7.1
伊拉克	6.3
喀麦隆（法国）	6.0
西萨摩亚	5.9
新几内亚	5.6
多哥（法国）	4.9
喀麦隆（英国）	4.8
多哥（英国）	4.4
日本托管岛屿	3.7
瑙鲁	2.0

资料来源：1921～1939年常设委任统治委员会会议记录。

　　派谁赴日内瓦会见常设委任统治委员会（PMC）呢？法国
和比利时的殖民政策是由一小撮官员控制着的，他们也独揽着
69　对接委任统治委员会的工作。罗贝尔·德·凯，充满热情的帝
国主义者，精心炮制了两次世界大战之间法国对黎凡特地区的
战略，不但编撰了关于叙利亚和黎巴嫩的所有报告，还参加了常
设委任统治委员会关于这些领地的每一次会议，尽管有时他会带
着高级专员。法国殖民地部政治事务主任（Director of Political
Affairs）阿尔贝·迪谢纳及其同事莫里斯·贝松（Maurice
Besson）一直管理着西非委任统治地。比利时殖民地部政治与行
政事务局局长阿勒维克·德·霍伊施撰写了关于卢旺达和布隆迪

的所有报告，并参加了 1924～1939 年常设委任统治委员会召开的所有会议。比利时的殖民档案显示，他在如何解释坏消息（比如，大饥荒）或准备委任统治委员会的决策——比如废黜卢旺达国王尤希·穆辛加（Yuhi Musinga）——上有很多思考，这很可能会激起批评。

英国采取的思路略有不同。部长负责制的传统推动着负责殖民地事务的副殖民地大臣和赴日内瓦的殖民地大臣与他们的政府官员保持一致。威廉·奥姆斯比－戈尔经常长途跋涉，在 20 世纪 20 年代任副殖民地大臣时六次、任殖民地大臣时一次出现在以前的同事面前。意识到委任统治委员会喜欢听到来自"现场目击者"的信息，英国派出了来自伊拉克、巴勒斯坦或坦噶尼喀的高级专员；来自黄金海岸（代表多哥兰）的副专员；以及尼日利亚省长（代表喀麦隆）。遥远的自治领处于不利地位，除派出它们驻伦敦的高级专员外别无选择。这些人大多数所知远比质询他们者少，觉得参加这些会议如受酷刑（回国后媒体还会对他们大加奚落）。20 世纪 30 年代，南非和澳大利亚试图通过偶尔派遣政府的人类学家或土著专员做出弥补。相反，尽管日本通常也会派出驻巴黎或日内瓦的外交官，但除承诺转达委任统治委员会的问题外，他们也做不了更多。日本代表经常受到非常有礼貌的对待——这更多代表的是委任统治委员会在面对一个非西方帝国时的不安，而不是尊重。

这些仅是常见的猜想，但所有受委任统治国偶尔也会用重要人物对委任统治委员会施压（见附录 2 委任统治地的主要行政长官和出席常设委任统治委员会会议的官员）。委任统治地内的危机一旦被透露给国际媒体就会刺激到访活动。就在委任统

70 治委员会公开谴责它对地方叛乱的处理后，南非在 1924 年向日
内瓦派出了其西南非洲的管理者吉斯伯特·霍夫迈尔；法国同
样在 1925～1926 年叙利亚叛乱最严重的时候派出其新任高级
专员亨利·德·茹弗内尔。卢旺达 - 布隆迪的比利时统治者，
阿尔弗雷德·马尔佐拉蒂，在 1926 年该领地与比利时属刚果
建立引起争议的行政同盟之后与委任统治委员会进行了会谈，
1929 年 11 月在比利时对卢旺达饥荒的处理面临严厉、公开的
批评之时再次与委任统治委员会进行了会谈。三位巴勒斯坦高
级专员被派去软化常设委任统治委员会对英国政策的批评，而
1929～1932 年任驻伊拉克高级专员的弗朗西斯·汉弗莱斯爵
士则留在日内瓦参加了 1931 年的两次会议，讨论了英国提出
的给予伊拉克独立这一引起争议的建议。1932 年，随着日本
在中国东北入侵的加剧，甚至日本也采取了预防性的措施，新
近向其南太平洋领地派出了一位总督。确实，1932 年 11 月的
会议就像是一场各帝国的音乐会，法国驻叙利亚高级专员、英
国驻巴勒斯坦高级专员、英属尼日利亚的统治者、法属喀麦隆
的专员以及日本所属南太平洋岛国的总督摩肩接踵，等待质
询。但 1932 年是委任统治委员会影响力的顶峰。在 1921 年，
它举行了第一次会议。

委任统治委员会开始工作

第一次会议在第二次国联大会会期即将结束时的 10 月 4～
9 日举行。所有九位成员都出席了，确实像萨罗担心的那样
（任职于满是年长、有权势和自私自利的男人的委员会的人都能
预见），它从一开始就坚持其自主性和独立性。根据奥姆斯比 -
戈尔的建议，这群人选出了一位来自非受委任统治国的成

员——意大利人西奥多利——作为主席，后来又选出第二位这样的成员——荷兰人范里斯——作为副主席。固执又健谈的范里斯在会议第一天就争辩说，委任统治委员会应该有权修改委任统治制度文本，委任统治委员会就此指出，法国委任统治制度文本中界定何时允许强制劳动的措辞"公共工程和基本服务"的约束性比英国委任统治制度文本界定同样问题的措辞（"基本的公共工程"）低很多。通过呼吁注意这一差异，委任统治委员会强行进行了文本修改（修改为"工程和公共基本服务"），排除了任何私营企业的强制劳动。[67] 不考虑受委任统治国的敏感性，各成员还同意，他们有权对委任统治地行政管理的各个方面而不仅仅是委任统治制度文本中提到的那些进行调查，列出了一份他们希望每个受委任统治国家解决的详细的问题清单，一致同意受委任统治国应该提交所有已通过的、影响委任统治地的法案的副本，并敦促拉帕德把从反奴隶制协会那里收到的关于西南非洲情况的抗议书传给他们。[68]

71

菲利普·贝克非常高兴，他现在正作为局外人从外面观望着。他对《每日新闻》（*Daily News*）的编辑说（在把"供您保密使用"的委任统治委员会报告送给他时），委任统治委员会"是迄今为止国联行政院创设的最开明、最进步的机构……唯一一个一直试图做得比秘书处建议的更超前的委员会"。[69] 确实，在其开始的两次会议中，委任统治委员会陷入三个引起争议的问题的讨论，这三个问题都是致力于提高委任统治委员会的权威并中止一个或多个受委任统治国的地位。并非巧合，奥姆斯比 - 戈尔对每一个问题都起催化作用。

第一个棘手的问题是国籍（nationality）。委任统治地的居民拥有什么国籍？南非的一个挑衅性的举动引发了这个问题。

在其他所有委任统治地，德国人已经被驱逐了；然而，对于南非来说，所有白人都是兄弟。史末资在1920年便告诉温得和克的德国殖民者，"成功的第一要求"是"白人和资本"的结合。如果德国人同意接受南非的自主权——史末资充满偏见地解释道，因为"丙类"委任统治制度"实际上就是兼并，除了名义上不是"——他们待在这里会受到欢迎。在阅读了这个演讲稿之后，拉帕德致信要求史末资做出澄清；史末资的答复提出了把英国国籍赋予该领地上全部德国人的计划，这是对第一次会议的检验。[70]奥姆斯比－戈尔表达了他的不安，指出法律专家已经裁定，萨摩亚人——也根据"丙类"委任统治制度——是"萨摩亚的公民"而不是英国的臣民；把他们当作臣民等同于宣称对领地的主权。[71]西奥多利把委任统治委员会的关注提交到国联行政院，国联行政院要求他建立一个小组委员会，弄清所有受委任统治国家的看法。[72]1921年11月17日，西奥多利、来自葡萄牙的成员弗莱雷·德·安德雷德以及拉帕德动身前往巴黎、伦敦和布鲁塞尔，博、奥姆斯比－戈尔和奥尔茨在等着帮助他们。

他们的调查凸显了对英国支持的依赖。在巴黎，他们发现大多数法国官员都无法见到，这是不可思议的；相反，在伦敦，英国官员与他们进行了会见并同意把处于委任统治之下的人们视为"英国保护的人群"——这是新西兰和澳大利亚的高级专员也支持的决定。[73]布鲁塞尔更愿意把这些人视为比利时的臣民，但到他们返回巴黎时，法国官员会晤了他们并同意把委任统治下的人们界定为"法国管理下的人群"；紧接着这一决定，日本和比利时也改变了主意。在他们的第二次会议上，委任统治委员会建议给予"乙"类和"丙"类委任统治地的居民一种不同于受委任统治国居民的国民待遇。[74]

这一建议的重要性显而易见。正如拉帕德在布鲁塞尔会议所说，如果国联允许受委任统治国把土著视为国民，那些认为委任统治不过是兼并的遮羞布的说法便是有道理的。相反，一种清晰的国民待遇则会保持该领地的法律自主性，这意味着在未来的某个时间点，它可以独立建国。然而，受委任统治国极不情愿地屈从于委任统治委员会的建议，它们反对它的逻辑。国籍是个人与国家之间的纽带，比利时的殖民官员阿勒维克·德·霍伊施告诉过小组委员会，在卢旺达－布隆迪没有欧洲意义上的"国家"，这里的人民是"未开化的"，这里的居民根本不可能被认为拥有任何国籍。阿勒维克曾认为应该给予他们受委任统治国的国籍——他匆匆地补充道，不是在拥有政治权利的公民意义上，而是作为受保护的主体[75]——但是，他们在巴黎征询的日本公使认为，委任统治制度在"文明与落后人民"之间的划分使这样的计划不可能实现。就在加强兼并的障碍的同时，委任统治委员会也加强了"文明的"障碍，消除了"进化了的"非洲人成为真正的"法国人"的可能性，这对法国的意识形态是很珍贵的。在中东，法国和英国将会创造地方性的"国籍"——伊拉克、叙利亚、巴勒斯坦——基于这些人有权获得他们自己的法律地位的认识；然而，非洲和太平洋地区的居民更多是根据无行为能力而非国籍被继续界定为"未成年者"。理论上，建国的大门是敞开的，但由于没有人认为当地居民能很快通过它，那么实践中他们根本就不可能有真正的国民待遇。[76]

而且，国联行政院也允许存在一个"例外"，这使文明化语言背后的种族逻辑十分清楚了。总是提出"国籍"困难的受

73　委任统治国是南非，但不是因为它希望赋予土著居民什么权利。西南非洲的黑人居民"非常明显是不适合自治的"，当然应该被视为"受保护的人群"，高级专员埃德加·沃尔顿（Edgar Walton）爵士已经在伦敦告诉委任统治小组委员会；但由于充斥这一地区的南非白人都是英国国民，无疑德国殖民者也应该成为"英国人"——换句话说，南非人。沃尔顿在这一点上如此固执，以至于让国联行政院让步了，[77]允许史末资与德国政府谈判一个协定，把英国国籍给予整个德国殖民者社区。[78]英国的律师、国联行政院成员以及常设委任统治委员会都认识到，南非的行动与国联盟约的"精神"完全是不一致的，但没有人愿意提出更深层的问题，那就是，南非已经创造了一种统一的承载着权利的白人公民身份，而同时又剥夺了土著非洲人的公民身份。西南非洲已经是一个定时炸弹了。

　　第二个微妙的问题涉及坦噶尼喀与卢旺达之间的边界——更一般地说，边界安排是否必须考虑"当地人利益"。米尔纳勋爵同意让比利时保留两个东非王国时，他不过是坚持把吉萨卡（Gisaka）移交给英国控制。吉萨卡是卡盖拉河（Kagera River）西岸的狭长地带，被认为是所提议的从开普敦到开罗的铁路的唯一可能经过的地点。但卢旺达国王尤希·穆辛加认为，吉萨卡肥沃的牧场早在他父亲时期就被征服，是他的领土的一部分，并明确向比利时占领者表示他对失去它们是多么憎恨。[79]在第一次常设委任统治委员会会议上，皮埃尔·奥尔茨提到移交在当地引发难题；[80]接下来一年，收到来自天主教非洲传教士协会（Catholic Society of Missionaries of Africa）的莱昂·克拉斯（Léon Classe）阁下和比利时新教传教协会［Belgian Society of Protestant Missions，即白衣神父会（White Fathers）］

的亨利·阿内（Henri Anet）牧师的申诉，委任统治委员会于是向国联行政院发出警告。[81]一年后，英国和比利时通知国联，它们已经同意把边界移到卡盖拉河中线。[82]

比利时、英国和委任统治委员会都因这一决定而赢得赞许。殖民大国似乎已经把土著的利益放在第一位了，就像《国联盟约》要求的那样。然而，比利时档案讲述了一个更复杂的故事——一位比利时殖民官员利用穆辛加的困境、克拉斯"维持在比利时政府控制下"的意愿以及奥姆斯比－戈尔对委任统治原则真诚的坚持来巩固他们的领地。[83]在第一次会议上，奥尔茨已私下里请求奥姆斯比－戈尔与英国政府进行调解，奥姆斯比－戈尔非常诚恳地进行了调解，但英国殖民地部断然拒绝了他的要求，因为认为比利时人已经得到的够多了（特别是鉴于纪律涣散的比利时军队在卢旺达的战时暴行和抢劫）。[84]奥尔茨于是确保委任统治委员会所有成员都收到了传教士们提交的申诉书的副本（其中之一可能是在他的要求下写出的），并在1922 年 8 月的第二次会议上向每一位成员仔细解释了这一案件。在这里，他很聪明地坐在后面，让来自西班牙和意大利的成员陈述这个案件。[85]现在得到人道主义者和"公正的"专家的支持，英国人无法再拒绝这一诉求。

换句话说，比利时人已经学会了玩委任统治制度的游戏。然而，胜利也伴随着约束。通过利用委任统治委员会，比利时人加强了自己的地位，他们也提升了委任统治委员会的权威；更令奥尔茨烦恼的是，他们还无意中提高了卢旺达国王的权威。委任统治委员会的成员被这些中非王国"奇妙的封建特征"迷住了。[86]图西族人（Tutsi）对胡图族人（Hutu）的权威，被比利时人视为习俗和种族差异所认可的。比利时人坚持认为他们发现了非常适合土著"文明化"的等级制度。但是，由于有这些牢固的君主国，奥姆斯比－戈尔和范里斯表示，或许卢旺达和布隆迪真的更像"甲类"委任统治地，这些国家几乎能够在比利时的建议下自治？奥尔茨迅速否定了这一点——"这些弱小的黑人'国家'从未获得承认"——同时警告殖民地大臣准备反驳这些说法。[87]这种反驳迫使比利时人重新使用种族的语言。穆辛加不可能被当作真正的国家领导人，次年比利时代表再次澄清这一点，因为这么做"将会使白种人作为黑种人的保护者而占领这个国家的权利受到质疑"。[88]在每一个地方，受委任统治国政府都利用文明的语言来合理化它们的存在。然而，种族和权力的现实贯穿始终。

这和他们在处理委任统治委员会提出的第三个问题——瑙鲁独特的行政管理——时所做的一样。作为一个人口不足 2000人，面积仅约 8 平方英里的遥远的太平洋小岛，瑙鲁引起各帝国主义国家的兴趣，只是因为数个世纪以来，不断迁徙的海鸟在其中心高原地带留下了大约 1.12 亿吨海鸟粪，这是用于提高商业化世界谷物产量的磷肥的来源。在德国占领时期，开采这75 些储备的特许权给予了太平洋磷酸盐公司（Pacific Phosphate Company）。这是一家英国公司，其产品主要运往德国，也运往澳大利亚和其他地区。但现在，英国及其自治领认为它们可以独家控制。劳合·乔治在 1919 年 4 月巴黎和会期间给米尔纳的电报中说，"尽管只有专家知道这个小岛的巨大价值，但这是毫无疑问的"，由于澳大利亚、新西兰和英国都希望分享这些磷酸盐，委任统治权应该授予它们三个国家。[89]米尔纳非常忠实地确保把瑙鲁划为分配给大英帝国的"丙类"委任统治地，并通过谈判达成由三国政府以大约 350 万英镑联合购买太平洋磷酸盐公司的协议。最后的"三方协定"把控制权赋予由这三个国家的代表管理的"英国磷酸盐委员会"（British Phosphate Commission），并在第一个五年把当地政府移交给澳大利亚任命的一位行政长官。在瑙鲁开采的所有磷酸盐都要以成本价卖到英国、澳大利亚和新西兰；只有在这些要求得到满足之后，其他额外供应才可以在世界市场上出售。[90]

米尔纳让这些谈判处于秘密状态，但当批准这一协定的法案提交议会时，国联的支持者们强烈抗议。奥姆斯比－戈尔在1920 年 6 月 16 日说，下议院应该拒绝一个"与门户开放和托管原则直接冲突"的法案。受委任统治国原本应当是土著的托管者；它却正在计划"建立政府垄断受托管人领地上的原材料"。它怎么能这么做而又转过来说法国不能控制喀麦隆的所有土产品或者在多哥土著中征兵呢？罗伯特·塞西尔、奥斯瓦尔德·莫斯利以及支持自由贸易的自由党领袖 H. H. 阿斯奎思（H. H. Asquith）都支持奥姆斯比－戈尔。塞西尔指出在德国控制时期瑙鲁的磷酸盐已经以市场价卖给所有国家；阿斯奎思坚持说，由于这一协定与《国联盟约》冲突，所以它是不合法的。[91] 由于劳合·乔治的联盟占有压倒性多数，《瑙鲁群岛协议草案》（Nauru Islands Agreement Bill）以绝对优势获得通过，但即便是《泰晤士报》（The Times）也承认批评者的看法是有道理的。[92]

这样，英国和自治领在委任统治制度制订之前就已经巧妙地把瑙鲁的未来安排好了，但奥姆斯比－戈尔从未忘记他的愤怒。土著本应该是委任统治地的主人，但与英国磷酸盐委员会签订的合同却把三国政府作为所有者，来自荷兰的成员范里斯在该委员会于 1922 年 8 月举行的第二次会议上如此对澳

76

大利亚高级专员约瑟夫·库克（Joseph Cook）爵士说道；奥姆斯比－戈尔补充道，如果这违背了《国联盟约》，就不得不修改这个合同。在公开会议上，委任统治委员会暗示英国在两个方面违背委任统治制度："让人民的利益从属于对财富的榨取"和"保留对该领地资源的所有权和独占利用"，而不是对世界开放。库克非常激烈地反驳说，磷酸盐税意味着瑙鲁人"享有超过他们最美好的期望"的富足和繁荣，但奥姆斯比－戈尔感到（就像他给母亲报告的）"非常羞愧"。[93]他很高兴英国报纸报道了这些批评。[94]

然而，关于瑙鲁的争论并没有走得更远，这不仅仅是因为奥姆斯比－戈尔很快就离开了委任统治委员会，还因为委任统治委员会面对的是一种既成事实。瑙鲁在非常非常遥远的地方；该委员会没有人了解它；而且，澳大利亚——在开始的五年之后继续派出管理者——非常小心地压制着瑙鲁人不满的记录。[95]瑙鲁人（于1968年获得独立）将会在国际法院（International Court of Justice）控诉澳大利亚对他们微小的家园造成的环境破坏，这在帝国时代是无法想象的。[96]

通过国籍问题、卢旺达边界争端以及关于瑙鲁的争论，委任统治委员会设法坚持委任统治机制的两个关键原则：各领地仍然是国际法中不同的实体，土著的利益是至高无上的。尽管其行动都是试探性的，但他们最终迫使合并主义潮流发生了逆转。没有早期的这些行动，20世纪20年代中期关于主权和"门户开放"的非常直接的争论就不可能发生。然而，随着"委任统治地"之类型的独特性变得更加清晰，其核心矛盾也更加明显：它被以符合其居民利益的方式管理着，但不是由其居民自己管理的。根据《国联盟约》，因为被委任统治的人们没有能力才需要托管。然而，比利时人含蓄地承认，托管反过来要求——甚至是构成了——能力匮乏。没有什么会比缺少能力这个假设更能引起热烈争论。奥姆斯比－戈尔在离开委任统治委员会之前所做的最后贡献是坚持让这些抗议被听到。

第3章　整个世界都在讨论

> 威尔逊总统确立的第一个原则是任何人都不得被置于
> 一种他不愿生活于其中的主权之下，这也适用于德国的殖
> 民地……我们正期望国联或者巴黎和会派出代表来查明我
> 们的愿望，但他们还没有这么做。因此，我谦卑地祈求您，
> 看在上帝的分上，要求巴黎和会或国联派出代表来查明我
> 们的愿望。法国政府正强迫我们生活在其政府管理之下，
> 但我们国家不想要法国政府。
>
> 约瑟夫·贝尔（Joseph Bell），喀麦隆，
> 《致反奴隶制协会》，1919 年 11 月 17 日[1]

77　　对于获胜的帝国来说，委任统治制度是让 1919 年达成一致
的领土解决办法合法化的工具。对于国际主义者和国联官员来
说，它是扩展托管制和"门户开放"的共同规范的一种机制。
但对于适用委任统治制度的那些领地上政治化的少数民族来
说，它是某种更简单的东西：是对协约国在 1918 年面临绝境
时做出的民族自决承诺的无耻背叛。英国和法国不仅仅是在它
们的战争中吁请土著发出声音并请它们派出军队；它们还承
诺，任何新的分配——在非洲以及中东，如果劳合·乔治值得
信任的话——在确定时都会与这些人进行磋商。然而，一旦它
们的占领得逞——当然，一旦美国退出这个屋子——这些承诺
就被扔到一边了。

喀麦隆杜阿拉市（Duala）的精英、多哥讲英语的商人、萨摩亚的酋长、西南非洲顽强独立的巴斯特人（Rehoboth Basters），以及大量阿拉伯组织和当权者动员起来进行抗议。非常乐意表达他们对德国或奥斯曼帝国统治之憎恨的社会团体现在纷纷写信争论在巴黎和圣雷莫做出的决定。绝大多数书信寄到了各帝国首都，在这里受到当地官员的压制或被悄悄地丢弃。然而，尽管在 1919 年和 1920 年国联不过是一个邮筒，一些申诉书还是被送达国联秘书处的临时办公场所。其后果是，它们产生了令人惊讶的影响：一种申诉程序，生活在受委任统治之下的人们通过此程序学会了宣称他们也是应该被倾听的。

这种申诉程序可能是委任统治制度最重要的方面，因为它把这一制度所处理之对象的声音——即便是无声的、用腹语术表达的和被歪曲的——带到了决定它们命运的房间里。但这一过程完全是没有规划的。无论是国联盟约还是委任统治制度文本都没有就申诉问题作出任何规定。[2] 事实上，当米尔纳委员会在 1919 年夏季开始拟订这些文本时，除美国人乔治·路易斯·比尔外，所有成员都同意，尽管允许各国政府向国际常设法院（Permanent Court of International Justice）提出申诉是合适的，但如果委任统治国自己的居民也被赋予这种权利，如法国殖民地部部长亨利·西蒙（Henry Simon）所说，"所有的行政管理都将是不可能的"。[3] 然而，尽管有这些反对意见，申诉程序还是出现了。

当然，在最根本的层面上，这种申诉程序的出现是靠申诉者自己——成千上万冒着极大风险大声反对新的分配方案的男男女女——达成的。有些人利用更早时期的政治和话语传统：奥斯曼帝国的臣民在 1914 年之前已经向奥斯曼帝国当局请愿了；萨摩亚的酋长和杜阿拉市的精英已经就行政实践或土地权利向威廉

78

政府提出过申诉了。[4]但是，这些申诉都是提交给宣称对其统治的地区拥有主权的民族国家而不是国际组织的。为理解申诉是如何进入国际领域的，我们必须考察巴黎和会结束后的几年中提交日内瓦的申诉发生了怎样的变化。正如我们看到的，一些非常熟悉的人物——特别是威廉·拉帕德、J. H. 哈里斯和威廉·奥姆斯比－戈尔——利用不断增强的愤怒和英法的敌对创造了国联最具"全球性"的用于动员、抗议和提出主张的结构。

为申诉制度而战

西非的形势是一个导火索。尽管英国在 1916 年之前一直控制着南喀麦隆大部分（包括至关重要的杜阿拉港），在 1919 年之前一直控制着多哥的绝大部分（包括洛美港），但它把这两个地区割让给法国，以换取对其他地方之要求的承认。这些退让令英国地方官员、利物浦的西非商人协会（Association of West African Merchants）以及在 1914 年之前或战时英国占领期间在英国或德国公司工作的、讲英语或讲德语的杜阿拉和埃维（Ewe）精英非常不满。[5]1918 年，英国在这两个地区的统治当局都报告说，当地人民正在抗议法国施压签署自我褒奖，紧接着就是向这两个地区统治当局的申诉。"我担心，在土著看来，法国在西非的统治比 1914 年 8 月之前德国人的统治更不得人心，这一点可能是没有什么疑问的。"黄金海岸的总督休·克利福德（Hugh Clifford）在 1918 年 12 月给殖民地大臣的信中写道。英国公使从喀麦隆警告说，大批杜阿拉的精英可能会动身前往尼日利亚。[6]

英国外交部警告地方官员，如果他们鼓动非洲人的不满，他们可能会酿成外交风波。[7]就算这些官员注意他们的言论，反

奴隶制协会的 J. H. 哈里斯却不必如此。当劳合·乔治违背了其
咨询非洲人意见的承诺时，哈里斯非常震惊，他在《泰晤士
报》、《曼彻斯特卫报》（The Manchester Guardian）、《当代评
论》（Contemporary Review）以及其他无可争辩的"民意"喉舌
上发表了一系列直言不讳的文章，发泄他的愤怒（以及对法国
在西非行动的批评）。[8]哈里斯明确的立场和反奴隶制协会与西
非教会人士及商人强大的联系也使他成为非洲人表达不满的渠
道。1919 年，来自杜阿拉的反对分治以及法国占领的抗议书被
送到他的案头，1920 年和 1921 年他又从多个来源［包括 J. T.
蒙萨（J. T. Mensah），英国贸易公司的前职员］收到一些关于
法国托管之多哥情况的报告。通过他与利物浦商人利益集团的
联系，奥姆斯比－戈尔看到了这些材料中的一部分并越来越确
信处于委任统治之下的居民必须拥有向国联申诉的权利。[9]1921
年 1 月，一个由他任主席的国际联盟协会敦促国联行政院承认
这一权利。[10]

　　在日内瓦，威廉·拉帕德也得出了相同的结论。来自西非
的一些申诉书已经被送达国联秘书处，但反对英国和法国在中
东之分配方案的抗议书正大量涌入国联。1920 年 4 月的圣雷莫
决议、费萨尔随后被从叙利亚驱逐、"大黎巴嫩"的建立以及
体现《贝尔福宣言》的巴勒斯坦委任统治制度草案在 1921 年 2
月被公布［首先在《犹太纪事报》（The Jewish Chronicle）披
露，它设法在《泰晤士报》之前拿到了副本］[11]，把来自汉志
地区的侯赛因国王（King Husayn）和来自世界各地的阿拉伯组
织的抗议释放出来了。这些申诉书强调的重点可能不一样；然
而，大多数都会同意——如同费萨尔在 1921 年 2 月代表其父亲
写的一封信中所说——法国和英国的行动不仅违背了战时协约

80

国的承诺，也违背了第 22 条本身所包含的对阿拉伯独立的"临时承认"。如果英国和法国打算强加他们的统治，拉帕德预先警告说，它们将会"让目前整个中东的动乱状态永久化"。[12]

与这些书信相伴的是到日内瓦进行直接游说。在 1920 年 7 月法国把费萨尔政府驱逐出大马士革之后，许多其前大臣和支持者纷纷到开罗寻求庇护，米歇尔·鲁法拉（Michel Lutfallah），一位富有的黎巴嫩基督教流亡者的儿子，开始在这里建立一个协调阿拉伯民族主义运动的组织。太多的分歧需要克服，因为像拉希德·里达（Rashid Rida）和德鲁兹派贵族这样的泛伊斯兰主义者和前奥斯曼帝国官员谢基卜·阿尔斯兰（Shakib Arslan）并不像鲁法拉一样忠诚于哈希姆家族的事业，而一些巴勒斯坦民族主义者憎恨叙利亚的控制，仇视倾向于与犹太复国主义妥协的人。尽管如此，在鲁法拉的邀请下（主要由他支付费用），在 1921 年 8 月末，就在第二次国联大会开幕前，来自这些不同部分的阿拉伯民族主义者聚集在一起，在日内瓦举行会议，成立了叙利亚 – 巴勒斯坦大会（Syro-Palestinian Congress）。鲁法拉当选为主席，里达当选为副主席，阿尔斯兰任秘书——他将成为阿拉伯民族主义在欧洲之最不屈不挠的对话者（图 3 – 1）。[13]

叙利亚 – 巴勒斯坦大会本打算把关于独立、结束委任统治以及收回《贝尔福宣言》的要求提交国联讨论。然而，就像侯赛因国王发现国联行政院不会对他反对 1920 年圣雷莫协定（菲利普·诺埃尔 – 贝克极力反对的一项决议）的申诉感兴趣一样，[14] 叙利亚 – 巴勒斯坦大会也发现，无论是国联行政院还是埃里克·德拉蒙德爵士都不会接收他们的申诉。[15] 只有拉帕德听完他们的申诉，并在会见中对流亡的阿拉伯民族主义者表现

图 3 – 1 1921 年 8 月叙利亚 – 巴勒斯坦大会，日内瓦。就座者（从左到右）：苏莱曼·卡纳安（Suleiman Kanaan）、拉希德·里达、米歇尔·鲁法拉、塔恩·伊马德（Taan al-Imad）、陶菲克·哈马德（Tawfic Hammad）和谢基卜·阿尔斯兰。站立者（从左到右）：伊赫桑·贾比里（Ihsan al-Jabiri）、谢卜利·贾迈勒（Shibly al-Jamal）、阿明·塔米米（Amin al-Tamimi）和纳吉布·舒凯里（Najib Choucair）。

出极大的同情，对他们的苦难有深切的感受。[16]但他如何处理这些信息——或者，就此而言，如何处理不断增加的反对中东解决方案的申诉？拉帕德对德拉蒙德说，应该把它们送交国联行政院和所有国联成员国。考虑到整个世界对"甲类"委任统治制度的"极大不满"，申诉者请求国联干预看起来"只是一个微小的让步"。德拉蒙德断然表示不同意。国联行政院已经决定由协约国而不是国联负责分配委任统治地，他可不愿意这些充满"荒谬指控"的文件走得更远。在德拉蒙德的明确要求

81

下，拉帕德非常不情愿地从发给国联第二次大会代表们的材料中撤回所有抗议，除德拉蒙德在自己签署的信件中无意中同意传阅的两份——这个决定恰恰反映了德拉蒙德对文本而不是法律精神的一丝不苟的遵守。[17]

阿拉伯人坚决反对为他们安排的命运，这是常识，但国联大会并未处理这个问题。拉帕德对于自己在从幕后推动阿拉伯民族主义者方面发挥的作用一直感到内疚。"就个人来说，我不可能认为我们正在承担着对这些领地的居民的全部责任，"他在 1921 年 10 月 11 日国联大会结束后写给德拉蒙德的信中说。阿拉伯人的抗议可能"非常天真且遣词造句非常拙劣，但我认为它们确实提出一个强有力的论点，反对法国和大英帝国过去和现在对待它们的方式"。[18]事实上，在幕后拉帕德已经采取了措施，设法绕过妨碍他的上司，在第二次国联大会后紧接着举行的常设委任统治委员会第一次会议上提出了申诉问题。在这里，奥姆斯比－戈尔为其提供了支持：由于在英国殖民地的任何居民都有权向英国枢密院申诉，毫无疑问委任统治地的居民也应该能够向国联提出申诉！到第一次会议结束时，很明显委任统治委员会将会争取接收申诉。[19]

然而，如果拉帕德一直设法维持申诉权的存在，那么德拉蒙德的拖延则为英国和法国政客提供了他们需要的东西——一个在国联自命的"国际良知"的守护者重新开会之前把中东分配方案变成既成事实的机会。英国特别需要这么做，因为英国支持犹太复国主义计划遭巴勒斯坦强烈反对，这股势头在 1921 年于英国本土扎下根来。在 1921 年 5 月，巴勒斯坦阿拉伯人大会（Palestine Arab Congress）已经向英国派出了一个代表团，尽管数月的对话被证明是毫无成效的，但他们的出现已经产生了一定的影响。到 1922 年 6 月，英国上议院通过了一项反对巴勒斯坦委任统治制度的动议，《泰晤士报》已经发现巴勒斯坦"不是一片空地"，并得出结论认为不应该以对犹太复国主义运动有利的方式对其进行管理，因为犹太复国主义运动"几乎不考虑当地人的愿望和传统"。[20] 面对这种纷扰的情形，英国政府于 1922 年 7 月发布了具有决定意义的《白皮书》，它确认了英国对犹太"民族家园"的责任，同时也澄清英国既无意在巴勒斯坦创建一个犹太国家，也无意迫使既有的人民离开家园。[21] 随后，英国政府迅速行动，以争取国际认可。1922 年 7 月中旬，A. J. 贝尔福，时任英国枢密院议长（Lord President of Council）还兼职英国外交部与国联的联系，不但在伦敦举行的会议上从国联行政院获得对"乙类"委任统治制度的赞成，还〔与法国总理勒内·维维亚尼（René Viviani）一起〕给意大利代表施压，以继续推进巴勒斯坦和叙利亚委任统治制度的正式批准。然后，贝尔福通知"所有各方"——也就是，希望委任统治的犹太复国主义者和不希望委任统治的阿拉伯人——争论已经结束了。[22] 犹太复国主义组织的哈伊姆·魏茨曼（他曾担心"如果委任统治制度这一次不能被批准，将永远不会被批准"）[23] 发电报给丘吉尔、贝尔福以及劳合·乔治，表达了他衷心的感谢。巴勒斯坦代表团被其行政当局召回，打道回府了。

　　但是，没有比在巴勒斯坦问题上的争论已经"结束"的说法——或者在叙利亚或喀麦隆，或多哥，或萨摩亚，或西南非洲问题上的争论确实已经"结束"——更具幻想性的了。拉帕德在日内瓦知道这一点。申诉书仍然潮水般涌来——到 1922 年 8 月举行委任统治委员会第二次会议时，仅仅关于叙利亚和巴勒斯坦的申诉书就有 613 份。[24] 在伦敦的奥姆斯比-戈尔也知

83

道这一点，并与殖民地部的朋友们合作拟订一申诉程序。毫不奇怪，这些官员不会被绕过。来自委任统治地的居民的任何申诉都必须通过受委任统治国提交，受委任统治国做出评议后再转交出去；只有来自领地之外的申诉才可能被直接送达日内瓦，然后再转交受委任统治国进行评议。在审议了申诉书和受委任统治国的评议之后，委任统治委员会应该向国联行政院报告它是否应该采取必要行动。[25]

奥姆斯比－戈尔在 1922 年 8 月把这一建议提交委任统治委员会第二次会议，但遭到来自法国的成员的直接否决。常设委任统治委员会不可能考虑设置一种申诉程序，除非国联行政院明确要求这么做，让－巴蒂斯特·保罗·博争辩说，而国联行政院考虑到这个问题"非常微妙"，拒绝卷入其中。[26]然而，"公开性"和国联大会再一次解了围。1922 年 9 月的第三次国联大会举行时，南非派出飞机轰炸他们在西南非洲委任统治地上反叛的部落成员的新闻不绝于耳，对这一行为的愤慨引发了支持申诉程序的浪潮。受到公开性的冲击，加上英国和国联秘书处的支持，国联行政院在 1923 年 1 月勉强给予同意。[27]由于拉帕德、哈里斯以及奥姆斯比－戈尔的坚持，一种机制现在出现了。通过这一机制，委任统治委员会可以审议来自被委任统治地的那些抗议书，传送到所有国联成员国，并对全世界公开。

确定规则

然而，仅仅建立一种申诉程序还不可能确保其效能。要知道，对委任统治地提出申诉的申诉者必须把他们的信函通过政府渠道递交——或者，就像来自海地的国联大会代表唐太斯·

贝勒加德嘲讽的那样，"恰好向他们要抱怨的人们表达他们的冤情"。[28]这些"人们"当中的一些人会阻止这些抱怨走得更远。比如，多哥的申诉者在 1924 年向反奴隶制协会报告说，法国专员已经威胁，如果他们再试图申诉将被立即驱逐（并通过驱逐一名直言不讳的批评者以儆效尤）；[29]在 1929 年常设委任统治委员会举行的一次会议上，被问及委任统治委员会正在审理的申诉时，法属喀麦隆的法国专员厚颜无耻地回答说已经召见了申诉者并告诉他，他的冤情对国联来说无足轻重。[30]1925～1926 年叙利亚叛乱期间，来自世界各地的申诉书大量涌入，法国外交部的中东专家罗贝尔·德·凯却对委任统治委员会说，无论是叙利亚的法国高级专员还是巴黎的法国政府都没有收到任何申诉书，对此委任统治委员会感到非常震惊。[31]

正如这些例子所表明的，法国的各委任统治政府可能是最敌视申诉的，但比利时和英国自治领的委任统治政府也紧随其后，甚至也不能指望通常接受规则约束的英国来捍卫他们提出的程序。实际上，在 1925 年，当委任统治委员会小心翼翼地提出当面听取申诉者的意见时，英国外交大臣奥斯丁·张伯伦鼓动所有受委任统治国对常设委任统治委员会展开有预谋的公开攻击（第 7 章将做讨论）。更糟糕的是，委任统治委员会的一些成员发现这种行为并未招致麻烦。来自法国的成员马夏尔·梅兰宣称，稍微了解"东方人"的都知道他们"对争吵、阴谋诡计和抱怨的偏好"，并像他之前的博所做的那样，全力抵制把申诉书作为可靠的文件。[32]当委任统治委员会意大利籍的主席西奥多利侯爵在 1929 年试图说服其同事们，要求受委任统治国向当地居民普及他们的申诉权时，梅兰反驳说申诉书通常是寡廉鲜耻的鼓动者或自我吹嘘的好事者提交的微不足道的抱怨，常设委任统治委员会不应该鼓励它们的扩散。[33]

　　然而，梅兰几乎是委任统治委员会最不受欢迎的人。大多数成员开始把申诉看作一种基本权利，并竭尽全力予以支持。作为主席，西奥多利发挥了特别重要的作用。在拉帕德帮助下，西奥多利确立了程序规则，这赋予他某些关键权力，包括决定是否"可以接收"从委任统治地之外提交的申诉书。[34] 1925 年制定的指导原则是他做出判断的基础。一个"可以被接收的"申诉书不能来自匿名信息源，不能质疑委任统治制度条款本身，不能涵盖另一申诉书涉及的地区，更不能——由于委任统治委员会不是法院，申诉书也不是法律文件——要求干预在委任统治制度本身的法律中可以由法院裁决的事项。[35]然而，受尽可能多给法国和英国制造麻烦这一强烈愿望的驱使，西奥多利故意在从宽处理方面犯某些错误。用"暴力语言"表达的申诉书并未按少数民族制度中的规则被驳回。[36]绝大多数被交叉叠放在西奥多利的办公桌上的书信、照会、备忘录以及申诉书（包括许许多多质疑委任统治制度的）都被裁定为"可以接收的"，送交受委任统治国进行评议，使之能够让申诉者的冤屈更为人所知。

　　西奥多利还利用其权利非常策略地任命"报告起草人"——审议申诉书并撰写初步报告的常设委任统治委员会成员。少数任职时间长但在中东没有明显利害关系的成员管理着大量来自叙利亚和巴勒斯坦的申诉书。奥尔茨、帕拉西奥斯、葡萄牙人德·佩尼亚·加西亚（De Penha Garcia）和日本人鲑延（Sakenobe）任职委任统治委员会期间每人都针对 130~150 份申诉书提出了报告，而善于分析又效率超群的拉帕德令人吃惊地处理了 435 份申诉书。相反，博、梅兰以及其他来自法国的成员在整个委任统治委员会存在期间一共才就 13 份申诉书提出了报告。[37]西奥多利还把特别重要的信件散发给最可能有同情心的人，把来自备受压力的西南非社会的申诉书转给卢格德或后来的瓦伦丁·丹尼维格（他们二人都非常憎恶南非的土著政策），把萨摩亚和巴勒斯坦争取自决权的要求转给帕拉西奥斯（唯一非常同情它们的成员），把来自伊拉克的种族和宗教少数派的申诉书转给拉帕德和奥尔茨（如果伊拉克被赋予独立之地位，两位都担心这些社群可能的命运）。

最后，西奥多利、拉帕德以及在他们领导之下的国联秘书处的官员们都竭尽全力——尽管经常是力不从心——去迫使受委任统治国尊重申诉权。尽管他们非常尽职地退回居民直接提交国联的申诉书并指示通过受委任统治国提交，但相信他们有时会保留正着手推进的申诉书的记录或副本，或者提出故意羞辱受委任统治国的问题。[38]到 1928 年，申诉程序已常规化，委任统治部开始对申诉登记造册。在随后的 12 年里，大约 1500 份申诉书（或者，有时是成批的申诉书）被列入登记簿，追踪它们的进展是非常困难的。[39]可以肯定的是，这个制度是有些失败的。在 1929～1930 年耶路撒冷的"哭墙"冲突期间和 1936～1939 年巴勒斯坦和叙利亚的动荡时期，被送达的申诉书数量如此之大，以至于它们有时会被作为一批进行登记；关于类似问题的申诉书也通常被作为一个单一报告进行审议。尽管如此，在 1925～1939 年，委任统治委员会还是向国联行政院提交了大约 325 个独立的报告（许多处理的是多重申诉）。

而且，随着这套制度的扩展，其运作变得更加公开和透明。确实，常设委任统治委员会只与受委任统治国家在闭门会议中讨论申诉书。但无论如何，申诉者的不满进入了公开记录，因为这些讨论的会议记录经常会被出版（虽然经过审查），委任统治委员会关于申诉书的报告通常是会被出版的，在特别重要的情况下，完整的申诉书也会被刊印出来。此外，尽管申诉者们被告知，委任统治委员会本身不会正式接待他们，但他们很快就了解到西奥多利、拉帕德、国联秘书处成员以及在外面等待撰写一个好故事的记者们肯定都愿意接待他们。确实，只有资金充沛的申诉者才可能前往日内瓦进行举证，但犹太复国主义、叙利亚以及巴勒斯坦的组织，甚至萨摩亚人和喀麦隆人个人，都得到私人或者组织的支持。实际上，犹太复国主义组织和叙利亚 - 巴勒斯坦大会都采取了预防性措施，在日内瓦建立了办公室，设有常驻代表，不断为常设委任统治委员会提供申诉书，并定期会见愿意接见他们的成员。到 20 世纪 20 年代末期，申诉已经成为委任统治机制的一个常规部分。

申诉的范围

谁利用了这个权利呢？我们先看一些数字。尽管要想知道有多少申诉书被送交国联是不可能的（因为有一些申诉书在提交过程中被压了下来），通过对委任统治部的档案的细致研究，荷兰学者安妮克·范·欣内肯（Anique van Ginneken）确定送达日内瓦国联秘书处的申诉、指控或某种形式的通信有 3000 多项。[40] 如表 4 所示，它们在 14 个委任统治地当中的分配是非常不平衡的。绝大多数与叙利亚或巴勒斯坦有关。其中一些是个人申诉，指控侵犯财产权或教育歧视，但大多数表达的是集体的要求或不满。法国在叙利亚和黎巴嫩的卑劣行径的每一个细节——从逮捕地方政治领袖，到轰炸大马士革，到镇压叙利亚议会（Syrian Assembly），到决定把亚历山大勒塔割让给土耳其——见于叙利亚境内公民和政治组织发出的申诉书，（特别是）流散到世界各地的叙利亚人俱乐部和社会团体发出的抗议。[41] 毫不奇怪，巴勒斯坦提出的申诉数量与叙利亚的情况类似，特别是在 1933 年之后为中欧犹太人寻找避难所的努力与阿拉伯人反对犹太移民之增加的努力都加剧了的时候。在巴勒斯坦及海外的犹太复国主义者都宣称，英国政府没有履行它推动这块土地上的犹太人定居的义务，在镇压阿拉伯人的暴力方面行动太慢；在巴勒斯坦及海外的阿拉伯组织抗议英国允许过多犹太移民迁入，残酷地对待阿拉伯人，且没有兑现其建立代议制制度的承诺。[42] 在这两个领地，与其他申诉者竞争代表民意之权利的团体也提出了申诉。修正主义的犹太复国主义者决定建立一个犹太国家，讨厌世俗政治的犹太教信徒抗议犹太复国主义组织作为巴勒斯坦犹太人指定代表的特权地位。黎巴嫩马龙派教徒（Maronites）宣称其对法国委任统治当局的忠诚，并质疑大马士革或流亡的叙利亚民族主义者的主张能否代表全体人民。

88

表 4　申诉书按照委任统治地的分布

常设委任统治委员会收到根据委任统治地划分的申诉书和通信	
委任统治地	百分比
巴勒斯坦/外约旦地区	43.4
叙利亚/黎巴嫩	40.6
西南非洲	4.8
多哥（法属）	2.3
伊拉克	2.3

委任统治地	百分比
坦噶尼喀	2.2
喀麦隆(法属)	1.3
西萨摩亚	1.2
其他*	1.7

* 这一类包括一般申诉书、涉及多个委任统治地的申诉书和关于新几内亚、日本委任统治各岛屿、卢旺达－布隆迪、喀麦隆（英属）、瑙鲁和多哥（英属）的申诉书，每一委任统治地提交申诉书数量占全部申诉书数量的比例都不足1%。

资料来源：A. H. M. van Ginneken, "Volkenbondsvoogdij: Het Toezicht van de Volkenbond op het Bestuur in Mandaatgebieden, 1919 – 1940" ［The League of Nations as Guardian: The League's Oversight Machinery and the Administration of Mandated Territories 1919 –1940］. Dissertation, University of Utrecht, the Netherlands, 1992, pages 211 –217。

太平洋或非洲的领地都没有出现这么大数量的申诉。然而，当把人口的规模考虑进来的时候，如第 6 章所表明的，很明显，小小的西萨摩亚在申诉的兴趣方面甚至超过了巴勒斯坦和叙利亚。向国联——英王、德意志国民议会以及美国总统——的申诉实际上是全体萨摩亚人开展的长达 10 年的非暴力不服从运动的核心内容，相反，尽管西南非洲提出的申诉不多，但这些申诉中大部分是由寻求恢复失去之财产或提出新诉求的德国人个人而不是非洲人群体提出的。事实上，20 世纪 30 年代初该地区申诉书的激增很大程度上归功于 J. E. 兰格（J. E. Lange）先生的狂热活动，他大肆抨击委任统治委员会，要求归还丢失的牲畜或被非法占有的土地，直到西奥多利对他都感到厌倦并裁定"不再接收"他的书信。

少数几个委任统治地向日内瓦提交的申诉书非常少。然而，在有些案例中，这更多的是一种地方层面上解决（或压制）不满的问题，而不是居民不能申诉。组织良好的瑙鲁人（和萨摩亚人一样）在多个情况下向伦敦和堪培拉提出了申诉，但这些申诉书既没有被转交到国联，也未在国联被提及。[43]英国当局试图在被托管的多哥合并氏族部落却发现自己陷入了敌对部落之间的争端，其中有些部落向地方官员提出了申诉，但这些冲突未能被日内瓦看到。[44]关于英属喀麦隆情况的投诉也很少到达国联，尽管比利时在卢旺达和布隆迪的压制性管理引起了大量负面新闻评论（特别是在德国），卢旺达的国王直接向比利时官员提出了申诉，官员们小心翼翼地把国王的抗议掩盖了起来。日本提交了关于其委任统治地人口统计、经济和社会情况的令人生厌的报告，但并无关于密克罗尼西亚的评议被送达国联，仅有少数关于外国人要求归还被没收的财产或抗议日本不同意游客进入其岛屿要塞的申诉书。

但如果国际申诉只是在叙利亚、巴勒斯坦和西萨摩亚成为一种流行的形式，那么在其他几个领地，只有特定种族、宗教或政治团体发现和利用了这一权利。例如，在西南非洲，一个在德国人控制下被赋予很大自主性的混血族群巴斯特人为了恢复地位一直坚持不懈地向国联申诉。[45]而在坦噶尼喀，印度商人针对白人殖民者垄断特定的发展和贸易权利的行动进行申诉。一个生活在阿克拉（Accra）但在被分裂的埃维语区（Eweland）寻求支持的、主要由来自法属多哥（埃维人）的流亡者领导的"多哥德意志联盟"（Bund der Deutschen Togoländer），由于坚持不懈地批评法国在多哥的政策而惹恼了法国当局（以及强烈反对德国的法国和比利时的常设委任统治委员会成员）。喀麦隆的杜阿拉精英们与来自德国和法国大都市的盟友们继续反对德国控制时期开始的土地剥夺行为以及法国对他们征收贸易税。[46]脆弱的种族集团在面临特定的危险或压力时也利用申诉手段。当英国在 1929 年宣布将会支持伊拉克作为一个独立国家加入国联时，来自亚述人（Assyrian）和库尔德人团体的申诉书涌现出来，他们担心自己将会成为我们现在所称的种族清洗的目标。

然而，申诉并不是这些地区的居民的专利；实际上，提交日内瓦的大多数申诉书（根据范·欣内肯的统计，大约60%）来自"外部"，而且是直接提交国联的。确实，这些申诉书中绝大多数来自与该地区居民有密切联系并直接关心他们命运的个人或团体——叙利亚人俱乐部、犹太复国主义组织，甚或间接来自利用流亡组织或富有同情心的朋友绕过受委任统治国的居民。阿吉戈（Adjigo）家族的成员，开展了一场反对多哥法国当局的长期运动，把王位指定给一个他们认可的竞争的家族（当他们抗议时把他们驱逐到遥远地区），且由他们直接向法国申诉。但是，他们还引起 J. H. 哈里斯以及黄金海岸著名律师、报纸经营者、立法会议（Legislative Council）成员和早期非洲民族主义者 J. E. 凯斯利·海福德（J. E. Casely Hayford）对他们这一案例的兴趣。[47] 关于法国军队在被托管的多哥对市场女商贩反对增加税收的示威游行开火的电报很可能是已经逃离这种暴力的流亡者从黄金海岸边界发出的；喀麦隆对类似暴力的抗议也是由该地区之外的联系人发来的。[48] 在巴黎的喀麦隆和叙利亚学生向日内瓦发出了申诉书，这些申诉书是肯定会被地方当局压制的。

一些国家、组织和个人也试图利用申诉向各帝国施加压力。德国殖民主义组织明确表示它们不看好把英属坦噶尼喀与相邻的东非殖民地结成联邦的前景；意大利控制的石油公司挑战了英国对伊拉克石油的控制。一些警觉的人道主义组织或政治组织——特别是哈里斯的反奴隶制协会，还有国际联盟协会、国际土著人民保护局（Bureau International pour la Défense des Indigènes）、受共产党影响的反帝国主义联盟（League Against Imperialism）、黑人防御联盟（Ligue de Défense de la Race Nègre），以及世界妇女和平与自由联盟（Women's International League for Peace and Freedom）——在获悉一领地内滥用劳动力、宗教偏见或政治压迫的消息时，它们就会提出申诉。无论是 1921 年在巴黎举行的由 W. E. B. 杜波伊斯任主席的第二次泛非大会还是马科斯·加维（Marcus Garvey）的世界黑人进步协会（Universal Negro Improvement Association）都提出过申诉——杜波伊斯督促委任统治委员会任命一位有色人种的成员，加维质疑泛非大会代表非洲人的权利，并提升他自己的组织作为德国前非洲监护人（African wards）之托管人的资格。[49] 最后，一些商人、学者和单纯的游客，偶然发现可疑的行动或形势实名向国联举报，却惊讶地发现已经有人提交了"申诉书"。

所以，申诉是一种比我们设想的更广泛和更复杂的做法。在一些委任统治地，它成为一种获得认可的表达不满的媒介，即便它受到压制或不太为人所知。流亡团体、人道主义组织，甚至一些早期的反殖民主义者就代表其居民进行了申诉。但是，所有这些讨论到底产生了什么"作用"？申诉产生了什么影响？

影响与意义

91

首先，重要的是要清楚什么是申诉没有做到的。它通常没有为申诉者赢得损失赔偿。根据范·欣内肯的统计，在大多数案例（其中大约四分之三可以获得全部信息）中，常设委任统治委员会建议不采取任何行动。只有在 10% 的案例中，申诉得到支持，而且申诉不会限制国联行政院或受委任统治国挽救局势的努力，尽管委任统治委员会确实提供了部分支持——诸如承认申诉团体之关注的合法性。[50]为何申诉如此没有成效呢？

这部分是由于常设委任统治委员会对委任统治制度之本质的理解以及它自己的限制性的规则。受委任统治国和常设委任统治委员会同意，委任统治制度是受委任统治国与国联之间的契约，而不是国联与当地居民之间的契约。因而，委任统治委员会认为申诉书是信息来源而不是司法文件；实际上，正是因为它们不被认为是可以交由法院裁决的，委任统治委员会才能证明扩大界定"可接收的"申诉书是合理的。然而，这种开放性的反面是，申诉者从未被认为（作为法律上的原告将会被认为）在常设委任统治委员会面前拥有任何真正的权利。委任统治委员会不是对申诉者负责，而是对国联行政院负责：如果申诉书包含了委任统治地内部非法行为的有说服力的证据，常设委任统治委员会应该向国联行政院发出警告，而不是自己为申诉者做出"决定"。确实，常设委任统治委员会把它们关于申诉书的报告不仅送往国联行政院，还送往申诉者，这大大激怒了受委任统治国家，它们倾向于认为委任统治委员会根本不应该独立与申诉者交流。

然后是关于申诉的规则，这进一步限制了申诉的范围。记住，申诉者不会求助于国联来纠正他们所理解的、能够通过该领地的法院解决的不公正行为。许多这么做的申诉者到头来发现委任统治委员会根本不会考虑他们的案子。申诉的失败还因为常设委任统治委员会没有能力进行独立的调查，也没有可以

用来挑战受委任统治国通常不屑回应的外部信息。越来越多的
具备独立见解的成员发现，当面对完全不同的对立的解释时，
委任统治委员会通常觉得不得不接受受委任统治国家的说法。　92
这是令人沮丧的（申诉者无疑是非常愤怒的）。"实际上，在这
些案例中，受委任统治国既是裁判又是参与方，"拉帕德在讨论
洛美的枪杀市场女商贩事件时抱怨道。这是申诉程序的"根本
缺陷之一"。[51]

　　然而，大多数申诉的失败并不真正是因为信息不充分。失
败更多是因为它们挑战了这套制度自身的基本前提。毕竟，各
领地被置于委任统治之下是因为国联盟约宣称它们的人民还不
能"自立"。当叙利亚、巴勒斯坦、喀麦隆以及西萨摩亚的申
诉者坚持认为，就像他们惯常的做法，他们实际上能够自立时，
委任统治委员会把这些诉求置于它们的管辖权之外了。这种逻
辑可能看上去是不合情理且有种族主义色彩的，但它是合乎逻
辑的，因为，就像常设委任统治委员会反复强调的，其责任是
监督委任统治制度的规则是否得到遵守，不是去评判这些规则
本身。申诉者可以要求根据委任统治制度为他们提供应有的保
护；他们不能完全抛弃保护。常设委任统治委员会有限的权威，
需要平衡监管与合作，以及特别是它的"文本主义"，使它采
取了一种被巴拉克里什南·拉贾格帕（Balakrishnan Rajagopal）
恰当地称为"遏制态度"的做法，最激进的申诉"被官僚政治
技巧敷衍了"。[52]

　　然而，关于土著民族缺少能力的假设并未使被我们称为
"原始民族主义"（proto-nationalist）的申诉注定失败。它们还
不可避免地塑造了委任统治委员会应如何回应当地申诉者。"委
任统治委员会的责任就是非常认真地研究所有提交到它这里的

申诉书，"皮埃尔·奥尔茨曾在讨论"多哥德意志联盟"的申诉时这样说，"但是，很明显，申诉书的价值主要取决于其提交者的地位"。[53] 在这里，"文明"思维产生了最恶劣的影响，因为被假定为"落后"和"原始"的申诉者怎么会有"地位"呢？这是常识，第一个阐述申诉程序的国联行政院文件也是这么说的，"文明程度欠发达的人们"往往会"没什么根据地对最不重要的问题"进行申诉，[54] 而他们的"单纯"和"轻信"使他们容易被操纵。当来自"当地人"的申诉到达时，受委任统治国和常设委任统治委员会成员都倾向于查明，如同澳大利亚高级专员约瑟夫·库克所说，"谁为自己的某种不可告人的目的在背后支持土著"[55]——煽动者、"混血族群"、共产主义者、德国人以及土耳其人。受过教育和"脱离了部落习惯"的93 土著尤其可疑，他们的申诉书被驳回，他们的动机受到指责。白人申诉者并不总是受到尊重（比如，西南非洲纠缠不休的德国或南非白人殖民者，因其对土著的贪婪和残酷态度而普遍不被常设委任统治委员会待见），但他们从未被斥为腐败、天真或不能了解自己的想法。

认可这套委任统治制度的种族和文明逻辑的白人的申诉书的命运大相径庭。来自反奴隶制协会和国际有色人种保护局的申诉书得到全面彻底地调查，因为这两个协会都被视为公正中立的人道主义组织，是发自内心地为土著利益着想的。有地位的白人官员或受尊敬的学者〔诸如在雷蒙德·莱斯利·比尔的《非洲的土著问题》（*The Native Problem in Africa*）一书中看到的那些，第8章将会讨论到〕提出的关于强制劳动或其他违反委任统治制度行为的指控，得到了细心的回应，每一点都进行了详细的阐述。同样，尽管叙利亚对法国军队实施酷刑的指控被以文明国家不会如此行事为由而驳回了（将在第 5 章看到），但当地人对"土著"官员或政府的指控却可以获得更具同情心的倾听。寻求委任统治委员会的保护以反对人口占多数民族的民族主义的申诉者，或反对取消受委任统治国保护的申诉者——如同伊拉克的巴哈教（Bahai）、亚述人和库尔德人社群所做的那样——发现委任统治委员会非常愿意宣扬各种不满，以和其设想保持一致。

那么，申诉发挥了什么作用？在很大程度上，它致力于抑制来自底层的压力和抗议并使之去合法化。申诉者向国联申诉有非常广泛的理由。然而，常设委任统治委员会只能支持那些认可受委任统治国之权威和居民之从属地位的申诉。然而同时，这一过程也具体说明了——使变得可见并迫使申诉者理解——委任统治机制的威权结构和家长式逻辑。于是，必须问这个问题：申诉者吸取这个教训了吗？由于申诉者被拖入他们不可能获胜的耗时的争辩当中，申诉主要是作为一种安全阀或诱饵发挥作用吗？

本书中的故事表明，它不是。确实，许多申诉者首先是带着对国联之理想的信仰和对纠正不公的期望走近国联的，但在几十年里他们没有坚持他们能够改变委任统治委员会的想法这种被迷惑的信仰。更准确地说，他们坚持是因为申诉过程可以提供：曝光、联系、公信力、公开宣传以及发言权。马夏尔·梅兰的狭隘的评论——申诉者们向国联提出申诉是为了确立自己作为"重要人物"的地位——并非完全错误，因为申诉者们经常对他们的同事、追随者以及像常设委任统治委员会这样的国际公众发表演讲。申诉过程发起了运动，并积聚了大众的广泛支持。根本没有证据表明，它以某种方式消磨了民族主义的活力，

94

或把它引向毫无成效的方向。相反，萨摩亚的"马乌"运动（Samoan Mau）、叙利亚的民族主义运动、巴斯特人、"多哥德意志联盟"以及库尔德人的政治家们磨炼了他们的组织技巧，并通过申诉建立起国际性和公开性的关系网。而且，由于其诉求的合理性（在这些申诉者看来）是无可争议的，委任统治委员会把它驳回则既不会损害申诉者的信誉，也不会损害运动受欢迎的程度——确实，申诉者都很热切地宣传这些申诉被驳回的情况，他们确信伤害反而能提升他们的地位。这些行动表明了申诉者对这套制度之逻辑的敏感认知以及利用它获取政治好处的精明谨慎。

然后，不应该从法律领域而应从政治领域——而且还是全球政治领域——寻找申诉的重要性。申诉重要，不是因为它为申诉者提供了纠正的机会，而是因为它使申诉者能够进入并在一个存在多种声音的国际舞台上发声。它是一种关键的机制（公开性是另一个机制），之前二元的关系——殖民者，被殖民者——通过它成为三角关系了。突然之间，又出现了另一个冲突地点，又有了新的参与者。此外，随着戏剧的展开，其影响不仅仅是简单地支持运动或提升名誉。在这些影响中，有一些是平和适中的，就像官员做出让步或继续提升他们的国际声誉，但在有些情况下，日内瓦的立场从根本上改变了受委任统治国不但能做而且想做的事情。

本书其余九章将不仅仅追踪"国际共管"在不同领地产生的影响，还追踪其对两次大战之间不稳定的秩序的影响。不同领地的影响是不同的。在国联的监管浮皮潦草、国际性关系网虚弱的地方，伦敦、巴黎或东京的帝国监督者们偶尔能够涉足日内瓦的舞台，临时礼节性地谈论一下受委任统治国的理想。

然而，在敌对的国家利益和地缘政治利益强烈碰撞以及人道主义游说团体和当地民众都被动员并被广泛地联系起来的地方，国联成了只能影响卷入其中者的象征戏剧的奖品和舞台。殖民地和帝国不断调整战略，以放大、利用或避免来自日内瓦的"噪声"。 95

　　我们将简单讨论发生在西南非洲、叙利亚和西萨摩亚的三个例子。这些地方 20 世纪 20 年代发生的地方起义或反抗运动成为全球性新闻事件，导致所有各方都认真思考如何管理"国际共管"的进程。然而，这些地区都不是政治彻底地"被国际化"的领地：巴勒斯坦是这样的地区。巴勒斯坦的政治从一开始就是超越边界的，这不仅仅是因为英国已经坚持为"民族家园"政策提供一种"国际保证"，也不仅仅因为犹太复国主义运动和巴勒斯坦阿拉伯运动都寻求动员全球支持，还因为，只是在这一案例中，委任统治委员会对争端的一方进行了指责。不是常设委任统治委员会的所有成员都支持犹太复国主义事业，但随着时间演进，大多数成员都支持了——这一发展变化把巴勒斯坦阿拉伯运动并最终把英国政府置于防御性位置，并塑造了常设委任统治委员会看待叙利亚和伊拉克的阿拉伯人的愿望（Arab aspirations）的方式。我们将会在第 5 章和第 9 章讨论叙利亚和伊拉克的发展，在最后一章讨论委任统治结构对巴勒斯坦的政治转型产生的影响，但由于犹太复国主义动员和巴勒斯坦的"国际化"对于作为整体的委任统治制度非常重要，让我们再回到 1924 年的日内瓦。如我们将要看到的，当犹太复国主义运动对"日内瓦"的各种危险和作用变得充满警惕时，它就迅速行动，防止巴勒斯坦人的申诉构成挑战并与委任统治委员会和国联秘书处建立起持久的联系。

巴勒斯坦的竞争性国际共管

请记住，威廉·拉帕德很清楚阿拉伯人对战后领地分配的强烈不满，但由于直到 1922 年 7 月叙利亚和巴勒斯坦委任统治制度文本都未被批准，它们的"开始日期"进一步推迟到 1923 年 9 月。直到 1924 年 10 月底和 11 月初第五次会议时，委任统治委员会都没有对叙利亚和巴勒斯坦的行政管理进行审查评估。到那时，巴勒斯坦在赫伯特·塞缪尔爵士治下已达四年之久。实现犹太复国主义计划的关键步骤已得以实施。方便由国家或缺席地主（absentee landlords）控制的土地之转让的立法已获得通过；希伯来语同英语和阿拉伯语一道成为官方语言；俄罗斯裔犹太商人平夏斯·鲁滕贝格（Pinhas Rutenberg）的公司获得了在整个巴勒斯坦利用水力发电的特许权；犹太人口所占比例增加了一倍，接近五分之一。[56]然而，由于对 1921 年发生在雅法的反犹太人骚乱感到震惊并真诚地致力于兑现 1922 年《白皮书》做出的支持建立代议制度的承诺，塞缪尔也提出了一个又一个发明——设立立法委员会（Legislative Council）、设立扩大的咨询委员会，甚至设立"阿拉伯事务局"来平衡犹太事务局（Jewish Agency）——以给予阿拉伯人在政府中的某些发言权。[57]

由于所有这些建议都要求不予讨论"民族家园"政策，阿拉伯人拒绝了每一个建议。来自巴勒斯坦阿拉伯人大会的另外两个代表团在 1922 年和 1923 年试图说服保守党政府与犹太复国主义断绝关系，但失败了。[58]由于在伦敦没有取得看得见的进展，巴勒斯坦阿拉伯大会的执行委员会转向国联，提交了《关于文官政府管理四年期间巴勒斯坦状况的报告》（Report on the State of Palestine during Four Years of Civil Administration）——标题很明显是模仿了政府的报告——以供委任统治委员会审议。这是英国按照规则办事之倾向的一个标志，它首先按照要求提交给受委任统治国，确实也被转交日内瓦。其中提出的看法并不新鲜。这份申诉书抗议了在"公认的巴勒斯坦阿拉伯人（穆斯林和基督徒）家园"中建立犹太人民族家园的不公正的做法，并坚持认为这种政策违背了对侯赛因国王做出的阿拉伯独立的承诺和国联盟约第 22 条。通过列举土地法、税收政策、鲁滕贝格妥协以及政府开支，该报告还指责塞缪尔的政府存在偏见、浪费、无效而且侵犯巴勒斯坦人民之基本权利。[59] 不同之处是委任统治委员会被授权审查这些申诉。

委任统治委员会不仅获得授权，而且它也愿意进行审查。1924 年，委任统治委员会倾向阿拉伯一方。确实，没有几位成员很了解中东；奥姆斯比－戈尔离开后，只有主席西奥多利曾在这里生活过很长时间。然而，西奥多利过去是而且将依然是反犹主义者，这不仅因为他的侯爵头衔是教皇授予的并保护意大利和天主教的利益，还因为他已经与黎巴嫩富有的萨索克（Sursocks）家族联姻——哈伊姆·魏茨曼尖酸刻薄地说，这个家族一边私下把耶斯列山谷卖给犹太复国主义者，一边公开谴责犹太人的民族家园。[60] 新任命的来自西班牙的成员莱奥波尔多·帕拉西奥斯也认为，所有"甲类"委任统治地都应该尽快变成独立国家。但最重要的同情者是拉帕德，他在过去的四年中一直在接收来自阿拉伯民族主义者的申诉书并会见阿拉伯代表团。在 1922 年，塞缪尔已私下里告诉拉帕德，阿拉伯人"不用担心"，因为"至少两三代人的时间里没有机会在巴勒斯坦建立一个犹太王国或犹太国家"，但是拉帕德知道这也未打消大多数阿拉伯人的疑虑，阿拉伯人不希望自己的子孙后代生活在一个犹太国家。[61]

于是，在西奥多利和拉帕德的领导下，委任统治委员会就巴勒斯坦人提出的每一项指控对赫伯特·塞缪尔进行了质问。英国因未能推行在《国联盟约》和《白皮书》中承诺的那些自治机制而受到特别的指责。诚然，塞缪尔解释道，既然"阿拉伯人已经宣布，如果他们占大多数，他们将会利用这种制度反对建立犹太人的民族家园，那么便不能给他们以敌视委任统治制度的这一要求的方式行动的机会"[62]——但是，如果自治不得不被以这种方式拖延的话，犹太复国主义计划与推动当地人民之"福祉与发展"的责任真的能相容吗？在6月，拉帕德已经告诉奥姆斯比-戈尔，阿拉伯人担心犹太人定居点意味着他们自己被取代，因为即使阿拉伯人个人把他们的土地自愿而且以很好的价格出售给犹太人，"阿拉伯人作为一个整体依然对这些个人售卖持怀疑态度，这对他们来说似乎预示着他们的遗产逐渐被一个外族收购"。[63]塞缪尔语气柔和且令人放心。没有取代阿拉伯人的计划；实际上，《白皮书》已经表明犹太人和阿拉伯人应该合作推动他们共同"家园"的发展。而且，由于巴勒斯坦阿拉伯人大会的影响逐步下降，他确信可能很快就会逐步引入代议制政府。因而，英国将能够完成委任统治的两个任务——支持建立"民族家园"，同时也保护阿拉伯人的利益。

然而，委任统治委员会并不这么认为，在它提交国联行政院的报告草案中所有的矛盾都被点明。报告草案欢迎塞缪尔的声明，即拒绝承认"某些犹太复国主义极端分子"在巴勒斯坦取代阿拉伯人之愿望，并接受了其政府相信并认真致力于实现两个族群利益之和谐的说法。但该报告也含蓄地怀疑这个目标能否实现，指出在许多关键议题上——特别是犹太人移民，还有建立代议制制度的必要性——犹太复国主义者和阿拉伯人的看法与利益都是冲突的。最后，该报告对犹太复国主义计划本身提出了质疑，指出进入巴勒斯坦的东欧犹太人，无论他们的"热情和激情"多么强大，都没有为从事该领地需要的那种农业和体力工作做好准备。读过这份文件——犹太电讯社（Jewish Telegraphic Agency）的《每日新闻公报》（*Daily News Bulletin*）设法先于其他媒体发布——的人都会得出这样的结论，委任统治委员会对整个犹太复国主义事业持怀疑态度。[64]

　　哈伊姆·魏茨曼便是读者之一，他感到非常震惊。魏茨曼在 1924 年 11 月前往日内瓦参加常设委任统治委员会会议，希望自己作为世界犹太复国主义组织（World Zionist Organization）主席能够得到他在英国享有的同样荣耀的政治待遇。但令他失望的是，他发现委任统治委员会不会正式倾听他的说法（因为只有受委任统治国的代表才能出现在该委员会）；更糟糕的是，西奥多利已经裁定犹太复国主义组织的长篇报告（这份报告是直接送达国联的，没有按照要求通过受委任统治国家）为"不可接收"。"我们忽视了日内瓦，"魏茨曼致信其在纽约的盟友时写道，"而阿拉伯人一直在那里努力地做工作。"他认为自己与委任统治委员会许多成员有"非常长久的私人关系"，但这些还不够。[65]"委任统治委员会，"他在 11 月 13 日向塞缪尔报告说，"已经很轻易就接受了阿拉伯人的抗议书中表达的看法。"[66]

　　魏茨曼迅速着手控制损失。在伦敦，他说服英国殖民地部中东局（Middle East Department）局长 J. E. 沙克伯勒（J. E.

Shuckburgh）给他详细讲述常设委任统治委员会报告草案的内容，然后写下建议修改的内容。他向塞缪尔报告了这次会见的情况，预先彩排了高级专员反驳对犹太移民之诽谤的观点。巴勒斯坦正在被移交给"少数民族"的说法是特别错误的，他坚持说，因为《贝尔福宣言》"不是馈赠给巴勒斯坦的犹太人的，而是给全世界的犹太人的"，如果得到机会，数百万犹太人都愿加入。魏茨曼然后致信卢格德和拉帕德，抗议常设委任统治委员会的工作特色以及对自己的轻视。他到过日内瓦，他在那封冗长的"非正式"书信中告诉拉帕德，"目的不是记录各种抱怨和冤屈，而是提供信息和当前的事实"，结果却发现"一群没有'一点实事'根据的只会吵吵闹闹的阿拉伯宣传团体"的声音已经被听到了。魏茨曼坚持认为，犹太复国主义者没有与阿拉伯农民——"已经被权贵们榨干了血汗的穷人，撰写提交国联的抗议书的煽动者"——发生争吵。在致德拉蒙德的另一封信中，魏茨曼建议，由于委任统治委员会毫无疑问是"没有偏见的，而且希望准确地描述巴勒斯坦的状况"，所以应该修正关于犹太移民的令人不安的信息。[67]

拉帕德被吓了一跳。就在他告诉德拉蒙德时，他已经应委任统治委员会的要求草拟了报告，委任统治委员会已经批准了该报告。它不可能应外部组织的要求而作出修改。[68]所以，委任统治委员会的报告仅稍微修改后便发表了，巴勒斯坦阿拉伯人大会看到他们的诉求被完整地印在常设委任统治委员会会议备忘录的附件中非常满意。但让拉帕德特别烦恼的是，犹太电讯社的代表显然已设法从秘书处内部某人那里得到了报告草案。德拉蒙德试图找出谁泄露了机密信息。[69]然而，拉帕德从未弄清信息泄露的源头。在这个问题上，和许多情况下一样，犹太复国主义组织表明它能够在国联的秘密资料被送达英国政府之前就得到它。[70]也是在这一次,绝不是最后一次,犹太复国主义运动的迅速动员和魏茨曼娴熟的游说产生了影响。魏茨曼确信,英国外交部的亚历山大·卡多根(Alexander Cadogan)以及来自比利时和捷克的富有同情心的国联行政院成员已经收到了驳斥常设委任统治委员会之批评的备忘录。[71]当国联行政院开会审查其报告时,外交大臣奥斯丁·张伯伦说,它"没有公正地看待犹太移民达成的结果"。[72]国联行政院暗示,犹太复国主义计划不是由常设委任统治委员会开放讨论的问题。

这一事件很大程度上显示出委任统治制度如何使帝国计划和民族计划"国际化"。阿拉伯组织多年的抗议和工作最终产生了效果,委任统治委员会提交了他们撰写的唯一一份对巴勒斯坦委任统治制度持怀疑态度的报告。得到英国支持的犹太复国主义组织曾经(就像魏茨曼承认的)不太在意日内瓦。然而,一旦感觉到常设委任统治委员会同情阿拉伯,犹太复国主义者就会迅速和有效地进行还击,利用他们在英国殖民地部内部的联系人、遍布欧洲的代表关系网以及秘书处内部的朋友,推翻委任统治委员会的判断。然后,他们迅速行动,在日内瓦建立了一常设办公室,任命维克托·雅各布森(Victor Jacobson),后来又任命纳胡姆·戈德曼(Nahum Goldmann)处理与国联的关系。此后,雅各布森将会及时向委任统治委员会、国联行政院以及富有同情心的记者提供犹太复国主义组织详尽的备忘录以及他自己的建议,把关于日内瓦即将召开的会议信息通知在伦敦和巴勒斯坦的同事,并劝说国联秘书处,如果不能把他视作成员国的代表,至少把他作为一个有权获得国联善意支持的组织的代表。(当雅各布森在 1934 年

100

去世时，秘书处内部关于是否应该给其夫人发去一封"正式"慰问信还发生一次小争吵。)[73]但最重要的是，魏茨曼获得了常设委任统治委员会成员个人的支持。他在自传中回忆道，尽管他不认为在日内瓦的大厅里游说委任统治委员会是"有尊严的或恰当的"，但他非常享受"定期拜访"卢格德位于萨里（Surrey）的朴素的家，以及在奥尔茨位于布鲁塞尔家中的书房度过的"漫长夜晚"，解释犹太复国主义立场，并学习"奥尔茨作为伟大的管理者、政治家和世界名流的广泛经验"。在20世纪30年代，纳胡姆·戈德曼延续了这种老练的外交。[74]

然而，魏茨曼与拉帕德建立的关系是最有用和最重要的。1924年的溃败后，魏茨曼请求瑞士学者赴巴勒斯坦，亲自观看犹太复国主义者的工作，当拉帕德担心接受犹太复国主义者的款待与自己保持中立的义务不一致时，魏茨曼让赫伯特·塞缪尔邀请他以日内瓦法学院副校长的身份参加希伯来大学（Hebrew University）成立大会（图3-2）。这一年春天，拉帕德在魏茨曼和A. J. 贝尔福（很荣幸地宣布该大学建立）陪同下参加了这一活动，访问了特拉维夫（Tel Aviv）和耶路撒冷，与贝尔福一起登上橄榄山（Mount of Olives），并花了几天时间参观游览犹太人定居点。[75]他很享受这种陪同（并因此而有点明星的架势），并不由得被犹太复国主义先驱们的奉献和精神打动了。他们"不适合"这种工作，或者被压迫的大量阿拉伯农民将不会得到他们的进步主义理想的帮助，或者悬挂黑旗抗议贝尔福访问的阿拉伯民族主义者将会成为更好的国家建设者，这些现在似乎都是废话了。拉帕德回来后成为一个热情的犹太复国主义者。就像他在常设委任统治委员会对其同事们说的，这次访问"已完全改变了他的看法"。[76]在接下来的15年

中，拉帕德将会是犹太复国主义运动的一个可靠的信息和建议
渠道。

图 3 – 2　1925 年 4 月 1 日，贝尔福勋爵为希伯来大学揭
幕，右后方是哈伊姆·魏茨曼。

　　巴勒斯坦的阿拉伯民族主义运动没有能够在政治介入和洞　101
察力方面与魏茨曼匹敌的人物。叙利亚－巴勒斯坦大会的谢基
卜·阿尔斯兰在日内瓦的办公室也从未建立起如魏茨曼、雅各
布森和戈德曼与国联秘书处及常设委任统治委员会的成员们那
般的友好和隐秘的关系。它不能从英国那里获得有意义的让步，
也影响到巴勒斯坦内部的阿拉伯运动，它在 20 世纪 20 年代中
期陷入派别之争。[77]然而，巴勒斯坦阿拉伯人在政治上的虚弱，
不仅仅是因为犹太复国主义者超强的沟通联系，甚或他们自己
内部竞争，更多是因为犹太复国主义者对委任统治制度文本的
塑造。阿拉伯人在其中仅仅被视为应该受到保护的 "居民"，

而不是像犹太人那样自视为官方机构的人民代表，受委任统治国必须与之合作。^[78]拉帕德对阿拉伯事业最初的同情源自他的这一信念，即叙利亚和巴勒斯坦委任统治制度文本本身就是不公正的，与《国联盟约》以及 1918 年 11 月的英法宣言做出的承诺是不一致的。换句话说，他最初反对的更多是委任统治制度本身，而不是英国和法国在委任统治之下对待阿拉伯人的方式。然而，一旦巴勒斯坦的委任统治制度被确认下来，拉帕德

102 自己深信不疑的文本主义就使反对犹太复国主义者的承诺变得难以为继了。从这一点来看，最能利用法律论证和文本解释之技巧、以使委任统治制度代表他们"说话"的一方将会获得优势——就像娜塔莎·惠特利（Natasha Wheatley）已表明的，犹太复国主义组织在日内瓦、耶路撒冷以及英国的娴熟老练的国际律师使它能够在这场竞争中轻松获胜。^[79]

所以，常设委任统治委员会对巴勒斯坦阿拉伯人的同情在 1924 年达到顶点。由于张伯伦的指责和拉帕德之忠诚的转变，委任统治委员会再也不会质疑《贝尔福宣言》了。此后，犹太移民有助于促进该地区的"经济吸收能力"这一载入 1922 年《白皮书》的庄严责任就被委任统治委员会作为一种既定事实——用魏茨曼最喜欢用的短语，作为"毋庸讨论的事情"。尽管巴勒斯坦阿拉伯人大会执行委员会在 1925 年又向国联提出了申诉，反复重申《贝尔福宣言》和行政当局实施的"殖民制度"违背了《国联盟约》和侯赛因－麦克马洪协定（Husayn-McMahon agreements），但常设委任统治委员会仍然做出这样的结论，它不能审议质疑"巴勒斯坦委任统治制度之原则"的申诉书，其中包括巴勒斯坦必须为犹太人的"民族家园"提供空间。^[80]西奥多利和帕拉西奥斯仍然会坚持保护阿拉伯人"公民

和宗教"权利的必要性，巴勒斯坦阿拉伯人大会仍会继续申诉，努力找出支持自己观点的理由——例如，犹太移民正在受到鼓励，这已超过了巴勒斯坦的"吸收能力"，或者受委任统治国正在建立的"地方政府"还不如奥斯曼帝国时期已经存在的制度民主——这更多是质疑英国履行其对非犹太人口之责任的情况而非委任统治制度本身。[81] 帕拉西奥斯在 1927 年指出这种说法"大体上是更加温和的"，他在被欺骗的情况下发现了"一场真正的，可能是渐进的……走向和解与和谐的运动"。[82] 委任统治委员会其他成员很愿意相信他。

　　巴勒斯坦是政策制定过程彻底国际化的一个典型案例。和法国人不一样，英国人已经鼓励了这种国际化，利用国联的正式批准，来合法化不受大多数当地居民和其他协约国欢迎的政策。然而，一旦被开启，国际共管就很难被抑制。20 世纪 30 年代，当英国政府断定——就像当时许多感兴趣的评论家以及从那时起的大多数历史学家得出的结论一样——"双重责任"确实是不相容的，委任统治制度是难以实行的，他们曾推动的这种国际共管将会令其自缚手脚。然而，直到 1929 年，这种危机才开始。在 20 世纪 20 年代末期，巴勒斯坦是比较平静的，英国是国联推崇的受委任统治国的榜样。最初的挑战在其他地方爆发了：在西南非洲和叙利亚，无论是受委任统治国，还是委任统治地的人民都不信任国联的机制。通过 20 世纪 20 年代中期的这些起义，这种机制将会逐步成型，这些行为体也会从中了解他们的作用。

第二部分
放弃民族自决（1923～1930）

引子：盟友与对手

1923 年 7 月，弗雷德里克·卢格德爵士前往日内瓦，首次参加委任统治委员会会议。他带着夫人、著名记者和非洲旅行家弗洛拉·肖（Flora Shaw）。他不喜欢与夫人分开，由于法语是委任统治委员会的通用语，无论如何他都觉得需要夫人的帮助。但卢格德非常好地混合使用法语和英语，弗洛拉发现自己"更多是奢侈品而非必需品"。[1] 她写道："弗雷德里克在这个委员会中能够得心应手。"他对讨论的各种话题都非常感兴趣，而且不介意较长的工作日——从 10 点到 13 点，从 15 点半到 18 点或 20 点，然后晚上再用三个小时或更多时间阅读和改正证词。他喜欢其新的共事者，认为拉帕德充满激情且非常乐于帮助他人，来自比利时的成员皮埃尔·奥尔茨"头脑清醒、心态平衡、眼光敏锐而且其判断和看法也比较公正"。他们曾与奥尔茨和阿尔贝托·西奥多利侯爵共进愉快的晚餐，弗洛拉说，他们在晚餐中讨论了鲁尔危机（Ruhr crisis），还讨论了如何保护"西方文明最优秀的成果免遭很可能是堕落的欧洲人和劣等种族造成的破坏"。[2]

很难描述委任统治委员会在 20 世纪 20 年代初期刚刚站稳脚跟时的氛围。其成员都是头脑冷静的前殖民地管理者，按他们自己的说法，人到中年却仍是理想主义者。他们相信自己的教化使命，相信他们的统治权。在随后的十多年中，没有人比卢格德更身体力行。卢格德的权威主要归功于其国籍，因为就

像奥姆斯比 - 戈尔私下里对其继任者所言，"整个委任统治委员
会都从英国各取所需，他是英国的成员"。[3]卢格德的个人品质
也发挥了作用，因为他的同事们发现这位著名的总督是有礼貌、
勤勉、小心谨慎而且非常谦虚的。迟至1933年，即便德国总是
攻击国联，来自德国的成员仍然称赞卢格德秉持"绝对中立、
公平和公正的精神"。[4]但卢格德之权威最重要的基础是，他主
要是从道德角度看待帝国的行政管理，这种取向与《国联盟
约》的语言是非常契合的，使那些对帝国的怀疑日益增长的人
道主义者和积极分子安心，并为委任统治委员会开展工作提供
了一以贯之的理由和方案。卢格德方法之本质非常清楚地体现
在其一年前出版的名作《英属热带非洲的双重委任统治》
当中。[5]

卢格德的双重委任统治通常被认为是"间接统治"原则的
经典陈述和两次大战之间英帝国范围内行政官员的行动蓝图。
然而，以这种方式理解它，也就意味着忽视它写作于国际危机
之时，并忽略其非常明显的政治和国际目标。本书远不止卢格
德之规划理想的概要。它还是在大英帝国范围内，实际上也是
在全球范围内推广这种规划的一种宣传，而且——由于在撰写
这部书时，卢格德被任命到常设委任统治委员会一事正在考量
中——这本书或许还是历史上最长的工作申请书。关于这本书
的很多问题——"委任统治"一词的使用、出版日期、它对国
联机制之出现的广泛讨论，特别是它不断贬损法国的殖民实践
并略去英国的理想和国际理想——说明了它致力于确立英国
（实际上是卢格德）在国联计划中的领导地位。[6]

注意，例如，卢格德把"双重委任统治"——非洲人的政
府可以立刻推动居民的幸福和福祉（甲类"委任统治制度"），

并开发该大陆的自然资源以"推进人民和人类整体的共同利益"（乙类"委任统治制度"）这一原则——视为一种"欧洲的"而不是英国特有的概念，把其出现追溯到1884～1885年的柏林会议和1890年的布鲁塞尔会议上达成的关于奴隶制和贸易的国际协定。他认为，委任统治制度是这一观念发展的顶峰。[7]然而，卢格德明确表示，委任统治机制国际层面的内容是而且也应该被限定于标准的设定和监管。政府的实际工作必须留给国内行政机构中的行家里手。致力于此，英国人将会照亮前进的道路。卢格德坚持认为，他引入尼日利亚的"间接统治"制度——通过土著酋长而且表面上按照"传统的"方式进行管理的制度——是最符合"神圣托管"之原则和责任的范例。[8]

当然，《英属热带非洲的双重委任统治》一书名声煊赫部 109
分是由于卢格德通过实践简化了行动方案，因此他仔细阐述的"间接统治"制度成为对实际存在的英国殖民统治的精确说明。实际上，和我们所知道的一样，即便是在非洲，英国的管理也绝不是统一的。卢格德的模式是以他自己的经验为基础的，即把英国的行政管理嫁接于乌干达的君主制和北部尼日利亚的酋长制，但肯尼亚和罗得西亚（Rhodesia）已经发展出一种完全不同类型的定居者支配统治，包括大规模的土地转让、强制劳动，以及对非洲人之迁移的限制都是南非统治的特点。而且，当"间接统治"实施时，它更多是被财政紧缩和大多数殖民管理部门的极小规模（比如，几百人管理着尼日利亚数千万人）而非任何清晰的计划所塑造。英国的管理者依赖非洲的合作者，因为他们别无选择。确实，当"传统的权威"不是很明显时，官员们就会创造它们。[9]

把这种拼凑的制度变成国际认可的帝国统治模式是真正的

功绩，但拉帕德在日内瓦已经被说服了。卢格德的书"出版后
便成为委任统治部的圣经"，他热情洋溢地给卢格德写信。[10]自
从奥姆斯比－戈尔辞职后，拉帕德一直在争取卢格德的任命，
因为拉帕德相信同卢格德的合作可以大幅提升委任统治委员会
的声誉。这是正确的，但如果卢格德的存在提升了委任统治委
员会的地位，他对"神圣托管"的独特解释也大大影响了——
甚至是改变了——其原则和方向。值得一提的是走向"卢格德
主义"的三个后果。

第一，这种转变巩固并合法化了抗拒"民族自决"的行
动。实际上从做出这一轻率的承诺起，这种抗拒就一直存在。
卢格德认为，对于非洲来说，这种说辞是完全不成熟的。《凡尔
赛和约》已经承认"非洲被统治的种族还不能自立"，专家们
也"一致"认为"完全独立的时代还未显出地平线"。[11]所以，
卢格德把这当成既定的，委任统治制度的目的应该是维护殖民
统治的人道原则，而不应该是计划废弃它。他不是第一个持这
种看法的来自英国的成员。奥姆斯比－戈尔已经考虑把委任统
治制度作为国家建构的工具了。他对拉帕德说，他认为"把坦
噶尼喀领地变成一个独立的非洲土著国家"完全是可能的。[12]
而卢格德则坚持认为"民族自决发展太快的危险比民族自决缓
慢的危险大得多"。[13]确实，"间接统治"的一个好处是它可以
减缓改变的速度。"品格培养"和控制才是委任统治制度的目标。

伴随这种转变，人们对文化和种族差异的关注日益加剧，
因为关于非洲文化和能力的特定看法支撑了卢格德的思想。简
单来说，卢格德不是"种族主义者"。他对非洲文化有兴趣，
认为当地方言和传统都值得研究和保护，并大声谴责仅把非洲
人当作白人开发工具的那些人。他帮助建立并指导了非洲语言

110

和文化国际研究所（International Institute of African Languages and Cultures），该研究所致力于协调非洲研究方面的信息和研究。[14] 然而，同他的阶级和时代一样，他确实认为各种族拥有独特的才能、特点和文化，并认为任何模糊这些边界的做法（非本地语言教育、契约劳动、城市化、种族混合）是危险的，甚至是令人憎恨的。类似布克·T. 华盛顿（Booker T. Washington）的语言在当时听起来有些过时，卢格德坚持认为每一个种族都应该沿着自己的道路发展——尽管非洲人是"落后的"，在未来的某些时间里需要富有同情心的白人的指导。[15] 比他年轻十岁的奥姆斯比－戈尔并不这么认为。"我认为在即将到来的世纪中，欧洲人将不得不从根本上改变他们对有色人种的态度。"他对拉帕德说。问题是白人的歧视，而不是黑人的抱负。[16] 然而，由于卢格德是他们的领导，委任统治委员会各成员不必走上这种自我鞭笞的道路。他们可以集中关注非洲人的"保护"——应当承认，他们在这个领域找到许多可做的事情。

但是，卢格德的任命以及我们所称的拉帕德－卢格德轴心的建立，不仅仅意味着委任统治委员会作为一个整体变得更加"卢格德主义"。它还在塑造托管制度之性质的战斗中把法国人边缘化了。这不是预料之中的结局，因为如果英国有条件策划国联游戏的大多数规则，那么法国殖民统治的确立也使它能够在战后数年中强有力地争取国际领导地位。殖民地部部长阿尔贝·萨罗 1923 年的巨著《法国殖民地的发展》展示了殖民地发展的全面规划，这让对卢格德的保守的虔诚蒙羞。在 20 世纪 20 年代，有色人种的和讲克里奥尔语的知识分子发现法国的共和主义言辞以及不太强调种族隔离主义的实践非常有吸引力，111

尽管政府在非洲的政策表面上从"同化"转变为"联合"似乎标志着向更加"文化主义的"或"卢格德主义的"方向发展。[17]

然而，法国人发现他们自己不但受到战后预算危机和严重的殖民地动荡的钳制，还受制于其利用委任统治委员会达到目的的能力严重不足。让－巴蒂斯特·保罗·博在 1925 年之前一直是委任统治委员会的法国成员，他工作认真而有条理，对人和蔼，但作为一个职业外交官，他无法满足卢格德对专业知识的要求。其继任者，杰出的非洲总督马夏尔·亨利·梅兰，应该能够达到这样的要求，但实际上梅兰被证明过于自大、懒惰而且派别倾向过于明显以至于无法赢得任何朋友。委任统治委员会中没有人像他这样，当他在 1932 年因贪污而面对公开审理时，法国外交部的官员们羞愧难当，十分尴尬。[18]卢格德的精力和正直与之形成了鲜明的对照，伦敦的官员们能理解，恰恰是他表面上的公正以及批评英国（或更准确地说是自治领）之实践的意愿，使他变得"非常有价值"。当然，有人在 1926 年写道，他是自我指涉的，"和所有前总督一样……"倾向于"忘记在阿伽门农之后存在强人"，但没有人能更好地代表英国。[19]

因而，我们可以把任命卢格德至德国加入国联这一段时间看作委任统治制度的卢格德主义时期——在这个时期，卢格德的存在、法国的混乱、德国的缺席以及协约国相对的和谐助长了对"神圣托管"之理论与实践的一种特别"卢格德主义"的解释。但很明显，这种解释不是通过孜孜不倦地阅读卢格德的巨著反复思考而得出的——马格丽·佩勒姆（Margery Perham）指出，这本巨著在大约 15 年时间里共卖出 2242 本。[20]它是在争论和实践中形成的，在委任统治委员会审查它收到的报告时，特别是在它努力对早期的三个丑闻或叛乱——1922 年在西南非洲，1925～1926 年在叙利亚，以及 1927 年到 1930 年中期在西萨摩亚——做出反应时。接下来三章将会讨论，通过这些冲突，委任统治委员会、受委任国以及委任统治地的人民努力塑造了新的委任统治机制的原则和特点。刚出现的这种方案是家长式的和威权主义的，言辞上是进步的，政治上是倒退的——这种方案被裁剪得非常适合在帝国最混乱的时刻用于恢复秩序。

第4章 来自奥兰治河的新闻

> 对土著来说，人们总是要记住，迟早有一天他们会非常反感白人。尽管我们认为我们在那里是为了促进他们的利益，但他们并不总是这么看，他们喜欢记住他们拥有这片土地随意闲逛的日子。
>
> 赫布斯特少校，西南非洲行政长官秘书，1923 年 7 月 31 日[1]

在两次世界大战之间，参加国联大会的黑人代表数量非常少。整个撒哈拉以南非洲地区，只有利比亚和阿比西尼亚（Abyssinia，埃塞俄比亚旧称）是不在白人统治之下的（不稳固地）独立成员国；加勒比地区则只有海地和多米尼加共和国。所以，当形象英俊、能言善辩的海地代表唐太斯·贝勒加德（图4-1）站出来让第三次国联大会关注委任统治地西南非洲的屠杀时，震惊了 1922 年 9 月 8 日日内瓦国际联盟大会的会场。贝勒加德说，代表们或许已经注意媒体对这一事件的报道，他很高兴南非代表埃德加·沃尔顿（Edgar Walton）爵士在几天前已经提交了关于这一事件的报告。但他仍然不认为国联大会已经完全理解了其严重性。

贝勒加德说，这就是已经发生的。西南非洲政府已经对邦德尔沃兹人（Bondelswarts）——贫穷的游牧部落——用来看护羊群的狗征税，税收"是文明出现在野蛮人面前通常采用的形

图 4 - 1　唐太斯·贝勒加德，海地驻国联代表。

式"。邦德尔沃兹人不可能缴税，但也没有抗议，然而西南非洲
政府却使用"现代战争的武器——机枪、火炮以及飞机"对他
们进行攻击，造成大量人员死亡。"这些妇女和儿童本应该被以
国联的名义保护却遭屠杀，这是我们无法忍受的令人憎恶的暴
行。"贝勒加德宣称，这引起了经久不息的掌声。[2] 深受刺激的国
联大会一致同意委任统治委员会就整个悲惨的形势展开调查。[3]

　　让南非符合"神圣托管"的原则这一工作已经被置于委任
统治委员会的大门口。在国联秘书处，威廉·拉帕德担心可能
无法胜任这一任务。从 J. H. 哈里斯那里获悉，反奴隶制协会已
经全力以赴捍卫邦德尔沃兹人，拉帕德理解南非解决和吞并这
一地区的决心有多么坚定。他还知道，日内瓦有权势的人
士——英国的罗伯特·塞西尔勋爵，国联秘书长埃里克·德拉

113

蒙德爵士——与史末资关系密切，不愿意阻止他。拉帕德的新委员会仅仅举行了两次会议，而且没有对"托管"形成统一的看法。它能迫使南非就范吗？

委任统治委员会对邦德尔沃兹人事务进行的旷日持久的、容易造成分裂的、高调的调查，它的首次真正的检验，取得的成果既有不及拉帕德期望的部分，也有远超他期望的部分。毫无疑问，它对处于困境中的邦德尔沃兹人没有提供任何帮助，也没有削弱南非把这块领地变成"白人国家"的决心。但非常矛盾的是，它使委任统治委员会的理想变得更明确，实践更清晰，声誉得到提升，并使国联的监督成为现实，它所起的作用比其他任何冲突都要大。这是我们故事中一个绝妙的讽刺，非常憎恨委任统治委员会，总试图藐视它的南非，恰恰是确立委任统治委员会之权威的工具。环境和性格也很重要，不能低估一些成员在调查西南非洲的做法时所感受到的厌恶。让我们回顾一下激起人道主义者所称的"邦德尔沃兹人事件"和被当时南非白人官员——与今天的纳米比亚人——称为"邦德尔沃兹人叛乱"的政策。

殖民统治的延续与非洲人的不满

当南非军队在1915年春天跨过奥兰治河占领德属西南非洲时，非洲"侦察兵"引导他们穿过该地区陌生的地形。这些侦察员中有一位是亚伯拉罕·莫里斯（Abraham Morris），他是一位笃信宗教的男人和一名经验丰富的战士，白人官员非常尊重他。尽管被流放到开普殖民地（Cape Colony），但莫里斯来自西南非洲的邦德尔沃兹人部落，一个建立在该领地最南端的瓦姆巴德（Warmbad）附近的纳马族社群（Nama community）。邦德尔沃兹人，他们自认的"人上之人"，在 1903～1906 年的纳马战争（Nama War）中起来反抗德国人，遭到残酷镇压。莫里斯就是那场战争中的一位主要指挥官。在 1915 年，他非常愿意尽其所能把压迫者驱逐出去。

邦德尔沃兹人不是唯一幻想德国失败便可能会恢复他们的土地和生计的非洲社群。所有群体都有憎恨的深刻理由，因为德国人在西南非洲的统治一直极其残酷。在 1884 年宣布其主权以及 1904～1906 年反对赫雷罗族人（Herero）的残酷战争之后，德国建立了法律和刑罚框架，以防止未来出现任何反抗并把非洲人置于德国殖民者的控制之下。除少数在这场战争中与德国人结盟的团体外（特别是里霍博斯的巴斯特人），现存的部落结构都被"摧毁"了，非洲人的土地和牲口被没收了，非洲人的财产所有权被禁止了，并建立起了配备大量人员的密集的警察局网络——所谓"警察区"（Police Zone），以控制遍布该国南部三分之二地区的运动。七岁以上的非洲男性要求携带金属身份标牌和记录他们劳动合同的"服务手册"；他们还被要求根据主人的意愿劳动并遭受"父亲般的惩罚"（或鞭答）。[4] 因而，非洲人欢迎来自南方的入侵者也就不奇怪了。即使是混血的里霍博斯的巴斯特人也提供了他们的支持并在 1917 年向英国皇室申诉，要求承认他们的独立。[5]

这些愿望将会受到打击。长期以来，南非一直垂涎北部地区，想利用这一地区安置令自己烦恼的"贫穷白人"。然而，随着威尔逊主义情绪席卷全球，史末资和新的军事当局认识到，为继续拥有这一重要地区，他们需要提出一种道德依据。因而，该地区行政长官 E. H. L. 戈杰斯（E. H. L. Gorges）爵士废止了德国人的最严苛的措施，但也未碰触在南非行之有效的各种

115

控制措施。禁止非洲人拥有牲口的禁令被取消了，对违反合同的肉刑惩罚（但盗窃牲口除外）被取缔了，令人憎恨的金属身份标牌被手写的通行证取代了。令德国农场主感到厌恶的是，戈杰斯还取缔了"父亲般的惩罚"并坚决主张治安官依法起诉犯有此类罪行的白人殖民者：在他的监督下，一共进行了300多起这样的诉讼。然而，最让德裔人口愤怒的是戈杰斯编纂的控诉德国统治的220页的起诉书。他写道，这份起诉书包含大量显示有罪的档案记录、令人毛骨悚然的照片以及急切地谴责其前压迫者的非洲人的证词，提供了"无可辩驳的证据，德国在这片地区实施殖民计划时是多么无能，极其无情地对待生活在这里的享有保障权利的土著，并且对那些试图维护自己权利的土著进行镇压迫害"。[6]他认为，"土著的一致看法是拒绝重新回到德国的'温柔怜悯'统治。"[7]

这份报告在1918年1月被发布出来，并在8月作为《议会蓝皮书》（*Parliamentary Blue Book*）得以出版，它披露出的信息强化了反对归还德国殖民地的看法。然而，在其位于温得和克的办公室中，戈杰斯已经遭受了良心上的折磨。他编纂这份蓝皮书"目的是向世界展示在我们占领之前这里已经存在的事态"。现在他发现，正如他写给负责统领军事警察部队的军官德·雅格（de Jager）上校的信中所说的那样，"令我惊诧和沮丧的是……我们自己的人也不知不觉地走上了同样应该受到谴责的道路"。[8]他对比勒陀利亚（Pretoria）说，"在过去的12个月中"，他一直"生活在傻瓜的乐园中"，发现他自己的官员们也认可"偶尔的肉体的惩罚正是所有土著需要的"，在他们控制之下的人们——招募时给予冒险承诺的南非白人农村少年——"并不反对使用一点鞭刑"。[9]他的蓝皮书在巴黎被引用得很多，他在 1919 年 4 月绝望地写道，如果和会发现南非也是通过"镣铐和皮鞭的自由使用"进行统治的，将会发生什么呢？[10]

但这时，诚实谨慎的戈杰斯已经实现了其目标。一旦巴黎和会确认了南非的控制，史末资（图 4-2）的密友吉斯伯特·霍夫迈尔就取代他出任行政长官。霍夫迈尔（图 4-3）和史末资都信奉白人至上主义。"我们相信，白人文明在南非必须发挥引导性作用，"霍夫迈尔在 1924 年会这样告诉委任统治委员会。南非白人"大大鼓舞了他，在确保公正和公平对待土著的同时尊重白人的至高无上，这在其绝大多数居民还处于尚未开化的土地上是极其重要的"。[11] 从戈杰斯的温和改革中全面后退，霍夫迈尔政府迅速开始划分土地范围、安排贷款并为南非殖民者做广告；1921 年，800～900 份申请蜂拥而至，竞争第一批 76 个农场。[12] 同时，霍夫迈尔也从史末资那里得到启示，带着和解的精神接触德国人，资助德国人的学校并允许德语作为官方沟通的媒介（如果不是作为一种正式的官方语言），同时还进行入籍改革——他希望——这可以把愤愤不平的前敌人同化到一个统一的白人统治阶级当中。这个计划只是部分成功的，因为留下来的德国人相信其文化优势并反对将该地区并入南非；1925 年建立起只有白人组成的立法会议，政党体现了国家的分裂。[13] 然而，德国人和南非人在对白人至上主义的信守方面是一致的。委任统治制度获得批准一年后，数百万公顷土地已经被以很慷慨的条件移交了，白人人口已经从 1913 年的大约 1.5 万人增加到 2 万人，接近大约 22.8 万总人口的 10%。[14]

急需劳动力的白人农场主就强烈要求恢复"德国人"的方法。如果靠畜牧业和打猎能生存，大多数赫雷罗族和纳马族牧

图 4 - 2　史末资到达温得和克，大概是在 1920 年。

图 4 - 3　20 世纪 20 年代初，吉斯伯特·霍夫迈尔（前排左数第三位）与委任统治政府的官员们在一起。

民都会断然拒绝在白人（特别是德国人）农场里工作。霍夫迈尔同意，他们应被强制这么做，于是建立了一个法律、财政和肉体控制的网络，使他们别无选择。尽管"土著保留地"被作为非洲人的牧场保留下来，不再处于白人的控制下，但这些保留地往往太小、太贫瘠，不足以养活牧民和他们的畜群。1921年，非洲人靠土地为生的能力进一步被削弱，因为对放牧和狩猎的狗征收一种过高的、不止四倍多的税。从此以后，非洲人将不得不为每只狗交纳一英镑现金——比一个男人一个月挣的还要多，是联邦（the Union）普通税率的 16 倍，而且每增加一只，税率也迅速增加。[15]然而，当非洲人真正接受了劳动合同时，他们发现资金短缺的农场主们压根就非常不愿意（有时是没有能力）支付他们的薪水。如果逃走，他们会因违反合同罪或流浪罪（两者都是刑事犯罪）而被逮捕，并被勒令在政府项目或白人农场中以无偿劳动形式服刑。

　　到 1922 年，这种控制已经导致大约 1500 名邦德尔沃兹人陷入极度贫困，并引起他们的极端仇恨。他们记得德国人到来之前的时代，那时他们控制着大量的牛群，不把任何人当作主人。现在，他们的土地被移交给白人了；政府要求他们给自己的牲畜打上烙印；他们陷入了拒绝承认世袭领导人雅克布斯·克里斯蒂安（Jacobus Christian）作为他们的新头人的纷争之中；该部落 100 多个成员因未交纳养狗税而被罚款或关押。然而，亚伯拉罕·莫里斯（图 4 - 4）在 1922 年 4 月带着一些同伴和一些来复枪从开普殖民地返回南非，成为叛乱的直接催化剂。意识到莫里斯作为最勇敢的还健在的邦德尔沃兹人指挥官（他参加了反对德国人的纳马战争，然后在南非入侵期间又作为侦察员参加了战争）的声誉，霍夫迈尔派出警察逮捕他并解除他

118

图 4-4　邦德尔沃兹部领导人亚伯拉罕·莫里斯在第一次世界大战期间穿军装的照片。

的武装。当他的部落拒绝把他交出来时，霍夫迈尔断定他们想要叛乱。然后，他集合了一支由警察和殖民志愿者构成的大约 400 人的队伍，在 5 月底策马而出，强迫他们投降。在一场旨在助长恐怖和摧毁邦德尔沃兹人意志的行动（这也激起了国际抗议）中，从南非起飞的飞机轰炸了他们的营房，杀死了一些妇女和儿童并使关在栏中的动物疯狂四散。第二天早晨，大多数人投降了，霍夫迈尔的人马把他们的营房夷为平地。然而，在黑夜的掩护下，莫里斯和大概 250 人，带着几十支来复枪，又动身前往奥兰治河。虽然不是很容易，但他们还是被追上并被击败了。莫里斯和大约 100 名邦德尔沃兹人战士失去了生命。雅克布斯·克里斯蒂安受伤被俘。政府一方有 2 人被杀死。[16]

119　　　南纳米比亚人口稀少，农庄之间相互孤立，土著定居点散落各地，但当南非扔下这些炸弹时，全世界都听到了爆炸声。伦敦的《泰晤士报》发表了驻开普敦（Cape Town）记者在 5 月 31 日发回的一篇简要介绍这次轰炸情况的文章，从爱尔兰到印度的报纸很快都报道了这个事件。[17]史末资发现自己在南非议会要面对尖锐的问题，尽管他不允许讨论，但也认识到麻烦正在酝酿当中。他警告霍夫迈尔，不要想着（像他打算的那样）靠攫取邦德尔沃兹人的土地来巩固胜利，因为这会"在南非联邦的土著和支持土著利益的白人当中以及在国联中引起风暴"。[18]他于 7 月 5 日通知他的老朋友他将不得不要求南非的土著事务委员会（Native Affairs Commission）调查这一事件。[19]到 8 月，一个三人[120]调查委员会在温得和克采访了目击证人，其作证记录长达 1200 页。

　　史末资迅速采取的行动为南非人赢得了一些时间，使在伦敦的南非高级专员埃德加·沃尔顿爵士可以在第三次国联大会上告诉贝勒加德该事件正被调查。但是，反奴隶制协会不愿平静地等待南非的报告。J. H. 哈里斯在 7 月已经从南非的朋友那里了解到霍夫迈尔的行动，并迅速安排在议会进行质询，向沃尔顿派出一代表团，在《新政治家周刊》（New Statesman）发表了一篇言辞激烈的文章，并正式致函埃里克·德拉蒙德爵士要求国联调查这种"与委任统治制度的原则严重冲突"的事件。[20]他以及他的人道主义同僚十分愤慨——但这也是事实，这是情感上和道德上他们最感到舒心的原因。确实，在他们对这一事件的描述中，反奴隶制协会一直强调邦德尔沃兹人的无助和行政长官的凶残。莫里斯和他的追随者普遍被认为是自负和勇敢的，他们本可以选择采取（无论多么绝望）与这种框架不符的立场。[21]

　　一年多时间里，反奴隶制协会演说者和出版物不断强调轰炸邦德尔沃兹人这一丑闻。"我认为我们可以很公正地说，正是因为反奴隶制协会的努力，注意力才被吸引到这件事情上，"其主席查尔斯·罗伯茨（Charles Roberts）在 1923 年协会年度会议上说。[22]他们让其他英国国际主义者——历史学家阿诺德·汤因比（Arnold Toynbee）、古典主义者吉尔伯特·默里（Gilbert Murray）（他认为这一事件"就像阿姆利则惨案，但缺少正当理由"）[23]——也加入这一浪潮。进步主义非洲裔美国知识分子关注这一事件了，美国的国际主义者和把国联视为职业晋升之有效工具的学者们也关注了这一事件。前一章提到的全球"讨论"网络正在迅速扩展，但不是所有演讲者对"托管制度"的进步潜力都持有和哈里斯一样的看法。如果有什么区别的话，约翰内斯堡的共产党报纸《国际》（The International）在 5 月发表社论指出，南非对邦德尔沃兹人的处理已经证明"理想主义的传教士的看法——神圣托管——与殖民主义者的'现实主义'是势不两立的"。被逼上绝路的帝国主义者经常会"把这种伪善的言辞一并丢掉"并拔出枪来。[24]当委任统治委员会最终于 1923 年 7 月 20 日在日内瓦召开第三次会议处理邦德尔沃兹人问题时，很多眼睛将会盯着它。

121 在国联受到审讯的移民殖民主义

第三次会议的议程排得很满。委任统治委员会计划审议所有关于非洲和太平洋委任统治地的报告。委员会成员们还就酒类监管、教育、土地租用及其他问题准备了特别概述，并非常愿意展示出来。因而，委任统治委员会连续三周一直在努力工作；密密麻麻印刷出来的会议记录长达 212 页。然而，毫无疑问，令在走廊中徘徊的其他委任统治地政府的代表们宽慰的是，委任统治委员会的 33 次会议中有 12 次会议完全是讨论邦德尔沃兹人问题。

各成员很快就发现，他们面临一个严重的问题。南非政府没有就其看法向他们做出清晰的说明。他们手里握着反奴隶制协会的申诉书（人们也可以称之为原告的陈述）、霍夫迈尔的各种报告（辩方的陈述），甚至被任命调查这一叛乱的三人南非委员会最近发布的报告。委任统治委员会大多数成员都严厉批评霍夫迈尔处理邦德尔沃兹人的做法，而且实际上也是在批评其整个政府，[25]但南非政府没有告诉常设委任统治委员会它接受这些结论。确实，史末资已经在下议院大力为霍夫迈尔辩护，坚持认为他果断的行动已经阻止了一场叛乱。[26]而且，即使是在委任统治委员会施加压力时，高级专员沃尔顿依然拒绝澄清政府的立场。沃尔顿说，人们可以推断史末资不同意该报告的大多数内容，但他未被授权说这是政府的政策。那么南非政府和莱默（Lemmer）将军的看法一样吗？莱默将军是调查委员会中唯一一位南非白人成员，对行政长官的每一个批评他都进行了激烈争辩。沃尔顿也没有对此做过任何指示。[27]

这为何是重要的？委任统治委员会为何不能看看证据并得出自己的结论？最终，它不得不作出自己的结论，但其成员对于程序上的顾虑表明他们正逐渐认识到权威的本质，特别是限制。他们不可能像调查法庭那样行事，新（但已经敢于直言的）成员弗雷德里克·卢格德爵士坚持认为，为充分理解有争议的事件，必须认真研究。他们也不能像法院那样行事，把受委任统治国放到被告席上。因而，尽管反奴隶制协会提交书面材料受到欢迎，但其提供口头证据的要求——这将把该协会置于与受委任统治国相同的位置上——必须被（已经被）拒绝。[28]然而，如果常设委任统治委员会既不是一

122

个调查委员会，也不是一个法院，那么它也不是一种级别更高的、有权决定政策的行政管理委员会。相反，其职责仅限于判断受委任统治国的政策是否符合国联盟约和委任统治制度文本。然而，为做出这种判断，它需要了解实际的政策到底是什么。所以，问题是：南非政府批准霍夫迈尔的行动了吗？

很明显，至少史末资是同意的。很明显，他无意说出任何会使南非"在世界各国中声名狼藉"的东西，就像他的一位议会反对者尖锐指出的那样。[29]因而，委任统治委员会必须自己决定这些行动与"神圣托管"是否一致。委任统治委员会副主席 D. F. W. 范里斯和卢格德提出了一大串问题。7 月 31 日和 8 月 1 日，沃尔顿和西南非洲政府秘书赫布斯特少校受到全面审问。赫布斯特少校曾参加了那次远征，因此反奴隶制协会认为他压根就不应出现在这里。那次远征的细节受到详细调查，霍夫迈尔调飞机的做法受到尖锐地质疑。英国在美索不达米亚也轰炸了部落人口，赫布斯特指出。[30]

卢格德也试图努力弄清南非政府之土著政策的详细内容。所有细节都出来了：通行证法，养狗税，殖民者稳步侵占非洲人土地，教育设施的匮乏，在法官办公室附近徘徊、希望捡回被判刑的劳工的贪婪农场主，"愚昧的农场主……普遍把土著看作他们的劳工"。（赫布斯特少校纠正说："不仅愚昧的农场主那么看，受过教育的农场主也那么看。"）[31]国联大会要求常设委任统治委员会细致审查援助受难者并恢复部落生活已经采取的措施，然而除归还尚未被杀掉的或在冲突中挨饿的牲畜并告诉幸存的男人们去寻找工作外，任何事情都没有做。[32]赫布斯特说，调查委员会大多数人提出的主要建议——恢复某些自治部落制度，把卷入镇压活动的地方官员调出该地区——是不可能的。警察区（Police Zone）的所有部落都必须被"打破"，地方官员不会在意民意，这是自德国人统治时期起就确定的政策。[33]

123

　　这里，我们了解了问题的症结所在。人道主义者们对霍夫迈尔的行为感到震惊。然而，这份会议记录所透露的是霍夫迈尔对白人殖民者的意见做出的反应，甚至受左右程度。赫布斯特澄清道，他不可能在不让白人社群丢脸的情况下同莫里斯和解。"民意"不会支持对该部落的宽大行为。赫布斯特提供的瓦姆巴德地区的白人农场主和居民提交的南非语、德语和英语版的申诉书当然支持他关于白人感受的主张。那些热烈欢迎行政长官做法的人们，视邦德尔沃兹人为"一群野蛮的掠夺者和盗窃牲畜者"，应该被驱散，并坚持认为现在他们既然被打垮了，不应该做任何事情去援助他们。他们的酋长应该被永久废除，他们的保留地上不应钻任何水井，已经推行的养狗税不应降低，除教育他们"热爱工作"外不应提供任何教育。[34]这里，我们发现了移民者殖民主义的真正想法。土著要么工作要么饿死。

　　当南非代表离开这个房间时，委任统治委员会开始讨论这是怎么回事。然而，分歧很快就出现了。西奥多利和来自比利时的成员皮埃尔·奥尔茨给出了临时性的结论。他们宣称，没有大规模叛乱，叛乱的原因是"多种多样的和遥远的"，可能已经被那位行政长官个人及时的行动阻止了，镇压是"极其残酷"的。但来自葡萄牙的成员阿尔弗雷多·弗莱雷·德·安德雷德反对这些结论。这个地区只有少量白人，大量的是被剥夺了其古老权利和土地、希望把白人扔到海里的黑人；毫无疑问，这位行政长官不得不采取迅速和有效的行动。[35]意见不一的委任统治委员会同意，每一位成员都应该写下他们的意见，整个团队因其他事项而暂停数日。然而，有人——可能是弗莱雷·德·安德雷德——向沃尔顿和赫布斯特出示了意见草案，因为在8月7日，委任统治委员会要求赫布斯特为行政长官的行动进行辩护，并热切地呼吁不要通过责难他而使其工作更加困难。[36]第二天，弗莱雷·德·安德雷德宣布他需要返回里斯本（Lisbon），在提交了一份免除霍夫迈尔责任的简短声明后离开了日内瓦。[37]

124　　来自葡萄牙的成员离开后，剩下的这些成员一致认为，西南非洲政府的做法非常残酷。然而，对于应该吸取的更广泛的教训，他们的看法仍然有分歧。因为这个地区作为委任统治地应该被以完全不同的方式进行统治，霍夫迈尔和他的同事们错在把它作为殖民地对待了吗？或者作为另外一种选择，他们错在低于各受委任统治国家承诺遵守的殖民地"最佳做法"？换句话说，受委任统治政府与殖民政府有本质差别吗？界定和捍卫这种差异是委任统治委员会的职责吗？这些都是很严肃的问题，因为如果委任统治委员会的成员们肯定地回答这些问题，就意味着委任统治制度不仅仅是各帝国之间的合作和标准设定机制，甚至意味着它构成了对帝国主义本身的批评。

　　一点都不奇怪，把他们整个一生都花费在为帝国服务上的人们很难认同这种信条。他们很愿意谴责霍夫迈尔的错误，但不愿指责殖民统治本身。然而，令其他成员惊讶的是，委任统治委员会主席西奥多利侯爵愿意这么做。又一天徒劳的争吵之后，8月9日上午，西奥多利宣布他太疲劳因而不能再参加讨论，但他写下了自己的看法，这些看法是公开的，而且必须成为提交国联行政院的报告的一部分。[38]这一声明毫不妥协地表达了受委任统治"差异"之原则。西奥多利说，在殖民地，政府可能会寻求推动特定的殖民目标并平衡各种利益。然而，在委任统治地，《国联盟约》"已经深刻地并从根本上改变了殖民法律和殖民政府"，确立了"欠发达人们的福祉和发展作为文明的一种神圣使命"。这种原则要求对该地区内部竞争性的利益采取不同的态度。**"土著的利益是最重要的，其次是白人的利益。白人的利益只能放在与直接或间接保护土著的活动的关系中进行思考"**（加粗部分为作者添加）。因而，委任统治委员会必须根据这一原则来判断邦德尔沃兹人事务的处理，据此判断，他们只能得出这样的结论，南非已经违背了委任统治制度的核心理想。委任统治原则要求政府实施"旨在减轻种族偏见的政策和行政管理实践"，这种种族偏见是"土著与白人之间……相互敌视的根本原因"，但霍夫迈尔的做法恰恰相反。西奥多利指责道，政府"采取了强制而非说服的政策……而且设想和实施的举措也是为了殖民主义者而非土著的利益"。[39]

西奥多利的声明以及他的退出决定引起了恐慌。博、奥尔茨、卢格德和范里斯都劝他重新考虑。他们应该努力达成一致并提出一种统一的看法。但奥尔茨自己承认，他"非常不愿意"认同有关土著利益优先这句话，卢格德也明确表示他无法接受西奥多利的某些说法。重要的是，卢格德反对的不是西奥多利对西南非洲的政策的谴责。他也认为，这一事件的根本原因是"白人普遍认为应该把土著看成他们的农奴和奴隶"并认为霍夫迈尔应该满怀同情地回应邦德尔沃兹人的不满。[40]相反，卢格德反对的（不仅是口头上，还有书面形式的）是西奥多利的主张：第一，像镇压邦德尔沃兹人这样的事件过去经常发生，在殖民地还会经常出现——这种说法"构成了对所有拥有殖民地的国家的指责"；第二，委任统治制度是以新的原则为基础的。卢格德不同意这些看法，坚持认为保护土著的要求是许多殖民帝国，特别是大英帝国同意的。[41]卢格德对英国的殖民政策和殖民记录感到非常自豪；他倾向于把委任统治制度视作一种理想化的机制，与英国的帝国实践相结合。相反，它可能会成为一种更优越和不同的制度。

然而，西奥多利不会改变其看法。他认为，第 22 条确立的政策没有"完全违反先例"这种说法是不可思议的。他的声明必须像他在委任统治委员会出版的报告中所写的那样完整呈现出来；他不会做出让步。[42]西奥多利此时是极其强硬的，因为在未来数年中他在委任统治委员会内部将担任许多不太重要的职位。他将会与后来的委任统治部主任维托·卡塔斯蒂尼（Vito Catastini）合谋，试图提升意大利的影响；对于西南非洲政策的残暴性，他会变得见怪不怪；他会为意大利征服埃塞俄比亚辩护。然而，在 1923 年，某种东西——他，这位教皇授予的伯爵（papal count）称他的良心——驱使他对白人移民殖民主义表达最强烈的谴责，并对曾经出现在一份委任统治委员会报告中的"神圣托管"做出最清晰的界定。

126　　西奥多利离开后，范里斯和卢格德整理了委任统治委员会的烂摊子，并完成了多数派报告的撰写。尽管较少论及核心原则，但它也接近于对西南非洲政权的谴责。事实上，委任统治委员会拒绝牵涉进史末资的政府（和地方政府相反），坚持认为"在像史末资将军这样卓越和开明的政治家的指引下"，南非对于神圣托管的理解会和他们相同。然而，在强调他们既没有权威也没有能力对冲突进行全面调查并拒绝批评业已采取的镇压冲突的措施时，委任统治委员会宣称大多数人也"不能说服自己"，当地的境况或困难可以为证据中透露的"处于委任统治之下的地区对待土著的方式提供合理性"。在回答国联大会提出的关于业已采取的援助和恢复部落之措施的具体质询时，该报告包含了两页一字不差的证词，即赫布斯特所言，"没有做任何特别的事情"。[43]

无论措辞多么有节制，报告含蓄地承认白人殖民者与非洲人之间的利益冲突，这让南非政府感到愤怒。法律和秩序的维护以及白人殖民的过程对土著的利益并不是有害的，而是"土著逐步实现文明化"的途径，沃尔顿在做出激烈回应时写道。委任统治委员会的批评将会"招致全体白人的怨恨"，而且可能会使土著"更难以管理和更不愿接受文明的影响"。[44] 很明显，南非不打算改弦易辙——这驱使卢格德机敏地致信拉帕德，预测国联行政院如何处理整个事情。它最可能做的是把这份报告交给南非，南非将会表示自己对这些批评感到困惑，并反驳说委任统治委员会没有理解当地情况而且霍夫迈尔已经尽力了。由于把报告交回南非会把整个问题拖延一年，当它再被提出来时，国联行政院"将会感谢史末资将军做出的承诺并表示完全相信其崇高的理想"。结果将会是"所有与这一事件相关的人还在政府里留任"，他们会更有决心尽快摆脱委任统治的监督。或许，国联行政院的一些政治家"不像我们这样了解情况……（例如 R. 塞西尔勋爵）"，可能希望把这种结果可视化并自问这

127　是否真的是他们希望的东西？[45] 拉帕德私下里致信德拉蒙德和塞西尔，这是他和卢格德试图从幕后进行控制的众多次中的第一次。

　　这没有产生任何效果。1923 年 9 月举行的第四次国联大会再次通过一个至关重要的决议，[46] 但正像卢格德之前预测的，在 12 月审议这份报告时，国联行政院采取了更保守的态度。德拉蒙德已经告诉拉帕德，他不认为国联行政院需要表达看法，[47] 这一问题的报告起草人、瑞典社会民主主义者和前总理亚尔马·布兰廷（Hjalmar Branting）温和地建议南非做某些事情援助邦德尔沃兹人时，他发现大英帝国是最大的障碍。代表南非出席会议的沃尔顿吵闹着反驳说南非已经为改善邦德尔沃兹人的条件做出"极大努力"，这促使布兰廷冷漠地指出，赫布斯特明确表示过什么事情都没有做。罗伯特·塞西尔温和地建议，沃尔顿保证南非采取"一切实际措施恢复邦德尔沃兹人民的繁荣"，这或许会令国联行政院"满意"。沃尔顿很乐意为他的国家撒谎，他说南非将会这么做。[48] 对于国联行政院来说，这是邦德尔沃兹人问题的结束。

四散的涟漪

　　但对委任统治委员会、南非、反奴隶制协会或委任统治制度来说，这并不是结束。和扔入池中的石头一样，邦德尔沃兹人事件激起的涟漪向各个方向散去。它影响了南非对国联的态度以及南非在世界上的声誉；它推动委任统治委员会去界定其原则和实践；它塑造了委任统治委员会看待其他所有受委任统治国的方式和这些国家做出反应的方式。让我们一一考察这些问题。

一个正在形成中的无赖国家

首先，这一事件损害了南非的国际地位，暴露出南非的原则与国际主义情绪之间的裂痕。毫无疑问，南非政府、西南非洲政府以及该地区的白人殖民者都认为国联的谴责是无法容忍的而且确实是不道德的。[49]他们认为，白人至上主义和对非洲人的严格控制是合适的和正确的。沃尔顿对国联大会说，人们不能以任何其他方式对待已经深陷野蛮状态不知道多少世纪的土著。[50]确实，西南非洲政府做出了一些缓和的姿态。霍夫迈尔减轻了雅克布斯·克里斯蒂安的刑期，而且作为他表现好的交换，还承认他是部落的"头人"（不是首领）；[51]养狗税降低了，为牲畜打烙印的费用被取消了。霍夫迈尔还试图"解除潜在刽子手的武装"（如他所说），并亲自参加委任统治委员会1924 年的会议——这是其首席秘书确信已经产生了"不可估量的效果"的一种姿态（图 4 - 5）。[52]西南非洲政府学会了谨慎。尽管 20 世纪 20 年代中期他们把飞机派到里霍博斯的巴斯特人"领土"上空，试图威胁他们放弃自治要求和向国联的申诉，但他们没有扔下炸弹。[53]

然而，国联的谴责不可能改变西南非洲内部对抗者之间的力量对比，对西南非洲政府的核心目标也毫无影响。在整个委任统治时期，稳定增强白人财产和权力的工作一直继续着。到 1936 年，"警察区"足足 55% 的非沙漠土地被白人掌握着，是德国人统治时期的 2 倍。[54]从 1925 年起，只有白人组成的立法议会（Legislative Assembly）不仅确保了殖民者利益对非洲人利益的支配地位，还确保了它对钻石采掘公司之利益的支配地位，钻石公司的利润正是该领地所依赖的。[55]非洲人只

128

129

图4-5　常设委任统治委员会与大英帝国委派的代表在
1924 年的会议上。坐着的从左到右依次是受委任统治国委派
的代表：詹姆斯·艾伦（James Allen，新西兰）、奥姆斯比-
戈尔（英）、吉斯伯特·霍夫迈尔（南非）；接下来是常设
委任统治委员会成员：莱奥波尔多·帕拉西奥斯、阿尔弗雷
多·弗莱雷·德·安德雷德、皮埃尔·奥尔茨、D. F. W. 范里
斯、阿尔贝托·西奥多利、威廉·拉帕德、让-巴蒂斯特·
博、安娜·布格-维克塞尔、哈罗德·格里姆肖以及弗雷德里
克·卢格德。注意墙上挂的西南非地图。

能进行农场劳动，还不能有任何反抗，这似乎成了贯穿这次
国联大会的主题，而且确实——当远离日内瓦时——这也贯
穿了官员们的声明。"白人妇女和儿童正在从事非洲黑人
（Kaffir）的工作"，因为"已允许非洲黑人成为股份所有人，"
霍夫迈尔的继任者 A. J. 沃思（A. J. Werth）于 1926 年在瓦
姆巴德的一次演讲中对农场主说，但"不能允许非洲黑人实
现他们的梦想"。保留地应该关闭，违反主仆关系法（master-

and-servant laws）应予以罚款，对第二次犯罪者应该进行肉体惩罚，养狗税应该再次提高。沃思警告说，政府要非常小心，因为很多眼睛在盯着它，但他也毫无保留地说出了他的同情所在。[56]

对南非的政策深感忧虑的委任统治委员会成员对这种违抗国联盟约之理想以及他们自己的权威的做法感到愤怒。由于无法调查南非，他们寻求至少要剥夺其在国际上的合法性。除巴勒斯坦和叙利亚以外，委任统治委员会花在西南非洲的时间比花在其他任何地区的时间都要多，而且这些会议——通常有驻伦敦的南非高级专员参加，但在 1924 年，1928 年和 1935 年由该地区行政长官亲自参加——经常是非常激烈的。因而，在 1928 年，当行政长官沃思在拜会常设委任统治委员会时被问道，除其他方面外，养狗税为何又提高了一倍；为何政府花在白人儿童教育上的费用是花在非洲儿童教育上的大约 100 倍（但沃思回答说土著不希望其孩子接受教育）；为何政府强烈反对非洲人饲养更多的山羊，而这些动物是他们的主食；为何大幅增加了对违约行为的罚款和刑期并重新引入鞭刑；为何政府在这一年新开挖的 229 个水井中只有 15 个是在土著保留地而不是在私人农场中；为何在奥万博兰（Ovamboland）工作的传教团体要以书面形式承诺他们会鼓励非洲人在警察区就业。[57]委任统治委员会在 1930 年问道，一群农场主赶着大约 50 名布须曼人（Bushmen）并以每人一英镑的价格把他们卖作劳工是真的吗？（确实是真的。）[58]考虑到这一地区在 20 世纪 30 年代初正在遭受着经济衰退、干旱以及疟疾的打击，政府难道不能至少保留少量所得用于土著的福祉吗？它不能：白人是纳税人，他们不会支持把钱花在非洲人身上。委任统治委员会没有被打

130

动，因为他们知道政府财政收入的一多半来自采矿特许权使用费——通过 6000 ～ 8000 名非洲工人的艰苦劳动赚取的意外之财，这些非洲工人中有一半是从遭受 11% 的死亡率的北方运进来的奥万博人（Ovambos）。[59] 然而，羞辱官员的努力没有产生效果。政府在 1938 年报告说，由于已经断定"过度加速土著种族的发展是不明智的"并希望"传达……他们的改进必须依靠其自身的努力这一经验"，政府将不再把税收收入投入到土著保留地。[60]

委任统治委员会的委员们深感挫败。拉帕德在 1928 年对沃思说，没有什么比政府的报告"最令人沮丧"；报告作者对委任统治委员会的指控似乎完全缺乏"人类的同情"。既然这一地区被证明适合白人生活，"白人不可避免地会把土著看成他们的障碍"，但政府应该反对这种看法，而不是同意它！[61] 事实上，他告诉沃思南非违背了委任统治制度，把土著交给了白人。西南非洲是一个移民国家，一个"白人的国家"——拉帕德得出结论说，"历史……表明，对于土著来说，居住在白人的国家是一种不幸"。[62] 并不是整个委任统治委员会都赞同拉帕德的苛刻的判断，委任统治委员会提交国联行政院的报告往往很克制。但即使南非人拒绝改弦易辙，国联行政院（经常）不愿意卷入其中，我们在常设委任统治委员会坚持不懈的诘难中仍然可以看到后来将会降临到种族隔离国家头上的国际谴责的征兆。在委任统治委员会看来，南非对西南非洲的管理，就像它在 1945 年之后被贴的标签一样，早就"背叛了委任统治"。[63]

界定"福祉与发展"

如果这种争论伤害了委任统治委员会与南非的关系，但它

大大提升了常设委任统治委员会自身的地位和一致性。那些曾
担心它会成为国联行政院的温顺小狗的人们被证明是错误的。　131
国联的大多数自由主义支持者都认为（与国联大会一致），它
已经展示出"热情"和"公平"。[64]尽管这些争论导致了内部
分歧，但也培育了一种实现共同目标的信念，并创造了一种意
识形态的中间立场。这种"立场"是由卢格德划定并捍卫的，
他在随后几年中挑战并孤立了来自葡萄牙的成员弗莱雷·德·安
德雷德，并一直是委任统治委员会在非洲问题上主导性的声音，
是邦德尔沃兹人冲突期间唯一同情赫布斯特和霍夫迈尔的成员。

　　自从委任统治委员会建立以来，葡萄牙籍成员一直坚持认
为，不受限制的经济发展是实现"神圣托管"的最佳途径。为
了该地区的整体利益，他在第一次常设委任统治委员会会议上
说，必须让非洲人去工作——因为国联盟约禁止强制劳动肯定
不是为了破坏"劳动的义务，这是所有文明社会的基础"。[65]甚
至在国联行政院确认私营企业的强制劳动实际应被禁止之后，
弗莱雷·德·安德雷德仍吹毛求疵地强调"现实主义"的必要
性并支持西南非洲政府设计用来驱赶非洲人到白人农场工作的
税收和控制网。[66]他的看法让其同事们感到不安，但由于他是
委任统治委员会创始前两年中唯一一位非洲前总督（这是他引
以为荣的资历），其他成员发现很难挑战他。

　　卢格德的任命改变了权力平衡，因为曾做过多个殖民地的
总督且其背后是世界上最大和最富的帝国的声望，他的地位很
容易就超过了弗莱雷·德·安德雷德。卢格德对葡萄牙的殖民
记录的评价也是极低的，也没有耐心对待其葡萄牙同事的看法。
在 1924 年和 1925 年的常设委任统治委员会会议上，他们二人
在这些问题上产生了激烈冲突：是否应该通过土著的议会和法

院给予非洲人"控制其自身事务的尽可能大的发言权"（弗莱雷·德·安德雷德认为不应该），雄心勃勃的发展计划如果给非洲人施加了过重负担是否应该受到限制（弗莱雷·德·安德雷德不这么看），当然还有，用卢格德的话说，非洲人整体上是否是"勤奋和努力的"（弗莱雷·德·安德雷德也不这么认为，而且是他强调最多的）。[67] 在 1925 年夏，或许是因为厌烦了这种争吵，西奥多利要求他们二人以书面形式写下他们对第 22 条责令受委任统治国促进人民的"福祉与发展"的重要段落的理解。结果诞生了四份备忘录——两份最初声明和两份回应声明。[68]

132　　　"福祉"与"发展"之间（或卢格德所称的政策的"慈善的"和"功利主义的"取向之间）存在着张力，在这一点上，他们二人是一致的。然而在其他方面，他们立场迥异。这不仅仅是卢格德认为"福祉"应该比"发展"重要，弗莱雷·德·安德雷德认为恰恰相反。在他们应该保护谁的"福祉与发展"这一问题上，他们的看法也有非常大的差异。卢格德认为，那些被界定为"还不能自立"的人都是非白人的土著，保护他们是受委任统治国的第一责任（first charge）。结果，尽管他同意公共基础设施项目（铁路、港口）和私营企业对于发展市场和刺激当地经济发展是必要的，但他认为政府应该牢牢控制特许授权和合约，以确保他们不会对土著劳动者个人或作为整体的当地人口课税过重。他还坚持认为，土著劳动者应该保持"自由"。如果工作给予了足够报酬，条件"有充分的吸引力"，工人们会自己送上门来。然而，卢格德还认为，政府不能仅仅从"功利主义"立场考虑政策，还应该放眼非洲人在某一天（即使这一天"的到来还遥不可期"）将会"在现代世界艰苦的条件下自立"的承诺来考虑政策。教育和服务不应仅仅是为了提供更好的工人，还应以培育社群情感和公民意识为目的。[69]

　　弗莱雷·德·安德雷德支持完全不同的政策，但非常关键的是，他也是从非常不同的假设开始的。第一个假设是，该地区的全体人民的"福祉和发展"都应该受到保护，无论是土著，殖民者，还是昨天刚刚运来的人。第二个假设是，非洲人——或者至少是非洲男人——将会，如果不是被强迫去工作的话，会在他们的妻子劳动时"谈话，唱歌和饮酒"。对弗莱雷·德·安德雷德来说，《国联盟约》强调"发展"，这一点很清晰地表明可以合法地强迫非洲人去工作，而且对白人殖民和资本没有任何限制。确实，考虑到非洲人的懒惰和劳动的需要，如果受委任统治国家不能承担组织工作的义务，白人殖民者和雇主很可能会——在他看来，合法地——诉诸强制手段，因为"这是很自然的，把自己的资本和精力投入非洲企业的那些人，不能因为土著拒绝工作便白白牺牲他们有权期望的结果"。最后，他推断，如果非洲人口因这些压力而下降（确实，他认为他们已经在下降了），这不应该受到谴责，因为"更弱或更落后的族群被更强大和发展程度更高的族群缓慢地强制同化"既是一种"理想状态"，也是一种自然法则。和卢格德不一样，弗莱雷·德·安德雷德一点都不反对种族杂合（或者反对土著妇女和白人男子之间的结合），期望——和在巴西一样——出现一个富有活力的克里奥尔人族群，并取代土著和白人。[70]

　　对卢格德来说，这是一种噩梦般的想法，也是家长式管理应该努力避免的。因此，他们二人的第二份备忘录澄清了他们的分歧。卢格德没有否认受委任统治国——以及相关的常设委任统治委员会——对所有居民拥有权威，但坚持认为《国联盟

133

约》的起草者们在写下受托者的责任时心中是非常清楚地考虑到土著的。决定政策的必须是土著的利益，特别是当地人有权免予弗莱雷·德·安德雷德认为至关重要的那种剥削。卢格德认为，非洲人社群可能会变得更加繁荣和自主，但只有在他们原有的政府和制度得以保留的情况下，在他们免遭欧洲殖民者和公司的剥削性要求的情况下，以及在他们得到富有同情心的欧洲管理者细心引导的情况下。弗莱雷·德·安德雷德不同意这些，不仅仅是因为他认为非洲人的制度没有能力进行政治演进（"历史是个好老师，它没有为我提供维持土著机构的制度已经……把土著引向自治的例子"），非常有趣的是，还因为他认为家长式的监管可能只会牢固确立"两个阶级——一个是被监督者，另一个是监督者——如果他们的命令没有得到遵守，他们将会派出惩罚性的远征军"。换句话说，弗莱雷·德·安德雷德很乐意设想没有种族歧视的政府，但只是因为他非常确定，在公平竞争的条件下，非洲人——在文化上、经济上、生物学意义上——很快就会被淹没。相反，卢格德希望看到非洲社会受到维护和保护，但认为这需要进行种族隔离并由一个仁慈的、高级的、外国的社会团体进行管理。[71]对他们二人来说，非洲人在权利平等的制度下实现繁荣的说法是不可想象的。

毫无疑问，对委任统治委员会来说，卢格德主义的家长式统治比弗莱雷·德·安德雷德的达尔文主义的幻想更有吸引力。更加"独立"和更具国际主义精神的成员——西奥多利，接替他的拉帕德，瑞典的成员布格－维克塞尔夫人、荷兰人范里斯——都细心审查当地条件，同情"传统"的权威，并且怀疑卢格德所赞同的雄心勃勃的殖民或投资计划。这种家长式的监督在国联大会很受欢迎，并得到人道主义组织的赞扬。就像我们将要看到的，它有时还驱使受委任统治政府在考虑当地政策时权衡一下委任统治委员会（特别是卢格德做出反应的风险）。

然而，重要的是认识到这种家长式统治的思想在文化上是多么保守。以委任统治委员会对教育问题的处理为例。非洲和太平洋的委任统治制度都要求受委任统治国"最大限度地促进居民的物质和道义福祉和社会进步"，而且委任统治委员会一开始就敦促当局扩大教育供给。女性成员（布格－维克塞尔以及当时的挪威人瓦伦丁·丹尼维格）在这方面是非常警觉的，她们草拟了委任统治委员会关于学校教育的报告，每次会议中都不知疲倦地质询受委任统治国家的代表，并强调教育女童（经常被忽视）及男童的必要性。然而，非常有意思的是，当布格－维克塞尔试图详细说明哪种教育可能会"特别适合落后人民的生活条件"时，她没有求助于欧洲的例子，甚至也未求助于法国更广泛的殖民活动，而是转向了卢格德。在卢格德的书中，卢格德已经争辩说，殖民地学校应该集中关注"品格养成和守纪律的习惯"而不仅仅是"书本知识"，应该小心维护"当地人的习惯"以使学生不致"失去民族特点或自认为是一个与众不同的阶级"。[72] 布格－维克塞尔赞同这些看法。教育应该是实践的而不是理论的，应该集中关注"性格培养和纪律"以及"农业、畜牧业、手工艺以及基础卫生等的教学"——目的是推动当地人口"逐步文明化"但无疑也会把他们培养成好工人。[73]假定种族等级，特别是对"欧化"阶级的不稳定影响的卢格德式的担忧，构成了委任统治委员会的思想，甚至说服了布格－维克塞尔，使她相信高等教育制度在未来相当长时间内都是不必要的。[74]这些建议并没有满足数量很少但日益壮大的精英的野心，他们对欧洲人的如"酋长式的"统治感到愤怒。

卢格德主义曲线的分级

最后，常设委任统治委员会开始有意识地从"卢格德主义
135 的"观点评估非洲和太平洋地区其他委任统治地的管理，心中
想着西南非洲的负面例子。这种向比较性评估的转变产生了真
实的影响，不但塑造了委任统治委员会——重要的是阅读报纸
的欧洲民众——看待不同委任统治机制并为之划分等级的方式，
而且更重要的是看待帝国治理并为之划分等级的方式。结果是
英国获得了当之无愧的盛誉。因为卢格德非常坚持，他的行政
管理理念更加优越而且反映了英国实际的实践，英属非洲大部
分地区的殖民国家恰恰是依靠定居者驱动的通行证法、土地没
收以及强制劳动的结合，正是这些标志着霍夫迈尔政权失败。
相反，各自治领（Dominions）承受了来自国际主义者和人道主
义者的批评，而平静的坦噶尼喀作为英国的代表，也作为委任
统治的模范而受到赞扬。完全可以理解，这是一场令法国人恼
羞成怒的宣传战。

委任统治委员会将会透过"西南非洲"棱镜来审视委任统
治下的新几内亚，这并不令人感到意外，因为这两个领地拥有
某些相似之处。尽管这个地区大部分尚未被开发，但德国已经
建立了殖民者的农业部门（在这里的海岛和海岸建立了椰子种
植园）和严酷的契约劳工制度。澳大利亚对新获得的领地也有
与南非相同的种族和经济的抱负。它也把自己视为白人文明在
有色人种海洋中的灯塔；它也希望利用新领地安置容易引起麻
烦的无地白人。确实，澳大利亚对自己的权利和目的非常确定，
从一开始就没有使用托管制度的语言，澳大利亚总理威廉·休
斯（William Hughes）在巴黎和会上坚决主张仅凭战争中的牺

性，新几内亚就亏欠澳大利亚。当地人是否会受到更好的对待与这些毫无关系。

　　因而，澳大利亚军政当局并没费力地抛弃"德国的"方法，依靠鞭笞和残酷的征募方式来维持椰子种植园的运转。（确实，占领时期椰子生产和工人数量都增长了。）[75]休斯政府还拒绝把该领地的行政管理并入邻近的澳大利亚殖民地巴布亚岛（Papua）（根据"丙类"委任统治制度，是可以合并的），这不是因为它对兼并持有所保留的态度，而是因为它不希望看到长期在巴布亚任职的副总督休伯特·默里（Hubert Murray）赞成的家长式方法扩展到这个委任统治地区。[76]

　　然而，甚至在委任统治制度开始生效之前，澳大利亚政府——和南非不一样——就已开始改弦易辙了。尽管战时军事管理者 S. A. 皮斯布里奇（S. A. Pethebridge）和 G. J. 约翰斯顿（G. J. Johnston）坚持认为该地区的"原始人"只有通过鞭笞才能被控制，[77]但澳大利亚内阁并不同意，当文官管理者到来时，他被坚定地告知"不仅是出于人道的要求，还是澳大利亚联邦政府对国联承诺的义务"都要求防止并惩罚残酷对待土著之行为。[78]严酷的劳工征募方式还在继续，劳工的薪水低于默里在巴布亚执行的工资水平，但军事管制的结束、具有改革意识的 E. L. 皮耶斯（E. L. Piesse）被任命为总理府太平洋分部（Pacific Branch of the Prime Minister's department）的主任，以及担心在墨尔本和日内瓦被曝光这些确实都产生了影响。因此，档案记录既揭示出针对新几内亚人随意施加暴力的广为流传的白人文化，"售卖"、鞭笞甚或杀害劳工以及抓捕和"使用"当地妇女［一种被称为"拉玛丽"（pulling Marys）的行为］的事例反复出现，也揭示出管理者在改革方面的持续努力。

136

臭名昭著的罪犯受到惩罚、审判或被直接送回"老家"。慢慢地，因对当地人施加暴力而受到惩罚的白人的统计数据逐步上升了。[79]新几内亚依然是一个贫瘠、充满不确定的地方，吸引着心中充满不满的退伍士兵和不走运的冒险家。尽管有澳大利亚代表参加的委任统治委员会会议经常直言不讳，当残酷对待土著的丑闻爆发时（它们经常爆发），政府尽力做出回应。在日内瓦，一位澳大利亚代表轻松地指出，与南非人放在一起比较，至少他们的表现算好的。[80]

坦噶尼喀不需要这种比较优势。直到保守党政府的殖民地大臣利奥·埃默里在 20 世纪 20 年代后期致力于把该地区与邻近的肯尼亚和乌干达一起并入东非联盟，以此来破坏委任统治委员会的信誉时，坦噶尼喀一直是——就像英国殖民官员得意地承认的那样——其他领地衡量并查找差距的标准。当然，它所推行的政策与史末资的理想是直接对立的。不同于在西南非洲，这个地区的德国人被遣返回国了，而且至少一开始政府没有做出太大努力吸引白人殖民，而是集中于重建其经济和被战时流行性疾病和强制劳动摧毁的人口。种植园被维持下来，由政府规范交通和劳动合同。由工党任命的、颇有主见的总督唐纳德·卡梅伦（Donald Cameron）爵士从 20 世纪 20 年代中期到
137　30 年代初期一直统治着坦噶尼喀，他反对通过提高税收的方式把非洲人赶进种植园，而是采取了一种富有活力的"农民化"政策。[81]委任统治时期白人不能另外获得土地，而且一旦德国加入国联，便允许德国人返回这里，但到 1938 年欧洲人占有的土地只有 1% 多一点。[82]通过选定合适的"土著首领"，卡梅伦还实施了一种"间接统治"制度，用来源于税收收入的固定收入取代他们对部落的权利，并赋予他们在土地分配和司法行政

方面的某种权威。如他所言，他倾向于"沿着不使其西化，不使其变成糟糕的欧洲人模板的方向发展土著"。[83]

毫不奇怪，城市中受过教育的非洲人都憎恨把权威赋予看上去落后的"土著首领"的制度，但委任统治委员会发现这些做法非常值得称赞。表面上用来审查坦噶尼喀之行政管理的会议上回响着相互祝贺之声。对于政府1923年关于土地转让的限制性政策，1924年在农业指导方面的努力，1925年设立新的劳工部，1928年关于强制劳动的规范，以及1929年改善劳工条件的努力等，各成员都予以热情赞扬。[84]当卡梅伦1927年7月亲自参加委任统治委员会会议，委任统治委员会的成员欣喜若狂。卡梅伦努力建立"一种尽可能利用传统部落组织的行政制度"并承诺确保坦噶尼喀"将会像乌干达一样，一直维持土著的主导地位的国家"，令人"印象特别深刻"。[85]委任统治委员会非常清晰地感受到，坦噶尼喀与西南非洲的情况正好相反，在该领地中神圣托管的"精神"得到充分实践。

英国在坦噶尼喀的政策，同时是独裁的和家长式的，当然与作为委任统治制度之基础的假设是完全吻合的。然而，这种类同更多是殖民官员干练地利用委任统治机制，而非坦噶尼喀接受国联训令的结果。"托管制度"并非仅仅反映英国的殖民实践，这绝不是统一的，而且在许多领地（特别是肯尼亚）都是服从于殖民者的利益的。然而，它确实反映了一部分英国殖民权势人物所信奉的理想。尊重殖民者利益的政策与"土著至上"之间的激烈斗争在20世纪20年代爆发了，既发生在殖民地部内部，也发生在所有非洲殖民地，托管制度的支持者担心他们正在走向失败。"英属热带非洲唯——个各方面都比较令人满意的是尼日利亚"，殖民地部的查尔斯·斯特雷奇（Charles

138 Strachey）爵士在 1919 年酸酸地评论道。在其他地方，"当我们反对移交大片地区（这些地区不属于我们）用于牧场经营或其他目的时，我们被指责采用了效率不高的方法，而且束缚了合法的企业"。[86]

对于斯特雷奇及其盟友来说，委任统治制度的建立是天赐之物。一种备受争议的"土著至上"的政策现在得到国际支持，卢格德在日内瓦的存在使官员们能够把委任统治制度作为英帝国的方式（无疑这会令国内经常支持殖民者的政客恼羞成怒）。反奴隶制协会也越来越关注非洲人的土地权利，这一事实也发挥了作用。早在 1919 年该协会便认为所有"乙类"委任统治地都应被视为"总体上不适合欧洲殖民化"，它们的土地应被宣布为不可剥夺的当地人的土地。[87]而且，尽管最后"乙类"委任统治制度文本规定进行管理的国家在制定土地法时只能"尊重土著的权利并保护他们的利益"，该协会还是致信委任统治委员会敦促严厉禁止土地转让。[88]富有同情心的委员会把他们的信件作为第二次会议记录的附件公布了，偏执的范里斯立即开始制定土地法。[89]坦噶尼喀严格的《1923 年土地法》是由斯特雷奇在与奥姆斯比－戈尔磋商后起草的，该法宣布所有土地都是该领区的财产，除总督同意，任何土地不得转让，因而被委任统治委员会视为一种"模范"措施。[90]对于斯特雷奇、哈里斯、卢格德、卡梅伦以及"西非"殖民管理学院的其他英国设计师来说，委任统治委员会是反对殖民者游说的盟友。特别是对于卢格德来说，坦噶尼喀方案与委任统治委员会不断演变的原则之间的这种紧密关系已经产生另外的附加收益。它使法国人处于防御状态。

委任统治委员会非常小心地对待出现在其面前的法国代表。

至少一些成员意识到，法国完全反对把多哥和喀麦隆置于委任统治之下。奥姆斯比－戈尔、拉帕德以及后来的卢格德也都知道，不满的或流亡的多哥人已对法国的统治提出了申诉。然而，如同迈克尔·卡拉汉（Michael Callahan）仔细的研究所显示的，法国人在 20 世纪 20 年代初作出了认真的努力，以遵守当初设计时就符合英国理想的规范和原则。首先，尽管法国人已强烈要求这一条款允许把他们所拥有的多哥和喀麦隆的部分并入临近殖民地进行管理，事实却是英国利用了这一规定，把其所拥有的多哥和喀麦隆的部分（这是无可否认的更小的部分）进行了细分，然后把这些碎片置于临近的黄金海岸（Gold Coast）和尼日利亚各省的管理之下——这是一种非常聪明的行动，使委任统治委员会完全难以监督这些地区。[91] 相反，法国在多哥和喀麦隆建立了不同的政府，由不同的"法兰西共和国专员"担任领导人，直接向殖民地部报告。这些地方政府尽忠职守，不在这些委任统治地征募士兵，这一决定防止了"军事化"但也剥夺了某些非洲人曾经依赖的就业机会。[92]

那么，法国人并未因这些举措而赢得太多声望，他们因早期关于土地法的争论而被搞得手忙脚乱。法国宣布法属喀麦隆所有"闲置"土地为"国家的私有领域"，反奴隶制协会立刻对此法律进行了攻击——该协会指责道，国家因此盗用了在这里发现的"大面积的热带土地，其上种植了农产品，土著聚集于此，这里是他们身体的、社会的和经济的存在基础"[93]。范里斯同意这一点，并在 1922 年的会议上对法国殖民地部政治事务局局长阿尔贝·迪谢纳说，法国应该表明它不会要求该地区的所有权。[94] 然而，正如拉帕德私下里向 J. H. 哈里斯报告的，博和奥尔茨"对英国反奴隶制协会的倡议表现强烈不满，他们似乎把民族主义动机归因于这一倡议了"，以至于委任统治委员会已要求范里斯调查所有被委任统治地而非仅仅喀麦隆的土地法。[95]

由于被感受到的亲英国的偏见激怒，这种感受并不是错误的，法国人表现出进攻性和防御性相交替，使自己的状况更加糟糕了。当委任统治委员会就政府的土地政策质询迪谢纳和奥姆斯比－戈尔（现在作为英国的"官方特派代表出现在其前同事面前"）时，迪谢纳含糊其词的反应看起来特别糟糕，而奥姆斯比－戈尔正式表明英国政府已经优先使用了"公共土地"这个词而非"王室土地"，特别是承认"坦噶尼喀共同体"（community of Tanganyika）——不是英国王室或大英帝国——"是这片土地的主人"。[96]随后一年里，委任统治委员会决定受委任统治国颁布的任何隐含着土地所有权的法案都必须进行修订。[97]委任统治委员会只是寻求限制土地转让并确立受委任统治国的非主权地位，但他们的质询突出了英国政府与法国政府之间的差异而不是广泛的相似之处。浮现出来的形象是被理想化的，远未可信。即使唐纳德·卡梅伦允许把坦噶尼喀大片肥沃的土地卖给白人殖民者，法国人允许非洲人个人在喀麦隆拥有土地（而不是像在坦噶尼喀一样，仅仅赋予"当地人"习惯性的权利或使用权），至少也侵蚀了种族与财产权之间的恶性联结。然而，家长式的英国与统制主义（dirigiste）的法国之间想象出来的对立支撑着委任统治委员会的思想。

正如韦罗妮卡·迪米耶（Véronique Dimier）所言，这是事实，因为卢格德看上去似乎是决意强调这些设想的差异并找出法国的错误。[98]1925年，保罗·博纳卡雷尔（Paul Bonnecarrère）来到日内瓦，目的是促使委任统治委员会了解其进步的多哥兰

(Togoland）政府，卢格德在同他的讨论中不仅抨击他的劳工税，还抨击他的教育和文化政策。虽然博纳卡雷尔坚持说他既不愿意引入欧洲式的选举制度，也无意"把当地人变成欧洲人"，但他关于人们可以"把当地人转变成文明人"的坚定看法显然引起了卢格德的愤怒。卢格德反驳道，受过教育的当地人"充满了外国的思想，无论如何都不会代表"作为整体的当地人。他还对博纳卡雷尔的教授更"粗野的"当地人法语的政策提出了质疑。[99]因看上去完全符合第 22 条（Article 22）之原则的政策而受到指责，法国人肯定会觉得他们做任何事都不正确。

*　　*　　*

到 1925 年，借助于邦德尔沃兹人事件，委任统治委员会已经确定了其理想和实践。这些理想主要是卢格德主义的。受委任统治国政府应该保护土著免遭经济剥削和殖民者的暴力；它们应该寻求保持"当地人的实践"并限制种族联系和文化"杂交"；它们应该支持"传统权威"但不讨论政治权利和民族自决的前景。这是一种把文明和种族等级视为理所当然的愿景，这种愿景只有在反对南非或肯尼亚时才显得是进步的。在这一意义上，委任统治委员会很幸运是在西南非洲问题上遇到其第一个挑战。

然而，民族自决的诉求往往会让他们抬头。通过再三推迟批准中东委任统治制度，法国和英国已经使委任统治委员会无法监管它们在伊拉克、叙利亚和巴勒斯坦难以调和的和高度竞争性的统治。但是，从 1924 年起，这些政府也将不得不回答委任统治委员会的质询。而且，与非洲和太平洋地区的人们不一

141

样，"之前属于土耳其帝国的某些社群"已经得到《国联盟约》确认的作为"独立国家"的地位。因而，政治权利的问题不可能被掩盖起来。这事情正好被法国遇上了，就在接下来的第二年，德鲁兹派（Druze）武装人员起来反对法国对叙利亚的占领，决心使独立的承诺成为现实。委任统治委员会将面临第二次考验。

第 5 章　轰炸大马士革

其实，如你们确知的那样，叙利亚人对国联或整个西方文明的信任，如果有的话，是非常少的。法国不能通过表明它后面是西方文明来提高自己，相反它必须通过自己的行为来建立起（叙利亚人）对西方文明的信任。

昆西·赖特致亨廷顿·吉尔克里斯特，

1926 年 4 月 5 日[1]

根据官方的说法，法国坚持认为，1925 年叙利亚的叛乱没有深层次的原因。它不过是强盗和挑拨者利用一直不稳定的德鲁兹山（Jabal Druze）发生的起义劫掠脆弱的村民和骚扰法国军队的行动。然而，当时的大多数观察家，更不用说从那时起的几乎所有历史学家，都把处于委任统治初期的叙利亚视为充斥不满的火药筒，甚至一丁点儿的火星就可能燃烧起来。[2] 除了黎巴嫩山（Mount Lebanon）的基督教人口，对法国的愤恨几乎是普遍的，而且在叙利亚，反对建立“大黎巴嫩”和把这个国家的其他部分划分为四个独立的小国的情绪也日益高涨。叙利亚贵族在西方或奥斯曼帝国的学校里接受教育，习惯了管理他们的地方政府，非常憎恨要求每一位地方官员的行动都必须得到法国批准的命令；被迫接受远低于他们在奥斯曼帝国时期的级别，叙利亚军官感觉被冒犯了。法国的经济政策也使人民受到沉重打击，对于法国来说，让新的叙利亚镑钉住不稳定的法郎，造成了严重的通货膨胀。最后，1924 年碰巧干旱和歉收，在人们心中播种下苦难和忧虑，他们对战时饥荒的记忆仍然是非常真实的。

但是，也有直接的原因，特别是在德鲁兹山，火种遇到了火柴。一位拥有西非经验的法国官员，曾在 1923 年被任命为当地总督的加布里埃尔·卡尔比耶（Gabriel Carbillet）（图 5-1）提供了一颗火星。作为一个专制而又活跃的人物，而且可能有

143 点精神错乱，卡尔比耶是通过一种中世纪封建主义的框架来审视德鲁兹山的，并希望通过道路修建、学校建设以及土地改革等雄心勃勃的计划亲自去解放"农奴"。由于无法说服农民相信他的计划是有用的，也没有钱雇用他们，他广泛而且非法使用了强制劳动。当个人进行抗议时，他们立即会受到惩罚；轻微的抵抗行为——包括，在一个有名的案例中，一位官员的一只小猫失踪了——也招致了集体惩罚和罚款。表示异议的德鲁兹人的族长被强迫去挖路或被关起来。到 1925 年春天，动乱已经达到了这样的程度，以至于高级专员把库尔茨（Kurtz）这样的人物送去法国度假。德鲁兹贵族和情报局（Service de Renseignements）的情报人员都建议永久免除其职务。

遗憾的是，将要考虑他们诉求的人——新任高级专员莫里斯·萨拉伊（Maurice Sarrail）将军——倾向于煽动这些情绪。萨拉伊是法国陆军中与众不同的人物：反对教会权利、互济会会员、外加战争英雄，他是一位自觉的左翼人士。1924 年末，新的左翼联盟（Cartel des Gauches）政府任命他取代天主教徒马克西姆·魏刚（Maxime Weygand），法国右翼严厉批评这一任命只顾及"政党"利益——而且，确实在他抵达贝鲁特后几天内就疏远了黎巴嫩基督徒。由于决心遵循一种"公平"的政

图 5 - 1　加布里埃尔·卡尔比耶上校与德鲁兹派领导人，1925 年。

策（右翼认为这是亲穆斯林的），萨拉伊承诺举行自由选举并　　144
允许组建政党，这导致费萨尔政府的前外交部长阿卜杜勒－拉
赫曼·沙班达（Abd al-Rahman Shahbandar）领导的叙利亚人民
党（Syrian People's Party）迅速崛起。然而，德鲁兹人的族长们
和大马士革的民族主义者很快发现，这位 70 岁的萨拉伊无意容
忍对其权威的任何挑战。最初，他倾向于不理睬关于极度不满
的情报警告，萨拉伊在 7 月初指示大马士革的官员，以倾听德
鲁兹人的抱怨为借口把他们的首领引诱到这里，然后立刻逮捕
并流放他们。

　　对于德鲁兹山的这位最具攻击性的地方反法领导人苏丹阿
特拉什（al-Atrash）来说，这是最后一击。阿特拉什长期以来
一直是法国当局最不可饶恕的敌人。他曾反对政府与德鲁兹人
在 1921 年达成的协定，整个 1922 年从外约旦的基地开展游击
战；直到英国人在 1923 年迫使他离开，他才顺从法国的权威。
但当他的同胞和亲戚在他明智地拒绝接受邀请之后被逮捕时，

他决心把这些无礼的入侵者赶出去。1925 年 7 月 18 日，德鲁兹高地人（Druze highlanders）打下一架法国飞机，四天后阿特拉什率领的一群士兵与法国殖民地部队的一支 150 到 250 人的纵队遭遇，殖民地部队大多数被杀。阿特拉什的军队也遭受了损失，但早期的这一成功使人们蜂拥至其麾下。[3]到 7 月底，他的部队已使主要的德鲁兹城镇苏维达（Suwayda）被包围，而且当法国人派出一支由罗歇·米肖（Roger Michaud）将军率领的 3000 人的纵队来解围时，这支纵队也被打得落花流水。一夜之间，大马士革知道了阿特拉什的胜利。

在接下来的三个月，德鲁兹人的叛乱发展成全国性的起义。就像迈克尔·普罗旺斯（Michael Provence）所解释的，这种发展更多是因为通常来自较低的社会阶层而且往往是在奥斯曼帝国军事学校里接受过教育的较罕为人知的一群人拿起武器并征募了追随者，而不是因为大马士革有民族主义倾向的贵族被团结到这一事业当中（尽管有些人，包括沙班达很快这么做了）。法国人从未认识到，阿特拉什是叙利亚的民族主义者，而不单单是一个地方军阀。第一次世界大战之前他还是奥斯曼帝国军队在巴尔干半岛地区征募的年轻士兵，后来参加了阿拉伯起义（Arab Revolt），并支持建立费萨尔国家（Faysali state）。到 1925 年 8 月中旬，他与沙班达以及大马士革的人民党建立了联系，并于 8 月 23 日作为"叙利亚革命军司令"发出了武装斗争总动员。呼吁所有叙利亚人"记住你们的祖先、你们的历史、你们的英雄、你们的烈士以及你们的国家荣誉……记住团结在一起的文明国家不会被摧毁"，阿特拉什号召实现叙利亚完全独立，建立自由选举的制度和人民的政府，把外国军队从叙利亚土地上驱逐出去，以及——一种有趣的接触——"运用法国大

革命和《人的权利》（Rights of Man）中的原则"（图 5 - 2 和图　145
5 - 3）。[4]

图 5 - 2 苏丹阿特拉什在叛乱后流亡阿拉伯。

图 5 - 3 1925 年阿特拉什与德鲁兹和贝都因战士一起进
行囚犯交换。

利用叙利亚南部粮食产区乡村与大马士革商人之间长期的联盟，叛乱蔓延开来；在奥斯曼帝国的军事学校里形成的友谊驱动着叛乱向北部发展。1925 年 8 月和 9 月，叛乱部队渗透到大马士革周围的花园区（garden district）；10 月初，前奥斯曼帝国陆军军官、现法国军团（French Legion）上校法齐·卡伍齐（Fawzi al-Qawuqji）与他的士兵一起参加叛乱并和贝都因人的队伍一起控制了大马士革以北 200 公里的哈马（Hama）。法国人——慌乱不堪，缺少人手，而且面对的是他们无法看清的敌人——转而求助于切尔克斯人（Circassian）、库尔德人和亚美尼亚人的非正规军，扫荡村庄并击溃涉嫌反叛者；关于这些部队肆无忌惮地暴力和掠夺的故事很快就传开了，他们公开兜售在大马士革洗劫的物品。大量使用空中轰炸，包括在哈马，在持续很长时间并导致数百人死亡的轰炸后，这里的贵族们迫使叛乱分子撤出。

这是一场罪恶、丑陋的战争。10 月初的一个早晨，大马士革人醒来后发现法国军队正拉着数十具明显是反叛者的尸体在他们的街道上游行，然后把他们捆在一起在马古尔广场（Marghul）示众。三天后，叛乱分子把 12 具切尔克斯人尸体扔到这个城市的东门外。由于叛乱分子和非正规军在这个城市都很活跃，法国人在 10 月 18 日派出坦克在狭窄的街道上横冲直撞，这天晚上开始了一轮轰炸。[5] 第二天，所有军队都撤出了，接下来的两天里大马士革一直遭受着炮弹和飞机的攻击。正是在这时，真正国际性的强烈抗议开始了。

从人道主义抗议到合法性危机

对萨拉伊处理叙利亚叛乱的做法，法国外交部的担忧与日

俱增，但轰炸大马士革以及随后宣传方面的爆炸性增长才把这 147
种不安转变成法国统治以及整体委任统治制度的合法性危机。[6]
没有其他争论如此动摇委任统治制度的基础。发生这种情况，
不仅仅是因为叙利亚叛乱是在委任统治地区发生的最严重的一
次反抗行动，还因为不同于镇压邦德尔沃兹人的丑闻，它无法
被限制在支撑委任统治规则的文明提升与监护的框架之内。相
反，由于一些特殊和偶然的原因，不仅是在日内瓦内部存在一
个善于表达的叙利亚民族主义游说团体，甚至西方内部有些人
也不把这种冲突看成抢劫和反应过度，而是看成反对占领国的
民族解放战争。这种框架转变何以变得可能？

　　我们可以通过追踪伦敦《泰晤士报》对这一冲突的报道来
回答这个问题。这份报纸在 1925 年 8 月 4 日，也就是米肖的纵
队被摧毁两天之后开始报道叙利亚的混乱状况，之后几乎每天
都刊发报道。由于萨拉伊对官方信息进行严密审查，无论是英
国公众还是（令法国当局恼怒）法国公众都依赖拥有独立信息
来源的《泰晤士报》的信息。[7] 在这里，叙利亚的动荡首先被
描述为只是那些"令人不快的东方问题"中的一个，这些问题
都是在像德鲁兹人这样"勇敢的战士""被不恰当地对待"时
爆发出来的。[8] 换句话说，德鲁兹人是另一种迷恋荣誉的好战种
族，勇敢而且可敬，毫无疑问是以他们自己的方式，但也是原
始的和无理性的。他们的反抗是地方性的和短暂的；没有理由
认为阿特拉什会变成"第二个阿卜杜 - 克里姆（Abd-el-
Krim）"。[9] 这种看法反映了法国殖民游说者们在他们的出版物
《法国亚洲学刊》（*L'Asie française*）中转述的观点，[10] 甚至随着
叛乱的扩展而持续着，《泰晤士报》把问题归因于叙利亚顽固
的多语言特征——"比较文明的和极其原始、掠夺成性的族群

同时并存"——以及"谢里夫的试验"（Sharifian experiment）在"自负和狂热的人们"当中唤起的争取完全独立的不切实际的期望。[11]

　　然而，这些关于文明等级和阿拉伯人狂热的草率假设并不能调和《泰晤士报》10 月 27 日对大马士革轰炸的目击报道（图 5 - 4）。读者从这里第一次了解到法国军队烧毁村庄，在大马士革示众反叛者的尸体，以及在这座城市的狭窄街道上使用坦克。但是，正是这场轰炸——肆意破坏一座古老而又美丽的城市，并使其居民遭受恐怖和炮火——彻底改变了文明的假设。读者们对德鲁兹村民们一无所知，而且很容易就把他们归入原始人这一类型，但每个受过《圣经》教育的儿童都听说过大马士革以及现在被摧毁的大马士革直街（Street Called Straight）。而且，读者们也知道，这个城市的欧洲人躲避开来自敌对力量的伤害，只是因为穆斯林贵族为基督教地区提供了保护，并保护其居民免受干扰。《泰晤士报》报道说，这些西方人"无法充分表达对穆斯林的感激之情"，但对法国"在没有任何正式预警的情况下"轰炸"像大马士革这样开放的城镇，包括……被正式视为属于欧洲人的地区"感到"不满"[12]，或许，法国关于"文明"的垄断性的解释并不是那么可靠。

　　当然，叙利亚民族主义者也一直在讲述这些。曾忠于奥斯曼帝国或服务费萨尔政府的叙利亚精英到 20 世纪 20 年代初已经被赶下台，遭驱逐流放，但他们并未沉默。从 1921 年在开罗成立起，叙利亚 - 巴勒斯坦大会——和其他离散组织一道——就不断地声明，法国的存在既违反了战争期间对阿拉伯人做出的具体承诺，也违反了《国联盟约》包含的对中东人民的民族自决权利的承认。这些向国联的申诉并没有否认"文明的"语

图 5 - 4　在 1925 年 10 月的轰炸后遭破坏的阿兹姆宫（Azm Palace），一张传播广泛的照片。

言，而是试图适应它。叙利亚作为一块古老的土地，是西方文明的家园，不能与需要西方鼓励和指导的"喀麦隆、多哥及其他未开化国家相提并论"。[13]毕竟，仅仅在被委任统治的人民当中，叙利亚人已经展现出建构现代国家的能力。费萨尔政权可能是脆弱和短命的，但只有在军事失败后法国才能把委任统治强加给它，这一事实就无法粉饰法国的统治就是明目张胆的占领。当法国驱逐叙利亚人拥有的唯一一个全国性政府时，它不可能宣布把"民族自决"带给叙利亚。

随着叛乱的扩展，德鲁兹贵族谢基卜·阿尔斯兰作为叙利亚－巴勒斯坦大会秘书在 9 月迅速回到瑞士，租赁了一套房子，并组织对国联的申诉。9 月 29 日——就在轰炸大马士革之前——提交国联大会的关于法国政策的全面起诉书引起了重视。受委任统治国的统治，远未将叙利亚人民引向《国联盟约》承诺的独立，只是把他们引向"政治的和经济的倒退"；正在发生的革命是叙利亚国民做出的可以理解的反应。[14]这次轰炸把这种抗议转变成一种全球动员。从布宜诺斯艾利斯到底特律，从耶路撒冷到孟买，散居各地的叙利亚人的俱乐部和协会举行会议草拟备忘录，并发出电报；在日内瓦，国联秘书处按时对它们进行记录，并将其转交巴黎进行回应。[15]大部分申诉是敦促国联进行干预，以实现叙利亚的独立——或者，至少实现该委任统治地的调换。叙利亚裔美国人，引述伍德罗·威尔逊关于民族自决的承诺和被忽视的金－克兰（King-Crane）报告，呼吁美国承担起责任；[16]其他人则敦促法国以英国在伊拉克的做法为榜样，费萨尔在伊拉克被立为国王，还谈判签署《英－伊同盟条约》来取代让人厌恨的委任统治制度。

至少国联创建者们在谈到"公众舆论"时经常会想到的某些有影响力、具有国际眼光的英美学者和作家现在发现，叙利亚民族主义者的看法比监护的说法更有说服力，这是反映这场危机深刻程度的一个标志。例如，先看看昆西·赖特的反应。昆西·赖特是芝加哥大学国际法教授，虽然只有35岁但已迅速脱颖而出，成为世界上关于委任统治制度的最重要法律专家。

150 赖特得到了古根海姆基金会（Guggenheim Foundation）的资助和其所在大学提供的1925年秋季学期休假，这使他能够前往伦敦、巴黎、日内瓦及中东旅行，为后来的权威研究成果《国际联盟治下的委任统治地》（*Mandates under the League of Nations*，1930）进行访谈并收集资料。他和他的夫人恰好在1925年10月30日到达贝鲁特，那时距轰炸大马士革不足两周。尽管他们重新安排了日程，首先赴巴格达旅行，但他们还是在11月中旬到达大马士革，在这里他们目睹了被破坏的情形。[17]这场轰炸

（以及叙利亚的法国官员拒绝与他坦率讨论法国的政策这一事实）影响了赖特，于是在他回到美国后立即为《美国国际法杂志》（*American Journal of International Law*）撰写了一篇关于其影响的笔记。下面，我们看看他仔细的论证。

赖特从一开始就承认，法律权威人士经常认为文明国家在处理与"未开化的"和"野蛮的"民族的关系时不受国际法的限制，因为无法指望这些民族履行契约，因而可以使用更强有力的方法合理地"管制"他们。但他驳斥了法国人用这样的措辞解释叙利亚冲突的看法。法国不是叙利亚的帝国统治者，叙利亚也不是"野蛮的"；确实，国联盟约已经"暂时承认了"以前处于奥斯曼帝国统治下的人们的民族自决权。考虑到这种文明状态，有必要问一问当前的动荡有没有可能不是原始人的"抢劫行为"（像法国宣称的那样），而是旨在使名义上的独立成为现实。这是"一个事实问题"：人们只需要知道反叛者是否已经建立了政府，成为这个地区一部分的主人，而且目的是实现独立。如果这些条件成立，赖特认为这些条件是成立的，那么叙利亚的反叛者就处在建立国家的过程中，有资格按照战争法受到对待。在这个案例中，轰炸大马士革——一个没有现代防御工事的城市，没有进行任何抵抗，居住在这里的平民和外国人没有得到攻击通告——确实是一种战争罪行。法国在"土著坚决抵抗"时无法控制这个国家，已经诉诸"恐怖主义的政策"了。[18]

一个进步主义的美国人可能会持这些看法。但这场危机变得更严重了，因为本来可能团结在法国当局周围的力量——法国外交部的官员，控制着毗邻的巴勒斯坦、外约旦和伊拉克的委任统治地的英国人，有爱国心的法国右翼——或者因萨拉伊

151　的行动而猝不及防，或者愿意利用它们来达到自己的政治目的。法国的政党政治阴谋对于这场危机的升级起到了主要作用。从 8 月起，右翼的《巴黎回声报》（*Echo de Paris*）开始了一场诽谤萨拉伊的运动，叙利亚愤愤不平的情报人员泄露出来的文件加剧了这一运动；这一年 12 月，保守派议员把这些材料中最能显示有罪的部分硬塞进了议会记录。[19]英国人也认为萨拉伊的行动难以忍受。英国外交部的奥斯丁·张伯伦，尽管致力于推动与法国人和解的政策，但他依然对从英国驻大马士革领事 W. A. 斯马特（W. A. Smart）那里收到的关于这次轰炸的描述感到震惊，并称赞斯马特为保护英国臣民以及确保他们的财产损失得到赔偿所做的努力。[20]法国大使被召回阅读斯马特报告的摘录，英国驻巴黎大使携带着张伯伦对法国处置英国臣民的抗议前往法国外交部。[21]左翼联盟政府（Cartel）——正忙于经济和欧洲问题，仅仅在 1925 年就经历了三位总理，而且未能从言简意赅的萨拉伊那里得到任何东西，除了陈词滥调式的保证——发现很难做出反应。这是一场完美风暴。

　　法国凭武力击败了叙利亚叛乱。它从北非运入军队，从 1925 持续到 1926 年对整个南部叙利亚从空中到地面逐个村庄进行反叛乱清剿。但这场国际危机要求做出不同的反应，真正第一次驱使法国对国联做出回应，然后再谋求国联的支持。这个"日内瓦战略"（Geneva strategy）是由最近签署的《洛迦诺公约》（Locarno accords）缔造者外交部部长阿里斯蒂德·白里安（Aristide Briand）和他在法国外交部的紧密盟友菲利普·贝特洛（Philippe Berthelot）（他对"这场轰炸感到羞耻"，英国驻巴黎大使报告说）制定的。[22]但它是由罗贝尔·德·凯实施的，他第一次设计了把叙利亚分割成多个国家的计划，而且在两次大战期间一直掌控着法国在黎凡特地区的政策。德·凯不信任国联，认为它只是一种掩护英国利益的东西，而且竭尽所能规避或削弱其权力。然而，1925～1927 年，他非常不情愿地认识到，法国如果想要化解这场危机，它就需要常设委任统治委员会站在它这一边。在 1925 年 10 月，问题是委任统治委员会的许多人也对法国的行为感到震惊，也不愿意帮助它。

在接下来的一年中，他们会战胜这些保留意见，但他们的帮助是有代价的。重要的是弄清楚这种代价究竟是什么。常设委任统治委员会没有要求法国与反叛者谈判、改变军事战术或者放弃推动地区和宗教忠诚作为反对民族主义之堡垒的努力。相反，它坚持认为法国应该遵守委任统治制度的规则——也就是说，向日内瓦提交全面的报告，对申诉书作出回应，口头上承认委任统治委员会的权威与这套制度所申明的理想。作为回报，常设委任统治委员会将会支持法国的权威，削弱叙利亚民族主义者的立场和诉求，同意法国为恢复秩序而采用的方法（包括轰炸不设防的城市），以及至关重要的是，努力区分"文明开化的"导师与叙利亚的"被监护人"之间的差异。委任统治委员会并未像法国人希望的那样迅速行动，但其成员确实这么做了——不是因为他们被强迫或对他们的工作愤世嫉俗，而是因为他们被说服，秩序和文明依赖于对法国之权威的支持。现在，让我们转向对合法化过程的讨论。

运转中的委任统治委员会

1925 年 10 月 19 日上午，委任统治委员会在日内瓦举行第七次会议，这一天恰好是法国炮兵部队对大马士革开火的日子。叙利亚的委任统治问题正好也在议程上。然而，由于委任统治委员会的成员通常是以受委任统治国的书面报告为基础进行讨论的，而这个书面报告是 1924 年提交的，对这场叛乱只字未提，所以他们觉得面临着棘手的情况。当然，他们可以继续讨论 1924 年的报告，但作为委任统治委员会主席，西奥多利侯爵指出，公众舆论可能会反对这种"过度的超然"，这是完全可以理解的。但在他们尚未从法国那里得到只言片语的情况下，他们能对叙利亚的动乱做出什么样的结论呢？媒体的大量报道，叙利亚 – 巴勒斯坦大会的抗议书，来自世界各个角落的数量日益增加的电报，但没有来自法国政府的任何东西。西奥多利在第一天建议，他们或许应该把审议推迟到罗马举行的特别会议上进行？[23]

委任统治委员会大多数成员，还有驻日内瓦的法国官员，都充满感激地支持这一建议。[24] 然而，弗雷德里克·卢格德爵士很不高兴。他认为，委任统治委员会既有义务，也有权力调查正在发生的冲突，并于 10 月 28 日——恰好在《泰晤士报》报道这场轰炸的次日，无疑他在早餐时已经读过了——把他的这一想法告诉他的同事们（仍然在开会的）。就在这一年 8 月，国联行政院为防止希腊和保加利亚之间的边界冲突升级为战争进行了干涉，叙利亚 – 巴勒斯坦大会也在要求国联行政院以同样的方式对叙利亚进行干涉。卢格德说，委任统治委员会的缄默会被理解成不关心或者赞许法国的行为。他们至少应该把叙利亚提出的采取行动的要求提交国联行政院。[25]

然而，委任统治委员会的成员拒绝这么做——这一拒绝因两个原因而非常重要。第一，他们借此发出信号，表明他们不愿在他们的权威的边界施压。也就是说，他们将会审查受委任统治国处理危机的做法，但不会对任何冲突本身进行干预。第二，同样重要的是，他们将会支持受委任统治国的特权地位。无论他们能够得到多少信息，他们都会等待受委任统治国做出的声明。在某种意义上，这并不意外。任命委任统治委员会的目的就是支持在凡尔赛达成的领土分配方案的，因而几乎不可能对使其受到质疑的抗议有兴趣。但叙利亚的民族主义者依然是"申诉者"，没有成员国的地位，也无法凭他们本身的实力在国际上发声。

　　延期的决定还为法国赢得了时间，使白里安能够炮制拼凑一个回应。10 月 30 日，萨拉伊最终被召回，政府在 11 月打破了任命军事人员的传统，选择一位文官取代他，最后选定了亨利·德·茹弗内尔（Henry de Jouvenel），一位参议员和文学爱好者，曾与国联大会法国代表团成员科莱特（Colette）结婚。茹弗内尔在动身前往叙利亚之前以一种前所未有的姿态会见了叙利亚－巴勒斯坦大会的谢基卜·阿尔斯兰——此次对话向茹弗内尔透露出了法国与叙利亚民族主义者的立场之间不可逾越的鸿沟，这既提升了阿尔斯兰的地位，又让他面临来自其民族主义者同胞的尖锐批评，他们没有授权阿尔斯兰代表他们发言（更没有授权他代表他们做出让步）。[26] 白里安、贝特洛和德·凯甚至还征询法国过去的心腹大患、现在的伊拉克费萨尔国王的建议。费萨尔告诉他们要停止迎合叙利亚的宗教少数派，统一这个国家，并寻找一位土著领导人，并与之签订条约，结束委任统治——从本质上来看，这就是英国在伊拉克正在实施的战略。[27] 法国外交部还向国联官员征求如何更好地准备常设委任统治委员会会议的建议，并被告知委任统治委员会对其接收到的全部文件的重视程度。[28]

　　白里安还开始从幕后修补与英国人的关系并确定了英法共

154

同的立场。这非常符合奥斯丁·张伯伦的意愿。确实，英国外交部私下里对萨拉伊的反英态度和愚笨的行为非常不满；[29]驻大马士革的斯马特和驻贝鲁特的代理总领事都担心他已经让整个委任统治制度臭名昭著。[30]然而，即使认为"英国殖民地"对这场轰炸不满是"完全正当的"，斯马特也认为"我们自己至关重要的利益和在所有阿拉伯委任统治地阻止无政府状态都需要英法团结一致"。尽管英国政府应该设法为英国国民遭受的损失争取赔偿——特别是由于他们当中大多数是"亚洲人"，帝国依赖他们的忠诚[31]——但就法国的行动而言，"应该采取尽可能的行动，让人们渐渐淡忘这一令人不快的故事"。[32]张伯伦完全赞成这么做。英国驻巴黎大使馆的埃里克·菲普斯爵士转告茹弗内尔，张伯伦允诺英法在中东地区合作，并邀请他与张伯伦和殖民地大臣利奥·埃默里在伦敦举行会谈。[33]

但白里安和贝特洛想得到更多：英国设法让卢格德在常设委任统治委员会即将举行的会议上保持沉默。这一要求让英国外交部感到绝望，因为卢格德是由国联行政院直接任命的专家，并不受他们的正式控制。或许某人能够私下里发挥影响？张伯伦说他将去见卢格德本人，于是停止了争论。[34]这是非常英国式的风格，当白里安再次抱怨卢格德在常设委任统治委员会"不友好且慷慨激昂的"态度时，[35]张伯伦坚持认为，无论其他国家可能做什么，寻求以何种方式影响弗雷德里克爵士，这都违背了"英国人的公共生活与服务的传统"，"对国联也是有害的，不敬的（derogatory）"。但他也让白里安知道，他已"作为私人朋友而绝非作为大臣"会见了卢格德并共进午餐，并提到法国人的敏感。[36]不出所料，卢格德感受到这是在施加压力，特别是在利奥·埃默里召回他重复这一教训时。他变得极其不

安——他离开了殖民地部，其夫人弗洛拉·肖告诉埃默里，他
自言自语，"你不可把法国人的屁股打得太厉害"[37]——而且很
想假托有病，完全跳过罗马会议。弗洛拉的信念和卢格德自己
的责任感使卸责是不可能的。弗洛拉写道："他当然认识到较高
的议题必须优先于较低的议题"——人们可能会说，大国友谊
优于叙利亚的权利——"心里装着你们的警告，去尽他最大的
努力"。[38]

西奥多利也面临着发挥"有益作用"的压力，但在这里他
自己的倾向与法国的利益是一致的。到此，他把自己与黎凡特
地区联系在一起，为了家庭和友谊的纽带，西奥多利一直是最
善于接受叙利亚民族主义者的意见的人。然而，他的主要目标
是增强意大利在该地区的影响；当英国人和法国人之间出现裂
痕时，他立刻寻求使裂痕变得更大。于是，西奥多利设法告诉
法国驻罗马大使，他们可以依靠他的帮助牵制卢格德，白里安
为此感谢墨索里尼的支持。[39]德·凯仍然对此心存怀疑，他担
心法国大使已太轻易地被"我们狡猾的意大利人"欺骗了；他
也知道他很可能会面临来瑞士的自由主义的成员威廉·拉帕德
以及常设委任统治委员会其他"独立人士"的尖锐质疑。[40]然
而，在相当大程度上，白里安的幕后操纵在会议开始之前就已
缓解了德·凯面临的形势。

但英法合谋会带来危险吗？驻大马士革的斯马特在很大程
度上是整个事件的最敏锐的观察者，他担心这可能会带来危险。
他在致张伯伦的信中写道，很明显，法国以某种方式控制着叙
利亚符合英国的利益，但过于认同法国的反民族主义和亲基督
徒政策可能会严重损害英国在伊斯兰世界的地位。这场危机不
可能被掩盖，因为大批记者已经突然访问了大马士革。"叙利亚

155

已经发生的和正在发生的事情已不再是个秘密。"确实，意识到他们引起了全球公众的注意，叙利亚人决心在常设委任统治委员会即将举行的会议上挑战法国。尽管斯马特毫不怀疑他们的努力将会失败，但他还是警告说，太大的溃败将会破坏英国以及国联的声誉。如果委任统治委员会只是被迫接受法国的部长们在下议院（Chamber of Deputies）做出的各种声明——在这里，庞加莱（Poincaré）谴责叛乱分子给大马士革造成的损失，白里安把法国在叙利亚的存在作为一种"文明的"责任进行辩护——"那么，就不难设想哪些抱怨将会传遍观望中的伊斯兰世界"。国际秩序的信誉岌岌可危，因为"如果人们期望国联逐步获得一种普遍性特性，而不是作为西方对抗东方的联盟，那么诸如处于法国委任统治下今天之叙利亚的状况的持续只能被认为是有损国联事业的道德"。[41]因而，斯马特希望，但信心在不断减少，常设委任统治委员会可能找到一种既支持法国的权威，同时又让法国真正改变其方式的办法。但卢格德和他的同事们能够完成这种棘手的任务吗？

　　1926 年 2 月 16 到 3 月 6 日在罗马举行的常设委任统治委员会第八次会议有几个特别之处。它是第一次讨论单个地区情况的会议，也是仅有的三次会议中的一次（另外两次关注的是巴勒斯坦）。它还是唯一一次在日内瓦之外举行的会议。这一开会地点使后勤工作非常难以安排，因为 26 位工作人员——委任统治部的五位官员（包括卡塔斯蒂尼和吉尔克里斯特），两位翻译，两位英语和两位法语记录员，六位英语和六位法语打字员，以及三位复印员——以及他们的装备都必须运到罗马，然后再及时运回，参加紧接着举行的国联行政院会议。[42]十位委任统治委员会成员来自欧洲各地，包括只参加了此次会议的战前法属西非总督埃内斯特·鲁姆（Ernest Roume），他被匆匆任命，以取代生病的让－巴蒂斯特·博，让－巴蒂斯特·博在这次会议期间去世了。德·凯和加斯东·克洛泽尔（Gaston Clauzel）伯爵作为"受权代表"参加了会议，为法国的政策进行辩护；叙利亚－巴勒斯坦大会执行委员会的阿尔斯兰、米歇尔·鲁法拉和伊赫桑·贾比里（Ihsan al-Jabiri）到达这里进行挑战；媒体记者们推测背地里发生的事情。

从这次会议印制的会议记录中，我们可以感受到一些秘密讨论的内容，但鲁姆在最后一刻校订时让这种表述"软化了"很多（就像德·凯充满感激地指出的那样）；经过这一处理，一些最直接的交锋不见了。[43]德·凯写给巴黎的贝特洛和白里安的信、卢格德写给其夫人（她在征得卢格德同意后，与埃默里分享了信的内容）的信、亨廷顿·吉尔克里斯特在这次会议后写给美国的有国际主义倾向的朋友，其中包括昆西·赖特的信，透露出更多的内容。这些信息合在一起表明委任统治委员会和法国外交部在一个互相合法化的项目上达成妥协——但在这个项目上，就像斯马特担心的，没有采取调解"西方"和"东方"的行动。

这次会议是在紧张气氛中召开的。在卢格德看来，常设委任统治委员会成员都"充分意识到了形势的极端严重性"，而且非常沮丧；德·凯看上去非常疲劳而且易怒。没有人非常确定应该如何向前推进，鲁姆是负责人但并无清晰的计划，他坚持认为如果委任统治委员会以法国1924年提交的报告展开该领地总体状况的讨论，这将是最恰当而且有尊严的。[44]在某种层次上，这是非常荒谬的。就像来自荷兰的成员 D. F. W. 范里斯坚定地指出的那样，组织这次会议就是为了讨论这次叛乱，也

157

应该从叛乱开始讨论。但委任统治委员会如此渴望被看作公正的，以至于它同意了鲁姆的建议——这一决定既可以压缩梳理叛乱所需的时间，同时又如鲁姆所言，把叛乱降低为"仅仅是一个事件"，一个只涉及一部分人——德鲁兹人——的事件，"无论在哪个政权统治下他们都会反叛"。[45]因而，常设委任统治委员会消磨掉前面四天时间，讨论法国在叙利亚的财政制度、对于学校的规定以及它对难民的态度——除叛乱之外的任何事情。

卢格德花费了第一个星期的时间，感觉极其不舒服。他努力记住弗洛拉的话——"即'欧洲的和平比对法国在叙利亚之行动的批评更重要，无论这种批评的理由多么充分'"——但西奥多利对他保持沉默感到恼火，当卢格德获悉比利时政府已经授权皮埃尔·奥尔茨完全按照自己的良心行事时，他"为我的政府感到羞愧"。[46]卢格德不喜欢"自大的鲁姆"，认为德·凯"可能有点儿不道德"，而且憎恨把英国与法国的行动等同起来的看法。[47]然而，随着会议的进展，他也改变主意，转而采取了调和性的姿态，不是因为他变得信任德·凯，而是因为他和斯马特一样，已经得出结论——会见叙利亚申诉者没有改变这种看法——"没有取代法国委任统治的选择"。卢格德认为这是不证自明的，叙利亚不可能自己管理自己，这意味其他某个国家将不得不来管理它。而且，如同他对弗洛拉所说："我们不想要这些，我们也不想看到土耳其人再回来。我愿意看到意大利人在这个问题上吃苦头，但这是不可能的。"因而，法国人必须留在这里——这意味着"我们一定不能让（他们的）地位变成不可能"。[48]他已经发现，奥尔茨的看法是完全一样的。他们二人都认为，常设委任统治委员会必须避免采取进一步削弱法国权威的行动，同时也使德·凯认识到"必须有巨大的变化"。[49]

　　这些会议的会议记录，特别是缺漏的雄辩部分，对于善 158
后工作来说是一座不朽的丰碑。德·凯和委任统治委员会一
起致力于应对两个挑战。第一，他们寻找了一种方案，使他
们可以说法国的专制管理没有违反第 22 条关于"临时承认"
中东人民之独立的承诺。德·凯在关于监护的文字中发现了
他需要的东西，也就是宣称尽管法国完全理解委任统治制度
是"临时性的制度，旨在使政治上仍然处于未成年阶段的人
们教育自己，以便将来某一天达到完全自治"，在这些"未成
年人""成熟"之前，必须由法国人操控政治。[50]因而，应该
由法国决定在何时以及如何移交权力——确实，德·凯暗示，
如果法国对试图控制局势感到内疚的话，那是因为这场叛乱
表明已习惯于奥斯曼帝国的镇压的人们尚未准备负责任地参
与政治。[51]德·凯一再提到奥斯曼帝国落后的比喻，用它来解
释叙利亚人为何不能自己管理自己以及法国人为何被迫采取
这些"未成年人"能够理解的强有力的方法——这种解释严
重地冒犯叙利亚民族主义者，他们在奥斯曼帝国内部是拥有
政治地位的。[52]

　　委任统治委员会对于德·凯愿意承认这套制度修辞上的目
的（以及它自身的权威）感到非常欣慰，也非常高兴地附和这
套关于监护的话语。例如，来自瑞士的成员拉帕德表示他对
德·凯的评论感到"非常满意"，既因为它们可以"减轻这
些……只期望他们国家实现独立的叙利亚爱国者的焦虑"，也因
为"它们要求国联进行有效的合作"。[53]实际上，叙利亚爱国者
的"焦虑"是不可能被减轻的，因为他们既不认为自己是"未

成年人"，也不接受《国联盟约》规定法国人有权决定"独立"的特征、结构和时间表。然而，委任统治委员会愿意把委任统治制度文本（这是法国自己拟订的，而且赋予它们广泛的行政管理权）而非《国联盟约》看成权威性的。之后，先是拒绝正式接见三位已经前往罗马的叙利亚 - 巴勒斯坦大会代表，[54] 再就是宣布尽管委任统治制度文本要求法国促进叙利亚和黎巴嫩作为独立国家向前发展，由于它没有规定应该建立的这种国家的数量，受委任统治国可能会建立大量更小的、联合起来的国家，如果它选择这么做的话。对于叙利亚民族主义者来说，这是一个重大失败，因为他们了解法国，首先通过建立一个扩大的"大黎巴嫩"，进而通过创建一组相互分离的土著国家，削弱叙利亚各地区和人民之间的共同纽带和感情，从而使他们不可能建立一个统一的叙利亚国家。由于未能挑战这些计划，常设委任统治委员会已经背弃了《国联盟约》隐含的对叙利亚民族主义的承认。[55]

第二，德·凯和委任统治委员会设法遏制人道主义危机，这不是毫不费力的。到 2 月，关于法国暴行的证据远超 10 月会议时的情况，卢格德报告说"特别是来自开罗，还有来自世界各地，南美洲国家，欧洲和亚洲的每一个首都"的电报蜂拥而至，都宣称"俘虏正在受到折磨，村庄被烧毁，妇女被凌辱"。一些非常具体，点出了纵容或实施暴行的官员的名字，鲁法拉、贾比里（al-Jabiri）和阿尔斯兰几乎与所有委任统治委员会成员单独会面，详细阐述了这些指控。举个例子，卢格德认为他们是可信的，"因为我知道在类似情况下［法国］在非洲的所作所为"，而且似乎很清楚其他国家也是这么做的[56]——如果他们能够看到驻大马士革的斯马特发来的密电，他们的许多怀疑都会被证实。[57]然而，公开出版的会议记录几乎不涉及这些指控，更别提可信任的成员了。这些会议记录的可信性甚至更低。这是故意的，因为一旦奥尔茨和卢格德认定没有替代法国之控制地位的选择，他们也同意——如斯马特在大马士革一样——还是应该尽可能少得谈及具体指控，也必须抵制进行独立的国联调查（这是叙利亚人要求的）的压力。这样的要求将会破坏法国的威望，并使其地位不保。[58]

　　然而，卢格德和奥尔茨也认识到，如果国联想要维持其合法性，必须对这些指控进行回应。由于法国残暴行为的记录公开了，而且世界人民的眼睛也在盯着他们，简单地认可法国的行动将会给他们的信誉造成无法补救的伤害。因而，常设委任统治委员会威胁进行公开调查，迫使法国采取合法的行动。1926 年 2 月 19 日，德·凯发电报给白里安，同意宣布茹弗内尔已对法国的行为进行调查——这是一个弥天大谎，但这也是德·凯为安抚委任统治委员会而不得不说的谎言。[59]然后，贝特洛和白里安指示茹弗内尔展开调查，如贝特洛所说，这些调查"无疑在大部分情况下会导致诽谤者和申诉者都陷入尴尬境地"。[60]注意一下指控的措辞是非常重要的。进行调查的命令和免除法国当局之罪过的命令是同时出现的。德·凯发给白里安的电报，贝特洛发给茹弗内尔的电报，以及白里安写给茹弗内尔的长信都不但明确要求了调查的范围，还明确要求了必须得出的结论。白里安解释道，这一调查不需要直接处理战争行为，因为常设委任统治委员会已经同意，这些都不是它关注的问题，但它必须对残暴行为、抢劫以及过度惩罚等的指控进行反驳，必须挑战对被害平民及被破坏村庄的数量的"夸大"。再没有比这更欲盖弥彰了。[61]

160

　　得到德·凯提供全部文件的承诺后，常设委任统治委员会撰写了报告。奥尔茨是最重要的起草者，但拉帕德、范里斯以及（特别是）卢格德决定着他写什么。[62]当然，报告中有对法国政策以及严酷对待德鲁兹人的行为的批评，但该报告使委任统治委员会坚定地站在受委任统治国一方。把叙利亚包含在委任统治制度之内并把它归于法国的委任统治之下，本身都是在常设委任统治委员会权限之外做出的裁决，委任统治委员会第一次阐明了其与受委任统治国"合作"的责任与其监督受委任统治国的责任是一样重要的。恰恰是由于这种联盟，委任统治委员会没有因法国未能提供完整文件而对其进行最猛烈的批评，且正因为信息不足，常设委任统治委员会能够对暴行指控持"保留""意见"。相比之下，该报告既表扬了德·凯对受委任统治国之理想的口头承诺，也赞扬了茹弗内尔表面上的安抚政策，还坚定地告诉叙利亚爱国者，由于"法国宣告它在叙利亚和黎巴嫩不追求任何其他目的，除帮助今后被承认为主权国家的这些国家获取行使主权的能力，……拒绝合作实施委任统治，远不会加快完全解放之日的到来，只会推迟它"。[63]法国已经口头宣布了其对国联之理想的承诺；作为回报，常设委任统治委员会愿意接受其统治的合法性（图5-5）。

　　这次会议之后，德·凯坐下来，给法国外交部写了一份总结。这是一场费力伤神的马拉松赛跑，21次会议中有17次都是在质疑他。他承认这件事开局比较糟糕。委任统治委员会一直审问严格而且非常多疑，那些指责法国管理不当者已能够引用媒体报道、议会声明，甚至被泄露出来的高级专员公署的文件；考虑到法国政客们的大量家丑已经在公众当中流传，这种批评是不可能避免的。然而，这件事结局不错。曾想从这场危

图 5 – 5 1926 年 4 月，巴勒斯坦高级专
员赫伯特·普卢默与叙利亚高级专员亨利·茹
弗内尔和普卢默的孙子在一起展示团结。

机中获益的叙利亚的申诉者们，没有得到支持，反而遭受一些
批评；他们已经被"用谨慎的但非常清晰的语言"告知，"无
论是委任统治地还是受委任统治国的选择都不是可以讨论的，
对于被置于委任统治之下的政治上的未成年人来说，走向独立
的最短的道路是真诚地与国联给予它们的导师合作"。德·凯
写道，"国联和受委任统治国之间的这种团结宣言"是他们都
想要的"愉快结论"。[64]这次会议结束一个星期之后，国联行
政院接受了委任统治委员会的报告并呼吁叛乱者放下他们的
武器。[65]

162

"文明" 的回归

如果德·凯离开罗马时认为自己很好地经受住了严酷的考验，那么常设委任统治委员会和委任统治部的官员们也为他们的工作感到骄傲。在返回英国时，卢格德同国际联盟的委任统治委员会一起对他们的行动进行辩护。[66] 在日内瓦，亨廷顿·吉尔克里斯特同样也试图安抚美国人。在发给几十位杰出的美国国际主义者的通函中，吉尔克里斯特把罗马会议描绘成国际政治中的一个里程碑，第一次一个大国"主动地因其对落后民族的管理不善而受到国际调查"。确实，常设委任统治委员会没有做"我们激进的朋友"呼吁的事情，比如取消委任统治制度，但每一种批评都受到调查，法国因其"未能……提供完整的文件"而受到严厉的批评，一项新的安抚政策获得批准。[67] 他的描述赢得了埃里克·德拉蒙德爵士以及雷蒙德·福斯迪克的赞扬，在巴黎和会上他曾任雷蒙德·福斯迪克的秘书。吉尔克里斯特还寄给昆西·赖特一份副本，他确信，"以令人满意的方式……解除国联对前敌国领土的责任"，赖特会很感兴趣。[68]

赖特确实很感兴趣，但——对于一个西方观察家来说是不同寻常的——他认为常设委任统治委员会的工作绝不是令人满意的。他告诉吉尔克里斯特，常设委任统治委员会强调与受委任统治国的合作是被误导的，因为如果这套制度目的是保护委任统治地居民的利益，"我看不到委任统治委员会或国联"有义务与一个其政策违反委任统治制度之精神的受委任统治国合作。法国的政策是违背这种精神的，不仅仅是因为其占领行为的残忍，更准确地说，还因为在承诺叙利亚"建立土著政府"时（而不是帮助叙利亚建立他们自己期望的任何政府），法国霸占了《国联盟约》已经同意赋予委任统治地人民的权利。叙利亚人民认为这些权利已经被践踏了，国联需要公正地调查他们的申诉，因为"如果法国政府确实经不起调查，很可能有人会提出它是否还应该继续待在那里的问题"。相反，如果国联简单地赞同法国的政策，叙利亚人将会说"国联更加糟糕了"，因为他们从自己的经验知道，这一政策意味着"经济萧条、行政权滥用、军事残暴以及违背特定的政治承诺"。[69]吉尔克里斯特震惊了，他反驳说常设委任统治委员会赞成的不是法国过去的政策，而是茹弗内尔的新做法。他反驳说英国媒体为他们的行动鼓掌。他反驳要是他们能听到来自当地居民的声音会非常高兴，但他们并未收到来自该地区内部的任何申诉。[70]赖特坦率地告诉他，吉尔克里斯特一定知道但不愿承认的事情：这个国家内部的叙利亚人无法接近国联，因为法国人对信件进行检查并监禁或驱逐抱怨内部局势的人，赖特的朋友们只能从叙利亚之外邮寄信件，并告诉他各种问题正在恶化。[71]

　　流入日内瓦的其他信息传递了同样的内容。茹弗内尔的"自由主义政策"并未产生很大影响。尽管他在赴贝鲁特的路上已经在开罗会见了被流放的民族主义者，但他们并没有一致之处；在叙利亚进行的谈判尝试也很快失败了。他曾试图举行选举，但这些选举在大马士革、阿勒颇（Aleppo）及其他一些城市遭到抵制。他努力在大马士革任命了一个新政府，但很快就逮捕和监禁了同意加入政府的三位民族主义的部长。[72]法国在大马士革的"道德权威"继续丧失（叛乱分子在大马士革的某些地区可以自由行动），斯马特在1月时得出结论说，高级专员的"模糊的和平声明"目的只是在采取镇压政策之前争取国

163

联的支持[73]——而且，确实在这个春天，随着更多军队进入这个国家，法国人的反扑开始了。空中轰炸被广泛使用，而且（按照斯马特的说法）经常是没有预警的，同时地面部队和非正规军猛扑向被怀疑窝藏反叛者的村庄。[74]到 1926 年 8 月，大马士革地区（但德鲁兹山地区除外）的叛乱被摧毁了，但就像一位瑞士旅行家向弗里乔夫·南森（Fridtjof Nansen）所报告的，"暴力恶化"下的全体国民同法国当局"相互仇恨"是非常可怕的。[75]

但如果叙利亚战火继续，欧洲媒体和政界的兴趣就会消退，常设委任统治委员会有可能坚持"合作"的道路。茹弗内尔旅行回到日内瓦，在委任统治委员会 1926 年 6 月的会议上提交了进展情况的说明，一位英国殖民地部观察者认为这一说明"比现实更乐观"。[76]而且，不久以后他辞职时常设委任统治委员会很恼火（德·凯酸酸地评论道，该地区比他过去看到的更加混乱）[77]，11 月德·凯参加的常设委任统治委员会会议在相互友好的氛围中结束了。[78]这种平静不是由于叙利亚情况的改善造成的，此时阿特拉什依然逍遥法外，德鲁兹山仍"未被平息"；叙利亚民族主义者依旧活跃，他们发出了 129 份不同的申诉书。相反，正如德·凯理解得那样，这是因为公众的注意力已经转移到其他地方，而且很大程度上是因为法国最终提供了其在叛乱期间行为的完整文件，这是常设委任统治委员会一直要求的。[79]

因此，尽管法国在叙利亚的行为几乎没有改变，而且叙利亚的反抗活动也更激烈了，常设委任统治委员会的反应却非常不同。首先，看看对待流亡的叙利亚民族主义者。在罗马，委任统治委员会已敦促他们与法国当局合作，但当阿尔斯兰和贾比里要求见白里安时，后者拒绝接待他们。[80] 然后，他们二人与鲁法拉一起参加了常设委任统治委员会 1926 年 6 月对公众开放的会议，只是听到茹弗内尔公然抨击他们是麻烦制造者；阿尔斯兰大叫"我抗议!"并与一位瑞士警察并肩而坐，一直坚持到会议结束。[81] 接着，叙利亚－巴勒斯坦大会用申诉书淹没了常设委任统治委员会，但效果适得其反。确实，当操劳过度的秘书们在 11 月的会议上复仇般地把叙利亚－巴勒斯坦大会一份不同的申诉书放在这次公开会议会场的每一个座位上时，常设委任统治委员会的成员们只是把这当作一个有趣的笑话。[82] 了解孕育出鄙视：尽管阿尔斯兰将会继续待在日内瓦十多年，作为欧洲大陆上流亡的阿拉伯民族主义者富有活力的关系网的中心环节和一位无处不在的和雄辩的申诉者，但委任统治委员会再也不会认真地对待他。

此后，常设委任统治委员会也不太关注对法国的残暴的指控。他们已经要求法国调查这些指控，现在已经欣然接受法国做出的权威性回应。皮埃尔·奥尔茨在 1926 年 11 月的会议上说，他非常高兴委任统治委员会没有采信那些申诉者的说法，这次会议上的这些报告最终都可得到，因为他们现在知道"根本没有犯下暴行"。当然涉及无辜平民的伤亡，但这在战争中是不可避免的；他现在认为这一案件已经解决。[83] 他们良心上的障碍清除了，常设委任统治委员会也迅速驳回了新的申诉。事涉法国官员下令劫掠的指控时，来自葡萄牙的成员弗莱雷·德·安德雷德说他"完全不相信法国官员会保护盗贼和抢劫者"；在否认法国官员下令杀害嫌犯或强暴少女的指控时，来自西班牙的成员莱奥波尔多·帕拉西奥斯说，法国早已展示了它"在文明史上的光荣与声望"，它不可能使用"诸如谋杀、放火、抢劫和强暴这样的方法".[84] 这是文明话语报复性地回潮，法国人，仅仅因为是法国人，就被判定不会采取残暴行动。常设委任统治委员会现在假定来自叙利亚民族主义者的指控是诽谤——以至于，德·凯颇为惊讶地向巴黎报告说，其成员甚至都没有注意到摩洛哥军队抢劫一个村庄的证据实际上来自落入叛乱分子之手的一位法国军官的信件。此后，德·凯得出结论说，他们应该用文件让常设委任统治委员会应接不暇，但再也不会同意举行临时会议。[85] 委任统治委员会的成员们淹没在纸堆之中而且不再对镇压的谎言感兴趣，使劲堵住了自己的耳朵。

因此，请注意美国记者 B. F. 道森（B. F. Dawson）在 1926 年初夏就法国在德鲁兹山开展的镇压活动提交国联的报告的富有启发性的命运。他写道，他目睹了对"完全不设防的村庄"的空袭，空袭已杀害了妇女和儿童并造成巨大破坏，令人震惊的是，德鲁兹人既没有高射炮也没有可供居民避难的地下室。受害者们已请求他把他们的困境告诉国联，于是他就这么做了——尽管他已警告他们，国联不可能在意这些，因为国联已经放任了"受委任统治国在叙利亚的各种形式的背叛、无能以及残忍"。[86] 而且确实，当委任统治部的维托·卡塔斯蒂尼把第一份电报转给法国外交部时，当他把道森的第二封更详尽的信展示给埃里克·德拉蒙德爵士时，秘书长说，他"严重怀疑"传递"不负责任的人"的信件是否明智，这些信件"主要是漫骂"。[87] 所以，卡塔斯蒂尼告诉道森，由于他的信件是"暴力的"而且包含的是"不准确的信息"，因而不能被传递出去。道森对这样的说法感到非常震惊，他说，"对于拥有人类情感和普通的正派标准的人来说，讨论这个话题而不愤慨"——只是

提供袭击的细节，如日期、时间、村庄的名字——"几乎都是 166
不可能的"。[88]然而，这封信也被判定为不可接受的。[89]

重要的是认清这种官僚主义争斗所造成的后果。空袭不设
防的村庄正逐步正常化，这种行为曾经在西南非洲激起常设委
任统治委员会的愤怒，常设委任统治委员会在罗马已告诉德·
凯这是无法接受的（英国人在伊拉克也是这么干的，德·凯反
驳说），[90]贝特洛自己也认为根据 1907 年的海牙协定这是不合
法的。[91]国际监督原本用来保障"落后民族"受到更人道的对
待，恰恰发挥了相反的作用，支持了新的、更极端形式的杀戮。
只有道森的第一封电报被转发给法国人。常设委任统治委员会
几乎在一年之后对这封电报做出答复，它温和地表示，它"认
为受委任统治当局只在绝对必要而且是有法国军官直接监管的
情况下才会采取诸如空袭、放火、破坏村庄以及集体罚款这些
极端措施"，而且德·凯已经向委任统治委员会保证，"据他所
知"，法国人正是根据这些原则行动的。[92]很明显，法国人和常
设委任统治委员会现在已经完全"合作"了，即使是西方证人
提交的关于轰炸的目击说明——这种在一年前导致合法性危机
的信息——也无法渗透这套制度在话语上的防御工事。

*　　*　　*

1926 年 10 月 12 日，法国外交部的外交官亨利·庞索
（Henri Ponsot）取代茹弗内尔任叙利亚高级专员。庞索将会在
这一位置上待六年，如果这不是卢格德和奥尔茨期望的"彻
底改变"的标志，至少也表明法国外交部决心结束过去六年
的摇摆和反复无常。在动身前往贝鲁特时，庞索带着德·凯
提供的长达几十页的备忘录，该备忘录列出了叙利亚和黎巴

嫩的组织、叛乱的原因以及未来政策的最佳路线。这一文件因蔑视茹弗内尔的"口若悬河的辩才"和政治上的"迂回曲折"、绝对否定叙利亚民族主义，以及激烈的仇英情绪而非常引人注目。尽管英国帮助限制卢格德，但德·凯坚持认为英国创造了阿拉伯民族主义"作为借口和手段把我们驱逐出叙利亚"并用民族主义的病毒"传染"叙利亚。与民族主义进行妥协是不可能的。相反，法国人必须通过更强有力地支持地区性的和"少数族群"的忠诚以及在叙利亚待足够长的时间——这可能会非常长——来遏制民族主义。法国人要培育道德习俗和合作者，他们将会把控制权割让给这些合作者。德·凯不能假定这会很容易，法国的共和传统会使之更加困难，因为它会迫使高级专员公署花费大量时间和精力，确保这种选举——不可能是"自由的"但必须被视为"自由的"——产生恰当的结果。

然而，德·凯没有排除另外一种可能，一旦马龙派（Maronite）有把握控制黎巴嫩，法国人可以在叙利亚同一个强大的本土政府共处。不过，只有这个政府是君主制政府或专制政府而不是民主政府时——换句话说，当它是英国正在伊拉克建立的政府类型时，这才可能成为现实。叙利亚民族主义者支持把伊拉克的例子作为进步的替代选择，这一点很明显让德·凯恼羞成怒，他坚持认为现实条件有很大不同。英国好不容易把费萨尔强加给伊拉克，并利用飞机和机枪维持着英国的控制和费萨尔的权力。考虑到叙利亚的人口构成更加多样且不太容易控制，叙利亚创建类似的政府是不可能的，但这可能是值得尝试的。如果是通过民主的方式，民族自决是危险的——记住阿特拉什对法国大革命以及人权原则的呼吁——但如果是通过友好的独裁者实现民族自决，可以大大减少过程中的恐怖行为。但无论如何，重要的是记住叙利亚模式和伊拉克模式的差异比通常认为的要小。控制的基础都是一样的："实力就是底线"。[93]

庞索理解这一点。在他的监督下，法国部队肃清了最后一点抵抗，把法齐·卡伍齐流放到伊拉克，苏丹阿特拉什军队的残余力量被驱赶到阿拉伯半岛的难民营当中。黎巴嫩进一步巩固了其争议较多的边界；阿拉维邦（Alawite state）、亚历山大勒塔（Alexandretta）以及德鲁兹山维持了它们的自主权。庞索，相比其他高级专员是迄今为止最务实的思想家，非常谨慎地在大马士革、阿勒颇以及现在分裂的流亡社群内部寻找合作者，以制定一部叙利亚贵族可能接受，同时又能保护法国利益的宪法。这项工作是很困难的。法国培育的"少数民族政策"有了自己的生命力，法国也始终未能找到另一位调和法国的利益与叙利亚的民族主义的费萨尔。（"哎呀，我们已经失去了你！"贝特洛在 1925 年的那次会议上低声对费萨尔说。）[94]

然而，法国往往可以依赖常设委任统治委员会的支持，随着时间的推移，常设委任统治委员会越发不相信迅速走向独立的运动是明智的。委任统治委员会本可以借 1925 年叙利亚的起义暗中实现这一跨越，由于它退缩了，从此以后它将在民族自决中退却。与昆西·赖特和 W. A. 斯马特预测的一样，这一行动让委任统治委员会失去了它在阿拉伯民族主义者中仅有的一点信誉。然而，这些敏锐的观察者从未很好地认识到的是，由于美国没有加入国联，大国又重整旗鼓，委任统治制度不再主要专注于说服处于委任统治之下的人们（现在在任何情况下都被界定为"未成年人"）相信其服从的合理性这种无望的工作。

相反，就像卢格德正确理解得那样，其目的是把大国征募到关于公共责任的戏剧之中，这种公共责任在有时至关重要的、阅读报纸的西方公众面前可以使外国统治这种形式合法化。通过叙利亚叛乱的严峻考验，法国、英国和常设委任统治委员会都逐渐更好地理解了它们的角色。

第6章 说"不"的太平洋人

　　"马乌"运动就像一艘内部装载了货物的船。当这艘船抵[169]岸后，货物将会被卸载下来。现在你们说要结束"马乌"运动，但"马乌"运动的目标怎么办？你们已经打压、干扰"马乌"运动而且未恰当地对待"马乌"运动，现在你又要求结束它。"马乌"运动的财产怎么处理？……你们只是要求"马乌"运动放弃，但你们却没有给予任何东西让我们满意。"马乌"运动不会说"同意"，直到你们给"马乌"运动戴上皇冠。

大酋长图伊马莱阿利法诺

与艾伦上校的谈话，1930年3月5日[1]

　　紧挨着瑙鲁，西萨摩亚是最小的委任统治地。跨越两个岛屿，陆地面积大约2950平方公里，比卢森堡稍微大一些，人口仅三万多。然而，与瑙鲁不同，萨摩亚群岛没有很大的经济重要性，仅对管理着隔壁美属萨摩亚的美国海军具有战略意义。然而，小萨摩亚组织开展了所有委任统治地当中可能是最旷日持久、组织良好和引人注目的争取民族自治的运动。萨摩亚人的"马乌"运动（Mau）对委任统治制度不像邦德尔沃兹人的叛乱和叙利亚的起义那样产生深刻影响，但没有冲突更好地阐明作为国联监督之基础的理想和实践。

　　委任统治部在1927年5月首先了解到西萨摩亚各方面情

况都不好，当时维托·卡塔斯蒂尼收到一封来自牛顿·罗（Newton Rowe）的信。牛顿·罗是一位心怀不满的前政府官员，现居伦敦，他在信中指控前上司腐败无能。[2]卡塔斯蒂尼看到这封信时一定非常震惊。在此之前，委任统治委员会已经把西萨摩亚判定为委任统治地的模范。历任驻伦敦的新西兰高级专员詹姆斯·艾伦（James Allen）爵士或詹姆斯·帕尔（James Parr）爵士每年都赴日内瓦，让他们确信，它是和平和繁荣的；每年都会发表一份极好的报告，详细阐述行政长官改善公共服务和巩固间接统治结构的努力。与他们对南非在西南非洲的残酷行径和法国在叙利亚的委任统治的崩溃的关注相比，常设委任统治委员会看待西萨摩亚的眼光是友善的，如果不是透彻的。

现在，出现麻烦的证据在逐步增加。紧接着罗的信函的——现在作为申诉书再次提交，其主要内容已刊载在英国媒体上[3]——是一封来自欧洲选出的萨摩亚立法委员会（Samoan Legislative Council）成员的长信，宣称 90% 的萨摩亚居民反对新西兰政府。[4]被称为"马乌"（或"我们的看法"）的公民不服从运动已经兴起，反奴隶制协会的特拉弗斯·巴克斯顿（Travers Buxton）在一个月后写信说该协会听说新西兰已经驱逐了参加这一运动的萨摩亚酋长。[5]委任统治委员会也知道，萨摩亚人在 1921 年向乔治国王请愿，要求他解除新西兰的委任统治——新西兰未来五年的官方报告中都没有提及这一信息。[6]常设委任统治委员会对西萨摩亚基本上保持着积极态度。现在，面对长期存在的不满、普遍的公民不服从以及采取流放和镇压手段的政府，他们认为自己被愚弄了。当帕尔在 1927 年秋天出现在日内瓦接受每年一度的质询时，他将面临艰难的挑战。

但是帕尔的表现一如往常，断然否认萨摩亚人曾进行合法的申诉，并详细阐述了新西兰到 1935 年的危机处理的框架。"马乌"运动只是一位名叫纳尔逊（Nelson）的商人发动的，"他是没有英国血统的混血儿"。纳尔逊认为其财富因行政长官绕开商人直接购买高质量的椰肉——西萨摩亚主要出口作物——的计划受到了威胁。纳尔逊首先动员了受到新西兰的禁酒令伤害的一群欧洲人，然后"用娴熟的技巧控制了"当地土著萨摩亚人——用帕尔的话说，"一个天真又可爱的种族"，"愿意听信任何故事，因而……最容易受到煽动者的诡计影响"。帕尔解释道，纳尔逊关于成年男子选举权以及允许土著进入立法委员会的政纲实际上只是争取权力的标价，因为土著是不成熟的，很容易被引导，这种"民主"将会使纳尔逊成为"萨摩亚的无冕之王"。新西兰不会允许这种情况发生，但会认真对待这种动荡状态并已任命了一皇家委员会（Royal Commission）进行调查。[7]常设委任统治委员会智胜一筹，同意等待该皇家委员会的报告。[8]

帕尔回到伦敦，常设委任统治委员会成员们也返回他们自己的国家——1928 年初，他们在各自国内收到了一份完全免除行政长官责任的皇家委员会调查报告。到 6 月他们在日内瓦再召开会议时，又累积了更多材料——允许行政长官驱逐煽动者和禁止集会的法令、关于"马乌"运动持续活动的新闻报道以及来自奥克兰新的"萨摩亚新西兰防务联盟"（Samoan New Zealand Defence League）谴责新西兰的政策的小册子，被驱逐的纳尔逊现在就生活在奥克兰。常设委任统治委员会也知道，新西兰已经派出该领地倒霉（现在已经退休）的行政长官理查森（Richardson）将军与帕尔一起参加这次会议，纳尔逊和他在伦敦的律师也在赴日内瓦的路上。还有另外三份申诉书：一份

171

来自反奴隶制协会，其中包含了政府企图阻止萨摩亚人向国联申诉的证据；一份来自纳尔逊本人；还有一份是用词考究的反对新西兰统治的正式申诉书，大约 8500 名成年男子中有 7982 名男性萨摩亚纳税人在上面签名。[9]从后两份申诉书不被理解和遭遇敌意，我们可以了解关于委任统治制度的很多信息——特别是种族等级制对其逻辑和合法性的核心作用。但首先让我们转向萨摩亚，来探寻萨摩亚社会——或者，或许是理查森政府——的哪些内容导致了这种僵局。

"马乌"运动的出现

在与"马乌"运动长达十年的冲突过程中，新西兰政府与委任统治委员会都声称它们无法理解"土著"是如何被煽动起来的。但在 20 世纪 20 年代末期统治临近的美属萨摩亚的海军军官，即不得不处理他们自己当地的"马乌"运动的人们，都认为这种不满是很容易理解的。[10]总督斯蒂芬·V. 格雷厄姆（Stephen V. Graham）在冲突最严重的时刻秘密给华盛顿上司的信中写道，新西兰在西萨摩亚的行政管理"永远都不会成功"，一个简单的原因是，"经过数个世纪的自治，萨摩亚种族在管理自己事务的能力方面已获得极大程度的自豪感"。由于把西萨摩亚列在需要外国管理和国际监督的"落后国家"的名单当中，国联已经"严重伤害了"他们的这种自豪感。[11]为了不让美属萨摩亚受这些麻烦的感染，格雷厄姆努力寻求既与理查森的继任者保持友好关系，也与支持"马乌"运动的高层西萨摩亚人保持友好关系，他们当中许多人在美属萨摩亚岛有亲戚。

格雷厄姆的评论抓住了萨摩亚至关重要的东西：它是这样的少数委任统治地之一，其人民经受住了与欧洲大国的遭遇，其治理结构和绚丽的文化体系仍然掌握在自己手中。在整个 19 世纪，实际上在德国控制时期，萨摩亚人保留了一种复杂的、以等级为基础的社会结构和有效的代议制机构。尽管是组织有序和等级分明的，萨摩亚社会也是协商性的和包容性的，土地为集体所有，氏族族长（家族的首领）在村庄集会上决定事情并组织任务。然而，村庄之间有大量往来和礼仪交流，拥有更高头衔的男人也会在集会上碰面处理更大的，我们可以称为全国性的问题。用萨摩亚历史学家马拉马·梅莱西（Malama Meleisea）恰当的短语描述，萨摩亚社会拥有一种"权力分散的一元化制度"，它是共识性的、通过谈判达成的、分散化的，而且也是非常正式的。[12]

18 世纪后期和整个 19 世纪登上萨摩亚海岸的欧洲人越来越多，干扰了这些社会结构但并没有摧毁它们。事实上，彼此竞争的欧洲人与彼此竞争的萨摩亚王朝结成同盟，导致了世纪中叶严重的公民冲突和土地抢夺。其结局是传统的大国经过讨价还价达成 1899 年的《三方协定》（Tripartite Agreement），根据这一协定，德国控制西萨摩亚岛得到（大国）承认，美国控制更小的东萨摩亚岛屿，英国为了换取德国在其他地方的让步撤回了其主张。各大国还建立了一个土地委员会（Land Commission），确认欧洲人对大约 8% 的萨摩亚土地（以及 35% 的可耕地）的所有权，但禁止进一步把土地转让给欧洲人。[13] 因而，尽管椰子种植业部门在西萨摩亚发展了，但该地区从未变成一个传统意义上的驻领殖民地（settler colony），因为萨摩亚人保留了大多数土地并避免了种植园劳动，这种工作主要是由签订契约的华人从事的。而且，与他们同胞在西南非洲的贪婪行为形成鲜明对照的是，西萨摩亚的德国管理者中有许多是

173　充满热情的民族志学者，他们从未试图强迫萨摩亚人工作，认为保持当地人独特的文化和生活方式是他们的使命。[14] 萨摩亚人是通过他们富有活力的代议结构［特别是通过长老大会主席会议（Fono of Faipules），一种国民大会（national assembly）］处理这种管理问题的，他们认为自己是处于德国的保护之下而非处于德国的统治之下。

这种家长式管理的美中不足是所谓"欧洲的"人口，毫不奇怪，它变成了不满的引爆点。家长式的殖民管理经常带着矛盾心理审视白人殖民者，担心他们会剥削脆弱的土著。然而，就像德国人发现的和新西兰人将认识到的，西萨摩亚的"欧洲"人口构成威胁恰恰是因为它与那种模式不符。欧洲商人和殖民者与萨摩亚妇女通婚已经有很长时间，这些结合生育的孩子们也被萨摩亚社会接受了，尽管他们通常被归为"欧洲人"；在这里，他们扮演着商业化和文化转化的代理人的角色，而这种商业化和文化转化正是家长式的德国官员所憎恶的。到德国占领时期结束时，这种不满已经使得"异族通婚"被视为非法。然而，这种所谓的"欧洲"人口已经达到了相当大的规模。这种人口——两种文化混合的、经常是混血的、世俗性的，而且经济上也非常重要的——在萨摩亚的叛乱中将会发挥至关重要的作用。[15]

新西兰在第一次世界大战期间不流血地占领这些岛屿最初没有造成太大改变。德国官员被取代，种植园被没收，但临时的军政府没有进一步侵犯当地的生活。[16] 给当地人造成心理创伤，进而把他们动员起来的是一些非常不同的东西：1918 年全球性的流感疫情造成的毁灭性后果。1918 年 11 月，一艘载有受感染乘客的船只获准停靠在西萨摩亚的主要城市阿皮亚

(Apia)，尽管美属萨摩亚政府已非常明智地将其拒之门外。这种疾病立刻非常恐怖地席卷这些岛屿，导致大约7500人或者总人口的五分之一死亡。聚集在阿皮亚周围的萨摩亚精英和混血人口受到特别严重的打击。这里仅举两个例子：长老大会主席会议的30位成员中有24位死亡；后来发起"马乌"运动的商人纳尔逊失去了他的母亲、他唯一的儿子以及其他几位家庭成员。[17]这场流行病使当地人对新西兰的行政管理能力的信心荡然无存。当 R. W. 泰特（R. W. Tate）上校在两个月之后接管这里的政府时，一群萨摩亚领导人立刻要求他把这些岛屿转到美国人——或者，如果做不到，直接转到英国的——统治之下。[18]

174

泰特成功地使他们撤回了这一申诉，但萨摩亚人对新的分配依然感到不满。美国驻阿皮亚领事昆西·罗伯茨（Quincy Roberts）在两年后向国务院报告说，各部分都非常不满意，白人和"混血儿"商人谴责政府的高税率，萨摩亚人谴责未同他们协商，整个领地泛滥着对新西兰官员浪费和无能的抱怨。[19]既然英国在最近的这次战争中捍卫了小国的权利，长老大会主席会议在这一年7月写信给乔治五世说："请陛下考虑现在处于您的保护之下的最小的国家的请求。"他们曾经是德国的保护国，但新西兰正把他们作为一个殖民地对待，由不尊重萨摩亚人的高薪白人官员进行治理。这是很浪费而且没有必要的。"我们以及我们已经受过教育的孩子足以承担我们政府的各种职责。"[20]在萨摩亚人的坚持下，泰特把这一请求转给伦敦，但补充说这一抗议是由白人煽动起来的，"不存在真正的土著的不满"，"不必认真考虑"萨摩亚人能够管理自己的想法。新西兰政府建议，对国王来说，最应该做的是明确地告知萨摩亚人，萨摩亚的委任统治权已经被赋予新西兰了。现任殖民地大臣温斯顿·丘吉尔接受了这一建议。[21]

他们设想，克服了早期对他们权威的这些挑战，新西兰人开始认真考虑治理问题了。德国的制度大部分被保留下来。"欧洲人"和"土著"之间明显的差别也得以保留，欧洲人在新的立法委员会被赋予了财产特许权和代表权，萨摩亚人共同控制着土地并通过土著顾问和长老大会主席会议来代表他们。然而，新西兰决心认真承担起"托管"的责任，禁止酒类买卖并发展"提升"萨摩亚人的计划。1923 年任命陆军准将乔治·理查森（George Richardson）爵士作为行政长官，取代泰特，这一过程加速了。这位前炮兵教官可能看起来是一个特殊的选择，他极其顽强，而且——读了卢格德的书并了解萨摩亚之后——开始制订计划，以改善岛民的健康、教育和生产力。这里再现了一张经过精心构思的照片，理查森与两个萨摩亚儿童，非常好地说明了新任行政长官希望被如何看待（图 6 - 1）。注意，孩子们眼睛向上凝视，手被信任地放在仁慈而富有远见的父亲的手中。

但事情并没有像预期那样发展。开始，理查森受到了欢迎，但随着他的官员们进一步渗透到村庄的生活，他们唤起了一种不安的感觉。理查森干预了太多与他无关的事情，而当他的指令被忽视时，他可能会变得丑陋不堪。在一次特别愚蠢但透露出实情的对抗中，理查森把一位萨摩亚大酋长图普阿·塔马塞塞·利罗菲三世（Tupua Tamasese Lealofi III）驱逐到萨摩亚群岛的另一部分，因为塔马塞塞没有遵照"村庄美化"指令清除他自己土地上的木槿栅栏。理查森在整个群岛进行的豪华巡游开始受到憎恨；他蹩脚的萨摩亚语受到嘲笑；他坚持任命迄今

图 6－1　陆军准将乔治·理查森心目中的
自己，和萨摩亚儿童在一起。

为止由选举产生的长老大会主席会议成员，败坏了这些被任命　　176
者的名声并使他进一步脱离了萨摩亚社会。[22]

　　"欧洲人"群体的不满也在增长。纳税的商人们早就不满
禁酒令，并且对理查森政府的开支，他对他们在该群岛经济生
活中关键地位的挑战，以及由于政府在立法委员会中的自动多
数席位使得他们无力阻挡他的计划感到不满。然而，特别让他
们恼怒的是理查森坚持认为他们不能代表土著，也不应该与土
著有任何关系。与萨摩亚妇女或有萨摩亚血统的妇女通婚的
"欧洲人"一定会认为这种家长式的指令是荒谬的，但对像奥
拉夫·纳尔逊这样的人来说，这些指令是严重的冒犯。作为一

个瑞典商人和一名地位很高的萨摩亚妇女的儿子，纳尔逊已经
从其父亲那里继承了蒸蒸日上的生意，并使之进一步发展壮大。
受过教育，通晓三种语言，去过许多地方，而且在 1924 年被选
为立法委员会的三位"欧洲"成员之一，他是这个群岛上最重
要的椰子贸易商和最富有的男人。但他依然与其萨摩亚家庭保
持着密切的关系并拥有萨摩亚头衔。简单地说，他使"托管"
的类型完全混淆了（图 6 - 2）。

**图 6 - 2　1933 年奥拉夫·纳尔逊（穿褐色套装者）和
他的女儿及"马乌"运动领导人们在一起。**

到 1926 年，纳尔逊不但和其欧洲同行们一起抱怨，而且还
成为萨摩亚人表达不满的通道。这一年春天，纳尔逊前往惠灵
顿（Wellington），向新西兰外交部长威廉·诺斯沃西（William
Nosworthy）提交了他们的案子，并认为得到了外交部部长进行

调查的承诺。但这次访问被推迟了，萨摩亚人在 10 月开始在阿皮亚举行群众大会——具有讽刺意味的是，就是在这个月，新西兰总理戈登·科茨（Gordon Coates）将要告诉在伦敦召开的帝国会议（Imperial Conference in London），他的政府在萨摩亚人治理方面做出了卓越工作，消除了所有不满。[23]实际上，不满正在发展成反抗。当理查森明确表示反对任何跨种族的政治讨论时，"因为其倾向一定是扰乱当地人的和平、秩序和善治"，这些"当地人"和"欧洲人"以压倒性的投票支持继续他们的合作。[24]新西兰政府依赖的种族划分正在瓦解。

　　1927 年 3 月，当欧洲人的"公民委员会"（Citizens Committee）和萨摩亚的动员这些平行的组织集合在新的"萨摩亚联盟"（Samoan League）——"马乌"运动（'Mau'）时，种族划分进一步受到侵蚀。"马乌"运动很快发行了自己的报纸——《萨摩亚卫报》（Samoa Guardian），由纳尔逊为其提供资金支持；在纳尔逊的贸易站，它有一个现成的宣传网络。但这场运动真正的力量存在于成千上万的普通萨摩亚人，他们在这一年 6 月新西兰外交部部长诺斯沃西到达时袭击了阿皮亚以显示他们的支持。这次访问是灾难性的，因为当这位外交部部长宣布其政府坚定支持理查森并命令当地人回家时，萨摩亚人立刻停止了对新西兰之权威的承认。当理查森逮捕数百名"马乌"运动领导人时，另外几百人也要求被逮捕；当理查森坚持要求他们缴税时，他们把税交给了"马乌"运动。在后来的几个月中，"马乌"运动分发了制服，组织了自己的警察力量，开始联合抵制政府的服务和特定的白人生意，并对行政长官的所有要求一概拒绝。美国驻阿皮亚领事在这一年 8 月报告说，"95% 的西萨摩亚人对其政府置之不理。"他认为，没有暴力的危险，因为行政当局没有进一步驱逐他们；相反，西萨摩亚人只是耐心地等待新西兰皇家委员会（Royal Commission）——它已经在萨摩亚花费了五个星期的时间听取证人的证词——做出报告。[25]

这份报告在 1927 年底发布，它支持了行政长官的镇压行动（包括流放）的合法性，但"马乌"运动拒绝接受它。[26]气愤、羞愧而且认识到不可能再依靠其弱小的土著警察力量了，理查森请求军事增援，宪兵和两艘海军驱逐舰在 1928 年 2 月被派来。于是，他强迫通过一项法案，授权立法委员会进行驱逐并使用宪兵清洗阿皮亚；正在此时，"马乌"运动领导人写好了提交国联的申诉书并征集了近 8000 个签名。然而，到这时，惠灵顿政府关注的是避免流血事件，已不再相信理查森能保持冷静了。他的任期将要结束，而且也未被要求留任。当他离开这个群岛时，纳尔逊也离开了，根据理查森的新法律被判处驱逐出境五年。然而，纳尔逊离开时承诺把"马乌"运动的案子提交国联并得胜归来。两个月之后，理查森、纳尔逊和这些申诉书都踏上了前往日内瓦的道路。[27]

日内瓦与合法化的工作

西萨摩亚的冲突将会主导委任统治委员会在 1928 年 6 月举行的第 13 次会议。这本身是不同寻常的，因为太平洋地区的委任统治地仅占用了委任统治委员会很少的时间。其成员中没有几个知道它们。只有柳田国男（Kunio Yanagita），这位来自日本的与众不同的成员曾经去过南太平洋诸岛（South Sea Islands），但他在 1924 年离开了委任统治委员会。各自治领在委任统治委员会没有成员，往往怨恨——而且如果可能时，他

们不会理会——其不友好的审查；大国很少在意这些地区。只 179
有美国仔细地关注萨摩亚，但它没有与日内瓦分享其极好的情
报。秘书处也未能利用非常了解中东或非洲事务的那种流散者
的网络或人道主义游说集团。一段时间以后，新西兰的自由主
义者将会向国联表达他们对政府的萨摩亚政策的忧虑，但当委
任统治委员会第一次集合在一起时，它发现自己在很大程度上
要依靠自己。

　　这种孤立和相当无知的状态导致委任统治委员会做出了
令人难堪的错误判断，但这些错误也在很大程度上揭示出其
成员的世界观。没有良好的信息，没有经常影响他们工作的
那种官方闲谈和游说，委任统治委员会转而依赖国联秘书处
提供的建议及其不断发展的关于行政管理之"最佳实践"的
看法。在秘书处，美国人亨廷顿·吉尔克里斯特再次发挥了
领导作用；在委任统治委员会，卢格德再次变得非常有影响
力。全面考虑这些因素，我们可以看到，保护性的理想和文
明差异的理念如何再次被动员起来，使民族自决的诉求变得
不可能被受理。

　　随着萨摩亚形势的恶化和六月会议的临近，吉尔克里斯特
撰写了一份致埃里克·德拉蒙德爵士的备忘录，试图解释整个
混乱状态。他写道，在行政长官与"欧洲人"之间似乎存在一
种争夺对萨摩亚人之权威的斗争，但行政长官为何无法占上风
呢？吉尔克里斯特表示，或许新西兰对"土著心理"关注太
少？"人们都知道，原始和情感型的人们"深受遥远的国王般
权威的影响，但新西兰一直把伦敦和日内瓦排除在外，自作主
张。然而，现在国联能够提供帮助，因为来自委任统治委员会
的支持能够恢复行政长官的声望和权力。"对我来说，这似乎是

非常不幸的……受委任统治国以及它们在委任统治地的代表似乎是把他们对国联的责任视为一种障碍，应该尽量忽视它的存在，而不是把它看成一种可以用来帮助处理地方问题的资产，"吉尔克里斯特写道。德拉蒙德同意这些看法，并承诺按这些思路努力提出一些建议。[28]

德拉蒙德与常设委任统治委员会的成员们进行私下谈话了吗？毫无疑问，委任统治委员会对受委任统治国的支持是非常明确的。纳尔逊——进行了长达万英里的旅行——没有受到接待，仅委任统治委员会的一位或两位成员私下里与他见了面。[29] 相反，委任统治委员会花费四天时间与理查森和帕尔进行了会谈，尽管这些会谈有时非常激烈，但到最后，除帕拉西奥斯外，常设委任统治委员会全部 11 位成员已经一致支持理查森的观点。这种观点一直没有改变。这位将军坚持认为，"马乌"运动没有真正的支持，只是由少数威胁白人和误导容易上当受骗的土著的野心家发动的。拉帕德愤怒地指出很多国家都存在野心勃勃的人但并没有让社会秩序停滞，[30] 帕尔和理查森引证了对萨摩亚来说非常独特的三个因素。第一，很大部分是因为纳尔逊的财富和狡诈——他的说服能力、他对信息渠道的垄断、他的商业联系以及欧洲商人不愿意反对他这一事实造成的。第二是对行政当局权力的实际限制上。理查森指出，当麻烦开始时，萨摩亚没有监狱，也没有可靠的警察。尽管他发出了驱逐令，但无法执行；被逮捕的人只能在很原始的监狱中关押很短的时间。如果新的行政长官手里掌握着一些军事警察力量，整个问题很可能就会消失。这是因为第三个，也是最重要的因素——"最反复无常的人们"的"特殊性"。理查森没有让萨摩亚人对"马乌"运动负责，因为他只是把他们"看作孩子"，他们与此事没有什么瓜葛，只是受到这一运动的节庆特征的吸引。但由于"马乌"运动现在抵制学校以及理查森的改善社会的计划，事情太过了。无论多么迷人和生动，土著都不愿乖乖就范。[31]

委任统治委员会同意了。确实，卢格德明确表示，他认为早就应该展现出这种坚定。毕竟，理查森已经"从对卢格德勋爵的著作的研究中"形成了自己的思想；[32]他信奉的原则——区分"本土的"和"欧洲的"政治体制以及保护那些土著免遭"欧洲人"的破坏——本质上是卢格德主义的。实际上，1924年，当帕尔首次解释行政长官把土著排除出立法委员会（Legislative Council）但（在咨询基础上）保留长老大会主席会议的决定时，卢格德对"地方酋长们和村民会议的行政权力的发展比其他处理方法对土著更有利"这一观点深表认同。[33]在告知萨摩亚人他对阿皮亚的决定性的访问时，外交部部长诺斯沃西心存感激地引用了"英国殖民管理方面当时最伟大的权威之一弗雷德里克·卢格德爵士"的话，"任命当地人进入欧洲人占多数的立法委员会，这样做没有任何正当理由"。[34]鉴于他一向支持"传统的"权威，以及对"欧亚混血儿"和脱离部落者的本能的讨厌，卢格德还同意理查森和帕尔的判断，纳尔逊跨种族的动员违反了殖民管理部门的"不成文的法律"。[35]卢格德在会议结束时的报告草稿中加入他的看法，即对理查森政府的指控都不可能得到支持；相反，行政长官已经"做出了值得称赞的努力，以改善土著的生活条件"。萨摩亚人已经被误导了，但既然无论是他们还是"混血的欧洲人"都不存在真正的不满，随着纳尔逊被驱逐出境以及行政长官最终被允许采取强有力的手段，动乱肯定会逐渐消失。[36]

181

但卢格德不是理查森唯一的盟友。完全不同于他们在邦德尔沃兹人事件期间的立场，西奥多利和拉帕德还（用西奥多利的话说）"希望新西兰政府知道，它维持秩序和尊重行政当局的努力得到了强有力的支持"。在这里，国联对自身声誉的担心也发挥了一部分作用。拉帕德对理查森和帕尔说，在一个殖民地，"母国可以做任何它愿意做的事情；它可以鼓励无政府状态，如果它想这么做"。然而，在一个委任统治地，受委任统治国的"第一职责"就是维持秩序，提供"警察、拘留所以及其他必要的东西"。[37]他们对新西兰的宽松政策的失望显而易见，因为西奥多利和拉帕德都钟情于保护的理想；两人都痛恨南非的许多违背"神圣托管"之原则的行为。然而，恰恰是由于，而不是不顾这种奉献，他们坚持认为受委任统治国的权威必须得到支持。萨摩亚人接受治理是最符合他们利益的；如果有必要把他们锁起来或者喂他们吃药，新西兰就应该那样做。民族自决的问题是毫不相干的，因为委任统治地的居民已经被《国联盟约》界定为在政治上不成熟的。不可避免地，接下来是以课堂进行类比。"受委任统治国处在导师的位置上，"拉帕德在演讲中说。"一位导师，当他的受监护人明显不服从时，不对其进行惩罚……不是一位好导师；他没有负起自己的责任。"[38]只有帕拉西奥斯质疑这种家长式的框架，很冷淡地指出，那种弱小的和人为的运动往往会突然取得不可思议的成功，今天被放逐的个人明天就可能掌握权力。"马乌"运动（Mau movement）可能就是这种真正的全国性运动，受委任统治国对这种运动的镇压比毗邻的美属萨摩亚进行的镇压更严厉，无疑与国联倡导的相悖离。[39]他的保留意见被抛在一边，在提交国联行政院的报告中，这份报告主要是由卢格德和拉帕德拟订的，委任统治委员会仅仅把动乱归罪于纳尔逊及其同伙的个人野心和操纵技巧，而且强烈谴责新西兰未能给理查森提供"执法的充分手段"。由于新西兰现在已经采用了这种手段，委任统治委员会确信萨摩亚人会再次信任受委任统治国，"通过一种坚定和自由的政策"，将会重建和平与繁荣。[40]

这种赞扬"强硬政府"将会产生极其不幸的后果，但常设委任统治委员会并未就此打住。委任统治委员会还利用他们关于萨摩亚人申诉书的报告，明确表示支持新西兰的权威。首先，要注意他们对待不同申诉书的做法完全不同。如果有人把委任统治制度视为一种训练人民自治能力的机制，他肯定会发现，宣称是"马乌"运动之成员的 8000 名萨摩亚人的冗长、详细和正式的申诉书是最重要的。使用的语言非常缓和但对萨摩亚人之权利的要求非常坚定，这份申诉书是成功的国家建设所依赖的集体身份和政治能力的一种有形的化身。纳尔逊的申诉书，虽然和它一样深刻而且有说服力，但不像它那样能够给人留下深刻印象，罗和反奴隶制协会的申诉书——前者是个人对特定行政长官之控告的一个目录，而后者是对特定行政管理行为的质疑——都不是很重要的。

然而，委任统治委员会做出的评估正好相反。反奴隶制协会的抗议受到最严肃的对待。理查森的重大举措之一是说服一位校长为各学校创作"教义问答书"，来解释建立国际联盟的目的是促进国际合作，它在委任统治地区没有权威，任何申诉都只能被送回它们所来的国家。反奴隶制协会在给委任统治委员会的信中写道，这种诉求是"不准确的和容易引起误解的"，如果得到支持将会"剥夺委任统治地上土著公认的权利"。[41]经常对正式规则保持警惕的委任统治委员会同意了，但新西兰政

183　府迅速变卦了，公开否认知晓这封供传阅的信函并向国联保证他们"有义务转交……收到的任何申诉书"。[42] 由于对这种正式承认其权威的做法非常满意，委任统治委员会报告说这种教义问答书"不是官方传阅的信函，而是欧洲的老师为学生提供信息的文件"——这种描述完全抹杀了理查森的煽动作用——并宣称新西兰已经承诺"为西萨摩亚居民提供关于其获得认可的权利的完整而恰当的知识"。[43] 只是还不清楚如何把这种"完整的知识"传递给被误导的小学生，因为萨摩亚人的学校正在进行联合抵制。

　　常设委任统治委员会对反奴隶制协会提交的申诉书的考虑，首先有助于维护国联自己的权威和修复委任统治委员会与受委任统治国之间的关系。还值得注意的是对待申诉者们——反奴隶制协会的社会关系强大的人道主义者——的谦恭。对前官员牛顿·罗和"马乌"运动的领导人奥拉夫·纳尔逊的反应截然不同。甚至在国联秘书处，罗的申诉书——据传以不称职的或腐败的官员的名字命名，并指出一位（后来自杀）是损害男童的恋童癖者——被认为极具煽动性，以至于使埃里克·德拉蒙德爵士考虑禁止披露其中的有些部分。[44] 当这份申诉书进一步推进时，新西兰政府设法从理查森那里得到一份大部头的报告，回答了每项单独的指控并败坏了罗的名誉。[45] 这些做法产生了效果，因为道德极其严格的卢格德认为"常设委任统治委员会详细调查这种申诉书是有失尊严的"，并说服常设委任统治委员会只发布一个简短和表示轻蔑的报告。一年后，委任统治委员会将会很尴尬地看到，三位新西兰高级政府官员进行的调查已表明萨摩亚政府聚集着一群不称职、腐败和铺张浪费之徒，但对罗的伤害已经造成了。[46] 由于在委任统治委员会发表的备忘录中被污蔑为一个道德可疑的人，"被以能力不足为由予以免职"，他一定后悔曾与常设委任统治委员会产生联系。国联的档案显示，他于 1928 年收集了关于自己工作和品格的书面证词为还自己清白徒劳努力着。[47]

罗的申诉书至少受到认真对待。纳尔逊不仅拒绝了，甚至遭到冷嘲热讽。卢格德不是委任统治委员会唯一一位这样的成员，即从心底烦感这种受过良好教育的"欧亚混血儿"，他投射出来令人不安的受多种文化影响的现代形象，又或者他如律师般提起对自然秩序的冒犯（更不用说他有能力在日内瓦住最昂贵的酒店）。无疑，委任统治委员会已尽其所能让纳尔逊安分守己。不但他的申诉书——把理查森镇压行动的细节与对英国国旗所代表的"自由与公正的伟大理想"的诉求结合在一起[48]——在没有讨论的情况下就草草了结，而且委任统治委员会还指摘他的动机并抹黑他的名声。拉帕德坚持认为，纳尔逊"蓄意且几乎背信弃义地煽动了土著的不满"；因此，委任统治委员会应该同意把他驱逐出境并"尽一切可能剥夺其明显享有的声望"。[49]卢格德完全同意这些。纳尔逊及其同伙"更多是受个人野心和利益而非对公共福祉之期望的驱使"；他们已经"利用让人无法接受的手段……对易受影响和多变的人们的思想施加了影响，在接受他们的宣传之前，这些人们是满意的、富足的"。[50]这种报复性的和个性化的语言在委任统治委员会公布的报告中保留了下来。只有帕拉西奥斯弃权了。[51]

但是，如果罗和纳尔逊都遭受人格诋毁，那么对萨摩亚人的申诉书做出的反应是最不屑一顾的。这份申诉书直接挑战了新西兰统治的种族假设和非民主的本质，对把萨摩亚人"作为一种被征服种族"对待和把权力集中于行政长官之手的做法提出了抗议。理查森的独裁行为被仔细列举出来。他压制了人们珍视的习俗、侵犯了由选举产生的长老大会联合主席的权利、废除了一些酋长头衔、把集体所有的土地私有化了、把很少使用的驱逐习俗用作惩罚政治反对者的工具，以及最严重的是，把他们的抗议完全归因于欧洲人的煽动。这份申诉书认为，后一种主张"对你们的申诉者们"以及对他们"合理且应当被认可的民族愿望是一种侮辱"。[52] 然而，对于理查森权威的质疑，新西兰政府重复了这种侮辱，坚持认为这份申诉书是"由土著以外的人煽动和完成的"，特别是由"马乌"运动的律师托马斯·斯理颇（Thomas Slipper）完成的，在随后进行的煽动叛乱罪审判中，他也因此付出了代价。8000 人的签名不被当回事儿，用这样的声明打发了："这是公认的事实，无论什么主题的申诉书上都很容易获得大量萨摩亚人的签名"。委任统治委员会非常可耻地串通一气，贬低了申诉书的内容并把这些签名仅仅看作"某些土著"——少数心怀不满的个体（三人，也可能是五人）通过密谋炮制出来的，而不是来自该地区的事实上全部男性人口的诉求。[53] 在一份关于纳尔逊和"某些土著"的申诉书的简短报告中，委任统治委员会宣称所有指控都未被证实，而且这些申诉书也"没有包含能够证明政策或行动违反委任统治制度的证据"。[54] 当然，在某种意义上，这是正确的。萨摩亚人主要的抱怨是，他们正处于独裁统治之下，希望能够实现自治，但由于《国联盟约》认为他们还不具备自治的能力，他们的申诉超出了委任统治委员会的管辖范围。外国管理是委任统治制度的本质，并不是违反委任统治制度的做法。宣称拥有自治的能力是不能接受的。

惩罚不服从的受监护者

委任统治委员会不重视萨摩亚人的不满是基于以下三个假设，这些假设都受到理查森的坚定辩护：第一，萨摩亚人参加"马乌"运动是基于他们易受他人影响和倔强的性格，如果失去纳尔逊的领导，这场运动很快就会销声匿迹；第二，纳尔逊追求的是权力和个人利益，没有坚定的信念；以及第三，政府通过采取"坚定的"政策，可以挫败抗议运动。在接下来的几年中，令委任统治委员会和新西兰政府困惑的是，这些假设每一个都被证明是错误的。

首先，驱逐纳尔逊并没有削弱"马乌"运动。相反，它只是把迄今为止严重依赖他的支持的一场运动的领导权转移到主要的萨摩亚人手中。抵制官方服务和抵制与行政长官的个人联系的活动继续进行着，"马乌"运动接管了大部分地方经济的管理权。大概80%的税收未能缴纳（或者有时缴给了"马乌"运动）；"马乌"运动还继续进行着椰子贸易，并建立起自己的警察力量以在游行示威时维持良好的秩序和维持城市的良好秩序。尽管"马乌"运动委员会与被流放的纳尔逊保持着密切的联系，但领导权已转到有重要头衔的萨摩亚人手中，特别是图普阿·塔马塞塞·利罗菲三世和图伊马莱阿利法诺·西乌（Tuimaleali'ifano Si'u）手中，图伊马莱阿利法诺·西乌作为一名被任命的政府顾问开始时对运动态度冷漠，但后来成为一位重要支持者。1929 年底，"马乌"运动的领导人再次向国联提出申诉；他们的申诉再一次因毫无根据而被驳回。萨摩亚当局不知如何处理一场就像根本不存在的运动，除了废除长老大会主席会议外别无选择，它已经失去了代表性，因而也失去

186

了公信力。它还用椰子出口税取代了无法收集的人头税——这一行动进一步疏远了欧洲人群体，税收将会落到他们的公司头上。[55]

其次，委任统治委员会关于纳尔逊的假设也未被证实。纳尔逊被指责为权欲熏心的野心家，只是渴望建立他自己的金融控制，遭受了连续两次流亡，连累并几乎使他的生意破产，他花费了大量个人财富支持"马乌"运动。1928年起，在和女儿们一起流亡期间，他建立了"新西兰萨摩亚保卫联盟"（New Zealand Samoa Defence League），该组织得到了地方神职人员和大学教授的支持；他还写了更多小册子［包括一个题为《萨摩亚人在日内瓦：误导国联》（Samoa at Geneva: Misleading the League of Nations）的小册子］；向英国枢密院呼吁，反对第二次把他驱逐出境；以及继续向国联申诉。[56]后来他在撰写这些申诉书时对它们被接受的可能性已不存在幻想（确实，它们也被撇在一边了）[57]，但密切注意其宣传价值。非常聪明，但可能也由于他对欧洲法律处置的深刻失望，纳尔逊写作时开始偶尔用他的萨摩亚语名字"塔伊西"（Taisi），而不是他的父姓。[58]在这种意义上，就像在许多情况下一样，他预示着一个即将到来的世界。到这时，大多数混血的萨摩亚人已经认同为"欧洲人"，这种地位使他们能够拥有土地，单独签订合同，并投票选举立法委员会代表。但随着"马乌"运动力量的增长，一小部分人——在20世纪50年代不再是一小部分人——宣布放弃这种"欧洲人"身份，要求被正式归类为"土著"。支持萨摩亚独立的不少政治领导人与曾经的"欧洲人"有某种家庭关系，纳尔逊这样的家庭关系也不少。[59]

然而，委任统治委员会的所有假设既不能被证明是毫无根据的，又不能产生这种破坏性影响，就像其宣称的那样，拥有"强有力的政府"的新西兰能够击溃"马乌"运动。当然，这种说法是以萨摩亚人是儿童，肯定会对聪明但强硬的措施做出反应这种假设为基础的。无论拉帕德或来自挪威的学校校长瓦伦丁·丹尼维格何时讲话，课堂的类比都会浮现出来。[60]确实，当"马乌"运动未能吸取他们的教训时，委任统治委员会几乎所有成员（除了帕拉西奥斯）所表现出来的不理解以及偶尔表现出的愤怒强有力地表明，"文明的"和种族的假设在他们的思想中是多么根深蒂固。这也暴露出这样的事实，委任统治制度最坚定的英国支持者——反奴隶制协会的约翰·哈里斯、英国皇家国际事务研究所（Chatham House）的 A. J. 汤因比、卢格德在牛津大学的朋友和女门徒玛格丽·佩勒姆（Margery Perham）——都面临着这种相同的困惑。[61]确实，佩勒姆发现冲突如此无法理解，于是她决定亲自去进行调查，作为太平洋旅行的一部分，1929 年夏季她在萨摩亚进行了三个星期的调查。她不喜欢她发现的结果。"当地人"——都穿着"马乌"运动成员蓝白相间的服装——"几乎是粗野的"，理查森的继任者艾伦上校"冷漠""古板"，而且"对其人民缺少人情味"，他的官员都是"没有文化的男性……一点都没有意识到他们在当地人管理方面的无知"，纳尔逊（她在奥克兰见过他）是一个值得同情的反派，他的"混血身份"赋予了他"超越其技能和个性"的抱负。[62]换句话说，种族和地位的等级结构已经变得混乱不堪。自命不凡的新西兰人很明显"不适合……承担教育原始人民的极其细致的工作"，但（在她看来）"困难的"萨摩亚人很明显需要这种指导。[63]可以推断，她只能徒劳地期望"有经验者，英格兰"能够把这小风险添加到帝国政府的"伟

187

大工作"中去。[64] 佩勒姆的导师卢格德同意这一点，在接下来的几年中因为一直敦促他们雇用英国人，这深深地冒犯了新西兰代表。[65]

然而，新西兰一直坚持认为它在毛利人（Maoris）及库克群岛（Cook Islands）的经验使它特别适合统治西萨摩亚。展现这种能力的机会留给了新任行政长官艾伦上校。和理查森一样，艾伦决心维护他自己的权威，也拥有（和理查森不一样）维护其权威的手段。1929 年 12 月，艾伦决定利用"马乌"运动游行示威的机会，逮捕了其一些已经被指控犯有逃税及其他犯罪行为的支持者。一支武装的军事警察在 12 月 28 日被派去进行抓捕；他们遭遇到"马乌"运动的大规模示威抗议；接着发生了肢体冲突；在最后的打斗中，警察开了枪。一名警察和 11 名萨摩亚人死亡，包括塔马塞塞，当时"马乌"运动最重要的领导人。正如预料的，验尸官的报告排除了警察的故意谋杀，并将领导人的死亡解释成一个不幸的意外事件，但由于他当时穿着独特的衣服，且是在试图平息示威的人群时被枪杀的，所有萨摩亚人都不相信这种解释。萨摩亚的"黑色星期六"相当于1919 年阿姆利则惨案（图 6 – 3）。塔马塞塞的墓地成为一个朝圣之地和举行纪念活动的地方。[66]

188　　　由于对萨摩亚人的死感到不安，惠灵顿内阁一致认为必须支持艾伦。他需要的任何增援力量都会被派去，只要能维护法律和秩序"可以使用任何手段"。[67] 然而，就像吉尔克里斯特和德拉蒙德希望的，政府还期望从国联那里寻求合法性。这一事件发生后不久，新西兰总理约瑟夫·沃德（Joseph Ward）致电秘书长，提供了一种（高度选择性的）官方解释；应他的请求，这一电报通报给整个国联行政院。随后的电报向国联行政院保证新西兰的

图 6 - 3　平躺着的塔马塞塞，1929 年 12 月 29 日。

意图是"扑灭整个颠覆性运动"，并传达验尸官的结论，称 12 月
28 日警察的行动是"合理的和恰当的"。[68] 在这个关键时刻，惠
灵顿很乐于争取国联加入稳定其统治的努力当中。

　　在随后几年中，由于惠灵顿热切的支持和国联的容忍，艾
伦及其继任者采取了强硬政策。"马乌"运动作为煽动叛乱的
组织被宣布为非法，其成员受到打击并被逮捕（图 6 - 4）。男
性支持者躲藏起来，"女性马乌运动"出现了——这绝不是唯
一案例，国联无意中培养了一支特定的女性武装（图 6 - 5）。
这一妇女动员也成为跨国性的，因为艾伦将其成员作为"老妇
人和人们都知道的娼妓"予以遣散的做法激起了国际妇女争取
和平与自由联盟（Women's International League for Peace and
Freedom）奥克兰分会成员的强烈愤慨，并导致他们也提出了申
诉书。[69] 奥克兰的大学教授和神职人员也发出了申诉书，新西

189

兰工党当众表示与艾伦的残酷立场无关。[70] "马乌"运动对国联感到失望，但并不打算放弃申诉（这与萨摩亚人审慎的实践有非常密切的关系），他们呼吁英国外交大臣、德国总理以及美国国务卿归还他们在 1889 年和 1899 年殖民地时期享有的自治权。[71] 所有这些沟通在日内瓦（以及在伦敦、柏林和华盛顿）[72] 都引起了充分关注，但都没有引发任何行动。就像国际妇女争取和平与自由联盟的玛丽·希普尚克斯（Mary Sheepshanks）在带着几分沮丧写给拉帕德的信中所言，似乎没有办法让萨摩亚人的案例得到倾听。[73] 除了纳尔逊在 1933 年第一次从流放地返回之后引起的一系列骚动（他很快就被逮捕、审判并再一次被驱逐），这个群岛是平静的。艾伦及其继任者向惠灵顿发去电报，坚持认为"马乌"运动已经被击败了。

图 6-4　士兵清除掉"马乌"运动成员短裙上的徽章。

他们被欺骗了。当工党在 1935 年新西兰选举中获胜并向萨摩亚派出"亲善使团"时，很明显"马乌"运动已经——实际上是在相当大的程度上——渗透到地方政府。在这个使团

的建议下，"马乌"运动当前的要求得到满足。允许行政长官 190
驱逐罪犯和取消萨摩亚人的权利的法律被废除了；对自由活
动的限制被取消了；拖欠的税款被取消了；纳尔逊的第二次
判刑被撤销了，并在归来时受到正式欢迎。"马乌"运动得到
承认，政府承诺——就像"马乌"运动在 1928 年的申诉书中
要求的那样——恢复长老大会主席会议的代表性，提交所有
开支计划，由立法委员会进行审查，并用萨摩亚语公布所有
财务账户。从此以后，萨摩亚将会处于与"马乌"运动的合
作治理之下。[74]

图 6 - 5　"女性马乌运动"的领导人和委员会，1930 年。坐在椅子
　　　　上者（从左到右）为图伊马利法诺夫人（Tuimaliifano）、
　　　　塔马塞塞夫人、纳尔逊夫人以及福穆伊纳（Fauimuina）夫人。

在日内瓦，委任统治委员会大多数成员对新西兰这种意想不到的政策转折都感到惊愕。他们再一次被搞得措手不及。毕竟，就在上一年，帕尔已经让他们确信"马乌"运动是"濒于崩溃的"，没有"真正的萨摩亚人期望自治"。[75] 现在，新的官方特派代表 C. A. 贝伦德森（C. A. Berendsen）告诉他们，政府认为纳尔逊是被冤枉的，"马乌"运动是合法的和完全有代表性的运动。除了帕拉西奥斯，他毫不顾忌地告诉自己的同事，这是他一直认为的，而委任统治委员会的其他成员断然拒绝相信。他们自己全力地把运动的发生归因于萨摩亚人"孩子般的"特性和纳尔逊毫无道德原则的操控，根本不提及艾伦所实施的"强力统治"，大多数人认为新政策只是受到惠灵顿新的左翼政府短视的政治算计的驱动。[76] 在 1936 年 11 月提交给国联行政院的报告中，他们对工党的行为"持保留意见"——虽然通读这份备忘录的人都能够感受到他们的强烈不满。但此时，国联行政院已面临着更大的问题，新西兰政府和"马乌"运动也都不愿意倾听他们的意见了。

*　　*　　*

委任统治制度是在民族自决的招牌下建立起来的。第 22 条规定，尽管它所适用的人口"还没有准备好在现代世界非常艰苦的条件下自立"，威尔逊式的话语、战时承诺以及《国联盟约》意味着他们在某一天将会这么做。叙利亚和西萨摩亚在 20 世纪 20 年代见证了所有委任统治地中两场组织最好的争取民族自决的运动，但其他群体也是很认真地对待这些语言的。搁置在国联档案中的申诉书表明，在特定的危险或危急时刻，喀麦隆的杜阿拉人（Duala）、多哥的埃维人（Ewe）、伊拉克的库尔

德人、西南非洲的里霍博斯的巴斯特人,以及巴勒斯坦的各种
各样的群体如何宣称他们遵循威尔逊式的理想、他们的集体目
标和能力,而且已经做好了走向自治的准备。

受委任统治国应该帮助他们开始这一历程。然而,就像这
里讨论的例子所表明的,他们更多是扮演边防员或制动员,他
们表面上的指控经常让人觉得他们是背道而驰的。阿拉伯人、
非洲人以及太平洋岛民同样也抱怨,他们政治言论表达,如果
有的话,比处于德国或奥斯曼帝国统治之下还要少,因为——
正如雅克布斯·克里斯蒂安、阿卜杜勒-拉赫曼·沙班达尔或
者奥拉夫·纳尔逊都可以作为证据——委任统治地的官员们很
快就把采取独立路线的地方领导人替换掉或驱逐了。这些年
间,除了伊拉克,每一个委任统治地的民族主义运动都被迫处
于守势。

委任统治委员会在遏制民族主义运动方面发挥了至关重要 192
的作用。尽管南非、法国和新西兰都十分不满该委员会的干预,
但在这三个例子中,国联的审查为这些国家提供了一种善后的
途径。南非在大多数情况下都未能利用这些机会,但法国和新
西兰都能利用监护话语来合理化其镇压行为,他们辩解:他们
是在保护"原始的"或仍然稚嫩的指控者免受煽动者的邪恶影
响或受累于自己的不成熟。

因而,委任统治制度实施的前六年是一个重大的意识形态
的创造与改变的时期,因为托管制度的这种"文明的"而且经
常是公开的种族定义的框架把"民族自决"从自由-国际主义
的舞台上推开了。这六年也是紧张的政治学习的时期,不但对
地方申诉者,而且对受委任统治国来说都是如此。由于很多原
因,包括设计这套制度时考虑了英国的殖民实践,以及英国最

受尊重的殖民研究权威同时也是委任统治委员会的重要成员，英国是这套制度的得意门生。然而，在监管开始之前，英国就已很幸运地见识了在委任统治地（也就是，在伊拉克）发生的最严重的叛乱；在 20 世纪 20 年代中期，英国的委任统治地都非常平静。曾经因卢格德的反对而感到恼怒的法国官员十多年以后很高兴地看到英国的大臣们因处置巴勒斯坦的阿拉伯人大起义（Arab Revolt）的做法而遭到委任统治委员会严厉批评时十分尴尬的样子。

然而，在那之前很久，英国轻松支配这一国际机制的局面便已经终结了。其原因很简单，德国在 1926 年加入了国联。从此以后，委任统治委员会将不得不比敦促受委任统治国遵守人道主义规则做得更多；它将不得不考虑能不能让这套机制至少能在最低限度上为其主要（而且仍然未和解的）失败者接受。1919 年，协约国已经转向国际主义，以让它们的帝国重获新生；然而，德国想利用这种国际主义来争取全球地位。德国将会挑战受委任统治国，以真正实现国际控制。

第三部分
新时代、新规范 （1927～1933）

引子：德国人加入国联

无论他们争吵什么，受委任统治国都能在一个事情上达成一致：委任统治委员会内一定不能有德国人。法国在这一点上感受非常强烈，法国驻布鲁塞尔大使在1924年9月对比利时外交部部长保罗·海曼斯说，德国人怎样才能做到承担这种角色所需的"完全公正"呢？[1]比利时政府同意这种看法，但认为最好不要在国联行政院公开提出这个问题，因为基于原则的讨论可能会有利于德国。[2]目前，他们将会按兵不动。

他们有理由感到担忧，因为德国正在寻求加入国联。在观察了法国占领鲁尔引发的经济混乱及随后的通货膨胀之后，外交部长古斯塔夫·施特雷泽曼（Gustav Stresemann）得出结论认为，德国只有摆脱其贱民身份，才能重建其经济并恢复其国际地位。但是，他知道，加入"胜利者俱乐部"在对德国边界的缩小和帝国的消失感到愤怒的右翼政党中是非常不受欢迎的。德国在1924年9月29日的照会阐明了其申请加入国联的条件和保留内容，明确表示期望在管理委任统治地区的工作中发挥一定作用。[3]在1925年秋季洛迦诺（Locarno）谈判期间，施特雷泽曼重申了德国的主张。

施特雷泽曼的殖民修正主义多么严重？有些证据表明，他正试图两面讨好。当英国外交大臣奥斯丁·张伯伦和法国外交部长阿里斯蒂德·白里安告知他受委任统治国都无意放弃它们的委任统治地，德国能做的最好是在出现这种可能时提供其服

务（大致和英国人对意大利说的一样），施特雷泽曼似乎非常
镇静。他打消了英国人和法国人对德国殖民宣传的担心，解释
说让极端主义者"释放精力"是明智的。[4]毫无疑问，他有足
够的勇气进行斗争，因为由激昂的海因里希·施内（Heinrich
Schnee）和平和的特奥多尔·塞茨（Theodor Seitz）（分别是前
德属东非和德属西南非洲总督）领导的三万多人组成的德国殖
民协会（German Colonial Association）认为，德国应该利用加入
国联之机坚持要求重新分割蛋糕。通过一连串的小册子、报纸
文章、公开会议、议会（Reichstag）辩论，甚至向国联提出申
诉，他们及他们的支持者们都反对德国被驱逐出帝国俱乐部，
对承认德国殖民暴行（或者他们所称的"殖民谎言"）的要求
进行抗议，把对处于受委任统治国管理之下的德国前领地遭忽
视描绘得极其严重，并敦促把某些领土转移作为德国加入国联
的条件。[5]

外交部非常明智，对这种杂音的大部分都不予理睬。"德国
为了加入国联承诺遵守委任统治制度，这一吁求没有被认真对
待"，外交部国际联盟处处长伯恩哈德·威廉·冯·布劳
（Bernhard Wilhelm von Bülow）写道。他还乖戾地补充说，是政
府，而不是殖民协会决定德国的对外政策。[6]然而，如果受委任
统治国之前能够听取威廉大街①（Wilhelmstrasse）发生的争论，
他们就不会感到安心。殖民游说团体希望要回他们的领土，但
外交部的目标稍微有些不同：重建德国在全球化的世界中的大
国地位。在过去，殖民地对于建立大国地位是极其重要的，但如
果归还殖民地是不可能的，他们将会寻找另一条道路。1924 ～

---

① 德国外交部所在地。——译者注

1926 年，有时经由与前殖民总督磋商，但有时也不与他们磋商，官员们就敲定了他们的战略。

首先，这一战略是以前多哥总督和 1924～1935 年任外交部殖民司司长埃德蒙·冯·布吕克纳（Edmund von Brückner）对德国殖民机会的聪明和极其务实的评估为基础的。布吕克纳认为，德国任何领地都不可能被归还。太平洋地区的委任统治地肯定是永久消失了，因为日本人把大量定居者送到他们被委任统治的岛屿，而新西兰和澳大利亚把他们的领地视为抵制日本对北方威胁的缓冲区。非洲的前景也不是很光明，就像英国一直渴望坦噶尼喀，为了实现开普敦到开罗的控制，南非也一直希望把德国和英国的保护领地并入其北部地区。确实，英国可能愿意德国人回到西非（至少作为一种对抗法国的缓冲），但其所属喀麦隆和多哥的部分太小，在没有更大的法属部分的情况下，没有太大用处，而法国人（更不用提比利时人了）从未打算归还任何东西。

但即便如此，布吕克纳也不是不抱任何希望的。在德国加入国联之前，他已经对英属喀麦隆的几乎所有德国人的种植园发起重购，到 1925 年时建立一个开发公司，在坦噶尼喀承担类似的收购。[7]而且，一旦加入国联并根据"门户开放"原则被赋予在委任统治地经商的权利，德国或许能"以经济方式渗透到我们的未归还的前保护领地……以至于将来这些领地归还德国不会成为不可能的事"。[8]在西南非洲，德国也可以通过进一步移民和经济援助支持现有的处于少数的德国人，以使这一领地，即使是处于南非的保护之下，变成"实质上德国的土地"。[9]

殖民协会主席特奥多尔·塞茨然后进行了评估，而且令外

197

交部吃惊的是，他也比预料的更加务实。确实，他非常重视宣传，这给外交部造成很大麻烦，而且对于成为国联成员国的好处的看法也不如布吕克纳乐观，他指出英国毕竟允许德国在他们的领地上进行贸易，而法国肯定会——无论"门户开放"的义务是什么——找到某种方式把德国排除在外。但是，特别是从对法国在多哥统治的直言不讳的不满中，塞茨也发现了乐观的理由。非常引人注目的是，他认为德国应该支持非洲人争取自治的那些愿望——因为多哥人肯定能够像利比亚人那样自己管理自己，而且，如果一旦给予自治，他们将会转向德国，寻求经济和政治指导。在西南非洲，德国也能派出移民，加强白人统治，然后随着时间推移，寻求推动这一地区走向更大程度的独立。通过支持民族自决的原则，换句话说，而不是仅仅要求得到一份殖民蛋糕，德国可以重新在其失去的殖民地获得影响力。[10]

外交部传阅了布吕克纳的备忘录和塞茨的备忘录，背后留下一串评论。[11]塞茨的评估不全被认为是有事实依据的，但官员们很欣赏他关于领土转移之可能性的现实主义看法，以及他们二人坚持采取积极的经济政策。大多数官员也一致认为，德国通往全球大国的道路要经过日内瓦。作为国联行政院唯一一个没有殖民帝国的大国，坚持严格履行平等的经济准入和限制帝国主权的公认的国联规则，这是符合德国利益的。如果领土控制的好处是有限的，德国的劣势将会降低。在遭到来自外部的令人沮丧的多年批评之后，德国必须成为委任统治制度最机警的守护者。

在德国成为国联成员国期间，其官员采取了一种四分部的帝国战略。第一，他们会毫不犹豫地捍卫德国的殖民主张和殖民记录，绝不可以公开承认永远离开其殖民地。第二，他们会支持德国参与国联在殖民地地区开展的科学、技术、公共健康以及文化活动，以重建德国在这些地区作为领导者的声誉。第三也是重要的，他们将会努力工作，利用国联的"门户开放"要求，并以与其贸易利益一致的方式，寻求恢复德国在东非和西非的强大地位并努力打开新几内亚市场。第四，也是同样重要的，他们会竭尽全力地反对受委任统治国家把委任统治地与它们的殖民帝国更紧密地捆绑在一起的任何行动，坚持它们作为处于国联集体控制之下并计划最终实现独立的自治领土的地位。

然而，为实现这些目标，德国在国联内必须非常强硬——特别是在委任统治委员会内部。在目睹了委任统治委员会发挥的作用，特别是法国在关于叙利亚的特别会议期间所承受的煎熬之后，威廉大街已得出结论认为，委任统治委员会是整个制度的关键。国联行政院太繁忙，国联大会太大，都不可能太把委任统治制度放在心上，但委任统治委员会的成员们——特别是"中立者"西奥多利、拉帕德和范里斯——已经表现出准备掀开每一个盖子和暴露每一个缺点的意愿。国联的监督，曾被德国斥为掩盖吞并的遮羞布的国联的监督正变得真实。含意是非常明显的。"如果我们希望在对受委任统治政府的监督方面赢得真正的影响力，我们必须从现在开始努力，获得一个在常设委任统治委员会的席位。"[12]

1926年9月，在日内瓦举行的年度国联大会上，德国获准加入国联。德国立即要求得到一个在常设委任统治委员会的席位。这一要求遭到拒绝，因为法国和比利时坚决反对，而且自治领——在该委员会也没有席位——预见到拒绝德国人的前景。

199

但英国的看法已经在改变了。"与完全排除它的参与相比，如果在委任统治委员会有其代表"，德国"很可能不是那么危险"；总的来说，英国殖民地部持谨慎的支持态度。[13]奥斯丁·张伯伦是不赞同的，但他同意以最可能促进欧洲和解的方式决定这一问题。[14]

埃里克·德拉蒙德爵士，和往常一样夹在中间，努力进行调解。他理解这一问题对于德国人来说是多么重要。[15]如果英国试图推迟增补一名德国籍成员的话，它将会犯下一个重大错误，德拉蒙德在日内瓦对威廉·奥姆斯比－戈尔（现任殖民地部副大臣）说。[16]然后，他回到伦敦，向张伯伦重复了这一警告。德拉蒙德争辩说，对施特雷泽曼来说，不但用常设委任统治委员会成员头衔反对他国内的极端主义者更容易，而且他还愿意在任命的人选问题上做出妥协；后来的德国政府可能不会那么容易通融。[17]张伯伦未被说服，但当英国驻柏林大使拜访德国外交部要求德国鉴于自治领的强烈情绪不要讨论这一问题时，他被毫不含糊地告知德国认为这样的要求非常不友好。[18]施特雷泽曼愿意（短暂）延后，但他并不打算放弃原来的主张。

在次年春天，随着来自殖民游说团体的压力的增强，德国驻伦敦、巴黎、布鲁塞尔和东京的大使们得到指示，再度提出这个问题。[19]除了日本政府外，其他都坚决反对，[20]但现在施特雷泽曼在国联行政院发挥着重要作用，承诺在6月国联行政院会议（图 III－1）上提出这一问题。[21]公开争执的预期、德拉蒙德持续不断的压力以及施特雷泽曼私下做出的德国籍成员不会像海因里希·施内（德国外交部也发现他是完全不可能的）那样成为一个直言不讳的修正主义者的承诺，慢慢改变了奥斯丁·张伯伦。[22]在德拉蒙德巧妙的安排下，这一问题被作为一个次要的预算问题提交到国联行政院，国联行政院只是要求批准这一任命，因为国联大会已经投票支持了这些经费。作为一种礼貌，征求了委任统治委员会的意见，张伯伦也表达了希望，即"它将会欢迎这种经过深思熟虑的增补"。阅读了这些乏味的备忘录的人都没有察觉到隐藏在里面的感情。[23]

但法国人和比利时人都非常愤怒，特别是在施特雷泽曼从日内瓦回国后在德意志帝国议会发表充满激情的演进宣称取得胜利时。[24]英国的态度是"无法理解的，无法解释的"，菲利普·贝特洛在法国外交部对比利时大使说。张伯伦之前曾反对任命一位德国人；现在，他在没有提前让任何人了解其意图的情况下改变了自己的立场。[25]德拉蒙德和西奥多利一直希望一位德国籍成员加入委任统治委员会，但同时也是非常敏感的，因为法国和比利时代表直截了当地拒绝合作。皮埃尔·奥尔茨在 1927 年夏季的委任统治委员会会议上坚持认为，他们是一个

200

III - 1 1927 年 3 月，国联行政院第 44 次会议，施特雷泽曼主持。坐在桌子上首位置的是：阿里斯蒂德·白里安、古斯塔夫·施特雷泽曼、埃里克·德拉蒙德和奥斯丁·张伯伦。

技术性机构，而这个问题是一个政治性的问题；他们没有什么好说的。当他的同事不同意他们的观点——或者，更糟糕地表示德国籍成员可能会做出某种非常有价值的贡献时，奥尔茨非常坦率地说，德国的殖民经验，如果有什么的话，也是不合格的。"德国为获得在委任统治委员会的一个席位而表现出来的热情是由于对委任统治制度特别关心并希望为维持《凡尔赛和约》确立的殖民机制做出贡献吗？"这几乎不可能，因为它最初提名的成员——他心中想的是施内——恰好是"体现德国反对殖民机制的那些人，而委任统治委员会构成了殖民机制的主要轮子"。如果国联行政院想要破坏委任统治制度，这就是他们的事情。委任统治委员会应该拒绝做出评论，并从备忘录中删除"这种糟糕讨论的所有痕迹"。拉帕德、范里斯和帕拉西奥斯进行的数小时的劝说完全未能改变奥尔茨和梅兰的看法，委任统治委员会只能这样记录，大多数都认为"任命一位新成员不存在技术性抗辩理由"，少数人鉴于"这一问题之政治特征"不发表看法。[26]

为在这个问题上达成一致，国联秘书处就把谁任命到这一职位上进行了棘手的协商。[27]根据施特雷泽曼的建议选择的是路德维希·卡斯特尔，49 岁，律师，德国全国工业联合会（National Federation of German Industries）领薪水的常务董事（图III-2）。卡斯特尔拥有丰富的殖民经验足以胜任专家——他曾经任德属西南非洲行政当局的助理财务主管，就德国的财产和利益与占领当局进行谈判一直工作到 1920 年——但他本质上是一个工业说客和财政专家。他在战争后领导着德国财政部赔款处并参与了道威斯计划（Dawes Plan）的谈判，与他一起工作的协约国官员发现他很务实、高效而且精明。[28]卡斯特尔

201

202

于 1930 年离职，因为不能再保留他在德国全国工业联合会的工作两年了，另外一位非常像他的人——尤利乌斯·鲁佩尔（Julius Ruppel），战前曾在喀麦隆政府内服务但在 1924 年之后在赔款委员会工作了 6 年——无缝地取代了他。[29] 令人欣慰的是，一位德国全国工业联合会的秘书负责两人与国联秘书处之间的联系。

图 III-2　路德维希·卡斯特尔。

卡斯特尔的任命并不受殖民游说团体的欢迎。[30] 他们之前希望用他们自己的前总督中的一位来平衡卢格德，而且特别希望看到施内正面迎击敌人。（施内也不知羞耻地游说争取这一职位。）[31] 然而，德国外交部发现卡斯特尔非常优秀，而且事实确实如此。虽然极其繁忙，卡斯特尔还是一丝不苟地为每一次会议进行了准备，对任何批评德国殖民记录的意见都提出质疑

（应该暗示坦噶尼喀总督避免在未来做出这种声明，英国殖民地部指出），[32]努力争取让德国医生进入卢旺达，让德国的考古学家进入伊拉克，审查贸易协定和特许权以确保它们不会把德国排除在外或者违犯"门户开放"原则，并在柏林定期会见外交部官员和前总督以协调对任何兼并主义行动的反应。卡斯特尔正确的方式、完全传统的"土著政策"的看法以及公平公正的态度都使他免受公开的攻击。与此同时，如同德国外交部所指出的，他的存在加强了委任统治委员会中"中立者"的力量，并帮助它朝更加重要和独立的方向前进。[33]英国和法国之间的分歧开始看起来不像受委任统治国和非受委任统治国之间——甚或帝国控制原则和国际控制原则之间的分歧那样深刻。未来，不但南非和法国的代表，而且英国和比利时的代表都会被迫处于守势。

因而我们可以把 1927～1933 年视为委任统治制度最具创新性的时期。在这一时期，德国的加入、意大利的修正主义、紧张的大国外交，以及不断加深的经济和政治的不确定性，在迄今为止很大程度上致力于调解和合法化英国和法国的地缘政治目标的制度上炸开一个口子。突然间规则改变了，因为现在委任统治制度需要赢得迄今为止没有分到一份蛋糕的帝国的支持。由于受到其德国籍、意大利籍以及"中立的"成员的压力，委任统治委员会将会超越卢格德主义的理想，尝试加强以下两个203 核心的原则，这套制度就是以它们为基础建立起来的：受委任统治国在委任统治地并不拥有主权，以及贸易和劳动必须是"自由的"。特别是德国的同意将决定国联能够在多大程度上使这些规则被接受。

这些努力成败参半。如第 7 章所示，常设委任统治委员会确实成功地阻止了比利时、南非和英国的兼并主义行动，迫使国联行政院支持各帝国在委任统治地不拥有主权的原则。或者准确地说，它们拥有的不是法律意义上或政治意义上的主权；我们称为经济主权的东西不受限制地迅速发展起来。确实，如同两次大战之间的卢旺达——第8章进行讨论——所显示的那样，严格的国际审查使得比利时人加强了经济控制，停止了作为"土著习俗"的强制性和压榨性的劳动实践。法律主权和经济控制的脱钩含蓄地提出了一个问题：无论如何，可以为委任统治地——以及隐含地，为各殖民地——设想什么样的"独立"？正如我们将在第9章看到的，英国在1929年为这个问题提供了一种答案。通过寻求国联承认作为一个"独立"国家的伊拉克，尽管伊拉克的油田和机场依然在很大程度上处于英国控制之下，英国试图争取国际上赞同这种形式的独立，即在正式的帝国消失之后仍然能够捍卫地缘政治利益。在这个变幻无常的时期，在来自修正主义国家的压力下，我们开始瞥见世界上规范国家主权的一些轮廓，即便是1945年后伴随着国家能力的减弱。

1927年10月24日，路德维希·卡斯特尔参加了委任统治委员会第十二次会议开幕式。这个夏季的"糟糕的讨论"已体现在印制好的备忘录中，卡斯特尔很清楚地知道他的一些新同事，特别是奥尔茨和梅兰如何看待自己的存在。"你是1914年以来和我说过话的第一位德国人，"奥尔茨直截了当地对卡斯特尔说。"幸运的是，我是一个好脾气的人，"卡斯特尔回答道，"我建议你以后对谁说话都要小心点。"在这次会议剩下的时间里，奥尔茨刻意保持着热情友好。[34]这是一个全新的世界。

第 7 章 围绕主权的斗争

> 正如我们所遵循的，主权国家的传统要求其公民至高无上的奉献精神，世界还没有认识到新形式的政治组织的可能性……
>
> 乔治·路易斯·比尔，《说英语的民族》，第 ix 页[1]

204 委任统治制度引发的主权问题是争议性最大的。这套制度据称是替代和阻碍兼并的——也就是说，否认征服国家的完全主权——但无论《国联盟约》还是关键性的 1920 年 8 月的《海曼斯报告》都没有界定其特征和明确主权存在于哪里。[2]难点不仅仅是法律问题非常复杂，尽管它确实很复杂。难点还在于受委任统治国不愿意让它得到解决。确实，英国和法国承认他们在中东行使了主权，但并不拥有主权，但受委任统治国谈及前德国领地的事情都模棱两可。官方声明有的是咄咄逼人的，有的是含混不清的，还有的是相互矛盾的。只有南非公开主张在西南非洲的主权，但由于其他受委任统治国中有一些也希望把这些地区并入它们正式的帝国之中，它们不希望探究法律上的障碍。英国人甚至说法都不一致。因而，尽管劳合·乔治政府中的一位低级官员在 1922 年公开确认被委任统治地区"不是……国王陛下的自治领的组成部分"[3]（德国外交部非常小心地指出了这一声明），A. J. 贝尔福同年对国联行政院说，委任统治制度只是"征服者在被征服领地上行使主权自我施加的限制"——这并不是一种严格的构想。[4] 直到德国加入国联，国联行政院都在竭尽全力回避这个问题。

政治上不清晰，法学家开始发挥作用了。到 1930 年，当芝加哥大学法学教授昆西·赖特出版其经典的研究成果《国际联盟治下的委任统治地》时，他指出已经有十种不同的理论。他承认，其中大多数理论是以下四种主张的变体或结合：主权是由相关协约国所拥有的，德国已经把其殖民地交给它们；它是由受委任统治国所拥有的；它是由作为监督机构的国联所拥有的；以及它是由委任统治地自己的人民所拥有的，虽然只是以潜在的形式。不同的专家坚持不同的看法，国家利益和法律推理之间存在明显的相关性。因而，尽管许多英国和美国学者宣称主权是由协约国所拥有的，有时与国联共同拥有（它们已经控制了这两种情况），但法国专家倾向于主权由受委任统治国和委任统治地的人民共同拥有这种看法。德国和奥地利法学家通常更倾向于坚持国联的主权，只有在这种方案之下德国才可以期望从规划中谋取一份。没有人向常设国际法庭提出这个问题，所以这些理论可以不断出现。[5]

不同于国联行政院，委任统治委员会无法回避思考基础性的问题，到 20 世纪 20 年代中期已经实际上达成一致，无论主权可能归属何处，它都不属于受委任统治国。这样一个主要由持保守观点的欧洲前殖民官员组成的机构，在这个问题上采取非常坚定的立场，需要某种解释。因为他们中一些人的个人信仰绝不是反帝国主义的，在大多数情况下甚至也不是国际主义的。例如，奥尔茨在 1926 年就对卢格德说，只要他在常设委任统治委员会，他就会忠于职守，但他实际上并不相信委任统治制度，而是认为最好兼并前德属领地——而且人们可以推测，马夏尔·梅兰也持相同的看法。[6]卢格德对西奥多利的委任统治制度是国际法之下全新的东西的说法持强烈反对意见，更愿意把它仅仅视为英国"最佳实践"的扩展。[7]这些人都不打算推翻欧洲各帝国。

然而，委任统治委员会——甚至其大多数保守的成员——也都受到深刻的文本主义的限制。它有责任支持《国联盟约》和委任统治制度的权威；实际上，它自己的权威也是植根于这些文本的。因而，在研究各种报告、申诉书和问题时，委任统治委员会转而求助于诠释，真实世界的信息与最初的意图经常是背离的。随着对一个又一个棘手问题做出裁决，一种判例法慢慢地发展起来。通过裁定必须给予这些领地上的居民明确的国籍身份，受委任统治国被迫视委任统治地为独立的，特别是受委任统治国不能主张这些土地的所有权，慢慢地但毫无疑问，委任统治委员会详细说明委任统治地在国际法之下清晰和独立的地位。有一个人把这种论点推得更远——他就是委任统治委员会来自荷兰的成员丹尼尔·弗朗索瓦斯·威廉·范里斯。

尽管带着学究气，社交方面很低能，明显没有其他责任或束缚，范里斯依然是委任统治委员会最善言辞的，也是最勤奋的成员。他的很多同事都抱怨委任统治委员会工作繁重和出差多。范里斯从不抱怨。在1921年获得任命时，他迅速在蒙特勒（Montreux）附近租了房子，在国联秘书处对拉帕德说，他打算把大量时间用于他的新职责。[8]当常设委任统治委员会在其早期会议上按照各种专题划分责任时，范里斯非常热切地选择了最复杂的专题——一般行政管理和土地法——而且，不同于他的一些同事，他还花费了许多很明显对他来说很幸福的时光，钻研法律文本，并用他几乎无法辨认的笔迹撰写篇幅冗长和错综复杂的备忘录。[9]是范里斯坚决要求拉帕德编制关于委任统治制度的重要文章的月度档案并把他们送达所有成员（梅兰说，不要费心地把它们送给我），[10]是范里斯反驳了对常设委任统治委员会权威的任何挑战。范里斯对待委任统治部的成员就像对待个人秘书一样，不断打电话给他们，请他们提供特定的文件。他不想自己的报告占用委任统治委员会的全部时间，而是威吓他的同事批准这些报告。[11]他毫无疑问是个讨厌鬼，但在确立受委任统治国在委任统治地"没有主权"这一原则上他贡献最大。

国际主义信念与他的坚持没有什么关系。范里斯是"生活在殖民地的宗主国居民"，出生在印度尼西亚，是荷兰东印度总督的儿子，直到1914年退休，他一直在这里服务。确实，他很明显对民族自决毫无同情心而且也远离大国阴谋的事实，为他的思考提供了额外的力量。例如，卢格德认为西奥多利是一个善于操纵别人的阴谋家，只是为了意大利的利益（并不是完全没有理由的），但认为范里斯是值得信赖的、公正的，他还建议把荷兰人在1928年完成的两卷本研究成果作为关于委任统治法的权威文本。[12]而在读完关于《凡尔赛和约》的各种法律意见书和相关文章之后，范里斯1922年12月已经得出结论，在他撰写的第一份关于被转移领地上土地的法律地位的重要备忘录中，受委任统治国是没有主权的。它们只拥有受托者的权力，也就是行政管理权。[13]范里斯并不主张主权取决于国联，"这是一个经常存在不同看法的棘手问题"，[14]但坚持主张《凡尔赛和约》中规定每一领地的所有权"将会移交"给一指定的"具备此种能力"（也就是作为受委任统治国）的受委任统治国的各段落，只能被理解成该领地不是被转移到受委任统治国的主权之下，而是转移到其托管之下。[15] 接下来一年，委任统治委员会同意了这种观点——而且，重要的是，要求受委任统治国修改所有主张主权的土地立法。[16] 英国和法国表示赞同，但直到1925年，比利时、日本、澳大利亚、南非和新西兰（除新西兰外所有国家都倾向于在领地上安置它们的国民）都未对常设委任统治委员会的要求做出反应。[17] 范里斯可能政治上太天真了，以至于认识不到这一点，但他已经让常设委任统治委员会走上与受委任统治国冲突的道路。

正是在这个时刻，德国寻求加入国联。这种前景不可避免地使协约国的兼并主义欲望再度燃起。先例和法律主义，就和信念一样，会推动常设委任统治委员会抵制这些发展，因德国加入而造成的开放性强化了抵制的能力。1925～1931年，委任统治委员会应对了三次兼并主义的挑战——比利时把卢旺达和布隆迪与其刚果殖民地更紧密地捆绑在一起的法律，南非直接宣称对西南非洲的主权，以及英国把坦噶尼喀与其邻近的肯尼亚和乌干达殖民地组成联邦的计划——以及英国领导的一场对其权威进行的公开的、协调一致的和有预谋的攻击。走出这一时期的考验的委任统治委员会变得更加团结了，非主权的规范也得到强化，这是由于多种因素的综合影响，尤其是 D. F. W. 范里斯的不屈不挠。

1925 年 8 月 21 日的比利时法律

比利时对其委任统治地区的控制是很虚弱的。或许由于这个原因，它对其权利也特别敏感。1917 年，皮埃尔·奥尔茨明确表示，比利时希望全权控制赋予它的所有领地，殖民地部只勉强同意他们的居民不应该被视为比利时的国民。还要记住，比利时利用早期对于委任统治制度之命运的不确定性，将允许比利时把卢旺达和布隆迪与邻近的殖民领地合并到一个行政联盟的条款塞进这套制度。[18]在1924年，当委任统治制度最终完全生效时，布鲁塞尔和乌松布拉（Usumbura）的官员们迅速采取行动加强他们的控制。

对德国之要求的担心和对英国的不信任推动他们采取这种行动。比利时外交部密切监视着德国的媒体，并在1924年后期得出结论认为，殖民游说团体的煽动正在发挥作用。甚至在1914年之前，英国已经倾向于尝试以牺牲小国（特别是葡萄牙）为代价绥靖德国；10年后，一个有6000万人口的国家需要为其人口及其产品寻找出路这种论调再次赢得了人们的同情心。"一点一点地，在世界范围内，"一位政府官员警告说，"看法变得越来越有利于德国的殖民愿望。"[19]在乌松布拉，比利时的卢旺达和布隆迪事务皇家专员阿尔弗雷德·马尔佐拉蒂（Alfred Marzorati）越来越担心了。这两个领地为比利时属刚果提供了许多——额外的粮食供应、加丹加（Katanga）矿业需要的劳动力——但媒体似乎认为它们很快就会被归还德国。马尔佐拉蒂建议，应竭尽所能把这些地区并入比属刚果，但如果它们不可避免地会被交还德国，至少也应该采取措施确保可以接受的边界。[20]

殖民地部部长迅速致函以制止马尔佐拉蒂的失败主义情绪。在任何情况下，比利时都不会宣布放弃委任统治地。[21]殖民地部秘书长和在常设委任统治委员会存在期间代表比利时的阿勒维克·德·霍伊施开始致力于一种持久的解决办法。在他的敦促下，比利时殖民地部部长要求马尔佐拉蒂和刚果总督考虑合并他们的行政管理。当他们利用比属刚果现有的法律、机构

（institutions）和经验时，在较小的和相对欠发达的委任统治地维持一个独立的政权真的有意义吗？[22]

马尔佐拉蒂认为这是一个好想法。新领地有很多问题需要处理：刑罚制度非常糟糕，教育未充分发展，公共工程极少，而且，对土著的权威也很虚弱。政府拥有维持和平所需要的人员和资源，但真正"让我们文明开化工作浸润其人口"，还需要增强其经济能力。行政同盟是至关重要的，因为这里可以"安置我们的国民，比利时的资本和商业也可以向这一地区渗透，从而有效地与刚果连接在一起"。[23]阿勒维克完全同意这种看法，当驻布隆迪的皇家专员皮埃尔·里克曼斯（Pierre Ryckmans）（也是马尔佐拉蒂的直接下属）质疑这一计划的好处时，他竟强烈要求对方闭嘴。鉴于德国重新返回欧洲舞台，比利时需要把这些委任统治地与刚果捆绑在一起，但把这些理由暴露在大庭广众之下将会是很危险的。[24]因而，比利时政府在 1925 年初出台法案，把这些领地置于刚果的管理之下。此后，驻卢旺达和布隆迪的皇家专员将成为对刚果总督负责的地方总督。

德国把这些行动解释成走向兼并的一步。1925 年 3 月 28 日，德国外交部向比利时政府发出抗议，声称比利时的法案违反了《国联盟约》第 22 条的规定，因而也违背了《凡尔赛和约》，德国也是和约的签约国。[25]比利时政府拒绝接受这一交涉。比利时外交部部长保罗·海曼斯言辞激烈地对德国大使说，德国已经把其殖民地交给协约国，甚至没有权利开启这样的讨论。[26]受到羞辱之后，德国大使撤回了抗议，[27]比利时政府匆忙在议会通过新的法案——只是在两个月之后发现德国并没有停下脚步。它只是将申诉转向了日内瓦。

在洛迦诺会议（这是一个敏感的时刻，所有各方都热切地表现出和解精神）前夕，德国在 1925 年 9 月 16 日发出的照会，小心地瞄准委任统治委员会敏感和关注的问题。这份照会没有提及德国的殖民诉求；相反，它强调了比利时的法律与《国联盟约》的不相容。这份照会指责道，卢旺达 - 布隆迪将不再是"国际法意义上的个体"，而是变成仅仅一个省，其居民将会实际上变成比利时臣民。确实，委任统治制度本身允许建立行政联盟，但比利时提出的法律走得更远了，把委任统治地也包含在更大的殖民地之内了。德国声称，国联必须保护委任统治制度免受"暗中兼并"的法律行动之影响。[28] 德拉蒙德及时在国联行政院所有成员当中传阅了德国的照会——但当比利时抗议德国在这一问题上没有发言权时，德拉蒙德承诺没有国联行政院的要求，常设委任统治委员会不会讨论这一问题。[29]

由于仍然没有一位来自德国的成员，委任统治委员会因而发现自己处境敏感。按照计划，委任统治委员会在其第七次会议上审查了比利时关于卢旺达和布隆迪的报告，这项工作于 1925 年 10 月 19 日在日内瓦才开始。其成员都充分注意到了关于比利时新法律的论战。然而，国联行政院没有要求委任统治委员会审查德国的照会，而且比利时人自己也坚持认为这是无法接受的。因而，尽管常设委任统治委员会可以就新法律质询比利时代表，但其成员们——除了意大利人西奥多利，他总是无所顾忌地发表意见——都认为应该避免提及德国的主张。

然而，无论如何，德国指控比利时正试图"掩盖兼并"，主导了这次争论，委任统治委员会严格审视了这部法律中所有有问题的词语。为把这些解释清楚，阿勒维克·德·霍伊施一点一点地做出让步。比利时无意兼并这些领地；它将会维持它们不同的"法律人格"；它不认为它们的居民是比利时的臣民；它将保持完全独立的财务账户和立法记录；它将把这些提交常设委任统治委员会。国联勤勉的速记员记录下每一个承诺，委任统治委员会也告诉国联行政院，这些保证现在必须被视为"对这一［法律］文本的授权解释"。[30]随后，瑞典外交部部长厄斯滕·温登（Östen Undén）在接下来的国联行政院会议上把阿勒维克的承诺加入了记录，并得出结论，他们已经驱散了对"可能的秘密兼并"的担心。[31]参加会议的所有人都知道，比利时确实希望兼并这些领地但已经被暗算了。

于是，在常设委任统治委员会的压力下，国联行政院迫使比利时承认这些委任统治地根据国际法有明确的地位。由于能够通过它们驻日内瓦的领事（一个明显同国联秘书处有合作的人）了解委任统治委员会私下的讨论，所以德国外交部能够庆祝自己的成功。[32]由于深受责任心和独立性的影响，委任统治委员会增加一位德国籍成员想法变得更加坚定。

委任统治委员会的权力，1926 年

但是，还值得拥有常设委任统治委员会的一个席位吗？在关于比利时法律的争论一年后，即国联行政院答应施特雷泽曼的请求之前六个月，委任统治委员会发现自己受到它所服务的机构的攻击。在 1926 年 9 月，受委任统治国的外交部部长们联合起来谴责常设委任统治委员会的审判倾向并寻求减少其影响范围。这是常设委任统治委员会在其存在的 20 年中将要面对的、对其权力最严重的攻击，这对于英国（通常也是委任统治委员会最忠实的朋友）的领导和组织来说也是最棘手的。然而，出乎意料，这一冲突——如果说受委任统治国正式取得胜利——反

而提升了委任统治委员会的信誉和合法性，它将再也不会受到
这样的挑战。这一斗争是如何发生的？它意味着什么？

德国外交部整个 1926 年一直关注着这一冲突，认为受委任
统治国希望在一位德国籍成员加入之前降低委任统治委员会的
影响，但这只是问题的一部分。[33]对常设委任统治委员会的不
满已经酝酿了很长时间。在 1923 年 12 月的国联行政院会议上，
法国代表加布里埃尔·阿诺托（Gabriel Hanotaux）已经表示，
委任统治委员会是倾向于超越其权力的（范里斯提交了一份冗
长的备忘录作为回应，为其工作的每一部分都引证了文本），[34]
驻伦敦的遥远的自治领政府的高级专员也同意这一点。[35]国联
行政院的回应是，讨论常设委任统治委员会的工作时邀请所有
受委任统治国参与其中，但直到 1925 年，英国稳固的支持使这
种不满受到抑制。

1925 年，这种情况发生了变化，英国新的保守党首相斯坦
利·鲍德温（Stanley Baldwin）任命奥斯丁·张伯伦为外交大
臣。具有讽刺意味的是，张伯伦，这位在重建欧洲友好和提升
国联权威方面比两次世界大战之间其他外交大臣做得都要多的
人，带给委任统治委员会最糟糕的几个月时间。张伯伦出席国
联行政院和国联大会（之前经常是由罗伯特·塞西尔爵士处理
的），但他这么做是因为他认为国联是一个更新过的欧洲同盟，
不是小国的代表、空想的社会改良家、各种煽动家召唤大国承
担责任的法庭。一点都不令人惊讶，他发现委任统治委员会的
行动主义非常令人担忧。当西奥多利在 1925 年 12 月提到委任
统治委员会一些成员想对巴勒斯坦进行一次"视察访问"时，
张伯伦大吃一惊并立刻打消了其可能性，[36]他在听说常设委任
统治委员会把他们关于申诉书的报告交给申诉者本人时也很震

惊。（在处理少数民族制度下的申诉时，国联行政院只处理了受

212 到关注的国家，从未对申诉者做出回应。）[37] 在这个夏末，当常设委任统治委员会向国联行政院转交一份供受委任统治国撰写报告使用的新的调查表，并提出是否应该亲自倾听申诉者的申诉这个问题时，他认为事情已走得足够远了。[38]

1926 年 9 月 3 日的国联行政院会议是公开举行的，因此日内瓦记者团见证了值得珍视的政治大戏中的一个。张伯伦指责道，提交的调查表比之前使用的调查表"更加详细，更像审问"，而且他也看到了对于这一调查表的"强烈抗议"。在他看来，"其他国联成员也有同样的情感"，委任统治委员会正试图"扩展其权威，使治理权不再掌握在受委任统治国手中而是掌握在委任统治委员会手中"——这一行动"并非《国联盟约》的意图"。更糟糕的是委任统治委员会倾听申诉者的声音这个"非常极端的建议"——他认为是"不明智的、鲁莽的，甚至是危险的"。其他国家的代表，提前获悉张伯伦的攻击，很热切地追随他的行动。一个接一个，法国的阿里斯蒂德·白里安、日本的石井菊次郎（Viscount Ishii）、比利时的埃米尔·王德威尔德（Emile Vandervelde）、新西兰的弗朗西斯·贝尔（Frances Bell）爵士以及南非的 J. S. 斯米特（J. S. Smit）都称赞张伯伦"的明智言论"，警告不要因为"心怀不满"或"不值得尊重"滥用申诉权，并表达了他们对委任统治委员会偏爱"细微调查"感到沮丧。出席委任统治委员会会议的范里斯被这股尖刻无情的批评潮惊呆了。他反驳说，委任统治委员会并未超越赋予它的职责。它一直是"以一种非常友好的合作精神"与受委任统治国一起开展工作的。张伯伦的批评"完全不符合事实"，而且"只会对委任统治委员会的所有成员产生痛苦的影响"。[39]

　　一回到伦敦，张伯伦继续推进。他在一份不公开的备忘录中写道，整个委任统治制度似乎被引向错误的道路上。协约国从未打算在欧洲各帝国之上"创造一个更高的管理委员会"，而是"让世界确信利奥波德二世王（King Leopold II）在刚果的滥权行为不会在其他地方重演"——对他们职责的狭窄界定肯定会让常设委任统治委员会感到震惊。[40] 于是，英国外交部法律顾问塞西尔·赫斯特（Cecil Hurst）爵士为张伯伦草拟了一份备忘录带给参加 1926 年帝国会议的自治领总理。这份文件也是英国在 11 月 8 日发给国联的照会，它又引用《国联盟约》文本（这个文本是赫斯特帮助拟订的）和海曼斯的里程碑式的 1920 年报告，指出受委任统治国在它们的领地上应该享有"充分的主权"。尽管国联行政院的任务确实是监督它们的工作，但"并没有要求它检查和审查行政管理的每一个微不足道的细节，它也不可能履行这样一种无比艰巨的工作"。[41] 支持张伯伦发起攻击的自治领的总理们完全同意这一点。[42] 法国和比利时也完全同意，德·凯甚至希望现在停止出版常设委任统治委员会会议记录。[43] 所有受委任统治国都报告称，它们发现这份民意调查表和倾听申诉者想法的建议是容易招惹是非的，也是不必要的。[44]

　　国联行政院在这种猛烈攻击下低头了。在下一次会议上，它将会证实常设委任统治委员会没有必要修改申诉程序。[45] 民意调查表也被送回了，委任统治委员会一致认为受委任统治国不必使用它。[46] 但如果仅凭这两项革新被拒绝得出常设委任统治委员会被驯服了的结论可能会是错误的；相反，这种争议提升了其凝聚力和地位。就像一块在山坡上滚动的鹅卵石，张伯伦的干预让英国支持者、委任统治委员会自身以及更广泛的国

213

际公众展开大量的谈话。常设委任统治委员会更加团结了，对英国之赞助的依赖降低了，而且获得了更高的公众声誉——这是张伯伦本该预见到的一种结果，如果他对他所攻击的实践的历史有所注意的话。

激起他的愤怒的这两个过程——民意调查和申诉——很大程度上是英国创造的。张伯伦的同事、副殖民地大臣奥姆斯比-戈尔推进申诉程序；卢格德、奥尔茨和范里斯编制了新的民意调查表（卢格德甚至撰写了前言）；[47] 还有，关于倾听申诉者的想法也是卢格德提出的。确实，最后一个建议每隔一段时间就会提出，拉帕德、奥尔茨以及西奥多利都在某种程度上表达了谨慎的支持，[48] 但正是卢格德不顾马夏尔·梅兰的强烈反对，强力推动了这一议题。卢格德拥有合理的公平竞争的意识且能判断自己何时被欺骗，委任统治委员会做出的不在罗马特别会议上倾听叙利亚代表团想法的决定已让他感到困扰。[49] 他在不久之后对自己的同事们说，他并不希望把委任统治地变成"反对已经确立之权威的骚乱中心和可能的种族对立的中心"，但他发现在倾听受委任统治国代表的声音时"很难不受申诉者的否认的影响做到完全公正"。[50] 他对自己的判断充满信心，卢格德也不喜欢他的一些同事对国联行政院表现出的焦虑，更不用说胆怯了。他在 1926 年夏季的会议上对他们说，委任统治委员会没有必要"乞求国联行政院赋予它倾听某些申诉者之意见的权利"，只是需要确定国联行政院是否希望他们倾听申诉者的意见，如果它们不能履行其责任的话。从个人角度，他说，"良心不允许他在没有倾听申诉者意见的情况下表达自己的看法"。[51]

在攻击常设委任统治委员会时，张伯伦也攻击了卢格德——并进而削弱了英国珍视的作为国联的受委任统治国之

模范的声誉。直到张伯伦卷入其中，英国外交部一直试图与
国联保持一致；实际上，其官员甚至已经准备考虑赋予常设
委任统治委员会倾听申诉者意见的权利。[52]现在，英国已经
暴露出它不过是另一个帝国主义国家——这种海德先生一样
的转变，令许多大英帝国统治观察家们震惊但绝不出乎意
料。全球的报纸都报道了这次争吵，如果英国、法国和比利
时的一些保守派的报纸为张伯伦辩护的话，《华盛顿邮报》、
《人道报》（L'Humanité）、《全德意志报》（Deutsche Allgemeine
Zeitung）以及《印度社会改革家》（Indian Social Reformer）则
一致认为这暴露了帝国主义国家的兼并愿望。[53]英国的自由主
义者和国际主义者感到震惊。在日内瓦出席即将于国联行政院
结束几天后开幕的国联大会的 J. H. 哈里斯立刻会见了拉帕德和
瑞典代表安娜·布格 - 维克塞尔，发现这两人都“怒火中
烧”。[54]他向西德尼·奥利维尔（Sidney Olivier）报告说，反奴
隶制协会“只是不能在遭受常设委任统治委员会的这种指责时
逆来顺受”。[55]

　　自由意见形成的整套装置都动员起来了。国际联盟的委任
统治委员会就这个问题进行了四次会谈（一次是与卢格德），
访问英国外交部，以及——一旦英国外交部的照会被发布出
来——发表委任统治委员会的辩护。民主控制联合会（Union of
Democratic Control）做了同样的事情。信件纷纷寄给各报纸。
这场争论波及议会两院。[56]实话实说，英国批评家谴责张伯伦
的行为，不仅因为他们希望捍卫国联，还因为他们想当然地认
为英国应该为模范的殖民实践“设定标准”并为“落后”或
“止步不前”的国家“指引道路”。[57]国内如此规模的批评迫使
英国立场出现后退。罗伯特·塞西尔勋爵在上议院和威廉·奥

姆斯比－戈尔在下议院被授权宣布，作为良好的国联人，"竭尽
全力支持常设委任统治委员会的权力，它的工作，英国政府无
意在世界上进行阻碍，或者干预，或者做其他事情"。[58]

　　但是，伤害——或者，从国际主义的观点看，好处——已
经造成了。在日内瓦，委任统治部的亨廷顿·吉尔克里斯特已
经审核了英国的照会，并得出结论认为其论点是以对文件的有
偏见的和片面的阅读为基础的。委任统治委员会被明确地指定
负责监督委任统治制度文本规定的所有职责的实施，而且他们
在从事这一工作时具有"良好的判断力和明智的自由裁量权"，
值得国联行政院的完全信任。[59]常设委任统治委员会——对张
伯伦的攻击"非常恼火"，奥姆斯比－戈尔从日内瓦报告
说[60]——也认为它自己是无可指责的，甚至小心谨慎的德拉蒙
德也同意这种看法。奥姆斯比－戈尔将会竭尽全力修补关系，
但委任统治委员会对英国人再也不会那么恭敬了。

　　相反，它形成了新的团结与权力意识。委任统治委员会过
去经常强调其与国家之间关系的独立性。现在，它开始信奉其
自己的主张了。1926 年 11 月 4 日，在常设委任统治委员会第十
次会议开幕的公开会议上，范里斯因驳斥国联行政院的批评而
受到同事们的热情赞扬——来自英国和法国的成员也加入其中
了，正在观望的记者们敏锐地注意到了这种喝彩声。然后，拉
帕德还就常设委任统治委员会履行其义务发表了一长篇演说，
不管大国可能会多么"不友善"，西奥多利感谢公众舆论和媒
体的"勤勉和兴趣"。[61]当然，并不是一切都是完全和谐的。奥
尔茨依然憎恨一位德国籍成员的想法；梅兰仍然为法国辩护，
无论它做了什么。然而，常设委任统治委员会已经认识到，从
整体上看，它代表的东西比个人集合在一起所代表的东西要多，

比民族国家能够代表的要少。相反，它代表着国际控制的原则。由于具有这种自我意识（self-consciousness），而且很快德国籍成员加入了，常设委任统治委员会愿意把反兼并主义的主张推进得更远。

西南非洲的港口和铁路，1926～1930 年

这一次，它将会面对南非。它与南非的关系早已令人担忧。委任统治委员会的许多成员认为南非的"土著政策"是非常糟糕的，但南非人经常表现得像他们的领地压根就未处于委任统治之下一样。通过他们在 20 世纪 30 年代初的行动——运送殖民者、赋予这一领地上全部德国人口以英国国籍以及建立完全由白人组成的立法会议——南非明确表示西南非洲并入联邦是不可避免的。如我们已经看到的，委任统治委员会对具体的政策和整个计划都不赞成，但这种不赞成毫无作用。南非不愿让委任统治委员会妨碍它的天命。

最令人恼怒的是，南非倾向于通过包含主权诉求的法案。第一个挑战出现在 1922 年，联邦宣称对该领地的铁路和港口有"完全支配权"。常设委任统治委员会于 1923 年和 1925 年两次要求南非代表准确阐明"完全支配权"意味着什么。尽管南非就其对委任统治制度的忠诚做出了安抚性声明，但它不会改变这一法律中的措辞。[62] 到 1926 年，范里斯对这种推诿搪塞已经变得非常暴躁。"完全支配权"一词意味着所有权，他在这一年 6 月的第九次会议上对南非高级专员 J. S. 斯米特说，但这些前德国的铁路被移交给的只是作为受托者的南非。因而，"被移交的不是完全的支配权，而是管理权或行政管理权"。所有其他受委任统治国都承认，国有土地和前德国的财产现在归委任统

216

治地所拥有。没有人坚持认为——就像斯米特所做的——只有
拥有完整的所有权才能行使管理。[63]因而，南非应该修订其
《铁路和港口法》，以明确它在该领地并不拥有主权。[64]

对常设委任统治委员会来说，特别是对范里斯来说，不幸
的是，这一要求恰好在国联行政院会议前提出来的，张伯伦正
是在这次会议上攻击常设委任统治委员会爱管闲事——这种吵
闹为斯米特发起攻击提供了绝佳机会。"丙类"委任统治制度
下的领地是"受委任统治国之领土不可分割的组成部分"，他
对国联行政院说。常设委任统治委员会确实无权"在受委任统
治国自己的领土上调查其政策"。[65]当然，《国联盟约》实际上
已经规定，"丙类"领地可以作为受委任统治国之领土不可分
割的组成部分进行管理，不是说它们是不可分割的组成部分，
但国联行政院成员都没戳穿斯米特的老底。同月，斯米特对国
联大会说，西南非洲实际上是南非自治领（Dominion of South
Africa）的一部分——尽管这一案例中意大利代表团进行了干
预，坚持主张"作为"这个小词的极端重要性。[66]在大约同时
期与安哥拉谈判的边界协定中，南非直截了当地表示，"根
据……委任统治制度文本的措辞"，它"拥有对西南非洲领地
的主权"。[67]

然而，如果南非政府认为常设委任统治委员会同意这样的
表述获得通过的话，它是被欺骗的。相反，委任统治委员会团
结在范里斯及其对义务的固执的理解周围。尽管西南非洲并未
被安排在这一年11月的常设委任统治委员会第十次会议上进行
审核，委任统治委员会还是审查了《南非－安哥拉条约》，告
诉国联行政院它怀疑"像'拥有主权'这样的表述……可以被
用来准确地界定……存在于受委任统治国和置于其委任统治之

下的领地之间的关系"。[68]范里斯出席了随后召开的国联行政院会议，根据来自委任统治部的 F. T. B. 弗里斯（F. T. B. Friis）的说法，"全副武装"并渴望"发表一篇演讲，强烈支持委任统治委员会所表达的观点"；如果有什么不同的话，他在了解到国联行政院早已私下一致同意推动常设委任统治委员会的声明后，他感到非常失望。卡塔斯蒂尼和弗里斯向范里斯保证，南非人无论如何都会接受这一暗示。[69]但他们并未接受，观察到国联行政院没有发表意见，他们自己也保持了克制。

范里斯毫不气馁，对这种攻击进行了回击。在斯米特参加 1927 年 6 月常设委任统治委员会第 11 次会议受到礼貌地欢迎后不久，范里斯就开始了回击。他感到非常遗憾，南非拒绝阐明关于主权的看法，因为这并不是次要的问题。相反，它攸关"一个根本原则"，一个"构成了委任统治制度之基础"的根本原则："非兼并"原则。确实，委任统治制度把全部立法权和行政管理权赋予了受委任统治国，但并未把主权赋予它们。那些认为委任统治制度不过是"一种特殊的协议，受委任统治国拥有受限制的主权"是错误的。范里斯对以国联为中心的主权理论进行了可能是最清晰的阐述，他说：

相反，委任统治制度意味着排除了受委任统治国对它所管理的领地的主权，也意味着对这种管理的限制。换句话说，根据这一制度的规定，受委任统治国拥有管理和立法权力，这对于完成其作为守护者的责任是必要的，这不是因为它在被管理的领地拥有主权，而是因为赋予它的任务。

218

斯米特非常恼怒地打断他的话，问会议主席，范里斯是否还处于正常状态。他没有注意到常设委任统治委员会希望讨论这个问题，他也没有从其政府那里得到指示。当西奥多利很愉快地引述了授权常设委任统治委员会处理"与遵守委任统治制度有关的一切事务"的程序规则中的段落时，范里斯继续他的演讲。他得出结论认为，斯米特肯定会非常高兴地消除委任统治委员会的疑虑，并确认南非在西南非洲不拥有主权。[70]

斯米特很高兴没有做这种事情。他会转达常设委任统治委员会提出的澄清请求，但不会建议其政府回答它们的粗鲁无礼的问题。他感到安慰的是卢格德和弗莱雷·德·安德雷德也认为范里斯的坚持非常过分；然而，在这一问题上，大多数人——甚至包括奥尔茨和梅兰——都站在范里斯一边。实际上，当斯米特试图呼吁受委任统治国团结时，奥尔茨毫不留情地反驳道，如果其他受委任统治国没有遭受到斯米特所遭受的责问，那是因为南非是唯一一个行为引起这种质疑的国家。在向国联行政院报告时，常设委任统治委员会特别指出，J. B. M. 赫尔佐格（J. B. M. Hertzog）总理本人已经支持南非最高法院的看法，"对西南非洲的统治权或主权既不属于主要的协约国，也不属于国联，也不属于大英帝国，而是属于南非联邦政府"。常设委任统治委员会坚持要求，这一声明需要做出澄清。南非政府认为"拥有主权"这个短语只是意味着根据委任统治制度和《国联盟约》它"在西南非洲领地拥有行使完全的行政管理权和立法权"的权利，或者意味着"南非联邦政府自认为对这个领地本身拥有主权"？已经一再地向南非代表提出这一问题，委任统治委员会不得不把这个问题提交国联行政院。[71]

当卡塔斯蒂尼在 1927 年 6 月 29 日告诉埃里克·德拉蒙德

爵士的国联高级官员顾问团常设委任统治委员会倾向于推动这一问题时（新的德国籍副秘书长支持该行动），德拉蒙德建议保持谨慎。他担心，国联行政院可能会以"不是一个法学家的机构，而提出的问题是一个法律问题"为由，不愿听取委任统治委员会的建议。[72]但是，德拉蒙德错了。由于现在德国在国联行政院有代表，英国人和法国人拒绝为南非辩护了。因而，尽管国联行政院没有对主权问题做出裁决，但它推动委任统治委员会对南非的观察——亨廷顿·吉尔克里斯特和昆西·赖特以及其他人把这一行动作为国联行政院在背后支持委任统治委员会的观点的证据。[73]

　　虽然面临公开的谴责，南非仍然拒绝屈服。相反，它派出新的行政长官 A. J. 沃思赴日内瓦参加常设委任统治委员会的下一次会议。受委任统治国知道委任统治委员会在面对这个人时可能会变得很恭顺。然而，尽管这个十月的讨论比与斯米特进行的赤手空拳的争吵更有礼貌，但南非的兼并主义野心的问题再一次抬头了。沃思坚持认为，"完全的支配权"的表述只是使用的便利，因为根据罗马 - 荷兰法，受托人只能管理所有权也被移交的财产，[74]但范里斯、奥尔茨和拉帕德很明显认为其他一些提法没有超越法学思维的精华。西奥多利在会议结束时对沃思说，委任统治委员会和南非之间的关系长期以来一直存在着"一些乌云"——这种乌云的形成不仅仅是由于持续不断的、似乎与委任统治制度冲突的官方声明，还因为"委任统治委员会提出的恰当要求一再被以一种含糊或拖沓的方式做出回答"。在他们提交国联行政院的报告中，常设委任统治委员会希望南非最终能认识到修改《铁路和港口法》是可能的。[75]

219

到现在为止，甚至国联行政院也持有相同的希望。考虑到沃思做出的关于这些领地之所有权的明确声明，国联行政院的调查员说，"我相信，通过让联邦的立法行为与其代表的声明保持一致，现在满足委任统治委员会的愿望不困难。"[76] 在 1929 年 7 月的第 15 次会议上，当南非的代表仍然搪塞推诿时，范里斯和拉帕德都很生气。委任统治委员会一直要求做出澄清，不是因为它自身对于主权归属不清楚，而是因为他们需要知道南非的看法，范里斯直言不讳地对新任高级专员埃里克·劳（Eric Louw）说。拉帕德补充说，不得不年复一年地重复同样的问题是一件吃力不讨好的事情，但劳不应该认为委任统治委员会的"好奇心会被规定扼杀"。[77] 常设委任统治委员会愤怒地报告说，"完全无视之前就这一问题的所有讨论，"他们仍然无法让南非"对反复提出的关于其政府的'完全主权'一词的意思给出明确回答"。除非它回答了这一问题，否则"令人遗憾的误解"将会继续。那么，国联行政院能一劳永逸地弄清楚这个问题吗？[78]

被那么直截了当地请求支持，施特雷泽曼也在场，而且国联行政院也有自己的信誉，国联行政院最后明确地支持了委任统治委员会。国联行政院的调查员在 1929 年 9 月说，这是非常清楚的，**"主权，从这个词的传统意思上看，并不属于受委任统治国"**（粗体为作者所加），鉴于在这个问题上的混乱，应该把南非政府的注意力引向这一裁决。[79] 南非人依然拖延，并获得了短暂延期，[80] 但通过国联秘书处一位南非成员的倡议，他们最终被说服了。[81] 他们的同意可能并不意味着内心看法的真正改变，德国籍国联副秘书长对德国外交部报告说，[82] 但在几乎长达十年的抵制之后，南非极不情愿地屈服了，发电报给秘书长说它"不会反对"国联行政院的解释。[83]1930 年 1 月，南非政府克服了"罗马 – 荷兰"法的这些表面上的僵化之处，并修改了《铁路和港口法》。[84]

赫尔佐格向南非议会众议院保证，这种变化是毫无意义的。不是通过吞并，而是通过人口的自由选择，西南非洲肯定会被合并。[85]但无论是赫尔佐格的分析还是他的预见都是有缺陷的。因为，如果这十年迫使南非就范的斗争既没有改变南非的目标，也没有改变其行政管理实践的话，但它确实向所有关注者——受委任统治国、国际律师、国联官员以及地方民众——表明，没有国际认可，任何委任统治地的地位都不可能被改变。这一影响是很严重的，因为尽管赫尔佐格在知道西南非洲白人人口肯定愿意加入联邦后感到欣慰，但他从未考虑该地区的土著。在国际社会看来，这些土著也会成为"人民"，因而也需要被考虑进来。但这正是这套制度设计要实现的目标，拉帕德在早期的交流中直截了当地对斯米特说。"对一个委任统治国家来说，只要其居民自己认为能够自立，肯定会有自治权"，但"仅仅因为其人口中很少一部分白人宣布他们已准备好承担责任，并不存在结束委任统治制度的正当理由"。[86]关于主权问题，其居民——也就是土著居民——的看法是最终起决定作用的。很明显，赫尔佐格、沃思和斯米特都认为这样的前景是难以置信的。他们的不理解预示着南非作为最受国际社会关注的"流氓国家"的未来。

德国官员、法律学者以及殖民活跃分子都密切关注着这些辩论，《殖民杂志》（Koloniale Rundschau）在 1928 年发表了多篇关于主权问题的文章。外交部的立场很清晰：由于德国已不再拥有殖民地，而且希望得到公平竞争的机会，支持主权属于

221

国联而非单个受委任统治国的看法，"至少在目前"是符合德国利益的。[87]然而，德国还希望避免与南非为敌，因为它是一个重要的贸易伙伴和唯一一个允许大规模、文化不同的德国定居者继续居住的受委任统治国。因而，进入委任统治委员会后，路德维希·卡斯特尔很谨慎地让范里斯在迫使南非人屈服的斗争中发挥领导作用；只是在他和范里斯意见不一致时——比如，1927 年南非法律的合法性问题把联邦公民身份扩展到尚未拥有这一身份的所有白人定居者，德国认为这一法案损害了向这里的人民保证的自决权——卡斯特尔才带头进行攻击。[88]卡斯特尔还拒绝加入拉帕德对南非政府残酷的劳工政策的严厉批评，明确同意沃思的应该强制该领地上未开化的土著工作的看法。德国不希望西南非洲被并入南非联邦，但——假如其定居者受到欢迎——它对定居者统治没有异议。

因而，在 1928 年参加常设委任统治委员会的日内瓦会议之前，西南非洲的行政长官 A. J. 沃思没有去伦敦，表面上他的帝国的心脏，而是——就像其前任所做的——去了德国，这就不足为奇了。1924 年会见委任统治委员会之后，霍夫迈尔便赴汉堡讨论该领地的肉类的冷藏运输；沃思又进一步向前推动了这些联系。他会见了外交部的官员，看望了卡斯特尔以及他商业上的朋友，并在莱比锡访问了皮货商；在汉堡，德属东非 （Deutsche-Ost-Afrika） 航运公司为他举行了宴会。最引人注目的是，他还看望了德国前总督，恭维地给特奥多尔·塞茨写信说，他为能认识"已经为这块美丽和大有希望的 [zukunftsreich] 土地奠定基础的卓越人士"而感到幸福。[89]德国和南非可以做生意——而且无论如何，德国都在为更重要的战斗节约弹药。

坦噶尼喀与东非自治领的梦想，1927～1931 年

这是同英国计划让坦噶尼喀加入它的东非联盟，即被称为　222
"更紧密联盟"的计划的斗争。在委任统治委员会关于主权问题的所有争论中，这个问题上的斗争最重要；甚至维持西南非洲的自主权也没这个议题这么重要。坦噶尼喀的重要性部分是因为它在地域和人口方面都是规模最大的委任统治地，但更多是因为它对受委任统治国以及一定程度上对大英帝国的统治来说是典型代表。表面上看是按照良好的卢格德主义路线治理的，而且也未给常设委任统治委员会造成麻烦，坦噶尼喀作为"模范委任统治地"对于委任统治制度本身的合法性来说已变得至关重要。坦噶尼喀特殊又被视为典范有助于英国和受委任统治国的统治的合法化。

然而，坦噶尼喀的委任统治地位是很脆弱的。在 1914 年之前，谋取东非从开普敦到开罗的支配地位，这是许多英国帝国主义者的理想，他们当中的阿尔弗雷德·米尔纳和扬·史末资是委任统治制度的设计者，只有德国曾阻止英国。在肯尼亚，白人殖民者也渴望占领坦噶尼喀肥沃的高原地带，并按照白人至上主义路线建立一个新领地。确实，英国殖民地部和坦噶尼喀总督唐纳德·卡梅伦爵士似乎决意要牵制他们。如果优先权或人事发生变化的话，这种抵抗就可能会变弱。米尔纳在时任副秘书长利奥·埃默里的敦促下，极具先见之明地在授权中插入了一项条款，允许英国"在其主权和控制下把该领地与邻近领地结合，建立一个关税、财政和行政联盟或联邦"。[90]

　　甚至在德国加入国联之前，柏林忧虑地关注着合并的步伐。由于多种原因——因为它是处于英国人而不是处于更友好的南非人的控制之下，因为它一直是德意志帝国王冠上的宝石，特别是因为它之前曾由海因里希·施内，现在德国最富攻击性的宣传家统治——德国对坦噶尼喀比对它的任何其他前殖民地更在意。早在 1924 年，德国驻伦敦大使被指示告诉工党首相拉姆齐·麦克唐纳（Ramsay MacDonald）德国对限制坦噶尼喀之自主权的行动极为不满。[91] 该政府在 1924 年后期下台后，利奥·
223 埃默里（图 7 - 1）被任命为鲍德温的新的保守党政府的殖民地大臣，柏林——和施内——知道，堡垒几乎掌握在敌人手中。

图 7 - 1　殖民地大臣利奥·埃默里。

因为利奥·埃默里是最坚定地致力于建立雄心勃勃的东非联邦计划的政治家。也就是说，埃默里希望不仅看到与肯尼亚、乌干达和坦噶尼喀之间更紧密的经济合作——这一目标也得到现为埃默里副秘书的奥姆斯比-戈尔的支持——还希望看到"责任政府"逐步扩展到白人安居者。很明显，南非是这一计划的典范，但早先的两个承诺妨碍了这一计划。第一个是德文郡公爵（Duke of Devonshire）在 1923 年发布的著名的备忘录，它宣称肯尼亚是"非洲领地"，在这个领地上"非洲土著的利益必须是至高无上的"。[92]第二个障碍是坦噶尼喀作为委任统治地的地位。

埃默里决心推翻这两个障碍。英国已经把"土著至上"的   **224** 原则强加于自己，因而可以随意修改或抛弃它，但是埃默里还坚持认为委任统治制度不是障碍。早在 1919 年，他已经驳斥了国联行使任何主权的看法。相反，从关于文明之阶段的表述中可以清楚地看到，"真正的主权属于当地人民，只要他们有能力行使它；受委任统治国仅根据委任统治制度条款被赋予行使指定的'地役权'"。[93]现在当政了，埃默里于 1926 年 6 月 11 日在萨伏伊举行的一次"东非"晚宴上重申了这种看法（尽管没有使用"主权"这个棘手的词）。他对着欢呼的人群说：

> 我们对于坦噶尼喀的委任统治，绝不是从国联获得的一种临时的保有权或租约。用律师的语言，它是一种可能被称为"地役权"的东西，也就是说，我们有义务遵守在该领地进行行政管理所需的行为准则……我们保有坦噶尼喀是由于我们对国联的义务，但根据《凡尔赛和约》我们自己有权保有坦噶尼喀。未来东非的基础在坦噶尼喀和在

其他任何东非领地是一样确定和持久的。

英国在坦噶尼喀的统治不是根据"印度或西非的土著管理原则"，而是运用肯尼亚的"双重政策"。换句话说，尽管英国可能对非洲人的福祉负责，但这个帝国还"为这些领地的充分发展"而对整个世界负有责任，特别是对"那些承担了帮助促进这种发展之任务的我们自己种族的人民"负有责任。[94] 很明显，埃默里支持白人定居者的统治。在英国代表肯尼亚定居者观点的德拉米尔（Delamere）勋爵备感欣喜。

但海因里希·施内并不感到欣喜。一周后他在《全德意志报》（Deutsche Allgemeine Zeitung）与埃默里展开争论，施内坚持主张英国拥有坦噶尼喀领地只是受委托管理——而且，实际上，当德国加入国联时，可能已经期望英国"归还这块领地，对这块领地来说英国是其原来主人的受托人"。埃默里是在代表内阁吗？如果是这样，"大英帝国，尽管在谈论一种和平的国联政策，实际上是在推行一种兼并政策。"埃默里很乐意坚持他的帝国主义观点。在 1926 年 6 月 23 日的晚宴上，他重复了"约瑟夫·张伯伦在回答来自同一地区的类似批评时曾经说过的话：'我已经说过了我已经说过的话。'"[95] 接下来的夏季，他召集东非的总督们到伦敦讨论更紧密的联盟，并任命了由忠诚的盟友希尔顿·扬（Hilton Young）领导的新的委员会调查这一问题。同一时间发布的《白皮书》重申了埃默里的观点。定居者群体"逐步分担政府之责任"的诉求不能再被忽视了。确实，"如果要想避免这些利益和大量土著的利益之间的冲突，**他们〔也就是，白人定居者〕对于土著的进步和福祉所承担的受托人的职责必须得到发展**"（粗体为作者所加）。对非洲人的政治控制应该放在白人定居者手中。没有国际义务成为障碍。"我们在坦噶尼喀承担了受委任统治国的责任，这一事实不会造成困难或混乱。"[96]

关于在东非建立"更紧密的联盟"的争论是两次大战之间英帝国历史上最大且最有影响的事件。它从 1924 年末任命埃默里直到议会联合特别委员会（Parliamentary Joint Select Committee）在 1931 年 10 月决定反对建立这一联盟。除了在印度宪政改革问题上持续六年的争论，没有任何帝国问题像这样主导着议会，让公众舆论不安，或者为塑造英帝国统治的特性和轨迹施加了更大影响。坦噶尼喀的地位在这一长期冲突中不是唯一重要的问题。真正的问题是，是否会给予白人定居者他们所希望的管理东非（和所有人都认为的，保持非洲人的服从）的自由，或者英国殖民地部是否会为了"土著至上"的利益而维持直接控制。英国的政治家们、官员们以及公众在这一问题上是分裂的，埃默里、大部分保守党人、肯尼亚总督爱德华·格里格（Edward Grigg）爵士以及肯尼亚殖民者多半是支持"更紧密的联盟"的。下列组织和个人都是反对的：工党，埃默里自己的副秘书奥姆斯比-戈尔，卢格德，总体上忠诚于其理想的殖民地部，坦噶尼喀的唐纳德·卡梅伦爵士，东非大量政治上活跃的印度人群体，所有三个领地的非洲人口（他们只在非常有限的程度上被允许表达看法），以及各种与国际联盟和反奴隶制协会有联系的人道主义者。[97]

当然，委任统治委员会也是反对的。由于它既坚持种族主义家长制（racial paternalism）也坚持反兼并主义，委任统治委员会可能会倒向一边。然而，因为这是受委任统治国内部，而不是——就像比利时和南非——受委任统治国和国联之间的斗

226 争，常设委任统治委员会会议仍然保持了一段时间友好。确实，只要殖民机构本身反对"更紧密的联盟"，这种委任统治制度与其说是对坦噶尼喀政府的限制，不如说是卡梅伦、卢格德以及他们的盟友动员起来反对埃默里、总督格里格以及北部定居者游说团体。[98]格里格希望肯尼亚变成"一个伟大的欧洲人国家"并迫使坦噶尼喀照着做，卡梅伦对卢格德说，他倾向于"利用我们所掌握的每一种权力来挫败［他的］最危险的建议"。[99]因而，卡梅伦在 1927 年 6 月向委任统治委员会保证，坦噶尼喀"将会像乌干达一样一直是一个土著占主导地位的国家"，只有在它处于帝国的行政管理框架内这个意义上，才可以被视为大英帝国的一部分，因为它实际上不是英国的属地，其居民也不是英国的臣民。[100]埃默里肯定不会说那种话，但卡梅伦已经表现出与伦敦论战的意愿。他写信给卢格德说："我不在乎，因为我已准备好随时从坦噶尼喀辞职，如果我认为土著的利益成为政治博弈中的抵押品的话。"[101]

常设委任统治委员会欢迎这些声明。在随后的几年中，他们向卡梅伦"独一无二的和最成功的经验"致敬，并要求保证该领地将依然按照他的路线治理。[102]然而，就像常设委任统治委员会和德国外交部（越发）认识到的，仅仅卢格德原则并不能排除"更紧密的联盟"。对于英国国内许多反对埃默里的人来说，他们这么做主要是因为他们担心非洲人的利益可能会服从于肯尼亚白人定居者的利益，捍卫国联的权威在其次。如果可以设计一种形式的"更紧密的联盟"限制而不是扩展肯尼亚定居者的权力，一些反对之声可能会消除。而且实际上，当希尔顿·扬委员会（Hilton Young Commission）在 1928 年底从东非返回时，大多数人——包括卢格德的盟友、英国圣公会差会（Church Missionary Society）的 J. H. 奥尔德姆（J. H. Oldham）——宣称反对肯尼亚定居者期望建立的那种政治联盟，但仍然支持建立包含所有这三个领地的行政联盟。这份报告认为，这样的联盟与国联的监督是可以调和的，特别是委任统治制度文本第 10 条也是允许的。[103]

德国外交部不同意这种看法。德国不希望出现可能会把坦噶尼喀与英国属地更紧密地捆绑在一起的任何行动；无论它是以符合定居者利益的方式还是以符合土著利益的方式治理，都明显是次要的关注。实际上，只要原德国定居者现在重新回到国联的约束之下，这些定居者就会得到同情。确实，委任统治制度文本第 10 条明确允许建立行政联盟，但德国政府争辩说这一条本身是不合法的，因为《国联盟约》只允许"丙类"而不是"乙类"委任统治地建立行政联盟。[104] 德国的殖民协会（Colonial Association）被动员起来与英国的计划进行斗争，海因里希·施内当面对卡斯特尔说，他在常设委任统治委员会需要更加直言不讳。[105] 于是，1929 年 2 月，施特雷泽曼告知英国大使，德国外交部对关于"更紧密的联盟"的信息感到困惑，公众把它视为对委任统治制度的冒犯且掩盖了兼并。然而，尽管施特雷泽曼向德意志国民议会承诺政府将会运用一切可能手段抵制"更紧密的联盟"，[106] 但在与英国人的会谈中，他强调的不是德国人的憎恨而是国联的理想，他告诉英国大使德国的殖民诉求不是这里的议题。重要的是委任统治制度自身的完整性。[107] 大使做出反应说，英国也致力于支持委任统治制度，正准备把《希尔顿·扬报告》（Hilton Young Report）提交常设委任统治委员会，以弄清它是否与其要求冲突——这一行动，是英国作为国联最坚定的成员不得以采取的，但确给德国以可乘之机。[108]

卡斯特尔在一年多以前已经向外交部保证，整个常设委任统治委员会都一致认为受委任统治国"没有主权"，可能会反对"更紧密的联盟"。[109]在整个 1929 年春天，卡斯特尔煞费苦心地专注于他的工作，西奥多利私下里对新任德国籍国联副秘书长阿尔伯特·杜富尔·费伦斯（Albert Dufour-Feronce）说，委任统治委员会大多数成员会支持他。[110]于是，卡斯特尔提出的任命一位东非总督的计划"与委任统治制度的特性根本上不相容"的主张在 7 月的会议上被记录在案了。卢格德不同意这种看法，尽管他在英国参与了让埃默里放松下来的活动。只要"更紧密的联盟"不"剥夺坦噶尼喀作为一个宪法单位的地位"或者剥夺常设委任统治委员会对它的监督权，就不会出现异议；实际上，"更紧密的联盟"可能被用作"把委任统治制度的原则扩展到"毗邻领地的工具。然而，委任统治委员会直言不讳的"独立派"，包括西奥多利、范里斯、拉帕德和帕拉西奥斯，都认为卡斯特尔保持警惕是正确的。技术上允许但可能让坦噶尼喀的独立在未来面临危险的改革无疑应该受到谴责。[111]

228　　常设委任统治委员会会议之后，卡斯特尔在外交部会见了殖民游说者和官员，以安排下一步的行动。塞茨敦促德国进行正式的抗议并坚持强硬的立场，但卡斯特尔再次表示反对。常设委任统治委员会可能会在最后反对这一计划，英国可能会选择退缩，而不是面对谴责。相反，德国早期和公开的反对可能会使他们介入得更深。[112]因而，这一年 9 月施特雷泽曼在国联行政院上对自己捍卫常设委任统治委员会对英国计划的审查权的做法感到满意，并指出由于委任统治地"都是对国联负责的受委任统治国管理的国际性的和独立的单元"，任何危害独立的发展当然都是不允许的。他最后带着不祥的预感指出，"目前，他不会再说了"。[113]

到这时，保守党政府已经被第二个工党内阁取代了——一个行动是让费边社的西德尼·韦伯（Sidney Webb），即现在的帕斯菲尔德（Passfield）男爵担任殖民地大臣。这个政府支持"土著至上"的原则，并重申不会推动走向定居者自治，但在1930年6月发布的《白皮书》中，它还建议任命一位东非高级专员并统一关键服务（key services）——这一行动不会"涉及委任统治地区或其居民的地位的任何改变"。[114]没有几个人对这一计划感兴趣。只有在它把东非的土地和人民置于他们的支配之下时，肯尼亚的定居者才可能对"更紧密的联盟"感兴趣；卡梅伦和格里格在他们任总督的最后的日子里互相瞧不上，压根没有愿望合作。于是，帕斯菲尔德男爵把这一建议——而且实际上也是整个更紧密的联盟的问题——提交议会两院的一联席委员会，该委员会成员包括卢格德、埃默里、奥姆斯比－戈尔以及几乎其他所有在过去四年中在这个问题上有话要说的人们。[115]鉴于这一行动，委任统治委员会的成员在1930年7月的会议上推迟了讨论——尽管他们确实得到承诺，英国不会在未与他们磋商的情况下做出最后的决定。[116]

工党政府决定继续讨论"更紧密的联盟"，这可能令德国非常意外；无论如何，它都得立即回应。帕斯菲尔德男爵的《白皮书》在国民议会和德国媒体的辩论中受到强烈谴责。[117]这一年9月，德国大使向英国外交部递交了一份正式的照会反对这一计划，施特雷泽曼的继任者尤利乌斯·库尔提乌斯（Julius Curtius）作为外交部部长在国联行政院重申了这些关切。[118]海因里希·施内担心这还不够。他在1931年1月19日

229

警告德国外交部说："英国的方法是使我们保持平静，直到他们造成既成事实。"[119] 施内对德拉蒙德说，德国的国际律师认为允许建立行政联盟的坦噶尼喀委任统治制度文本第 10 条本身是违反《国联盟约》的，施内还警告说对委任统治制度的任何威胁都会遭到强烈反对。提交日内瓦的两份大型的备忘录——一份由德国的经济和殖民协会签署，另一份由大约 74 个德国妇女组织签署——强调了他的观点。[120]

在施内慷慨陈词的时候，卡斯特尔从幕后进行推动。常设委任统治委员会 1929 年 11 月的会议是卡斯特尔最后一次参加的会议，但在接下来的春天里，他私下里致信卢格德，他与卢格德一直相处得很好。他认为，把行政管理服务统一到一位高级专员之下必然会使坦噶尼喀的自主性陷入危险，因而也会使委任统治原则陷入危险当中，也会对英德关系造成伤害。卢格德礼貌地回答道，尽管他完全赞成坦噶尼喀的独立身份必须得到维持，但他认为《白皮书》中的保护措施确保了这种自主性；两人都重申了他们在日内瓦表达的观点。[121] 然而，卡斯特尔击中了要害。卢格德是一位行政长官而非一位律师。他在 1937 年对一位记者说，他发现关于主权归属的争论是"一个没有实际意义的纯粹的学术兴趣问题"，而且"认为不值得花时间"阅读关于这一主题的许多文章。[122] 因而，他只是接受了"更紧密的联盟"不会违反委任统治制度这种主张，这也是埃默里坚持的和工党政府不假思索地重复的主张。但是，卡斯特尔坚持的国际法在英国这一边的看法让卢格德感到不安，英国肯定不希望在国际常设法院面对德国的挑战。首先是私下里，然后是代表联合委员会，卢格德就该计划的合法性向英国外交部提出了一系列尖锐的问题。[123]

1931 年初得到的回答——虽然是来自英国殖民地部自己的法律官员而非来自外交部——让卢格德、帕斯菲尔德、奥姆斯比－戈尔以及联席委员会都感到震惊。高级专员行使任何立法权力都视作违反委任统治制度，德国有权向国际常设法院提出这一问题。[124]因而，最早追踪卢格德的国际关系并确立法律专员决定之重要性的迈克尔·卡拉汉（Michael Callahan）——正确地——得出结论认为，到 1931 年，"更紧密的联盟"在政治形式上已经死掉了：帕斯菲尔德不可能让一位高级专员凌驾于他自己的殖民地部的法律裁决之上。然而，这也是真实的，殖民地部拒绝公布这一判决，让联席委员会继续推动，并使常设委任统治委员会和德国人在接下来的九个月里坐立不安。而且，这个联席委员会最后报告，"与邻近领地建立关税、财政和行政管理联盟或同盟"是得到明确允许的，而且经济和科学服务的合作与协调应该得到提升。它特意重复道，英国对坦噶尼喀的委任统治"是绝对的和不可废除的"。确实，该委员会还提出报告，反对政治联盟，其成员们现在知道可以接受法律挑战，但他们提出这一建议的形式——"这还不是在建立正式联盟方向上采取影响深远的步骤的时候"——并未承认建议永远适用。[125]

实际上，新的工党政府继续坚持着更温和的行政协作，使定期举行的总督会议制度化，在未获常设委任统治委员会同意的情况下在东非各领地推行了一种普通邮票和关税同盟，这些事实使委任统治委员会的某些人相信——更不用提大怒的施内以及坦噶尼喀印度人协会（Tanganyika Indian Association）了——英国正在慢慢地暗中走向"更紧密的联盟"。[126]拉帕德在 1932 年的会议上对普利茅斯（Plymouth）勋爵说，委任统治

230

委员会已经得到保证，在没有同它磋商的情况下，不会做出任何改变。普利茅斯回应说他所理解的英国做出的保证，仅适用于政治和宪法联盟而不适用于像邮政统一这样的纯粹行政管理之改变，拉帕德驳斥说这不是委任统治委员会的理解。"更紧密的政治和宪法联盟总是给委任统治委员会留下不可争辩的印象，"他直截了当地对普利茅斯说，"它会推翻委任统治制度，而捍卫这套制度是委任统治委员会的职责。"[127] 在第二年，西班牙籍成员莱奥波尔多·帕拉西奥斯对新任总督斯图尔特·赛姆斯（Stewart Symes）说，这里的危险是，即便很小的行政管理改革都可能逐步导向"更紧密的联盟"，从而危及该领地的主权或经济福祉。[128]

卢格德还在而且深知"更紧密的联盟"计划已经被束之高阁，他认为这些担心被夸大了，而且是由政治上的原因驱动的。激烈的辩论随之而来，这是他们罕见的公开不和的行为之一，卢格德、奥尔茨和梅兰（三位成员来自在非洲拥有委任统治地的国家不是巧合），还有范里斯，都不同意大多数人的指责。[129] 正像奥尔茨私下里对比利时殖民地大臣警告的那样，是来自德国和意大利的成员带头发起攻击，如果国联行政院支持这种多数派的看法，那么把卢旺达、布隆迪以及喀麦隆和多哥的法国部分和英国部分与邻近殖民地在行政管理上统一起来所依据的决定也是成问题的。[130] 这一年 10 月德国退出国联，因而也不会讨论这种可能性了，但委任统治委员会的"独立派"成员一直关注着坦噶尼喀与毗邻的英国的行政机构之间的联系。在 1937 年，拉帕德依然就邮票可能产生的有害影响质问委任统治地的官员们。[131]

所以，常设委任统治委员会卷入关于"更紧密的联盟"的讨论的故事充满了讽刺意味，因为禁止兼并的主张获得支持且确实得到加强，而这场争议引起的仇恨也一直存在。常设委任统治委员会和德国外交部的警觉以及卡斯特尔娴熟的个人外交对于推翻这一建议发挥了至关重要的作用。但是，正如常设委任统治委员会指出的，由于英国人从未公开承认"委任统治制度本身，只要它存在，就可能构成一种不可逾越的法律障碍"，[132]这些力量从来都不知道它们已经获胜了。私下里，英国官员也会承认，但认为没有必要在常设委任统治委员会面前低声下气。他们已经习惯于把国际组织看作用来迫使更小的国家遵守英国标准的机制，而且不会承认这些"更小的国家"已使他们无法把坦噶尼喀置于肯尼亚白人定居者阶级的支配之下。许多商誉因而丢失了；这种邮票通用付出了高昂的代价。埃默里可能没有创造一个东非联盟（East African Union），但他发动的运动严重削弱了英国在常设委任统治委员会的地位，并进一步降低了德国对委任统治机制牢固性的早已动摇的信心。禁止兼并的原则已经得到强化，但不是以加强国联的方式得到强化的。

*　　*　　*

确立受委任统治国在委任统治地不拥有主权的原则，并迫使这些国家接受这一规范，无论是多么不情愿地接受，是委任统治制度最重要的成就。为何这是非常重要的，这一点很容易看到。因为如果受委任统治国不拥有主权，它不但不能兼并或以其他方式处理这一领地，而且不能永久剥夺受监护人的主权。除非涉及中东，无论是受委任统治国还是国联都不会太担心这一点。欧洲人期望世世代代统治非洲。然而，当这个时间表迅

速缩短时，特别是南非政权发现它可以继续拥有西南非洲，并
232 把它作为国际贱民随心所欲地进行统治。南非，作为一个地区
性而非全球性大国，愿意沿着这条路走下去，但没有其他国家
愿意承受这种国际不满的代价。

　　有人可能会说这种规范是由《国联盟约》自身确立的——
真正重要的是它的文本，而不是我在这里详细阐述的这些争论。
我认为这种看法漏掉了对于这种规范如何发挥作用至关重要的
东西。许多国际协定只存在于理论上。当国家反对狭隘的利益
观念，为了获得合法性和名誉而宣示它们的忠诚并同意改变时，
通过重复和让步，这些规范会变得有意义并获得力量。这正是
这里所发生的情况。由于各种原因——为了让它们的盟友高兴，
为给它们的国际声誉增光，为安抚高度敏感的以前的敌人，甚
至为了不辜负它们自己珍视的自我形象——帝国主义国家决定
服从一种可能无法执行的规范。公开性为这种改变提供了背景，
德国加入国联成为催化剂，常设委任统治委员会固执的坚持成
为燃料。在一种正式的和半公开的环境中，面对着心有不甘的
德国人，保持着密切关注的法律学者以及等在门口的日内瓦记
者团，受委任统治国不得不反复重申它们自己的承诺。它们不
想这么做。国联行政院拖延和搪塞、躲避和迂回。但由于这个
问题现在成为一个"国际性的"问题，这些帝国主义国家不得
不屈服了。

　　于是，它们不拥有主权——然而，也出现了意想不到的令
人不快的结局。因为委任统治制度虽然清楚地确立了受委任统
治国不拥有主权的原则，它却不能说出主权属于哪里。有些人
说主权属于国联，有些人说主权属于协约国，但这些机构都没
有行使主权；持居民自己拥有主权这一观点的那些人不得不承

认，他们的权力顶多是潜在的。因此，委任统治制度所做的，更多是创造空间，使主权完全被排除，而不是剥夺受委任统治国干涉主权的权力。如果主权和"全权行使行政管理权"能够完全分离开来；如果继承主权的人们既不能主张也不能行使主权；而且，如果这一领地本身还对所有国联成员国开放，自由进入并供其剥削，这些人们所继承的"主权"还剩下什么呢？当主权被搁置起来时，谁进行统治呢？英国人、德国人和荷兰人，所有的贸易大国，对这个问题经常会有同一个答案：是市场进行统治。

第8章 市场经济或计划经济？

> 如果为了满足私人的要求，强制劳动是可恶的；但如果为了纠正当地人缺乏远见和促进他们生产满足基本需要的食品，强制劳动则是值得赞扬的。
>
> ——阿勒维克·德·霍伊施，比利时殖民地部政治与
> 行政事务局局长，1925 年 10 月 22 日[1]

233　　如果主权是委任统治委员会不得不处理的最具争议性的议题，那么经济权利问题——对于受委任统治国、其他国联成员国以及当地人民来说——就是紧随其后排第二位的议题。两条经济原则从一开始就成为委任统治机制的标志。第一是"门户开放"原则，强加给除西南非洲之外的所有中东和非洲委任统治地。所有国联成员国的国民拥有在这些地区工作、旅行、定居和持有财产的平等权利；"完全的经济、商业和工业平等"居主导；以及给予领地经济发展的优惠。[2]第二是"不以国籍为基础一视同仁"（尽管也是有保留的）原则，劳动应该是"自由的"。1919 年《圣日耳曼公约》（Saint-Germain Convention）取代被废止的《柏林和布鲁塞尔法案》（Berlin and Brussels Acts），所有签约国都"应尽力确保完全禁止一切形式的奴隶制"，而且非洲和太平洋地区每一个委任统治地的委任统治制度文本中都包含了责成受委任统治国禁止奴隶制和允许（有偿）强制劳动仅用于"基

本公共工作和服务"的条款。从一开始，委任统治委员会就
花费了大量时间争论这两条原则的含意。

"门户开放"的问题

英国长期坚持的关于自由贸易对缓解国际紧张之作用的假 234
设支撑了这一"门户开放"义务。如果关税壁垒激起了世纪末
的帝国主义争夺，那么最好的和平保障肯定是把经济利益与领
土控制分离开来。德国已经把"门户开放"运用于其战前的殖
民地这一事实使遵守这一规范变得特别重要，要不然新的受委
任统治国如何才能表明它们没有自私的或兼并主义企图呢？这
种理论认为，只有市场向所有国家开放，委任统治地才可能变
成和平发展和经济合作的引擎——而且，如果这种竞争抬高了
工资，那么当地人的幸福感也会上升。

在 1919 年，由于信贷非常廉价和国际主义的崛起，这种美
好的未来似乎即将到来。三年之后，这种前景就销声匿迹了。
整个欧洲的经济衰退和财政紧缩意味着几乎没有剩余资本，而
且即便有剩余资本，委任统治地也无法提供有吸引力的机会。
确实，一些委任统治地拥有丰富的自然资源——伊拉克的石油、
瑙鲁的磷酸盐、西南非洲的钻石——但在就委任统治地达成协
议之前，协约国已经很巧妙地垄断了这些资源。其他机会——
比如说，接管德国在喀麦隆和坦噶尼喀的种植园——似乎不太
有吸引力，特别是在可可和椰子价格开始下降的时候。德国持
有的这些财产很快就被出售了，收益存入了它的赔款账户（德
国政府承担了补偿他们的私营业主的责任），但在 1922 年许多
财产仍悬而未决。当英国在伦敦拍卖德国在喀麦隆的部分种植
园时，没有几个种植园能够找到买家。[3]

委任统治委员会希望各个委任统治地成为佼佼者，而不是落后的地方，但发现经济萧条的状态非常令人担忧。主要是在卢格德敦促下，他作为前尼日利亚总督非常了解喀麦隆的拍卖失败情况，委任统治委员会 1923～1925 年花费了大量时间讨论如何鼓励投资。[4] 在委任统治委员会看来，问题是接下来的发展。各委任统治地需要用于基础设施发展和商业企业的资本，但谁愿意把金钱投入一个随时都可能被转移到另一国家的领地呢？于是，根据委任统治委员会的建议，国联行政院在 1925 年做出裁决：第一，在委任统治地获得的合同和权利就像全权拥有该领地一样有效；第二，"除非国联行政院提前得到保证，前受委任统治国承担的财政义务将会得到执行，而且前受委任统治国管理下获得的所有权利将会得到尊重，否则委任统治不可能终止或转移"。[5] 委任统治结束后，财产权和合同仍会保留。

这一行动背后的作用是什么呢？从一个角度看，人们可能会说委任统治委员会正努力争取对这些通常资源贫乏和脆弱的领地至关重要的投资；从另一个角度看，它正在建立新殖民主义秩序的基础，这种秩序将会通过复杂的经济纠葛夺回在独立时承认的主权。一些成员意识到了这种危险。卢格德认为，如果允许受委任统治国将基础设施——铁路、港口——作为公共贷款的抵押品，"受委任统治国可能会获得对这个国家形同兼并的控制，这完全与《国联盟约》的原则相悖"。[6] 瑞典籍成员安娜·布格－维克塞尔认为，如果一个委任统治地发现这种债务损害了其独立后的自主性，应该允许它们谈判提前清偿。[7] 然而，常设委任统治委员会的大多数成员只希望改善投资环境，而且这一议题到达国联行政院时，这种警告已经消失了。

国联行政院裁定，继承国必须尊重它们之前帝国签订的经济协定。这一裁决对于正在兴起的国际规则极其重要。严格地说，受委任统治国**并不拥有主权**，但国联已经承认它们实际上有权永久性地转让其掌控的资源和土地。然而，无论从理论上看有多么重要，这一裁决对于促进委任统治委员会看重的非洲各领地的发展所发挥的作用是微乎其微的。在 20 世纪 20 年代初期欧洲国家都没有花费太多用于殖民地的发展（实际上，在受委任统治国当中，只有日本这么做了），私营企业或外国投资者也没有去敲这些受委任统治国政府的门。只有一个例外，这就是德国的公司和业主马上要求归还他们的非洲财产和贸易。早在 1920 年 7 月，法国驻汉堡的领事已经警告法国外交部说，强大的威尔曼贸易公司（Woermann line）的负责人正与德国公司合谋发动一场攻击。这一年夏季，整个西非的法国官员都报告说德国船只正试图寻求入境。[8]

英国和法国对德国的商业进攻的反应非常不同，它们的反应表现出英法对于如何处理德国的不同看法，这是 20 世纪 20 年代的一个特征。历史地看，英国是一个自由贸易国家，迅速向德国贸易重新开放了非洲港口。由于未能找到非德国的买家，英国财政部还把喀麦隆的那些种植园中的绝大多数卖回了它们原来的德国主人，而且很快还允许德国投资者进入坦噶尼喀（图 8 - 1）。与之相反，法国人把德国的贸易视为殖民修正主义（不是毫无道理的，因为德国外交部也这么认为）的特洛伊木马，甚至在法国其他殖民港口重新开放之后，依然保持多哥和喀麦隆对德国商船的封闭。一旦德国加入国联，法国被迫取消禁令，到这时德国已经沿着非洲海岸重建了其战前在商船运输方面的地位。[9] 然后，德国公司建立了仓库，在杜阿拉（Douala）

236

和洛美（Lomé）卸载货物，但委任统治当局保持着对这些公司
的严密监督并成功地防止德国人获得特许权或土地。[10]由于委
任统治制度文本允许背离门户开放原则以保护"公共秩序"或
该领地的"最大利益"，常设委任统治委员会的德国籍成员路
德维希·卡斯特尔和尤利乌斯·鲁佩尔永远都不可能说服委任
统治委员会来谴责这样的限制。[11]

237

图 8-1　产自德国种植园的香蕉在非洲水果公司
　　　　（Afrikanische Fruchtkompagnie）位于喀麦隆
　　　　提科（Tiko）的码头装船，准备运往汉堡。

　　然而，法国为抵制德国在多哥和喀麦隆之经济渗透付出
了高昂的代价，特别是在其英国邻居拒绝与其共同承担之后。
对于法国来说，问题不仅仅是易受骗上当的英国人允许德国
代理人在他们的区域不受限制地活动；此外，欣欣向荣的黄
金海岸经济和德国资助的喀麦隆南部的种植园和港口工程提
供的更高的薪水，滤取了法国区的人员和商业。[12]在 20 世纪

20 年代，法属喀麦隆和多哥兰是停滞的地方，它们的基础设施非常贫乏，它们的工资水平很低，它们为安全困扰的政府迅速地镇压任何不满的迹象——而且当地人口都是用脚投票，经常跨越他们的边界。法国的决定意味着，这些领地避免了纳粹时期在英属喀麦隆、坦噶尼喀以及西南非洲的德国人口当中爆发的民族统一运动。但在 12 年里——也就是说，直到德国修正主义终于迫使进行更紧密的合作——面对财政紧缩和英国看上去不合情理的让德国公司和定居者为他们做这项工作时，法国委任统治当局一直努力建设基础设施并扩大生产。毫不意外，法国人只好依赖资金短缺的殖民地政权一直依赖的一种资源：殖民地人民自己的劳动——特别是强制劳动。然而，就在他们这么做的时候，他们与委任统治制度的第二个经济规则发生了冲突。

"自由劳动"的问题

在两次世界大战之间，这是一个公开的秘密，所有殖民大国都在诸如道路建设这样的基础设施项目上使用强制劳动，有些人（特别是葡萄牙人）还把它用于私人种植园，但委任统治制度文本已经确立了更高的标准。强制劳动只允许用于公共工作，而且在任何情况下都必须给予薪水。这几乎不是一种"自由劳动"的状态，但尽管如此，这与许多非洲殖民地的现实相去甚远，于是反奴隶制协会、国联以及国际劳工组织（ILO）在 20 世纪 20 年代中期开始通过国际公约实现其普遍性。令其他殖民国家反感的是，英国的代表（特别是卢格德）把这些国际集会视作确立英国道德领袖的机会，留下法国、比利时和（特别是）葡萄牙努力捍卫强制劳动。[13]

238

由新型非洲专家——资金充沛、自由主义的以及通常亲英的美国科研人员——撰写的大量揭露真相的文字使这项工作更困难了。例如，就在国联的临时奴隶问题委员会（Temporary Slavery Commission）举行会议时，1925 年威斯康星大学的社会学家 E. A. 罗斯（E. A. Ross）撰写的关于安哥拉和莫桑比克残酷的劳工制度的一项证据确凿的研究把葡萄牙放在了聚光灯下。然而，所有出版物都没有像麦克米伦出版公司在 1928 年出版的雷蒙德·莱斯利·比尔的两卷本《非洲的土著问题》那样引起帝国主义国家的极大愤怒，或者那么直接地影响了常设委任统治委员会。[14]比尔是哈佛大学政府学院讲师和一流的学术企业家，他在二十多岁便说服外交政策协会（Foreign Policy Association）资助他到日内瓦、伦敦、巴黎以及超过 12 个非洲国家旅行——当然包括大多数委任统治地。来自达累斯萨拉姆（Dar es Salaam）和雅温得（Yaoundé）的电报很快就提到"令人讨厌的美国小崽子"，他认为自己能够迅速偷走它们的档案并质询它们的土著（在洛美，比尔被当地人民请愿书和投诉淹没了）；忧心忡忡的殖民地部门为他的发现做好准备。[15]当巴黎在 1927 年获得比尔的手稿时，法国的殖民地官员对其内容感到极其愤怒，甚至试图让哈佛大学校长洛厄尔（Lowell）阻止其出版，但未能成功。[16]

什么导致了这种恐慌？比尔认为，他已经非常小心翼翼地尽力保持公平并公开表示自己感到困惑，[17]但他已经开始关于"独立发展"和"间接统治"的卢格德主义理想的优越性之旅，这本书的结构隐含着英法对比。他很高兴地知道法国人正在抛弃为了"协同"而"同化"的政策，希望这意味着他们也在采取"土著为中心"的政策，但他对喀麦隆的访问粉碎了这些幻想。法国人实际上已经建立了一种"酋长般的"统治结构，比尔在致亨廷顿·吉尔克里斯特的信中愤怒地写道，但"酋长们"根本就没有传统的权威。他们只是忠诚的心腹，他们酋长的头衔只是表明了他们愿意征税，愿意役使财政上绝望的政府所依赖的劳工。随着"酋长们"利用私人警察力量来征募既用于政府工作也用于他们自己的种植园的劳工，地方独裁者正在涌现出来。[18] 换句话说，受委任统治国当局并未把权力移交给"传统的"结构。它们创造出部落主义作为强制劳动机制之托词。

　　法国受委托管理的喀麦隆不是唯一一个依赖强制劳动的领地。比尔在比利时属刚果、葡萄牙的殖民地，甚至坦噶尼喀都发现了强制劳动。但喀麦隆和坦噶尼喀本应为殖民"最佳实践"确立标准，如果它们未能达到标准，还应该受到国际惩罚。比尔知道这一点，在其著作出版之前，他还在与吉尔克里斯特策划让常设委任统治委员会考虑他的指责——尽管考虑到法国对此问题的敏感，最后亨利·朱诺德（Henri Junod）的国际土著保护局提交了一份关于比尔之研究发现的申诉书。人们期望委任统治委员会非常认真地对待这一证据，不仅是因为委任统治制度文本中明令限制强制劳动，还因为其成员中足足有一半——包括卢格德、梅兰、范里斯、弗莱雷·德·安德雷德和格里姆肖——在 20 世纪 20 年代在国联和国际劳工组织的专家委员会任职，致力于制定关于国际强制劳动的公约。

　　然而，事实表明，与它对门户开放原则采取的立场相比，委任统治委员会并未在强制劳动问题上采取强硬立场。这不仅仅是因为法国的代表们坚决拒绝回应比尔的指控，甚或拒绝讨论这些指控。[19]更重要的是，其成员们对待殖民地的强制劳动的态度在 20 世纪 20 年代后期因他们对比利时在卢旺达和布隆迪的政策的仔细审查而转变了。直到 20 世纪 20 年代中期，比利时的领地都没有吸引太多注意——实际上，对它们的注意那么少，以至于吉尔克里斯特已经向比尔公开承认，他对那里的"土著生活和土著部落组织都不是很清楚"，并希望比尔把它们包含在他的旅行日程之中。但是，比尔不愿意在基戈马（Kigoma）花费一周时间等待去乌松布拉的轮船而他收到吉尔克里斯特的信时，人已经在西非了。[20]换句话说，卢旺达和布隆迪是那么偏远，甚至连勇敢无畏的比尔都没有冒险进入其中，几乎无人知晓比利时人在那里干什么。但如果我们想要理解"发展"如何加剧强制劳动，并在随后得到国联的批准，我们必须转向卢旺达和布隆迪。

在卢旺达和布隆迪建立"直接统治"

比利时在为其委任统治地制定计划时心里是想着其刚果殖民地的。卢旺达和布隆迪，拥有稠密的人口和精细的耕地，可以为边界地区的加丹加（Katanga）丰富的铜矿区提供粮食和劳动力储备。在德国人统治下，这两个王国一直面向坦噶尼喀和达累斯萨拉姆的港口；在比利时统治下，它们向西倾斜。西部边界的乌松布拉成为行政管理的首都，甚至在 1925 年建立正式联系之前，比利时人已把与刚果的通讯和交通作为他们的首要任务。然而，如果他们希望把"发展"引向新的方向，就要像他们之前的德国人一样，转向利用当地土生土长的政治和社会等级制度（就像他们理解的或误解的那样）来从事这项工作。殖民地部部长路易斯·弗兰克（Louis Franck）在 1920 年的一份关键的机密备忘录中写道，行政当局"将会从一开始就把土著君主与我们的计划紧密联系起来，让土生土长的统治阶级为我们服务"。[21]

几个因素推动做出这一决定。希望被视为"间接统治"是其中一部分原因，但廉价也是其很有吸引力的一部分原因。比利时，努力让经济从德国占领造成的巨大破坏中恢复过来，既无法拨出现金，也无法拨出人员，只能从当地人口中榨取金钱和人员。而且，比利时在卢旺达和布隆迪的机构规模很小且极其吝啬。在乌松布拉，一位皇家专员（从 1925 年起是总督）负责监督这两个领地，基特加和基加利分别设有负责具体领地的特派官员，在尼扬扎（Nyanza）的卢旺达国王穆辛加宫廷有一个比利时代表团，比利时官员在每一领地都掌握着一支小规模军事力量，几十名官员分散负责领地的行政管理、财政、健康、农业以及公共事务。这些服务大多数是框架性的。就像常设委任统治委员会在 20 世纪 20 年代中期带着批判所指出的，四名医生如何保护大约 500 万人的健康呢？[22]但是，白人官员的薪水占预算的大头——一位非洲职员的薪水只是其白人上司的薪水的二十分之一[23]——其资金是由稳步上升的人头税提供，在国际批评日益激烈时，来自比利时国家的贷款提供了补充。

但是，廉价只是吸引力的一部分。同样重要的是，官员们是通过"含米特人的"（Hamitic）假设这一棱镜"观察"卢旺达和布隆迪复杂和截然不同的社会景观的，这种假设把在人们的刻板印象中更高大而且牧民占主导的图西族人视为在种族方面完全不同而且可以利用的处于统治地位的社会等级，他们占总人口的大约 15%（但经常被认为所占比例更小和唯一的"主

241　要"集团)。从 1907 年起活跃于卢旺达和布隆迪的非常有影响的天主教"白衣神父"(White Fathers) 传教士莱昂·克拉斯认为这些王国与宗教改革前欧洲的封建社会没有太大差别，他期望群体归信的日子将会让这种相似性更加完美。[24]保守派官员和传教士很高兴见到卢旺达和布隆迪的两个主要"种族"被束缚在保护和服务的联系上而不是市场的货币化关系上，弗兰克(Franck) 很快就坚持认为行政当局将会维持图西族社会等级的特权，尽管也支持卢旺达和布隆迪国王(或图西国王)"传统性的"权力。很明显，行政当局还必须保护胡图族多数人口的生命和财产，但这些责任显然是第二位的。弗兰克坚持认为，"以平等为借口，干预这一政治制度的基础是没有问题的"。"图西族人是长时间发展起来的、聪明能干；我们将会尊重这种情况。"[25]提交委任统治委员会的报告详细说明了这些刻板印象。大多数胡图族人是"典型的班图人"，"开朗、喧闹、快乐而且不狡猾"，但图西族人——"自负""冷淡""无情"以及"有礼貌"，"用长矛反对弱者，用毒药反对强者"——"注定处于统治地位"。[26]

　　这在实践上意味着，比利时人把君主和酋长告诉他们的特权和纳贡义务"习俗"都编纂成法典，然后寻求使这些特权依赖旨在服务于比利时之目标的苛税和命令。如驻扎官员皮埃尔·里克曼斯在 1925 年发表的文章中所言，酋长们得到承认，封地被分配了，法律也以图西国王的名义颁布了，这些都是传统的国王所拥有的，"这是一种我们永远都不会拥有的无人挑战的权力——赋予合法性的权力"。[27]然而，就像里克曼斯和比利时皇家专员阿尔弗雷德·马尔佐拉蒂很快发现的，姆瓦姆布扎(Mwambutsa Bangiricenge) 国王在征服时代还是年幼的小孩，而且权力高度分散在有王公贵族血统的地方显贵当中。相反，在更加集权的卢旺达，尤希五世（Yuhi V Musinga）在 1898 年由其有权势的母亲以及她的弟兄们发动的一场宫廷政变中登基，他憎恨比利时专横的指令并竭尽全力抗拒它们。[28] 在阿斯特里达[*]（Astrida）建立的一所"酋长之子学校"（School for the Sons of Chiefs）致力于确保下一代人会更加合作，但官员们还是得出结论认为，他们需要一种"有效和完全的占领"。[29] 因而，行政当局最重要的部分就是"服务地方自卫队"，几十名官员分散在每个领地当中，他们确保比利时的指令得到名下都有封地的"酋长"和"副酋长"［或者"山地酋长"（chefs du colline）］的执行。所有行政管理工作——分配土地、征税、为港口和公共工程征募劳工、司法管理——都被委托给这些酋长，他们有权要求他们管理的人们从事"惯常"天数的劳动，并给予实物报酬，还可以进行一定比例的税收收入减免。

　　这种强制性的制度使比利时能够开始修路（通往刚果）并运送劳工（去刚果），但这不是违反了"神圣托管"原则之核心的禁止强制劳动吗？在 1925 年 10 月的常设委任统治委员会会议上，爆发了关于这一问题的激烈辩论。比利时代表阿勒维克·德·霍伊施（极力）为强制劳动进行辩护。劳役征募是"传统的"做法，"很久以前"就已经存在了，"当被强加于土著以纠正他们缺乏远见时，这是值得赞扬的"——这些都是葡萄牙籍成员弗莱雷·德·安德雷德热切支持的看法。然而，范里斯坚持认为，问题不是正在做的工作是否有用，而是像在卢

* 今卢旺达南部的布塔雷。

242

旺达和布隆迪实施的强制劳动在法律上是不是允许的。通过1924 年 11 月的一个法令，卢旺达和布隆迪的官员们已经被授予既为公共工程，也为私人种植园中的作物和"可出口产品"的种植征募劳役的权利，但范里斯指出，委任统治制度是明确禁止"一切强制劳动或义务劳动的，除了为必要的公共工程和服务进行的劳动，而且在此情形下，应该提供公正的报酬"。但是，比利时人自己并未征收劳役税，阿勒维克反驳道。他们只是利用当地"土著酋长"进行管理，然后酋长采取"必要步骤实施计划"。[30]这种解释未能让卢格德满意，他坚持认为，如果给酋长们支付了薪水，而且税收是用来支持工资的，没有强制劳动这也完全是可能的。[31]酋长们肩负的劳动义务太重了，委任统治委员会向国联行政院报告说，而且根本就不清楚这种劳动是否给予了报酬。[32]

这次辩论不是对于维持"传统"秩序之利弊的看法，这一点委任统治委员会所有成员都是同意的。而其成员所担心的是，这种强制劳动很明显不但违反了委任统治制度文本，而且违背了大约三个月前国联临时奴隶制问题委员会明确阐明的原则，卢格德、格里姆肖、范里斯和弗莱雷·德·安德雷德都在这一委员会当中。并不是所有这些成员都认为限制强制劳动是一个好主意。例如，范里斯认为，由于没有大量无偿徭役劳动"土著政府就无法维持"，这些委任统治制度条款是"不切实际的"，应该被修改。[33]在临时奴隶制问题委员会里，他和弗莱雷·德·安德雷德强烈反对在旨在为整个殖民劳动实践确立规则的公约中包含禁止私营企业强制劳动的条款。该委员会否决了他们的看法，而且尽管该公约没有包含关于检查或执行的条款，但它谴责了私营企业的强制劳动，并规定就公共工程来说，"任何诉诸义务或强制劳动的责任应由合格的中央政府承担"。[34] 换句话说，各帝国不应该以"传统"为借口，利用土著"酋长们"作为强制劳动征募者——这恰好是比利时人，以及大多数其他殖民国家正在做的。

比利时，和其他所有受委任统治国家一道，签署了《禁奴公约》（Slavery Convention），但都对内有所保留。它在很大程度上被视为英国的一个计划，它确实曾经是——作为抓住道德制高点的努力，同时迫使其他各帝国按照英国的调子跳舞。加重这些担心的是这一事实，即国际劳工组织迅速任命了一个"关于土著劳动的专家委员会"（Committee of Experts on Native Labour），着眼于草拟另一份明确强制劳动的公约。帝国的官员们没有打算放弃强制劳动，但由于卢格德及其在国联的朋友领导了抗议运动，他们公开这么说就比较困难。然而，在 20 世纪 20 年代后期，关于强制劳动问题的争论卷入了如何同卢旺达和布隆迪的地方性饥荒做斗争的公众骚动之中。从短期来看，这场危机将会使比利时人处于守势。然而，经过一段时间，它会说服常设委任统治委员会的大多数成员，强制劳动是必要的，使强制性的劳动实践合法化，并且巩固了主要是种姓的特权。奇怪的是，饥荒会成为强制劳动的正当理由。

饥荒与强制劳动：1927～1930 年危机

饥荒有自然原因——天气、昆虫、疫病——但也有社会原因；实际上，即使这些自然原因也经常受到人类行为的影响。在比利时统治的第一个十年里蹂躏卢旺达和布隆迪的饥荒非常令人心酸地说明了这一点。在最好的时期，这两个王国的劳动

244　力和食物维持不稳定的平衡。这里有人口大约 400 万——大致和面积更大的近邻坦噶尼喀人口相当——只有占社会主体的胡图族农民每年从满是遭长期毁坏森林的山岭的土地上抢夺两季和有时三季收成，这些领地能养活他们自己。豌豆和黄豆在秋季和春季播种，种植高粱是为了在开支紧缩的冬季养家糊口。但所有这些谷物都依赖两个雨季——秋季的"短雨季"和从 2 月一直持续到 4 月的"长雨季"——而且即便如此，生产出的食物，由于蛋白质和脂肪含量低，几乎也无法提供维持艰苦的农业劳动所需要的热量。富裕些的人从图西族牧民饲养的大量牲口那里获得奶和肉来补充其食物，但小农场的耕种者只有在极少情况下才买得起肉，无地的劳动者更是完全买不起了。[35]

　　不充足的降雨或病虫害都可能打破这种农业制度的平衡，但把劳动力从土地上驱离、削弱他们的组织或剥夺他们辛苦得来的谷物，这些战争或混乱也会打破这种平衡。1916～1918 年危害极大的"卢曼努拉"（Rumanura）饥荒是德国和比利时军队大规模征用劳动力和粮食，东非战役期间流行性疾病的扩散造成的人为灾难。尽管干旱引起的 1925～1926 年的"加格维格（Gakwege）"饥荒，可能导致布隆迪四万人死亡——而且，由于已经逃过了国际审查，在比利时的报告中仅当作"良性的轻微短缺"[36]而蒙混过去了——毫无疑问因为政府为修路和在刚果采矿而征用劳工，以及同意征收各级土著政府视为"习俗的"[37]劳役税而恶化了。但是，把比利时的政策置于国际聚光灯之下并迫使政府加强对土著的食物危机进行管理的是更加地方性的"卢卡卡依胡拉（Rwakayihura）"饥荒，这场 1928～1930 年的饥荒摧毁了东卢旺达。

　　这次漫长的危机是由多种原因造成的。这里的人民已非常脆弱，官方和酋长的劳役税过于频繁，这让农民离开了他们的土地。然后，1927 年秋季没有"短雨季"，这意味着 1928 年几个东部行政区没有"第一季收成"。这已足够糟糕了，但接下来 1928 年春季也没有"长雨季"，完全摧毁了春季收成并使高粱产量减少了 75%，高粱产量通常能够为人们提供三个月的支持。两个生长季完全错过了，加上农民精疲力竭，能够耕种的土地更少了，当 1928 年秋季恢复降雨时，第三季也受到损害。

　　然而，为理解饥荒到底意味着什么，人们必须充分考虑它所发生的地区。记住，比利时首先寻求加强卢旺达和布隆迪与刚果的联系。东卢旺达——北部与英属乌干达接壤，东部与坦噶尼喀接壤——没有受到太多关注。结果，尽管到 1927 年这两个领地已经修建了大约 1000 公里能够支持四轮交通工具的道路，这两个领地拥有九辆汽车和卡车的那些官员能够独自风光地沿着这些道路旅行，没有一条道路穿过东北部卢旺达。[38] 没有可通行的道路把这个地区与西部卢旺达，或者布隆迪，甚或邻近的乌干达或坦噶尼喀连接起来。然而，这是闹饥荒的地区，基加利（Kigali）东部鲁基拉（Rukira）和加西布（Gatsibu）区的中心居住着大约 30 万人。由于除了步行，没有办法进出这一地区，这里的人们陷入了困境（地图 3）。

　　饥荒是一个过程，而不是一个事件。农民们吃光了他们最后的储备，他们的谷种，然后开始吃让他们患上痢疾的青草。他们卖掉能卖的东西——甚至最后卖掉他们的锄头——以购买从未遭受饥荒的西卢旺达或乌干达运来的有限供应。但是到 1928 年夏季，特别是在乌干达政府为保护自己的人民禁止向南方出口粮食之后，那些还有能力的人聚集了他们残存的力量，然后逃走了。至少有 10 万人离开了，占到受灾害最严重地区人

245

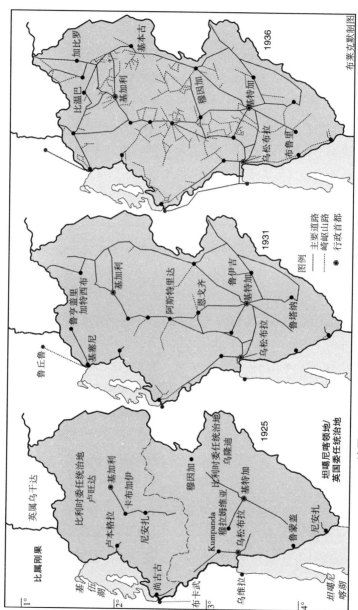

地图 3　1925, 1931 和 1936 年卢旺达/布隆迪的公路网络

口的 50% 或 60%。单身男人向北长途跋涉到乌干达，在这里当地政府在 1929 年 3 月之前给大约 75000 名这样的难民提供闲置的土地和土豆，供他们种植；有家庭的人们更常见的是前往西北卢旺达或布隆迪。[39] 然而，最虚弱的人只能去分配粮食的传教点，或者死在路上（图 8 - 2）。就像 J. E. 丘奇（J. E. Church）报告的："他们从数英里之外匍匐着爬到医院，经常是等他们到达时，他们枯瘦如柴的身体已经没有足够的力量伸出他们的手并说出，'饥荒要杀死我了！食物！食物！'"[40] J. E. 丘奇是一位剑桥大学培养出来的医生，在加希尼（Gahini）管理着英国圣公会差会的诊所和传教点，加希尼正好处于受饥荒打击最严重的地区和通往乌干达的路上。在最极端的情况下，年老体衰者被杀害或者被遗弃；被抛弃的半野的孩子在郊野游荡，偷窃他们能够偷到的东西。"人们发现，妇女和孩子在夜晚无助地躺在大路上，可能在他们死去之前就会被鬣狗吃掉，"丘奇在 1929 年 4 月写道，"这是一个骷髅之地，活着的和死去的。"[41] 估计有 35000～40000 人死掉。整个社会也和他们一起死掉了。[42]

247

比利时的反应是迟缓的，完全不足以应付这么大范围的灾难。1928 年 1 月，比利时政府给予委任统治当局 5 万法郎的一小笔贷款用以购买粮食；配给中心随后也开放了（通常在传教点）；粮食出口被禁止了。但对饥荒地区的供应不得不运送进去，需要大量成员被迫从事服务（政府在 1928～1929 财年使用了大约 400 万人日工作量的劳力，是那前后五年年度数量的 10 倍），[43] 如里克曼斯在 1929 年 6 月的一篇文章坚称，在除搬运外没有其他交通工具的情况下，供养 30 万饥饿的人口是"不可能的，人类不可能做到"。[44] 于是，强制性的耕作开始了，官员

图 8－2　英国圣公会差会饥荒救济，卢旺达，1928 年。

们分发了非季节性的植物，如木薯或甜土豆，并要求牧民们转而耕种他们用作冬季牧场的湿地，这些湿地蕴涵着作物生长需要的充足的水分。在执行这些计划的官员、传教士和"酋长"的监督下，这些极其饥饿的人们进行工作，以换取食物；令人惊讶的是，耕作和修路都进行下去了。到 1928 年中期，如果政府的地图是可信的，连接中卢旺达的基加利和尼扬扎省与布隆迪的主要道路完工了，尽管直到两年之后从基加利到受影响的饥荒地区的中心的道路都没有出现在地图上。[45] 饱受饥荒打击的人们修好了拯救自己的道路。

　　这一行动是在地区官员和知名人士监督下进行的。然而，随着人们的苦难达到顶点，灾难的新闻在 1929 年终于为外部世界所知晓。跌跌撞撞地进入乌干达的难民们便是目击证人，可以证明事情有多么糟糕，而且尽管政府通常依赖天主教的"白衣神父"不受国际媒体的影响，但英国新教传教士被证明是不可靠的。1929 年 3 月，丘奇牧师在英语版乌干达日报上发表了一份援助呼吁书，尽管他非常小心地说比利时人正在竭尽全力，但他的恐惧和悲伤在对倍受摧残的景象的描述中表现得非常明显，傲慢的鬣狗、大胆的狮子以及在上空盘旋的秃鹫捕食饥饿和患病的人们。几天之内，这种生动的描述被从爱丁堡（Edinburgh）到纽约的英文报纸转载；丘奇的报告也吸引乌干达圣公会主教 J.J. 威利斯（J. J. Willis）亲自到饥荒地区进行参观。4 月 16 日，就在威利斯的访问之后不久，丘奇撰写的关于饥荒的一份长篇特别报告在伦敦《泰晤士报》发表。[46]

比利时官员对于这样的关注感到沮丧。英国人道主义者对在比利时统治下遭受苦难的非洲人的调查，令人不安地联想到英国领导的对利奥波德（Leopold）的刚果政权的揭露；根据一位在乌干达南部工作的英国官员的说法，受委任统治国官员很害怕威利斯会写信给日内瓦。[47]通过仔细监视英国和德国媒体，比利时政府知道英国有很多人认为小小的比利时和葡萄牙拥有更大的殖民帝国超过他们能胜任管理的范围，而且很高兴以牺牲比利时为代价满足德国的殖民野心。[48]而且，就像比利时政府担心的，关于饥荒的争论很快与德国殖民复仇主义的激烈政治纠缠在一起了。在委任统治委员会，卡斯特尔一再批评委任统治政府医疗服务匮乏，人们很容易认为卢旺达的危机因为这种忽视而恶化。[49]到 4 月底，比利时驻柏林大使报告说，关于这场饥荒的文章已经出现在德国媒体上，他们对其非洲受难者的同情间接助长了这一结论，即应该剥夺比利时的领地。[50]里克曼斯、比利时殖民地大臣亨利·贾斯帕（Henri Jaspar）以及其他人反驳说饥荒是当地特色（包括德国人统治下的地区），并赞扬比利时做出的反应——"你也一样"的回答，这只会激起愤怒。在《殖民评论》（Koloniale Rundschau）中，该领地的最后一任德国总督海因里希·施内把卢旺达的"向西推进"和废除已规划好的连接东北卢旺达到坦噶尼喀市场的铁路认定为难以对抗饥荒的原因，同时还谎称在德国人统治下从未发生饥荒。剥夺德国的殖民地伤害了非洲人，施内指责道。国联现在需要把它们从比利时笨拙的统治下解放出来，这符合非洲的利益。[51]

像这样的看法刺激比利时做出了一种饥荒都未能激起的反应。第一个失败的雨季之后大约 18 个月，在文章开始出现在国际媒体上数天之后，比利时议会投票决定给予 5000 万法郎贷款，对国际指责的担心已使其数额增加了上千倍。刚果总督接到命令，由他负责饥荒救济；他和路易 - 约瑟夫·波斯蒂奥（Louis-Joseph Postiaux）——马尔佐拉蒂休病假在家时任命的卢旺达和布隆迪的代理总督，巡视了发生饥荒的地区，对当地传教士的无知感到非常震惊。[52]以贷款购买的卡车和施工设备加快了铺路的工作，最终使 1929 年通过陆路向饥荒地区运送的 1760 吨——从 1928 年的 979 吨——粮食中的一些成为可能（图 8 - 3）。一共分发了大约一万把锄头，所有家庭都要负责耕种固定的多个小块土地，种植诸如木薯或甘薯等非季节性作物还有季节性的豌豆、蚕豆和高粱。在每一个区，储备粮食的粮仓都建立起来了。[53]到 1929 年 11 月，在马尔佐拉蒂被派去会见常设委任统治委员会时，所有人都认为将会是一场激烈争吵的会议，就算形势远非正常状态，设想填饱肚子的农民会再次耕种这些土地至少是可能的。

社会将会发生巨大变化。如安妮·科尔内（Anne Cornet）所说，饥荒危机，特别是它们所引起的国际关注加速了比利时政策的根本转变。1928 ~ 1930 年，推出了一项改革计划，虽然

图 8 - 3　修建一条汽车运输道路，卢旺达，1929 年。

它确实扩大了基础设施和资源，但也加剧了种族和社会的不平等。这些改革的各个方面，特别是对劳役税持续的严重依赖，很明显是违背委任统治原则的，但对饥荒的恐惧平息了委任统治委员会的反对。首先是在幕后，然后是在常设委任统治委员会的会议上，比利时官员阐明了这种转变的本质——重要的是让委任统治委员会批准这种改变。

"间接的"计划经济

　　新任总督查尔斯·瓦赞（Charles Voisin）在 1930 年 9 月发给该领地上所有比利时工作人员的备忘录《在卢旺达 - 布隆迪应遵循的一般政策主线》（Main Lines of General Policy to be followed in Ruanda-Urundi）概括了比利时的新政策。它列举的第一个目标是结束匮乏和周期性的饥荒。[54] 然而，从阿勒维

250

克·德·霍伊施在1928年和1929年常设委任统治委员会会议上试图把饥荒的责任推到土著身上，人们可以发现这种新态度的观念基础。比利时人会指责胡图族农民的"宿命论""被动性"以及"内在地缺乏远见"，对这一点不应该感到惊讶，因为这种种族言论从一开始就是比利时的报告中的固定内容。[55] 异乎寻常的是，对土著文化的谴责现在还包含了图西族文化。马尔佐拉蒂在1926年已经把"加格维格"饥荒造成的大部分灾难归因于"土著酋长们的漠不关心"，他们未能确保分发给他们的木薯得到种植，而且让他们的牲畜践踏准备好的田地。[56]现在，这些批评变得更加尖锐了。里克曼斯在1929年的一篇关于比利时饥荒政策的长篇辩护文章中写道，尽管有一些开明的酋长，但"惰性、缺乏理解力、愚蠢和言而无信"是他们统治的特点。他坚持说，"没有他们，甚至是无视他们，土著才能得到挽救"。"与饥荒做斗争是白人的工作，而且仅仅是白人的工作。"[57]这种言辞的目的是什么？官员们正在为委任统治委员会的革命做准备。弗兰克早在1920年便说比利时人会把这种表面上传统的社会秩序牢牢控制在手中。

　　1930年比利时的改革包含四个关键方面。第一，酋长的权威被合理化。由于得出结论认为封地太小而且权威过于分散，官员们开始积极合并封地——根据让－皮埃尔·克雷蒂安（Jean-Pierre Chrétien）的构想，他们强行地把社会"封建化"。[58]地区性"酋长"的数量迅速下降了，例如，在布隆迪从1929年133个下降到1933年的46个，他们之下层级的"副酋长"数量也大大削减了。[59]数量更少了，领地更多了，酋长和副酋长从此以后将会受到更严格的监督。在饥荒期间，官员们开始废黜抵抗比利时扩大种植、扩展道路以及排干沼泽的指令的酋长和副酋长，而且他们从未退缩。在整个 20 世纪 30 年代，常设委任统治委员会成员们都会对每年被废黜的表面上的"传统"权威人士的数量表达惊讶和某种焦虑——就像常设委任统治委员会可能隐约认识到的，这些大批被罢免的情况证明，忠诚地执行比利时的指令现在已经成为获得酋长权力的主要资格条件。[60]

第二，这种经过改造的结构首先是为快速发展而获取必要的劳动力。凯瑟琳·纽伯里（Catharine Newbury）写道，饥荒之后推行的雄心勃勃的修路、种植、土地开垦以及森林再造计划，"大大增加了农村劳动力需求"，而且只要劳动力是现成的，官员们自己不会特别关心这些劳动力是如何获得的。这是酋长的责任，回忆起这些时期强行征募的劳役没有几个人记得得到过薪水。[61]换句话说，受委任统治政府不但拒绝摆脱对《禁奴公约》谴责的那种无偿强制劳动的依赖，而且实际上还在合理化和扩大这些做法。委任统治委员会的这些成员很清楚地知道这违反了法律条文，但由于他们内心对饥荒危机的恐惧记忆犹新，他们非常不愿意批评强制劳动。即使国际劳工组织（ILO）的哈罗德·格里姆肖也在 1926 年同意，强迫个人为自己的利益而工作不应包含在强制劳动的定义当中，而强制耕种似乎完全符合这一标准。[62]允许酋长们和官员们为他们自己的或其他目标强迫劳工劳动，没人觉得这值得关注。

然而，重要的是，强制劳动是通过酋长促成的，特别是由于这些强制关系更清楚地反映了这些领地的种族划分。实际上，加强种族等级制是比利时改革的第三个——而且也是明显不会引起争论的——方面。图西人的特权早于比利时人的政权，但在沦为殖民地前，这种种族分裂已经因其他分裂——血统、侍

252

从关系、宫廷政治以及有些酋长是胡图族人这一事实——而缓和下来了。然而，一旦酋长地位被巩固下来，其他这些附属因素的重要性就会下降，而且主要满足图西族人的"酋长之子学校"的教育成为进入官场的可靠门票。这并不是说所有图西族人都是酋长或副酋长，远非如此——但此后几乎没有酋长是胡图族人。在布隆迪，王室血统决定着酋长职位并缓和了这些种族分裂——但即使如此，就像在卢旺达一样，已经不存在胡图族酋长了。在饥荒之后的数年里，两个领地的大量图西族精英开始改变信仰，进一步巩固了这些等级制度，以至于到1934年，90%的酋长是天主教徒，而天主教人口只占总人口的10%。[63]根据教育、宗教、特权以及他们（被认为）的"含米特"种族进行区分，由他们的下级为其提供服务并不断确保他们的优越感，酋长们怎么可能不被他们管理的人所憎恨呢？然而，在委任统治委员会1933年的会议上被问到这个问题时，阿勒维克·德·霍伊施坚持说在社会秩序中不存在"种族仇视"。"下等种族承认上等种族的所有品质，"他坚持说；胡图族民众"展现出对瓦图西贵族（Watutsi nobles）的真正的崇拜"。[64]在这种可怕的说法中，我们可以觉察到很多未来苦难的幽灵。

253　　但是，卢旺达和布隆迪国王（图8-4）这些"传统的"权威人物（authorities）怎么样呢？在人们将会接受"进步主义"政府之前，他们的认可被认为是必要的。随着比利时收紧了对酋长阶层的控制，这些合作者开始看上去既是过时的，也是可有可无的，使他们臣服成为比利时政策的第四个支柱。事实上，这场斗争是为了争夺穆辛加国王的权力，因为尽管官员们认为布隆迪具有可塑性的姆瓦姆布扎国王可以在不考虑后果的情况

图 8 - 4 布隆迪的姆瓦姆布扎四世和卢旺达的尤希五世，1929 年。

下被废黜，但他们认为没有必要采取这种行动，因为比利时的驻扎官员"是而且将继续是真正的姆瓦米（Mwami）"。[65] 国王尤希五世是一位更难对付的人物，在比利时入侵时他已经在王位上待了 20 年。比利时对其宫廷的控制太过虚弱，马尔佐拉蒂早在 1924 年就抱怨，[66] 接下来整整十年里国王一直在争取保持其特权。他的难以驾驭从基加利到布鲁塞尔众所周知。穆辛加抵制着西方的影响，对基督教毫无兴趣，并小心翼翼地坚持已经确立的仪式和宫廷习惯。他拒绝任命比利时喜欢的人并提拔他自己的门客，不理睬比利时关于牲口检疫与接种的指令，故意避开在比利时学校学习的那些儿子和侍从，并随时留意转而效忠白人的酋长们的情况。1929 年之后，随着二者之间关系的恶化，比利时的报告变得更具诽谤性。穆辛加非常贪婪，对其公共职责完全没有什么概念；他非常迷信，经常请教巫师；他

254

性生活堕落，据信与他儿子、女儿都发生过乱伦关系。这些诽谤性的谴责如此具有爆炸性，以至于官员们根本不会公开提及此事。马尔佐拉蒂在 1929 年 1 月秘密通知殖民地部，穆辛加已经同英国政府接触，请求他们接管对卢旺达的委任统治。[67] 比利时的管理者们现在把穆辛加"当作堕落者和流浪汉"，一位在乌干达的消息灵通的英国官员报告说。"不久以后，他们可能会尝试用一个年轻的人质来取代苏丹"。[68]

穆辛加的行动跨越了文化和时间的鸿沟，但是他对比利时之指令的抵抗似乎很容易理解。他已经是一个王朝的君主，拥有"生杀予夺"之权，卢旺达著名的"国王名录"（king lists）可以把他的血统追溯 12 代以上。[69] 现在，他被期望作为占领国的傀儡。他接受贡品的权利逐步被蚕食了，他对其臣民的权威也被削弱了。他的门客们受到惩罚或被罢免；改宗者和入侵者得到职位和土地。汗流浃背、穿着制服、发着牢骚抱怨瘟牛疫情的比利时人杀死了他的大部分牲口；当干旱威胁到来时，他们禁止他履行求雨的仪式性的责任。他的儿子们已经被送到一所比利时学校，他们在这里已经形同陌路；当关于他乱伦的谣言扩散开来时，他年幼的孩子们便不能在晚上进入他的住所了。官员们给他新奇的西方玩具——最近给他的是汽车——然后当他不玩弄这些玩具时又抱怨他。难怪他变得（在比利时人看来）沮丧而且不忠诚，把眼睛转向境外寻找新的联盟。[70]

1929 年，当关于乱伦和叛逆的指控最初传到布鲁塞尔时，阿勒维克·德·霍伊施保持着冷静。无论是土著，或者英国人，或者被驱逐的德国人，或者在日内瓦的委任统治委员会（他认为）都不会轻易容忍穆辛加下台。[71] 所以，总督瓦赞自己对一些直率的交谈非常满意，通过这些谈话，穆辛加被迫接受比利时选择的酋长，并巡视全国推动精耕细作。但是，官员们很确定，他仍然在秘密策划（他肯定会这样），而且两年后，当克拉斯（Classe）教士报告说姆瓦米依然不可救药地对进步和基督化保持敌视态度时，殖民地部给开了绿灯。[72]在基加利和乌松布拉，废黜穆辛加的计划被精心制定出来。然而，在日内瓦，阿勒维克·德·霍伊施却没有看到与常设委任统治委员会共享这种信息的理由。相反，通过详细讲述穆辛加的利己主义、贪婪、任性以及玩忽职守，他让其成员们做好了心理准备。他说，姆瓦米唯一关心的是贡品。当他的人民正在因饥饿而死亡时，他还继续要求比利时人征收传统的苛捐杂税。这些成员们问，比利时怎么可能会与这样的人合作呢？他回答道，他们在考虑各种可能的替代办法。[73]实际上，就在委任统治委员会仍然在举行会议时，穆辛加就要被罢黜了，但是——相隔半个世界之遥——其成员们什么都无法知道。

　　因此在 1931 年 11 月 12 日，在把最显要的人物从宫廷所在的尼扬扎诱骗到行政首都基加利后，总督瓦赞通知穆辛加，他已经被其更听话的、受过行政管理教育的儿子鲁达希瓦（Rudahigwa）取代了。穆辛加得到这个消息时非常平静；他预料到这些已经有一段时间了。两天之后，他和母亲、七个妻子以及最忠诚的数百名门客一起流亡南方了。他更愿意乘坐搬运工抬着的吊床旅行，把汽车——可能还有带着金色饰边的天蓝色制服——留给鲁达希瓦使用了。[74]老一代人对穆辛加被废黜感到很麻木——他们说鲁达希瓦是"白人"，而且对他们的风俗习惯一无所知——但受过比利时教育的年轻酋长们对此却怀有热情。[75]政府也宣称自己很满意。尽管在一个不久之后跌跌撞撞地进入尼扬扎的美国女人看来，鲁达希瓦及其笃信天主教的年轻妻子就像在比利时人为他们建造的寒冷、现代的豪华别墅中[76]"忙于料理家务的两个非常干净整洁、穿着讲究、儒雅礼貌的小孩"，官员们报告说这位新的姆瓦米正在接受他们的建议并尽职尽责地巡视国家以推动沼泽地排水和木薯与商业咖啡的栽培。父亲是鲁达希瓦的软肋，鲁达希瓦为他提供了大量牛群并恳求不要驱逐他，除此之外完全令人满意[77]。

256　　比利时的行为本可以成为国际事件。所有受委任统治国都没有更多依赖托管的语言和间接统治。通过表达他们对穆辛加之权威的关切，比利时官员已经从英国得到吉萨卡（Gisaka）；在为卢旺达和布隆迪与比利时属刚果的行政同盟进行辩护时，他们曾经承诺维持土著的秩序。然而，当委任统治委员会听说穆辛加被罢黜的事情时———一年后的 1932 年 11 月，其成员们并没有给阿勒维克·德·霍伊施制造任何麻烦。关于穆辛加的残暴和伤风败俗之行为，已经说得足够多了，目的是让委任统治委员会相信———皮埃尔·奥尔茨有帮助地插话———不立即罢黜他政府或许已经过于仁慈了。君主制本身已经被保留下来这一事实也安抚了卢格德，他只是担心新的姆瓦米可能已被他在"酋长学校"所受教育给欧化了，但在被告知"土著的传统"在那里也被讲授时，他感到欣慰。[78]剥去了其权力，传统的包浆还是会存在的。

　　在比利时看来，1928～1932 年的四重改革取得了完全的成功，形成了非常密集的道路网络，粮食盈余，而且到 20 世纪 30 年代中期开始形成出口经济。现任刚果总督皮埃尔·里克曼斯在 1936 年提交委任统治委员会的报告中说，再出现一次饥荒是"不可能的"，因为即使出现了地方短缺，粮食也可以被迅速送达这一地区。然而，里克曼斯强调说，文化的转变也是深刻的。新的姆瓦米在各个面向都在与比利时的政权进行合作，迅速的基督教化也已经使图西族酋长倾向于接受欧洲在经济问题上的建议。咖啡栽培正在进行，一度非常不利于委任统治地区的国际收支平衡，已经朝着有利于它的方向摆动。[79]

比利时人坚持认为，造成这种令人满意的结果的制度依然是一种"间接统治"。私下里，一些官员认为这是胡扯。他们的制度不但不是"间接的"，尼扬扎的政务专员在 1930 年评论道，而且"可能是最直接的"，因为行政长官不是卷入"政策的最微小细节了吗"？不是"最鸡毛蒜皮的争吵都找他来做裁决吗"？难道他不是"既与'副酋长们'甚至还与他们统治下的所有人都保持着经常联系吗"？[80]在委任统治委员会，卢格德和他的继任者马尔科姆·海利（Malcolm Hailey）也说，酋长们拥有的权威太小，而且极易被废黜，因为这套制度被认为是"间接的"。海利在 1938 年说，它不过是一种官僚体制，一种雇用土著官员而非白人的官僚机制。[81]

海利是正确的，但只有一点。因为，无论如何官僚化，在卢旺达和布隆迪建立的机构都是沿着种族分界线组织起来的，并继续依赖卢格德非常讨厌的不付报酬的劳役税这种"封建"形式的服务。阿勒维克·德·霍伊施坚持认为，这种做法是"传统的"，对于政权的合法性是必需的。把土著社会联合起来的"任何弱化封建联系的"做法，都会"让整个社会结构陷入混乱"。[82]强制劳动促进种族和谐似乎牵强——然而，阿勒维克把这种做法看作合法化的重要工具显然不错。问题是，在（许多）欧洲人而不是大多数土著看来，他们使比利时的统治合法化了。

卡鲁纳·曼特纳（Karuna Mantena）在最近的一本书中宣称，亨利·梅因（Henry Maine）在印度，特别是卢格德在非洲详细阐述的"间接统治"的意识形态是作为"帝国的托辞"发挥作用的。通过把土著社会的形象构建成文化上一致的和脆弱的，因而本质上也是"不同的"，于是这些理论可以把这种"差异"作为保护帝国规则的正当理由。[83]这当然描述了比利时在卢旺达和布隆迪的统治的动态，在这里强制性的做法得以改造并适应了新的目标，然后被视为土著习俗的不容忽视的有机组成部分。所以，强制劳动不是作为一种低成本殖民发展的支柱，而是作为一种时代允许的"土著"形式。在委任统治制度下被明确禁止的、西南非洲的白人殖民者沉溺其中时确实引起强烈谴责的做法，在被"原始的"非洲人采用（或者更准确地说，要求采用）时，被认为是仁慈的。

仁慈的，但不是现代的。如果"间接统治"的语言把强制劳动作为"土著的习俗"合理化了，将这种关键的殖民主义实践的责任转移到非洲人自己身上，这种花招还把"土著"重新刻画成不可避免的落后者。卢旺达和布隆迪的农民们不得不无偿地为酋长们工作，因为这是他们的"传统"，但这种传统也表明他们多么原始。在1938年，挪威籍成员瓦伦丁·丹尼维格带着困惑指出了这一悖论，比利时热情参与统治似乎并没有提升其人民的地位。相反，尽管图西族精英在过去经常被描述得更加先进，但"他们现在时常被说成非常落后的"。阿勒维克·德·霍伊施只能回答说，实际上所有非洲人都是非常落后的。[84]比利时将不得不控制很长很长时间。

*　　*　　*

卢旺达和布隆迪可能是我们所说的委任统治制度的"极端情况"，其经济发展是通过一种表面上的传统的间接统治结构实现的。其他委任统治地都不是种族等级制度和经济强制如此紧密和糟糕地捆绑在一起的。然而，比利时制度的核心动力——把土著政府改组成负责计划经济的军官团——很普遍。比尔在法属喀麦隆官员的工作中，唐纳德·卡梅伦在坦噶尼喀，以及比利时人试图重建刚果中都发现了这一动力。表面的目的是在不扰乱当地文化或播下叛乱种子的情况下，引导非洲走向"进步"。然而，正如比尔所注意到并为一代非洲历史学家所确认的，殖民官员们和当地重要人物或门客在这一过程中改变甚或创造了部落结构，用马哈茂德·马丹尼（Mahmood Mamdani）恰当的措辞便是，有时造成了非选举产生的、行使专断权力的政府的一种"权力下放专制统治"。[85]

就在限制强制劳动的公约出现时，这些劳动制度正在被改进和详细阐述，这看起来似乎是矛盾的。然而，就像卢旺达这一案例所清楚表明的，这种巧合并不是矛盾的。在两次世界大战之间，帝国主义是通过"发展"来证明自己是合理的。通过战胜饥荒——即使饥荒部分是由其苛捐杂税造成的——委任统治机制证明自己的价值。但是，像比利时这样的一个资金短缺的小国如何才能找到完成这样一个计划的资源呢？它在当地人口中找到了这些资源——不但包括从事这种工作的实体机构，而且包括控制他们的表面上传统的种族等级制度。

委任统治委员会的成员们，作为受委任统治政府的监督者和国联与国际劳工组织的顾问，努力协调限制强制劳动和促进发展的双重要求。打着"习俗"的旗帜有助于推动它们这样做。确实，卢旺达饥荒的严重性也倾向于使他们接受这些做法——强制性的耕作、港口和道路施工等徭役劳动——否则便可能会受到谴责。然而，就像我们已经看到的，强制被视为"间接统治"的内在组成部分时，也变成可以接受的东西。这种挪用其概念的做法大大激怒了卢格德，他希望受委任统治当局用酬金和薪水来取代无报酬的徭役和酋长的苛捐杂税，但是他的威吓被当成了耳边风。官员们推断，如果他们口头上承认"传统的"规则，他们将能够以他们认为合适的方式自由地实施这种统治。

这是实情。委任统治委员会不愿谴责"传统的"酋长特权是一个标志；委任统治委员会实质上驳回了比尔的指控是第二个标志；国际劳工组织的《强制劳动公约》（Forced Labour Convention）的命运是第三个标志。在国际劳工组织的土著劳工专家委员会（Committee of Experts on Native Labour）里，法国的马夏尔·梅兰和其他几位殖民国家代表努力把捍卫国家特权的语言塞入该公约当中，该公约表现出了这种工作的成果。尽管所有签署国都应该走向废除强制劳动，但一些表面上"传统的"做法——"较小的公共服务"、通常通过集体方式完成的工作以及作为预防饥荒的措施而强加的强制性耕作——都被排除在这种类型之外了，"得到认可的酋长们"有权征收"个人服务"得到明确承认。然而，尽管公约是非常温和的，主要帝国中只有英国、日本和荷兰迅速正式批准，意大利等到1934年，法国等到1937年，比利时等到1944年，葡萄牙等到1956年才予以批准。[86]

尽管对一些形式的强制劳动进行了限制，然而国际监督使其他形式的强制劳动合法化了。那些希望把间接统治用作一种劳工控制机制的殖民国家和受委任统治国家在 20 世纪 30 年代这么做时不会遇到太大困难。而且大多数国家确实希望这么做，这不仅因为强制劳动使它们能够实现低成本的发展，而且因为在受委任统治国面临日益增加的来自修正主义国家要求重新分配殖民战利品的压力之际，它把发展工作牢牢地掌握在自己手中。这种反应与 1929～1931 年经济衰退之后转向关税、特惠制以及建立贸易集团的做法高度吻合。全球贸易在 20 世纪 30 年代中期复兴时也是沿着这些帝国的和地区的分界线进行的。

如果说委任统治委员会挫败了受委任统治国要求法律主权的企图，那么它在经济规制领域的记录就复杂得多。从形式上看，委任统治地都珍视"门户开放"原则，但当与处于委任统治之下的地区的国际贸易比与其他地区的国际贸易"更自由"——比如，日本的丝绸生产商在 20 世纪 30 年代让叙利亚的丝绸工业[87]陷入困境甚至遭受摧毁，这些地区不可能不受保护主义趋势的影响。他们不是去推动实现全球贸易整体的"自由化"，而是被吸引到其守护者的帝国经济网络当中。更大程度的自由化是否已经提高了当地生活水平，在任何情况下都是具有高度争议的问题。实施"门户开放"目的是缓和大国竞争并提供一种公平竞争的舞台，而不是为了当地人民的利益。然而，比较清楚的是，在既无资源又无投资的情况下推动"发展"的动力便是推动委任统治当局打着"传统"的名义扩大使用强制劳动。"自由劳动"是一个和"自由贸易"一样难以达到的目标。 260

那么，在委任统治机制下，我们发现了什么？我们发现前奥斯曼帝国和德国的领地，通过行政管理和经济手段，而且在主权的法律保护伞之外，编织成了帝国的关系网。这些形式的控制并不是不强烈，它们只是不同而已，它们含蓄地提出了大国能否在没有正式主权的情况下进行控制的问题。经济依赖和政治联盟很可能不但对正式统治，而且对于刺激日内瓦的监督都是一种有吸引力的选项？在 20 世纪 70 年代和 80 年代，学者们会创造新的名称和理论——依附理论、新帝国主义——以试图理解法律主权和经济主权为何看起来比以前分离得更远了，但正如"非正式帝国"的历史学家们所展示的，这种安排有着悠久的历史。所以，当委任统治制度在政治主权和经济主权之间制造了隔阂时，它并不是在做什么新鲜事。新的事情是，它明确地提出了这个问题：这些形式的治理是否会成为规范性的。

英国再一次强迫就这个问题做出决定。英国外交部在 1929 年通知日内瓦，它倾向于支持伊拉克在 1932 年加入国联。但英国仍然控制着伊拉克的空军基地和油田；伊拉克怎么可能会被认为是"独立的"呢？随着政治紧张局势和全球经济危机的恶化，关于"独立"的一种新定义正在出现。

第9章　对帝国安全有利的独立

我认为，关于甲类委任统治地，只要是完全必要的，委任统治关系就应该得到维持，因为它是唯一可取的。而对于没有委任统治地的那些国家来说，甲类委任统治地应该尽快独立。然而，独立……不意味着以有利于单个国家的方式抛弃委任统治关系，使前委任统治地和它形成了一种新的而且实际上无法控制的依附关系。

——路德维希·卡斯特尔致维托·卡塔斯蒂尼的信，

1928 年 12 月 8 日[1]

假定一个国家获得解放就会带来幸福是错误的。对于处于"甲类"委任统治制度之下的国家来说，其过去的历史并未为管理自己做好准备，在拥有高度文明的国家引导下行使自由是很重要的。为了这些国家的利益，如果它们的演进标准不能证明解放的合理性，如果这种解放只符合受委任统治国的利益，则国联应该反对它们的解放。处于委任统治之下的国家"在现代世界困难的条件下"有能力自我治理之前，过早的解放将会成为委任统治失败的标志……

——皮埃尔·奥尔茨，1929 年 11 月 19 日[2]

在 20 世纪 20 年代后期，由于德国加入国联而且世界经济尚未陷入危机，让帝国权威服从于国际规则的努力取得主导地位。然而，"国际化的"帝国仍然是帝国：国联的监督并未让民族自决变得更近。因为，如果委任统治委员会寻求剥夺各帝国排他性的经济和政治主权，这是因为它坚持认为这种权利必须全体"文明"共享。这一时期发生在日内瓦的大多数斗争针对的是国际权威的范围，而非对于土著人民之权利。

但在 1929 年，英国与它同类的受委任统治国分道扬镳了。11 月 4 日，英国外交部通知埃里克·德拉蒙德爵士，英国将支持伊拉克作为一个独立国家在 1932 年加入国联。[3] 这一信息给国联秘书处、主要欧洲国家的外交部以及叙利亚和巴勒斯坦的民族主义运动都带来了冲击。尽管 1918 年的《英法宣言》（Anglo-French Declaration）和《国联盟约》第 22 条都承认中东人民的民族愿望，但没有文本，也没有国家提出实现它们的民族愿望的路线图。确实，到 20 世纪 20 年代后期，大多数国家已经明确表示它们认为独立是无法想象的，或者对要求独立的居民开火。尽管委任统治委员会有时反对这种镇压行为，但它也认为监督将会持续很长的时间。英国的做法是史无前例的。

或者有过先例？大量英国顾问和政治家在第一次世界大战期间认为"民族自决"能够服务于他们的目标；他们可以举出许多这样的例子，英国保障各种类型的"土著国家"独立，作为交换，获得排他性商业特权或军事联盟。确实，英国已经在 1928 年与费萨尔的兄长阿卜杜拉（Abdullah）在外约旦达成了这样的协定，不顾委任统治委员会的保留条件，指出"如果不下放权力"，《国联盟约》对处于"甲类"委任统治制度之下的社群做出的承诺将"毫无意义"，英国正在竭力维护其全面控制。[4] 然而，针对伊拉克的计划超越了这种先例，理由很简单，因为它不仅仅是一种双边安排。和阿卜杜拉的外约旦不一样，费萨尔的伊拉克不仅主张对其领土和臣民拥有"主权"，而且要求在国际舞台上也拥有主权——换句话说，成为众多国家中的一个。但这就不止需要一份英国的声明了：它将会要求国联大会——世界上已知最接近全球政府的机构——的一致投票。

伊拉克将会是唯一一个经历这种"解放"过程的委任统治地。但当时没有人认识到这一点。英国人、伊拉克人、委任统治委员会、惶恐不安的法国人以及实际上叙利亚及近邻巴勒斯坦生活在委任统治之下的人们对这一先例既希望又担忧。如果我们考虑今天的世界，联合国的承认已经在很大程度上取代了国家能力作为通向独立的途径，谁能说他们是错误的呢？伊拉克是杰出的全球性机构改变一个领土的国际地位的第一个案例——从"依附"到"独立"——未经过战争而是通过成员投票：这就是它为何如此重要的原因。这也是当英国人宣布他们的计划时全世界的人们都觉得地壳构造板块在移动的原因。[5]

英国对伊拉克战略的演进

英国为何采取这种大胆的行动？这是 1921 年苦心敲定的计划的顶点，通过在巴格达建立一个忠诚的阿拉伯政府，降低占领美索不达米亚的可怕的军事和财政开支。然而，到英国官员策划费萨尔加冕为伊拉克国王时，该领地已经被宣布为国联的委任统治地了——这是费萨尔和伊拉克正在兴起的民族主义运动都无法接受的一种地位。[6]因此，英国公开向国联行政院承诺它仍将对伊拉克的行政管理负责，[7]早在 1922 年，英国副殖民地大臣威廉·奥姆斯比－戈尔私下里研究了用英国和伊拉克之间的双边条约取代委任统治制度的可能性。在日内瓦，威廉·拉帕德对他提出了警告。这种做法不但会招致在叙利亚造成破坏性影响的法国人"非常强烈的憎恨"，还会受到国联行政院其他成员——如果这个条约包含英国在伊拉克的特权——"非常强烈的憎恨"。委任统治制度目的是扩展西方国家的帝国统治的好处。如果英国把伊拉克从这一制度中撤出来而又把它并入自己的范围，此后这些好处将为英国垄断。[8]

把它们的战略联盟置于国联的团结之上，英国的官员们已经非常谨慎地向前推动了，与他们的伊拉克合作者精心炮制了一个条约，承认新国家的"国家主权"，同时规定费萨尔国王"在所有重要问题上"接受英国之建议的指导。他们非常艰难地达成了财政、军事和司法协定，通过这些协定，伊拉克把国家的防御责任移交给英国皇家空军，同意维持一定数量的英国法官，并同意在伊拉克政府每一部门安排一位英国顾问。[9]这些谈判都不是容易完成的。只是在高级专员珀西·考克斯关闭了民族主义的报纸并驱逐了主要反对派领导人之后才在1922年10月最终签订条约，且直到1924年制宪会议才最终被迫通过。然而，无论多么不平等，这个条约都不像委任统治制度那样丢人，而且在其谈判过程中，英国做出了一些关键让步，把其期限从20年缩短到只有4年，并承诺努力保护伊拉克有争议的和石油丰富的摩苏尔省（Mosul）的安全以及考虑伊拉克在规定的四年后加入国联。[10]在1924年，英国说服国联行政院相信，这一条约，而不是仍未批准的1920年委任统治制度草案，将会承担英国对伊拉克和国联的责任。[11]

注意力随后转向了摩苏尔，尽管这一领土争端的解决确保了新国家边界的安全，但它也进一步使国联卷入博弈当中。土耳其已经拒绝在《洛桑条约》(Treaty of Lausanne) 中移交摩苏尔，所以这个问题已被提交到日内瓦，日内瓦在 1925 年派遣了三位专员去确定当地人口的意愿，当地大约 60% 是库尔德人。仍然管理着这个省的英国政治专员们得到秘密指示，组织支持伊拉克，但这是一次险胜，因为库尔德人领袖拥护伊拉克主要是希望英国会保护库尔德人的自治权。当这些专员们建议把摩苏尔判给伊拉克时，他们坚持要求委任统治持续相当长的时间——或许是 25 年——并要求库尔德地区由库尔德人自己管理。从形式上，英国和伊拉克都欢迎这一决定——毕竟，它们已经获胜——但它们在 1926 年 1 月达成的条约，尽管确实把委任统治扩展到 25 年，为此增加了限制条款，如果伊拉克在更早时候被允许加入国联，这一决定就会失效。[12]

确实，在费萨尔及其部长们看来，对英国来说，承认伊拉克独立的方式现在是很清晰的。支持其加入国联的一系列运动即将开展，高级专员亨利·多布斯在 1926 年后期警告伦敦——为保护其战略利益和盟友，英国应该默许。[13]无论是英国殖民地部还是鲍德温的保守党政府的关键成员都没有被说服。一位官员在备忘录中写道，这一措施在巴格达将会大受欢迎，但由于伊拉克"只是一种地理表述"而不是一个国家，它怎么可能做好自治的准备了呢？他希望英国能够支持伊拉克这一案例并诱使其他某个国家——比较理想的是法国——转而拒绝，但这样一个计划"要想取得成功的话，就要求相关的英国代表善于伪装和欺瞒但我们的国民不长于此；就国联的其他成员而言，这要求一定程度的仁慈的裁量，这看起来是非常不明智的"。[14]空军元帅休·特伦查德 (Hugh Trenchard) 爵士早已认识到伊拉克是试验他"空中治安"思想（也就是说，轰炸地方部落使

265

之屈服）的一个绝好的舞台，他咆哮着进入英国殖民地部，对一位不知所措的公务员说，英国应该直接要费萨尔及其亲信闭上嘴巴。特伦查德坚持认为，"现在到了结束这种表演的时候了"，无论如何"在处理阿拉伯人时，有必要采取强硬路线"。[15]殖民地大臣利奥·埃默里同意：建议立即让伊拉克加入国联在日内瓦将会被视为"卑鄙交易"并让英国面临如下指责，它们为了获得了摩苏尔做出自己实际上无意信守的承诺。[16]内阁决定，他们将在1932年支持伊拉克加入国联，埃默里漫不经心地对巴格达说英国将欢迎另一个国联旅行委员会（League Travelling Commission），以确定这样一个严肃的步骤是否合理。[17]

埃默里认为日内瓦会对英国早在1928年提出的关于伊拉克独立的建议感到震惊，这很可能是正确的，尽管他很明显也在寻找一个不向前推进的借口。（他几乎从未如此关切国联的感受。）然而，对费萨尔和伊拉克的民族主义者来说，他的决定形同背叛。经过数月紧张的谈判之后，达成了一个新的、承认伊拉克"作为一个独立的主权国家"并废除许多对伊拉克政府更屈辱的限制条款的条约，但由于这一条约用"只要保持目前的发展速度……一切顺利"这样致命的话更改了英国支持伊拉克于1932年加入国联的承诺，伊拉克民族主义者动员起来对此进行反抗。[18]接下来几乎是两年的政治僵局，可以预测，围绕独立后英国的军事权利产生的分歧越来越明确了。然而，无论是多布斯还是其继任者吉尔伯特·克莱顿（Gilbert Clayton）（阿拉伯局的另一位老专家）都相信，达成协议是可能的。伊拉克的民族主义政治家，尽管渴望建立他们自己的军队，但并不喜欢在没有英国皇家空军的情况下保持对难以驾驭的部落的控制。

根据他们的建议，而且随着伦敦成立新的工党政府，僵局最终被打破了。1929 年 9 月，英国告诉伊拉克，它将无条件地支持伊拉克在 1932 年加入国联，未被批准的 1927 年条约将被废除，将会谈判一个解决所有悬而未决的问题的新条约。英国殖民地部现在必须说服国联。

殖民地部和委任统治委员会对决

英国殖民地部将会面对艰苦的斗争，这一点愈发明显了，因为就在委任统治委员会成员抵达日内瓦参加其第 16 次会议时，英国的通告也到达了日内瓦。那些认为委任统治制度的存在是为了把处于依附地位的领地迅速变成国家的人，只需要听它们的反应就可以了。只有西班牙人莱奥波尔多·帕拉西奥斯和德国人路德维希·卡斯特尔直率地认为，"解放处于委任统治之下的这些领地是，或者应该是它们发展的正常目标"。[19] 其他成员对英国的单边行动都感到震惊。英国殖民地部的杰拉尔德·克劳森（Gerald Clauson）向伦敦汇报说，"对于国王陛下的政府认为伊拉克可以于 1932 年加入国联，他们表示极为惊讶，甚至怀疑其诚意"并接二连三地向克莱顿猝死后任代理高级专员的伯纳德·鲍迪伦（Bernard Bourdillon）提出一些充满敌意的问题。[20] 英国为什么认为伊拉克能自治？如果它在取得进步，难道不是因为英国顾问们控制着每一个部吗？委任统治委员会几乎没有看到伊拉克政府有能力自己运转的证据，但有足够的证据质疑它的廉洁。记住，奥尔茨和拉帕德指出，前些年巴格达的巴哈伊教团体（Bahai community）因被不法扣押与什叶派毗邻的一所非常神圣的房子而提出申诉。委任统治委员会已经支持了巴哈伊教徒的主张，但伊拉克政府非常担心什叶派的忠

266

诚，尚未看到正义得到伸张。"在宗教狂热操控着少数族群并控制着权力的……国家，"奥尔茨在演讲中说，"压倒性的事态无法确保居民的发展和福祉。"[21]

鲍迪伦对委任统治委员会很好，指出无论伊拉克有什么缺点，它和其他一些国联成员国一样有能力而且实际上是一样"独立的"。然而，常设委任统治委员会大多数成员对此持怀疑态度。奥尔茨坚持认为，谨慎是适当的，因为独立并不总是好事：

> 设想一受委任统治国不正当地拒绝处于委任统治之下的一领地管理自己的权利这种情况是可能的，因为它希望把这个国家维持在其权威之下。一受委任统治国，由于委任统治实践所涉及的费用负担过重，或者迫于对一种政治本质的考虑，无论是国内的还是外部的，也可能在一领地尚未准备好时就宣布它解放。

267 在后一种情况下（而且很明显奥尔茨认为伊拉克正属于这种情况），国联将完全有理由拒绝结束委任统治。[22]卡斯特尔和帕拉西奥斯保留意见，大多数成员认为，"只要而且只有在"这一地区明显能够"自立"而且能够为其宗教团体、少数族群，以及国联成员国提供有效保障时，国联将欢迎伊拉克加入。[23]

英国对委任统治委员会的反应感到震惊，试图完全绕开它。为加入国联设置条件不是委任统治委员会的职责，工党政府的外交大臣亚瑟·亨德森（Arthur Henderson）抗议道；如果有的话，国联大会拥有此特权——国联大会是由小国控制的，肯定会欢迎新成员。英国建议国联行政院提高委任统治委员会的地位，委任统治地解放的时机是否成熟，以及18个月后伊拉克是否已满足了设定的条件都要征求委任统治委员会的建议，各帝国对此表示担忧。[24] 这些决定意味着，委任统治委员会在接下来的大约两年里不仅是英国和伊拉克，也是伊拉克的少数族群和试图推动、塑造或阻止伊拉克独立进程的各个有利害关系的国联成员国公开申诉和私下游说的目标。

但是，"独立"的意思是什么？一个领地在何时以及如何才可能获得独立国家地位？在1930年末和1931年初，委任统治委员会——清楚地意识到它在制定国际法——开始敲定一个原则。[25] 根据《国联盟约》，委任统治权终会结束这一点是很明确的，因为如果建立这个制度的目的是保护"还不能自立"的人们，这意味着他们可能有一天能自立。但并不是由居民们决定这一天何时到来，委任统治委员会的法律专家D. F. W. 范里斯坚持认为，而且"就非洲和南太平洋的领地而言，这一不容争议的目标仍然那么遥远，可以有把握地说它确实只是理论上的"。[26] 相反，是否已经达到这个阶段要看事实，要看该领地机构的经验和看得见的条件。于是，委任统治委员会在1931年6月设定了领地"准备好"独立时必须满足的最低要求：稳定的行政部门、维持其领土完整的能力、维持内部秩序的能力、充足的财政资源以及能够为所有人提供司法公正的司法机关。[27] 卢格德补充说，它不必完全依靠自己来击退任何可能的攻击，因为没有几个小国能够达到这样的标准；然而，从内部看，它必须具备现代科层国家的基本能力。[28]

这是当时欧洲许多政治理论家们本会赞成的一系列条件，但委任统治委员会并未在这里止步不前。因为有问题的国家不

268

可以像在所有人反对所有人的霍布斯式战争中不受约束的囚徒一样行事，而应加入一个受它应该遵守的规则约束的国联共同体。委任统治制度已经作为和平安排的一部分被建立起来，葡萄牙的德·佩尼亚·加西亚（de Penha Garcia）伯爵指出，伊拉克的解放不应破坏这种和平安排的合理性。[29]因而，新国家必须尊重受委任统治国政府做出的承诺，同意国联的协定，以及最重要的是提供特定的保证，以减轻国际社会对特定问题的怀疑。经过数月的压力和游说之后，委任统治委员会弄清了症结所在。国联成员国主张新国家保证给予国联成员国平等的经济特权；委任统治委员会主张新国家应该保障少数族群的权利。[30]

因此，在伦敦和巴格达的英国殖民官员们面临着困难的任务。他们知道委任统治委员会"很明显是敌视"其计划的，但很关注他们在日内瓦的声誉，他们认为必须得到委任统治委员会的同意。[31]于是，他们发起了一场费力的、多管齐下的运动，更多的是不让委任统治委员会说伊拉克没有达到条件，而不是说服常设委任统治委员会相信伊拉克已经满足了条件。首先，他们限制了委任统治委员会独立获取信息的能力，成功地阻止了国联派出真相调查团。（埃默里兴致勃勃地设想的放缓独立的目标，这种前景现在是绝无可能了。）[32]其次，他们让他们自己的信息充斥着委任统治委员会，提供关于所有申诉的详细评论并撰写在英国长达 11 年的监护之下伊拉克政府不断扩展的能力的高度选择性的（有人可能会说"更具性吸引力的"）调查报告。[33]再次，他们派出了令人印象深刻的新任高级专员弗朗西斯·汉弗莱斯爵士赴日内瓦参加 1931 年 6 月和 11 月的常设委任统治委员会会议。在这里，汉弗莱斯一直胸有成竹，单独游说其成员并主办由伊拉克的部长努里·赛义德（Nuri al-Sa'id）和贾法尔·阿斯卡里（Ja'far al-'Askari）做主角的午宴派对。[34]最后，他们在幕后进行了紧张的谈判，以使关键国家顺从英国的计划。

　　这一计划是通过内部大量持保留态度的官僚队伍来实施的。"我们非常怀疑我们自己关于伊拉克适合加入国联的看法的真实性，"英国殖民地部的 J. E. W. 弗勒德（J. E. W. Flood）私下里在 1930 年 10 月承认，[35]英国在伊拉克的工作人员，如果可能的话，甚至更不乐观。例如，内政部顾问、自 1920 年起一直在伊拉克的基纳汉·康沃利斯（Kinahan Cornwallis）爵士怀疑只有一位英国官员会同意英国关于伊拉克政府不断取得进步的声明。他本人认为，英国的撤离将会导致一段近乎无政府状态的时期，随后是英国重新占领或出现一个独裁者。[36]读了这些直率的评论，埃利·凯杜里（Elie Kedourie）过去的指控——英国官员出于过度的自由理想主义和自欺欺人而支持伊拉克独立——落空了。[37]实用主义的算计推动着他们。如果英国希望维持对伊拉克机场和油田的控制但不愿意花费金钱和生命重新占领这个国家（它过去也不愿意），没有其他选择。"国王陛下的政府完全信守承诺，到 1932 年伊拉克将适合加入国联，"弗勒德毫不掩饰地说，"无论发生什么，我们都必须支持这一点。"[38]

　　这一战略是成功的，它使英国能够确保其在伊拉克的特权地位又多维持了四分之一世纪。但我们必须更仔细地审视这种胜利的本质。因为伊拉克的"解放"需要国际认可，为获得这种认可，相继进行了两个议题的谈判——第一个是关于伊拉克经济和军事主权的程度，第二个是关于其内部权威。在幕后进行谈判的大国最关心的是第一个议题；伦敦和日内瓦公开进行的争论更多集中在第二个议题。但是，正是从这两种谈判之间的关系中——也就是，以内部控制换取外部让步——我们看到关于"独立"的新定义出现了。

独立的条件一：分享战利品

如果我们想理解第一类谈判的出现，我们可能做得比偷听德国外交部正在进行的关于伊拉克的会谈还要糟糕。表面上看，魏玛共和国在伊拉克已经没有真正利益——没有大量投资，没有军事联系——但在某种意义上，这正是问题所在。1914 年之前，德国的公司已经在摩苏尔地区石油开采和铁路建设方面赢得奥斯曼帝国的让步，而且它们也渴望重建其存在。但现在，考虑到英国和法国作为受委任统治国在该地区的控制，它们能这么做吗？或者，在更一般意义上讨论这个问题，德国怎样才能在没有正式帝国的情况下重新获得"大国"地位呢？古斯塔夫·施特雷泽曼希望国联成员国的身份能够扩展德国的机会，但就像我们在上一章所看到的，至少在非洲，这带来的回报是相当有限的。那么，英国在中东的行动可能会怎样影响德国呢？对于德国外交部来说，这就是问题。

被指定回答这个问题的是非常有才华的阿拉伯语学者、前驻喀布尔（Kabul）领事、后在纳粹时期任驻巴格达大使的弗里茨·格罗巴（Fritz Grobba），他在 20 世纪 20 年代领导着外交部中东和南亚局。格罗巴密切追踪着常设委任统治委员会和国联行政院内部关于伊拉克的争论，对英国到底在做什么有了深刻的理解。英国希望维持其在伊拉克的军事和经济优势，他得出结论说——但是以较低的代价，与阿拉伯人合作，免于国际监督的烦扰。这一战略让德国面临着进退两难的困境。作为一个没有帝国的大国,德国也希望看到中东的委任统治地迅速走向独立;然而,和英国不一样,德国需要这种独立是真实的。所以,尽管英国会把特殊的军事权利作为其撤出的条件,其他帝国可能会要求经济上的让步,德国不应该这样做。由于它自己的经济主权已经受到《凡尔赛和约》的限制,格罗巴建议,"我们必须基于道义反对把这种经济限制强加于另一片土地"。[39]然而,如果在道义上是正确的,这一政策肯定也是实用主义的,因为如果德国赢得新国家的友谊,接下来得到经济让步是可能的。[40]1930 年 1 月,德国国务秘书卡尔·冯·舒伯特(Carl von Schubert)在国联行政院上宣布,德国无条件支持伊拉克的独立——格罗巴指出,这一声明给伊拉克留下了深刻印象。[41]

德国籍成员路德维希·卡斯特尔在常设委任统治委员会很干练地陈述了德国外交部的看法。恰好在英国宣布其计划之前,卡斯特尔明确表示他支持中东各委任统治地的独立国家地位,只要这种独立不以"有利于单个国家的方式抛弃委任统治关系,从而使前委任统治地处于一种新的和实际上无法控制的依附关系当中"。[42]因而,尽管卡斯特尔欢迎英国的计划,但他也坚持主张委任统治委员会仔细审查伊拉克的条约安排和经济上的让步,以判定其未来真正独立的程度。谁将控制伊拉克的机场和油田?

1930 年签署的《英伊条约》(The Anglo-Iraq Treaty)很清 271
楚地表明,至少国防将会保留在英国手中。英国确实承认伊拉克的主权,但代价相当大——包括在伊拉克土地上调动军队的权利,英国皇家空军的持续存在,英国拥有两个空军基地,有权训练和装备伊拉克陆军，继续雇用一些英国法官以及分阶段减少英国工作人员等。[43]这些规定与伊拉克的"完全独立"似乎不可能是相容的，而且就在委任统治委员会于 1930 年和 1931 年举行的三次独立的会议先后审查英国的政策和审议这一条约时，德国人的看法——英国正在事实上建立一种"伪装的受保护国"——开始得到其他成员的附和，特别是帕拉西奥斯、西奥多利和拉帕德。帕拉西奥斯在 1930 年 11 月的会议上对代理高级专员 H. W. 杨（H. W. Young）说，问题是一种新的、真正的国际制度——国联监督下的委任统治制度——是否会被以有利于远离国际监督的双边保护制度的方式废止。[44]这样的改变是否真正有利于伊拉克依然是一个悬而未决的问题，拉帕德在一年后补充说，因为当一个处于委任统治之下的领地不得不提出其独立的要求时，受委任统治国可能很容易"迫使该领地……接受和其利益相悖的条件"。[45]

然而，涉及这些空军基地时，常设委任统治委员会不愿意谴责英国继续控制这些空军基地的做法。这不仅是因为其他国家在伊拉克都没有强大的战略利益，而且还因为委任统治委员会的大多数成员，被淹没在充满焦虑的亚述人和库尔德人提交的申诉当中，也不希望英国皇家空军的轰炸机和基地落入伊拉克手中。1931 年春，英国媒体一再提及英国皇家空军被用来打击少数族群的可能性，这促使卢格德和拉帕德在常设委任统治委员会 6 月的会议上提出了一些令人焦虑的问题。由于 20 世纪 20 年代中期英国曾下令轰炸库尔德人的叛乱，很难理解为何（除了简单的种族主义）委任统治委员会会对伊拉克下令轰炸库尔德人的可能感到困惑。然而，常设委任统治委员会确实这么认为，而且汉弗莱斯在条约中保证"没有援助伊拉克政府镇压内部骚乱的义务"，这只是部分缓解了其不安。[46]该条约因剥夺了伊拉克政府的、被马克斯·韦伯（Max Weber）视为国家之本质的"合法使用武力的垄断权"这一点而受到欢迎。就像一位英国官员指出的，尽管常设委任统治委员会大多数成员都认为"很难说"该条约"没有在某种程度上损害伊拉克的独立"，但他们仍然认为对它进行这样的限制"最符合伊拉克的利益，这一点是非常清楚的"。[47]所以，附庸国的存在是合乎情理的。

272

油田是另外一个问题。所有大国都对它感兴趣。它们都知道摩苏尔是"一个名副其实的几乎取之不尽的'石油之湖'"，就像一个德国技术委员会在 1901 年所说。[48]劳合·乔治政府做出的继续留在伊拉克并要求得到摩苏尔的决定，就像内阁大臣莫里斯·汉基爵士在 1918 年指示贝尔福的那样，基于"石油在未来将和现在的煤炭一样重要"的理解；当中东的各领地在圣雷莫和整个 20 世纪 20 年代被分配时，幕后进行了关于石油的艰难的讨价还价。[49]接下来这些谈判一波三折；然而，到 1928 年，对阿拉伯半岛整个安纳托利亚（Anatolia）的"红线"内的石油勘探与生产的控制，以及中东的委任统治基本上掌握在英国、美国、荷兰和法国四大利益集团手中，在伊拉克进行勘探的排他性的特许权掌握在"伊拉克石油公司"（IPC）手中，在这一阶段它主要是益格鲁 - 波斯石油公司（Anglo-Persian Oil）的子公司。为了自身的目的，这一新兴的企业联盟有三件事引人注目：第一，无论是德国还是意大利都没有占有任何份额；第二，虽然欠（也迫切需要）支付给它的石油生产方面使用费，但伊拉克政府在它已被强迫——作为英国支持保留摩苏尔的代价——同意的特许权中也没有份额或控制权；以及第三，卷入其中的大多数公司——也就是英国、荷兰以及美国的公司——都参与了其他石油利益，而且由于 20 世纪 20 年代和平时期的过剩供应，希望通过延迟在伊拉克的钻探来提高世界石油价格。"伊拉克石油公司"对伊拉克石油拥有排他性控制，但其主要股东——除了法国，它没有其他重要石油利益——没有太大动力去发现和开采伊拉克石油。[50]

在这种形势下，委任统治委员会成为公开竞争大国战略利益和石油权益的舞台。这种竞争的基础恰恰是委任统治制度要求的"门户开放"，而且其机制，一点都不令人吃惊，就是委任统治委员会有权审查受委任统治国的行政管理和审议指控违规行为的申诉书。在 1927 年，卡斯特尔已经争辩说委任统治委员会应该审查 1925 年"伊拉克石油公司"合同扩展问题，以查明它是否符合经济平等要求，虽然委任统治委员会不认为存在违规行为（因为合同并非必须付诸公开招标），但卡斯特尔认为，伊拉克的利益本可以通过公开竞争得到更好保障，他的这种看法很明显触动了各方的神经。[51] 在 1929 年 11 月的会议上，不但西奥多利和卡斯特尔（也就是，被排除了特许权的国家的常设委任统治委员会成员），而且拉帕德和来自法国的成员马夏尔·梅兰也让鲍迪伦就"伊拉克石油公司"的行为经受严峻的盘问。伊拉克政府似乎已经同意垄断政策，拉帕德、西奥多利和卡斯特尔都指出，但"如果压制所有的竞争"，它怎么能"期望最大限度地利用这个国家的石油资源呢"？梅兰表示法国讨厌的不是卡特尔化而是"伊拉克石油公司"拖拖拉拉的进展，他说该公司早就应该尽快开始钻探。[52] 重新分配战利品的压力正在增长。

六个月之后，伊拉克独立即将到来，这场斗争已经公开了。

1928 年，一家资本不足的公司在伦敦容易引起误解地注册为"英国石油开发公司"（BOD），它与伊拉克政府接洽，主动提议钻探和运输摩苏尔的石油，而这家公司看上去很明显没有资本完成这些工作，但伊拉克人能够利用这个出价给"伊拉克石油公司"施加压力。1929 ~ 1930 年，"英国石油开发公司"还提出申诉，声称不但"伊拉克石油公司"的特许权违背了"门户开放"的原则，而且这种特许权是无效的，因为"伊拉克石油公司"未能在合同规定时间内完成其勘探工作。尽管其名称"英国石油开发公司"某种程度上是作为一种工具，服务于被排斥在伊拉克石油份额之外的国家特别是意大利，因为一家意大利公司，即"意大利石油总公司"（Azieijnda Generale Italiana Petroli）在 1929 年购买了 40% 的份额之利益的；伊拉克政府，急需石油开采带来的税收，也从幕后支持"英国石油开发公司"。[53] 在 1930 年 6 月和 1930 年 11 月的会议上，这些申诉得到讨论，因而暴露出常设委任统治委员会成员之间的尖锐分歧。范里斯（荷兰）和梅兰（法国）坚持认为，由于伊拉克政府已经同意了"伊拉克石油公司"的特许权，委任统治委员会几乎不可能对它们的决定提出异议，而西奥多利、拉帕德和其他成员则反驳说，由于伊拉克仍处于委任统治之下，它可能还无法捍卫自己的利益。英国殖民地部认为，这个问题超过了委任统治委员会的管辖权限，因为"英国石油开发公司"可以通过法院实现其要求（伊拉克的法院都不会审理这样的案件，高级专员私下里承认，但殖民地部仍然会对常设委任统治委员会说该公司可以实现其要求），但委任统治委员会大多数成员仍然公开批评"伊拉克石油公司"自认为正确的通过控制伊拉克石油业价格进行垄断的做法——这种政策让伊拉克政府陷入财政赤字

困境。[54]令人惊讶的（而且也是不同寻常的）是，委任统治委
员会公布了"英国石油开发公司"的申诉书和各成员的竞争性
报告的全文，并把它们作为备忘录的附件。[55]

国际压力，以及意识到伊拉克独立正在迅速到来，最终促
使"伊拉克石油公司"采取行动。从 1930 年到 1931 年初这段
时期，该公司与伊拉克政府之间就"伊拉克石油公司"将要支
付的矿区使用费以及其建议的通往地中海的输油管道路线进行
了紧张的谈判，伊拉克政府和英国人希望仅仅经过英国控制的
地区，而法国人希望经过叙利亚。在这一问题上，法国取得了
胜利。他们利用英国面对国际批评时的脆弱性，同时威胁把哈
希姆家族（Hashemites）的对手安插在叙利亚王位上以此来说
服费萨尔国王支持运输管道分叉，在的黎波里（Tripoli）和海
法（Haifa）分别开建独立的管道。[56]终于开始施工了，伊拉克
政府以未来的财政收入作为抵押进行贷款，避免了严重的财政
危机。然而，它没有逃过常设委任统治委员会的注意，伊拉克
在其国家最重要资产的管理方面仍然无权置喙，巴勒斯坦和叙
利亚委任统治政府也既没有把运输管道合同拿出来投标，甚至
也没有明确这些领地的好处。在 1931 年 6 月的第 20 次会议上，
奥尔茨、尤利乌斯·鲁佩尔（取代了卡斯特尔）、拉帕德以及葡
萄牙人德·佩尼亚·加西亚都严厉地谴责这个运输管道协议。
拉帕德说，英国"已经让其委任统治之下国家的利益从属于它
自己国家的一家公司的利益了"。[57]正如德国外交部的弗里茨·
格罗巴所指出的，如果这两方被迫做出选择，委任统治委员会
将会（勉强）谴责英国政府。[58]

然而，在这些批评中，有一种批评的动机并不是出于实现
伊拉克自主权最大化的愿望，而是出于其政府抓住主要机会的

决心。在对英国霸权日益增长的批评中，意大利找到了自己的机会。在常设委任统治委员会 1931 年春季的会议之后，意大利大使通知英国外交大臣阿瑟·亨德森，意大利政府认为伊拉克准备自治的问题应该交由一个"对处于委任统治之下的领地享有平等的主权的所有协约国代表"组成的国联委员会（League Commission）裁定时，英国殖民地部非常担忧意大利行使阻挠权（obstruction right）。[59]但英国殖民地部坚持认为，意大利人在伊拉克没有利益。他们到底在追求什么呢？7 月末，汉弗莱斯会见了意大利大使并得到这样的回答：一份伊拉克石油。[60] J. E. 霍尔（J. E. Hall）在英国殖民地部将此事记录下来，"不得不屈服于敲诈勒索是非常令人不快的"，但毕竟应该给予"英国石油开发公司"特许权。[61]费萨尔也这么认为，到 1932 年 1 月，给予"英国石油开发公司"特许权的谈判在巴格达进行——5 月给予了这一授权。[62]

意大利也担心伊拉克的提议不被视为先例，意大利外交部长迪诺·格兰迪（Dino Grandi）补充说，因为尽管意大利不反对英国"把委任统治地转变为受保护国"的计划（正如他直言不讳地说出的那样），但不会接受法国对叙利亚的类似提议，意大利一直在打它的主意。[63]格兰迪在 1931 年 9 月的国联行政院上发表意见时说，设计委任统治制度不是为了"在受委任统治国和处于委任统治之下的领地之间"创造"一种永久的和特殊关系的制度"；相反，禁止建立防御工事和要求经济"门户开放"的条款已经被清楚地写进制度文本，以防止出现这种后果。[64]在很大程度上为了阻止法国效法英国，格兰迪于是命令西奥多利在常设委任统治委员会 1931 年 11 月的会议上为英国制造尽可能多的麻烦。西奥多利并不介意私下里对高级专员汉弗莱斯说，如果英国人能够找到某些说法，为他们与伊拉克签订的条约提高合理性，又"不会被用来为法国与叙利亚之间类似的条约辩护"，他的立场将"极易松动"。这需要点聪明才智，但汉弗莱斯提供了帮助，捏造了伊拉克几乎完全被陆地包围的近乎全内陆状态意味着其国防需要来自英国的一定程度的空军支持，而叙利亚不需要来自法国的这种支持的说法。[65]

值得注意的是，尽管德国官员已经发起对英国战略最初的批评，但他们并没有参与这种公开的敲诈。德国和意大利的政策都是以对国家利益的严格的计算为基础的，德国人进行干预的目的是限制英国对伊拉克资源和主权的限制，但意大利人这么做是为了迫使英国分享战利品。人们可能会说，这两个国家在表达两种不同的国际观，只不过是部分的和不成熟的——德国人主张一种主要通过市场竞争（他们有希望获胜）进行规范的、形式上平等的主权国家组成的世界，而意大利人认为大国（意大利愿意把自己算入其中）谈判其势力范围并从更脆弱国家获得特权。毫不奇怪，德国认识到它的看法正在被利用，并试图小心地把它的立场与意大利的立场区分开来。所以，尽管卡斯特尔的继任者尤利乌斯·鲁佩尔加入西奥多利、拉帕德和奥尔茨的阵营，批评"伊拉克石油公司"控制伊拉克石油，但他没有支持意大利提出的要求伊拉克给予所有国联成员国最惠国待遇25年的建议。[66]同样，德国外交部长尤利乌斯·库尔提乌斯在1931年9月国联行政院也拒绝与格兰迪联合起来，声称伊拉克的独立不应该受到过多条件的阻碍。[67]

到常设委任统治委员会1931年11月的会议时，所有的牌都摆在桌面上了。英国殖民地部知道，其大多数成员依然高度怀疑伊拉克做好了独立的准备，少数支持伊拉克独立的成员也还不敢肯定它能够实现独立。甚至认为走向建立国家的方向对委任统治地区来说非常正常和可取的帕拉西奥斯也担心《英伊条约》可能是从委任统治的一种"倒退"，至少委任统治把英国置于国际监督之下。[68]然而，部分原因是其成员无法决定伊拉克与英国持续的联系是一桩丑闻还是一种保护，部分原因是外交部部长们自己控制了这个问题，特别是（如我们将看到的）因为他们都关注伊拉克的少数族群，常设委任统治委员会离开了舞台中央。令英国外交部感到宽慰的是，委任统治委员会仅要求就伊拉克是否已满足 6 月拟订的条件进行报告，而不需要就任何特殊担保进行谈判。这项任务将会落在国联行政院身上，这是一个英国官员能够影响的、不感情用事的机构。诚然，他们可能会面对来自意大利的问题，但没有必要进一步解决。[69]毕竟，他们现在已经得到法国的支持。

　　没有什么比法国所发挥的作用更能暴露出 1932 年赋予伊拉克独立的本质。英国殖民地部最初便料到法国会制造最大的麻烦。毕竟，法国已经把费萨尔从叙利亚驱逐出去并对哈希姆王室的计划仍然非常敏感。[70]于是，英国殖民地部迅速把常设委任统治委员会早期顽固的言行归因于法国中伤的影响，并担心梅兰会"提出各种保证和承诺"。[71]但由于其运输管道已得到保证，法国成为不去吠叫的狗；实际上，在法国外交部的官员们反省法国在叙利亚的行为导致的花费、不得人心以及国际责难时，他们发现英国的伊拉克政策——也就是在国际审查的领域之外创造一个廉价的附庸国——越来越有吸引力了。因而，曾期望听到法国外交部的罗贝尔·德·凯谴责英国的政策的记者们和政治家们发现他令人惊讶地温和；实际上，在 1931 年 6 月，他告诉常设委任统治委员会，法国也计划与叙利亚谈判一个条约，然后结束委任统治。[72]英国殖民地部的 J. E. 霍尔一语道出了全部真相，他评论道："这是对我们的伊拉克政策的最异乎寻常的恭维。"[73]

独立的条件二："少数族群保护"

对于国联行政院以及操纵它的大国来说，空军力量和石油是最重要的。然而，对于委任统治委员会来说，伊拉克内部的形势，特别是其少数族群人口的福祉是同样重要的。来自库尔德人和亚述人的申诉引起了他们的关注，但1929年在耶路撒冷发生的"哭墙"暴力冲突也引起了他们的关注，冲突既造成阿拉伯人死亡也造成犹太人死亡。委任统治委员会举行了一次特别会议，调查英国在1930年夏季对该事件的处理，它的许多成员——特别是拉帕德、奥尔茨、范里斯和丹尼维格——都持有和犹太复国主义者相同的看法，即阿拉伯领导人故意煽动，以迫使放弃《贝尔福宣言》的承诺，工党政府计划限制犹太移民，径直落入这个陷阱。这些成员从"哭墙"争论中得到两点教训：第一，阿拉伯人是易激动的、有偏见的，而且肯定没有做好自治的准备；第二，英国政府倾向于安抚鼓动者，而且缺少胆量。[74]英国关于伊拉克的计划和来自少数族群的抗议为这两种假设提供了可信度。

但是伊拉克进程并不只是暴露出少数族群的担心；它还有助于在伊拉克内部以及实际上在国际政治内部确立"少数族群"的分类。当然，这种分类在战争期间和巴黎和会期间已经发挥了很大作用，因为随着多语言帝国解体，然后被切割成民族国家，出现的问题是如何安排那些感到被排除在一个有限的和政治化的民族共同体之外的那些人。协约国在巴黎做出了一些最初的决定，要求东欧新的和再生的国家赋予现在在它们边界之内的少数族群明确的语言和文化权利。然而，管理这个"少数族群保护机制"的任务落到国联手中——如在争议地区举行全民公决的任务，帮助来自小亚细亚的"少数族群"难民寻找家园，以及在 1923 年制订希腊 - 土耳其人口交换计划。保护少数族群免受伤害的值得赞扬的关切往往强调这些努力，但是，随着全民公决、申诉和疆界委员会（boundary commissions）大量出现，特别是大国抓住特定少数族群的不满以实现它们自己的领土或煽动目的，政治影响变得更难遏制了。主张"少数族群"的地位，和主张"民族"国家地位一样，既带来机遇，也造成了危险。宗教或种族群体主张"少数族群"地位，目的是赢得国际支持，但新兴国家听到这些诉求，会把它们当成对其脆弱主权的攻击。[75]

伊拉克的解放使民族身份和归属这些问题凸显。伊拉克被想象成一个"阿拉伯"国家，但这到底意味着什么呢？其三个前奥斯曼帝国的省份巴士拉、巴格达和摩苏尔人口的大约一半是什叶派阿拉伯人，与临近的波斯拥有共同的宗教传统。逊尼派阿拉伯人和库尔德人（主要在北部）又各占五分之一，其余的为犹太人、基督徒、土耳其人和雅兹迪族人（Yezidis）等主要群体。[76]这些群体中有些拥有它们自己的"国家"梦想。曾经是 1920 年起义的骨干成员的什叶派神职人员和部落成员希望形成一个独立的和虔诚的伊斯兰教的伊拉克；库尔德人力图建立 1920 年奥斯曼帝国同意但流产的《塞夫尔条约》（Treaty of Sèvres）中设想的自治的库尔德斯坦。英国的枪炮和土耳其共和国的出现粉碎了这些幻想和这个条约，使英国委任统治与伊拉克的哈希姆王国这种权宜之结合成为可能。但是，如果费萨尔

278

的统治依赖英国的支持和与奥斯曼国家的骨干差不多相同的逊尼派精英的合作，他知道其合法性本质上是脆弱的。因而，他的政府说的是阿拉伯国家建设，试图掩饰他们对英国之依赖的程度，建立能够团结（和控制）不同种族人口的军队和官僚机构，并通过加强多数什叶派农村酋长们对其赤贫的佃农耕种者近乎封建的控制，培育他们的忠诚。[77]

这种战略——连同 20 世纪 20 年代初期对关键什叶派神职人员的草草流放——在一定程度上抑制了什叶派的抵抗，特别是在城市里，一种脆弱的国际都会文化兴起了。[78] 对库尔德人的同化来说，军队也成为一种有效的机构。然而，种族对抗恶化了，而且国际申诉程序使它们更加严重了。就像我们已经看到的，在大多数领地，申诉被用来表达集体的且经常是反对委任统治规则的民族主义诉求；然而，在伊拉克，由于名义上是由一个阿拉伯政府控制的，申诉都是来自担心政府权力日益增长的那些种族和宗教少数群体。由于这些申诉都没有挑战委任统治，而且实际上经常希望延长监督，常设委任统治委员会可能非常认真地对待它们。伊拉克政府在日内瓦（仍然）没有地位、不可能直接回答申诉者的指控的事实进一步增强了它们的影响。只有受委任统治国可以在日内瓦"发言"。说服委任统治委员会相信伊拉克的少数族群在伊拉克国家内是安全的，这是英国的工作。

英国官员面临着一场艰苦的战斗，因为 1930 年公布新的《英伊条约》引发大量来自库尔德人和亚述人的申诉。这两个群体都有充分的理由感到遭背叛。由于摩苏尔委员会（Mosul Commission）的建议，许多库尔德人认为在伊拉克解放时他们会被给予自治；[79] 当他们发现根本没有这种计划时，他们立刻要求国联确保他们的自主权。[80]英国官员坚持认为，这些主张是不可能的：库尔德人"根本上是部落的"，"不识字的和未受过教育的"，而且"完全缺少对成功的自治至关重要的政治凝聚力的特征"。唯一需要的是保护库尔德人的语言权利；一旦伊拉克政府通过了这样一项法律，库尔德人将"没有进行抱怨的合法的理由"。[81]但是，拉帕德不是那么确定，[82]汉弗莱斯甚至私下里承认首相努里·赛义德正在阻碍此议程。伊拉克政府已经把库尔德人的自治界定为只是要求地方行政官员懂库尔德语；现在，它建议免除关键职位的这种义务。汉弗莱斯对英国殖民地部说，他不愿意向国联做出进一步的保证，除非他确定努里的行动是真诚的。[83]

　　这一天从未到来。伊拉克政府正在试图创建一个中央集权的国家而不是种族共和国的联邦，从英国对库尔德人的关切中，人们看到了对旧的创建一个自治的库尔德斯坦的建议的恐惧。波斯和土耳其也认为这种前景是不可接受的，努里在 1931 年 2 月私下里向土耳其保证伊拉克永远都不会容忍库尔德分离主义。[84]汉弗莱斯和英国殖民地部认为这是不顺从，并警告努里，如果关于其行动的消息散布出来，伊拉克的库尔德政策将只会被视为"影响外国的一种表面文章"，它加入国联的前景将会"被完全打破"。[85]但是，尽管伊拉克的"库尔德政策"是一种表面文章这一点确实是真的，但英国威胁撤销其支持只是（努里肯定认识到）一种虚张声势的做法。整个 1931 年，尽管伊拉克政府为保护库尔德人的语言权利而承诺通过的法律被进一步削弱，库尔德地区的叛乱也被伊拉克军队和英国皇家空军镇压，汉弗莱斯和英国外交部信誓旦旦地向常设委任统治委员会保证，库尔德人对于恐吓的抱怨被夸大或捏造。拉帕德在 1931 年中期

280

就第二批申诉提出报告时，试图弄清这种"由声明、否认以及解释等构成的尔虞我诈的状况"，他变得极其沮丧。"我从未这么强烈地感受到委任统治委员会程序的虚弱。"被禁止进行他们自己的调查，常设委任统治委员会只能指出库尔德人的恐惧并敦促国联行政院在伊拉克解放的时刻建立有意义的保护制度。[86]

此外，如果委任统治委员会到 1931 年还非常担忧库尔德人的境况，更不必说他们对亚述人的担忧了。这种忧虑也不是错置的，因为伊拉克数万亚述人是格外脆弱的。[87]第一，他们是基督徒，有一位年轻的、讲英语的牧首（patriarch）——义斋二十三世（the Mar Shimun）——在坎特伯雷大主教（Archbishop of Canterbury）的保护下接受了教育。第二，亚述人是英国战时的盟友，在俄国的煽动下起来反抗奥斯曼帝国并因他们的反叛而遭到无情打击。第三，许多人是难民以及新近进入伊拉克者，不能返回他们在哈卡里（Hakkiari）（现在土耳其共和国境内）的历史家园，但不愿意把自己视为伊拉克人，与他们散居其中的穆斯林关系不睦。但是，引起委任统治委员会特别关注的事实是亚述人不但被视为，而且实际上就是英国占领的突击部队。文化上和种族上完全不同的优秀士兵，许多服役于"亚述人军队"中，也就是在英国专门指挥下被用于保卫飞机场、防卫伊拉克的边界以及——不祥地——镇压库尔德人叛乱的特种营。

正如他们服务的指挥官喜爱的帝国的合作者们一样，亚述人发现很难相信英国人会抛弃他们。然而，当发现 1930 年的条约没有提到他们时，他们也向国联提出了申诉。首先是通过一位阿瑟·拉萨姆（Arthur Rassam），具有亚述人血统的前英国官员，组织了一场喧闹的公众运动，后来通过他们的族长，他们要求被视作为一种截然不同的社群，并在北部伊拉克安顿下来。[88]英国的任务是使常设委任统治委员会相信这些要求是不可能的，而且如果被如此坚定地告知，亚述人肯定会平静下来。281因而，皮埃尔·奥尔茨在就申诉书进行报告时并未对政治自主性的要求给予支持，尽管他也强调了委任统治结束后少数族群保护的必要性。[89]然而，亚述人——和库尔德人一样——很明显不愿意平静下来。在 1931 年 10 月，摩苏尔的亚述人认为他们不能再生活在伊拉克了，并要求为他们寻找一处新的家园；[90]接下来的夏季，大多数亚述人士兵退役。委任统治结束了，亚述退役军人前往叙利亚寻求支持，大量积压的申诉书仍然等待日内瓦的审议。

　　没有什么事情像处于困境中的伊拉克少数族群的状况那样让常设委任统治委员会焦虑。英国政治精英内部也出现了分歧，前保守党政府航空大臣塞缪尔·霍尔（Samuel Hoare）和前高级专员阿诺德·威尔逊和亨利·多布斯不顾级别提醒政府英国对亚述人和库尔德人的历史性义务。[91]国际联盟协会的自由主义领导人，尽管不愿意公开批评全心全意信守对国联之承诺的工党政府，也开始紧张不安地给英国外交部和日内瓦写私人信件。[92]但是，到底应该做什么呢？一种很明显的解决办法——在英国，他们忠诚地服务的土地，为亚述人提供避难所——从未被提出过，满足库尔德人要求的联邦制解决办法也未被认真讨论。毕竟，伊拉克是一个在阿拉伯民族主义标签下诞生的国家，伊拉克的部长们担心，分权将会像贾法尔·阿斯卡里所说的那样"削弱逐步建立一个稳定的政府所依赖的基础"。[93]英国官员也有同样的担心，而且尽管有些人私下里承认他们担心少数族群可能的命运，他们在日内瓦施加了相当大的压力，以确保伊拉克人不必提供国际担保，这超出了其他国家之前的要求。

特别是汉弗莱斯对这一努力发挥关键性作用。1931 年 6 月，他在与委任统治委员会的讨论中，把义斋二十三世斥为"容易冲动的年轻人"，并把拉萨姆斥为无异于冒险者的家伙。[94]汉弗莱斯宣称，"他从未发现像伊拉克那样宽容其他种族和宗教的"，他强调所有伊拉克居民都应该把自己视为平等的公民——而且，在其他一切都失败时，肩负起伊拉克少数族群的命运。他宣布，"国王陛下的政府在建议同意伊拉克加入国联时完全认识到了其责任……如果伊拉克证明自己不值得拥有已经给予她的信任，国王陛下的政府必须承担道德责任。"[95]没有什么能够像这一声明那样深刻影响委任统治委员会并让它沉默下来。甚至拉帕德和奥尔茨都公开声称他们自己"完全同意"；西奥多利补充说，如果英国承担责任，"委任统治委员会就没有太多要问的了"。[96]尽管进一步的申诉使少数族群问题在常设委任统治委员会 1931 年 11 月的会议期间仍很突出，但英国彻底击败了一项安排一位国联专员的计划，仅同意伊拉克隶属于国联现有的少数民族保护机制。[97]人们认为。波兰、阿尔巴尼亚以及其他欧洲国家提出的义务，不会使伊拉克丧失尊严，或者损害其主权。英国可能没有预见到，但也没有预先阻止这种后果。1933 年，即独立的第一年，伊拉克军队横扫亚述人的村庄，所到之处大肆屠杀。[98]

因而，伊拉克剧情的最后阶段，就像在日内瓦上演的那样，出人意料地温和。在 1931 年 11 月的会议结束时被问到伊拉克是否已满足了独立的条件时，常设委任统治委员会给出了一位官员所称的"勉强'及格的分数'"。[99]对英国殖民地部在控制信息方面的成功表达了无意识的敬意，委任统治委员会仅仅表示，对于英国宣称伊拉克已做好独立准备，它"没有信息反驳"。它特别提出，伊拉克应该承诺尊重现有的协议，保证外国人的权利，并在一定时期内为所有国联成员国提供最惠国待遇。然而，一点都不令人吃惊，它把少数族群问题放在头等重要的地位上，要求伊拉克宣布其对少数族群权利的承诺并加入国联的少数族群保护机制。常设委任统治委员会还强调了英国的"道义责任"，声称没有汉弗莱斯的宣言，他们可能永远都不会考虑结束"符合所有各部分人口之利益"的委任统治机制，[100]英国殖民地部认为这份报告"和本来期望的一样好"。[101]

1932 年 1 月国联行政院也如期望的那样进行了讨论。国联行政院成员们对伊拉克的少数族群都没有直接兴趣。他们都更关注保护他们自己公民的特权和他们获得伊拉克有利可图的资源和合同的机会。[102]因而，努里·赛义德和弗朗西斯·汉弗莱斯爵士毫不费力地说服被任命来起草伊拉克保证条款的国联行政院委员会削弱对库尔德人的承诺（伊拉克军队和英国皇家空军此时正在镇压北部伊拉克的一场库尔德人叛乱），但完全未能防止它要求伊拉克给予国联成员国为期十年的最惠国待遇。[103]换句话说，为换取经济特许，伊拉克可以随心所欲地进行其内部管理。对于常设委任统治委员会的所有保留条件来说，这种形式的"独立"赢得了国际认可。1932 年 10 月 3 日，国联第 13 次年度大会全体一致投票同意伊拉克王国加入国联。三天之后，汉弗莱斯成为巴格达举行的庆祝活动的贵宾（图 9 - 1 和图 9 - 2）。

283

图 9 – 1　1932 年 10 月 6 日，弗朗西斯·汉弗莱斯爵士为
伊拉克独立向国王的总管哈米德·瓦迪
（Hamed al-Wadi）表达祝贺。

*　　*　　*

　　这次国联大会是德国政府最后一次参加的会议。几个月之
内，希特勒将成为总理，德意志帝国议会大厦被纵火焚烧，犹
太人企业遭到抵制，纳粹暴徒横行于慕尼黑和维也纳街头。我
们已习惯于把 1933 年视为 20 世纪的关键之年，它确实也是如
此，但这个时刻可能是更广泛的转折的支点，在这种转折中，
一种领土秩序——也就是一个全球大部分都处于一个或多个欧
洲帝国直接主权之下的世界的秩序——开始让位于这样一个世
界，主权在其中将会是分散的和普遍化的但也是被重新定义的。
　　曾是科隆大学（University of Cologne）保守的法学教授，后
来是纳粹辩护者的卡尔·施米特（Carl Schmitt）为理解这种转

图 9 - 2　1932 年 10 月 6 日，费萨尔国王在巴格达公园内举行
的伊拉克独立庆祝活动上发表讲话。

变提供了一种框架。施米特在伊拉克"解放"这一年撰写的
《国际法中现代帝国主义的形式》中，试图分析他认为自由国
际主义秩序消亡及取而代之正在出现的东西。国联是以所有文
明国家一律平等的原则为基础建立起来的。在这种文明主张的
基础上，"文明国家确认自己有权'教化'，也就是统治未开化
者"——《国联盟约》第 22 条是这种区分的"合法化功能最
具妥协性的例子"，因而也是"对整个时代的经典的总结性表
达"。但是施米特认为，这种机制正在走向终结不仅是因为
"文明化"的预设已变成"至少是非常有问题的"，还因为美
国，即将到来的全球大国，以不同方式施加了控制。国联背后
的普遍主义潜伏着门罗主义（Monroe Doctrine）的现实，通过
门罗主义，美国宣告了在西半球对表面上独立的附庸国的霸权，
同时通过其迅速增长的经济权力塑造了整个全球秩序。在决定

"其他人们的言论形式，甚至思维方式"的美国权力面前，一个德国人只能感觉"像一个衣衫褴褛的叫花子讨论着其他人的财富和宝藏"，但这是未来的模式。[104]实际上，大约七年之后，我们发现施米特合理化德国的主张的做法使其自食其果了。[105]

施米特抓住了对于 20 世纪 30 年代地域性和权力的重新组合至关重要的某些东西，但他也错过了很多。因为国联的制度不仅仅是一种注定要衰落的自由主义秩序。相反，就像伊拉克的例子所示，它也是多变的和灵活的。实际上，通过"阅读"伊拉克的片段——施米特完全忽略的一个片段——就像现在学者们专注地阅读施米特的著作一样，我们可以看到英国，表面上正在衰落的自由主义国家，利用国联去建构——并赢得国际支持——一种类似美国设计的支配统治形式。施米特不是唯一一位发现门罗主义的模式非常有诱惑力的政治思想家，因为大量英国政治思想家也已经发现了这一点。实际上，在 1918 年，当时任职于政治情报局的阿诺德·汤因比已经建议，英国应该拥抱民族自决，因为这种理想相当于"英国在阿拉伯半岛的门罗主义"。[106]伊拉克协议是这种英国式门罗主义发展的顶峰，新国家的政治精英通过这一协议赢得了国际承认并通过割让经济和军事特权赢得了一定程度的内部支配地位。

然而，关于这一协议引人注目的是，它是通过国际谈判达成的，其批准不但取决于英国和伊拉克相互做出承诺的意愿，还取决于它们对其他国际力量和利益，也就是蛋糕的份额，做出承诺的意愿。德国需要贸易机会，意大利需要一份伊拉克石油，法国需要一条通往其在叙利亚的庇护区的管道，委任统治委员会需要少数族群的保护。伊拉克协定对这些都做出了承诺。然而，一旦受到冲击，这些约定就无法实施了。意大利与"英国石油开发公司"三心二意的接触没有产生任何结果。在几年之内，所有伊拉克石油特许权都回到伊拉克石油公司手中。[107]中东也没有被"国际化"，因为法国迅速明确表示它在叙利亚建立的任何"独立"国家都将牢固地处于其经济和军事保护伞之下。[108]在德国加入国联的这段时间，国联已经真正最具"国际性"了，但它无法安抚罗马和柏林的国际主义。这些国家愤愤不平，非常不满意，现在抛弃了"国际化"，公开要求进行领土调整。

286

对委任统治委员会来说，"伊拉克"也被看作一个警世故事，受委任统治国凭意愿促使常设委任统治委员会走向毁灭。大多数成员从不相信伊拉克适合自治，当其军队在 1933 年向亚述人开火时，他们几乎无法控制自己的惊恐。[109]"尽管那时我竭尽全力去阻止不成熟的伊拉克获得解放，但对于我反对的这个决定所直接导致的流血冲突，我内心依然无法平静对待，"拉帕德在 1936 年对罗贝尔·德·凯说；如果他同意叙利亚的"解放"，而且如果这引起了类似的暴力行为，"在我自己看来，我也应被枪毙"。[110]从 1932 年起，委任统治委员会的大多数成员都公开敌视阿拉伯的民族主义并致力于防止，而不是促进进一步走向独立的行动。

因而，1932 年或许是处于危急关头的帝国达成一个全球性协议的最后时刻。在一年或两年内，潮流开始倒转。英伊协议的设计者们认为他们正在创造一个先例，但实际上使这一协议成为可能的条件——德国和意大利愿意留在谈判桌上，委任统治委员会同意达成交易的条件——正在崩溃。直到修正主义国家被击败，欧洲国家被削弱，以及国联的制度被废止，都不会出现进一步"解放"委任统治地的行动。相反，这些领地将再一次成为地缘政治博弈中的棋子。

第四部分
在帝国与国际主义之间
（1933 ~ 1939）

引子：多国退出国联

1933～1937年，三个大国退出了国联，它们都是国联行政院成员国。对于委任统治委员会来说，德国的退出是最重要的，但也是最明确的。1933年10月14日，希特勒让德国退出了日内瓦裁军会议，并不顾提前两年通知的要求，宣布立即退出国联。尤利乌斯·鲁佩尔缺席了两星期之后开始的委任统治委员会第24次会议，给他在许多倡议上的合作者卡塔斯蒂尼寄去一封短信，表示感谢和告别。[1] 尽管纳粹政权会挥舞调整殖民地的旗子，委任统治委员会的成员们将会不安地注视着这些动作，德国未来对破坏委任统治制度比加入它更有兴趣。

日本和意大利退出国联的时间拖延得更长。虽然日本是第一个宣布退出国联的国家，但其退出过程持续的时间最长，而且因多次瞻前顾后而中断。日本非常重视其国联成员国的身份，但它也期望在东亚的霸权得到承认，甚至期望——和欧洲在非洲和中东的霸权一样——被赞扬为一种文明开化的工作。国联确认它在中国东北的一系列行动是对中国主权的侵犯，这让其民族主义的政客和民众觉得伪善而且几乎无法理解。1932年12月，国联大会在对中国表示同情的投票之后，日本代表团退席了；六个月之后，埃里克·德拉蒙德爵士和日本副外相杉村阳太郎（Yōtarō Sugimura）进行调解的尝试失败了，日本宣布打算退出国联。[2]

这一决定很快提出了这样一个问题，是否应该要求日本放弃其在南太平洋的委任统治地。许多国联支持者认为，让一个非国联成员国拥有委任统治地与国联盟约的精神是不相容的，但其他人反驳说，由于委任统治地是由协约国而不是由国联分配的，日本退出国联不受影响。[3]日本官员明确表示，他们无论如何都无意放弃那些岛屿。[4]考虑到法律上并无明确规定，美国驻日内瓦领事普伦蒂斯·吉尔伯特（Prentiss Gilbert）给国务院建议说，整个问题似乎是"一个政治的而不是司法的问题"。[5]

他是非常正确的，政治利益使所有协约国强烈倾向于适可而止。无论是白厅还是法国外交部都不愿进一步与日本对立，一位英国官员特别指出，"如果日本不愿意放弃那些岛屿的话"，国联行政院"会对日本施压使其放弃"同样是"不可思议的"。[6]国联秘书处的官员们确实认为国联行政院应该采取一些措施"捍卫委任统治原则"，但在获悉日本依然有意参与诸如卫生组织（Health Organization）和委任统治委员会这种"技术性的"和"非政治的"活动时他们也感到安心。[7]因而，鲣延信道保留了他在1928年以来在常设委任统治委员会的席位，按照规定提交了年度报告并派出了官方认可的代表，当日本的成员国身份在1935年正式到期时，国联行政院只是指出日本仍然认为自己受委任统治制度文本的约束。[8]直到1938年11月，日本才终止其合作并——令鲣延极其痛苦的是——将其国民撤出国联所有机构。[9]

到这时，委任统治委员会有趣、机智的意大利籍的主席也离开了。在所有退出者当中，西奥多利是最令人担忧的。西奥多利从委任统治委员会创立之日起一直领导着它，它的特征、声誉和运行已经很明显受到他的偏好和个性的影响。而且，尽管他的同事们和官方认可的代表经常抱怨他"没有品位的笑话"，[10] 讨论社会问题时显而易见的无聊，以及对阴谋诡计的热爱——他倾向于挑拨离间，一位英国官员私下里在 1935 年警告说，而且"在看到同事陷入混乱不知所措时从未感到不悦"[11]——实际上，西奥多利在委任统治委员会发挥了很好的作用。他为委任统治委员会的特权进行的令人妒忌的辩护，透过他倾向于政治的（不是行政或人道主义的）棱镜看待大多数问题，甚至在他捍卫意大利利益时使用的明显的花招，都为合法化协约国的占领地而建立的制度提供了一定程度的平衡。尽管奥尔茨与比利时殖民地部串通在一起，拉帕德与犹太复国主义组织分享机密信息，卢格德向白厅开放了一条秘密渠道，但实际上，奥尔茨、拉帕德和卢格德都自认为是"公正的"，西奥多利是"无原则的"。这使得诸如"阴谋"或"偏见"这样的词用于分析这种本质上属于政治性的制度时毫无价值。（令人颇感意外的是，法国的成员一直在假装做任何事情都不是为了捍卫法国利益。）

291

但是，实际上常设委任统治委员会所有成员都以这样或那样的方式"玩弄政治手段"，并不是所有这些博弈都发生在众目睽睽之下，这在委任统治委员会内部播下不和的种子，并危及成员自身的地位。西奥多利在意大利征服埃塞俄比亚期间的行为产生了这样的影响。最初，委任统治委员会刻意忽视了这场冲突，在 1935 年 10 月 17 日，也就是意大利入侵埃塞俄比亚两星期之后，召开的第 28 次会议上重新选举西奥多利为主席。但是，意大利在这年冬天轰炸不设防的村庄并使用毒气的行为震惊了各位成员。1936 年 5 月，瓦伦丁·丹尼维格——委任统治委员会里人道主义情绪的前导——对卢格德说，她再也不会支持某个同情法西斯主义的人当选，领导一个负责保护土著福祉的机构。[12] 卢格德指出，不能假定委任统治委员会的成员们支持本国的政策，[13] 尽管西奥多利再一次当选，这是第一次出现公开的异议。有三位成员投票支持奥尔茨，消息灵通的德国驻日内瓦领事向柏林报告说。[14]

到这时，意大利与国联的关系也处于最低点。意大利对埃塞俄比亚的征服已接近完成。海尔·塞拉西在数周后逃到欧洲。但是，墨索里尼希望国联的制裁能够解除，将埃塞俄比亚从日内瓦撤走，意大利的主权得到国际承认。或许，西奥多利是奉命挑起争端；无论如何，他在这次会议结束时要求委任统治委员会确认施加于意大利的制裁不应该应用于委任统治地，因为这些领地应该是"国际性的"，是被排除在欧洲的争斗之外的。他的同事们对他的介入感到失望，不仅因为他们认为国联的制裁应该适用于处于国联监督之下的领地，还因为他们勉强支持他作为领导人是以他不发起这样的争论为条件的。在一场激烈的争论之后，奥尔茨迫使就是否应该把这一问题添加到议程当中进行了一次程序性投票，在投票中只有西班牙人帕拉西奥斯支持西奥多利。[15] 于是，西奥多利退出了，而且——由于意大利正在抵制国联的会议——还避而不参加 1936 年秋季的会议。

但是，西奥多利并未辞职，而且令他的同事们窘迫的是，他似乎不愿辞职。他迫切地想坚守着他的职位，在 1937 年 5 月初甚至请犹太复国主义组织的纳胡姆·戈德曼去说服外交部部长齐亚诺（Ciano）伯爵相信西奥多利的作用非常重要。戈德曼一点都不愿为一个对犹太复国主义运动从不友好的人说情，但在得到未来给予支持的承诺之后，他确实向齐亚诺提出了这一问题，却被直言不讳地告知，意大利不可能立即结束对国联的抵制。[16] 而且，即使允许西奥多利重返日内瓦，他争取主席职位的努力依然会失败。在 1936 年 10 月的会议上，反对的力量更加强大了。现在十位成员中有四位反对西奥多利，拉帕德和奥尔茨在 1937 年 4 月开始私下里通信商讨如何罢免他。实话实说，他们更多是因为他的政治伎俩以及特别是——根据即将到来的关于巴勒斯坦的特别会议——他的反犹主义，而不是因为他对埃塞俄比亚令人难以接受的看法而感到烦恼。[17]因而，奥尔茨询问上一年 7 月已经辞职的卢格德，他的继任者是什么立场；卢格德证实海利勋爵也会拒绝投票支持西奥多利。[18]这已经够了。在 1937 年 5 月的会议上，常设委任统治委员会选举奥尔茨为主席，拉帕德为副主席，在之后常设委任统治委员会存在的时间里他们一直占据着这些职位。

修正主义国家从委任统治机制中退出意味着什么？有人可能预期委任统治委员会对受委任统治国会变得更加恭顺。这种情况并未出现。确实，选择比利时人奥尔茨就是真正的后退。到目前为止，主席和副主席都来自"非受委任统治国"的成员国，而且尽管奥尔茨公开宣称其客观性，但在幕后他却就如何"加强有利于受委任统治国的倾向"向比利时和法国官员提供建议。[19]然而，经历十多年确立起来的实践和文化具有持久性，来自德国、意大利和日本的成员先后退出使委任统治委员会更加渴望表现出"超越"国际冲突的姿态。诉诸先例和文本，并积极坚持他们的"技术性"和"非政治性"的地位，委任统治委员会的成员们紧紧抓住卢格德主义的语言并努力维护反吞并主义和门户开放原则。

对常设委任统治委员会的成员们来说，问题是这些规则的基础和他们自己的权威的基础正在崩溃。在其"卢格德主义"时期，委任统治委员会利用托管的语言和间接统治来克服战时民族主义者的挑战，重建了大国友谊，并重新确立了帝国统治

的合法性。在其第二个，也就是"德国加入后"时期，委任统治委员会作为就新的国际规则勉强达成协议的谈判舞台发挥了
293 作用。然而，随着主要行为体离开了谈判桌，委任统治委员会已经不再能发挥这种作用了。简单地说，一旦修正主义国家把它们所有的鸡蛋都放到一个营造帝国的篮子里，那么试图通过法律和经济"去地域化"限制帝国之优势的制度的成员身份对它们就不再有吸引力。而且，一旦委任统治制度不再是一种调解的舞台，它不仅对修正主义国家不再重要了，它对受委任统治国也不那么重要了。

因而，从 20 世纪 30 年代中期起，委任统治制度在各个层次上都显示出分歧和危机的迹象：意识形态的、地缘政治的和制度上的。首先，意大利入侵埃塞俄比亚、西班牙内战以及纳粹政权残酷的反犹太主义等接连不断的恐怖事件，使欧洲发挥着文明和进步的旗手的作用这种主张——托管的言辞就是以这种主张为基础的——处于难以应对的压力之下。当然，殖民地民族主义者、共产主义者、泛非主义者，甚至某些欧洲反帝国主义者早就发现这种主张是法西斯主义的和让人愤怒的；现在，它又开始让欧洲自由国际主义者如鲠在喉。随着共识的消解，替代性的主张——如果完全顺其自然，土著文化的境况会更好，或者应该拥抱文化的改变，以使受支配的民族能够迅速走向独立——找到了支持者。如我们在第 10 章将要看到的，甚至委任统治委员会都不免受这种趋势的影响，一些成员开始质疑欧洲的监护不过是强制劳动的借口。

其次，在受到内部自我怀疑之困扰的同时，这一机制还受到外部压力的不断敲打，因为修正主义国家试图改变游戏规则。委任统治机制已经试图通过使这些领土变更的利益适度

"国际化"赢得修正主义国家对凡尔赛安排的赞同，但是到20世纪30年代，经济危机已经让这一战略支离破碎。相反，所有大国都把它们的受保护者和殖民地更紧密地结合在一起了，而同时又用历史悠久的帝国方式寻找一些可以转让的和可自由支配的工具，从而减少对立并使新的安排成为可能。这些协商不可能通过国联进行，因为就像狡猾的扬·史末资给朋友利奥·埃默里的信中所写的那样，"在国联运行良好的时候，其理事会是大国的圆桌会议，但由于现在这些大国中大多数都缺席了这个圆桌会议，协商不得不以不同的方式进行了"。[20]但是，一旦这些协商不再通过日内瓦进行，它们就不再把和平安排，特别是不再把委任统治制度作为它们的出发点了。相反，由于对委任统治委员会无能为力的愤怒，不但贪婪的德国人，还有同样贪婪的英国人和法国人，都甘心情愿地把某些委任统治地的重新分配问题再拿到谈判桌上。然而，如第11章将显示的，尽管在20世纪30年代后期对一种新的殖民安排的前景进行了热烈争论，但它绝不是一个现实的选择。这一争论让国联制度声誉扫地，也使之不稳定，但也没有建立起任何取而代之的东西。

294

最后，由于国联机构本身失去声望和支持，委任统治机制也面临着制度性及领导权危机。溃烂是从顶层开始的。埃里克·德拉蒙德爵士可能已经对拉帕德的行动主义进行了严格控制，但在关键时刻，他为委任统治委员会的独立和权威进行了辩护；相反，其懒散且优柔寡断的继任者约瑟夫·阿弗诺尔（Joseph Avenol）压根就没有重视委任统治制度。[21]由于领导不力，国联秘书处的许多部门失去了其独立的幕后积极行动的能力——包括委任统治部，卡塔斯蒂尼的继任者，举止得体的瑞士外交官爱德华·德·哈勒尔，管理着一个高效但毫无创见的部门。倡议的提出取决于委任统治委员会，到目前为止这个机构是极其稳定的，但现在遭遇到一系列极具破坏性的人员的辞职和退休。当来自德国、意大利和日本的成员退出后，并没有取代他们的成员，这使委任统治委员会不仅规模更小了，而且不够多元了。更糟糕的是，马夏尔·梅兰在1934年、卢格德在1936年退休之后，法国和英国都是由一些任期很短的成员作为代表的，他们从未全身心地致力于这项工作。确实，在1935年范里斯去世后加入委任统治委员会的荷兰前殖民官员和法学教授弗雷德里克·范·阿斯贝克（Frederick Van Asbeck）是非常勤劳、干练的，但他的看法与处于支配地位的两位成员拉帕德和奥尔茨的看法并无区别。大国不可能在一个比利时人、荷兰人和瑞士人表达的"国际意见"前低头。

实际上，这证明了这样一个事实，在20世纪30年代后期，法国和英国正沿着其地缘政治利益决定的方向行动，完全无视委任统治委员会了。随着时间的推移，委任统治委员会的成员们变得更加确信国际监督的价值了；除帕拉西奥斯外，所有成员都怀疑民族自决，怀疑他们监督的领地能够很快做好独立的准备。然而，随着英国和法国觉察到战争即将来临，它们变得非常务实，开始囤积资源并协调其保护国和盟友的行动。由于法国对委任统治制度的承诺一直是非常空洞的，毫不理会委任统治委员会反对关于叙利亚独立和之后把亚历山大勒塔区（Sanjak of Alexandretta）从叙利亚移交土耳其的建议，把亚历山大勒塔区从叙利亚移交土耳其是一种完全不合法的行动。然而，英国一直是委任统治制度最大的赞助者和支持者，因而当英国和委任统治委员会最终在巴勒斯坦问题上发生冲突时，如第12

章所示，事实证明这种经历更加不愉快，后果更加严重。由于英国推翻了由英国官员自己写下的委任统治制度文本，我们又回到了原点。"国际共管"，一种设计出来根据不断变化的政治条件和不断演进的规则调和帝国利益的战略，已经走到了尽头。"独立"将会成为唯一的选择。

第10章 合法性危机

> 当国联不得不处理种族问题，当它不得不消除种族间的差异时——这些差异对于某些种族造成了不公正待遇并对世界和平构成威胁——一个时代将要到来了。
>
> ——唐太斯·贝勒加德，海地代表，第二次国联大会全体会议1921年9月23日

20世纪30年代委任统治制度的危机部分是政治性的，因为一旦修正主义国家退出国联，其组织和机制制度必然会变得更加脆弱。但它也是意识形态性的，因为支持"神圣托管"的前提条件也处于持续的压力之下。当然，欧洲大国是"文明"的守护者并会以其方式训练其他民族。这种主张从一开始就受到了质疑，不仅受到申诉或者反抗新统治者的当地族群的质疑，还受到怀疑协约国可能会很快再次陷入它们旧的帝国主义道路的眼光犀利的人道主义者、反殖民主义知识分子和自封的国联理想的守护者们的质疑。帝国的军队镇压了那些反抗，但由于那些公众已经被动员起来，已经无法仅仅通过使用武力来获得权威了。相反，对委任统治计划的信任只能一遍遍地通过言语赢得。

我们已经看到委任统治委员会在20世纪20年代是如何既

限制帝国权力，又给它们提供至关重要的喘息空间，这不但受到了弗雷德里克·卢格德的很大影响，还受到遏制德国和意大利之指责的必要性的驱动。这恰恰不是对"文明使命"的全力辩护，因为委任统治委员会关注更多的是保护而不是权利，是保护"土著文化"而不是发展土著的能力。为使被统治的民族免遭异常贪婪的公司、虚有其表的消费主义以及"西方价值观"的影响，应该给予他们一种发展的机会——但是以他们自己的方式，并以延缓其"独自"进入遥远未来这种令人不安的前景的速度。

　　然而，在 20 世纪 30 年代，这种"卢格德式的妥协"遭遇到来自各个方面的压力。反殖民主义已经成为全球性的运动，受到苏联的支持，得到跨国网络的支撑，还受到印度民族主义运动之声望的鼓舞，其领导人的"文明"和道德声望不能被否认。[1]欧洲的团结和（甚至）对道德领袖的主张也正在走向崩溃。特别是 1935 年意大利入侵埃塞俄比亚的战争沉重打击了帝国主义的意识形态基础，不仅仅因为战争进行得非常野蛮而且是与一个国联成员国进行战争，还因为意大利人有意识地盗用托管的语言来合理化其战争行为。他们宣称进行干预只是为了给落后、备受军阀折磨和还在进行奴隶贸易的地方带来法律和秩序，这折射出自由主义国家的丑恶嘴脸。[2]这些主张在海尔·塞拉西庄严的呼吁和战争开始时数百位外国记者在亚的斯亚贝巴（Addis Ababa）发回的关于意大利之背信和残忍的报告面前毫无说服力。[3]示威游行和团结运动如火如荼，遍布从哈莱姆（Harlem）到牙买加（Jamaica）、从开罗到纳塔尔（Natal）的反殖民主义的知识分子和流散人口中。但在英国，特别是在国联制裁意大利问题上（尽管不幸的是，不会进行军事介入），

297

各政治派别都表示支持。[4]委任统治制度某些早期的设计者——特别是现为国际联盟协会的主心骨菲利普·诺埃尔－贝克和不久成为斯坦利·鲍德温政府的殖民地大臣的威廉·奥姆斯比－戈尔——都主张国联对意大利采取强有力的行动；他们预言，任何调和性的反应都会"在整个非洲"造成"抱怨不公正和激烈的反白人宣传"。[5]塞拉西供应不足的军队和"文明化"计划的信誉在意大利飞机和毒气弹的猛攻之下不知所措，随后披露出英国和法国愿意通过给予意大利重大领土让步换取一个解决纷争的协议的信息。[6]

委任统治委员会的成员们深知这种意识形态挑战的深度。他们知道他们需要显示出委任统治规则是不同的——肯定不同于意大利人的残酷统治，但也不同于帝国过去掠夺性的和兼并主义的做法。他们经常从本质上把这种"差异"界定为一种公正无私。受委任统治国的目的是保护土著，而不是从这种责任中获取物质好处。然而，随着世界经济收缩，所有帝国都试图从它们自己统治下的地区榨取更多。"发展"成为优先关注，不是因为它能够推动这些领地走向自治之路，甚或提高生活标准和公共健康，而是因为它能够提供原材料和市场。和其保护性理想相吻合，委任统治委员会对这种无拘无束的"发展"经常采取不以为然的态度。委任统治委员会的成员们针对坦噶尼喀的卢帕（Lupa）采金区和喀麦隆的种植园的劳动条件进行了批评。他们对于西南非洲、卢旺达和布隆迪以及被委任统治的新几内亚的契约劳工机制持强烈的保留意见。从 20 世纪20 年代后期起，他们也认识到这一事实，大量日本移民进入了马里亚纳群岛，制糖业和磷酸盐业的迅速发展使土著密克罗尼西亚人（Micronesian）面临灭顶之灾。然而，日本人反驳说，这些海岛居民"完全不关心他们作为一个种族灭绝的想法"，并继续着他们纷乱的殖民活动。到 1938 年，在委任统治地区，日本人在数量上超过了密克罗尼西亚人，占到了马里亚纳群岛人口的 90%。[7] 随着民族主义运动变得如火如荼，各帝国变得更具掠夺性，修正主义国家公开藐视国联，家长式作风不得不处于守势。

到 20 世纪 30 年代后期，几乎在非洲和太平洋每一个领地我们都能发现一些可以称为委任统治机制之合法性危机的迹象。然而，没有一个领地比被委任统治的新几内亚更好地揭示这些动态。在大多数欧洲人看来，在所有委任统治地中，只有新几内亚拥有毫无争议的"原始人"。在 20 世纪 20 年代，政府已经通过一种高度强制性的契约劳工制度，把其人口的大部分并入种植园经济之中，通过利用一种卢格德主义的文化保护的语言，获得了委任统治委员会的勉强同意。它认为，对土著的流动性、薪水和权利的严格控制将会防止城市化和商业化，进而可以保护新几内亚人引人入胜的"土著文化"。然而，在 20 世纪 30 年代，新几内亚人和白人之间的暴力冲突，连同发现迄今为止尚未开发过的、拥有大量远比处于"文明国家的"控制下繁荣的高原地区，让委任统治委员会一些成员怀疑，"保护"——即使是打着人类学的幌子——是不是只是为剥削提供了合理化。

这些担忧没有推动委任统治委员会为委任统治机制制定新的合理计划。它过于顽固不化。其成员也太老了，而且也过于受到人道主义和"文明"观念的影响。然而，在卢格德主义信仰危机所开启的空间里，新的观念和新的声音是可以被听到的。如果土著居民和文化实际上因西方统治而堕落了，就像人类学家们批评的那样，他们或许应该被与"文明"隔离开来？或者，换一种选择，如果"文化差异"和"独立发展"确实只是意味着"永久镇压"，就像非洲裔美国政治学家拉尔夫·邦奇指责的那样，或许这种家长式的计划不得不让位于富有活力的教育和技术工作？[8]委任统治制度已经尽可能久地推迟这些问题，但到 20 世纪 30 年代后期，这些问题恰好都摊在了桌面上。新几内亚，埃塞俄比亚也一样，已经把这些问题摆在这里了。

新几内亚和人类学转向

处于委任统治之下的新几内亚，由新几内亚东北部的四分之一和俾斯麦群岛（Bismarck Archipelago）和布干维尔岛组成，是较大的委任统治地中的一个。它也是那时（和现在一样）最具文化上的多样性和语言多样性的地方之一，生活着数千个独立的社群，说着数百种相互难以理解的语言。澳大利亚，就像它之前的德国，宣称要"统治"这里的人们，但在 20 世纪 20 年代其书面命令确实只是在岛屿和一条沿着海岸线的狭长地带有效。20 世纪 20 年代后期人口大约 40 万，是以内陆地区只有极少人居住这一假设为基础的，后来这被证明是极其错误的。

总部设在拉包尔（Rabaul）的委任统治政府怎么能够把"文明"带给这个粗犷且极其不同的世界呢？显而易见的方向本该是追随赫伯特·默里（Herbert Murray）爵士的领导，他从 1908 年起任巴布亚（Papua）副总督，新几内亚类似规模的东南部地区也处于澳大利亚的统治之下。这两个政权在某些方面确实非常相似。二者都依靠巡警来扩展（管辖）范围和实施政府的统治；都任命村长（luluais）和助理（tultuls）来执行基本任务；都依赖生产椰子这种主要出口作物的种植园部门获得收入；在这两个地方，几乎所有新几内亚人的雇佣劳动都是受契

约束缚的。然而，20 世纪 20 年代已经出现了显著的差异。因
为默里更多是把巴布亚人看成农民而不是原始人，并故意把种
植园部门保持在较小的规模上；他还努力限制官员们为把新的
或难以控制的地区纳入控制可能使用暴力的水平。所以，当外
来者在 20 世纪 20 年代观察这两个领地时，看上去遵循了"委
任统治"原则的是巴布亚。默里看起来非常像南十字座之下的
卢格德勋爵。[9]

　　相反，在委任统治地，澳大利亚已经继承了德属新几内亚
更大的种植园部门并决定使之产生回报。这被证明是非常困难
的，因为在两次大战之间大部分时期椰仁价格都非常低，而且
这些种植园的新主人，经常是以优惠条件获得抵押权的退役军
人，他们缺少经验，很快就陷入债务泥潭。他们与世隔绝、愤
愤不平，而且（如果烈性酒进口数量可以说明一切的话）无一
例外都是酒鬼，没有经济复兴计划，除了在每一次种植园主的
会议上和致《太平洋群岛月刊》（*Pacific Islands Monthly*）的信
中让人心烦地不断重复要求政府赋予他们鞭笞其工人的权利。
1921～1932 年一直任该领地行政长官的陆军准将埃文·威兹德
姆（Evan Wisdom）不会做得那么过分。"父亲般的惩罚"，尽
管非常普遍，但依然是违反法律的。但威兹德姆和所有后来的
行政长官们都认为确保种植园主、商人以及（金矿开采在 20 世
纪 20 年代中期迅速开始）矿业公司得到充足的劳动力供应是他
们的工作。[10]

　　实际上，从某种意义上说，该委任统治地主要的"产业"
是生产契约劳工，一种最有利可图的"贸易"，使数百名得到
许可的私人招聘者有工作可做，并使整个领地保持着运行。随
着海岸地区人口的枯竭，招聘者甚至深入内陆地区，为村庄头

300

人们提供薪水，以生产用于补充劳动力的"男孩"——年龄超过 12 岁、符合法律规定的招聘要求的男子。［白人称所有土著男人为"男孩"，称所有土著女人为"玛丽"（marys），所有土著男孩被令人惊讶地称为"猴子"，所有土著女孩根本啥东西都不算。］工人们被首先送到一个政务专员那里，以确认他们的三年期的合同，然后被送到私营雇主那里，价格是大约每人 10 英镑，尽管莫罗贝省的伊迪河（Edie Creek）发生的首次大规模金矿罢工把形形色色的勘探者和探险者吸引到新几内亚，这些工人的价格升高到 20 英镑。相反，薪水平均大约每月 6 先令或者整个合同期只有 10 英镑多（而在默里的巴布亚，每月薪水是 10 先令），假期支付三分之二的薪水。在 20 世纪 20 年代中期，在委任统治地，大约 2.5 万男子处于契约束缚之下，到1930 年已经增加到大约 3 万人（而巴布亚只有 9000 人）——这个数字大约占生活在处于政府控制下的岛屿上和海岸地区成年男子的四分之一或三分之一。[11]

　　一点都不意外，委任统治委员会（除了葡萄牙人弗莱雷·德·安德雷德总想为强制劳动说点好话）在看待这种劳动制度如何兑现澳大利亚"竭尽全力推动物质和道德福祉以及该领地上居民的社会进步"的义务时遇到了麻烦。成员们对具体的虐待行为发出警告——种植园主鞭笞工人、招募者劫持人质以迫使村民生育"男孩"、金矿区的痢疾和高死亡率、官员们发动惩罚性袭击以镇压任何抵抗——但他们也不赞同用契约进行束缚这种做法，认为处于契约束缚之下的人口比例太高了。卢格德、拉帕德和格里姆肖（国际劳工组织的代表）都是特别顽固的审问者，年复一年地询问澳大利亚代表这样大规模的招募是否会助长疾病发生、导致人口下降和社会混乱。国联卓越的简报服务和来自委任统治部的定期信件使他们能够及时了解当地的丑闻，他们轻易地击败了被派去回答他们问题的官员——根据《拉包尔时报》（*Rabaul Times*）的报道，这些官员当中大多数人因对该领地"幸福的无知"而著称。[12]让澳大利亚政府极为愤怒的是，卢格德还拥有可能最好的"秘密通道"，因为巴布亚的默里严厉批评了邻近的委任统治地，他可以非常随意地把破坏性的信息传递给其兄长吉尔伯特·默里（Gilbert Murray）——牛津大学希腊学教授和国际联盟协会的忠诚拥护者，后者又私下里把信息传递给卢格德。拉帕德在 1928 年直言不讳地说："从官方渠道得到的信息和从非官方渠道得到的信息之间存在着一定的差异。"委任统治委员会听到的关于该委任统治地的所有信息都表明，澳大利亚正在牺牲土著的福祉来满足白人的贪婪。[13]

　　澳大利亚的官员们一时不知所措，阵脚大乱，在很大程度上处于守势，转而诉诸一种关于工作的教化功能的陈词。澳大利亚政府已在 1922 年的报告中写道，种植园的工作是"把土著引入文明的最有希望的方法"，可以"取代他们在前野蛮社会中的消遣和娱乐"。[14]然而，20 世纪 20 年代中期开始，委任统治政府还使用了一套截然不同的说辞和一套让委任统治委员会更满意并弱化其批评的政策。或许，澳大利亚比其他殖民国家更多地转向了人类学，表示愿意"考虑黑人"（如同一位官员所言），以让其政府更好地适应土著的生活。[15]在 1924 年，埃文·威兹德姆追随赫伯特·默里在巴布亚的领导并任命前巡防官 E. W. P. 钦纳里（E. W. P. Chinnery）作为"政府的人类学家"（图 10 – 1），钦纳里曾跟着剑桥大学的人类学家 A. C. 哈登（A. C. Haddon）学习过一段时间。由于对其官员素质低下的担心，威兹德姆还和默里一起创立了一个"学员"培训计划，根据这一计划，新征募人员将在该领域服务两年，然后被送往悉尼参加由魅力超凡的 A. R. 拉德克利夫 - 布朗（A. R. Radcliffe - Brown）讲授的人类学课程，他在 1926 年就被委任为人类学教授。第一批学员开始其特殊课程是在 1928 年，该计划延续到了 20 世纪 30 年代——尽管也存在挫折和偶尔的失误。[16]

图 10 - 1　E. W. P. 钦纳里在单翼机旁，1933 年。

303　　　研究人类学和殖民地管理的早期结合的历史学家们对二者结合的重要性，特别是钦纳里所发挥的作用有分歧。[17] 由于一直忙于处理"各种例行工作和突发情况，比如调查起义或日益下降的出生率"，钦纳里没有进行持续不断的田野调查，而且和默里在巴布亚委任的 F. E. 威廉姆斯（F. E. Williams）不一样，也从未获得重要的学术声望。他的作用更多是"看门人",而且由于他控制着进入世界上一些最原始的和广受欢迎的田野调查地点的机会,即使〔像玛格丽特·米德(Margaret Mead)这样的〕看不上其学术资历的那些人也都费力讨好他。[18]这一学员培训计划也存在难以为继的情况,因为威兹德姆在资金和人力紧张时就限制参与人员,而默里(他认为人类学家太快地为那些需要压制的当地习俗辩护了)在 20 世纪 30 年代停止了学员派遣。[19]然而,特别是对于委任统治地来说,"人类学的转向"是重要的,不仅仅是因为有助于官员们与种植园主文化保持距离,四处弥漫的这种文化把"当地人"视为(用一位非常有代表性的雇主的话说)"孩子,而且生来就是小偷、说谎者和敲诈勒索者",[20]还因为它为政府提供了一种语言、政策和一位能够调和他们的劳工政策与"神圣托管"规则的人——钦纳里。

钦纳里所称的"应用人类学"怎么能够胜任这项工作呢?首先要注意的是,它没有也不可能限制契约征收的苛捐杂税。实际上,在被派往委任统治地之前,钦纳里已经在巴布亚铜矿管理土著劳工达三年之久,他从一开始就认可这样的看法,即政府有责任维持劳动力的供应,欧洲人的"文明"将会彻底改变土著的文化。然而,人类学知识丰富的政府能做的是减缓改变的速度并减轻伴随这种改变而发生的社会混乱。倾听了钦纳里的声明,人们就会很清晰地看到,他想尽力维持"托管"诉求与"发展"诉求之间的平衡,既安抚常设委任统治委员会又满足新几内亚的种植园所有者和矿工们的需求,而不是理解土著文化(他在 1930 年对委任统治委员会说,"永远不可能知道土著会做何反应"[21])。从这一角度来看,契约制可能是有好处的，因为通过限制工人的独立，它恰好把作为土著生活的核心的村庄保存了下来。[22]

304 　　当然，这当中存在一定程度的可信度，因为契约劳工从根本上改变了土著文化，而且各布道所——它们独家控制了初等教育——也努力进一步削弱土著文化。不可避免的是，契约工人学会了技术，越来越习惯机器操作和金钱，并培养出对适度消费品的兴趣。被运送到远离家乡的地方，整天听着他们无法理解的言语，他们学会了洋泾浜式的语言（新美拉尼西亚语），第一次与他们社群和地区之外的其他人交谈。这些经历必定会产生变革性的影响：实际上，在 1929 年 1 月 3 日当拉包尔的白人醒来后发现这个城市几乎全部 3000 多名当地劳动力为争取更高的薪水而罢工时，这种变革的程度才变得很明朗，军士长拉米（Rami）帮助谋划了地位最低的清洁工的行动。[23] 在白人的压力下，政府做出严厉回应，判处罢工领导人三年劳役，限制新几内亚人在拉包尔自由行动的权利，并派钦纳里前往日内瓦以使委任统治委员会确信，每月领取 6 先令薪水的劳工"根本没有理由进行罢工"。[24] 但这场罢工也强化了政府限制文化改变的决心，通过合同结束后将工人遣送回他们的家乡，特别是把妇女几乎完全排除在契约之外——无疑，这一政策目的是保护妇女免受性侵犯之伤害，但也使她们被困在村子里，没有机会接触新的技能和商品，而男人们变得现代化了。实话实说，玛格丽特·米德在 20 世纪 20 年代后期在阿德默勒尔蒂群岛（Admiralty Islands）的马努斯省（Manus）进行田野调查，她的智慧和同情心使她注意到这种男性迁移、女性扎根当地的"新的社会制度"把性别等级制铭刻进土著生活方式，也只有她好奇"当所有男人说着同一种语言而女人仍然说着多种相互无法理解的语言时"女人会变成什么样子。[25]

　　这不是钦纳里问自己的问题。他的"卢格德主义"的方法非常简单,委任统治委员会自然赞成这种看法。委任统治委员会的成员们欢迎对钦纳里的任命,表达了对其报告的浓厚兴趣,对于他被派往(费钱且耗时)日内瓦参加 1930 年和 1934 年的会议感到非常高兴,而且热情地祝贺他在 1932 年升任地区服务与土著事务部主任——这一职务把他放在主管劳工制度的位置上,委任统治委员会认为现在这种劳工制度将按照"人类学的路线"运行。[26]卢格德一直认为,土著的"福祉"应该优先于"发展","传统"应该优先于改变;然后,他很放心地了解到种植园劳动只是被当作人生的一个片段而非一种职业来对待。确实,他敦促妻子陪伴着她们的丈夫,但这只是因为他认为她们能够作为预防娼妓、性病、同性恋以及强奸等的措施,不是因为他认为妇女也需要赚钱的机会或者有机会使用通用语。[27]钦纳里描述的劳动条件是"极好的",卢格德在 1930 年说。契约防止了临时工阶级的出现。[28]

　　因此,"应用人类学"完成了一些意识形态性的工作,使委任统治委员会勉强同意了唯一强制性的劳动制度,在这个劳动制度中,几乎所有土著劳工都处于由刑法保障的国家长期契约的约束之下。但是,委任统治委员会的宽容经常是有条件的,政府确实掌握权力,能够发挥立法者和中间人的作用,并让殖民者和土著都服从它的意志。即使在 20 世纪 20 年代,常设委任统治委员会就已经对这种情况产生了怀疑,在 20 世纪 30 年代早期——当对黄金的渴望驱使着勘探者进一步深入"不受控制的"内陆时——其信心进一步受到侵蚀。白人和土著之间冲突的故事不断传到委任统治委员会——勘探者枪击土著,传教

305

士和勘探者先后被枪杀，官员们被伏击或为了重新控制进行惩罚性的远征。在这些令人担忧的报告之后，令人震惊的消息传来。强行进入新几内亚高原的勘探者突然发现成千上万的人居住在整洁有序的村庄里，照看着郁郁葱葱的花园，远远超过了政府的控制。这些意外的发现不但暴露出政府统治的真正局限性，而且还使人们质疑"西方文明"自身的吸引力和地位，因为被发现的这些社会似乎是健康的、生产率很高而且秩序井然的，而持枪的勘探者，就像拉帕德冷淡地指出的，不可能是"文明代理者"。[29]一系列探险活动深刻地影响了委任统治委员会，这些活动由澳大利亚勘探者和探险者迈克尔·莱希（Michael Leahy）领导并记入编年史册。在莱希的远征和委任统治委员会的笨拙反应中，我们开始看到卢格德主义的共识——连同它的"文明"的权威——破裂了。

迈克尔·莱希卓越的冒险

迈克尔·莱希［对他的"男孩们"来说一直是马斯塔·米克（Masta Mick）］生于1901年，父母是一对爱尔兰移民夫妇，在昆士兰农村长大，猎枪和钓鱼用具一直不离手。他曾是铁路职员，在1926年伊迪河金矿罢工爆发时他是那里的工人但工作得不太愉快。莱希抓住了下一次机会；在接下来的几年中，他的弟兄们丹尼尔（Daniel）、帕特里克（Patrick）和詹姆斯（James）将会投奔他。由于发奋努力而且组织良好，莱希在伊迪河金矿赚了一些钱，但他是一个极富冒险精神的人，不愿一直留在那里，特别是因为运营已经常规化而且采矿公司已买断全部个人产权。莱希先是和他的朋友米克·德怀尔（Mick Dwyer），后来在矿业公司的支持下和几位弟兄一起，于1930年

和 1934 年之间多次赴 "未被控制的" 内陆旅行，目的是寻找
一个新的黄金国（El Dorado）（图 10 - 2）。[30]

图 10 - 2　迈克尔·莱希在瓦吉山谷，1933 年。

在 1930 年的第一次旅行中，莱希、德怀尔和一群强壮的搬
运工长途跋涉，从莱城（Lae）沿着马卡姆河（Markham River）
溯流而上，进入上拉姆（Upper Ramu）谷地，边走边淘洗金
子。然后，他们穿过俾斯麦山脉（Bismarck range），由于意识
到他们自己迷失了方向而又不愿意返回，于是就沿着流入普拉
里（Purari）的河并最终从新几内亚另一端的巴布亚湾（Gulf of
Papua）走出——一个令人惊讶的和无意中发生的跨岛壮举，这
一壮举让人联想到三年前 C. H. 卡里乌斯（C. H. Karius）和伊
万·钱皮恩（Ivan Champion）从弗莱河（Fly）到塞皮克河
（Sepik）的穿越。第二年，莱希、德怀尔和帕特·莱希（Pat
Leahy）与新几内亚金矿有限公司（New Guinea Goldfields
Limited）签订合同，在瓦图河（Watut）和拉穆河（Ramu）支

307

流地区进行勘探。1933 年春季和夏季，迈克尔和丹尼尔·莱希在助理民政事务专员（Assistant District Officer）詹姆斯·L.（吉姆）泰勒［James L.（Jim）Taylor］的配合下，带领一支庞大的装备精良的联合探险队，向上进入瓦吉河（Wahgi River）谷地和哈根山（Mount Hagen），建立了一个着陆场，提供一个探险营地，他们从这个营地再深入周围地区。他们还在哈根地区的鄂旺加河［以米克不可或缺的"老板男孩"鄂旺加·戈巴（Ewunga Goiba）命名］利用当地工人建立了第一个采矿作业区。以这一发现为基础，莱希在这一年冬季返回澳大利亚，并为进一步的探险积聚起一伙投资者（包括刚刚退休的埃文·威兹德姆）。1934 年，他和丹（Dan）推动进入哈根山以外杂草丛生的高原地区（地图 4）。[31]

　　尽管在鄂旺加河进行采矿作业是切实可行的，而且米克和丹在整个 20 世纪 30 年代都从事这项工作，但他们兄弟大发横财的期望却未能实现。对任何机械清淤疏浚的要求，他们得到承诺，每一个挖泥船提供 10000 英镑，但他们勘查的所有地区都没有达到这样的标准。米克声称他不在意这些："让我如此着迷的……是搜寻和探究新国家。"[32] 莱希不是这些年中唯一一位长途跋涉进入这片高原的白人，因为巡逻官、勘探者以及传教士都在进来，但他和泰勒最早"发现"了哈根山附近的精耕细作的瓦基和钦布（Chimbu）谷地，泰勒估计这里容纳了至少 15 万人（图 10 - 3）。[33] 莱希是第一个拍摄他们用栅栏围起来的美丽的村庄、用茅草覆盖屋顶的房子、精心装饰的用于举行仪式的广场、巧妙的灌溉水渠以及整洁的花园并把这些做成影片的人，也是第一个与他们进行沟通——只不过是通过各种手势——的白人。这是他生命中的决定性的经历。

308

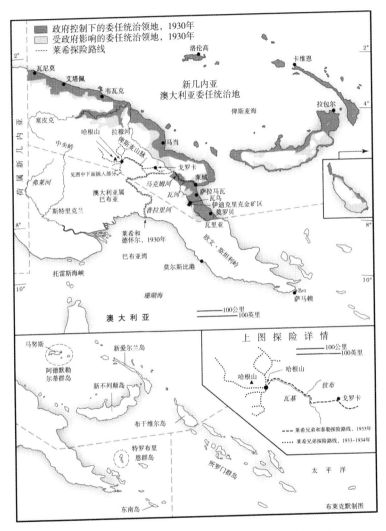

地图 4 20 世纪 30 年代初在被委任统治的新几内亚的探险和控制。

图 10 - 3　吉姆·泰勒的首次接触，1934 年。

　　他们兄弟在 1935 年以 10000 英镑卖掉他们在瓦图的股份，然后米克和他的兄弟吉姆前往欧洲度过了一个豪华的假期。米克还想为自己是进入哈根山地区的第一个白人这一主张辩护，与他展开竞争的是巴布亚官员杰克·希德斯（Jack Hides）。在伦敦，他说服皇家地理学会（Royal Geographical Society）为他举行了一次听证会，并在这一年 11 月发表了一次配有地图和幻灯片的公开演讲。[34] 就像我们将要看到的，这一事件使他与反奴隶制协会和委任统治委员会发生冲突，但在我们剖析这一丑闻之前，问一问在"马斯塔·米克"和他的一队搬运工以及"射击男孩"走入这些高地村庄时到底发生了什么是有意义的。我们的一些信息来自莱希本人，因为他多次讲述自己的故事——《地理学杂志》（Geographical Journal）刊发的他的演讲稿中，1937 年与莫里斯·克雷恩（Maurice Crain）合著的一本畅销书中，还有以他的日记和笔记为基础写于 20 世纪 60 年代

在他去世后出版的完整的报告中。[35] 然而，因为莱希确实是一
个非常现代的探险家，他携带着一台打字机和一台胶片摄影机，
他还留下了一份令人十分惊讶而且现在非常有名的影像记
录——许多年以后，这些记录刺激其他两位电影制作人重走他
走过的路，并还原"以前遇到的"人们的故事。[36] 所有这些资
料讲述的并不都是同样的事情，如果我们留心莱希试图掩盖的
东西以及他公开承认的东西的话，我们便能认识到这样一种
"文化接触"的片段，它看起来既不像反奴隶制协会担心的不
受限制的剥削，也不像钦纳里的"应用人类学"的保护性的家
长式管理，而是某种更加复杂、更有人情味，且以一种特殊的
方式相互作用（图 10 - 4）。

图 10 - 4　当地居民与莱希探险队的一员，1934 年。

莱希在得到政府的同意并遵守 1925 年确立的规范的情况下
进入了未受控制的地区，当时对黄金的渴望驱动着勘探者进入

内陆地区。由于新几内亚的许多部落因好战而出名，这就要求各方都有足够的武装。但是，他们仍然要躲开土著居民。他们不应征募当地人进行搬运工作，不能向他们索要食物，不能在离他们的村庄四分之一英里的范围内宿营。[37]这些规则是足够明智的，因为政府不能保证勘探者的安全，也不愿因营救他们而让自己官员的生命受到威胁，但这些规则经常被破坏。莱希进行的探险活动蔑视每一条规则。因为莱希并不打算观察一下当地人口然后就离开。相反，他认为自己是永载史册的先遣部队，将以不可逆转的方式改变当地面貌和文化。他的目标是发现可开采的黄金矿床。如果他实现了目标，机器、矿工、卫生官员以及一支"男孩"军队和随军流动的平民就会跟着过来。首先以空中侦察为开端，然后由探险营地和简易机场为支撑，并通过与当地人的贸易和空运提供所需物品，这些绝不是短暂的尝试，而是要建立永久的企业并与土著建立牢固的关系。莱希参与了四种这样的关系或"贸易"——战争、货物贸易、劳动力市场以及性交易。

在莱希返回后，正是第一类关系——武力关系引起了常设委任统治委员会的注意。无疑，莱希密切关注着某些人所谓的军事方面的东西。他根据力量和战斗技能选择他的"男孩们"，携带着一些好枪和猎狗，并经常——特别是在其第二次探险之后，他在这次探险中被棒打，其兄弟帕特（Pat）被箭刺伤——确保他们能够迅速对袭击做出反应。即使在村民们很友好的时候，探险队也会要求他们的东道主们放松弓弦，解除武装。有时，他们会射杀一只猪，以确保当地人了解他们枪支的威力。他们还遵循惯例，在他们营地周围系上钓鱼线，使土著无法通过。（莱希还拍了数百人组成的人群在线外好奇地注视着他们的照片。）在探险进行中，他让他的"射击男孩"就待在附近，而且睡觉时经常在枕边放着一把左轮手枪和一支手电筒。当这群人受到攻击（或者，看上去可能会受到攻击）时，他就开枪杀掉对方。莱希的田野调查笔记提到有 41 位当地人被杀，但总数无疑更高。[38]

莱希在书中把新几内亚人部落内部激烈战争的传统、他们使用矛和弓的技巧以及他们对抢掠的渴望作为基本常识进行了描述。对他来说，缺少准备就是犯罪。确实，他把最近其朋友和一起勘探的赫尔曼·鲍姆（Hermann Baum）和伯尼·麦格拉思（Bernie McGrath）（他已帮助收回了他们的尸体）被谋杀归因于这两人对"原始人"天真的看法和从未面对过"舞着棍棒的野蛮人"的"空想的社会改良家们"和"只会说而没有行动力的管理者们"的荒唐理论。[39]他坚持认为，"这些野蛮人没有法律，只有力量法则，只有白人完全离开这个国家时冲突才可能避免"。[40]莱希认为这是不可能的，但他并没有虚伪地谎称可以在不负任何代价的情况下达成"和解"。在《被时间遗忘的土地》（The Land that Time Forgot）中，莱希和克雷恩合著的这本书描述了他的旅行，这种矛盾被以现实主义者米克和理想主义者兄弟丹（Dan）之间正在进行的争论的形式表达出来。比如，丹会赞美用于举行仪式的广场四周美丽的装饰；而米克会指出这位具有美学天赋的园丁把邻近的村庄夷为平地；丹会反驳说"至少这些愚昧无知的异教徒没有堕落到使用毒气"。[41]我们对双重委任统治的信心还有很长的路要走。走向"文明社会"的步伐是不可阻挡的，但土著从中得到什么并不完全清楚。

然而，莱希确实认为贸易能够带来实实在在的好处。贸易是平等交换，各方从中都能获益。莱希的探险大量交易的是食物和劳动力，这些交换给所有各方都带来了某些满足——情感的和物质的。探险者用贝壳和钢刀交换猪、红薯、豌豆以及其他蔬菜。他们说服当地人帮助清理着陆场，并把他们使地面平整的舞蹈拍摄成影片。随着当地人和探险者相互之间变得越来越熟悉，当地人还提供了其他服务——比如，把他们介绍给邻近谷地或村庄的人们——或者他们自己在一定时期内半永久性地参加一个或另一个探险队。年轻男子被招募为搬运工，数月后返回他们的村庄时，就会有很多故事。在采矿活动开始时，当地人会因打碎和淘洗岩石以寻找黄金的辛苦工作而得到贝壳作为报酬。远离政府的管制，而且拥有维持其生计的土地和菜园，这些"工人"是不能被强迫的。他们来去都随心所欲。当第一辆卡车被空运过来并装配起来时，当地男子被带着兜了兜风。一人或两人甚至乘坐补给飞机被带到海边。莱希不仅仅是记录了这些故事。他还说出了这些人的名字并大致描述了他们的个性。

312

然而，他不太愿与人交流他参与的最后一种贸易，我们只能称之为性交易。在他与皇家地理学会的谈话中，莱希只是附带地提到性交易，而且只是将其归因于当地村民的行为不端。他说，哈根山地区的人们"非常放荡"，"年轻的和明显未婚的女孩在我们用绳索圈起的露营区周围花费了她们的大多数时间，为了一些贝壳就把自己献给了我们的男孩"，而且受到她们的男人的支持和教唆。在对后来一次探险的描述中，他同样提到女孩子们献出自己的身体，"男孩们""挑选他们晚上睡觉的伙伴，然后早晨从我们这里得到付给她们的必要的贝壳"。[42]换句话说，这种交易是由心甘情愿的供应和土著的道德堕落所驱动的。

　　然而，莱希后来的描述却讲述了一种略有不同的故事。贝壳是新几内亚高地流通的货币，价值难以估量：这是公司携带大量贝壳的原因。但是，除了劳动力、食物（探险队很快就拥有了过量的食物）和女人，这些高地人没有任何东西进行交易以换取这些财富。考虑到这些不受约束的欲望（对身体，对贝壳），莱希得出结论他无力阻止性交易，但由于他需要限制开支，"我们不得不控制这种交易"。因而，他坚持认为所有私通行为和他都没有关系。由于并不担心激怒当地人，他还决定对强奸行为进行惩罚——鞭刑二十下。尽管"鞭打一个工作中的男孩是完全非法的"，但他认为，让"当地人相信白人男人不会容忍不公正"是至关重要的。[43]

　　他发现，这种制度运行得很好。他的"男孩们"得到很好的照料，经常有伙伴陪伴，而且经常有怪异的志愿者搬运他们的物品，都有时间享受他们自己的生活，而且搬运工队伍中有"妻子"也让其他村庄相信他们是为了和平而来的。无疑，纪律有时是需要的。当哈根山一个女孩的父亲抗议其女儿被莱希的三个"男孩"强奸时，莱希不但痛打了这三人，直到控诉方请求他停下来，而且送给这位父亲一个珍贵的大珠母贝壳，给这个女孩一些小贝壳。这就是"道德败坏"的主要表现之一，因为在第二天早晨，莱希写道："这个老男人把这个村庄所有年轻美女都带来了，并说如果我们有更多的大珠母贝壳我们可以强奸更多女孩。"但实际上这不是和莱希自己"控制这种交易"的做法类似吗？当地的父亲们明确同意，莱希的"男孩们"和村庄的女孩们的交合应该根据年长男人们确定的条件进行。[44]

　　但是，即使是对性交易"浓墨重彩的"描写也遗漏了一个至关重要的事实。这就是，莱希也是一个消费者，而不仅仅是

313

这种交易的监管者。如果只阅读他的著作，我们永远都不会知道这一点，因为他把自己删减了——在这方面（就和他"使用"当地女人时一样）符合白人的规范。白人男人和新几内亚女人之间的性关系（自愿的和强迫的）是非常普遍的，尽管该领地的行政长官们试图杜绝这些性关系。然而，他们的工作受到妨碍，这不仅因为拉皮条或强奸当地妇女的官员并不认为"他做了什么非常错误的事"（就像埃文·威兹德姆在一个案子中抱怨的），还因为他们想要避免被公开，以保护白人的声誉，保护官员们的家庭不受真相的破坏。于是，他们篡改了记录，对强奸妇女的官员进行其他指控，或者为他们提供一个辞职的机会。[45]

澳大利亚的档案揭示了一个更完整的故事，在莱希探险的案例中，他令人大为惊奇的电影片段促使后来的学者进行更进一步的研究。在这些引人入胜的场景被拍摄下来大约50年而且莱希自己也去世之后，纪录片导演鲍勃·康纳利（Bob Connelly）和罗宾·安德森（Robin Anderson）重新回到这些谷地，去寻找那些生活因"第一次接触"而改变的人。还有许多人记得那个时刻。在一个又一个村庄，当地人都记得他们对枪支的恐惧，冲突导致家人死亡时的悲伤，装载着货物的飞机着陆时他们的惊奇。对于这位"白人"：有些人认为他是一个幽灵，他的搬运工是他们自己已故的亲属，被从死亡中拯救出来。但他们很快发现，这些人拥有和他们一样的需要和愿望，以及支付他们的物品——钢斧、刀具以及数量可观的贝壳。

一些被"交易"的妇女出现在那些聚会活动中，她们非常清晰地记住了那些交易。一位妇女说："为得到贝壳，我们被送给白人的搬运工。"另一位妇女说："由于白人男人正在为妇女

314

分发好东西，我丈夫让我去他们那里。"人们可以设想卢格德和瓦伦丁·丹尼维格是怎么看待所有这种问题的。对于卢格德来说，这种性接触代表着白人文明准则中一种不可原谅的过错，应该受到惩罚但永远都不能公开承认。对丹尼维格来说，它只是一种交易，是男性权力的滥用。但这些反应是在弥漫着人道主义、种族主义还有浪漫主义的文化中形成的，那些妇女本身是更加达观的。是的，她们曾经非常恐惧并乞求父母的饶恕，但她们理解这种交易。"为得到这些礼物，"有一位回忆道，"我克服了我的恐惧。"她们受到了很友好的对待，给她们拍了照，吃得也不错，而且有长期的补偿。"由于这种关系，我生了一个混血儿，"一位妇女说，"这是很好的。"

而且，她们用她们的勇敢换取了宝贵的知识，这些知识对她们自己以及她们迷失方向的社群非常有用。因为没有什么比这些普遍存在的性交易更能击碎超自然的起源或种族优越感的神话，毫无疑问，这正是卢格德认为它们应受谴责的一个原因。由于我们对外殖民的男人和帝国的档案都费力地从我们的故事中抹去这些妇女，在我们离开新几内亚高地并转向日内瓦的反应时，我们应该把她们辛苦得来的知识作为结尾的话。

"我们一起发生了性关系，所以我们知道他们是男人。"

"这是对的。"

"这是对的——不是幽灵——是男人。"[46]

危机中的卢格德主义模式

迈克尔·莱希已经利用飞机、枪支、胶片摄影机以及贸易商品等，把他建立探险营地处的当地土著纳入合作关系之中，如果不是控制的话。他的交易留下了持久的痕迹——机场、采矿作业区、新的行业和需求、三个从未获得承认的混血儿。这些儿子中的两位，克莱姆（Clem）和乔（Joe）后来成为高地地区重要的咖啡种植商，米克的哥哥丹·莱希也留在那里，和两位意志坚强的根据习惯法同居的新几内亚妻子一起，种植庄稼，养育子女。[47]

然而，当莱希第一次在皇家地理学会描述其探险经历时，他对这些暧昧和复杂的关系做了轻描淡写的处理，把自己描述成英雄/探险家的现代化身，把野蛮的自然环境和野蛮人都置于他的控制之下。正是后一方面引起了公众的注意，把注意力从关注探险的剧情转移到关注"联系"和治理的问题。到1935年11月，随着意大利在埃塞俄比亚残酷的战争的发展，甚至皇家地理学会的成员们都知道他们无法回避这些问题。副会长威廉·古迪纳夫（William Goodenough）爵士赞扬了莱希取得的成就，但也指出人的生命似乎"非常廉价"并敦促"这些人们以及他们的国家"不能"被以任何方式剥削"——这一干预被一位学者视为态度方面的决定性改变。[48]而且，如果古迪纳夫只是表达保留态度，反奴隶制协会的J. H.哈里斯读到莱希的描述时感受到的只有气愤和轻蔑。莱希提到至少在八次不同情况下向一个或更多土著开枪射击，哈里斯在次年6月给澳大利亚高级专员写了一封言词激愤的信。反奴隶制协会想知道莱希是否获准进入未受控制的地区，他是否已经报告了这些冲突，这些冲突是否得到调查，以及政府是否可能进行起诉。四个月之后，哈里斯也要求常设委任统治委员会进行调查。[49]

对于哈里斯的申诉，委任统治委员会感到很高兴，这是它曾经收到的关于新几内亚的非常少的申诉中的一个，因为它一直以来很担心勘探者们难以控驭的行为。早在1928年，卢格德就已经敦促新几内亚政府在允许勘探者进入之前先把新地区置于自己的控制之下，[50]在 20 世纪 30 年代，随着委任统治委员会逐渐弄清新几内亚有多少地方还未被置于统治之下以及这些地区人口可能有多稠密，其成员变得更加担忧了。[51]从太平洋诸岛的媒体中，他们知道了勘探者们仍然在涌入这些地区，而且不受任何惩罚，还听说了导致鲍姆和麦格拉思之死的冲突。卢格德通过吉尔伯特·默里了解到对被认为应为谋杀负责的部落的严惩措施。[52]确实，在 1935 年 6 月的会议上，恰好就在哈里斯的申诉之前，委任统治委员会知道了哈根山地区的冲突之后就新几内亚政府在管理和许可方面明显效率低下，勘探者正在危害当地人和他们自己的搬运工的生命，以及不控制他们的犯罪行为对澳大利亚代表进行彻底的审查。[53]高地地区对政府官员之外的所有人关闭，直到秩序被明确建立起来。

　　由于对白人与当地人在未受控制地区发生的大量致命冲突感到惊慌失措，新几内亚政府已经朝这个方向上行动了。1935 年修订了《未受控制地区条例》（Uncontrolled Areas Ordinance），允许政府施加不同层次的控制，上拉穆河（Upper Ramu）和哈根山地区不对新的探险活动开放了。在接下来的一年，新几内亚政府也采取了史无前例的行动，处决了路德维希·施密特（Ludwig Schmidt），一位沿着上塞皮克河（Upper Sepik）开始"恐怖统治"的勘探者（碰巧是德国的）。[54]有些人仍然是允许进入的。已经在哈根山地区工作的矿工（包括莱希的弟兄们）和上拉穆河地区的传教士们获得了许可，只要他们不扩大其活动范围。[55]但是，政府为控制批评遇到了一些麻烦。它对反奴隶制协会的指控进行了调查；这项调查恰好委托给了领导 1933 年探险活动的吉姆·泰勒，一点都不奇怪，调查

316

认为探险队经常是出于自卫而采取了行动。[56]政府还派出警长沃尔斯塔布（Walstab）中校赴日内瓦，向委任统治委员会保证，政府已经完全关闭了某些地区，而且只有在确保安全的情况下才会发放进入的许可证。[57]

由于澳大利亚已经采取了这些措施，由马尔科姆·海利（他刚刚作为来自英国的成员取代卢格德）撰写的委任统治委员会关于莱希的申诉的报告，涵盖了熟悉的领域。受委任统治国必须确保法治。所有的许可都应该禁止，直到政府处于牢固的控制地位。[58]然而在日内瓦，关于莱希的探险活动，我们还听到一个新话题——也就是这样一种看法，没有来自"文明"的侵犯，"原始民族"可能会更好。这种观点主要是女性成员瓦伦丁·丹尼维格表达的，她到这时已经在委任统治委员会服务了大约六年。丹尼维格，一位进步主义者和女权主义者，迄今为止一直在敦促受委任统治国做出更大努力，"提升"和"教化"土著；作为一位学校校长，她不赞成善意忽略。然而，在这个例子中，丹尼维格质疑"接触"是否会为新几内亚高地人提供很多，反而询问政府可以做什么来保护"这些人民族学的特征，他们很明显展现了一种比较高程度的文化"。她认为除官员和人类学家外其他人都没有理由进入高地地区，而且希望当地人"能够尽可能长时间地独处"。[59]

317 　　丹尼维格对关于莱希的申诉的反应值得关注，因为它标志着可能被我们称为文化相对主义的立场正扩散到学者和旅行者之外，影响到自由主义者以及"卢格德主义者"。实际上，就像人类学家和民族学家使所谓的"原始"文化看上去是一贯的和复杂的，欧洲知识分子也对西方大众文化的光怪陆离和商业化感到遗憾。（一点都不令人吃惊，当被问到时，委任统治委员

会认为应该保护土著免受好莱坞西部片和浪漫喜剧片堕落刺激
的影响。)[60]然而，在丹尼维格的案例中，这种"人类学的转
向"造成了对文明和道德排名的不安。因而在 1937 年，我们发
现她仍然在猛烈抨击南非高级专员埃里克·劳的说法，布须曼
人（Bushmen）是"一种低劣的类型，一个日益堕落的种族，
而且正在迅速消失"，他们"就像动物一样生活在这块土地的
洞穴当中，而且没有受到教育或文明的影响"。[61]相反，她说
（来自荷兰的新成员范·阿斯贝克男爵也高度同意），民族学家
已经发现布须曼人是"一种非常有趣的人，拥有特殊的品质，
使他们适合在沙漠中生活，并且有不小的文化"。确实，他们可
能会被视为西南非洲类似挪威（Norway）的萨米人的人——丹
尼维格辛辣地指出，没有建议根除萨米人。[62]

　　然而，丹尼维格对"接触"的新怀疑代表着更多的东
西——对整个委任统治计划日益增长的幻灭感。毕竟，这种计
划的合法性取决于这种主张，即受委任统治国正在发展土著的
能力而不仅仅是土著的生产率，以便这些人可以逐步控制自己
的命运。对于丹尼维格来说，这意味着大力发展教育，她自己
一生工作的领域，这也是她在常设委任统治委员会的特别任务。
然而，特别是在新几内亚和西南非洲这些需求可能最强烈、土
著对学校教育的渴望也显而易见的领地，各政府却认为土著教
育一点都不重要。[63]新几内亚在 20 世纪 30 年代中期几乎把所
有的教育工作都留给了布道团，而且拒绝资助它们的工作；西
南非洲把其 90% 的教育预算花在 10% 的儿童身上，他们恰好
都是白人。［实际上，在 1937 年，拥有 10 万人口的奥万博兰
（Ovamboland）的教育预算一共是 200 英镑。］丹尼维格的支持
一点也不激进。和卢格德一样，她支持方言教学、技术和实践

318 教育，以及乡村学校。但是到 20 世纪 30 年代中期，她已经厌倦听到土著不想要教育，他们不应该被教授任何可能使他们与白人竞争的东西，以及不能对白人——无论他们从非洲劳工那里获取多大利益——征税来为土著提供服务。

因而，她在 1938 年撰写的引人注目的报告中非常明确地表达了她对受委任统治国之善意的怀疑。她追踪教育供给已经长达十年了，她写道，但没有看到任何进展。这些国家宣称它们自己不能提高税收——但她指出，这些政府迫使当地人"在矿井和农场为白人公司和殖民者的利益工作，而给予他们的薪水低到几乎使他们无法交税"。"我经常想知道，"她继续写道：

> 有思想的土著对欧洲政府到底怀有怎样的看法和情感，它们来到这里控制土地及自然财富为自己的利益服务，它们还不愿把巨大利润的一个公正份额给予这片土地最初的主人，比如，通过建立学校帮助他们提高他们的生活水准，并进一步促进他们的智力发展，以使他们在不太遥远的未来能够有效参与他们自己事务的管理和他们自己国家的发展，就像委任统治制度文本所暗示的那样。[64]

所以，丹尼维格说出了最诚实的话。各委任统治地的政府已经利用它们的地位获取了它们自己的经济利益；把土著利益放在首位的承诺已经被打破了。卢格德把殖民地管理作为一种互利的实践，一种既提升欧洲人生活水平也提升土著"文明"的实践的这种愿景没有成为现实——或者，至少丹尼维格已经加入那些越来越认为这种愿景很空洞的人的行列。确实，当我们考察 20 世纪 30 年代对委任统治地的另外两次探险时，早期卢格德主义的共识在多大程度上遭削弱以及还剩下什么，都变得很清晰了。

尾声：西奥多利在奥万博兰，拉尔夫·邦奇在洛美

　　西奥多利应赫尔佐格总理邀请在 1935 年夏季对南非和被委任统治地进行的访问充分暴露了对卢格德主义理想的滥用。[65] 在十多年中，西奥多利一直是南非最严厉的批评者之一，但就像高级专员特·沃特（Te Water）在这一年 6 月致赫尔佐格的信中所写的，他已经"改变了对委任统治制度在土著方面的看法，因为他自己的国家已经卷入了埃塞俄比亚事务"。在最近一次委任统治委员会会议上，西奥多利对非洲人的原始风格轻蔑的评论已经让丹尼维格感到震惊，当他明确表示将以"意大利的"而不是"国联的"名义旅行时，他的同事们都如释重负。然而，就像特·沃特非常敏锐地指出的，在公众看来，毫无疑问"西奥多利是作为委任统治委员会主席赴南非的"，他的旅行很明显是试图把意大利和南非——这两个国家因侵略性的地区扩张政策而在国联声名狼藉——更紧密地结合在一起。[66]

　　西南非洲的官员急于促进这一安排，他们对这次访问非常上心。众所周知西奥多利在意大利属索马里兰（Somaliland）的矿山和农场都拥有股份，而且也是一个运动爱好者，这些官员为他安排了为期三个星期的旅行，空中旅行使他能够跨越很长的距离并能够向他展示该领地的许多地方。他的目的是访问温得和克、赫鲁特方丹（Grootfontein）、吕德里茨（Lüderitz）以及沃尔维斯湾（Walvis Bay）；参观农场、矿山和土著保留地；会见西南非洲赫雷罗族（Herero）人的酋长何西亚（Hosea）

319

和其他重要人物；以及有可能就停下来"射击"。但这次旅行的高潮是到奥万博兰的为期四天的短期旅行，奥万博兰是警察区北部的"土著保留地"，居住着西南非洲大约一半的非洲人口，也是展示该领地"间接统治"的窗口。在这里，这位侯爵将会"睡在大草原上"，访问传教团体和奥鲁阿卡卡纳瀑布（Oruahakana），去打猎，以及——最重要的项目是——在该地区土著专员 C. H. L. 哈恩（C. H. L. Hahn）少校的陪同下出席"部落"庆典仪式。[67]

"骄傲的"哈恩，如同他的朋友们对他的认识（奥万博人叫他 Shongola——"皮鞭"），在整个委任统治时期都掌管着奥万博兰。哈恩在开普省（Cape）长大，在 1920 年被任命为土著专员之前已经参加了 1915 年南非的侵略行动和征服奥万博兰最后一位关山（Kwanyama）国王曼杜梅·雅·恩德穆法约（Mandume ya Ndemufayo）的运动。在这个位置上，他的任务——和钦纳里在新几内亚的任务一样——首要的是保持男性契约劳工源源不断地供应给该领地的矿山和农场。[68] 和钦纳里一样，哈恩试图控制因限制妇女的流动、支持年长男人的权威以及采纳一种卢格德主义民族学语言和间接统治而导致的社会混乱。然而，在个性和性情方面，哈恩与米克·莱希的相似之处比与钦纳里的相似之处多得多。他吃苦耐劳，独裁专断，随时带着他的狗和枪，且是一位天资聪慧的业余摄影师。哈恩使用相机和笔，还有税收和皮鞭将奥万博兰的人民置于控制之下。[69] 在早期，这种控制更令人满意。但在西奥多利 1935 年访问时，也就是在一段时间的饥荒和经济危机之后，哈恩达到了其权力的顶峰。而且他为其贵族派的到访者展示的是非洲人戏剧化的"差异"，这种"差异"使白人的统治隐蔽且合法化。

　　我们有哈恩精心组织的关于这一事件的照片。多排裸胸的年轻妇女，头顶着斟满啤酒的容器，向土著专员致敬。在成年礼（efundula）典礼上有一些兴奋的参加者，这种礼仪标志着女性的成年。有集体照：穿着无可挑剔的欧洲人站在前面和中间，非洲黑人聚集在后面不重要的位置上。哈恩的照片从视觉上是非常吸引人的，而且具有重要的意识形态影响。就像帕特里夏·海斯（Patricia Hayes）巧妙指出的，他们"把奥万博兰建设成极具非洲特色的"，正消失的迹象——西方的服装、基督教的象征——暴露了该领地正在经历的巨大社会变革。[70] 当然，在框架之外，为了展现欧洲文明开展了各种活动。哈恩已经动员非洲劳工为白人显贵的飞机修建了两条起降跑道。他在飞行中带着白兰地和雪茄烟，罐装的芦笋和优质奶酪，所以侯爵能够吃得像一个侯爵应该吃的一样。[71] 通过这些技术，管理者展示着文明的差异和等级——草原上的那些美酒、今天"荒野"旅游的舒适、充满艺术气息的乡村装饰品，诉说着权力所在和"文明"。

　　我们无法知道西奥多利怎么看待所有这一切，但肯定对哈恩有利，因为两年后我们在日内瓦看到他，但"皮鞭"现在得意扬扬地佩戴着一枚大英帝国勋章（MBE），陪伴着新任高级专员考特尼·克拉克（Courtney Clarke）第一次在常设委任统治委员会亮相。他们二人来这里的目的是解释为何"过快地教化"西南非洲有趣的土著是不明智的。[72] 然而，或许令哈恩吃惊的是，常设委任统治委员会似乎并不认为二人的表现非常有说服力。尽管哈恩已无懈可击地以"卢格德主义"的方式说话，但现在卢格德已经从委任统治委员会退休了，西奥多利也缺席，他南非之旅的花费浪费了。相反，考特尼·克拉克和哈恩面对的是非常了解这些事情——强制性的契约劳工制度、社会和教育保障严重不足——的一群人，奥万博兰就是用以掩盖这些事情的。委任统治委员会并不是用同一个声音说话的。其成员们既希望做出更大的努力保护土著的"福祉"，又希望对"发展"做出不那么经济主义的和剥削性的界定；丹尼维格希望政府既要努力保护布须曼人独特的文化和生活方式，又要满足赫雷罗人对更广泛教育的要求。在这个意义上，委任统治委员会仍然是"卢格德式的"，仍然在试图设想一种政府形式，既能"保护"文化差异，又能帮助拥有这些"差异"的人在必将由西方控制的世界里生存下来。然而，其成员们已经更加怀疑这一计划了，现在只有少数成员——丹尼维格、范·阿斯贝克、帕拉西奥斯——认识到文化差异的比喻被用来为镇压提供辩护。委任统治委员会不能真正形成这种批评。它过于欧洲化、过于白人化而且对于某些成员开始质疑的那些比喻和语言过于执着。但是，随着委任统治委员会变得越来越不确定，其他声音和立场变得既听得见也可信了。

如何能看到一个系统整体——也就是，看到权力的运用和流动并认识到一个人在权力配置中的地位？杰出的非洲裔美国哲学家和委任统治制度的早期激进批评者 W. E. B. 杜波伊斯把这种能力称为"双重意识"，并认为是那些生活在一种主导性文化内部并倾向于这种文化的人、那些受过通用术语训练并能够使用通用术语说话但带有某种标志、某种独特性或差异性的人造成的，这使他们能够辨别其他特殊性——例如白人特性——如何在一种"普遍主义"的伪装下繁荣兴旺。[73] 我们的第二个旅行者，拉尔夫·邦奇也是一位这样的人。作为联合国托管机制的设计者，邦奇在某种意义上被称为西奥多利的继任者。然而，在 20 世纪 30 年代初期，他只是一位年轻的、才华横溢的学者，在华盛顿哥伦比亚特区霍华德大学（Howard）著名的非洲裔美国人高等教育研究所讲授政治科学时获得哈佛大学博士学位（图 10 - 5）。由于已经决定比较法国在委任统治地多哥和达荷美（Dahomey）殖民地的行政管理，邦奇在 1932 年夏季动身前往巴黎、日内瓦和西非。他在塞内加尔、多哥和达荷美花费了大约两个月的时间，与休探亲假返回的法国政府官员一起乘船旅行。[74]

　　邦奇在确定其毕业论文题目时曾经遇到一些麻烦，现在仍然不清楚他为何选择他所做的题目。他可能受到了哲学家阿兰·洛克（Alain Locke）和历史学家雷福德·洛根（Rayford Logan）的影响，他们是在霍华德大学任教的杰出的具有国际倾向的非洲裔美国知识分子，他们二人在 20 世纪 20 年代后期都撰写了对委任统治制度的总体研究。[75]最具影响的研究当代非洲的美国学者、我们在第 8 章已经提及的雷蒙德·莱斯利·比尔也推动邦奇朝这个方向努力，他在 1927 年已离开哈佛大学成为外交政策协会的研究主任，因为比尔非常希望激起"美国黑人"对委任统治制度的兴趣。（例如，他为洛克赴日内瓦的研究之旅安排了资助。）[76]比尔把资料借给邦奇，帮助他厘清他的研究设计，特别是让他意识到在非洲进行实地研究的重要性。尽管邦奇无法像西奥多利那样作为贵宾旅行（实际上，作为混血的学者，他在出发前谨慎地从法国学者那里收集了善意的推荐信），但这次旅行是决定性的，为他提供了一种本能式的理解，一种道德眼光，通过它来认识委任统治制度。[77]

　　邦奇在 1934 年提交的毕业论文《法国在多哥兰和达荷美的

322

323

图 10-5　拉尔夫·邦奇在霍华德大学，1932 年。

行政管理》（*French Administration in Togoland and Dahomey*），获得了本年度哈佛大学政府系比较政治学最佳毕业论文托潘（Toppan）奖，是对法国在两个治理方式不同的领地的行政管理实践的细致研究。然而，在另一层次上，它是对帝国"文明"辩护论和史末资、卢格德甚至比尔——以非常不同的方式——阐述的关于非洲人之"差异"的说法的一种扩展。实际上，就像珀尔·T. 鲁滨逊（Pearl T. Robinson）指出的，很明显邦奇写作他的毕业论文时身边是放着比尔的《非洲的土著问题》的，而且尽管他感谢这部著作提出的问题和方法，但他得出了非常不同的结论。比尔和邦奇都试图详细说明国联的监督发挥的作用，二者都得出结论认为它已经建立起进步主义的规范，甚至在一定程度上说服各委任统治政府接受了这些规范。然而，邦奇对于这一制度局限性却表达得更加直言不讳。这不仅仅是他发现殖民地和委任统治地的经济政策是过度剥削性的（比尔也发现了这一点），也不是他发现官方报告歪曲了事实（比尔也这么认为），甚至不是他认为委任统治委员会非常需要现场调查的权力，因为比尔也提出了这一建议。而是他发现这一制度的理想境界是卑鄙的、过时的，用一句话说，是种族主义的，而比尔认为它是进步的和值得赞扬的。[78]

　　这些差异在邦奇对英国和法国殖民实践的相对优点论述中体现得特别明显。记住，比尔一直对法国对"土著文化"更加漫不经心的态度持批评态度，并认为英国通过"间接统治"强化"土著酋长""传统"权威的做法要进步得多。然而，在邦奇看来，英国对非洲人之差异的关切从最好的方面看，不过是以恩人自居；从最糟糕的方面看无非是掩盖白人至上。史末资的这种看法——"非洲人"将会一直维持与众不同的状态，"像儿童一样""神秘而且野蛮的"——是倒退的，而且从经验上看也是错误的。只有傻瓜才会认为洛美"说着流畅的德语、英语和法语，以及他们土著语言"的多哥人不如他们只懂一种语言的统治者"文明"。[79]非洲正在改变，必须管理和拥抱这种改变，而不是——像卢格德建议的——遏制内部过时的、受过教育的非洲人极其讨厌的"酋长似的"结构。相反，邦奇却对

324

法国殖民地没有公开的种族偏见和社会阶层的融合（可能已经夸大了）——法国妇女在餐厅为非洲人服务，非洲和欧洲的儿童和士兵肩并肩接受训练——以及法国愿意拥抱（如果符合他们自己的利益的话）一种进步的道德观印象深刻（可能已经夸大了）。确实，法国更自信的"文明"取向能够让受过教育的非洲人非常亲法国，但是通过打破地区的和种族的忠诚，它至少使民族意识成为可能。"去部落化"，对卢格德和比尔来说都是一种可恶的想法，但在邦奇看来却是非洲民族自决的前提条件。

你看到的取决于你朝哪个方向前行。西奥多利努力地为意大利对埃塞俄比亚的主张辩护，他在奥万博兰"看到"的使他坚信非洲原始论。比尔是学术企业家和自由国际主义者，在坦噶尼喀和南非的"土著保留地"看到的是一种允许非洲人以他们自己的方式"进步"的政府模式，而且没有释放种族对抗的幽灵。然而，邦奇到非洲后被说服了，"知识是具有普遍性的，既不分种族，也不分国界"，而且发现在非洲没有任何东西能够动摇这一信仰。非洲是虚弱的——政治上、经济上的——但其人民当中的"自然的差异"和"西方人在阶级、财富和愿望等方面的差异是完全相同的"。在时间和技术的帮助下，非洲人行使自由人权利的能力绝不会比其他民族差。[80]

邦奇并不认为这很快就会发生。他也认为独立很可能"从今天开始经历许多代人之后才能实现"。[81]20世纪30年代是魔鬼的十年：欧洲的帝国是强大的；修正主义国家也决心进行扩张。邦奇不可能知道，此后十年，这些帝国几近自我毁灭，他将会草拟《联合国宪章》处理非自治领地的各章，或者在这之后几年里，他将会在托管理事会开始规划走向独立国家的步骤。然而，邦奇在 1934 年已经放弃了这种把政治发展更多描述成技术能力和教育问题的文化和种族推论，这是两次大战之间若干年的一个标志。他正在伺机而动，而且不会改变自己的想法。"文明"的权威正在终结。

第11章　当帝国停止运转时

　　就我所知，还没有人曾经要求或建议大英帝国放弃其任何一块殖民地，我也不必说，如果有人提出这种要求，也不可能被考虑。委任统治地不是殖民地；它们在某种程度上属于不同的类型，在我看来，在通俗意义上说它们是大英帝国的一部分。

内维尔·张伯伦，财政大臣，

下议院，1936 年 4 月 6 日[1]

　　我从来没听说过许空愿有助于谈判，而且就我而言，我认为当我们的委任统治地的人民能自治并能够保卫自己时，我们无权把它们割让给任何人。而且我认为我不能把另一个人置于一个对自己的公民不讲人权并像奴隶一样对待的政府的治下。

奥斯丁·张伯伦，前外交大臣，

下议院，1936 年 7 月 27 日[2]

　　到 20 世纪 30 年代中期，委任统治制度可能已经处于全面的信任和合法性危机，但其最强大的支持者英国自由国际主义者们没有像人们期望的那样做出反应。令委任统治委员会害怕、令各个地方的殖民地民族主义者愤懑的是，20 世纪 30 年代后期英国出现了重要的公共运动，目的不是根据在伊拉克采取的路线进一步"解放"委任统治地，而是进行新的殖民地再瓜分。现在，意大利－埃塞俄比亚战争使他们认识到修正主义国家实现其诉求的决心，数量越来越多的英国国际主义者和政治家——这个团体中正好包括内维尔·张伯伦本人——得出结论认为，他们只有把非洲的领地给予德国才可能平息国际紧张局势并使德国返回国联。

　　这种"殖民绥靖"运动在 1936~1938 年引起了极高水平的公众辩论和关注，并提出了许多切实可行的建议，其高潮是内维尔·张伯伦在 1938 年 3 月向希特勒提出的"给予殖民地的方案"，这个方案被拒绝了。[3] 基于这些提议的外交已经受到学者们的密切关注，我们现在知道了希特勒对这些海外领地的兴趣有多么小，他如何有效地安排这些诉求，以及英国的这些努力到底是多么徒劳和具有误导性。[4] 然而，关于"殖民绥靖"的争论非常重要，不仅因为它诱使那么多国际主义者严重误读了德国的目的，还因为它进一步使帝国"国际化"的计划声名狼藉。这已变得很清晰了，不仅仅绝望的协约国政治家，同样还有英国的自由主义者和人道主义者，都设想把非洲人移交纳粹德国，以维持欧洲的和平。支撑国联秩序的种族、文化等级和利益基础昭然若揭。

　　为追踪这种特别不切实际的努力的谱系，我们可以转向英国自由国际主义者的元老阿诺德·汤因比，他在 20 世纪 30 年代初期在英国的皇家国际事务研究所（Chatham House），负责撰写年度《国际事务综览》（*Survey of International Affairs*）。在 1919 年为英国外交部政治情报局（Political Intelligence

326

Department）工作时，汤因比和其他许多人一样，一直对民族自决的理想保持着热情。然而，随着时间的推移，而且随着他观察到各种民族主义在一个又一个地区——维尔纳（Vilna）、科孚（Corfu）、保加利亚（Bulgaria）、巴勒斯坦（Palestine）——都接连发生冲突，这种热情便烟消云散了。但汤因比并不仅仅担心威尔逊主义已经刺激了文化沙文主义和偏狭；他还认为这一原则已经被不公正地运用。汤因比并不同情意大利的主张：他强烈主张对意大利攻击埃塞俄比亚的做法做出强力的，甚至是军事反应。但他认为，凡尔赛会议的安排，特别是对德国，是不公平的，因为它使太多种族意义上的德国人处于魏玛共和国的边界之外。当然，这正好是 1919 年以来德国人一直在说的问题，汤因比绝不是唯一对在建构这种安排所发挥的作用感到后悔的自由主义知识分子。然而，汤因比的重要作用是 1933 年 1 月纳粹夺取政权后，他艰难地推动领土修正。

汤因比从事这项工作部分是通过国际研究大会（International Studies Conference）——这是一个最初在国际联盟智力合作研究所（League of Nations Institute for Intellectual Cooperation）主持下建立的组织，它把国际政治和国际法学者聚集在一起——进行的，这些半年一次的会议试图在这种新的国际关系领域建立共同的纪律。然而，随着 20 世纪 30 年代紧张局势恶化，该会议成为一个论坛，英国、法国和美国联系广泛的自由主义知识分子试图通过该论坛塑造外交和政策。每一次会议的规划都要花费两年的时间，像美国的对外关系委员会（Council on Foreign Relations）或英国的皇家国际事务研究所（Royal Institute for International Affairs）这样的国家智库会选择国家代表团，对指定的话题进行预备性的研究。1933 年的会议提出国际贸易问题（在 1931 年大萧条处于谷底时选择的话题），1935年的会议主题是集体安全问题。

德国的政治科学家们一直热衷于参加国际研究大会，但随着德国纳粹化退出国联，这种参与遭到了威胁。汤因比试图维持这些联系，并在 1934 年访问柏林时与当时在国际法研究所（Institute for International Law）工作的国际律师弗里茨·柏柏尔（Fritz Berber）进行了会谈。在战后，汤因比对他与柏柏尔的联系做了轻描淡写的处理（很可能是因为，每月写数百封信件，他只是忘记了这些联系），但他费了很大工夫来确保柏柏尔作为1935 年会议的"观察员"受到欢迎。[5] 这次会议还一致同意，他们的下一次会议主题将为"和平的改变"——或者，换句话说，对国际秩序进行改变的过程可能是在不诉诸战争的情况下进行。

所有人都知道为何这个问题是紧迫的。那些被认为"一无所有的"国家——日本、意大利和德国——已经明确表示，如果资源和领土的平衡不发生对它们有利的改变，它们将会诉诸战争：日本已经在中国东北发动了战争；意大利正在往埃塞俄比亚边境集结军队。因而，这一年秋天，汤因比开始仔细考虑如何在不发生战争的情况下改变全球秩序。到 12 月他在皇家国际事务研究所报告其结论时，已经太晚了：意大利已经深入埃塞俄比亚，外交大臣塞缪尔·霍尔爵士第二天早晨将会辞去职务，他成了通过给予墨索里尼重要的领土利益达成纠纷解决这一遭人唾弃的建议的替罪羊。但对一批聆听汤因比讲话的国际主义者来说，这一失败使他们的工作变得更加紧迫了。如果不想让战争吞噬欧洲大陆，必须设计出某种机制，根据正在变化的全球权力平衡调整资源和边界。

328 　　如何才能实现这些呢？在汤因比看来，国际主义者们首先要承认，他们离开凡尔赛，而他们的工作尚未完成。是的，《国联盟约》已经建立了一种"集体安全"制度，以捍卫战后安排，反对武力改变这种安排的企图——但是这只成功了一半。因为，随着世界的变化，国际秩序必须随之改变。因而，汤因比说，"我们还……必须找到某种'和平改变'的方法，来代替"通过战争进行的"暴力的改变方法"。"不满意的"国家正在提出公开的领土要求，尽管这些要求中有些是貌似有理的和言过其实的，但其他要求，就像德国对更大的经济机会的要求，则是更加合理的。如何才能既满足这些抱怨而又让世界的危险更小呢？

　　汤因比对这一问题的反应富有启发性，他第一次试图完全改变辩论的框架。国际紧张局势和修正主义者的不满不会因民族主义运动而缓解——也就是说，要么屈服于"根本上不合理的"殖民诉求，要么屈服于那些拒绝考虑做出任何领土让步的英国帝国主义者的"野蛮人心理"。相反，最好的办法只有让主权和领土变得无关紧要。在对立但类似的殖民地转让计划和帝国兼并之间，汤因比找出了第三种选择：也就是使与领土控制有关的所有利益实现"国际共管"，以便它们能够为"拥有者"和"一无所有者"所喜爱。这本是委任统治制度的最初目的，而汤因比又令人惊奇地回到了这种最初的动机。既然不把这些领地归还给它们的前宗主国，为何不把所有非自治领地置于委任统治制度之下呢？如果殖民控制真正是国际化的，所有仇恨的理由都将烟消云散。[6]

　　汤因比并未把这个提议当作对意大利或德国侵略的一种含

蓄的道歉。他的目的是防止出现诉诸武力的行为，不是去纵容它们。然而，汤因比对德国的同情远甚于对意大利，这也是真的，尽管他并未打算刺激德国的领土要求，但他的干预产生了这样的影响。汤因比的想法受到德国殖民游说者的欢迎，他们注意到了他对他们的诉求的同情，但忽视了他的国际主义，他变成了一个渠道，通过这个渠道，所谓的"殖民绥靖"计划获得了国际影响力并在随后得到英国内阁的支持（图 11 - 1）。但是，他只是一个这样的渠道。所以，现在让我们考察一下在随后的三年里这个不可思议的建议——把殖民地给予德国——变得很受欢迎的理由。

329

图 11 - 1　阿诺德·汤因比在德国，1936 年。

德国的修正主义和英国的国际主义：聋人的对话

德国的殖民修正主义者在德国作为国联成员国时期一直不满，有时甚至愤怒。他们很高兴前殖民地已经对德国贸易和旅游业开放了，而且知道在委任统治委员会的成员地位也带来了进行殖民宣传的机会和一种声望。但是，国联成员的身份也迫使他们玩着特定的"委任统治"游戏：伪装成国际法的捍卫者，坚持主张严格执行托管和"门户开放"的原则，以及支持殖民地的独立。在施特雷泽曼时期，德国外交部很轻松地发挥了这种作用，在反殖民的民族主义者当中为德国赢得了令人羡慕的声誉。然而，对于殖民运动来说，出现了一个意外的结局。充满怨恨的前总督和有些怀旧的老兵对贸易平衡或（甚至更少的）反殖民主义的名望都没有太大兴趣；他们只是希望要回那些领地。在1933年，没有任何迹象表明国联成员国的身份使他们更加接近这一目标。

因而在整个魏玛共和国时期，殖民运动不仅集中于建立国际联系，更是集中于改变德国人以使之支持他们的事业。展览、演讲和被策略性地置于每日新闻当中的文章再三强调着类似的论调——通过凡尔赛"单方面苛刻的解决条件"，德国被"非法地"剥夺了财产，违背了威尔逊的誓言；对殖民统治之残忍的指控都是由对阿姆利则（Amritsar）大屠杀或刚果政权负责的那些国家伪善地提出的谎言；相反，德国的殖民地已经接近成为繁荣的种植园和快乐地工作的土著的乌托邦；而这些领地和人民现在在法国或澳大利亚残忍或无能的统治下正走向破败。[7] 英国驻柏林大使罗纳德·林赛（Ronald Lindsay）爵士早在1928年就给英国外交部建议，"说德国的旧殖民地只是造成开销和

虚弱之源，或者说从来没有德国人进入这些殖民地，或者说他
们从未发挥积极的作用都是无用的"。"事实依然是，失去这些
殖民地受到憎恨，而恢复这些殖民地是他们渴望的，而且久而
久之他们的仇恨可能会变得更加激烈，他们的愿望也会变得更
强烈。"[8]他是完全正确的，所有大国都通过提高关税和采用帝
国特惠制对 20 世纪 30 年代初期深刻的经济危机做出反应这一
事实，使德国被不公正地剥夺了原材料和市场这种抱怨变得更
加尖锐和可信了。1932 年，海因里希·施内从德国人民党
（Deutsche Volkspartei）辞职并把他的命运与纳粹政权捆绑在一
起（图 11 - 2）。

图 11 - 2　海因里希·施内在电影《东非的骑手》
（*Der Reiter von Ost - Afrika*）放映式上，1934 年。

　　他的追随者们也热情洋溢地欢迎纳粹接管政权。纳粹党对殖
民主义者的事业可能不温不火——《我的奋斗》（*Mein Kampf*）

包含了不讨人喜欢的引用——但对凡尔赛框架共同的憎恶使它
们二者成为天然的同盟。最后，殖民主义者们可以抛开令他们
不舒服的国际主义伪装，公开要求不是"委任统治"，而是归
还所有原德国殖民地财产的主权。[9]纳粹党在宣传方面的天赋产
生了影响。火车站里色彩艳丽的宣传画提醒过路者，"他们的"
殖民地可以提供原材料和生存空间（图 11 - 3）；引人注目的表
331　格对比了每一个英国人和比利时人（它们的土著被选择性地遗
忘了）可以依赖的广阔领地和与他们相对应的德国人的可怜境
况；印有殖民"英雄"的邮票被塞进了信箱。殖民征服者们的
公共塑像增加了落成仪式，殖民地展览逐步增加，关于德国殖
民地的有声电影和纪录片被制作出来，还于 1934 年在各个学校
举行了德属西南非洲建立五十周年庆祝活动。所有这些并没有
赢得大量追随者。法国情报部门估计，1935 年德国殖民主义组
织的成员总共不会超过 7.5 万人。[10]但是，它滋生了对非洲生
活乐趣的幻想，并把德国缺少殖民地的"不公平性"转变成未
经审查的"常识"。[11]

　　1936 年是修正主义的奇迹之年。希特勒反复强调德国的殖
民要求，德意志帝国银行总裁和他的经济部长亚尔马·沙赫特
（Hjalmar Schacht）也向英国和法国经济部长提出了这些问题。
英国媒体发表了同情的文章，英国政府也开始暗地里——然后
不是完全暗地里——考虑满足这些要求的方式。然而，和其他
333　许多右翼运动一样，殖民运动开始时对希特勒的崛起感到欣喜，
但随后发现纳粹的拥抱令人窒息。这一年也是建立时间久远的
各殖民协会被解散的一年，进行抗议的施内被抛到一边。[12]此
后，纳粹党的殖民局、前自由军团（Freikorps）领导人和反对
赫雷罗族的种族灭绝战争的老兵里特·冯·埃普（Ritter von

图 11 - 3 "这里也是生存空间": 殖民地展览海报, 1935 年。

Epp)将成为德国殖民主义的公开面孔——尽管政策通常是由强硬的驻英国大使和后来的外交部部长约阿希姆·冯·里宾特洛甫(Joachim von Ribbentrop)确定的。政策也转向服务希特勒的愿景,这从来就不是为了归还某些特定的非洲土地,而是为了德国作为种族纯洁的、自我实现的全球大国的神话。纳粹党的殖民政策办公室指示其宣传人员,"不存在像'殖民政策本身'这种东西"。"殖民议题应该专门从德国国家需要的立场进行判断。"[13] 而且在 1936 年，这些 "需要" 是建立一个英德同盟、破坏英法友好关系并获得英国对德国向东扩张的默许。法国情报部门报告说，如果殖民宣传寻求使德国人 "对殖民感兴趣"，那么它 "也总是针对伦敦的"。[14]

这有充分的理由，因为英国是修正主义最肥沃的土壤。这不仅仅是劳合·乔治和在凡尔赛幕后那么多有才华的年轻人逐渐觉得那种安排过于苛刻，也不仅仅是几乎所有英国政治家都渴望避免在东欧承担责任，甚至也不是对油滑的拉丁人和原始的斯拉夫人强大的文化偏见使许多人反对与法国的紧密的联盟或更喜欢德国人而不是波兰人和俄国人。[15] 当然，这些因素非常重要，一小群亲德派或纳粹同情者〔最有名的是历史学家 W. H. 道森以及从 1934 年起《每日邮报》的所有者罗斯梅尔（Rothermere）勋爵〕对德国的诉求给予了口头的和早期的支持。[16] 然而，或许更重要的是这一事实，英国拥有民主的政治文化，外交政策和国内政策都受到保持警觉和见多识广的议会和媒体的审查和争论。因而，和法国不一样，法国外交部竭力使政策处于议会的视野之外并掌握在专业人士手中，[17] 在英国，大量普通民众都养成了把自己当作政策制定者的习惯，在他们讨论英国的世界作用时，不自觉地使用 "我们" 这个词——就像汤因比做的那样。这些志愿的 "世界秩序论者"，虽然决不亲法西斯，但为修正主义提供了苗壮成长的土壤，其简单的原因就是他们本能地支持和解并寻求对国家间的冲突做出国际主义的反应。换句话说英国比其他帝国更赞同殖民地调整，不是因为他们是异乎寻常的失败主义者，而是因为他们是异乎寻常的国际主义者——然而，没有非常严密地询问他们的国际主义对英国理想的自反性认同。

第 11 章 当帝国停止运转时 / 423

例如，来看看英国由 40 多万成员组成的国际联盟协会内部刊物《前进》（*Headway*）如何对待德国的殖民诉求。《前进》在 1935 年 3 月刊登了一封来自凯尔索尔（Kelsall）上校的信，支持归还德国的前殖民地，而且在一年多时间里，每一期都有关于这一问题的通信。首先刊登的是费边社的殖民地专家奥利维尔（Olivier）勋爵等人进行的反驳，这些领地不能在无视其居民之利益的情况下被移交。那些进行了数次干涉（包括来自海因里希·施内的一次干涉）的人警告说，德国的扩张是不可避免的，并指出在开始分配委任统治地时，非洲人的看法就没有被考虑。[18] 然而，引人注目的是，记者们试图迅速地把这一议题从敌对国家的诉求中移除。"整个问题的持久解决方案无法实现，除非欧洲诸大国承认针对受支配人民的两种行为标准是不相容的——'殖民地'标准和'委任统治地'标准，"前伊拉克情报官员菲利普·芒福德（Philip Mumford）争辩说，"委任统治制度必须成为普遍性的。"[19] 尽管有些记者争论说纳粹党"抢劫的天性"和令人厌恶的种族政策使德国完全失去了统治非洲人的资格，[20] 但其他记者仍然抱着希望，即普遍制度能够促使这个政权采纳国际人道主义规范。[21]

因而，在议会和媒体，国联的支持者们期望通过国际协定来减轻民族主义者的不满。实际上，民众对各种"世界秩序论"建议的热情程度让像卢格德这样温和的国联支持者感到担忧，他在 1935 年 9 月和 1936 年 1 月给《泰晤士报》的四封论证严密的信中表达了自己的看法。卢格德为英国的殖民记录进行了辩护，并对德国的说法提出了挑战，但他主要目的是揭露关于国际控制的建议是多么不切实际。英国控制其自己的领地，无论是根据主权，还是根据委任统治制度，德国或意大利都完全不关心，它们只关注拥有它们自己的领地。没有经验的国家或者国际官僚组成的经验更少的委员会比经验丰富的殖民官员335 能更好地管理附属领地的想法是极其荒唐的。卢格德，一位老自由贸易支持者，确实认为"门户开放"应适用于所有非洲殖民地，但他也认为"国际共管"所有附属领地是非常愚蠢的，并这样说出来。[22]

随着争论逐步升温，顽固的帝国主义者也动员起来。工党在 1936 年 2 月 5 日提出的一项呼吁政府展开国际调查的动议增加了风险，因为劳合·乔治脱口而出，他"不认为他们会在世界上实现和平除非他们以友好的精神满足了所有国家的要求，并说大英帝国愿意重新考虑委任统治的问题"。他受到利奥·埃默里的严厉指责，利奥·埃默里反驳说德国已经在它自己发动的战争中失去了其领地，应该依赖"中欧的庞大市场"而不是非洲作为经济区。[23]埃默里认为英国不应该反对德国在中欧的主导地位（他在 1935 年 8 月已经告诉希特勒这些），[24]但他坚持认为英国的安全依赖加强帝国的联系。五天之后，埃默里、丘吉尔的女婿邓肯·桑兹（Duncan Sandys）以及其他许多议员发出通知反对把英国任何殖民地或委任统治地转让出去的动议。[25]作为一个议题，"殖民修正主义"确实已经出现了。《泰晤士报》仅仅在 1936 年一年就发表 160 篇关于这一主题的文章。[26]

这种公开争论有什么新内容？首先，它先于严肃的内阁级的考虑；"民意"跑到了官方计划的前面。其次，几乎所有政策选择从开始就是公开的。毕竟，对德国的殖民地要求只存在三种可能的反应：交出原德国的领地，把它们更彻底地并入受委任统治国的帝国，或者通过把这个议题与其他国际主义者的目标——比如，经济自由化，或者委任统治原则的普遍化，或者设计一种"全面解决方案"——联系在一起，努力寻找"第三条道路"。然而，在这三种可能的反应当中，"国际主义者的"论点占了上风。他们非常聪明、令人感兴趣，而且对社会关系广泛的、迅速拿起他们的笔的自由主义知识分子和渴望避免战争的公众同样具有吸引力。1936～1937年，一个由汤因比和工党内地位相当的诺埃尔－巴克斯顿（Noel－Buxton）（他们俩都去了德国）进行松散地协调的自由主义知识分子网络，推动了通过在扩大的国际控制制度下重新分配殖民地来安抚德国的计划。当然，这些修正主义计划经常受到各种高尚条件的限制。所有管理附属人民的国家都必须执行托管原则和"门户开放"原则；未得到居民们的同意不得转让任何领地。但关键之处是，在一年多的时间里，"世界秩序论者"占据着媒体。[27]

　　这些建议几乎不可能是德国殖民主义者所想的东西，他们很快就对自视甚高的英国对手感到失望。外交部殖民局前局长特奥多尔·贡策特（Theodor Gunzert）先后于1936年底和1937年1月对一位法国线人说，他对汤因比以及他关于"和平改变"的建议已经完全失去了信心。英国的修正主义者们似乎无法理解在法国人看来显而易见的东西：由于德国人感兴趣的是更少的国际限制而不是更多的国际限制，扩展委任统治制度不再是讨论的基础了。法国的情报专家认为，德国人很高兴让争论继续下去，主要是因为它把注意力从"喀麦隆战略地位以及将法属西非归还德国对该地区的政治影响"等具体和核心的问题上引开了。[28]但是，如果英国的自由主义知识分子因被迷惑

336

而认为纳粹德国可能会对他们国际主义的解决方法感兴趣，纳粹德国同样也因被迷惑而认为英国可能会接受国际主义框架外的领土转让。因为，不但对领土调整不感兴趣的（例如保守党的会议在 1936 年和 1937 年宣布这"不是一个可以讨论的问题"）、发声较少的强势利益集团[29]，即便对领土调整感兴趣的那些人也不愿无条件地恢复德国的主权。一旦谈判开始，这种不相容将会变得很明显。

提出他只能拒绝的条件

英国政府对德国之主张的考虑可以分为三个阶段：1936 年 3～6 月由帝国防务委员会（Committee of Imperial Defence）的一个小组委员会进行的秘密评估；1936 年冬至 1937 年春英法对德意志帝国银行总裁和德国经济部长亚尔马·沙赫特提出的经济案例进行的断断续续的审议；以及最终在 1937 年底和 1938 年初由内维尔·张伯伦和一些得到信赖的同事制订的"给予殖民地的计划"。在这些调查之前，当下议院问及关于德国之主张的问题时，部长们都会直言不讳地说政府没有考虑把任何一个委任统治地转让出去，而且未来也不会考虑这种转让。当希特勒在 1935 年 3 月向约翰·西蒙（John Simon）爵士提出德国的"道义的和法律的"主张时，西蒙斩钉截铁地说不要指望让步。[30]

但是，幕后的动作是很谨慎的。在 1935 年初，英国外交部对这一问题进行了一次长时间的评估。[31]一些部长和官员认为，如果移交一块原德国殖民地能够换取和平，这将是很廉价的。比如，英国外交部的常务副秘书长（Permanent Under - Secretary）罗伯特·范西塔特（Robert Vansittart）爵士认为英国将不得不允许德国或者向东欧或者向非洲扩张，但更倾向于后者。这将让"我们自己付出代价"，尽管"让德国自由地兼并中欧或东欧其他人民的财产的企图是绝对不道德的，也是完全违背了构成这个国家的政策之支柱的国联的所有原则的"。[32]内维尔·张伯伦和 J. H. 托马斯（J. H. Thomas）（当时分别任首相和殖民地大臣）在 1936 年 2 月还对内阁小组委员表示，他们很高兴用坦噶尼喀来换取持久的解决方案。[33]非洲的让步能够换来欧洲的和平。

这并不应该让我们感到意外：这是帝国思考问题的方式。它们经常用附属的小块领地及其居民来换取善意。但在这种情形下它们也能这么做吗？比如，范西塔特承认，"国联的原则"可能会使把乌克兰移交给希特勒变得困难；然而，他未能认识到这些原则可能会使其他领土转让变得非常棘手。因为如果英国在（比如说）坦噶尼喀不拥有"主权"，而且如果它认真对待其托管义务，把非洲人口移交给德国怎么可能是一种私人的，甚至是一种慷慨的行为呢？在这一问题上，英国的考虑将会一再失败。

普利茅斯委员会

英国政府第一次认真考虑德国的主张是由希特勒在 1936 年 3 月 7 日提出的所谓"和平的条件"引发的，德国军队在这一天重新占领了莱茵兰地区（Rhineland）。这一文件列出了德国可能重返国联的条件并提到希望"殖民权利平等的问题"可以"通过友好谈判"得以解决。如果希特勒的目的是给《洛迦诺公约》签字国的眼睛里扔沙子，他达到了目的，因为在第二天，外交大臣安东尼·艾登（Anthony Eden）对首相斯坦利·鲍德温说，已经到了考虑把一个或多个委任统治地移交德国的时候了。一天之后，鲍德温把这一任务交给了帝国防务委员会（Committee of Imperial Defence）的秘密小组委员会，由殖民地事务副大臣（Colonial Under‑Secretary）普利茅斯（Plymouth）勋爵任主席，其代表来自服务部，殖民地、自治领（Dominions）和外交部以及海外贸易局（Board of Trade）。普利茅斯委员会（Plymouth Committee）迅速开始工作。[34]

英国外交部的代表们是最支持的，他们认为归还殖民地的做法是值得的，如果它有助于实现一般的解决方案，如果它类似于运用于委任统治地的那些人道主义保护措施。各服务部尽管悲观，但并未阻挠，海军部声明说既然"我们不能主张垄断海外的港口和海军军事基地"，德国的海外属地不会给英国造成任何之前未曾面对过的问题。[35]然而，殖民地部的代表们认为，一个国家可以转让人民这种观念是"过时的"，并成功地使其他成员认真对待殖民地部的论点。"我认为关于我们冗长评议最引人注目的是，"一位官员在评议结束时指出，"甚至……最急于在殖民领域找到对德国展现慷慨的机会的那些人在考虑这个问题时如何变得越来越相信把领地归还给德国将会造成的问题比解决的问题多得多。"[36]

该委员会在1936年6月的报告中列出了所有这些问题。结束委任统治需要得到国联的同意，而且由于德国甚至不是国联成员国，在日内瓦提出这一问题可能会破坏整个委任统治制度。这将是一种倒退，形同于"倒退到剥削原则和放弃体现在委任统治制度之中、英国政府一直宣称的已经运用于整个殖民帝国的开明原则"。不可避免，这一行动不但会被英帝国的盟友和自治领解释成软弱的表现，它们都强烈反对这种行动，而且同样也会被殖民地人民解释成软弱的表现。

殖民让步对于缓解全球紧张状态所起的作用微乎其微，这种看法很准确。然而，实话实说，普利茅斯委员会并不认为可以就此止步。相反，基于"多重考虑"，无论如何都需要让步，他们自己主动列出了这种转让必须满足的最低要求。这些要求包括：首先，它不应该危及托管原则；其次，它不应该通过德国造成既成事实的方式实现；再次，它应该以德国持续不断的良好行为为条件；以及最后，它应该是更大的全球解决方案的一部分。除了进行一些永远都不会受到指责的试探，他们还建议，如果不得不做出某种让步，相比坦噶尼喀，多哥和喀麦隆会更容易被转让——一点都不奇怪，因为这些领地主要掌握在法国手中。[37] 尽管领土转让是一种很糟糕的想法，但该委员会还是非常努力地使它成为可以想象的。

这种观念上的跳跃比有充分根据的保留更重要。普利茅斯委员会之审议意见的信息泄露出去了，1936 年 4 月 6 日，丘吉尔、桑兹及其他人在下议院要求保证不考虑任何领土转让。内维尔·张伯伦在代表政府做出回应时语焉不详。尽管英国放弃殖民地是无法想象的，但"委任统治地不是殖民地"，而且它们的处置——尽管无疑服从土著之福祉的考虑——部分是国联的事情。[38] 声障已经被突破。艾登将会在 7 月底通知下议院，政府已经得出结论，"转让任何委任统治地都不可避免地会引起严重的困难，道德的、政治的和法律的，陛下的政府必须坦率地说已经无法找到任何解决办法了"，但他失望的语气透露出英国外交部多么希望有转机。除了拒绝关闭大门以外，这个政府找不到其他向前推进的办法。[39]

339

亚尔马·沙赫特和转让的经济理由

第二年，在公共的强烈关注下，外交官和准外交官提出的各种归还殖民地的建议纷纷落到白厅的案头。一些建议力求为"总体解决方案"寻找万灵丹，但另一些建议则寻求重新编织已经受损的欧洲经济联系。国联经济和金融组织内部、到20世纪30年代初为英国政府提供咨询的自由主义经济学家非常担心保护主义政策已经加深了全球性的对抗，并很愧疚地认识到美国和英国已经——利用1930年的斯姆特 - 霍利（Smoot - Hawley）关税法案和1932年的《渥太华协定》——成为最恶劣的罪犯。这些经济学家知道，德国是一个没有附属帝国的贸易型国家，只有很少的选择。逆时代潮流而动，他们现在试图利用国际组织来推动贸易自由化。[40]1935年9月，外交大臣塞缪尔·霍尔爵士已经向国联大会承诺，英国准备随时机会均等地获得原材料。[41]

为把德国的殖民地诉求纳入经济讨论做出最大努力的是在20世纪30年代中期任德意志帝国银行总裁和纳粹政权经济部长的亚尔马·沙赫特。沙赫特是德国最有权势的人物之一，不但帮助精心策划了其经济从1934年最低点的复兴，而且是以减少对美国贷款之依赖的方式完成了复兴，压低了国内消费开支，并使希特勒深信不疑的温室武器的发展成为可能。沙赫特拒绝让德国的选择受限于严重的外汇问题，对其债权国采取了强硬路线并通过谈判把其大陆（特别是东南欧）贸易伙伴更紧密地吸引到其经济轨道的安排。[42]一直在寻找能够帮助德国之增长的市场和原材料，沙赫特更新了殖民案例以适应一个贸易保护主义的、国家集团导向的世界。他发表在《外交》杂志上的一篇广为引用的文章指出，战前的世界已经享有了自由贸易、立即可用信用（ready credit）、开放移民、长期贸易条约，以及通用的金本位制。但这种经济自由主义已经消失得无影无踪了，全球贸易下降了大约三分之二，贸易大国现在依赖它们的帝国或者它们巨大的国内市场。因而德国需要殖民地不是为了恢复这些领地产品的生产，而是为了在自己的货币区建立类似的市场。[43]

沙赫特所强调的全球贸易集团的策略是非常真实的。法国对其殖民地的出口的比例从 1931 年的仅仅五分之一上升到 1935 年的几乎三分之一，这还不及英国出口到帝国目的地的一半。[44]但更多是 1936 年在法国出现的人民阵线（Popular Front）政府而不是这种经济转变使沙赫特赢得了一个解释机会。新的社会党的总理莱昂·布鲁姆（Léon Blum）受到国内和欧洲冲突的困扰，以至于无法为法国的非洲委任统治地定出高价，于是他告诉沙赫特他愿意考虑做出让步，如果英国也愿意的话。这是第一次法国似乎跑在了英国的前面，这使艾登提醒布鲁姆及其外交部部长伊冯·德尔博斯（Yvon Delbos），英国反对仅就殖民地问题进行谈判。因而，布鲁姆在 12 月告诉沙赫特，任何关于殖民地的协定都必须是整体解决方案的一部分。

实话实说，希特勒在其演讲中并未提及这些条件，但它们后来都被跟进了，英国政府的首席经济顾问弗雷德里克·李滋-罗斯（Frederick Leith-Ross）在 1937 年初会见了沙赫特。这一年 3 月和 4 月，英国内阁评估了沙赫特给布鲁姆的提议，沙赫特提出用军备限制和德国重新加入国联来换取多哥和喀麦隆、降低债务利息以及其他经济让步。最终决定，如果法国愿意加入谈判，英国将会全力以赴。然而，沙赫特的建议没有走得更远，因为存在大量实际的障碍。时机是个重要问题。到英国政府考虑沙赫特的提议时，布鲁姆政府正处于危机当中（它将在 1937 年 7 月垮台），沙赫特的影响也在下降。法国和英国政府内部的分歧也很重要，因为如果德尔博斯和艾登都希望达成交易，那么法国殖民地部部长穆岱（Marius Moutet）会十分震惊，并把文件毫不犹豫告诉我们，英国的殖民地大臣威廉·奥姆斯比－戈尔和他的感觉是一样的。如果谈判能够继续，他们很可能会迅速失败。是的，沙赫特和他来自英国和法国的对话者对于全球经济发生改变的方式有类似的理解，但他们对于如何应对这种改变则看法完全相反。布鲁姆、艾登和李滋－罗斯希望所有国家都放弃建立"集团"的做法，在整个国际范围内恢复更自由的贸易和更好的关系。沙赫特只是希望德国拥有自己的集团。[45]

因而，尽管从霍尔的演讲直到第二次世界大战这一时期经历了对贸易关系、获取原材料的机会以及这些问题与殖民控制之间的关系等的许多调查，但这些从未涉及沙赫特的提议，更不用说希特勒希望的了。相反，英国政府对获取原材料的机会进行的内部研究和国联大会在 1936 年授权进行的国联调查都得出了这样的结论，由于绝大多数原材料来自主权国家而非殖民领土，而且是在国际市场上公开交易的，主要问题是贸易限制而不是殖民控制。国联的报告尖锐地补充道，如果某些国家很难购买它们所需要的一切，这可能是由于不愿意让货币贬值或者在军备方面开支过多。[46] 1936 ~ 1940 年西欧和美国进行的关于"和平变革"的许多学术研究得出了相同结论。[47] 就像经济学家 J. B. 康德利夫（J. B. Condliffe）所解释的：

在受监管但不断扩大的基础上恢复国际合作，真正的 342
替代方案是把各国组成大的贸易集团或帝国。除了投资、
贸易联系以及这样的发展将会涉及的专业化能力等方面的
巨大损失之外，这一点似乎是很明显的，大国之间发生战
争的风险将会增加，而独立小国的形势将会受到严重损害。
通往国家间持久和平和富有成效的合作的最有希望的道路
不是各大国的进一步扩大，而是限制国家在世界共同体当
中的权利。需要的是帝国的转型而不是重建，在条件成熟
的地方准予其自治，在自治对于土著的最佳利益来说并不
明智的地方，激发真正的委任统治制度的活力并使之得以
延长。朝着这个方向迈出的第一步可能是扭转最近为了统
治国家的利益而关闭殖民地市场的倾向。很难证明这种倾
向符合殖民地人民的利益或符合世界和平的利益。[48]

这只是沙赫特不感兴趣的自由化方案——而且，值得补充
一点的是，英国政府（与英国的自由国际主义者相反）现在致
力于帝国主义倾向，不愿寻求其他方案。

沙赫特的建议不能成功的最后一个理由是，它们都不是希
特勒想要的。是的，德国需要生存空间和附属的领地来提供原
材料和农业物资，但是这些领地应该与德意志帝国直接毗连。
在为人熟知的 1937 年 11 月 5 日的会议上，希特勒明确表示东
欧和巴尔干地区应该成为"殖民地"。这些国家，由于沙赫特
强力推动的谈判，已经与纳粹经济捆绑在一起了，希特勒指示
其军事长官做好接下来向东扩张的准备。[49] 但如果沙赫特已经
帮助巩固这一经济腹地，那他的使命也就完成了。这次会议一
个月之后，他被解除了经济部长之职。他和布鲁姆在战争快要

结束时会再次见面——两人都是达豪集中营（Dachau）里的政治犯。

然而，如果希特勒的东向计划已经确定，他设法让英国和法国蒙在鼓里。在公共场合，他仍然喋喋不休地批评殖民地问题，英国的国际主义者们也都人云亦云，保持着一致。10月7日，就在希特勒猛烈攻击那些坚持主张殖民地只是一种负担却拒绝分享它们的国家仅仅几天之后，汤因比、吉尔伯特·默里、诺埃尔－巴克斯顿和弗农·巴特利特（Vernon Bartlett）（都是自由国际主义者）联名发表了一封公开信，敦促采取某些行动满足德国对殖民地的要求。[50]

三个星期之后，《泰晤士报》呼吁"真正尝试为德国的发展寻找某个可以接受的地区"，又过了两个星期，通常非常尖锐地批评纳粹国家的《曼彻斯特卫报》（*Manchester Guardian*），也发表了一篇自我鞭挞的支持让步观点的文章——法国大使报告说，这篇文章被柏林的所有报纸转载。[51]在上议院，进步主义贵族和孤立主义的或仇视法国的不参加上议院活动的贵族联合起来组成奇怪的联盟，敦促政府在"全面解决"的背景下考虑德国的主张，[52]而国际联盟协会理事会则呼吁把所有非自治领移交给委任统治制度。[53]这是英国殖民修正主义的全盛时期，也是导致张伯伦在殖民绥靖方面做出最后的和误导性尝试的背景。

张伯伦开出的给予殖民地的方案

1937年11月19日，枢密院议长、内维尔·张伯伦最亲密的盟友哈利法克斯（Halifax）子爵在贝希特斯加登（Berchtesgaden）会见了希特勒，以测试其底线。希特勒一会儿愤愤不平，一会儿为自己辩白，抱怨英国媒体对他的攻击，对哈利法克斯提出的举行四国会议的建议没有表现出多少兴趣。然而，或许是因为希特勒说"只存在一项争执，也就是殖民地问题"破坏了英德关系，[54] 也可能因为哈利法克斯在第二天会见了迷恋殖民地的沙赫特，他离开德国后相信"一种大致的殖民地解决方案"可以用作"在欧洲真正消除疑虑的安心政策的杠杆"。换句话说，他阐明了这一点，"与其试图让［希特勒］放弃殖民地以换取在欧洲的自由行动，不如以做一个好欧洲人为代价，争取就殖民地解决方案达成更合理的交易"，即便后者更困难。[55]（图 11 - 4）

图 11 - 4　1937 年 12 月帝国殖民联盟（Reichskolonialbund）
在柏林体育馆（Berliner Sportpalast）举行的群众集会。
注意照片中的横幅："德国需要殖民地！"。

这是内维尔·张伯伦希望听到的。无视艾登对内阁提出的"德国很明显现在不希望把中欧与殖民地问题联系起来"的警告，张伯伦推断殖民地的交换条件可能包括"不仅中欧，还要就国联和军备问题达成某种协议"。[56]他立刻在伦敦会见了新任法国总理卡米耶·肖当（Camille Chautemps）和外交部部长伊冯·德尔博斯并开始拟订计划，下议院的克制接待令人诧异。

344 他很可能吸收了沙赫特上一次与哈利法克斯会谈的内容，这次谈话中建议直接归还多哥和喀麦隆并根据委任统治制度转让从比利时属刚果和葡萄牙属安哥拉分离出来的一块中非领地；吸收了私下里与法国的国联秘书长约瑟夫·阿弗诺尔谈话的内容；并吸收了殖民地部关于可能扩展委任统治制度的思想。张伯伦的计划是"帝国主义性质的"，因为在非洲问题上讨价还价的目的又是完成欧洲的和解。整个中非——基本上是北纬5°线以南的所有地方（包括喀麦隆但不包括撒哈拉沙漠和西非大部分地区）和上赞比西河——将会被放在同一个锅里，然后在所有有利害关系的欧洲国家之间分配。然而，它也是"国际性的"，因为所有国家都有责任根据共同的经济和人道主义规则管理它们的领地。换句话说，张伯伦正在计划改革委任统治制度，以反映欧洲正在变化的权力平衡的现实——并减少这种危险，他希望。[57]

1938年1月24日，张伯伦的同事们在内阁对外政策委员会（Cabinet Committee on Foreign Policy）上非常谨慎地做出了反

345 应。艾登怀疑"我们是否能够背着其他大国解决这个问题"，而且，实际上英国的图谋特别令葡萄牙人和比利时人（它们对英国的计划已经有些了解）担心和愤怒。殖民地大臣奥姆斯比－戈尔也警告说"整个有色人种世界……将会非常不安，而且会非常憎恨我们把土著转交给另一个大国的想法"。[58]但是，如果张伯伦正在玩弄英国的欧洲盟友以及非洲领地的居民的利

益和忠诚，他也会故意无视纳粹所说的。由于深信（和希特勒一样）东部解决方案只能通过武力达成并决定不采取任何措施限制德国的行动自由，冯·里宾特洛甫在 1937 年 12 月中旬已经直截了当地告诉哈利法克斯和张伯伦，德国的殖民地诉求不容讨价还价[59]——纽拉特（Neurath）在 1938 年 1 月末又以最明确的方式向英国大使内维尔·亨德森（Nevile Henderson）爵士重复了这一信息。[60] 然而，张伯伦依然一意孤行，在 2 月初把亨德森召回伦敦，讨论这一建议（德国使馆很快就知道了建议的内容）[61] 并在随后指示他尽快正式面见希特勒呈交这一建议。3 月 1 日，当亨德森请求会面时，他再一次被告知德国的殖民地要求是"一个合法要求"，是不能谈判的。[62]

　　无论如何，亨德森还是尽职尽责地在 1938 年 3 月 3 日会见了希特勒。他（令人难以置信地）坚持，"谈判不是为了讨价还价，是为了与德国的真正和真诚的友谊创造基础"。德国在军备协定问题以及捷克和奥地利政治问题上的合作对欧洲的和平至关重要，但是英国政府也准备在殖民地问题上取得进展；确实，首相"已经把其个人的注意力投入这个问题上"。借助一个地球仪，亨德森解释了张伯伦的建议，并向希特勒保证，尽管所有国家都要同意非军事化、自由贸易和土著福祉的共同原则，德国将会在某个领地拥有主权。德国准备参加这一机制吗？而且，如果参加，德国将会"为欧洲的整体秩序和安全"做出怎样的贡献呢？

　　希特勒粗暴地给予回应。英国能够对和平做出的主要贡献是禁止英国媒体对他进行持续不断的攻击。中欧压根不需要英国关心。就像德国"永远都不会考虑干预英国和爱尔兰之间关系的解决"，"德国也不会容忍任何第三国干预它与有血缘关系的国家或者人口中有大量德国人的国家之间的关系"。至于张伯伦抱有希望的殖民地计划，希特勒未能看到其要点。"不用建立一种新的、错综复杂的制度，"他问亨德森，"为何不以最简单和最自然的方式，也就是，通过归还前德国殖民地的方式解决殖民地问题？"这都是德国想要的，如果法国和英国对这个建议不感兴趣，德国愿意安静地等待"4年、6年、8年或10年"，直到它们改变看法；他也不愿意让与德国的诉求没有任何关系的国家承担责任。亨德森再次耐心地考虑了整个事情，补充说如果德国感兴趣，他相信比利时、葡萄牙、法国和意大利最终都会改变主意。希特勒没有做出答复，但承诺做出一书面回应。[63]

这封信函始终未能到来。相反，3月12日，亨德森会见希特勒九天之后，德国军队开进了维也纳。张伯伦历尽艰难才领悟到，这位元首不会偏离他的东向计划；确实，《慕尼黑协定》是以这种认知为基础的。然而，希特勒的反应不仅仅预示着拒绝用东方的"殖民地"来交换非洲的殖民地，还意味着完全反对英国竭尽全力重建的国际秩序。1936~1938年，英国政客们和英国公众一直试图利用殖民地问题把德国引诱到贸易自由化、"去地域化"和"和平改变"的计划之中。这种努力失败了，部分是因为英国现在也是贸易保护主义者，还因为德国从未对此感兴趣。在沙赫特以及希特勒看来，殖民地的全部目的是限制德国对英美国际经济和政治秩序的依赖。

在这次失败之后，英国政府放弃了殖民绥靖计划。相反，在1938年10月，张伯伦迫使捷克扮演非洲人的角色。由于希特勒反复强调其要求，公众兴趣持续的时间更长一点。实际上，在11月9日晚上，就在暴徒们冲击德国的城市，袭击犹太人并抢劫了他们的财产，国际联盟的委任统治委员会正在对他们的建议进行最后的润色，把延长国际控制作为"全面解决方案"的一部分。[64] 那些大屠杀粉碎了这些幻想。就像法国驻伦敦大使在下一个月带着某种宽慰报告的那样，左翼和自由派舆论现在强烈反对把土著转交给一个极权主义国家。[65] 埃默里在 11 月 15 日致哈利法克斯的信中写道："不要让内维尔低估这种因纳粹政权特征的暴露而产生的根本性改变"；"'绥靖'最好隐伏一段时间后再出来"。[66] 法国对殖民地抗丹税（Danegeld）的看法一直不太乐观，总理爱德华·达拉第（Edouard Daladier）在 11 月 16 日如果不是完全真实地，也是毫不含糊地宣称，"从来没有考虑过割让殖民地，也不可能割让"。[67] 但到这时，委任统治制度正在走向分崩离析。

躲避暴风雨：领地的"国际共管"

20 世纪 30 年代中期的地缘政治地震震动了每一个委任统治地。但它们的统治者反应并不相同。每位总督都匆忙寻求庇护，或者更糟糕的是，自愿献出毗邻的领地作为战利品。这些反应显示出委任统治制度是多么依赖帝国的礼仪，以及更严重的是，这种礼仪已经多么彻底地崩溃了。

新西兰是受影响最小的，它离权力中心非常遥远，而且太虚弱以至于无法采取独立的路线。然而，澳大利亚已经拒绝了德国的在新几内亚购买不动产的要求，并在 1937 年的帝国会议上明确表示它将不会改弦更张。但活跃在新几内亚的那些商人、企业家和殖民者的看法还是不太明确的，有些人认为澳大利亚做得太少以至于不能发展这个领地而且需要所有可能的帮助，以对抗日本日益增长的威胁。[68] 从 20 世纪 30 年代中期起，委任统治地的白人舆论对委任统治制度文本中的非防御条款的批评日益增加，也更加支持与巴布亚的合并。1945 年之后，澳大利亚仍会坚持强化新的托管领地的权利并会把它与巴布亚合并起来。

在北方，日本也在朝再帝国化方向发展。人们怀疑日本正在其委任统治地非法构筑防御工事，尽管日本代表在 1932 年和 1934 年的常设委任统治委员会会议上坚决否认这些指控，但它不愿意外国旅行者和船只进入的做法意味着无法消除疑虑。[69] 在整个 20 世纪 30 年代，各种各样的传教士、科学家或搁浅船只的海员留下了关于莫名其妙的大货物和激烈的活动的记载，正如越来越多的证据表明在塞班岛（Saipan）、波纳佩岛（Ponape）、特鲁克（Truk）和帕劳群岛（the Palaus）上正在进行通信设施、飞机场、油库、港口工程等的建设。[70] 日本坚持主张，其改进措施纯粹是出于经济目的，历史学家们尚未发现1939 年之前进行公开的军事化（也就是防御工事）的任何证据，但是这些工作，更不用说日益增长的移民和投资，无疑把这些岛屿紧紧地纳入了日本的"势力范围"。[71]

德国知道这意味着什么。就像其驻东京大使在 1938 年初对德国外交部所说的，"日本在任何情况下，甚至冒着失去德国友谊的危险，也绝不放弃南太平洋诸岛"。[72] 但是东京已经疏远了其前盟友，现在通过 1936 年的反共产国际协定（anti-Comintern pact）与德国联系紧密，也不接受国联的权威。因而，日本从1938 年起断断续续地而且是秘密地提议从德国购买这些岛屿——这是一种不接受"国际性的"主权和承认德国的主张同时还永久性确立日本的所有权的解决方案。1938 年，德国拒绝了这些倡议，[73] 但 1940 年其代表在东京举行的三方谈判中同意把剩余主权移交到日本手中。[74]

日本是唯一一个以这种方式公开不承认国联之控制地位的受委任统治国,而南非也发出挑衅。南非一直说西南非洲最终将会成为第五个省,世界经济危机和德国定居者当中纳粹民族运动的兴起迫使加快解决这个问题(图 11-5)。1934 年,全部由白人组成的立法会议中愤愤不平而且心神不安的非德国人多数派公开呼吁进行合并,而在日内瓦,南非不否认这种可能。实际上,在 1936 年 9 月,一个南非委员会发现"按照委任统治制度,委任统治地政府作为联邦的一个省是没有法律障碍的"——南非一直把这解释为只需限制非洲人获得枪支、烈酒、土地、选票以及其保留给成年人的其他东西。[75]

图 11-5 两千白人在温得和克参加
希特勒青年团集会,1936 年。

然而,南非联邦政府没有兼并这个领地。毫无疑问,它不喜欢与日内瓦进一步冲突,但和日本一样,它也不想和德国对

抗。南非和德国长期以来一直保持着密切的贸易关系，从 1934
年起，沙赫特巧妙的易货协定把它们更加紧密地捆绑在一起了。
在整个 20 世纪 30 年代，德意志帝国是南非羊毛唯一重要的市
场。[76] 在 1935 年和 1936 年，史末资和南非总理 J. B. M. 赫尔佐
格让英国的朋友们和官员们知道，他们赞同对德国做出让步
（只要承认南非在赞比西河以南的霸权），在 1937 年 9 月争论最
激烈的时候，高级专员查尔斯·特沃特（Charles Te Water）将
这种看法公之于世。[77] 南非亲德派的国防部长奥斯瓦尔德·皮
罗（Oswald Pirow）依然满腔热情，他在 1935 年对一艘德国船
的船员说"在现在这样的时候，有色人种掀起的狂潮日益高涨
时"，南非只能欢迎坚定的白人至上主义的回归。皮罗与纳粹政
权密切的联系使他成为完美的调解人，他会见了地位很高的英
国人（包括卢格德），试图说服英国政府无果。[78]

坦噶尼喀受到许多相同力量的冲击。这里也有大量德国人
存在，因为 1924 年之后德国国民已经被允许进入该领地，并利
用德国政府的贷款迅速重建了剑麻种植园。到 1939 年，在非正
式的"欧洲人口"中，德国人的数量超过了英国人。[79] 就像在
西南非洲一样，德国人口被证明是纳粹情感的接受目标；就像
在西南非洲一样，德国的复仇主义也重新唤起了其他白人群体
的与毗邻的英国殖民地建立"更紧密的联盟"的诉求。然而，
在总共 500 万人口中，白人殖民者人口数量只有 1 万，英国人
和德国人的对抗从来都未变得像在西南非洲那样激烈。实际上，
在 1938 年访问这个领地时，美国驻内罗毕的领事发现德国种植
园主对于德国重返的前景态度"非常冷淡"。[80] 英国在坦噶尼喀
的官员们、该领地被动员起来的印度人口以及政治光谱各个方
面的权威人士——卢格德、埃默里和奥姆斯比－戈尔都在其

中——也都厌恶倒退的想法，而且也这么说出来了。坦噶尼喀一直都是受委任统治国托管制度的旗舰，对于认真对待这种说法的任何人（就像卢格德所做的那样）来说，把 500 万非洲人"像牲口一样"移交给一个"已经对自己认为属于劣等种族的人冷酷无情"的国家"确实是难以想象的"。[81]

但是，这样做不顾西非委任统治制度，许多英国政治家认为它可有可无。史末资、皮罗、张伯伦、李滋－罗斯、普利茅斯委员会都心甘情愿地把喀麦隆看作对英国毫无妨碍的领地。当然，这是可以的，因为大约六分之五的被委任统治的喀麦隆掌握在法国手中，而且正如法国官员愤怒评论的，英国早就把它们的部分退还给德国公司了。[82] 英国已经将尼日利亚的"间接统治"制度扩展到北喀麦隆（在独立时，这些地区将加入尼日利亚），但在南喀麦隆，德国人的企业和航运公司几乎不受任何限制地运转着。德国人重新买回英属部分的种植园仅用了 1925 年一年时间便达到战前的生产能力，到 1936 年已有 293678 英亩处于德国人控制之下（而英国人控制的只有 19053 英亩）。德国公司扩大了蒂科（Tiko）和维多利亚（Victoria）的港口设施，并把香蕉产量的全部和可可产量的大部分直接运往不来梅（Bremen）和汉堡（Hamburg），在这些公司专卖店——避免了货币兑换之需要——它们与德国产品进行交换，而德国产品卖给了种植园的劳动力。（在 20 世纪 30 年代后期，委任统治委员会认识到那些非洲工人被迫接受其部分工资只能在公司专卖店进行消费的事实，这推动殖民地大臣奥姆斯比－戈尔要求总督调查这种做法。）[83] 到 1938 年，欧洲种植园雇用了（从十年前的大约 1.3 万名增加到）2.5 万多名非洲人，其中大约 25% 来自法属喀麦隆，另外 10% 来自尼日利亚，在该领地的 448 名非非洲人中有 285 人有时公开同情纳粹政权（图 11 - 6）。"英国的行政管理"在这个德国人的世界只是徒有其表。[84]

图 11 - 6　1938 年，喀麦隆庆祝吞并奥地利：
"喀麦隆的德国人致谢元首！"

　　法国的委任统治当局认为英国的选择是令人困惑的，也是有危险的。甚至在 20 世纪 20 年代他们已经让杜阿拉和洛美的德国人处于严密监控之下，并在 1933 年之后迅速把它们的领地与毗邻的帝国殖民地进行合并。到 12 月时，保罗·博纳卡雷尔（Paul Bonnecarrère）（时任喀麦隆总督）正在计划修建通往加蓬的更好的公路和一条通往乍得的铁路，[88] 次年殖民地部把多哥的关键服务机构和职位指派给毗邻的达荷美的官员——尽管委任统治委员会以及在洛美进行收尾工作的主要法国官员的尖锐批评限制了这种改革的范围。[86]（英国在十多年前已经从行政管理上把多哥的部分并入黄金海岸，逃过了这种批评，为其在独立时永久并入加纳铺平了道路。）法国的这些行动是有先见之明的，因为从 1935 年起德国的殖民运动一直竭力动摇法国在西非的各委任统治政府，包括相继向这里派出高调的前总督、科学家、电影制作人或者名人。法国驻德国的领事们和雅温得的地方官员们拒绝了许多签证申请，认为英国人对于边界问题漫不经心的态度实在令人气愤。[87] 例如，在 1936 年，当德属喀麦隆的前总督特奥多尔·塞茨即便签证被拒仍抵达杜阿拉并在这个城市旅行时，当地政府在获悉塞茨已经与英国派驻官员共进午餐并跨越边境访问了德国种植园后非常生气。[88] 到 20 世纪 30 年代后期，法属喀麦隆终于发展起来，其种植园部门不断壮大，它的公共债务制度允许政府把大量税收收入用于公共工程建设。无论德国人多么危险、英国人多么胆小，法国殖民当局都不会让战利品从自己手中溜走。

　　然而，确实在 20 世纪 30 年代后期为了地缘政治平衡，一块法属委任统治地发生转让。1936～1939 年，法国帮助协调把从种族上看讲多种语言的亚历山大勒塔区割让给了土耳其，到这时为止，它一直处于叙利亚委任统治当局的管理之下。[89] 亚历山大勒塔区，连同摩苏尔一起，一直是近东争执的焦点之一，因为其人口中一个重要的少数民族被认定为土耳其人，土耳其宣称对其命运非常关注。1921 年，法国和土耳其已达成协议，为该区提供一定程度的行政自治，并保证这里土耳其少数民族的语言和文化权利。1936 年，随着叙利亚独立进程的推进，安卡拉明确表示，土耳其（1932 年已经加入国联）反对把该区并入叙利亚。于是，这个问题被提交到国联行政院，这——在现任委任统治委员会副主席皮埃尔·奥尔茨的反对声中[90]——使

352

法国和土耳其能够进行双边谈判。1937 年，这些谈判促成了该区自治，与叙利亚结成联邦且继续处于国联的监督和法国 – 土耳其联合担保（一项在叙利亚已经被认为失败的建议）下，但是，国际形势日益恶化、协约国拼命地确保土耳其在任何即将到来的战争中保持中立的努力以及公开干涉该区使问题走得更远了。1939 年，因为有了法国的同意，该区被并入土耳其。

这违背了委任统治制度捍卫领土完整的职责，法国和土耳其为达成目标大量使用秘密手段。国联行政院不得不告诉委任统治委员会，亚历山大勒塔现在是一个国际谈判的问题，与它无关。接下来，得到了英国的默许，国联行政院批准了一项确立该地区之自治权的法规，处于依附地位的叙利亚政府被迫接受了这种新安排，一个国联委员会被派到该地区，根据种族和宗教对居民进行登记。然后，当居民登记明显地表明土耳其人不占多数时，法国 – 土耳其达成一项秘密协定，采取一些必要措施，形成这种多数；恐吓和压力都用上了；土耳其军队为公共暴力提供帮助；举行各种选举，并宣布提前达成协议的结果；该地区作为"哈塔伊共和国"（Republic of Hatay）宣布了独立——而且，当这个共和国迅速陷入混乱时，又组织了全民公决，批准其并入土耳其。在这一丑恶过程的最后阶段，委任统治委员会作为旁观者无力地表达了愤怒。1939 年 6 月，拉帕德虚张声势地对罗贝尔·德·凯说，"这个守护者，本质上是为了其自己的利益，在受委托承担防务之后，已经把受监护者的一部分遗产丢给了第三方"。[91]德·凯不会讨论这个协定，无疑是因为其规定，就像法国外交部私下承认的那样，"与委任统治制度文本几乎全部是冲突的"。[92]1938 ~ 1940 年，大约 5 万名亚美尼亚人（Armenians）和阿拉伯人从这个区逃往叙利亚。

因而，苏台德地区（Sudetenland）和叙利亚的边境修订，而不是非洲的重新分割向世界展示了大国如何进行"和平的改变"。但是，如果说捷克的"解决方案"受到最多关注，只有叙利亚的分裂实现了预期的目标。就在与德国的战争爆发之前，英国和法国与土耳其签订互助和不侵犯条约，在整个冲突期间，土耳其都保持着中立。但是，这种交易所引起的谴责，更不用说修正主义者无力在非洲取得类似的结果，这些都表明自由国际主义的原则和实践已经在多大程度上站稳了脚跟。每个人都希望"和平的变革"，但帝国间的移交正变得越来越难以实现。

* * *

1937 年 6 月 28 日，几乎就在《法国—土耳其条约》（Franco – Turkish Treaty）签署这一天两年前，关于"和平的改变"的国际研究大会在巴黎开幕了。由于得到国联的国际智力合作研究所（International Institute for Intellectual Cooperation）的资助，这次会议是为期两年的研究和规划的顶点。关于人口压力、原材料的获取以及殖民地问题等的预备性研究已经被写下来；各个国家的协调委员会都提交了备忘录；经济学家、政治科学家、律师和政客们组成的代表团也被挑选出来。一支极其卓越的自由主义学者队伍——亨利·拉布雷（Henri Labouret）、赫尔施·劳特派特（Hersch Lauterpacht）、詹姆斯·肖特韦尔（James Shotwell）、昆西·赖特——参加了会议；在国联关于"和平的改变"的最引人注目的活动中发挥引领作用的政治家们——摩苏尔委员会（Mosul Commission）的保罗·泰莱基（Paul Teleki）伯爵，李顿调查团的李顿（Lytton）勋爵——也出席了会议。甚至德国和意大利都派出了观察员。

354　　　　领土转让问题，那时最热的热点话题，在关于殖民地问题的圆桌会议中得到讨论。然而，实话实说，当争论开始时，另一种选择——"作为土著解放的结果，殖民地位逐步消失"——已经被补充到议程中。就像会议主席所解释的，尽管最初设想的只有两种殖民地的"和平的改变"模式，"领土从一个殖民强权移交给其他某种国家主权和从一个殖民强权移交给一种国际主权"，后来，"这第三种解决方案，即随着附庸国人口的解放，殖民地位逐步消失"已被认为是值得考虑的。与其说移交主权，不如说主权——或者，我们可能会说，一种形式的主权——将会被授予土著本身。[93]"民族自决权"再次被摆上桌面。

　　参加这次会议的英美学者和政治家们转而支持这种"第三条道路"，几乎听得见他们如释重负地松了一口气。或许，他们受到了印度的权力下放或伊拉克的"解放"的影响，但他们也需要从德国主张财产和法律方面的权利与法国—比利时坚持它们为了帝国做出了"牺牲"不怀好意的对抗中退出来。[94]昆西·赖特认为，除了"历史性的偶然事件"和西方迅速的技术进步，根本没有理由进行当前的殖民地分配，五六十个没有殖民地的国家认为各帝国关于它们的"负担"的说辞根本没有说服力。"大都市中心对文化上大相径庭的人们的统治从根本上来说是反常的。"[95]利兹大学（University of Leeds）的理查森教授非常赞同这种看法，但担心这一过程可能要花费很长的时间。工党政府的前副殖民地大臣德拉蒙德·希尔斯（Drummond Shiels）提出了异议：如果真在教育方面做出努力，"这一时期不必像有时认为的那么长"。[96]

　　没有人邀请 W. E. B. 杜波伊斯或唐太斯·贝勒加德参加会

议。它实际上是一个特别白人化的活动。1919 年时那些人已经持有希尔斯在 1937 年的看法，把委任统治制度视为一种推动受支配民族迅速走向独立的机制，但 20 年的镇压和再帝国化已经纠正了他们的这种天真。被殖民者也没有代表，尽管其利益总被提及；在会议参加者们看来，他们很明显依然是无法独立自主——或者实际上无法代表自己发言。但是，拉尔夫·邦奇在霍华德大学（Howard University）正等待着对他的召唤，埋头于国联和殖民地部在日内瓦、巴黎和伦敦的档案，我们发现大量关于"发言权"的证据。就在这次会议开始前，西班牙港（Port of Spain）的黑人福利协会（Negro Welfare Association）的成员致信谴责了"英国、意大利和法国把非洲殖民地让与德国法西斯纳粹主义者的帝国主义的阴谋"，同时也表明确他们对当前的政权也不是那么高兴。"正同当前的英国和法国剥削者抗争的原德国殖民地的黑人必须被赋予决定他们自己政府形式的权利。"[97] 对于这些正在形成中的民族主义者来说，在殖民地转让问题上的扯皮既让他们感到震惊，也让他们受到启发。

第 12 章　当国际主义停止发挥作用

　　在我看来，悬而未决的问题不是我们［英国］在这几十年结束时在［巴勒斯坦］是去还是留。我不认为这是一个悬而未决的问题。我认为，数年之内我们无论如何都要离开巴勒斯坦。我认为，真正的问题是我们离开巴勒斯坦，是否像我们正从伊拉克离开那样，我们的委任统治已经实现目标，作为我们劳动的成果，我们在身后留下一个和平的国家和一个稳定的政府；还是在"20世纪40年代"的某个时间撤出巴勒斯坦，就像法国在1920年撤出奇里乞亚和希腊人在1922年撤出士麦那一样。

　　　　　　——阿诺德·汤因比在皇家国际事务研究所的演讲，

　　　　　　　　　　　　　　　　　　　1930年12月9日[1]

　　很明显，巴勒斯坦问题已经成为一个"国际性的"问题，日内瓦也会把它作为国际问题处理。与此同时，我们应该控制巴勒斯坦的局势并坚定地处理任何骚乱……实际上，我们的"委任统治"——尽管巴勒斯坦的未来还处于争论当中——主要是为了维护法律和秩序以及现状——包括犹太人继续移民。

　　　　　　——殖民地大臣威廉·奥姆斯比 – 戈尔致高级专员

　　　　　　　　　　　　　　　　　　　　亚瑟·沃科普，

　　　　　　　　　　　　　　　　　　　1937年8月24日[2]

到 20 世纪 30 年代后期，国联正在走向衰落。令人印象深刻的那些所谓"技术性"组织继续其工作——追踪流行性疾病、分析经济数据、管理跨境交通与交流、谈判工资标准以及推动人道主义规则。但在埃塞俄比亚被占领之后，安全机构的状况恶化了。西班牙内战、德国吞并奥地利以及捷克危机都是在国联之外处理的。实际上，1938 年在慕尼黑，我们看到欧洲的大国协调又恢复运行了，尽管希特勒坚定的扩张主义很快使任何协定都毫无价值了。

357

委任统治制度在这些政治冲击下摇摇欲坠。审查机构在继续开展工作，现在已经制度化了。越来越多的申诉书纷至沓来，那些与叙利亚、黎巴嫩和巴勒斯坦有关的申诉书经常是由世界各地高度组织化的海外移民网络提出的。然而，由于同德国和意大利的势不两立，这套机制的政治基础已经崩溃了。现在，由于几乎无法从国联的认可中得到什么好处，各受委任统治国都把它们的领地更紧密地吸引到帝国网络中。

英国一直是国联制度的支柱。英国官员起草了其规则；英国的压力使其他协约国也加入进来。换句话说，英国已经推动了国际共管的进程，同样也受到其在世界上发挥道德领导作用和合理化自身帝国实践的愿望的驱动。英国，比其他任何国家都看重委任统治制度，因为它被视为国联以及英国领导作用的标志性成就；多年来，这一制度都依赖英国官方和公众的支持。然而，在 20 世纪 30 年代后期，这种联盟突然戏剧性地破裂了。破裂的原因就是巴勒斯坦问题。

"国际共管"——也就是，为特定对外政策目的获取国际许可的过程——从一开始对英国在巴勒斯坦的政策就是至关重要的。犹太人是强大的国际利益团体，他们的支持在第一次世界大战中很重要，这种信念已经成为《贝尔福宣言》背后的原因，而且 1920 年在圣雷莫和 1922 年在伦敦，英国已经施加了巨大的压力，说服持怀疑态度的盟国法国和意大利盟友把这一承诺写入巴勒斯坦委任统治制度文本。我们也已经看到英国的政客们和他们的犹太复国主义运动合作者利用国联行政院谴责委任统治委员会对犹太复国主义者早期努力的批评。[3]换句话说，英国已经竭力确保其促进建立犹太民族家园的政策得到国际认可。

　　恰恰是这种"国际共管"的战略证明了英国的失败。因为犹太人不是巴勒斯坦以外唯一对其命运感兴趣的人。泛阿拉伯民族主义者、正在兴起的阿拉伯国家以及（特别是在 1933 年之后）大量欧洲政权和组织也提出了这样的诉求。然而，当英国在巴勒斯坦的行政当局和伦敦的英国政府都认识到阿拉伯人对犹太移民的反对不可能被平息——而且实际上，反犹太复国主义在整个中东已经成为阿拉伯民族主义的试金石——这一事实的时候，要想赢得国际社会对路线转变的支持为时已晚。到 1930 年，不仅委任统治委员会的大多数是坚定的犹太复国主义者，而且从 20 世纪 30 年代中期起无论是热心拯救犹太人的西方人道主义者还是渴望清除犹太人的中欧反犹太人的政权都决定保持巴勒斯坦大门的开放。这改变了国际现实——其中，巴勒斯坦在中东被视为帝国主义的侮辱，但在欧洲内部几乎完全被视为解决欧洲的"犹太人问题"的一种办法——把英国置于与委任统治委员会冲突的境地，这对于英国、巴勒斯坦和欧洲的犹太人、巴勒斯坦以及毗邻的阿拉伯国家的阿拉伯人，以及实际上的委任统治制度都带来严重影响。

358

这种冲突不可能得到解决。就像英国最终被迫承认的，阿拉伯人和犹太人在巴勒斯坦的利益确实是不相容的，生拉硬套地扯在一起的地区和国际利益也是无法调和的。英国最后非常不光彩地撤出了巴勒斯坦，未能把权力移交给已经做好准备的政府：当他在 1948 年被问到将把办公室的钥匙交给谁时，巴勒斯坦行政当局（Palestine administration）秘书长做出的著名回答是，"我将把它们放在垫子下"[4]。但是，到 1948 年伊休夫（Yishuv）（犹太人在巴勒斯坦的定居点）能够幸存下来并发展成为一个国家这一事实，不仅仅是因为纳粹大屠杀之后国际上对犹太复国主义事业的同情，甚至不仅仅因为反对犹太复国主义的阿拉伯人之间的分裂和混乱，还因为"国际共管"造成的僵局这一事实已经为建立国家提供了一个机会之窗。

当然，在相当大程度上，以色列"造就了"它自己——但和伊拉克一样，它也是委任统治制度"造就"的。[5]然而，和伊拉克不同，在巴勒斯坦，委任统治委员会和受委任统治国一起发挥了助产士的作用。委任统治委员会在 20 世纪 30 年代把支持犹太移民的义务提升到培育代议制机构的义务之上，而且反对在 1936～1939 年及之后对阿拉伯人做出让步，这都有助于把巴勒斯坦留作犹太移民的目的地并使其有可能发展成为一个犹太国家。委任统治委员会越来越深地忠诚于很大程度上是由犹太复国主义者做出的解释，即委任统治制度就是英国的政策，这正起到了相反的作用，既在英国和委任统治委员会之间打入一个楔子，而且经过一段时间，也在英国和很大程度上由它自己所创立的制度之间打入了一个楔子。让我们一步一步追溯其历史吧。

哭墙骚乱和委任统治委员会转向犹太复国主义者，1929～1931年

无论是《贝尔福宣言》还是巴勒斯坦委任统治制度文本都没有承诺建立一个犹太国家。这些基础文本也没有承诺建立一个犹太人的"民族家园"。相反，它们承诺的是英国政府将会对犹太人自己建立这种家园的努力"持赞赏态度"（就像《贝尔福宣言》所说的那样）。巴勒斯坦委任统治制度文本在这一点上是很明确的。作为受委任统治国，英国"有责任把这个国家置于政治的、行政管理的和经济的条件之下，以确保建立犹太人的民族家园"（第2条）。因此既"为犹太人移民提供便利"，也鼓励"犹太人在这块土地上定居"（第6条）。但是，它并没有提到建立一个犹太国家。实际上，巴勒斯坦委任统治制度文本要求英国确立一种共同的巴勒斯坦公民身份并为其全体人民建立自治机构。

正是哈伊姆·魏茨曼独特的天赋使他能够认识到，这种保证是足够的。实际上，这种保证是绰绰有余的，因为如果英国已经坦言〔就像修正主义犹太复国主义者弗拉基米尔·亚博廷斯基（Vladimir Jabotinsky）在1923年所言〕犹太复国主义，和其他形式的殖民化一样，不得不凌驾于土著的利益之上，而且英国的工作只是提供一种"铁墙"（Iron Wall），"铁墙"后面还能够继续推进定居点建设，不但英国而且许多犹太复国主义者都会非常惊恐地退缩回去。[6]因为在两次大战之间的年代里，犹太复国主义运动是一项自由主义的和进步主义的事业，它并不意味着对阿拉伯人的损害——而且在改善大量愚昧无知的农民方面实际上比反对犹太人定居点的狡诈的"权贵们"做得更

多——这种主张对于实现其诉求是至关重要的。因而，犹太复国主义者们不需要建立一个犹太国家的承诺。他们需要的只是英国坚持这些政策——犹太人移民达到这个地区"经济吸收能力"所能容纳的程度（就像 1922 年的《白皮书》所写的那样），一个相当自由的土地市场，并延缓在巴勒斯坦推行责任政府，直到要么阿拉伯人甘心与犹太移民和好，要么人口构成转向有利于犹太人的平衡——并保持这种可能性。但当决定在巴勒斯坦的政策时，他们还需要一种更无形的东西——意愿，就英国而言则是允许文本解释胜过政治谈判，欧洲利益压倒地方性关注。这就是委任统治委员会介入的地方。

因为从 1930 年起，委任统治委员会在国际舞台上基本上发挥了犹太复国主义诉求的传声筒的作用。几个因素导致了委任统治委员会"转向犹太复国主义者"。个人的亲和力是其中部分原因，因为委任统治委员会所有成员都很钦佩魏茨曼；维克多·雅各布森是一个性格欢快友好、讨人喜欢的人，他管理着犹太复国主义组织驻日内瓦办公室，在 20 世纪 20 年代与拉帕德、奥尔茨、卢格德以及委任统治委员会其他成员建立了友好的关系。老练的政治活动也很重要，因为通过与国联秘书处的私人联系，雅各布森接触到委任统治委员会会议未校正的会议记录和其他秘密文件，这使驻伦敦的执行委员能够仔细校正其报告，发言满足委任统治委员会的关切。然而，更重要的是这一事实，犹太复国主义组织和委任统治委员会拥有共同的文化和目标——共同的习性，有人可能会说——这使得合作很容易、很自然。他们都熟知法律和文本，而且就像 J. C. 赫鲁维茨（J. C. Hurewitz）指出的，委任统治制度"很明显是以符合犹太复国主义者利益的方式设计出来的"，其中包含了明确规定英国对犹太人之责任的条款，这种共同的"文本主义"必然是有利于犹太复国主义者一方的。[7]公正一点说，犹太复国主义者可以宣称他们的计划已经得到"国际社会"（在这一时期，这个词几乎等同于西方）的认可，委任统治委员会只需要"不偏不倚地"支持它。由于发现这种合作的立场减轻了阿拉伯民族主义者愤怒的抗议，委任统治委员会渐渐养成了这样的习惯，把犹太复国主义组织官员当作信任的对话者并把犹太复国主义组织的备忘录当作对巴勒斯坦事务公正的指引。

但是，巴勒斯坦委任统治制度文本确实包含文本上的模棱两可，巴勒斯坦的阿拉伯人也以此为基础呼吁委任统治委员会给予支持。因为巴勒斯坦委任统治制度文本要求受委任统治国鼓励犹太人移民和安置，也要求它支持"自治机构的发展"（第 2 条）并确保"该地区人口中的其他部分的权利和地位不受歧视"（第 6 条）。确实，到 1928 年，拉帕德已经认定这些义务都是次要的，他在一份关于阿拉伯人申诉书的报告中争辩说，在委任统治制度中民主制度是被明确排除在外的。（"人们可以看到他的报告已经在很大程度上受到我们的备忘录的影响。"雅各布森——他拿到了草拟中的秘密报告——向驻伦敦的犹太复国主义执行委员会报告说。）[8]然而，在这一阶段，他的大多数同伴不同意这一点，他们认为阿拉伯人自治的愿望与暗含在第 22 条中的承诺是一致的。[9]因而，委任统治委员会既赞同犹太复国主义者支持犹太人移民和土地权利的诉求，也支持阿拉伯人朝向代议制政府目标前进的诉求——也就是，直到 1929 年，巴勒斯坦的暴乱才迫使委任统治委员会决定必须优先考虑谁的要求。

一段时间以来，犹太教徒和穆斯林对耶路撒冷圣地的主张，一直在加剧紧张局势，特别是就犹太人试图带着椅子和幔帐在西墙进行礼拜活动，这一年夏天社群动员和随后阿拉伯人对犹太人的攻击让行政当局感到震惊。警察力量得到增强，秩序最终得以恢复（图 12 - 1），英国政府任命了一个所有党派组成的委员会（肖委员会，Shaw Commission）前往巴勒斯坦，查明发生暴力事件的原因并提出建议。但新任巴勒斯坦高级专员约翰·钱塞勒（John Chancellor）爵士已经被说服了，认为犹太人移民破坏了巴勒斯坦乡村阿拉伯耕作者的地位，必须采取更多措施以保护他们的权利。1930 年 1 月，钱塞勒把他的限制移民、防止进一步售卖阿拉伯人土地以及走向代议制政府的计划报告内阁。由于犹太事务局能够从钱塞勒的办公室内部的同情者那里获得他的秘密通信，犹太复国主义组织在其制订计划时就了解到其内容。[10]

362

图 12 - 1　1929 年骚乱期间巴勒斯坦警察在雅法门附近搜查嫌疑犯。

从一开始，这一点就很明显，国联对此将有话要说。1929年9月在国联行政院上，几个国家——包括不祥的波兰和罗马尼亚，处于民族主义控制之下、渴望减少其"少数民族"人口的新生或再生的国家——敦促英国迅速恢复秩序。外交大臣阿瑟·亨德森和首相拉姆齐·麦克唐纳都向国联行政院和（在魏茨曼的敦促下）国联大会保证，英国无意违背《贝尔福宣言》和巴勒斯坦委任统治制度文本，但国联行政院仍然要求委任统治委员会"彻底审查"肖委员提出的所有建议。[11]由于受邀参与其中，常设委任统治委员会同意专门就巴勒斯坦问题举行一次特别会议。[12]

接下来是一段时间的密集谈判和游说，犹太复国主义组织和阿拉伯人的代表在整个1930年春天都努力试图影响肖委员会的报告并塑造英国未来的政策。在巴勒斯坦和一个派往伦敦的包括耶路撒冷的穆夫提（Mufti）哈吉·阿明·侯赛尼（Hajj Amin al-Husayni）和他的对手耶路撒冷的市长拉吉卜·纳沙希比（Ragheb bey Nashashibi）的代表团中，阿拉伯领导人提出了很熟悉的论点，即结束犹太人移民和土地买卖，以及建立独立的全国性政府。[13]魏茨曼反对这些主张，在会见中以及在他致朋友、政客和官员的信中，他坚持主张先前《贝尔福宣言》承诺的神圣本质。然而，魏茨曼意识到承诺向印度下放权力和赋予伊拉克独立的工党政府发现专制的巴勒斯坦行政当局异常难堪，他也寻求把民族自决的语言用于犹太复国主义目的。民族自决权是一种应该由民族行使的权利，他指出，但不是由个人行使的，而且由于其他地方的阿拉伯人已经被准予建立自治国家，他们更不能理直气壮地阻碍犹太人在巴勒斯坦的愿望。[14]进而，由于《贝尔福宣言》已经向全世界的犹太人做出了承诺，巴勒斯坦现有的居民不能拥有伊拉克居民或埃及居民拥有各自国家这种意义上国家"。为了建立自治政府，现在"就应该把这个国家转让给其当前的居民"并"以秘密的方式"取消"民族家园"的政策。[15]

就像魏茨曼所担心的，肖委员会在 1930 年 3 月 31 日发表的多数派报告反映了钱塞勒的看法。与犹太复国主义者的诉求相反，它认为那些骚乱不是民族主义领袖阴谋煽动的而是反映了阿拉伯人对犹太复国主义计划的真正担忧，它支持进行移民限制并暂停土地买卖，直到完成对该地区经济承载量的调查为止。于是，注意力转向了日内瓦，在这里委任统治委员会很快将会召开其临时特别会议。5 月 20 日，英国政府致信国联，接受了该委员会的调查结果，并概述了进行土地调查和采取一定程度的地方自治的计划。[16]魏茨曼到达日内瓦并与拉帕德、奥尔茨和来自法国的成员马夏尔·梅兰以及卢格德（他笼统地向魏茨曼泄露了尚未公布的英国声明）进行了会谈；他还动员其他同情者与德国籍成员以及西奥多利接洽。[17]犹太复国主义组织对肖委员会的报告也准备了详尽的答复，英国政府正当地（也是笨拙地）把这份报告转交给常设委任统治委员会，尽管殖民地部没有时间准备附带的评论。阿拉伯人代表团也访问了日内瓦，委任统治委员会收到了来自世界各地的阿拉伯人和犹太人组织的 100 多份独立的申诉书或抗议书。

常设委任统治委员会会议在 1930 年 6 月 3 日举行，工党政府的副殖民地大臣德拉蒙德·希尔斯出席并回答问题。对于自己所面临的敌意，他们确实没有做好应对准备。以犹太复国主义者的报告为基础，奥尔茨、拉帕德和健谈的荷兰籍成员范里斯对肖委员会调查结果的正确性提出了质疑。独占了第三天的

363

大多数时间，范里斯认为阿拉伯人的攻击是侯赛尼领导的革命运动事先策划的，英国的反应是极其虚弱的，英国未能充分支持犹太复国主义者的努力，以及阿拉伯人在巴勒斯坦的权利诉求是没有任何根据的，因为英国已经征服了这个国家，因而可以随心所欲地处理它——这种看法几乎与范里斯平常的反兼并立场完全不同。希尔斯大吃一惊，他反对范里斯附和犹太复国主义者的备忘录的看法的做法；如果阿拉伯人写出了类似的备忘录，就其本身来说，他们也"可能已经提出一个很有说服力的论点"。[18] 然而，在给国联行政院的报告中，常设委任统治委员会既为其"对来自犹太事务局（Jewish Agency）的备忘录的特别关注"进行了辩护，也对肖委员会关于阿拉伯领导人行为的"友好评价"表达了异议。[19] 只在极少情况下常设委任统治委员会才接受关于受委任统治国的第三方申诉。在这种情况下，常设委任统治委员会的这种做法导致肖委员会进一步丧失信誉——它在下议院已经受到攻击了。[20]

让政府感到窘迫的是，常设委任统治委员会也在犹太复国主义者的引导下把这些骚乱的某些责任归因于英国在巴勒斯坦统治当局"犹豫不决的"政策。[21] 这种批评也让英国毫无提防。在国联行政院，阿瑟·亨德森认为，英国的行政当局没有实施戒严法，也没有在普通民事法庭审判暴动者，这是值得庆贺的。[22] 然而，在常设委任统治委员会会议上，拉帕德、梅兰、范里斯和奥尔茨（并非巧合，正是这四人草拟了委任统治委员会的报告）都指责政府的软弱，建议它应该更严格地审查媒体，更少依赖阿拉伯人警察，对暴乱者做出更有力的反应，特别是不要暂停犹太人移民，这代表着在面对暴力时愿意改变政策。[23] 毫无疑问，希尔斯进行了辩驳，委任统治委员会不是在建议英国应该"以武力"控制巴勒斯坦吗？这"几乎不可能对委任统治制度的成功有任何贡献"。[24]委任统治委员会再一次重复了犹太复国主义组织的看法，反驳说如果有强大的政府，暴力可能永远都不会发生。如果英国现在采取一种积极的经济政策，一种"将会发展该国接收和吸纳更大数量的移民而不会产生不良后果"的政策，阿拉伯人的敌意可能会降低。[25]换句话说，更多的犹太移民和更强大的政府将会减轻阿拉伯人的不满——这一预测暴露出委任统治委员会对当地形势的了解是非常少的。

最重要的是，在面对英国的推诿搪塞时，常设委任统治委员会提供了关于委任统治制度本身的一种决定性的解释。肖委员会已经建议英国政府这么做，但委任统治委员会捷足先登扮演了这样的角色。到目前为止，委任统治委员会仅仅接受了英国的主张，它对犹太人和阿拉伯人的责任是平等的且可调和的。现在，它只是阐明了如何把这些责任协调起来。拉帕德认为，很明显犹太人的诉求是至高无上的。"受委任统治国的义务是建立犹太民族家园并发展与之相容的自治制度，"他说。如果阿拉伯人反对委任统治制度文本的第一条，那么"受委任统治国不能因未能实施第二部分而受到指责"。然而，西奥多利不同意这一点。所有委任统治地都受第22条的影响，这一条是把居民的福祉放在第一位的。因而，为犹太人建立民族家园"与引入的自治制度必须是兼容的"，或者委任统治的这一根本目标是妥协的结果。[26]在拉帕德看来，自治让位于犹太移民，而西奥多利根据国联盟约持相反的看法。谁是正确的？委任统治的两种责任怎样才能真正调和起来呢？

常设委任统治委员会在提交国联行政院的报告中最终选定

365

了一种方式。确实，帮助建立民族家园和推动自治的义务是同等重要的和可以调和的，但把委任统治的目标与其当前义务区分开来是必要的。建立犹太人民族家园和确立自治是委任统治的目标，但实现这些目标需要花费时间。因而，委任统治制度又给受委任统治国确立了两项有限的直接义务，其目的是"将国家置于确保最终目标能够实现的条件下"。因而，受委任统治国不能因民族家园和自治未能实现而受到谴责。只有在"它使犹太民族家园在目前的发展阶段具体化时，或者以当前的形式僵化地稳定巴勒斯坦的公共机构时"，它才该受到谴责。[27]从形式上看，这种解释看起来是不偏不倚的。然而在实践中，由于它把犹太人继续移民当作一种"当前义务"而把自治当作一种更遥远的"目标"，它暗含着承认只有在阿拉伯人放弃其对"民族家园"（在英国——而不是在巴勒斯坦——的犹太复国主义领袖和政客经常向委任统治委员会保证的一种发展即将到来了）政策的反对时或者人口的平衡有利于犹太人时才能引入自治。常设委任统治委员会的"解释"并没有保证在巴勒斯坦出现一个犹太国家——确实，由于1922年《白皮书》既没有承诺迫使现有人口离开家园，也没有承诺使巴勒斯坦"犹太化"，它几乎不可能这么做——但它确实明确表示，不能为了走向代议制政府做出任何可能阻碍犹太复国主义计划的行动。

英国政府对常设委任统治委员会的报告感到错愕。殖民地部的 G. L. M. 克劳森（G. L. M. Clauson）称之为"对英国政府进行的具有破坏性的而且非常凶险的攻击"，拉姆齐·麦克唐纳把它看作"一份糟糕透顶的英国的所有敌人都参与拟订的文件"。其灵感"很明显是犹太人的"，克劳森记录道，他不知道政府是不是应该试图让国联行政院打击犹太复国主义者在日内瓦维持游说者这种"非常令人反感的"做法。[28]他被(无疑是非常明智地)否决了,政府自己对强烈抗议常设委任统治委员会依赖"单方面声明"这一做法感到满意,[29]但审查常设委任统治委员会报告的国联行政院会议有点难以维持了。范里斯抱怨道,委任统治委员会抱着"坦率、良心和冷静进行的严密、认真的审查"还没有得到它"本该期待的"欢迎。[30]

如我们所知,在这次国联行政院会议之后发布的《帕斯菲尔德白皮书》中,政府提议根据肖委员会的建议限制犹太人移民和土地买卖,并重申其对发展自治制度的承诺。然而,就像我们还知道的,关于移民和土地买卖的这些规定实际上因拉姆齐·麦克唐纳在大约三个月之后致哈伊姆·魏茨曼的信而被取消了。历史学家们通常相信魏茨曼高效的游说对这种大转变的影响,但很明显在日内瓦发生的阴谋也很重要。[31]因为在这次国联行政院会议上,英国使委任统治委员会对委任统治的解释站稳了脚跟(只有波斯代表团反对)[32],而且当争论转到下议院时,议员们反复引用了委任统治委员会的批评。[33]如果麦克唐纳已经决定坚持到底,那么,他可能会在议会以及委任统治委员会在日内瓦的下次会议上都面临指责。[34]相反,政府打退堂鼓了。1931 年,约翰·钱塞勒爵士在屈辱中离开了耶路撒冷,他已经心酸地认识到自己并不是家中真正的主人。捍卫《贝尔福宣言》的承诺的斗争魏茨曼早在 1930 年 1 月警告过将不会在巴勒斯坦获得胜利,或者通过与阿拉伯人的谈判取得胜利,而是"在伦敦,在威斯敏斯特,以及在日内瓦倾听了威斯敏斯特的声音之后"。[35]《帕斯菲尔德白皮书》的命运表明了他是多么正确。

366

临界点：竞争性的国际共管和上议院建议的命运

工党政府退缩之后，建立民族家园的工作加速展开。1931～1936年，根据官方数据，巴勒斯坦的犹太人增加了一倍多，从17.5万人增加到37万人，或者从占总人口的17%增至27%。登记在册的犹太移民的数量从1932年的11289人激增至1933年的31977人，1934年的42349人，并在1935年达到顶点的64147人——而且这些数据都没有包括非法移民，这部分非法涌入的移民数量也是巨大的。向犹太人售卖土地的行为还在继续进行，犹太人所占GDP份额也迅速扩大，到1933年达到了57%。特拉维夫迅速发展起来，它是一个拥有林荫大道和包豪斯（Bauhaus）建筑学派风格的别墅的全部由犹太人组成的城市，其人口到20世纪30年代中期超过了10万。犹太人的公司、文化机构和报纸蓬勃发展。而且，随着犹太国家在他们眼前逐渐成形，犹太复国主义领袖们变得更加自信。在1931年，由于其与英国权势集团的密切联系而受到批评，魏茨曼辞去犹太复国主义组织主席之职，尽管他在顾问中依然具有重要地位并将于1935年重新担任这一职务。然而，政策越来越多是由在巴勒斯坦的犹太复国主义执行委员会确定的，特别是由才华横溢和毫不妥协的国家创立者和工党犹太复国主义者（Labour Zionist）戴维·本–古里安（David Ben-Gurion）确定的。[36]

危险的国际环境是这种迅速转变背后的原因。1933年纳粹政党夺取政权彻底改变了欧洲犹太人的状况，也因此改变了巴勒斯坦的政治。曾经只对坚信不疑的犹太复国主义者有吸引力的地方，现在成为迄今为止未预料的犹太人的潜在避难所。因为纳粹夺取政权不仅使德国已经相对被同化的犹太人口处于危

险之中，还释放出一股盲目模仿的和竞赛般的反犹太主义的潮
流，就像其他东欧国家争相展示它们也多么渴望摆脱它们自己
（大得多）的犹太人口。在整个中东欧，犹太人发现他们的公
民地位正在受到侵蚀，歧视性的措施和做法在大量出现，煽动
性政客将经济萧条到不断恶化的国际形势的所有问题都归罪于
他们。在波兰，1935 年 5 月毕苏斯基（Pilsudski）去世之后，
政府变得很明显是反犹太人的，社会党（Socialist Party）和犹
太人联盟（Jewish Bund）对种族民族主义潮流发起了勇敢的斗
争。犹太复国主义者的这种主张——除非在他们自己的国家中，
否则犹太人永远都不可能得到所有自由——变得似乎无可争
议。[37] 在 1935 年，亚博廷斯基的修正主义者们建立了新犹太复
国主义组织，致力于在十年内（由于欧洲犹太人日益恶化的境
况，这个时间表在 1939 年被压缩至两年）向巴勒斯坦迁入 100
万犹太人并在约旦河两岸建立一个犹太人的国家。[38] 犹太复国
主义运动的大多数人继续强调在委任统治框架内逐步移民的必
要性，而且同样继续捍卫犹太人在流散地的权利，但随着这些
权利受到侵蚀，即使欧洲和美国的自由主义者和主张社会同化
的犹太人也都变得同情犹太复国主义。[39] 犹太复国主义者、欧
洲自由主义者和各反犹太主义政权在 20 世纪 30 年代能够达成
一致的是（就如旧愤世嫉俗者和反犹太复国主义者罗贝尔·
德·凯非常讽刺地指出的），"巴勒斯坦这只母鸡应该吞下犹太
复国主义殖民者，无论她是否愿意，并牢牢地夹在英国导师的
双膝之间"。[40]

 阿拉伯民众及其分裂的领导层在对这种迅速变化的形势很
难做出反应。现在人口的平衡正在发生变化，但欧洲自由主义
者还有反犹分子把巴勒斯坦视为欧洲不欢迎的犹太人主要的移

368

民目的地的决定意味着，欧洲国家都不会反对这种转变。毫无疑问，纳粹意识形态彻底反对建立一个犹太人国家的可能，但就在纳粹政权为阿拉伯知识分子（特别是阿尔斯兰和后来的穆夫提）提供口惠而实不至的非常有限的帮助的时候，它正非常急切地清除自己的犹太人，而且直到1938年，因不愿对抗英国，它也没有坚定地致力于它所认为的微不足道的事情。[41]巴勒斯坦的阿拉伯民族主义领袖还发现它无法阻止土地买卖是特别令人沮丧的，特别是由于当地地主而不是外居地主在卖家中所占比例越来越大——从1933年起占大多数。犹太人购买的土地，以绝对值来看，是非常少的——到1937年，犹太人只获得巴勒斯坦2600万杜诺亩（dunams）土地当中的大约120万杜诺亩——但他们获得的这些土地集中在非常肥沃的可耕作的谷地和沿海平原。许多阿拉伯土地都负债累累，而且由于价格昂贵，地主们寻求通过售卖小块土地来减轻负担，他们的行动变得更容易了，因为犹太国家基金（Jewish National Fund）使他们的身份处于保密状态。然而，这个基金确实希望获得没有限制的土地，这一规定让阿拉伯地主背负了迫使农民离开土地的骂名，加深了社会对抗，并在农村人口中播下恐惧和不信任的种子。[42]

然而，巴勒斯坦的阿拉伯人并不是没有国际支持的。每个地方的阿拉伯语报纸和人民都在关注西墙冲突，在埃及、伊拉克和叙利亚爆发了表达同情的罢工和暴动。现在，随着对英国的幻灭感的增长，巴勒斯坦内部的活动家向外部寻求支持。"我们让这个政府去随心所欲地讨好犹太人吧，"阿拉伯行政长官在接到麦克唐纳的"黑色信函"后宣称，"还是让我们寻求我们自己以及阿拉伯和伊斯兰世界的帮助吧"。[43]在中东就像

在欧洲一样，巴勒斯坦的争夺也"国际化了"。耶路撒冷的穆
夫提哈吉·阿明·侯赛尼去印度及其他地方接触穆斯林领袖，
1931 年 12 月在耶路撒冷举行了一次国际伊斯兰大会（Islamic
Congress），而已经对阿拉伯执行委员会（Arab Executive）失去
耐心的更年轻的一代转而寻求流亡外约旦地区和欧洲的叙利亚
民族主义者（包括谢基卜·阿尔斯兰）的支持和鼓舞。还有一
些独立的阿拉伯国家热切地伸出援手。到 1932 年，也门、伊拉
克和沙特阿拉伯都正式独立，埃及——英国在 1922 年已经单方
面宣布了独立——在 1937 年将加入国联。尽管仍然处于巴勒斯
坦委任统治制度之下，外约旦地区通过 1928 年谈判的一个条约
获得了自治权。甚至法国也在寻求一种与叙利亚的民族主义者
达成协议的途径。确实，这个所谓的阿拉伯共同体内部存在着
紧张关系。伊拉克的费萨尔和外约旦的阿卜杜拉既是竞争对手，
也是兄弟；哈希姆家族对伊本·沙特（Ibn Saud）的意图忧心
忡忡；叙利亚的共和民族主义者对君主政体一直持谨慎态度。
然而，泛阿拉伯主义不是阻碍而是使巴勒斯坦民族主义得以发
展。建立阿拉伯联盟的希望和在巴勒斯坦建立代议制政府的希
望是并行不悖的。[44]

　　这些阿拉伯国家中大多数是英国的盟友或英国的受保护国，
随着巴勒斯坦不同群体之间关系的恶化，英国外交部越来越关
注犹太复国主义计划对这些关系造成的损害。整个 20 世纪 30
年代，英国官员初步研究了建立阿拉伯联盟的可能性，很可能
处于哈希姆家族的领导之下，犹太人在其中可能会被视为一种
资产而不是一种威胁——这是本·古里安也考虑过的前景。[45]
然而，政府还依然坚持未因麦克唐纳信函（MacDonald Letter）
而实际失效的《帕斯菲尔德白皮书》中的一项政策建议：计划

369

建立一立法委员会。实际上，鲍德温政府在 1932 年 4 月确认，它仍然支持建立这样一个委员会，同时还决定在新任高级专员亚瑟·沃科普于秋季有机会会见委任统治委员会之前不进行公开讨论。[46]

沃科普很清楚找到犹太人和阿拉伯人都能同意的一种宪法结构是多么不可能。因为就像 1930 年 12 月阿诺德·汤因比在英国皇家国际事务研究所所做的著名演讲中指出的，只有所有各方都接受三个基本现实时才可能制定出这样的协定：英国肯定会认识到在巴勒斯坦再继续存在十年左右是不可能的；在战争压力下，英国曾经向阿拉伯人和犹太人做出的承诺是完全矛盾的；以及最后，任何一方在巴勒斯坦都不能享有排他性的370 "民族自决权"。因而，汤因比得出结论说，唯一体面的方向是"在巴勒斯坦建立一个非民族的（non-national）、完全自治的国家，犹太人的民族家园和阿拉伯人的民族家园在其中并行存在"——换句话说，也就是不是建立在"一个国家就是唯一一个民族的国家……这种西方民族主义的令人讨厌的信条之上的"，而是建立在"褊狭和狂热的信条不占据优势"这一原则之上。[47]《帕斯菲尔德白皮书》和沃科普设立立法委员会的方案都是朝这一方向的努力。

问题是，这种愿景既与巴勒斯坦阿拉伯人争取与他们的阿拉伯邻国已经获得的相若的民族国家地位的愿望相抵触，也与大多数犹太复国主义者建立一个专门的犹太国家的希望相抵触。从一开始，魏茨曼就已经很清楚表面上的民主措施对犹太复国主义目标造成的危险。实际上，当他在 1920 年提出的委任统治制度文本支持在巴勒斯坦建立自治的犹太共和国（Jewish Commonwealth）的建议被改成承诺发展"自治机构"时，他曾

有先见之明地（如果是不成功地）试图把这个条款完全删
除。[48]在 20 世纪 20 年代，对犹太复国主义者来说很幸运的是，
巴勒斯坦阿拉伯人大会（Palestinian Arab Congress）已经拒绝所
有不是以多数主义原则为基础或者把移民和土地等关键问题排
除在他们的控制范围之外的建立代议制制度的尝试，但是到 20
世纪 30 年代初期，大多数阿拉伯领导人已经得出结论认为，这
种不妥协的立场已经产生了事与愿违的效果。当高级专员开始
调查建立一个立法委员会的可能性时，他发现甚至胡塞尼都愿
意考虑这个问题。确实，除了少数领导人和团体致力于推动
"双国家的"的政治发展，巴勒斯坦和海外的犹太人组织都表
示反对，而且随着犹太人社会规模的扩张，这种反对更强大
了。[49]然而，内阁同意，英国政府不能允许一方单独阻碍取得
进展。于是，在 1932 年 11 月的会议上，沃科普知会委任统治
委员会，其政府倾向于建立立法委员会。

犹太复国主义组织在这一年 10 月已经了解到沃科普的意
图，这一消息让他们感到错愕。维克托·雅各布森在日内瓦
被告知要竭尽全力说服委任统治委员会反对或至少推迟这一
计划，但就像他对塞利格·布罗德斯基（Selig Brodetsky）所
说的，他感觉自己就是在伦敦的犹太复国主义组织政治部的
领导人，对这一工作"准备得非常糟糕"。[50]但是，雅各布森
迅速开展了工作，私下会见了常设委任统治委员会成员拉帕
德、范里斯、梅兰、鲁佩尔、鲑延、帕拉西奥斯、西奥多利
以及韦弗，向拉帕德、范里斯、鲁佩尔、梅兰以及帕拉西奥
斯提交了关于这一主题的备忘录，并说服拉帕德的好友威
廉·马丁（William Martin）撰写一篇文章发表在《日内瓦日
报》（Journal de Genève）上，反对这一计划。在这些会见中，

371

雅各布森利用了委任统治委员会内部的分裂，警告拉帕德、奥尔茨和范里斯留意西奥多利和卡塔斯蒂尼把他们自己的反犹太主义看法悄悄塞入委任统治委员会决议的倾向，并争论说，没有"一种权威声音"——如常设委任统治委员会发声呼吁注意可能的危险或至少以"沉默的方式"表明保留意见，简单地宣布这样一个计划是"无法容忍的"。[51]

然而，这场斗争是非常激烈的。委任统治委员会就在上一年已经同意了建立立法委员会的动议，而且开始时大多数仍然支持这一计划。此外，尽管阿拉伯人中没有一个人拥有雅各布森的机会和技巧，但委任统治委员会确实收到了巴勒斯坦阿拉伯妇女大会（Palestine Arab Women's Congress）提交的谴责巴勒斯坦政府的专制、呼吁进行一系列教育和社会改革并要求引入责任政府的长篇申诉书。拉帕德坚持认为，委任统治委员会必须裁定后者的要求是不能采纳的，因为这要求"废除这种制度，而它有义务监督这一制度的实施"——而且无论如何，申诉者们只是"希望拥有自治政府，其中一个原因是使他们自己摆脱《贝尔福宣言》的束缚"。帕拉西奥斯和西奥多利反对说，代议制政府是"一种得到国联盟约和委任统治制度明确认可的自然的愿望"。[52] 然而，由于梅兰和奥尔茨反对阿拉伯人自治，委任统治委员会"独立派人士"——鲁佩尔、范里斯、丹尼维格——摇摆不定，雅各布森认真的工作和拉帕德选择性的文本主义勉强取得胜利。再一次设法弄到了秘密会议记录草案，其中显示出六比五的分裂，雅各布森致信布罗德斯基，如释重负地写道：

> 现在，对我来说很明显，我已经设法把像拉帕德这样

困难的人物争取过来，至少这一次说服了顽固的帕拉西奥斯不再坚持对"自治机构"一贯的支持，削弱了鲁佩尔的冷漠，使他们所有人对卡塔斯蒂尼和西奥多利之间的任何阴谋都保持警惕，挫败了这种阴谋，从而避免了真正的危险![53]

因而，在这一年提交国联行政院的报告中，委任统治委员会只是"特别提到"——而不是像在 1931 年的报告中那样"欢迎"——英国将推进建立立法委员会之计划的声明。[54]如果英国政府希望引入代议制机构，它会在没有得到常设委任统治委员会赞同的情况下这么做。犹太复国主义法律学者巧妙地承认这种微妙的文本改变的重要性。[55]

委任统治委员会再未对代议制政府表示太多支持。实际上，1933 年的事件——公然反犹太人的和进行种族清洗的政权在德国掌权以及刚独立的伊拉克军队对亚述村民的大屠杀——使拉帕德、卢格德和奥尔茨对他们默许伊拉克独立的做法感到内疚，并决定保护叙利亚少数民族和巴勒斯坦的犹太人。然而，英国政府不会让宪法议题死掉，1933～1934 年，沃科普试图同时增加巴勒斯坦人对各种咨询委员会的参与，承认地方政府，并赢得对立法委员会的支持。1934 年和 1935 年具体化的建议——一个没有正式多数的立法委员会，其成员的选举以其在人口中的比例为基础但增补额外指定的成员和官员以缩小穆斯林的优势，把移民问题排除出该委员会的管辖范围，以及高级专员拥有否决权——至少作为讨论的基础被几个阿拉伯政党接受，但遭到犹太复国主义者的完全反对，他们发誓要对其进行抵制。[56]

　　然而，和《帕斯菲尔德白皮书》一样，伦敦和日内瓦的看法比耶路撒冷、巴格达或者安曼的看法重要。欧洲自由主义者日益增长的对欧洲犹太人不断恶化的形势的担忧有助于扭转局势。乔赛亚·韦奇伍德（Josiah Wedgwood）在下议院的一次关键辩论中指出，文明面临的主要问题是对犹太人可耻的迫害，不但发生在德国，还发生在波兰和东欧。如果"我们现在在这里不能"为这些被迫害的人"做太多"，"至少我们可以裁定巴勒斯坦……几乎是犹太人的唯一希望"。在两院中，一个又一个发言者——包括丘吉尔、利奥·埃默里和自由党领袖阿奇博尔德·辛克莱（Archibald Sinclair）——都坚持认为，犹太移民已经提高了巴勒斯坦农民的生活标准和福祉，向犹太移民开放外约旦地区只会增加这些好处，英国已经通过在伊拉克和外约旦地区建立国家对阿拉伯人做出非常公正的处理，考虑到阿拉伯农民的愚昧状态和阿拉伯领导人不道德的和极端主义的本质，任何关于立法委员会的建议都是不成熟的。[57] 巴勒斯坦的各阿拉伯政党感到震惊，而且已经很明显，在面对如此强大的议会和犹太复国主义者的批评，英国政府不会向前推进，那些强烈敦促与沃科普的计划进行合作的人（比如纳沙希比家族）发现，他们自己名誉扫地了。[58]

　　到委任统治委员会在 1936 年开会时，一场阿拉伯人的大罢工已经开始。雅各布森的继任者纳胡姆·戈德曼在日内瓦致信本·古里安写道，委任统治委员会对英国政府不愿提供关于当前骚乱的全部信息的做法"极为愤怒"，而且很可能坚持主张举行一次关于巴勒斯坦问题的特别会议。[59] 戈德曼还发出了他以某种方式得到的"非常秘密"的临时会议记录，这份记录明确表示委任统治委员会的大多数成员"对我们非常友好"。各位成员关注的主要是避免任何限制犹太移民的行动（戈德曼警告说，阿拉伯人现在正在争论，由于委任统治制度文本已经承诺建立一个"民族家园"而不是一个犹太国家，其目标已经实现了），[60]但他们也明确表示了其对立法委员会的强烈反对。[61]卢格德认为，代议制机构"非常不适合东方民族"，而犹太人正好也厌恶任何可能让反对"委任统治"的一方占据多数的制度。这种看法附和了魏茨曼在这一年冬季致卢格德和拉帕德的信中的解释，信的主要目的是确保"在世界上的这个角落"，犹太人应该拥有"国家发展的全部自由"，而不应该处于"少数民族"的地位。[62]帕拉西奥斯反驳说，拒绝代议制政府将会推动阿拉伯异见人士退出国联并走上街头，但他的同事们愿意冒这种风险。对于委任统治委员会来说，巴勒斯坦的委任统治现在实际上就是稳定地维持犹太人移民，不管它会对阿拉伯人口产生什么影响。

叛乱与皮尔的分治方案，1936～1938 年

开始于 1936 年 4 月的大罢工并一直持续到 1939 年英国军队扫荡了农村抵抗力量残余的阿拉伯人起义，并没有经历"国际化"的过程（图 12－2）。它从一开始就是国际性的。这次起义源于阿拉伯政治努力的失败，它从附近叙利亚大罢工成功的例子（迅速把法国拉上了谈判桌）中获得了启示，在整个伊斯兰世界被视为一种反帝国主义的事业。伊拉克、外约旦和叙利亚的志愿者们都来了——包括令人敬畏的法齐·卡伍齐，1925 年在叙利亚哈马（Hama）爆发的起义中被流放的领导人，他在之前十年的大部分时间里帮助伊本·沙特建立了自己的军队。毗邻的各阿拉伯政府对这一冲突很感兴趣，它们对正式地位的

374

要求因"阿拉伯国王"在结束 1936 年 10 月的大罢工中的作用
而被强化。[63]

**图 12-2　阿布·戈什（Abu Ghosh）的阿拉伯人发誓
支持起义，1936 年春。**

　　东欧国家也迅速表明了自己的兴趣。在国联行政院，波兰
和匈牙利都强调，巴勒斯坦必须拥有（就像 1937 年波兰的贝克
上校在国联行政院上所说的）"最大限度的吸收能力"。[64] 罗马
尼亚的尼古拉·科姆内（Nicolas Comnene）在第二年补充说，
向巴勒斯坦移民将会"很明显有助于减轻中欧和东欧国家人口
拥挤的状况，因而也使找到最终解决"欧洲的犹太人问题的办
法"成为可能"。[65] 波兰在很无耻地效仿德国对殖民地的要求及
其清除自己国内的犹太人的同时，还提出成为委任统治委员会
成员，并表明接管巴勒斯坦委任统治地的意愿。[66] 在日内瓦，
那些对拯救犹太人感兴趣的人和急切地摆脱自己国内犹太人的

国家都敦促英国，让巴勒斯坦处于控制之下，以使它能够接纳尽可能多的犹太人。

375

英国努力恢复秩序。6 月，刚刚取代 J. H. 托马斯任殖民地大臣的奥姆斯比－戈尔宣布了解决阿拉伯暴力事件的措施——包括审查制度、宵禁、连带惩罚、摧毁藏匿武器的房屋以及对制造爆炸事件者实施死刑等。[67] 尽管叛乱者在一段时间内控制了巴勒斯坦的大部分农村地区，甚至短暂控制了耶路撒冷的旧城区，但严厉的平叛手段——包括 1936 年 6 月炸毁雅法旧城的许多房屋、使用武装车队和建造有防卫工事的警察岗哨以及英国军队的大规模涌入——最终使叛乱分子陷入绝境（图 12 - 3）。[68] 到 1938 年夏，在巴勒斯坦的英国军队有 2 万人，这个数字相当于不分年龄和性别每 50 名阿拉伯人对应 1 名士兵，处于困境中的农村人口正在遭受日益失去控制的匪帮的勒索和杀戮的煎熬。实际上，最后叛乱的主要受害者是阿拉伯人自己，他们不但遭了重大伤亡，还把土地丢给了犹太人。大罢工和不合作政策对政府是无效的，因为犹太定居点和进口商能够为城市提供所需物品，而阿拉伯工人的撤出只不过把经济更多地转到犹太人手中。政府还试图解除阿拉伯人的武装，同时武装了犹太人定居点并不成比例地把犹太人编入临时警察部队和奥德·温盖特（Orde Wingate）的准军事性的"夜间行动队"（Night Squads）当中。于是，伊休夫从叛乱的漩涡中建立起来，比以前更加有效率，武装得更好，而且更"像国家"。

376

尽管，阿拉伯起义在其他方面没有取得太多成果，但它最后说服了英国相信，阿拉伯人永远都不会甘心接受犹太复国主义，在巴勒斯坦建立一个统一的双民族国家的所有希望都破灭了。在 1936 年 8 月，英国政府任命了一个由皮尔（Peel）勋爵

图 12 - 3　1936 年 6 月，英国工兵炸毁雅法旧城。

领导的皇家调查委员会，调查骚乱的原因并提出补救办法，但骚乱非常严重，直到 11 月皇家调查委员会才进入巴勒斯坦访谈证人——其中包括魏茨曼和阿明·侯赛尼（图 12 - 4 ~ 图 12 - 6）。皇家调查委员会在 1937 年 7 月发布的长达 400 页的报告几乎包含该地区之生活的所有方面，但只有两个结论是真正重要的。第一个结论是，委任统治是行不通的，必须被放弃。在这一点上，该报告是毫不含糊的。"大约 20 年前英国承担的对阿拉伯人和犹太人的责任"可能没有失去它们的任何"道义和法律力量"，但"它们已经被证明是不可调和的"。"用一句话说，我们不能——在巴勒斯坦，就像它现在这样——既承认阿拉伯人关于自治的诉求又确保建立犹太人民族家园。"随着犹太移民给这个国家带来繁荣，阿拉伯人将会与它和解这种看法已经被证明是错误的；相反，经济状况的改善和和解方面的努力只是

加深了不同群体间的敌意。这两个族群已经不可挽回地变成
"国家"了，而且"坚持认为巴勒斯坦公民身份拥有道德含义
不过是自欺欺人"。不同的教育制度已经变成"民族主义的学
校"；暴力事件的爆发已变得很普遍；"强迫尊重法律和秩序"
的努力"已经被证明是徒劳无益的"。此外，"形势似乎将会变
得更加糟糕，现在已经很糟糕了"，因为巴勒斯坦阿拉伯人对主
权的要求和为欧洲处于困境中的犹太人提供避难所的压力只能
变得更大。没有任何宪法性安排可能把两方调和起来；相反，
"只有通过一种残酷的镇压制度……和平、秩序和善政才可能得
以维护"。"从道义上说，反对通过不断地镇压维持政府制度是
不言而喻的"，而且实践中这种政策也不会有什么结果。这会进
一步恶化阿拉伯人和犹太人之间的关系；也将会损害英国的利
益和英国在世界上的声望；它将"意味着传统上是我们的朋友
的两个民族逐步变得疏离"。这已经是能够想象出的对委任统治
最具毁灭性的控告。[69]

　　实际上，形势是那么绝望，伤害那么深刻，一种更极端的
补救措施——一种"外科手术式的切除"——可能是必要的。
坦率地承认失败促成了皇家调查委员会第二个极易引起争论的
调查发现。由于巴勒斯坦在委任统治之下没有实现持久和平的
希望，"政府应该采取适当的行动，在分治的基础上结束当前的
委任统治"。很明显，这样一个计划将会充满困难，但它也为满
足两个族群的民族愿望提供了某种机会。在此基础上进行的进
一步调查将会拟订这一计划的细节；然而，皇家调查委员会建
议北海岸地区和加利利（Galilee）成为一个犹太国家，内陆地
区和内盖夫（Negev）并入阿卜杜拉的外约旦地区，成立一个阿
拉伯国家，最后的耶路撒冷周围地区连同通往大海的走廊仍然

377

378

处于委任统治之下。调整和利诱将是必要的。由于犹太人口境况良好，而且犹太人国家将会控制更好的土地，它应该为阿拉伯人的国家提供补助金。某些经济好处需要被分享，贸易关系需要规范化。最重要的是，由于皇家调查委员会在约 22.5 万阿拉伯人居住的地区划分出一个特定规模的犹太国家（而在所提议的阿拉伯国家中只有 1250 名犹太人），这些土地和人口需要被转移，人们知道，通常"作为最后的手段，这种交换将会是强制性的"。[70]

图 12 - 4　巴勒斯坦皇家委员会（Palestine Royal Commission）成员在耶路撒冷大卫王酒店。从左至右依次是：哈罗德·莫里斯（Harold Morris）爵士、雷金纳德·库普兰（Reginald Coupland）教授、皮尔勋爵（主席）、霍勒斯·朗博尔德（Horace Rumbold）爵士（副主席）、劳里·哈蒙德（Laurie Hammond）爵士、莫里斯·卡特（Morris Carter）爵士、J. M. 马丁（J. M. Martin）（委员会秘书）以及希斯科特 - 艾默里（Heathcote-Amory）先生（皮尔的秘书）。

图 12 - 5　哈伊姆·魏茨曼抵达现场，为皇家委员会提供证据。

图 12 -6　哈吉·阿明·侯赛尼在给皇家委员会提供证据之后。

　　分治方案在一段时间里一直悬而未决，而且确实是一种经
过实践检验的、通过"地区分配"降低不同群体间冲突的可靠
的帝国主义方法。[71] 然而，在爱尔兰，分治方案被用于为拥有
300 年历史的公共区域提供领土的表达；而在巴勒斯坦，提出
分治方案是为了给一个直到最近还不超过人口总数之 10％ 的群
体创建一个国家，尽管他们与巴勒斯坦拥有毋庸置疑的历史联

379

系，而且也持续存在于巴勒斯坦。确实，这些人口现在在迅速扩展，但这是因为犹太人需要躲避欧洲人——不是阿拉伯人——的暴力和仇恨的避难所。皮尔委员会承认这一点，但也指出尽管要求巴勒斯坦阿拉伯人做出的牺牲可能是巨大的，但"它不是这个国家中唯一需要考虑的民族"。因为：

> 犹太人问题并不是这个重要时期困扰国际关系和阻碍和平与繁荣之路的诸多问题中无关紧要的问题。如果阿拉伯人做出某些牺牲能够帮助解决这一问题，不仅犹太人会感激他们，整个西方世界都会感激他们。[72]

人们不应对皇家调查委员会最终得出阿拉伯人应该做出"牺牲"以解决欧洲人创造的"问题"的结论感到惊讶；对于阿拉伯民族主义运动呼吁拒绝做出牺牲这一事实，也不应感到惊讶。更发人深省的是委任统治委员会对皮尔方案的反应。

到 1937 年夏时，委任统治委员会已经对英国政府非常不满。就在英国殖民地部警告巴勒斯坦行政当局时，委任统治委员会的成员们正想就叛乱发生的原因及对叛乱的控制质问他们，只是不情愿地同意等到皇家调查委员会提出报告。[73]当这个调查一拖再拖而且委任统治委员会建议举行的特别会议不得不被反复推迟后，外交大臣安东尼·艾登要想在国联行政院上"避免"与奥尔茨进行"公开的争论……就有很大的困难"。[74]在奥尔茨和拉帕德的领导下，也由于西奥多利因墨索里尼反国联的政策而被困在罗马，委任统治委员会也已经变得更坚定地支持犹太复国主义，西班牙人帕拉西奥斯现在是唯一一位阿拉伯同情者。而且所有成员——包括奥尔茨、拉帕德、丹尼维格、来自荷兰的新成员范·阿斯贝克以及实际上帕拉西奥斯本人——都对巴勒斯坦的暴力感到担忧，也非常担心欧洲犹太人面临的日益恶化的形势。1937 年 7 月初，皇家调查委员会的报告最后准备好后被直接送给常设委任统治委员会成员。[75] 在得到了下议院的勉强同意后，奥姆斯比 - 戈尔集合起他的官员们前往日内瓦了。[76]

他发现常设委任统治委员会"充斥着宣传活动"，魏茨曼（谨慎地支持分治方案）、斯蒂芬·怀斯拉比（Rabbi Stephen Wise）（反对分治）以及一个包括穆夫提的亲戚贾马尔·侯塞尼（Jamal al-Husayni）（坚决反对）在内的阿拉伯代表团都在其中发挥了作用，英国的报纸和日内瓦的记者团也准备采取行动。[77] 在幕后，大量的谈判也在进行着。奥尔茨在 6 月已经与纳胡姆·戈德曼举行了两次会见，而且在 7 月底与他进行的另外一次长达两小时的会见中，恰好在常设委任统治委员会会议开幕之前，他明确表示了对犹太复国主义事业的承诺。就像戈德曼报告的那样，奥尔茨已经完全赞成犹太复国主义者"不能同意任何使我们成为这个国家永久的少数派的东西"，而且已经询问犹太复国主义者更喜欢什么政策了。当被告知迫切需要的是要么使委任统治制度"以预期的方式"执行，要么在约旦西部地区建立一个犹太国家（这一政策"不会意味着对阿拉伯人不公正"因为已经给予他们外约旦了），奥尔茨答复说这两种选择目前都是不可能的，但皇家调查委员会建议的犹太国家"与我们不得不处理的问题关系极小"，而且无疑应该被扩大到包含从黎巴嫩到埃及和内盖夫的整个沿海地区。他还表达了对可能的人口转移的巨大兴趣，而且在听到如果能够移走 22.5 万阿拉伯人可以安置 100 万犹太人的说法时，他印象深刻。他已经要求就这一点提交一份备忘录，"因为他认为这对委任统治委

381 员会将非常重要"。[78]魏茨曼受到了鼓舞，把他提交皇家调查委
员会的秘密证据的副本和争取额外土地，包括内盖夫的几封信
送给奥尔茨。[79]

　　常设委任统治委员会会议于 7 月 30 日开幕，一直持续到 8
月 18 日，奥姆斯比－戈尔出席了 24 次会议中的 11 次，巴勒斯
坦行政长官出席了整整 18 次会议。在这种紧绷的气氛中——
"委任统治委员感到非常关键和困难，犹太人感觉非常糟糕，
而阿拉伯人认为是不可能的"——奥姆斯比－戈尔努力寻求对
分治方案的支持。[80]他告诉他们，在过去 17 年里，虽然没有成
功，英国一直在寻求调和阿拉伯人和犹太人的愿望，而目前的
状况——在面对欧洲反犹太主义迫切需要寻找犹太人避难所，
阿拉伯民族主义力量日益增长——使成功的希望更加渺茫了。
分治是解决这一僵局"最好和最有希望的办法"，他要求委任统
治委员会授权英国调查这些选择并提出一种方案。奥姆斯比－戈
尔开幕词的摘要被发表在媒体上，然后他安心面对几乎两个星
期的讯问（图 12－7）。[81]

382 　　在这一切都结束后，奥姆斯比－戈尔为高级专员沃科普撰
写了一篇富有洞察力的长篇总结。奥尔茨、拉帕德、范·阿斯
贝克、丹尼维格和卢格德的继任者马尔科姆·海利主导了这一
系列行动，除海利外都"强烈地偏向犹太人，反对阿拉伯人"，
这一点毫无掩饰。他们"特别憎恨"阿拉伯国家的卷入（确
实，就像魏茨曼那样），[82]伊拉克声称代表巴勒斯坦人使他们
"极其愤怒"。奥姆斯比－戈尔很难引导他们把巴勒斯坦视为区
域制度的一部分，因为他们几乎把巴勒斯坦视为"中欧受迫害
的犹太人的避难地"。因而，他们都"非常清醒地意识到"，波
兰——国联行政院的一个重要成员——希望让"尽可能多的犹

图 12 – 7　威廉·奥姆斯比 – 戈尔（坐在前桌中间者）
在委任统治委员会关于巴勒斯坦的
特别会议开始前，1937 年。

太人离开波兰进入巴勒斯坦"。（实际上，波兰外交部正忙于计
算可以塞进犹太地区的犹太人的数量并游说把内盖夫也包括进
去。）[83] 委任统治委员会对于分治的主要兴趣是它为把阿拉伯人
转移出所有犹太人地区和迁移到外约旦（Transjordan）提供的
机会。奥姆斯比 – 戈尔致信沃科普写道："在这个话题上，我被
问了无数个问题。"[84]

　　一旦常设委任统治委员会已经开始私下的讨论，海利在致
奥姆斯比 – 戈尔的信中说，他认为他能够说服委任统治委员会
授权英国研究所有选项，包括分治。[85] 然而，奥姆斯比 – 戈尔
很清楚，没有一个成员——甚至包括海利——对阿拉伯人或犹
太人治理自己的能力有信心，更不用说公正对待另一个群体
了。[86] 而且实际上，尽管委任统治委员会勉强允许英国研究各

种选项，但其报告还是直截了当地反对立即创建两个独立的国家，并指出两国都不可能满足常设委任统治委员会为伊拉克设定的行政管理和防务能力的最低要求。这将不得不有"一个延长的政治学徒期"，无论是以划区而治的形式，还是由英国控制两个独立的委任统治地，未来建立阿拉伯人和犹太人的国家。[87]

实际上，吸引委任统治委员会的更多是过去的错误，而不是未来的前景。尽管奥姆斯比－戈尔坚持认为镇压恶化了不同族群间的敌对，但委任统治委员会大多数成员都拒绝相信他。他们与犹太复国主义者争论说，失败的是英国"过分妥协"的政策；如果受委任统治国更坚定地支持"委任统治"——他们的意思是支持犹太移民——暴力可能根本就不会发生。范·阿斯贝克男爵坚持认为，导致所有这些麻烦的是委任统治制度中包含着"双重义务"，其最初的目标很明确，即创建一个犹太国家，非犹太人将作为少数民族受到保护——这一"原始意图"的宣言与 20 世纪 30 年代的人道主义需求一致但与英国已经做出的每一个官方声明都不一致。范·阿斯贝克争辩说，如果有人把它视为建立犹太国家的蓝图，委任统治是完全可行的，前提是"要给这个国家建立一个强大的政府"。[88]英国没有强加这样一个政府被认为是理所当然的；事实上，当会议记录被公布出来时，委任统治委员会对镇压措施的全面认可让一些读者感到震惊，现在读起来让人感到很奇怪。[89]在拉帕德、奥尔茨、范·阿斯贝克和丹尼维格（卢格德已经退休）看来，[90]委任统治当局本应该立即实施戒严；它本应该通过引入更多军队，并武装犹太人来取代阿拉伯警察；它本应该实行更严格的审查并关闭反对派的报纸；它本应该逮捕和审判提交批评政府政策的申诉书的阿拉伯官员;它本应该更迅速地执行死刑;它本应该威胁轰炸窝藏叛乱分子的村庄。

在会议即将结束时,奥姆斯比-戈尔被拖回日内瓦,就这样的政策是否能成功地阻止阿拉伯人的暴力发表看法,他强调说不会。相反,残忍的处理方式很可能会把穆斯林-犹太人的对抗扩大到巴勒斯坦之外,而且无论如何都是不公正的。巴勒斯坦确实存在两个族群,对根本上模棱两可的创始文本进行再多法条主义的解释都不可能使一个消失,或者调和它们冲突但都合法的主张。这也不可能通过武力解决——至少不可能通过民主政府解决。奥姆斯比-戈尔强调,"不管怎样,大英帝国的人民是自由和民主的人民",不会"长期被说服使用军事力量去解决都正确的两方之间的冲突"。[91]一种全新的、稳健的政治方法是必要的。

然而,在整个过程中,奥姆斯比-戈尔——在国联行政院还有安东尼·艾登——从未停止承认国联的权威或请求它的帮助。他们说,没有国联的同意,英国政府不可能制订出一个分治方案;只有得到国联的强大支持,英国才可能拥有确保阿拉伯人和犹太人合作的某种希望。[92]为赢得国际支持进行的尝试是有意义的,因为有强大的国际和国内支持,英国可能会强制推行皮尔方案,但未成功。因为在日内瓦,和在下议院一样,处于主导地位的看法是,分治对于犹太人来说是不公平的,无法接受的——尽管事实上阿拉伯人毫不含糊地拒绝了分治方案,而许多犹太复国主义者(和英国人不一样,被说服相信伊休夫能够存在,而且非常希望让英国去处理强制人口转移这个棘手的工作)已经悄悄转向支持这一方案了。[93]纳胡姆·戈德曼从一开始就持积极支持的态度,相信这个方案是为大量犹太人提

384

供庇护的唯一现实的前景。魏茨曼也认识到，如果分治方案失败，接下来也不可能有某种更好的东西。然而，他吹毛求疵的反应，更不用说他在伦敦和日内瓦非常成功地说服非犹太人支持者相信主要问题不是委任统治本身而是英国实施委任统治时的虚弱，减少了同路人对于这一建议的兴趣。他们至少在某种程度上认可并寻求调和犹太人和阿拉伯人的诉求的。[94]

仅仅国际共管并不注定导致分治方案的失败——议会充满敌意的反应也很重要[95]——但是常设委任统治委员会明显的怀疑态度造成了其失败。毫不奇怪，在接下来一年的会议中，常设委任统治委员会花费了大量时间审查巴勒斯坦委任统治当局的反恐怖主义措施，并批评其对移民的限制。[96]魏茨曼向奥姆斯比－戈尔表示，不遵循以"经济吸纳能力"为基础进行移民这一旧原则便是违背委任统治制度[97]。当奥姆斯比－戈尔拒绝让步时，魏茨曼呼吁拉帕德"在危急关头……捍卫基本正义和政治礼仪的原则"。[98]常设委任统治委员会没有令人失望，它向国联行政院报告说委任统治制度已经被"不公平地暂停了"，因为"它的一些基本目标"并未实现。[99]当然，人们可能会说委任统治制度的许多很明显的目标并未得以实现，其中包括自治机构的发展以及（因为这一领地处于实际的限制之下）当地人口之公民权利的保护，但这不是委任统治委员会考虑的东西。英国政府答复道，它不能同意其移民管制等同于"片面暂停委任统治制度"的看法，但委任统治制度文本的含义早已不再掌握在其手中了。[100]

英国反对国联：1939 年《白皮书》

385　　　整个 1938 年秋，分治方案仍处于毫无成效的审议之中。缓慢终结的分治方案使英国人在国联、下议院、犹太复国主义者以及阿拉伯民族主义者众目睽睽之下收拾被公认行不通的委任统治制度的烂摊子。表面上看，英国政府面对这场灾难时表现得很勇敢。1938 年 5 月，奥姆斯比 - 戈尔——用布兰奇·达格代尔（Blanche Dugdale）的话说，是"一个不可信赖的人"[101]——来到上议院，让他的继任者马尔科姆·麦克唐纳（Malcolm MacDonald）（拉姆齐·麦克唐纳能干的儿子）来埋葬分治方案，用最狂热的反恐怖主义者所希望的残忍政策，监督对阿拉伯起义的镇压，然后和新任高级专员哈罗德·麦克迈克尔（Harold MacMichael）、外交部和殖民地部工作人员一起设计一项新政策。

亚博廷斯基的新的犹太复国主义组织，现在与波兰政府达成一种"权宜结合"，认为波兰毫无疑问是比一群依附性的阿拉伯国家更重要的盟友，能够向英国施加压力，以保持巴勒斯坦大门的开放。然而，本 - 古里安知道，这种游说很可能会被视为"大屠杀执行者宣扬道德的例子"，而且只会适得其反。[102]因为到 1938 年，对所有人来说很明显，反犹太主义，而不是对其犹太公民之愿望的关注，正在推动着波兰的政策，这和在德国一样。就在德国实施"水晶之夜"（Kristallnacht）计划之后，波兰驻国联代表蒂图斯·科马尔尼茨基（Titus Komarnicki）在 1938 年 11 月在日内瓦会见纳胡姆·戈德曼的同事梅厄·卡汉（Meir Kahany），表示他的政府很赞赏德国在驱逐犹太人方面取得的成功并希望效仿这一做法。卡汉试图说服他，使他相信这种极端主义是一种策略上的错误。波兰以 350 万名犹太公民的名义，强烈要求影响对巴勒斯坦的国际政策，但如果它说其他土地也必须开放，西方合作的所有希望都将消失。科马尔尼茨基反驳说，他的政府相信如果德国、意大利、波兰和所有其他东欧政权在殖民地修订和犹太人问题上都同心一致，英国将会被迫做出让步。他警告说，如果西方国家未能安排它们的移民，犹太人将不得不遭受很大的损失，因为波兰将"被迫采取法律措施，使波兰的离散犹太人的处境尽可能艰难"。只有一场令人震惊的大屠杀才引起在德国犹太人问题上的行动，这一事实表明"西方国家只有在暴力行为压力下才会做出让步"。[103]

然而，如果这是真实的，英国对巴勒斯坦阿拉伯人的暴力的关注最终超过了他们对欧洲反对犹太人暴力的担心。就像英国外交部理解的那样，英国没有因讨好东欧的反犹分子而得到任何东西，特别是——如果德国人真的转而突袭波兰人的话——波兰除了站在英国一边别无选择。然而，如果战争即将到来，现在看来战争很可能即将到来，英国将需要依赖其阿拉伯附庸国并降低其军队在巴勒斯坦承担的责任。因此，在 1939 年春，英国不但邀请了巴勒斯坦敌对的各方，而且还邀请了毗邻的阿拉伯国家参加一个旨在强加一种新的安排的圆桌会议。如我们所知，这种磋商的结果是 1939 年 5 月的《白皮书》——在允许另外 7.5 万名犹太人（这一数字接近于 1919 年巴勒斯坦全部犹太人口数量）进入的同时，这一文件还建议所有后来的加入者必须得到阿拉伯人的同意，并设想十年内在巴勒斯坦创建一个统一国家。[104] 尽管少数派犹太人应该受到保护，但这将是一个阿拉伯国家，而不是一个"双民族"国家。巴勒斯坦将不会出现犹太人国家。

这份《白皮书》被阿拉伯人拒绝了，因为它未能充分满足其要求（尽管某些看法也支持接受它），而且由于它限定了犹太人在独立的巴勒斯坦的永久性少数民族的地位，犹太复国主义者对它也非常憎恨（图 12 - 8）。马尔科姆·麦克唐纳曾担任魏茨曼与他父亲之间的联络人，被辱骂为叛徒——在魏茨曼的通信中，他的名字与"犹太人的诋毁者，从法老到希特勒"是联系在一起的。[105] 这很不公平：敲定圆桌政策的跨部门委员会的记录显示，麦克唐纳竭力保持犹太人继续移民和最终建立一个犹太国家的可能性，而其他官员大多数希望英国政府直接宣布不再受他的副大臣达弗林侯爵（Marquis of Dufferin）所称的"贝尔福勋爵之错误判断"的约束。他们坚持认为，英国现在应该与阿拉伯人达成协议——如果必要的话，包括与穆夫提本人达成协议。["但是国王陛下的政府不能与教唆谋杀者谈判！"高级专员大声疾呼。"相反，"殖民地部的格拉顿·布希（Grattan Bushe）爵士反驳说，"爱尔兰的和平正是因内阁大臣们与'谋杀者'之间达成的协定才实现的。"]

图 12 - 8　"撕毁邪恶判决"。反对《白皮书》的示威活动，耶路撒冷，1939 年 5 月 18 日。

387　　麦克唐纳不会走这么远。他对他的官员们说，政府只是希
望买到几年的和平，并不想制订一个持久的解决方案。[106]然
而，他确实认为永远压制巴勒斯坦的阿拉伯人既是错误的，在
政治上也是不明智的，而且认为随着战争威胁的到来，阿拉伯
国家的友谊可能会比遭重创的国联的认可更有价值。因而，英
国的大臣们第一次明确表示，他们不会服从国联。达弗林勋爵
在上议院说，政府确定它的新政策与委任统治制度是可以协调
一致的，但如果国联行政院采取不同的看法，政府"会立刻要
求它改变委任统治，以使之与《白皮书》中确立的政策一致起
来"。他尖锐地总结道，任何人都不应该抱有"这项政策万一
不被批准的期望"。[107]法律主义最终将不得不向政治低头。

　　然而，《白皮书》的反对者们寄望国联寻找解救途径。敌
对的修正案在两院都被提了出来，敦促议会推迟就《白皮书》
进行投票，直到委任统治委员会有机会表达其看法，而且尽管
388 5月底政府强迫下议院予以通过，但丘吉尔、埃默里以及接近
100名其他著名的保守党人士都拒绝支持——这是一个比在慕
尼黑协定问题上与张伯伦决裂的异议者更大的异议集团。[108]在
日内瓦，拉帕德自己准备参加一场战斗。委任统治委员会多年
来一直是"跟随"在政府政策的后面，他对英国外交部副外交
大臣 R. A. 巴特勒（R. A. Butler）说，而且"许多成员"希望
"这次通过更清晰地阐明立场来挽救自尊"。[109]魏茨曼，已经会
见了拉帕德和奥尔茨而且拥有一个荷兰籍说客朋友范·阿斯贝
克，[110]现在向拉帕德提交了最后一份申诉书。政府正在"藐视
国联和民意"；常设委任统治委员会现在是"这个纷乱的世界
中唯一一个仍然拥有胆量而且能做出独立判断的机构"。[111]

　　常设委任统治委员会为期三个星期的会议于 1939 年 6 月 8

日在日内瓦开幕。一个星期之后，马尔科姆·麦克唐纳抵达日
内瓦为其政策辩护。英国已经兑现了对犹太人的承诺，他坚持
认为，因为这个群体人数已经从委任统治开始时的 8 万人增加
到 45 万人。"民族家园"已经建立起来了，而且委任统治并没
有妨碍其进一步发展成为一个犹太国家，但它并没有要求这样
的发展，对英国来说不顾阿拉伯居民的意愿把这样一个国家强
加给巴勒斯坦也没有违背委任统治制度。英国已经为得到阿拉
伯人同意犹太复国主义计划做出了努力，但失败了。相反，阿
拉伯反对派已经形成了一场"广泛的、爱国的全国抗议运动"。
麦克唐纳对常设委任统治委员会说："负责保护阿拉伯人'权
利和地位'的受委任统治国有义务认真对待这种怒不可遏的抗
议，这样的时刻迟早都会到来。"[112] 它不能无限期地"杀戮大
量阿拉伯人"，特别是在国联盟约明确设想委任统治应该是临时
性的。"不可能与 20 世纪的整体精神相悖，这种精神在许多国
家是一种稳定的自治运动。"[113]

　　然而，常设委任统治委员会大多数成员都不同意。帕拉西
奥斯已经不能参加这个至关重要的会议，而且在他缺席会议的
时候，拉帕德、奥尔茨、范·阿斯贝克和丹尼维格主导了质询
的过程。所有这些人不但对麦克唐纳的政策持敌视态度，而且
非常直率地表现出对他主张的自治权利的不屑一顾，这种权利
是国联盟约第 22 条所设想的，适用于巴勒斯坦的阿拉伯人的。
拉帕德说，在一个领土上赋予两个民族"自由人的权利"是不
可能的，所以根据委任统治制度赋予阿拉伯人的"公民和宗教
权利"一定不能包括政治发展的权利。相反，丹尼维格说，对
犹太人的承诺是和平协定的组成部分；因而，即使这个承诺
"很明显是违背阿拉伯人的意愿的，他们也不得不屈服于

389

它"。[114]很显然，阿拉伯人没有屈服，但这一事实不是改变方向的理由。丹尼维格对麦克唐纳说，她很遗憾曾支持英国在巴勒斯坦引入自治制度的计划。她现在认为自治实际上是非常遥远的事情——或许是 50 年或 100 年，而不是 5 年或 10 年的事情。[115]

常设委任统治委员会很明显是持反对态度的，但它会公开谴责英国的政策吗？当正式代表退出时，七位成员中的四位——拉帕德、丹尼维格、范·阿斯贝克和奥尔茨——期望它这么做。常设委任统治委员会没有这么做，这（完全）是由于一个人的干涉，莫里斯·汉基爵士，他刚刚从内阁大臣的位子上退休，匆忙接替仅仅在数周前迅速辞职的海利勋爵（在一些工党议员看来，完全不合适）成为英国的成员。[116]这是汉基参加的第一次——而且，就像将会证明的那样，也是唯一一次——常设委任统治委员会会议；他自己也承认，没有做好充分准备；而且，魏茨曼期望他作为一个新手不会发挥什么影响。[117]但汉基是一个娴熟的政治操盘大师，对国联怀有深刻的不信任。毕竟，他在 1919 年就已得出结论认为，"大英帝国值 1000 个国联"，而且拒绝了劳合·乔治提出的担任该组织第一任秘书长的建议。[118]现在，他无意让拉帕德、丹尼维格（"老式的'女学究'"）或者奥尔茨（心胸极其狭隘、死抠法律条文的工作人员中最顽固和最不愿合作的人）斥责他的帝国。[119]当委任统治委员会试图阻止汉基进入被任命草拟一份报告的小组委员会时，他拒绝离开；当委任统治委员会投票以四比三决定发布多数派和少数派的报告而且已经处理了这个问题时，他断然拒绝接受这一投票结果。

经过四天多的争辩，汉基让他的同事们精疲力竭。这是艰难的过程。拉帕德"极其希望公开发布其谴责《白皮书》的报告"，汉基向麦克唐纳报告说，奥尔茨、丹尼维格和范·阿斯贝克都支持拉帕德。只有来自法国和葡萄牙的成员认为《白皮书》的政策是正确的，甚至他们也感觉不自在，只是声称它是符合委任统治制度的。一度看起来似乎委任统治委员会将会发布三个独立的报告，汉基说这种结果会使他们看起来很荒谬。到第三天吃茶点的时候，多数派开始分裂了。[120]代替了拉帕德的强烈指责，该报告只是宣称虽然《白皮书》与常设委任统治委员会对委任统治制度的解释不一致，委任统治委员会不能确定它是否违背了委任统治制度本身。四位成员认为它违背了委任统治制度，而三位不这么认为——在这种情况下，委任统治委员会向国联行政院提交了关于各成员之不同看法的备忘录。[121]

390

在这场与他的同事们的斗争中，特别是在备忘录未收录的一篇长篇演讲中，汉基认为，在本质上，政治是很重要的。当拉帕德和奥尔茨坚持认为常设委任统治委员会是一个技术性机构，只负责解释文本，不必考虑巴勒斯坦日益恶化的形势时，汉基反驳说这种立场是天真的，甚至是不道德的。作为介入管控领域的一种政治创造物，委任统治委员会有责任考虑它在其中发挥作用的环境；如果它不能这么做，如果流血事件发生的话它将会承担一份责任。而且，即使是在委任统治制度的解释权这一狭小议题上，他指责道，常设委任统治委员会过于墨守成规、僵化死板。委任统治委员会表现得好像如果得到权威性的解释，委任统治制度就会变得可行，反之亦然。一个简单的理由是，只有从一开始就故意把文本设计得模糊才方便随着条件的改变而进行政策的调整。从根本上说，善治的本质是适应能力；政府在风向变化时见风使舵是正确的，不是软弱。[122]英国政府对常设委任统治委员会的报告做出的书面反应只是重复了这些观点。政府"明确的职责"是留心政治条件并相应地调整其政策。委任统治制度，"是在未来发展还不能被预测的时候制订出来的"，因而"很自然地被用最一般的措辞写了下来"，以便能够"根据善治的根本原则"灵活地使用它。无疑，这一原则要求"不应该通过武力而是应该顺应民意进行统治"。[123]

1939 年夏季，国联日益减少的支持者中只有少数人接受了这种解释。他们想抵抗希特勒，而不是平息巴勒斯坦的战争，而且希望国联在保卫犹太人方面采取强硬立场。常设委任统治委员会多数人对《白皮书》的谴责使他们感到振奋。8 月 18 日，纳胡姆·戈德曼在日内瓦向犹太复国主义者大会（Zionist Congress）发表演讲，称之为"一线光明"。[124]现在，由于渴望强化其在中东的联盟，而且也想忽视这个受到削弱的国联，英国政府无论如何都要强力推行《白皮书》。然而，作为一种协调的工具，它是失败的，因为它激怒了巴勒斯坦及其他国家的犹太人，而且一点也没有"平息"巴勒斯坦阿拉伯人的愤怒。实际上，关于 1939 年的《白皮书》最重要的意义只是延迟，因为它所强加的政策，至少从 1929 年起所有巴勒斯坦高级专员、英国外交部，甚至一位或两位殖民地大臣就赞成。英国发现在早些时候改弦易辙是不可能的，因而伊休夫经受了第二次世界大战的严酷考验，其人口容量能迎接后来的挑战不仅仅是由于犹太复国主义运动高超的政治技巧和下议院的看法。在某种程度上，这还因为竞争国际化造成的政治不灵活和停滞，以及国联的常设委任统治委员会。

＊　　＊　　＊

1938 年 12 月 8 日，当分治建议行将就木之时，上议院就政府举行圆桌会议的新计划进行了讨论。由于如此之多的殖民地行政长官在上议院结束了他们的职业生涯，几位英国巴勒斯坦政策的著名设计者也在上议院，所以这里经常出现指责和自我申辩的情况。斯内尔勋爵从他 10 年前关于肖委员会的少数民族报告中读出几段，以表明他一直是正确的。赫伯特·塞缪尔为他早期任命哈吉·阿明·侯赛尼为耶路撒冷的穆夫提的决定进行了辩护。然而，按照议会辩论巴勒斯坦问题的激烈程度作为标准，他的语气是忧郁而且非常温和的，正如已经认识到的，房间里的许多人行事都是很真诚的且他们的想法是公正的，却还是失败了。奥姆斯比－戈尔，很可能是两次世界大战之间能力最强的殖民地大臣，却在羞辱和贬损中结束了他的任期。他试图把一部分责任推给日内瓦。委任统治制度文本"是巴勒斯坦历届政府的祸根"。它迫使英国继续坚持明知行不通的政策；更糟糕的是，与之相伴的是一个墨守法规的监督机构，使灵活决策变得不可能。他说，他知道内阁在采纳分治方案方面很草率，但"在日内瓦的各方已经休会并要求受委任统治国立即解释它们的政策并立刻发表声明。我不得不匆匆忙忙赶赴日内瓦，它正等待着……创造某种重要的东西"。[125] 换句话说，安抚"日内瓦"的需要已经成为推动巴勒斯坦政策的力量。

人们能够理解高贵的上议院议员们的挫败感，但他们的桎梏是他们自己造成的。奥姆斯比－戈尔已经帮助拟订了《贝尔福宣言》，而且他和赫伯特·塞缪尔已经帮助确保把它纳入委任

392

统治制度文本了。英国政府一直致力于提高这一文件的声望和日内瓦的咨询与监督机构的声望。这种构建国际性权威并服从权威是调和帝国利益和威尔逊式价值观的广泛努力的一部分，在坦噶尼喀、多哥、甚至在伊拉克，这种努力产生了效果。然而，当涉及巴勒斯坦时，这种国际共管的战略适得其反，因为它使得任何政策变化都不可能。在20世纪20年代初，英国已经迫使常设委任统治委员会（最初违背了它自己更好的判断）把《贝尔福宣言》承诺的不伤害阿拉伯人利益这种令人难以置信的主张当作一个"事实"——但是，一旦常设委任统治委员会这么做了，而且以此为基础发布了15年的评估和评价，这个主张也就具有了"法律"的地位。因而，英国在1929年之后改弦更张的努力只落得遭受常设委任统治委员会的谴责——它不能对谴责熟视无睹，这样会削弱其作为国联之支柱和国际法之守护者的地位。

因而，直到1939年，英国才把国联放在首位，更多是出于对一个仍不可避免用欧洲人视角看世界的、表面上的全球性机构的遵从，而非对犹太复国主义者本身的尊重。犹太复国主义计划，尽管开始时就是有争议的，但也符合许多欧洲人的利益——渴望减少它们的犹太人口的反犹主义的政权，因纳粹学说而感到恐惧和为犹太人寻找避难所的自由主义者，渴望尽其所能在这场难民危机中提供帮助的委任统治委员会，以及受到建国计划激励的东欧犹太人。确实，正是因为多重的西方呼吁，巴勒斯坦的犹太复国主义计划被视为典型的国联的努力，这是对"国际社会"表面上严格按照文本界定但往往由政治决定的集体规范来重塑全球秩序的能力的检验。一个人如何评估这一计划完全取决于他站在奥姆斯比－戈尔极具先见之明所称的"权利斗争"的哪一方。长期以来，迫于国际压力，英国的恩惠使一些欧洲的离散犹太人能够在巴勒斯坦找到避难地，免于非犹太裔欧洲人的仇恨。但这是以牺牲最初对这种争吵毫无兴趣、之后同样抱持民族自决理想的人为代价的。很难想象，在没有国联的情况下，英国对犹太复国主义计划的支持会持续那么久，特别是在英国的全球和地区利益转向另一个方向的时候。

英国拒绝巴勒斯坦委任统治的时候，委任统治制度已经处 393 于危机之中了。法国早已把亚历山大勒塔转给了土耳其，直接违背了叙利亚委任统治制度，甚至拒绝委任统治委员会讨论这个问题。日本已经正式合并了南洋各被委任统治的岛屿。所有受委任统治国都在使它们的非洲殖民地"帝国化"，随着全球性对抗的加剧，把委任统治地和殖民地引入更紧密的战略和经济合作之中了。作为这套制度的主要发明者和受益者，英国是最后一个放弃信念的国家，但当利益的逻辑变得不可抗拒时，英国也明确表示推动政策的是帝国的需要，而不是国联的原则。

在日内瓦，感到恐惧的小国认识到了正在发生的事情，不再吵吵嚷嚷着要求国联表明立场和提供支持了。1938 年，德国、意大利和日本籍的成员已经撤走了，国联行政院被急于接替德意日委任统治委员会之席位的国家——特别是波兰——纠缠着。然而，到 1939 年春，这些要求也逐渐消失了。委任统治部主任爱德华·德·哈勒尔致信秘书长约瑟夫·阿弗诺尔，国联行政院 4 月要求他研究常设委任统治委员会成员资格问题，"这种公告在正常情况下会招致各方提出要求"，但他们却没有听到"任何评论"。"这种沉默有点儿难堪。"[126] 委任统治制度正在走向终结。

结语：形成中的法定国家地位

> 因此这就是我，在中间的路上，已经有二十年——
> 二十年时间大多浪费了，两次大战的年月——
> 试着学习运用词语，每一次尝试
> 都是全新的开端，一种不同种类的失败……
>
> T. S. 艾略特，"东科克"，
> 《四个四重奏》（*Four Quartets*）①

394   1939 年 9 月爆发的欧洲战争席卷国联，把国际主义跳动的心脏从日内瓦移植到了纽约。但在那时，没有人知道这些。因为，就算英国和法国在 1939 年秋季已经处于战争状态，国联并未处于战争状态；实际上，这个组织其他成员国的绝大多数（包括大多数欧洲国家）都是中立的。它们也不是宽容"侵略"。在 12 月，举行了一次简短的国联大会，苏联因对芬兰发起进攻被国联开除——苏联对此怀恨在心。然而，对于大多数国家，甚至对国联秘书处来说，这场战争很明显提出了一个问题，即国联至多不过是协约国的仆人。该组织能否作为国际价值观守护者，保持其"非政治性"部门及其各种能力直到当前的冲突结束？

委任统治委员会也面临着这个问题。由于国联秘书处已经

---

① 译文采用裴小龙所翻译的《四个四重奏：艾略特诗选》，译林出版社，2017，第 206 页。

同意继续开展"非政治性"工作，其成员在 1939 年 12 月被召集举行了第 37 次会议。[1]除莱奥波尔多·帕拉西奥斯外，所有成员都参加了会议。在最初的一些抱怨和内讧之后，受委任统治国也提交了报告并派出了代表。在英国，殖民地部的官员们对在巴勒斯坦问题上受到的"苛刻对待和严重缺乏理解"感到愤怒，以至于他们很愿意看到这套制度完全崩溃；只有英国外交部出于对与美国及中立国的看法对立的担忧推动殖民地部派出代表到日内瓦的会议上回答委任统治委员会的问题。[2]在那里，这些官员预料到，而且也受到一个努力保护其不稳定的中立诉求的组织的更多批评。常设委任统治委员会的成员们都很了解，英国和法国已经在西非和坦噶尼喀采取了与经济平等和非军事化的规则相矛盾的战时措施；他们也知道，德国也五十步笑百步，抗议这种违反国际法的行为。战争笼罩着这次会议，到会议即将结束时，威廉·拉帕德坦率地提出了是否把正在与德国进行战争的国家管理的领地也视为处于战争之中的问题。英国籍成员马尔科姆·海利感到很吃惊，插话说他认为它们很明显是处于战争之中的，但拉帕德反驳说形势并不是那么明朗。毕竟，英国和法国是代表国联管理那些地区，而国联没有处于战争之中。他说，人们始终对这样的问题抱有极大的兴趣，国联到底是专门服务于现在与德国交战的那些国家的，还是相反，不受这种纯粹的国家影响以国际社会的名义发挥监督作用。如果受委任统治国利用它们的领地支持战争努力，而委任统治委员会在没有质疑这种用途的情况下就解散了，"不但在国联行政院看来，而且在国联之外的民意看来，它们就会冒削弱其权威的风险"。其他三位来自中立国——奥尔茨（比利时）、范·阿斯贝克（荷兰）和丹尼维格（挪威）——的成员都同意，而且

395

以尽可能迂回的方式明确表示，他们希望受委任统治国在 1940 年 6 月的会议上确认被委任统治地的"国际性的"特点。[3]

这次会议从未举行。1940 年 4 月，希特勒的军队进攻了中立国丹麦和挪威，5 月，席卷了中立的卢森堡、比利时以及荷兰直到法国。在布鲁塞尔，皮埃尔·奥尔茨在德国部队到达之前把他的儿媳和孙辈们塞入一辆汽车，向南驶去，并在数周之后向拉帕德报告说他们已经安全抵达法国海滨阿卡雄（Arcachon）。[4]这些闪电般的战役也在国联秘书处造成了混乱。1939~1940 年的冬季，由于瑞士对窝藏"协约国的"组织的担忧日益增长，法国籍的秘书长约瑟夫·阿弗诺尔已经大大减少了国联的工作人员并考虑把该组织迁往法国，但法国在 6 月突然投降使这些计划陷入混乱。接下来是一段密谋期，其间阿弗诺尔解雇了许多服务了很长时间的官员，并幻想该组织是否可能服务一种由胜利的德国人领导的"新秩序"。但到 8 月，他最终辞职了，经济部的档案和工作人员都在去他们战时之家新泽西的普林斯顿高级研究院（Institute for Advanced Study in Princeton）的路上，阿弗诺尔的副手，来自中立的爱尔兰的简单但有原则的外交官西恩·莱斯特（Sean Lester）已经宣誓就任秘书长。在接下来的五年中，莱斯特和一些骨干人员将会孤独地守护在日内瓦鬼魂萦绕的万国宫（Palais des Nations），等待着国联再度被需要的时刻。[5]年轻的挪威官员（也是拉帕德的门徒）彼得·安克尔负责处理关于委任统治地的少量战时通信。

到 1944 年，这些人知道他们已经被取代了。这场战争可能始于作为国联主要的帝国支持者和修正主义国家之间的斗争，但在法国陷落之后，它的性质迅速发生了变化。一旦德国在

1941 年 6 月的进攻和这一年 12 月日本对珍珠港的袭击把苏联和美国拖入这场战争，大英帝国就成为同盟国中三个主要交战国中的一个——而且，就像英国官员们越来越清楚地认识到的，也绝不是最强大的国家。这些新的参战国使同盟国最终取得胜利成为可能，但力量平衡的改变带来了新的意识形态承诺和政治可能性。反抗德国和日本的帝国野心的战争，一场由所有肤色和民族的战士进行的战争，不能再以保留欧洲殖民主义或白人至上主义作为其目的了；在印度及其他地方，独立很快成为殖民地民族主义者支持的条件。通过 1941 年的《大西洋宪章》（Atlantic Charter），就像 20 多年前威尔逊提出"十四点计划"之后一样，英国和美国否定了对获取领土的任何兴趣，一致同意凡做出调整都必须得到相关人民的同意，并保证所有民族的民族自决权——这也是苏联及后来成为"联合国"之成员的其他国家在 1942 年所承认的。需要一个新的国际组织来监督战后安排，这一点实际上是毋庸置疑的；无论是苏联还是美国都不希望它是国联，这一点很快也变得很明显了。1944 年秋季在敦巴顿橡树园（Dumbarton Oaks）举行的第一次筹备会议之后，次年夏天联合国在旧金山（San Francisco）举行会议，以就一份基础性的宪章达成一致，其中包括赞同让所有非自治领走向"自治"这种政治发展的宣言，而且有两章规定建立托管制度，以取代国联的委任统治制度。呼唤新秩序和新世界，但都尽可能少地提及已经作古的国际联盟。实际上，尽管美国邀请莱斯特和其他两位国联官员出席旧金山会议有些迟，他们没有被给予任何头衔，只是坐在最后一排的旁听席上——这非常清楚地表明那两个主要大国多么不希望他们在那儿。[6]

　　处于旧金山（联合国）会议的关注之下的这些前途未卜的

397

委任统治地——和其他殖民地一样——走出了战争的漩涡，已经发生了很大变化。中东的各领地正在完全退出"监督"，因为英国军队已经把维希政权从叙利亚和黎巴嫩驱逐出去，然后（越过戴高乐的反对）与民族主义领导人合作，支持他们在1946年实现独立——这一年外约旦地区也获得名义上的独立，英国最终理解了它不可能在巴勒斯坦实行任何切实可行的转型。[7]太平洋的各委任统治地在战争中也已经被直接占领了。岛上的人们遭受了劳工征募、强制撤离、流行病、各种物品的匮乏、轰炸以及有时像日本人在拉锯战中进行的公开屠杀；当日本军队在高地与衣衫褴褛的澳大利亚军队激战时，新几内亚人被强征去做工人和搬运工；瑙鲁被占领了，其大多数人口被迫迁移。萨摩亚群岛避免了这一命运，它们被美国军队用作后勤供应基地和士兵"休息和疗养"地，却带来了财富和文化的错位。[8]撒哈拉沙漠以南非洲在这个时候也不是战场，但英国、维希政权、自由法国（它利用喀麦隆作为作战基地）急需非洲人作为士兵和劳工。这些需要反过来诱发了非洲人和非洲国家对其新地位的主张，无论它们是保持在帝国框架之内，还是离开它。[9]

然而，无论民族主义的批评者和战时规划人员多么费力地抵制这套已经过气的制度，但新的托管制度吸收了国联的工作人员和惯例。确实，当美国副国务卿萨姆纳·威尔斯（Sumner Welles）在1942年第一次召集一个委员会规划战后秩序时，他设想的是把所有被殖民地化的领地都置于国际监管之下。[10]俄罗斯裔政治科学家利奥·帕斯沃尔斯基（Leo Pasvolsky）负责国务院的社会与经济研究部（Division of Social and Economic Studies），他把如何实施这种监督这一问题交给了本杰明·格里克（Benjamin Gerig）。本杰明·格里克是一位美国人，20 世纪

20 年代后期在拉帕德支持下在日内瓦大学（University of Geneva）写过关于委任统治制度的毕业论文，然后在国联信息部工作了 10 年。[11]格里克把拉尔夫·邦奇从国务院的另一部门吸引过来帮助他，拉尔夫·邦奇是一位才华横溢的非裔美国政治学家，我们提到过他在西非为哈佛大学的毕业论文收集数据。在旧金山，他们二人都是美国代表团中托管问题研究小组的成员，这个小组隶属于旧金山会议第二委员会，其主管正好是我们在委任统治部的老朋友亨廷顿·吉尔克里斯特。格里克和邦奇也是参加三个月后在伦敦召开的联合国筹备委员会会议的美国代表团的成员，在这里，处理托管制度的"第四委员会"包括前常设委任统治委员会成员范·阿斯贝克和奥尔茨，他们现在代表荷兰和比利时帝国的利益。[12]彼得·安克尔，曾应莱斯特的要求为这些规划者撰写了一份关于委任统治制度的总结，向邦奇在纽约的助手劳伦斯·芬克尔斯坦（Lawrence Finkelstein）提供了一些关于这一制度的文件。[13]

因此，我们不应该感到吃惊，基于这些考虑和磋商形成的托管制度吸收了国联的惯例。它也是一种国际监督机制，而不是国际性政府，它由一个特定国家根据管理国和联合国之间达成的协定的规定、在一个专门的联合国机构（现在的托管理事会）监督之下管理一个特定地区，一个秘书部门（现在的托管部）提供支持。委任统治机制的核心程序——年度报告、定期会议以及申诉程序——都被保留下来。然而，也有一些变化。或许，这在毁灭性的战争之后是不可避免的，"进一步的国际和平和安全"之需要成为这个制度的第一目标，托管地应该为安全安排做出贡献，而不是被与这种安全安排分开。"文明"的说辞不见踪影，因为所有提到的都是处于"托管"统治下的人

399 们的能力不足和不成熟。相反，明确的政治进步的目标——"根据每一领土的具体情况，逐步走向自治或独立"，并且符合其人民"自由表达的愿望"——为所有人所倡导。"鼓励尊重人权和不分种族、性别、语言或宗教的所有人的基本自由"的义务也是新的，明确支持种族平等与国联制度的种族基础也形成了鲜明的对比。[14]

然而，最重要的变化或许存在于细节之中。邦奇、前殖民地国家和苏联各加盟共和国的代表们非常用心地把托管理事会和处于委任统治之下的人们的新能力和权利写入了在旧金山和伦敦达成一致的规则当中。居民被允许直接向托管理事会提出申诉，而不用通过行使行政管理的国家进行申诉，而且奥尔茨在伦敦想把地方法院可审理的申诉全部排除出去的企图也失败了。和委任统治委员会不一样，托管理事会可以在托管地进行正式的访问和调查，"由于常设委任统治委员会在过去的不幸经历"，叙利亚代表在伦敦会议上认为这一规定特别重要。各帝国可以通过弃权使这些调查能够"利用各种方法来确保当地人民尽可能充分地表达他们的愿望"，包括选举代言人或举行全民公决。[15] 最重要的是，托管理事会不向安全理事会报告，而是向联合国大会报告——就像邦奇认识到的那样，这一规定意味着非殖民化的压力将会随着联合国大会变得不是那么欧洲化和白人化而日益增加。实际上，就像梅雷迪思·特蕾塔（Meredith Terretta）和乌尔里克·劳赫曼（Ullrich Lohrmann）已经表明的，到 20 世纪 50 年代，托管地内部的当地活动家已能够利用这些条款，用数万份申诉书使托管理事会应接不暇，游说来访的使团，与诸如国际人权联盟（International League of the Rights of Man）和争取殖民地自由运动（Movement for Colonial

Freedom）这样的国际人权和反殖民主义组织建立联盟，并利用不结盟国家和新独立国家当中日益增长的同情，在联合国大会上来说明他们的情况。[16]利用国际机制和国际舞台作为殖民地争夺之场所的做法在委任统治时期就已露端倪，现在达到了其鼎盛时期。

但是，如果托管制度比委任统治制度在自我意识里是更 400 加"进步的"，重要的是要认识到它适用的范围更小。这部分是因为这场战争结束了中东的委任统治，但这也因为，说到底，美国远不像其言辞表明的那样强烈地"反帝国主义"。诚然，大战再一次引发了全球人民的自决要求。在国务院格里克团队内部，更不用说在非裔美国人运动内部，关于把所有殖民地领土置于新的托管机制之下，然后迅速使其获得独立国家之地位有许多非常热烈的讨论。[17]然而，就像罗杰·路易斯（Roger Louis）已经表明的那样，丘吉尔在帝国问题上不妥协的态度、老练的英国外交、韦尔斯（Welles）在 1943 年被逐出国务院以及美国人对他们自己（公开否认）的帝国利益的坚定的捍卫使这些计划失败了。到旧金山会议时，美国和英国联合起来反对埃及和菲律宾的代表提出的让联合国认可独立（不是简单的自治，就像英国愿意允许的那样）作为所有非自治领地之目标的要求。相反，这个目标只是出现在关于托管的这一章中，把置于这套制度之下的领地都留给处于支配地位的国家决定了。"我们没有这种意愿，而且我确信其他国家也没有这样的意愿，"英国代表团的一位成员在其日记中冷漠地指出。[18]他非常正确。被置于托管制度之下的唯一一个非委任统治地是索马里兰（Somaliland），这里已经被从意大利夺过来，但又——完全不同于 1919 年对德国的处理——

重被置于"托管"中。[19]

实话实说，美国人也把他们自己征服的地区归入一种特殊类别。就在国务院的格里克和邦奇团队正在拟订他们关于托管制度的建议之时，美国军队正在血腥的太平洋战场上占领一个又一个被毁坏的岛屿，精心策划这种进展的军事人员对他们征服的领土有非常不同的计划。在军事将领们看来，前日本所属岛屿对美国来说具有战略上的重要性，美国人已经为此付出了生命，应该把它们合并过来——这一计划与《大西洋宪章》的原则完全冲突，这与 20 年前史末资关于西南非洲的方案和比利·休斯（Billy Hughes）关于新几内亚的拍桌子的结论没有什么不同。而且由于美国拥有至高无上的权力，是能够决定例外的国家，美国人（不像 1919 年的澳大利亚人）达到了目的。

401　于是，英国、法国、比利时、澳大利亚和新西兰（但没有南非）[20]都与它们在非洲或太平洋的委任统治地（就西萨摩亚和瑙鲁而言，当地人持强烈的保留态度，他们猜测满载着美元的美国人可能会是更好的守护者）达成了托管协定。[21]但是，美国强迫为前日本委任统治的岛屿创造了一个特殊类型——"战略托管"——根据这一类型的相关规定，美国为它们的管理不是对联合国大会而是对安全理事会负责，而美国在安理会有否决权。这些岛屿被用作军事基地，马绍尔群岛被用于大气层核试验，使得有些成为有毒和无法居住的岛屿。[22]

如果托管机制比委任统治制度更遵从"自治或独立"的理想，那么，它也是更加"国家主义的"，而且向权力的现实做出了更多让步。[23]给予美国人的例外就是这样的一种妥协；允许安全超越当地人的利益是另一种妥协；现在允许把行政管理并入毗邻的殖民地——受到委任统治委员会强有力的反对——

是第三种妥协；托管理事会不应该由长期服务的"独立专家"而应由成员国的代表组成（至少一半将来自五个常任理事国和正在行使行政管理的国家而且没有固定任期限制，另一半有固定的三年任期）是第四种妥协。邦奇来自霍华德大学（Howard University）的观察力敏锐的前同事、非裔美国历史学家雷福德·洛根（Rayford Logan）认为服从正在行使管理权的国家及其"安全"利益是特别令人担忧的，拉帕德在日内瓦观望着，也持这种看法。委任统治制度的"一个可取之处"是委任统治委员会的独立性，拉帕德在致阿瑟·斯威策（Arthur Sweetser）的信中写道。阿瑟·斯威策是拉帕德在国联秘书处时的美国老朋友，现在正忙于联合国的计划。如果这些成员是政府的代表，就像被任命到托管理事会的那些代表一样，"我们可能已经变得缄默不语，或者至少会变得非常谨慎以至于非常低效"。[24]毫无疑问，认为拉帕德谋取私利是不正确的。本书已详细列举了诸多委任统治委员会成员为他们自己国家的利益辩护的例子，在一些例子中他们也支持可能被视为整体的欧洲帝国的"利益"。然而，这一点是真实的，通过承认托管理事会成员不可避免地代表国家的利益和"国际社会"只是它们进行斗争的舞台，托管制度把国际主义的婴儿和帝国主义的洗澡水一起倒掉了。早期跟踪研究托管制度的学者们对它那么迅速和彻底地充斥着冷战对抗而感到震惊；实际上，1945年秋季在伦敦举行的那些筹备委员会会议上便能感觉到这些紧张局势。[25]托管领地将会取得独立国家地位，但是出现的这种国家（或"准国家"）将因经济让步和冷战世界的庇护主义纠葛而陷入困境。[26]

　　1946年4月，在伦敦举行的联合国筹备委员会会议之后不久，大约30个主要是欧洲的国联成员国代表在日内瓦举行会

402

议，解散他们的组织并退出了舞台。民族自决之风影响剧烈，他们在这股潮流面前屈服了。以各地政客的方式，他们改写了过去，以适应当前的现实，表示国家建构一直是委任统治制度的目标。因而，国联大会热情地欢迎结束叙利亚、黎巴嫩和外约旦地区的委任统治，并感谢委任统治委员会多年全心全意的工作，特别指出国联如何帮助伊拉克"取得进步……以达到了完全独立的条件"。[27]因此，国联被纳入把欧洲开明的国际主义归功于这种黑格尔的命运——作为实现民族自由之成果的国家的建构——向所有人扩展的系谱。

如果本书让你信服，我希望它能表明这种因果叙事多么严重地误解了历史。例如，伊拉克的"解放"——或者，譬如说在伊拉克创建一个附庸国——是伊拉克民族主义者和英国官员寻求达成一个互利协议的共同计划，这一计划也会限制国际监督、经济准入和外交干涉。委任统治委员会不喜欢这一计划，它既深刻而且合理地怀疑英国的动机，但同样也怀疑非西方人做好了自治的准备。实际上，委任统治委员会从未明确地赞同创建独立国家的计划；英国和后来的法国在伊拉克、外约旦、叙利亚以及最后在巴勒斯坦进行的努力受到抱怨和批评。除了极少数例外——西班牙人莱奥波尔多·帕拉西奥斯是一个——其成员们确实不会这么想。对他们来说，委任统治制度是一种生产 20 世纪 30 年代"仁慈帝国主义"的杰出和辛辣的批评家温尼弗雷德·霍尔比（Winifred Holtby）所称的"更好和更聪明的土著"的机制，而不是锻造独立国家的熔炉。[28]这种制度导向规范性的独立国家地位完全是意料之外的和非故意的——不是任何有意识计划的结果，而是这种制度自身无法抑制的动力造成的。

委任统治制度，正如最初在巴黎拼凑而成，然后在日内瓦又被彻底改造，开始只是帝国协调与合法化的方案。受到伍德罗·威尔逊关于"反兼并主义的"和平的坚定主张和遍布全球的民族自决之要求的扩展的刺激，特别是英国的政治界塑造了这种新的国际机制，在这种机制当中，领土控制被重新界定为"文明"世界推动落后地区及其人民之"福祉和发展"的手段。这种制度只是被其他受委任统治国非常不情愿地接受，而且受到当地人的强烈质疑，而且实际上从一开始就受到像反奴隶制协会这样的自封的守护者的质疑。只是在枪炮威胁之下它才能在 1920 年被强加于叙利亚和伊拉克，而且西南非洲、叙利亚和西萨摩亚的各群体在这个机制实施的早期就都起来反对它们的"导师"了。这种不满促成了申诉程序的创设——这种实践成为受委任统治国方面持久的痛，但对于训练当地精英在国际组织工作、提出主张以及进行陈述等方面的技能发挥了很大作用。当面对公开的反抗或者此类政治诉求时，国联几乎总是支持各个帝国，重申这套制度的家长式的而不是解放式的意图。几乎没有证据证明处于委任统治之下的人们认为提供给他们的主体地位有吸引力；实际上，委任统治制度在早些年里发挥的作用更多是在纷争不断的各帝国之间进行协调的工具，而不是在委任统治地人民与其统治者之间进行协调的工具。

这套制度能够发挥这种协调性作用，因为"国际联盟"在20 世纪 20 年代初期也是"帝国联盟"：由于美国和苏联缺席，德国地位低下，各帝国——不但有英国和法国，还有意大利、日本、比利时、荷兰和葡萄牙——确定了基调。当德国在 1926年加入国联时，这种形势发生了巨大变化，因为德国不但是唯一一个没有帝国的欧洲大国，而且是大多数处于委任统治之下的领地的前宗主国。因而，随着委任统治委员会努力阐明使修正主义国家顺从国联机制的规范，德国的加入预示着委任统治制度最具创造性的时期的到来。正是在这一时期，委任统治委员会迫使国联行政院同意受委任统治国在各委任统治地不拥有主权，而且在这一时期德国也寻求充分利用"门户开放"条款。也是在这一时期，德国出于私利推动阿拉伯和非洲提出独立的主张，英国官员加班加点地在伊拉克制造一种版本的"独立"，一旦正式帝国消失，他们能够维持军事和经济优势。因而，"独立国家地位"作为所有附属地的一种可能命运在这些年中开始出现了，委任统治制度作为这种转变的引擎，不是因为委任统治委员会的成员们以这种方式看问题，而是因为这可能会赢得各帝国主义国家、修正主义国家以及吵吵嚷嚷的当地民族主义者的支持。

因而，在委任统治制度内，"独立国家地位"不是国际监督的结果而是替代这种监督的一种选择，一种在正式的去殖民化的世界中确保联盟和优势的手段。20世纪30年代的巨大变动——经济崩溃、纳粹上台以及接下来走向领土扩张和创建集团的行动——结束了这种试验。相反，所有国家都寻求把委任统治地和殖民地更紧密地纳入它们的网络之中。"国际共管"，作为一种协调大国利益的策略，已经失败了；然而，到这个时候，它也失去了其意识形态的力量。因为各大帝国和修正主义国家处于冲突之中，日本和意大利把它们在中国东北和埃塞俄比亚的统治描述成"神圣托管"的一个版本，甚至忠实于委任统治委员会的人们也发现西方文明优越性的主张以及类似的把外国统治描述成一种教育形式的说法都是难以辩护的。对他们来说，委任统治制度不仅仅是协调敌对国家或限制不守规矩的人的一种手段：它是界定善治规范和在全球范围内促进帝国的"最佳实践"的机制。这一计划一直以来更多停留在话语修辞意义上而不是真实的，一直更多是在日内瓦和伦敦讨论的问题而不是在耶路撒冷或洛美的实践。而且，当地缘政治的需要使言辞与帝国的政策之间的断裂变得很明显时，这套制度失去了其依靠。

那么，我们从这种远非线性的故事中能得出什么结论呢？我们如何评判委任统治制度的重要性？它到底发挥了什么作用？我概括三点结论。

第一，委任统治制度很重要，因为它是两次世界大战之间地缘政治秩序的一个战略性的部分。只有放在这一背景下才能理解它。利用这套制度稳定这种秩序的需要——最初是通过遏制对帝国统治的挑战及协调英国和法国的目标，后来是通过安抚修正主义国家——一直是最重要的。委任统治制度非常重要，不是因为它适用的领地特别有价值（尽管有一些是有价值的，特别是伊拉克），而是因为它们是前国联官员和第一个比较研究委任统治和托管机制的 H. 邓肯·霍尔（H. Duncan Hall）所称的两次世界大战之间的"国际前沿"的一部分——帝国冲突和领土易手的区域。[29] 我们已经忘记了这一点，也忘记了在这一方面委任统治制度和托管制度是完全不同的。因为，从分析的角度看，各委任统治地并不是两次世界大战之间与战后托管地（冷战时期相对落后的地方）相对应的东西，而是类似于朝鲜、越南、马来西亚、刚果或者大国争夺控制权的国家。[30] 直到修正主义国家被彻底打败，各委任统治地才失去其重要性，而在中东，甚至到这时其重要性也没有失去。委任统治制度是两次大战之间紧张的地缘政治历史的一部分——在这一时期，改造和"驯服"德国，还有协调英国和法国的战略以及确保美国参与维持全球安排等都非常重要。在全球稳定的努力中，委任统治制度至关重要，日内瓦是重要场所。

但是，如果这些年里的地缘政治冲突塑造了委任统治制度的特征，那么我们称为国际化的动力所产生的压力也很重要。这一研究的第二个主要贡献是展示这种动力的重要性。因为各大国在1919年，部分是无意的，部分是故意的，决定通过创立国际组织——国际联盟，而不是通过权力平衡或者武装对峙管理地缘政治秩序，以便冲突能够通过成员国之间进行的但能够让全世界的有识公众看得见的协商而得以处理。然而，通过这么做，它们释放出一种无法被限制的力量，因为国联很快成为动员新支持者、提出新诉求、阐述新实践以及表达新规范的发动机。1919年殖民地的重新划分，如东欧的领土安排，应该通过国际监督来使之成为可以接受的；然而，在这两种情况下，这些监督机制使这些安排更有争议，也更加脆弱。因为通过使受委任统治国接受定期质询，通过为申诉和抗议提供一种机制，特别是通过公布和分发它们的记录和报告，委任统治制度使帝国的统治面临一波无法控制的审议和"对话"的浪潮。不但反奴隶制协会的 W. H. 哈里斯（W. H. Harris）和芝加哥大学的昆西·赖特，而且叙利亚 - 巴勒斯坦大会的谢基卜·阿尔斯兰和萨摩亚的"马乌"运动的奥拉夫·纳尔逊都利用了所提供的机会。如果委任统治委员会竭尽全力地诋毁这些声音并使它们消停下来——阻止他们举行会议、拒绝他们的申诉、指责他们的动机——他们永远都不可能闭嘴。他们的话传遍了整个世界，是不可能被收回的，这个世界现在是被读写能力、印刷、航空旅行以及无线电波改造了的。

如果我们要寻求对委任统治制度之进程与结果的解释，应该在这两种动力之间的相互作用中寻找它——地缘政治利益的作用及国际审查和"对话"的力量。关于帝国主义和国际主义在这些年里如何互动的解释——也就是，国联如何违背它自己的期望和意图，促使欧洲的帝国垮掉的——应该在这里寻找。这是我的第三个主张，也是一个关于方法论的主张。本书已经仔细分析了一种制度，一种运转中的制度。它试图解释的不是国联认为它所做的那些，而是去展示其实践和倾向——审查、公共性、冗长、条文主义——如何与它所涉及的各国家和人民的目标、主张和利益相冲突，以及通过这些做法如何产生人们未预想到的意义和后果。国联使帝国的终结成为可以想象的，并促使规范性的独立国家地位成为可能的，这不是因为各帝国想要它这么做，或者国联盟约规定它应该这么做，而是因为国际化的动力改变了一切——包括"附属民族"如何争取独立国家地位，这种"独立国家地位"意味着什么，以及各帝国是否认为领土控制对于维持全球权力至关重要。

一直是委任统治制度之心脏和灵魂的多名男性和一位女性，常设委任统治委员会幸存的成员带着复杂的感情，注视着国联的死亡和托管制度的诞生。由于任职时间很长而且大多志同道合，到1940年他们已经成为朋友和合作者。威廉·拉帕德居住在日内瓦山上的寓所，仍然在大学辛勤地工作，在整个战争期间都密切关注着其同事们的命运。他设法在1942年夏抵达伦敦，在卢格德勋爵1945年去世之前见了他，然后在回国途中绕道马德里，拜访了莱奥波尔多·帕拉西奥斯——尽管他发现后者（他向卢格德报告说）"既不像过去在委任统治委员会折磨他时那样肥胖，也不像那时那样快乐"。[31] 1945年，拉帕德在

407

伦敦会见了马尔科姆·海利、奥尔茨和弗雷德里克·范·阿斯贝克——后者从战时集中营中幸存下来。[32]战争结束后，维托·卡塔斯蒂尼——生活拮据，正在寻找工作，而且非常后悔其过去的法西斯主义行径——也取得了联系，并转达了阿尔贝托·西奥多利毫发无损地从战争中幸存下来的消息，任何人对此都不会感到惊奇。[33]拉帕德似乎已经失去了与路德维希·卡斯特尔的联系，他在纳粹时期因为犹太血统而被从法律行业（legal profession）中开除，但他——更加出乎意料——也从战争中幸存下来，在战后复兴时期继续为许多德国公司提供咨询，并在 1953 年获得德意志联邦共和国声誉卓著的联邦十字勋章（Bundesverdienstkreuz）。但 1952 年拉帕德在奥斯陆（Oslo）见到了瓦伦丁·丹尼维格，他现在已经很聋了，还有前委任统治部主任爱德华·德·哈勒尔，现任瑞士驻挪威大使。[34]（拉帕德年轻的门生彼得·安克尔也和他完全相似，成为挪威驻瑞士大使。）而且自始至终，拉帕德都与他最密切的合作者奥尔茨保持着联系。西奥多利在 1955 年去世了，拉帕德转告了其遗孀对卡塔斯蒂尼的吊唁信的独特答复："在很长一段时间里，先生，你和我无疑都是已故者最值得同情的受害者。"[35]

但是，拉帕德和奥尔茨现在都是老人了，与他们的时代都格格不入了。拉帕德仍然是一个威尔逊主义者，完全相信文明人做出的公正判断能够解决世界的问题，而且他发现战后托管制度的"现实的好战性"——以及更广泛的战后秩序——是倒退的。[36]奥尔茨一直是更加保守的，而且在其生命的最后时刻仍然认为，委任统治（不同于直接的帝国管理）在"原始人居住的领地"也是不恰当的。[37]他们很高兴在以色列国家的兴起中发挥了作用——在 1949 年 11 月，拉帕德在这里待了一个星期，与魏茨曼一家住在一起，而且觉得"格外，实际上几乎是异常的高兴"[38]——但除此之外，他们无法再确定他们取得了什么成就。奥尔茨在 1952 年对拉帕德说，联合国规模变得越大，越无能为力，国联看起来就更好——拉帕德完全同意这一点。[39] 他们二人在 1958 年春天都去世了，无意间成为他们未曾设想过的世界的设计师。

附录一 《国联盟约》第二十二条[*]

（一）凡殖民地及领土于此次战争之后不复属于从前统治该地之各国，而居民尚不克自立于今世特别困难状况之中，则应使用下列之原则，即此等人民之福利及发展成为文明之神圣任务，此项任务之履行应载入本盟约。

（二）实行此项原则之最妥善方法莫如以此种人民之保佐委诸资源上、经验上或地理上足以承担此项责任而亦乐于接受之各先进国，该国即以受任统治之资格为联盟施行此项保佐。

（三）委任统治之性质应依该地人民发展之程度、领土之地势、经济之状况及其他类似之情形而区别之。

（四）前属奥斯曼帝国之各民族其发展已达可以暂认为独立国之程度，惟仍须由受委任国予以行政之指导及援助，至其能自立之时为止。对于该受委任国之选择，应首先考虑各该民族之愿望。

（五）其他民族，尤以中非洲之民族，依其发展之程度，不得不由受委任国负地方行政之责，惟其条件为担保其信仰及宗教之自由，而以维持公共安全及善良风俗所能准许之限制为衡，禁止各项弊端，如奴隶之贩卖、军械之贸易、烈酒之贩卖并阻止建筑要塞或设立海陆军基地，除警察和国防所需外，不得以军事教育施诸土人，并保证联盟之其他会员国在交易上、

---

[*] 译文摘自《国际条约集（1917～1923）》，世界知识出版社，1961，第274～275页。

商业上之机会均等。

（六）此外土地如非洲之西南部及南太平洋之数岛或因居民稀少，或因幅员不广，或因距文明中心辽远，或因地理上接近受委任国之领土，或因其他情形最宜受治于受委任国法律之下，作为其领土之一部分，但为土人利益计，受委任国应遵行以上所载之保障。

（七）受委任国须将委任统治地之情形向行政院提出年度报告。

（八）倘受委任国行使之管辖权、监督权或行政权，其程度未经联盟会员国间订约规定，则应由行政院予以明确规定。

（九）设一常设委员会专任接收及审查各受委任国之年度报告并就关于执行委任统治之各项问题向行政院陈述意见。

附录二 委任统治地的主要行政长官 和出席常设委任统治委员会 会议的官员

该名单排除了大多数在第二次世界大战期间任职或任职时间不足一年的行政长官。标有星号（＊）的行政长官作为"官方特遣代表"参加了所指出的常设委任统治委员会会议。

甲类委任统治制度（1923 年 9 月 29 日在叙利亚和 巴勒斯坦生效，1924 年 9 月 27 日在伊拉克生效）

法国驻叙利亚和黎巴嫩的高级专员

亨利·古罗（Henri Gouraud），1919－1923

马克西姆·魏刚（Maxime Weygand），1923－1924

莫里斯·萨拉伊（Maurice Sarrail），1924－1925

＊亨利·德·茹弗内尔（Henry de Jouvenel），1925－1926（1926 年 6 月，第 9 次会议）

＊亨利·蓬索（Henri Ponsot），1926－1933（1930 年 6～7 月第 18 次会议；1932 年 11～12 月第 22 次会议）

达米安·德·马特尔（Damien de Martel），1933－1939

加布里埃尔·皮奥（Gabriel Puaux），1939－1940

英国驻巴勒斯坦的高级专员

＊赫伯特·塞缪尔（Herbert Samuel）爵士，1920－1925（1924 年 10～11 月第 5 次会议）

赫伯特·普卢默（Herbert Plumer），第一代普卢默子爵，1925－1928

＊约翰·钱塞勒（John Chancellor）爵士，1928－1931（15th session，July 1929）

＊阿瑟·沃科普（Arthur Wauchope）爵士，1931－1938（1932 年 11～12 月第 22 次会议）

哈罗德·麦克迈克尔（Harold MacMichael）爵士，1938－1944

英国驻伊拉克的高级专员

珀西·考克斯（Percy Cox）爵士，1920－1923

＊亨利·多布斯（Henry Dobbs）爵士，1923－1928（1926 年 11 月第 10 次会议）

吉尔伯特·克莱顿（Gilbert Clayton）爵士，1928－1929

＊弗朗西斯·汉弗莱斯（Francis Humphrys）爵士，1929－1932（1931 年 6 月第 20 次会议；1931 年 10～11 月第 21 次会议）

乙类委任统治制度（1922 年 7 月 20 日生效）

法国驻喀麦隆专员

卢西安·富尔诺（Lucien Fourneau），1916－1919（军事

占领）

朱尔·卡尔德（Jules Carde），1919－1923（军事占领，然后是委任统治）

*泰奥多尔·马尔尚（Théodore Marchand），1923－1932（1929 年 7 月第 15 次会议；1931 年 10～11 月第 21 次会议；1932 年 11～12 月第 22 次会议）

保罗·博纳卡雷尔（Paul Bonnecarrère），1932－1934

*朱尔·勒皮凯（Jules Repiquet），1934－1936（1936 年 10～11 月第 30 次会议；1939 年 12 月第 37 次会议）

皮埃尔·布瓦松（Pierre Boisson），1937－1938

里夏尔·布吕诺（Richard Brunot），1938－1940

法国驻多哥兰专员

加斯东·富尔恩（Gaston Fourn），1916－1917（军事占领）

阿尔弗雷德·路易·韦尔费尔（Alfred Louis Woelfel），1917－1922（军事占领）

*保罗·博纳卡雷尔（Paul Bonnecarrère），1922－1931（1925 年 6～7 日第 6 次会议，1930 年 6～7 月第 18 次会议）

罗贝尔·保罗·马里·德·吉斯（Robert Paul Marie de Guise），1931－1933

莫里斯·莱昂·布尔吉纳（Maurice Léon Bourgine），1934

莱昂·热斯马尔（Léon Guismar），1935－1936

米歇尔·吕西安·蒙塔涅（Michel Lucien Montagné），1936－1941

英国委任统治之下的喀麦隆

喀麦隆之处于英国委任统治下的地区被分为两个省，喀麦隆省和北喀麦隆省，每个省又被进一步分割，北喀麦隆在行政管理上与毗邻的尼日利亚省合并在一起。没有官员单独负责委任统治地的行政管理。

英国委任统治下的多哥

英国委任统治下的多哥被分成两个部分，每一部分在行政管理上都并入了毗邻的黄金海岸的领地。没有官员单独负责委任统治地的行政管理。

英国驻坦噶尼喀官员

H. A. 拜厄特（H. A. Byatt）爵士，1916－1925（军事行政长官，然后任总督）

＊唐纳德·卡梅伦（Donald Cameron）爵士，1925－1931（1927 年 6～7 月第 11 次会议）

＊陆军中校 G. 斯图尔特·赛姆斯（G. Stewart Symes），1931－1934（1933 年 6～7 月第 23 次会议）

＊哈罗德·麦克迈克尔（Harold MacMichael），1934－1938（1935 年 6 月第 27 次会议）

M. A. 扬（M. A. Young）爵士，1938－1941

比利时驻卢旺达－布隆迪皇家专员；1926 年起的
卢旺达－布隆迪总督和比利时属刚果的副总督

查尔斯·汤布尔（Charles Tombeur），1916 年（军事总督，比利时占领）

J. P. F. M. Malfeyt，1916－1919 年（皇家专员，比利时占领）

*阿尔弗雷德·马尔佐拉蒂（Alfred Marzorati），1919~1929 年（占领，然后是委任统治）（1926 年 6 月第 9 次会议；1929 年 11 月第 16 次会议）

路易·约瑟夫·Postiaux（Louis Joseph Postiaux），1929~1930 年

查尔斯·亨利·约瑟夫·瓦赞（Charles Henri Joseph Voisin），1930~1932 年

欧仁·容格斯（Eugène Jungers），1932~1946 年

丙类委任统治制度（1920 年 12 月 17 日生效）

驻西南非洲的南非行政长官

E. H. L. 戈杰斯（E. H. L. Gorges,）爵士 1915–1920（军事行政长官）

*吉斯伯特·R. 霍夫迈尔（Gysbert R. Hofmeyr），1920–1926（1924 年 6~7 月第 4 次会议）

* A. J. 沃思（A. J. Werth），1926–1933（1928 年 10~11 月第 14 次会议）

* D. G. 康拉迪（D. G. Conradie），1933–1943（1935 年 6 月第 27 次会议）

澳大利亚驻委任统治下的新几内亚的行政长官

威廉·霍姆斯（William Holmes）上校，1914–1915（军事行政长官）

塞缪尔·奥古斯塔斯·Pethebridge（Samuel Augustus Pethebridge）爵士，1915–1917（军事行政长官）

乔治·詹姆士·约翰斯顿（George Jameson Johnston）准将，1918－1920（军事行政长官）

托马斯·格里菲思（Thomas Griffiths）准将，1920－1921（军事行政长官）

E. A. 威兹德姆（E. A. Wisdom）准将，1921－1932

托马斯·格里菲思（Thomas Griffiths）准将，1932－1934

沃尔特·拉姆齐·麦克尼科尔（Walter Ramsay McNicoll）爵士，1934－1942

新西兰驻西萨摩亚的行政长官

罗伯特·洛根（Robert Logan）陆军中校，1914－1919（军事行政长官）

罗伯特·沃德·泰特（Robert Ward Tate）上校，1919－1923（军事行政长官，然后任委任统治地行政长官）

＊乔治·理查森（George Richardson）爵士、准将，1923－1928（1928年6月第13次会议及1928年10～11月的第14次会议）

斯蒂芬·S. 艾伦（Stephen S. Allen）上校，1928－1931

赫伯特·E. 哈特（Herbert E. Hart）准将，1931－1935

艾尔弗雷德·特恩布尔（Alfred Turnbull），1935－1943（代理），1943－1946

澳大利亚驻瑙鲁的行政长官

G. B. 史密斯－雷乌斯（G. B. Smith-Rewse）先生，1914－1920（占领时期的行政长官）

托马斯·格里菲思（Thomas Griffiths）准将，1921－1927

威廉·纽曼（William Newman），1927－1932

鲁伯特·加西亚（Rupert Garsia）海军中校，1932－1938

弗雷德里克·罗伊登·查默斯（Frederick Royden Chalmers），1938－1942（1943 年 8 月，瑙鲁被日本人占领）

南阳町（Nan'yō-chō）（日本南太平洋委任统治地）官员

Tezuko Toshira，1922－1923

横田刚介（Yokota Gōsuke），1923－1931

＊堀口满田（Horiguchi Mitsuda），1931（1932 年 11－12 月第 22 次会议）

田原一男（Tawara Kazuo），1931－1932

松田正幸（Matsuda Masayuki），1932－1933

早志久男（Hayashi Hisao），1933－1936

北岛贤二郎（Kitajima Kenjiro），1936－1940

出席委任统治委员会会议的高级官员

行政管理上与委任统治地联系在一起的

毗邻殖民地的殖民总督

A. 兰福·斯莱特（A. Ranford Slater）爵士，黄金海岸总督，1928 年 10～11 月第 14 次会议（代表英国委任统治的多哥）

唐纳德·卡梅伦（Donald Cameron）爵士，尼日利亚总督，1932 年 11～12 月第 22 次会议（代表英国委任统治的喀麦隆）

皮埃尔·里克曼斯（Pierre Ryckmans），比利时属刚果

总督，1936 年 10 ~ 11 月第 30 次会议（代表卢旺达 – 布隆迪）

政府官员

威廉·奥姆斯比 – 戈尔（William Ormsby-Gore）阁下，1923 年 7 ~ 8 月第 3 次会议；1924 年 6 ~ 7 月第 4 次会议；1925 年 6 ~ 7 日第 6 次会议；1925 年 10 月第 7 次会议；1926 年 11 月第 10 次会议；1927 年 10 ~ 11 月第 12 次会议（作为副殖民地大臣）；1937 年 7 ~ 8 月第 32 次会议（作为殖民地大臣）。

托马斯·德拉蒙德·希尔斯（Thomas Drummond Shiels），殖民地部常任秘书，1930 年 6 月第 17 次会议和 1931 年 6 月第 20 次会议

普利茅斯的厄尔（Earl of Plymouth），殖民地部副国务秘书，1932 年 11 ~ 12 月第 22 次会议

德·拉·沃尔（De la Warr）勋爵，殖民地部副国务秘书，1937 年 5 ~ 6 月第 31 次会议

马尔科姆·麦克唐纳（Malcolm MacDonald），殖民地大臣，1939 年 6 月第 36 次会议

来自各国殖民地部的官员

阿尔贝·迪谢纳（Albert Duchêne），国务顾问（Conseilleur d'Etat），法国殖民地部政治事务局主任，出席了 1923 ~ 1929 年所有讨论法属多哥和喀麦隆的会议；后来，莫里斯·贝松（Maurice Besson）在 1931 ~ 1939 年接替了这一职位。

阿勒维克·德·霍伊施（Halewyck de Heusch），比利时殖

民地部政治和行政事务局局长，除第一次会议外，出席了
1924～1929 年间所有讨论卢旺达和布隆迪的会议。

罗贝尔·德·凯（Robert de Caix），出席了 1924～1929 年
处理叙利亚问题的所有会议

致　谢

当具有开创精神的政治学家雷蒙德·莱斯利·比尔在1925年前往非洲研究欧洲的殖民政府时，美国的美元、权力和特权使他能够顺利开展研究。10月，坦噶尼喀总督唐纳德·卡梅伦（Donald Cameron）爵士对自己的老师弗雷德里克·卢格德爵士抱怨道，"一个名叫比尔的……令人不快的年轻美国后生"已经出现在达累斯萨拉姆，设想他会被安排入住总督官邸（Government House）。相反，卡梅伦把比尔打发到一家酒店，但总督和他在非洲的葡萄牙、法国和比利时的同僚确实让这位人脉广泛的年轻美国人在他们的领地上自由地旅行，收集他的观感和证据。来自伦敦和日内瓦的介绍，来自劳拉·斯佩尔曼·洛克菲勒基金会（Laura Spelman Rockefeller Foundation）的资助，来自哈佛大学和外交政策协会（Foreign Policy Association）的支持，坦率地说还有白人特性（whiteness）使比尔不可能被驱逐。三年之后，比尔在其汇编的两卷本、长达1000页的著作《非洲的土著问题》——已在第8章中探讨——中对强制劳动和行政腐败的揭露，使得向委任统治委员会的申诉增多和各帝国外交部内部愤怒。

本书的撰写始于美国世纪结束之时而不是在其乐观的开端；当然，我从未想过我会入住总督官邸。然而，也存在一些相似之处，其接近程度足以让人停下来思考一下。使比尔非凡的旅行成为可能的基金会和机构也支持了这一计划。洛克菲勒、梅隆（Mellon）、卡内基（Carnegie）以及其他基金会一个多世纪前积聚的财富仍然为一些美国学者提供研究所需的资源——时间、假期、资金、学术圈。获得这些资源让我欠下许多感情债，但它确实也带来了机会。周游各大洲，像候鸟一样遍览专家们穷其一生的档案，我日益强烈地认识到国际史能够把焦点重新转回到大都会，以学术的语言重新演绎我正在记录的迥然不同的当地文化和空间。相反，我试图撰写一种真正多元本地化的历史，一种对大马士革或温得和克的行为体和伦敦或柏林的行为体给予同样关注的历史。但为撰写这样的历史著作，我不得不深入阅读——或尽我所能深入阅读——大量不同领域的资料，这种全情投入让我在很多方面获益颇深。我必须感谢非洲、中东和太平洋岛国的数百位历史学家，我大量利用了他们杰出和艰辛的作品。本书中大量的注释不仅仅是我偏执性格的标志，它们还是一种敬意。向你们致敬，我的同事们。

我要同样感谢记录员，特别是那些建立和保护与潮流格格不入的资料的人。我深感应该对数代国联档案的守护者们表达感激之情。如果不是因为两次世界大战之间长期被遗忘的国联秘书处全体工作人员——一群理想主义的、严重被大材小用的、不成比例的说英语的女性——这些详细的记录压根就不会存在。同样的，我要感谢伯恩哈尔迪内·佩约维奇（Bernhardine Pejovic）、雅克·奥伯森（Jacques Oberson）、李·罗伯逊（Lee Robertson）以及档案部负责人布兰丁·布卢卡兹－路易斯费尔特（Blandine Blukacz-Louisfert）女士多年来给予的慷慨帮助。纳米比亚国家档案馆（Namibian National Archives）的维尔纳·希勒布雷希特（Werner Hillebrecht）帮助我检索了超过我通常关注领域的档案；阿娜特·斯特恩（Anat Stern）与我坐在一起，在耶路撒冷犹太复国主义中央档案馆（Central Zionist Archives），翻译了希伯来语的索引。我无法访问惠灵顿的新西兰档案馆，但彼得·卡特（Peter Carter）为我调查和检索了档案，而杰米娜·莫布雷（Jemina Mowbray）在悉尼大学完成了我的期刊研究。许多学生，有的现在已经是教授了，在过去十多年中担任了研究助理：我要感谢安娜·丹齐格－霍尔珀林（Anna Danziger-Halperin）、艾梅·吉尼尔（Aimee Genell）、托比·哈珀（Toby Harper）、米歇尔·艾登（Michelle Iden）、米格尔·洛佩斯（Miguel Lopez）、凯文·奥布莱恩（Kevin O'Brien）、埃里克·萨里（Erik Saari）以及肯恩·威斯布鲁德（Ken Weisbrode）。

2005～2006 年和 2008～2009 年两年的深入研究，得到了古根海姆基金会（Guggenheim Foundation）、柏林科学院（Wissenschaftskolleg zu Berlin）和柏林美国研究院（American Academy in Berlin）提供的奖金，以及巴黎的法国年鉴学派和悉尼大学提供的访问研究资助。我要感谢劳拉·李·唐斯（Laura Lee Downs）邀请我赴巴黎，感谢格伦达·斯卢加（Glenda Sluga）和克里斯·希利亚德（Chris Hilliard）在悉尼给予的友好款待，感谢加里·史密斯（Gary Smith）欢迎我赴万湖（Wannsee），还要感谢迪特尔·格林姆（Dieter Grimm）和令人惊叹的 Wiko 工作人员创造的、我所知道的最接近学术理想国的协调办公室。哥伦比亚大学文理学院（The Faculty of Arts and Sciences at Columbia University）以许多方式支持了这一研究计划，不仅仅是在 2011～2012 年给予我 18 个月的假期。在这一时期，我得到了由普林斯顿高等研究院的研究员协会（Society of Institute Fellows）资助的研究资金，然后又获得纽约公共图书馆库尔曼作家与学者中心的约翰·比克隆（John Birkelund）研究员津贴，纽约公共图书馆是琼·斯特劳斯（Jean Strouse）精心管理的人文园地。2014 年大学春季学期在牛津大学万灵学院（All Souls College）任福特讲师和研究员（Ford's Lecturer and Fellow），使我能够检验我的思想并进行最后的修改。我要特别感谢罗伊·福斯特（Roy Foster）和万灵学院院长约翰·维克斯（John Vickers）爵士，他让我在这里的停留如此奇特和美好。如果不是因为有罗丝·拉扎吉安（Rose Razaghian），我不可能在完成这本书的同时处理好我的行政事务。

我的经纪人、牛津大学出版社的克莱尔·亚历山大（Clare Alexander）和克里斯托弗·惠勒（Christopher Wheeler），在它还只是我眼中的一丝微光时就开始支持这一计划；牛津大学出版社驻牛津和纽约办公室的罗伯特·法伯尔（Robert Faber）和蒂姆·本特（Tim Bent）已经使这一计划顺利获得通过。我还要感谢牛津大学出版社聚集起来的无可挑剔的制作团队，特别是我的文字编辑理查德·梅森（Richard Mason）和莉斯·福西特（Liz Fawcett），他们编辑了本书的索引。曼纽尔·鲍蒂斯塔·冈萨雷斯（Manuel Bautista González）首先编制了图表；凯特·布莱克默（Kate Blackmer），杰出的制图员，绘制了你们在这里看到的富有启发性的地图和表格。本书中复制照片的原始版权所有者已被充分标识出来；全部人员在下面都已分别列出。

相互交叉的学者共同体使这一国际交往的历史变得更加丰富。我要特别感谢我在哥伦比亚大学历史系的杰出同事们［特别是我的欧洲同道马克·马佐尔（Mark Mazower）、萨姆·莫恩（Sam Moyn）、艾曼纽·萨达（Emmanuelle Saada）和维多利亚·德·格拉齐亚（Victoria de Grazia）］；参加我的关于殖民地治理、国联以及两次世界大战之间的国际主义等课程的哥伦比亚大学许多优秀的研究生〔特别是沙耶加·查塔尼（Sayaka Chatani），艾梅·吉尼尔，汤姆·米尼（Tom Meaney）和娜塔莎·惠特利（Natasha Wheatley）〕；参加充满生机的跨国性的奥斯陆当代历史网络（Oslo Contemporary History Network）的我的伙伴们，2010~2012年每年夏天我们都举行会议；以及"日内瓦团队"——一个不断壮大的跨国学者队伍，他们当中许多人参加了2011年夏天由我和帕特里夏·克拉文（Patricia Clavin），戴维·罗多诺（Davide Rodogno），科琳娜·佩尔内（Corinne Pernet）在日内瓦组织的关于国联研究新成果的会议。令我们惊讶的是，从事与国联相关的项目的50位研究生参加了会议。我非常荣幸地看到，而且在一定程度上促进了新的学术领域的出现。

关键时刻的干预至关重要。丹妮拉·卡廖蒂（Daniela Caglioti）、劳里·格林（Laurie Green）、斯蒂芬·皮尔斯（Stephen Pierce），特别是朱迪思·舍克斯（Judith Surkis）在一次极其重要的午餐期间为我贡献了他们敏锐的智慧，最终确定了本书的结构。阿南达·伯拉（Ananda Burra）、卡罗琳·埃尔金斯（Caroline Elkins）、艾梅·吉尼尔、拉希德·哈拉迪（Rashid Khalidi）、彼得·曼德勒（Peter Mandler）、格雷格·曼（Greg Mann）、彭妮·辛那诺（Penny Sinanoglou）、斯蒂芬·沃特海姆（Stephen Wertheim）、娜塔莎·惠特利和本·怀特（Ben White）就其中一章或多章提供了敏锐的批评。很明显，彼得·斯鲁格利特（Peter Sluglett）是我在《美国历史评论》（*American Historical Review*）发表的关于英国对伊拉克政策的文章的审稿人之一；我对他睿智的建议心存感激。安·萨莫斯

（Ann Summers）提醒我注意到妇女在国际主义的历史中的重要性，并坚持要求我为《历史工作室杂志》（*History Workshop Journal*）写一篇关于这一主题的论文：她这么做是对的，我要感谢她。

卡罗尔·芬克（Carol Fink）、罗杰·路易斯（Roger Louis）、萨拉·斯坦纳（Zara Steiner）和伯纳德·瓦萨斯坦（Bernard Wasserstein）分享了他们深厚的专业知识；罗伯特·维塔利斯（Robert Vitalis）在关键时刻挑战了我的思想。最密切的合作者帕特里夏·克拉文和格伦达·斯卢加（Glenda Sluga），和我不但拥有共同的兴趣，还拥有共同的承诺：没有他们，我无法设想会从事这一研究。与凯瑟琳·耶夫图霍夫（Catherine Evtuhov）和彼得·曼德勒（Peter Mandler）多年的对话已经使我以及这本书更加智慧。黛博拉·科恩（Deborah Cohen），最好的读者和最慷慨的朋友，带着她深挖细究的眼光，通读了整部书稿。

致谢的最后部分通常是感谢家庭，而且通常是感谢家庭的宽容。但是，我不确定我的孩子萨斯基亚（Saskia）和卡尔（Carl）是否已经遭受我的学术的折磨。是的，他们对委任统治制度的了解可能比美国任何其他两位青少年都要多，但他们已经形成了坚定的立场——很难讨价还价，而且和许多被托管的人不一样，能够很好地捍卫他们的权利。卡尔参加一次佛罗伦萨会议的代价是观看佛罗伦萨队比赛的门票；萨斯基亚容忍国联历史学家，目的是花费一周时间探究日内瓦的博物馆和美食。他们的冒险精神使我可以规划自己雄心勃勃的研究议程，但更重要的是我的丈夫汤姆·厄特曼（Tom Ertman）做出的选择。如果不是汤姆决定培养我们孩子们的双语能力并在柏林设立一个纽约大学项目，我永远都不会逐渐掌握德语，在柏林寻找研究工作，或者骑车到德国外交部档案馆，去发现德国殖民复仇主义的记录，而这正是本书的支柱之一。我的德语还是家庭快乐的一个源泉，因为它使我们一家人生活在两个世界，他们完全不同情我的语言局限：我的爱人，谢谢你们。

资料来源说明

　　本书对委任统治制度的研究基于管理委任统治地的帝国和当地政府的记录；监督其行政管理的国联的记录；以及参与委任统治地的管理、争论和评估的大量个人和组织的记录。这些记录中许多都未出版，只有在档案馆中才能找到，但国联明确承诺公开的一些关键来源——特别是常设委任统治委员会的报告和会议记录以及各受委任统治国提交的关于其行政管理的年度报告——都是公开出版的，在许多图书馆都是现成的，这就和一些关键的政府文件的管理一样。数字化正逐步使更多这样的资料以及许多当代报纸资源变得可以获得。以下列举了本书参考的档案、国联记录、出版的政府文件以及报纸。缩略语和对印刷的国联文件的引用方法的解释在注释开始时做了说明。同时代及 1945 年后出版的专著和论文的文献目录列在注释之后。

政府档案

Australia

National Archives, Canberra

Belgium

Archives Africaines, Brussels

Archives Générales du Royaume, Brussels

France

Archives de la Ministère des Affaires Etrangères, Paris

Archives Nationales d'Outre-Mer, Aix-en-Provence

Germany

German Foreign Ministry Archives, Berlin

Israel

Central Zionist Archives, Jerusalem

Namibia

Namibian National Archives, Windhoek

New Zealand

National Archives, Wellington

United Kingdom

The National Archives, London

United States

The National Archives, College Park, Maryland

国联的记录

League of Nations Archives, Geneva

League of Nations Documents, 1919 – 46 (microform collection), New Haven: Research Publications, 1973 – 75

League of Nations Permanent Mandates Commission, Minutes and Reports

Annual Reports to the League of Nations on the administration of the different mandated territories (these are cited by territory and date alone)

个人和组织档案

Leo Amery Papers, Churchill Archives Centre, Cambridge

Anti-Slavery and Aborigines' Protection Society Archives, Rhodes House, Oxford

George Louis Beer diary, Library of Congress, Washington DC

Brogyntyn Estate Records (William Ormsby-Gore Papers), National Library of Wales

Raymond Leslie Buell Papers, Library of Congress, Washington DC

Robert Cecil Papers, British Library

Huntington Gilchrist Papers, Library of Congress, Washington DC

Nahum Goldmann Papers, Central Zionist Archive, Jerusalem

Maurice Hankey Papers, Churchill Archives Centre, Cambridge

League of Nations Union Archives, British Library of Political and Economic Science

Frederick Lugard Papers, Rhodes House, Oxford

Alfred Milner Papers, Bodleian Library, Oxford

Gilbert Murray Papers, Bodleian Library, Oxford

Philip Noel-Baker Papers, Churchill Archives Centre, Cambridge

Pierre Orts Papers, Archives Générales du Royaume, Brussels

Margery Perham Papers, Rhodes House, Oxford

William Rappard Papers, Swiss Federal Archives, Bern

Heinrich Schnee Papers, Geheimes Staatsarchiv Preussischer

Kulturbesitz, Berlin

Arnold Toynbee Papers, Bodleian Library, Oxford

World Zionist Organization/Jewish Agency for Palestine Archives, Central Zionist, Archives, Jerusalem

Quincy Wright Papers, University of Chicago Library

已出版的政府文件

British Documents on Foreign Affairs

Débats et Documents Parlementaires (France)

Documents Diplomatiques Françaises

Documents on British Foreign Policy

Documents on German Foreign Policy

Foreign Relations of the United States

House of Commons Debates (UK)

House of Lords Debates (UK)

Parliamentary Papers (UK)

Verhandlungen des Reichstages (Germany)

部分期刊

L'Afrique Française

Allgemeine Zeitung (Windhoek)

American Journal of International Law

Anti-Slavery Reporter and Aborigines' Friend

L'Asie Française

Foreign Affairs (UK)

Headway

The International (Johannesburg)

Journal de Genève

Journal Officiel

Koloniale Rundschau

League of Nations Official Journal

Manchester Guardian

Pacific Islands Monthly

Pacific Magazine

Political Science Quarterly

Rabaul Times

Round Table

Samoa Guardian

The Scotsman

Today and Tomorrow

Le Temps

The Times (London)

Windhoek Advertiser

缩略语

AA	Archives Africaines（Brussels）
ANA	Australian National Archives（Canberra）
ANOM	Archives Nationales d'Outre-Mer（Aix-en-Provence）
ANZ	Archives New Zealand（Wellington）
ASAPS	Anti-Slavery and Aborigines' Protection Society Archives（Rhodes House, Oxford）
ASRAF	*Anti-Slavery Reporter and Aborigines' Friend*
BDFA	*British Documents on Foreign Affairs*
BL	British Library
BLPES	British Library of Political and Economic Science（London）
CAC	Churchill Archives Centre（Cambridge）
CZA	Central Zionist Archive（Jerusalem）
DBFP	*Documents on British Foreign Policy*
DGFP	*Documents on German Foreign Policy*
FRUS	*Foreign Relations of the United States*
GStA PK	Geheimes Staatsarchiv Preußischer Kulturbesitz
H. C. Deb.	*House of Commons Debates*（UK）
H. L. Deb.	*House of Lords Debates*（UK）
J. O.	*Journal Officiel*（France）
LC	Library of Congress（Washington）

LNA	League of Nations Archives（Geneva）
LNDM	League of Nations Documents，1919－46：microform collection
LNOJ	*League of Nations Official Journal*
LNU	League of Nations Union
LPCW	*Letters and Papers of Chaim Weizmann*
MAE	Archives of the Ministère des Affaires Etrangères（Paris）
NA	National Archives（London）
NAN	Namibian National Archives（Windhoek）
PA	Politisches Archiv des Auswärtigen Amts（German Foreign Ministry Archives）（Berlin）
PMC	Permanent Mandates Commission/Commission permanente des mandats
PMCM	*Minutes of the Permanent Mandates Commission* ＊
QW	Quincy Wright Papers，Department of Special Collections，Regenstein Library，University of Chicago
RH	Bodleian Library of Commonwealth and African Studies at Rhodes House（Oxford）
SFA	Swiss Federal Archives（Bern）
USNA	United States National Archives（College Park）

　　＊常设委任统治委员会（PMC）公开出版的会议记录是关于该委员会之工作的主要资料，也包括一定程度上被处理过的关于各种讨论的记录，一些申诉书和关于申诉书的报告，该委

员会就其感兴趣的问题所做的报告，该委员会关于各领地的正式观察报告及其向国联行政院提交的报告。注释中引用的会议记录只标记了会议序次和页码（如 4 *PMCM*, 43－4）。历次会议完整目录及其日期如下：

1st：4－9 October 1921

2nd：1－11 August 1922

3rd：20 July－10 August 1923

4th：24 June－8 July 1924

5th：23 October－6 November 1924

6th：26 June－10 July 1925

7th：19－30 October 1925

8th：16 February－6 March 1926（extraordinary, Rome）

9th：8－25 June 1926

10th：4－19 November 1926

11th：20 June－6 July 1927

12th：24 October－11 November 1927

13th：12－29 June 1928

14th：26 October－13 November 1928

15th：1－19 July 1929

16th：6－26 November 1929

17th：3－21 June 1930（extraordinary）

18th：18 June－1 July 1930

19th：4－19 November 1930

20th：2－27 June 1931

21st：26 October－13 November 1931

22nd：3 November－6 December 1932

23rd：19 June – 1 July 1933

24th：23 October – 4 November 1933

25th：30 May – 12 June 1934

26th：29 October – 12 November 1934

27th：3 – 18 June 1935

28th：17 October – 2 November 1935

29th：27 May – 12 June 1936

30th：27 October – 11 November 1936

31st：31 May – 15 June 1937

32nd：30 July – 18 August 1937 （extraordinary）

33rd：8 – 19 November 1937

34th：8 – 23 June 1938

35th：24 October – 8 November 1938

36th：8 – 29 June 1939

37th：12 – 21 December 1939

注　释

导论　守护者们聚集在一起

[1]　1 *PMCM*, 2 - 6.

[2]　杜波伊斯正在发表第二次泛非大会决议。关于秘书长埃里克·德拉蒙德提交国联行政院的这些决议以及拉帕德的会见，见 LNA，R39，1/15865/13940 and 15866/13940；关于第二次泛非大会，见 David Levering Lewis，*W. E. B. Du Bois*：*The Fight for Equality and the American Century*，*1919 - 1963*（New York：Henry Holt，2000），37 - 50。

[3]　LNA，R21，1/14993/4284，Rappard memo，24 Aug. 1921.

[4]　1 *PMCM*, 2 - 6.

[5]　研究委任统治机制的最早和最有见地的一些学者得出结论认为，总的来说，这个机制对扩展殖民统治的"最佳实践"发挥了作用；见，比如 Quincy Wright，*Mandates under the League of Nations*（1930；New York：Greenwood Press，1968）；Raymond Leslie Buell，*The Native Problem in Africa*，2 vols.（New York：Macmillan，1928）；Ralph J. Bunche，"French Administration in Togoland and Dahomey"，Dissertation，Harvard University，1934；Rayford Logan，"The Operation of the Mandates System in Africa"，*The Journal of Negro History*，13：4（Oct. 1928），423 - 77。最近的学者的成果得出了类似结论，包括 Neta Crawford，*Argument and Change in World Politics*：*Ethics*，*Decolonization and Humanitarian Intervention*（Cambridge：Cambridge University Press，2002）；Michael D. Callahan，*Mandates and Empire*：*The League of Nations and Africa*，*1914 - 1931*（Brighton：Sussex Academic

Press, 1999), and *A Sacred Trust: The League of Nations and Africa, 1929 - 1946* (Brighton: Sussex Academic Press, 2004)。然而，当把委任统治政府与殖民地政府进行系统比较时，更加难以支撑这种主张。前国联官员 H. 邓肯·霍尔（H. Duncan Hall）在为联合国成立大会撰写的一份研究中指出，仅仅在两个案例中——新西兰在西萨摩亚的委任统治的案例（它可以和美属萨摩亚相提并论）和澳大利亚在德属新几内亚（它可以与澳大利亚毗邻的巴布亚殖民地相提并论）案例，比较符合这一结论，而且这两个案例中委任统治政府都不是更加进步的。见 H. Duncan Hall, *Mandates, Dependencies and Trusteeship* (Washington: Carnegie Endowment for International Peace, 1948), 59 - 62。委任统治制度保护了"人权"（那个时代还未使用这个词）这种时代错误的说法出现于 Paul Gordon Lauren, *The Evolution of International Human Rights: Visions Seen* (Philadelphia: University of Pennsylvania Press, 1998), 117 - 18；它是没有说服力的。

[6] CAC, NBKR 4/444, Baker to Drummond, 6 June 1921.

[7] 我们正处于研究国联的学术兴趣的复兴之中。新成果大量涌现，以至于无法在这里引用，但关于最近（但已经过时了）研究的综述，参见我的"Back to the League of Nations", *American Historical Review*, 112: 4 (Oct. 2007), 1091 - 117。那之后，值得注意的成果包括 Mark Mazower, *Governing the World: The History of an Idea* (New York: Penguin, 2012); Mark Mazower, *No Enchanted Palace: The End of Empire and the Ideological Origins of the United Nations* (Princeton: Princeton University Press, 2009); Glenda Sluga, *Internationalism in the Age of Nationalism* (Philadelphia: University of Pennsylvania Press, 2013); Patricia Clavin, *Securing the World Economy: The Reinvention of the League of Nations, 1920 - 1946* (Oxford: Oxford University Press, 2013); Isabella Löhr and Roland Wenzlhuemer, *The Nation State and Beyond: Governing Globalization Processes in the Nineteenth and Early Twentieth Centuries*

（Heidelberg：Springer，2013）。

[8] 关于各个国家与国联关系，有大量文献；其中包括 Joachim Wintzer 最近对德国外交部在 20 世纪 20 年代初期对日内瓦的政策的研究、Christoph Kimmich 对德国与国联关系的描述以及 Thomas Burkman 最近关于日本在国联之地位的研究，是特别有用的；见 Joachim Wintzer，*Deutschland und der Völkerbund*，*1918 - 1926*（Paderborn：Ferdinand Schöningh Verlag，2006）；Christoph Kimmich，*Germany and the League of Nations*（Chicago：University of Chicago Press，1976）；以及 Thomas W. Burkman，*Japan and the League of Nations*：*Empire and World Order*，*1914 - 1938*（Honolulu：University of Hawaii Press，2008）。学者们还开始研究了美国人不但通过在某些"技术性"机构以及危机时刻的正式参与，也通过美国与欧洲的国际主义者和志愿组织之间广泛的联系、美国人在国联秘书处的存在，以及像卡内基和洛克菲勒这样的基金会向各个国联机构和项目拨付大量资源，在国联内部发挥的至关重要的作用。在不断增加的文献中，请特别参见 Warren F. Kuehl and Lynne K. Dunn，*Keeping the Covenant*：*American Internationalists and the League of Nations*，*1920 - 1939*（Kent，OH：Kent State University Press，1997）；Patrick Cohrs，*The Unfinished Peace after World War I*：*America*，*Britain*，*and the Stabilisation of Europe*，*1919 - 1932*（Cambridge：Cambridge University Press，2006）；Katharina Rietzler，"Experts for Peace：Structures and Motivations of Philanthropic Internationalism in the Interwar Years"，in *Internationalism Reconfigured*：*Transnational Ideas and Movements between the Wars*，ed. Daniel Laqua（London：I. B. Tauris，2011），45 - 65。

[9] Alois Derso and Emery Kelen，*Le Testament de Genève*：*10 années de coopération internationale*（Paris：Georges Lang，1931），生动描述了国联的主要特性和文化，关于整个日内瓦世界（国联大会的演讲、门外的记者们、与朋友们一起喝酒的施特雷泽曼）的著名记录，见

Janos Frecot, ed. , *Erich Salomon* " *Mit Frack und Linse durch Politik und Gesellschaft*" : *Photographien 1928 – 1938* (Halle, Leipzig, and Passau: Schirmer/Mosel, 2004）。1936 年海尔·塞拉西在国联的演讲现在可以在线获得。

[10] Leo Amery, *My Political Life*, vol. 2, *War and Peace*, *1914 – 29* (London: Hutchinson, 1953）, 332.

[11] 关于国联大会及其权力，见 Margaret E. Burton, *The Assembly of the League of Nations* (University of Chicago Press, 1941; rpt. NY: Howard Fertig, 1974）。

[12] 关于德拉蒙德与塞西尔就各个国家对于席位和在国联秘书处之地位的要求进行的通信，见 BL, Add MS 51110 和 51112。那时的观察家们对国联行政院扩大其审议行动——如拉帕德所言——"不现实和不诚实的特征"也保持着警惕。见 William E. Rappard, *The Geneva Experiment* (London: Oxford University Press, 1931), here quoted 48 – 9; also C. Howard-Ellis [Konni Zilliacus], *The Origin*, *Structure and Working of the League of Nations* (Boston: Houghton Mifflin, 1929）, 139 – 59。

[13] 现在迫切需要一部新的关于国联秘书处的历史著作，特别是由于所有人事档案都已公开。目前权威的仍然是 Egon F. Ranshofen-Wertheimer, *The International Secretariat*: *A Great Experiment in International Administration* (Washington: Carnegie Endowment for International Peace, 1945）; 对于间谍问题，这一点是特别好的。然而，Frank Moorhouse 的小说可能非常好地抓住了国联秘书处的思潮，他研究了国联档案中的这些思潮并把许多人物包含在小说文本中，而且也很好地体现在 Salvador de Madariaga 精彩的回忆录 *Morning without Noon* (Farnsworth, England: Saxon House, 1974) 中。见 Frank Moorhouse, *Grand Days* (Sydney: Pan Macmillan, 1993) 和 *Dark Palace* (New York: Knopf, 2000）, 以及 Mary Kinnear 最近关于 Mary

McGeachy 的传记 *Woman of the World*：*Mary McGeachy and International Cooperation*（*Toronto*：*University of Toronto Press*，2004），以她为原型，Moorhouse 塑造了他的主人公。关于在国联的法国的工作人员，见 Christine Manigand，*Les Français au service de la Société des Nations*（Bern：Peter Lang，2003）。Elisabetta Tollardo 正在牛津大学完成关于国联秘书处的意大利人的学位论文。

[14] 关于这种"国联周围的联盟"特别参见 Emery Kelen，*Peace in their Time*：*Men Who Led Us In and Out of War*，*1914 – 1945*（New York：Alfred A. Knopf，1963），178 – 201，和 Andrew Arsan，Su Lin Lewis，and Anne-Isabelle Richard，"The Roots of Global Civil Society and the Interwar Moment"，*Journal of Global History*，7：2（2012），157 – 65。

[15] CAC，HNKY 1/5，diary entry 29 Dec. 1920.

[16] CAC，HNKY 1/5，diary entry 21 Oct. 1922.

[17] Carole Fink，*The Genoa Conference*：*European Diplomacy*，*1921 – 1922*（Chapel Hill：University of North Carolina Press，1984）一书详细讨论了这一会议的管理问题。

[18] 关于国际国际联盟协会（Federation of League of Nations Societies）的全部历史还有待书写，该组织每年举行一次会议并为大量公民社会游说提供了媒介；最好的创始研究是 Anne-Isabelle Richard，"Competition and Complementarity：Civil Society Networks and the Question of Decentralizing the League of Nations"，*Journal of Global History*，7：2（2012），233 – 56，关于极具影响力的和重大的英国国际联盟协会（British League of Nations Unions）最好的研究成果是 Helen McCarthy，*The British People and the League of Nations*：*Democracy*，*Citizenship and Internationalism*，*c 1918 – 45*（Manchester：Manchester University Press，2011）。

[19] William E. Rappard，*International Relations as Viewed from Geneva*（1925；rpt. New Haven：Yale University Press，1975）。

[20] 可以理解，大多数早期的描述主要集中在"集体安全"叙事，经典的批判性的描述当属 E. H. Carr, *The Twenty-Year Crisis, 1919 - 1939: An Introduction to the Study of International Relations* (London: Macmillan, 1940)。前副秘书长 Francis P. Walters 是关于经典防御的 *A History of the League of Nations* (Oxford: Oxford University Press, 1952) 一书的作者；关于一种平衡的和可靠的评估，见 F. S. Northedge, *The League of Nations: Its Life and Times* (Leicester: Leicester University Press, 1986)。James Barros 在几十年里也出版了关于秘书长德拉蒙德及其继任者约瑟夫·阿弗诺尔以及国联在 20 世纪 20 年代处理的国际危机的许多非常好的研究。在最近的大量著作中，关于强化对战争的法律制裁和削减军备问题，见 Lorna Lloyd, *Peace through Law: Britain and the International Court in the 1920s* (London: Royal Historical Society, 1997)，和 Andrew Webster, "The Transnational Dream: Politicians, Diplomats and Soldiers in the League of Nations' Pursuit of International Disarmament, 1920 - 1938", *Central European History*, 14: 4 (Nov. 2005), 493 - 518。

[21] See David Mitrany, *A Working Peace System: An Argument for the Functional Development of International Organization* (New York: Oxford University Press, 1944).

[22] 关于国联这一方面之稳步扩展的两篇重要文章，见 Martin David Dubin, "Transgovernmental Processes in the League of Nations", *International Organization*, 37: 3 (1983), 469 - 93, 和 "Towards the Bruce Report: The Economic and Social Programmes of the League of Nations in the Avenol Era", in *The League of Nations in Retrospect* (Berlin: W. de Gruyter, 1983), 42 - 72。在最近的著作中，Patricia Clavin 开创性地描述经济与财政部的著作 *Securing the World Economy* 非常突出。关于日益深化的冰山的顶端，还可参见 Iris Borowy, *Coming to Terms with World Health: The League of Nations Health*

Organisation, *1921 – 1946*（Frankfurt：Peter Lang，2006）；Barbara H. M. Metzger，"Towards an International Human Rights Regime during the Inter-War Years：The League of Nations' Combat of Traffic in Women and Children"，和 Kevin Grant，"Human Rights and Sovereign Abolitions of Slavery，c. 1885 – 1950"，二者都收录于 *Beyond Sovereignty：Britain，Empire and Transnationalism，c. 1880 – 1950*，ed. Kevin Grant，Philippa Levine，and Frank Trentmann（London：Palgrave Macmillan，2007），54 – 79 and 80 – 102；Claudena M. Skran，*Refugees in Inter-War Europe：The Emergence of a Regime*（Oxford：Clarendon Press，1995）；以及 Carol Miller，"The Social Section and Advisory Committee on Social Questions of the League of Nations"，in *International Health Organizations and Movements*，ed. Paul Weindling（Cambridge：Cambridge University Press，1995），154 – 76。

[23] 目前已有大量关于少数民族保护机制以及关于其对特定国家和种族集团之影响的文献，但最近的优秀的研究，请参见 Carole Fink，*Defending the Rights of Others：The Great Powers，the Jews，and International Minority Protection，1878 – 1938*（Cambridge：Cambridge University Press，2004）。

[24] 用英文写成的关于委任统治制度的唯一一个全面的研究成果，虽然非常陈旧但依然令人印象深刻而且非常有用的，是前面引用的芝加哥大学法学教授 Quincy Wright 的著作 *Mandates Under the League of Nations*，和 H. Duncan Hall 的 *Mandates，Dependencies and Trusteeship*。在去殖民化时代出版的关于委任统治制度的著作非常少，特别重要的是 Wm. Roger Louis 的重要文章，现在收录于他的 *Ends of British Imperialism：The Scramble for Empire，Suez and Decolonization*（London：I. B. Tauris，2006），以及 Ralph A. Austen，"Varieties of Trusteeship：African Territories under British and French Mandate，1919 – 1939"，收录于 Prosser Gifford and Wm. Roger Louis，eds.，*France and Britain in*

Africa（New Haven：Yale University Press，1971），515 - 42。关于中东委任统治的具有里程碑意义的著作是 Nadine Méouchy 和 Peter Sluglett 主编的会议论文集 *British and French Mandates in Comparative Perspective*（Leiden：Brill，2004），关于英国和法国的"乙类"委任统治地，有 Michael D. Callahan 的两卷本的研究成果 *Mandates and Empire：The League of Nations and Africa，1914 - 1931*（Brighton：Sussex Academic Press，1999）和 *A Sacred Trust：The League of Nations And Africa，1929 - 1946*（Brighton：Sussex Academic Press，2004）。最近的一个把委任统治制度放在帝国主义和国际法背景下的重要研究成果是 Antony Anghie，*Imperialism，Sovereignty and the Making of International Law*（Cambridge：Cambridge University Press，2004）。本书引用了关于委任统治制度在各单独领地之运作的许多著作。

第1章　盟约与瓜分

[1] Bodleian，MSS Milner 46，"Extract from a letter written by Lord Milner of August 14th，1919".

[2] LC，MSS 4954，Diary of George Louis Beer，entry for 10 Aug. 1919，131.

[3] Quoted in H. A. Byatt，Administrator，to the Secretary of State for the Colonies，22 March 1918，in *Correspondence Relating to the Wishes of the Natives of the German Colonies and to their Future Government*，PP 1918，Cd. 9210，25.

[4] Beer diary，9 and 10 Dec. 1919. 关于比尔在和平会议中的作用，见 Wm. Roger Louis，"The United States and the African Peace Settlement of 1919：The Pilgrimage of George Louis Beer"，*The Journal of African History*，4：3（1963），413 - 33。

[5] Beer diary，3 June 1919.

[6] George Louis Beer，*African Questions at the Paris Peace Conference*（London：

Dawsons of Pall Mall, 1968）, 179.

[7] Beer diary, 16 March 1919, 41.

[8] Beer, *African Questions*, 182.

[9] 关于日本海军在这些岛屿征服中发挥的核心和独立作用, 参见 J. Charles Schencking, "Bureaucratic Politics, Military Budgets and Japan's Southern Advance: The Imperial Navy's Seizure of German Micronesia in the First World War", *War in History*, 5: 3（1998）, 308 – 26。关于西萨摩亚, Mary Boyd, "The Military Administration of Western Samoa, 1914 – 1919", *The New Zealand Journal of History*, 2: 2（Oct. 1968）, 148 – 64。

[10] NA, Cab. 16/36, Committee of Imperial Defence, Committee on Territorial Changes, "Brief Summary of Colonial Campaigns in the Present War", March 1917; 关于全文, 见 Hew Strachan, *The First World War in Africa*（Oxford: Oxford University Press, 2004）。对于士兵们在比利时人指挥下进行的大规模抢夺的描述已传到伦敦, 关于这一点见 Bodleian, Milner 46, "Belgian Administration of East Africa", Secret [1916]。

[11] NA, Cab. 16/36, Committee of Imperial Defence, Sub-Committee on Territorial Changes, esp. Memorandum 4, "Note by the General Staff as to the Policy to be Pursued in Regard to the German Colonies"（8 Sept. 1916）, 关于该委员会之工作的讨论, 见 Wm. Roger Louis, *Great Britain and Germany's Lost Colonies, 1914 – 1919*（Oxford: Clarendon Press, 1967）, 70 – 4; NA, Cab. 21/77, Minutes of the Imperial War Cabinet Committee on Terms of Peace（Territorial Desiderata）, and "Report"（28 April 1917）。

[12] 这些非正式讨论的记录可以在 Archives Générales du Royaume, Brussels, Orts Family Papers, file 433 中找到, 关于法国殖民游说团体在非洲的更加野心勃勃的和不切实际的战争目标可参见 C. M.

Andrew and A. S. Kanya-Forstner, "France, Africa, and the First World War", *The Journal of African History*, 19：1（1978），11 – 23。

［13］关于意大利的主张，见 René Albrecht-Carrié，"Italian Colonial Policy, 1914 – 1918", *The Journal of Modern History*, 18：2（June 1946），123 – 47。

［14］关于灾难性的美索不达米亚战役，见 Charles Townshend, *Desert Hell：The British Invasion of Mesopotamia*（Cambridge, MA：Harvard University Press, 2011）。

［15］大量历史著作详细记述了战时英国 – 阿拉伯的关系和谈判。最近的三个非常好的综合性成果是 Jonathan Schneer, *The Balfour Declaration：The Origins of the Arab-Israeli Conflict*（New York：Random House, 2010），David Fromkin, *Peace to End All Peace：The Fall of the Ottoman Empire and the Creation of the Modern Middle East*（New York：Henry Holt, 2001），以及 D. K. Fieldhouse, *Western Imperialism in the Middle East, 1914 – 1958*（Oxford：Oxford University Press, 2006）。但参与观察者的时间较久的描述仍然是非常有价值的，特别是 George Antonius, *The Arab Awakening：The Story of the Arab National Movement*（London：Hamish Hamilton, 1938）和 Stephen H. Longrigg, *Syria and Lebanon under French Mandate*（Oxford：Oxford University Press, 1958）。最有用的可能是下面引用的关于各个委任统治地的深入研究。

［16］Meir Zamir, *The Formation of Modern Lebanon*（Ithaca and New York：Cornell University Press, 1985），esp. 38 – 45.

［17］"Arrangement of May 1916, commonly known as the Sykes-Picot agreement", in *BDFA*, pt. II, ser. I, vol. 11, 26 – 7；and for a detailed account of Anglo-French negotiations, Christopher M. Andrew and A. S. Kanya-Forstner, *France Overseas：The Great War and the Climax of French Imperial Expansion*（London：Thames and Hudson, 1981），

87 - 102.

［18］ 关于《贝尔福宣言》的研究是最能达成一致的，本研究不会再次讨论这个争论。关于以最近的研究为基础做出的很好的、负责任的描述，参见 Schneer, *The Balfour Declaration*。

［19］ 在非西方世界，Erez Manela 已经撰写了关于 "威尔逊时刻"（'Wilsonian moment'）的非常有影响的著作 *The Wilsonian Moment: Self-Determination and the International Origins of Anticolonial Nationalism*（Oxford: Oxford University Press, 2007），但很明显，这一 "时刻" 不但出现在他研究的亚洲和中东国家，也出现在被占领的非洲和太平洋领地。

［20］ 整个图书馆的书架上都充斥着关于国联之建立的著作。关于威尔逊之作用的两个可靠的标准描述是 Thomas J. Knock, *To End All Wars: Woodrow Wilson and the Quest for a New World Order*（Princeton, NJ: Princeton University Press, 1992）和 John Milton Cooper, *Breaking the Heart of the World: Woodrow Wilson and the Fight for the League of Nations*（Cambridge: Cambridge University Press, 2001）。George W. Egerton, *Great Britain and the Creation of the League of Nations*（Chapel Hill: University of North Carolina Press, 1978）从英国方面追溯了这一进程，Peter Yearwood, *Guarantee of Peace: The League of Nations in British Policy, 1914 - 1925*（Oxford: Oxford University Press, 2009）特别关注了罗伯特·塞西尔爵士的关键作用。Mark Mazower 最近描绘了美国和英国对国联项目的特殊贡献，见 *Governing the World: The History of an Idea*（New York: Penguin, 2012），esp. 116 - 41，并在 *No Enchanted Palace: The End of Empire and the Ideological Origins of the United Nations*（Princeton: Princeton University Press, 2009）中特别关注了 Jan Christiaan Smuts 的作用。这只是大量学术成果的一小部分，20 世纪 20 年代和 30 年代的诸如 Thomas Parker Moon, Pitman Potter, James Shotwell, Quincy Wright 以及其他学者的大量研究仍

然值得一读。

[21] "Native Races and Peace Terms", *ASRAF*, V, 6: 2 (July 1916), 34 – 5.

[22] "Conference on the Future of German Colonies", *ASRAF*, V, 7: 3 (Oct. 1917), 50 – 9, and 7: 4 (Jan. 1918), 89 – 95; and "The German Colonies and International Control", *ASRAF*, V, 8: 1 (April 1918), 1 – 4. 关于反奴隶制游说团体对委任统治机制的影响，特别参见 Kevin Grant, *A Civilized Savagery: Britain and the New Slaveries in Africa, 1884 – 1926* (New York: Routledge, 2005), ch. 5。

[23] 关于这一系谱，特别参见 William Bain, *Between Anarchy and Society: Trusteeship and the Obligations of Power* (Oxford: Oxford University Press, 2003), 和 Kevin Grant, "Trust and Self-Determination: Anglo-American Ethics of Empire and International Government", in *Critiques of Capital in Modern Britain and America: Transatlantic Exchanges*, ed. Mark Bevir and Frank Trentmann (London: Palgrave, 2002), 151 – 73。

[24] "Mr Lloyd George and the Peace Terms", *The Manchester Guardian*, 30 June 1917, 5.

[25] "The Premier and War Aims", *The Observer*, 6 Jan. 1918, 7.

[26] NA, FO 608/215/955, Comment by Spicer, 29 Jan. 1919. 关于这些证言，见 *Correspondence Relating to the Wishes of the Natives of the German Colonies as to their Future Government*, *PP 1918*, Cd. 9210。

[27] Bodleian, Milner 46, Milner to Lloyd George, 16 May 1919.

[28] National Library of Wales, Brogyntyn manuscripts, PEC 10/1/10, Ormsby-Gore to his mother, 12 June 1916.

[29] National Library of Wales, Brogyntyn manuscripts, PEC 11/1, Ormsby-Gore, note, n. d.

[30] National Library of Wales, Brogyntyn manuscripts, PEC 10/1/11, Ormsby-Gore to his mother, 2 Feb. 1918.

[31] Curzon, in Eastern Committee Minutes, 5 Dec. 1918, Secret, Milner Papers, quoted in Wm. Roger Louis, "The Repartition of Africa during the First World War", in *Ends of British Imperialism: The Scramble for Empire, Suez and Decolonization* (London: I. B. Tauris, 2006), 205.

[32] 已经出版了大量关于委任统治计划之出现的著作。最权威的著作包括：Wm. Roger Louis, "The United Kingdom and the Beginning of the Mandates System, 1919 – 1922", *International Organization*, 23: 1 (1969), 73 – 96 (本文以及 Louis 的其他关于该机制之建立的开创性的成果已经被收入 *Ends of British Imperialism*, chs. 6 – 10); Michael D. Callahan, *Mandates and Empire: The League of Nations and Africa, 1914 – 1931* (Brighton: Sussex Academic Press, 1999); Andrew J. Crozier, "The Establishment of the Mandates System, 1919 – 25: Some Problems Created by the Paris Peace Conference", *Journal of Contemporary History*, 14: 3 (July 1979), 483 – 513。

[33] J. C. Smuts, *The League of Nations: A Practical Suggestion* (New York: The Nation Press, 1919), 12.

[34] LNA, R13, 1/2372/2372, G. S. Spicer (Foreign Office), "Some of the principal points concerning Africa to be dealt with at the Peace Conference", 17 Jan. 1919; and NA, FO 608/240/1408, "Minutes of a Meeting held in Lord Robert Cecil's Room on Jan. 20, 1919".

[35] Andrew and Kanya-Forstner, *France Overseas*, 170 – 2.

[36] Beer diary, 15 Jan. 1919.

[37] Andrew and Kanya-Forstner, *France Overseas*, 180 – 2.

[38] Beer diary, 18 March 1919.

[39] *BDFA*, pt. II, ser. I, vol. 2, Supreme Council Minutes, 24 Jan. 1919, 9 – 15; 27 Jan. 1919, 19 – 29; 28 Jan. 1919, 29 – 42, Simon at 36 – 7, Wilson at 38.

[40] *BDFA*, pt. II, ser. I, vol. 3, British Empire Delegation, Minutes,

27 Jan. 1919, 338 – 41, and 28 Jan. 1919, 342 – 4.

[41] *BDFA*, pt. II, ser. I, vol. 2, Supreme Council Minutes, 30 Jan. 1919, 51 – 68, draft resolutions at 56, Lloyd George's statement at 61.

[42] NA, FO 608/219/919, note by Sir Charles Strachey, 29 Jan. 1919; and Travers Buxton, Honorary Secretary, Anti-Slavery Society, to Balfour, 14 Feb. 1919, enclosing ASS to delegations of France, Italy, United States, Belgium, and Portugal.

[43] David Levering Lewis, *W. E. B. Du Bois: Biography of a Race, 1869 – 1919* (New York: Henry Holt, 1993), 574 – 8.

[44] 杜阿拉人的诉求已被提及，见 Richard Joseph, "The Royal Pretender: Prince Douala Manga Bell in Paris, 1919 – 1922", *Cahiers d'Etudes Africaines*, 14: 54 (1974), 339 – 58。Mary Boyd 讨论了萨摩亚人在 1919 年申诉要求把委任统治权赋予美国而非新西兰的问题，见 Mary Boyd, "The Military Administration of Western Samoa, 1914 – 1919", *New Zealand Journal of History*, 2: 2 (Oct. 1968), pp. 148 – 64。巴斯特人争取在西南非洲内部自治的申诉在 1919 年 2 月 14 日经由特奥·施赖纳（Theo Schreiner）提交米尔纳，但被置之不理（见 Bodleian, MSS Eng. Hist. C. 702），关于向和会提出的关于多哥的申诉书，特别参见 Octaviano Olympio to Colonial Secretary telegram, FO 608/216/6643。阿拉伯人、库尔德人和亚美尼亚人的申诉书也充斥着和会。

[45] Bodleian, MSS Eng. Hist. C. 700, Milner to Massey, 30 Jan. 1919. 劳合·乔治，关注的是英帝国自治领之不满的影响，已经让 Philip Kerr 秘密写信给他，指出威尔逊已希望得到处于国联直接控制之下、根本没有指定受委任统治国的所有领地，并指出为自治领接受委任统治地的决定保护了这些领地的安全并使英国能够防止日本人兼并北方的岛屿。见 Bodleian, MSS Eng. Hist. C. 700, Philip Kerr to Milner, 31 Jan. 1919。

［46］ Bodleian, MSS Milner 389, W. C. P. 211, "Mandates. Memorandum by Lord Milner"（8 March 1919）. 曾任殖民地部副大臣的利奥·埃默里反复强调了主权取决于仅受制于"某种使用权"的受委任统治国的观点（由于当地人口缺少能力）, in Bodleian MSS Milner 46, Amery to Philip Kerr, 14 March 1919. Note, by contrast, that the Anti-Slavery Society's draft mandate allowed for the territory to be reassigned if the mandatory power abused its position. 参见 Bodleian, Milner 390, Anti-Slavery Society, "Memorandum on the Colonial Mandates for the Late German Colonies", n. d。

［47］ NA, FO 608/215, Memo by Strachey, 7 March 1919.

［48］ Bodleian, Milner 46, WCP 745, Hankey, "Mandates. Note for the British Empire Delegation"（7 May 1919）.

［49］ 关于这些会见, Bodleian, Milner 46, Colonial Committee meetings of 15, 19, and 28 May 1919, and Milner 389, Milner, "'Equitable Compensation' for Italy in Africa", 30 May 1919。

［50］ 关于许多方面对割让卢旺达和布隆迪给比利时的强烈反对, 见 NA FO 608/216；以及 Bodleian, Milner 389, Amery to Milner, 27 Feb. 1919。米尔纳和奥尔茨之间非常复杂的谈判在 Wm. Roger Louis, *Ruanda-Urundi, 1884 – 1919*（Oxford: Clarendon Press, 1963）中得到充分解释, 最初比利时试图通过谈判以其在东非的地位交换刚果河入口处的葡萄牙属领地。奥尔茨关于这些交换的记录收于 Archives Générales du Royaume, Brussels, Orts Family Papers, File. 434；关于米尔纳对这些谈判的总结, 见 Bodleian, Milner 389, Milner, "Memorandum. Negotiations with Belgium about German East Africa"。

［51］ Bodleian, Milner 389, Milner, "Memorandum. Cameroons and Togoland"（29 May 1919）.

［52］ Bodleian, Milner 46, Milner to Simon, 29 May 1919.

［53］ Christoph Kimmich, *Germany and the League of Nations*（Chicago:

University of Chicago Press, 1976), 20 – 1.

[54] "Observation of the German Delegation on the Conditions of Peace", 29 March 1919, *BDFA*, pt. II, ser. I, vol. 7, 298 – 349, here at 324.

[55] "Reply of the Allied and Associated Powers to the Observations of the German Delegation on the Conditions of Peace", 16 June 1919, *BDFA*, pt. II, ser. I, vol. 7, 374 – 80, here at 378.

[56] 该委员会的完整记录见 LNA, R1, 1/2366/52；另一副本见 NA, FO 608/152/15892。

[57] LNA, R1, 1/2366/52, Commission on Mandates, Minutes, 8 July 1919.

[58] LNA R1/771/161, Sir Cecil Hurst, legal advisor to the Foreign Office, to Balfour, 20 July 1919.

[59] LNA, R1/563/52, Simon to Milner, 1 Aug. 1919.

[60] LNA, R1/1223/161, Milner to Dutasta, 6 Aug. 1919.

[61] NA, FO 608/152/17580, Milner to Balfour, 8 Aug. 1919.

[62] Milner to Lloyd George, 8 March 1919, 转引自 John Fisher, "Syria and Mesopotamia in British Middle Eastern Policy in 1919", *Middle Eastern Studies*, 34: 2 (April 1998), 129 – 70, here at 144。

[63] Bodleian, Milner 390, Cecil to Milner, 11 July 1919; and see NA, FO 608/152/17578, Drummond to Balfour, 7 Aug. 1919; LNA, R1, 1266/161, Drummond to Milner, 23 Sept. 1919, and Milner to Drummond, 25 Sept. 1919.

[64] LNA, R13, 1/1970/1970, Milner to Cecil, 2 Nov. 1919 (copy).

[65] 美国的许多国联支持者对美国的蓄意阻挠感到窘迫，并对此提出了尖锐批评。关于这种批评，见 Quincy Wright, "The United States and the Mandates", *Michigan Law Review*, 23: 7 (May 1925), 717 – 47。日本人和美国人之间关于雅浦岛（Yap）所有权的激烈和持久的冲突（日本人坚持认为它已作为他们的委任统治地的一部分被授

予他们）在这里不可能详细阐述，但可参见 Sumitra Rattan，"The Yap Controversy and its Significance"，*The Journal of Pacific History*，7（1972），124 – 36。

[66] *DBFP 1919 – 1939*, ser. 1, vol. 8, 169.

[67] Sokolow and Weizmann to Zionist Bureau London，27 April 1920，in *The Letters and Papers of Chaim Weizmann*（henceforth *LPCW*），vol. 9，ed. Jehuda Reinharz（New Brunswick，NJ，1977），p. 342. 关于圣雷莫更一般的讨论，见 Tom Segev，*One Palestine, Complete*：*Jews and Arabs under the British Mandate*（New York：Metropolitan Books，2000），pp. 142 – 4，关于寇松不情愿的默许，见 David Gilmour，"The Unregarded Prophet：Lord Curzon and the Palestine Question"，*Journal of Palestine Studies*，25：3（Spring 1996），60 – 8。

[68] MAE, SDN 564, Gouraud to MAE, 26 Jan. 1920.

[69] 关于这一历史，见 Zamir，*Formation*，and Zamir，"Faisal and the Lebanese Question，1918 – 20"，*Middle Eastern Studies*，27：3（July 1991），404 – 26；及 Kais M. Firro，*Inventing Lebanon*：*Nationalism and the State under the Mandate*（London：I. B. Tauris，2003）。

[70] 《金 – 克兰报告》最后于 1922 年发布（并被提交到国联）；"King-Crane Report on the Near East"，*Editor & Publisher*，55：27（2 Dec. 1922）。尽管它被禁止而且未对和平安排产生影响，该委员会——和国联的那么多行动一样——帮助培养和引导了叙利亚对抗性的民族主义，关于这一点参见 James L. Gelvin，*Divided Loyalties*：*Nationalism and Mass Politics in Syria at the Close of Empire*（Berkeley：University of California Press，1998）。

[71] Zamir, *Formation*, 55 – 7.

[72] Andrew and Kanya-Forstner, *France Overseas*, 203 – 4.

[73] Andrew and Kanya-Forstner, *France Overseas*, 204.

[74] Andrew and Kanya-Forstner, *France Overseas*, 216.

［75］ Allenby to Curzon, 13 May 1920, *DBFP*, ser. 1, vol. 13, 257.

［76］ MAE, SDN 564, Gouraud to MAE, 17 March 1920. 对费萨尔和法国人之间冲突的全面但不够精细的分析描述，参见 Dan Eldar, "France in Syria: The Abolition of the Sharifian Government, April-July 1920", *Middle Eastern Studies*, 29: 3（July 1993）, 487 – 503。

［77］ Faysal to Curzon, 5 June 1920, contained in Allenby to Curzon, 19 June 1920, in *DBFP*, ser. 1, vol. 13, 289.

［78］ Gérard D. Khoury 已经对德·凯关于 1919 ~ 1923 年这一时期的极其重要的备忘录进行了非常好的分析和编辑，见 Gérard D. Khoury, *Une Tutelle coloniale: Le Mandat français en Syrie et au Liban: Écrits politiques de Robert de Caix*（Paris: Belin, 2006）; 参见 De Caix, "Equisse de l'organisation de la Syrie sous le mandat français", 248 – 70, quoted 249。

［79］ Hardinge to Allenby, 16 July 1920, *DBFP*, ser. 1, vol. 8, 313.

［80］ MAE, SDN 565, Gouraud to MAE, 24 and 27 July 1920.

［81］ "House of Commons", *The Times*, 20 July 1920, 16; and MAE, SDN 565, Gouraud to MAE, 20 July 1920.

［82］ Curzon to Grahame, 28 July 1920, in *DBFP*, ser. 1, vol. 13, 321.

［83］ 关于这次起义，见 Townshend, *Desert Hell*, 463 – 78, and Amal Vinogradov, "The 1920 Revolt in Iraq Reconsidered: The Role of Tribes in National Politics", *International Journal of Middle Eastern Studies*, 3: 2（April 1972）, 123 – 39。

［84］ H. W. Young, 'Memorandum on the Future Control of the Middle East', 17 May 1920, *DBFP*, ser. 1, vol. 13, here at 264.

［85］ 关于伊拉克之形成的最好的论述是 Peter Sluglett, *Britain in Iraq: Contriving King and Country, 1914 – 1932*（New York: Columbia University Press, 2007）。

［86］ Wilson to Edwin Montagu, Secretary of State for India, 31 July 1920, in *DBFP*, ser. 1, vol. 13, 323 - 4.

［87］ "British Secretary's Notes of an Anglo-French Conference, held at Lympne on Sunday August 8, 1920", *DBFP*, ser. 1, vol. 8, 718 - 19.

［88］ MAE, SDN 565, Gouraud to MAE, 15 Aug. 1920.

［89］ D. K. Fieldhouse, ed., *Kurds, Arabs and Britons: The Memoir of Wallace Lyon in Iraq, 1918 - 1944* (London: I. B. Tauris, 2002), 94 - 5.

［90］ 关于拿比牧撒节暴乱，特别参见 Segev, *One Palestine*, ch. 6。

［91］ Allenby to Curzon, 6 May 1920, *DBFP*, ser. 1, vol. 13, 255, 并参见 Faysal's protest in Allenby to Curzon, 9 July 1920, in *DBFP*, ser. 1, vol. 13, 284 - 5。

［92］ Yoav Alon, *The Making of Jordan: Tribes, Colonialism and the Modern State* (London: I. B. Tauris, 2007), 14 - 20.

［93］ Samuel to Curzon, 22 Aug. 1920, in *DBFP*, ser. 1, vol. 13, 342 - 3.

［94］ 关于外约旦的建立，特别是阿卜杜拉的作用，请特别参见 Mary C. Wilson, *King Abdullah, Britain and the Making of Jordan* (Cambridge: Cambridge University Press, 1987), ch. 4。

［95］ NA, Cab/24/126, "Report on the Middle East Conference held in Cairo and Jerusalem" (June 1921).

［96］ MAE, SDN 565, De Caix to MAE, 3 April 1921.

［97］ Cecil's statement is referenced in "Memorandum by Major Young", 6 Nov. 1920, *DBFP*, ser. 1, vol. 13, 379.

第 2 章　游戏的规则

［1］ LNDM, "Minutes of the Directors' Meetings", Reel 1 of 4, appended to the collection.

［2］ *Procès-Verbal of the Eighth Session of the Council of the League of Nations*

（Geneva: League of Nations, 1920），41.

[3] 关于德拉蒙德，见 James C. Barros, *Office without Power: Secretary-General Sir Eric Drummond, 1919 – 1933*（Oxford: Clarendon Press, 1979）。

[4] CAC, Maurice Hankey Papers, HNKY 8/13, [Sir Maurice Hankey], "The League of Nations: Sketch Plan of Organisation", printed, 31 March 1919.

[5] 关于国联秘书处最好的研究，我在这一部分已有选择地吸收了其观点，依然是 Egon F. Ranshofen-Wertheimer, *The International Secretariat: A Great Experiment in International Administration*（Washington: Carnegie Endowment for International Peace, 1945）。

[6] LNA, R1, 1/1365/52, Drummond to Beer, 3 Oct. 1919, and Beer to Drummond, 15 and 28 Oct. 1919; also LNA, R13, 1/1742/1742, Beer to Drummond, 11 Nov. 1919.

[7] LNA, R1, 1/2173/52, Minute by Drummond, 8 Dec. 1919.

[8] These records are in LNA, R1, see 1/771/161, and Baker to Drummond, 12 Sept. 1919.

[9] LNA, R1, 1/661/161, Van Hamel to Drummond, 8 Aug. 1919. 关于贝克早期对这种处理方法的支持和德拉蒙德的一致意见，参见 LNA, R1, 1/2054/161, Baker to Drummond, 14 Oct. 1919; 1/2760/161, Minute by Baker, 17 Jan. 1920; 1/2458/161, Drummond to Nicolson, 13 and 21 Dec. 1919。

[10] LNA, R1, 1/4862/161, *The Responsibility of the League of Nations arising out of Article XXII of the Covenant: Memorandum by the Secretary-General*, Council Doc. 48; the jacket indicates the author as Baker, date as 8 June 1920; distribution to the Council on 13 July 1920.

[11] 后者在讨论中达成了一致，但对文本本身并未达成一致。国联行政院在 1920 年 8 月 5 日采纳的草案见 LNA, R1, 1/5958/161; it was printed as "Obligations falling upon the League of Nations under the terms

of Article 22 of the Covenant（Mandates）", *LNOJ*, Sept. 1920，334 – 41。

[12] 关于国联大会的特征，见 Margaret E. Burton, *The Assembly of the League of Nations*（University of Chicago Press，1941；rpt. NY：Howard Fertig，1974）。Burton 强调了国联大会在为小国的政治家和公众舆论提供讲台方面发挥的重要作用。

[13] LNA，R2，1/8132/161，Minute，Baker to Rappard and Drummond，10 Nov. 1920.

[14] 德国在 1920 年 11 月的抗议被用法语和英语印制并在第一次国联大会上分发给所有成员国。关于副本，参见 PA，R70002，另见于 LNA，R2，1/8451/161。

[15] 原始函件见 LNA，R2，1/9550/161；该函件概要发表于 *Journal of the First Assembly of the League of Nations*，no. 36（19 Dec. 1920），296。关于该委员会的会议记录，见 *Procès-Verbaux of the Committees of the First Assembly of the League of Nations*，no. 2（25 Nov. 1920）；关于有才智的知情者的总结（由塞西尔撰写），见 *The First Assembly：A Study of the Proceedings of the First Assembly of the League of Nations*（London：Macmillan，1921），227 – 30。

[16] *Journal of the First Assembly of the League of Nations*，no. 36（19 Dec. 1920），291 – 5.

[17] Fourth Assembly, Plenary Meeting, 26 Sept. 1923，*LNOJ*，Special Suppl. no. 13（Oct. 1923），92.

[18] 对塞西尔在国联内部之作用的全面的重新评估，见 Peter Yearwood，*Guarantee of Peace：The League of Nations in British Policy, 1914 – 1925*（Oxford：Oxford University Press，2009）。

[19] CAC，NBKR4/463，Baker to Cecil，3 May 1921.

[20] SFA，Rappard Papers，Box 1977/135 74，Drummond to Rappard，9 Oct. 1920.

[21] 关于拉帕德，见 Victor Monnier, *William E. Rappard: Défenseur des libertés, serviteur de son pays et de la communauté internationale* (Geneva: Slatkine, 1995)，关于他在国联的工作，见 Ania Peter, *William E. Rappard und der Völkerbund: Ein Schweizer Pionier der internationalen Verständigung* (Bern: Lang, 1973)。我已经特别吸收了 Peter 的看法。

[22] 德拉蒙德请求拉帕德承担内务部主任之职责，拉帕德把这解释为承担迄今为止留给雷蒙德·福斯迪克（Raymond Fosdick）的任务，雷蒙德·福斯迪克这位美国人本该被任命为副秘书长。然而，德拉蒙德不可能任命一位瑞士人担任国联珍贵的副秘书长一职（所有这些都是留给大国之国民的），而且一旦拉帕德认为他将会成为某种荣耀的办公室主管，他拒绝了，然后为了瑞士的利益勉强接受了，然后德拉蒙德逐渐对其失望。这个插曲，关于它的通信见 SFA, Rappard Papers, Box 1977/135 74，抓住了这两人以及他们各自的局限之间的差异。拉帕德希望处于能够发挥重要政策作用的位置上；德拉蒙德知道很多权力将会为国联秘书处拥有，但前提是他们假装不知情。另见 Monnet to Rappard, telegram, 15 Oct. 1920, in SFA, Rappard Papers, Box 1977/135 74。

[23] See LNA, R3, 1/12756/161, Rappard, Minute, 5 May 1921; LNA, R3, 1/13446/161, Rappard to Drummond, 21 June 1921, Drummond to Fisher, 23 June 1921, and Rappard to Drummond, 24 June 1921; also LNA, R3, 1/19376/161, Rappard to Drummond, 6 March 1922, and Drummond to Poincaré and Lloyd George, 13 March 1922.

[24] AA, AE/II (3288), 1848, Hymans to Drummond, 17 Dec. 1920.

[25] LNA, R2, 1/9769/161, Baker to Drummond, Van Hamel, and Rappard, n. d. [Dec. 1920?].

[26] 议会问题和媒体干预的文献不胜枚举，但对关于压力和战略的讨论来说，参考国际联盟协会（LNU）以及特别是由奥姆斯比－戈尔任

主席的其委任统治小组委员会（Mandates Subcommittee）的记录（这些记录见于 BLPES, LNU Archives, Microfilm Reel 430）和国际联盟协会的杂志《今天和明天》（Today and Tomorrow）和《前进》（Headway）当中的文章是特别有用的；还可参考收藏于 RH, ASAPS Archive 的 Harris 的通信和 ASRAF 中的文章。反奴隶制协会草拟的委任统治制度文本发表于 ASRAF, 9：3（Oct. 1919），63 – 71；国际联盟协会草拟的文本发表于《今天和明天》Nov. 1920，323 – 5。关于哈里斯早期在塑造委任统治制度方面发挥的作用，还可参见 Amalia Ribi, "'The Breath of a New Life'? British Anti-Slavery and the League of Nations", Internationalism Reconfigured：Transnational Ideas and Movements Between the World Wars, ed. Daniel Laqua（London：I. B. Tauris, 2011），93 – 113。

[27] RH, ASAPS, G401, Harris to Rappard, 6 Jan. 1921.

[28] LNA, S284 1（9）, Ormsby-Gore to Rappard, 17 Jan. 1921.

[29] LNA, S284 1（9）, Rappard to Ormsby-Gore, 19 Jan. 1921.

[30] LNA, S1608 no. 1（1920 – 1939）, Rappard, "Relations between the Secretariat of the League of Nations and the Permanent Mandates Commission", 3 March 1921, and LNA, R7, 1/11502/248, Ormsby-Gore to Rappard, 8 March 1921, and Drummond to Rappard, 14 March 1921.

[31] LNA, S284 1（9）, Rappard to Ormsby-Gore, 29 March 1921.

[32] LNA, R3, 1/14861/161, Rappard to Drummond, 20 Aug. 1921, and note by Drummond, 20 Aug. 1921.

[33] Records of the Second Assembley：Plenary Meetings（Geneva, 1921）, 342 – 57；另见，H. W. V. Temperley, The Second Year of the League：A Study of the Second Assembly of the League of Nations（London：Hutchinson, 1922）, 81 – 91。

[34] Minutes of the 19th session of the Council, 18 July 1922, LNOJ, Aug.

1922, 791 - 3.

[35] 关于卡塔斯蒂尼与来自德国的常设委任统治委员会成员勾结和泄露信息的问题，参见如 PA, R96535, Grobba, "Zu Punkt 2 der Tagesordnung der 54. Tagung des Völkerbundsrates. Mandate. Irak" (28 Feb. 1929), and R96517, Trendelenburg to Kamphövener, 6 Sept. 1933。毫不奇怪，德国外交部希望看到卡塔斯蒂尼的合同在 1933 年续签，见 R96549, Note by Brückner, 8 Sept. 1933。

[36] LNA, S263, File on 1st and 2nd meetings, 1922, John Palmer to Rappard, 12 Aug. 1922.

[37] 20 世纪 20 年代初期这些"每月资料选编"，有一些见 LNA, S241，这些资料的数量是非常可观的。

[38] 关于这一问题的非常吸引人的通信见 LNA, R74, Files 1/58136/41289 and 1/41289/41289。1928 ~ 1930 年的 *Analyses de presses Arabes* 月刊见 S258。

[39] 见，如 *List of Works Relating to the Mandates System and the Territories under Mandate Catalogued in the Library of the League of Nations* (Geneva: League of Nations, 1934)，副本见 LNA R4137。

[40] 1 *PMCM*, 40.

[41] 1 *PMCM*, 40.

[42] LNA, Rappard personnel file, Rappard to Drummond, 20 May 1924.

[43] LNA, Rappard personnel file, Note by Drummond, 22 May 1924.

[44] 5 *PMCM*, 149, and LNA, R8, 1/40493/248, Minute by the Secretary General, 3 Nov. 1924.

[45] 5 *PMCM*, 149, and LNA, R8, 1/40493/248, Drummond to Rappard, 20 Dec. 1924.

[46] 由于假定在和会结束前将会任命该委员会，贝克在 1919 年 2 月草拟了第一个提案：见 NA, FO 608/240, file 2885, Baker, "The Permanent Mandates Commission of the League of Nations", 22 Feb.

1919, and comment by Ormsby-Gore, 27 Feb. 1919。比尔提到他在 1919 年 7 月 2 日加入时忙于撰写关于委任统治部和委任统治委员会之组织的备忘录；见 LC，MSS 4954，Diary of George Louis Beer。这一备忘录后来的版本见 LC，Gilchrist Papers，Box 20，Beer，"The Mandatory Commission and the Mandatory Section of the Secretariat" [n. d.]；另一副本见 Milner 390，比尔、德拉蒙德和贝克制订的各种计划见 LNA，R6。

[47] LNA，S1608，no. 1（1920 – 39），Anon. [Baker]，"Mandates Commission: Memo for the Secretary General"，17 Sept. 1920，and P. J. Baker，"Mandates Commission: Basis of Discussion'，23 Oct. 1920.

[48] "Constitution of the Permanent Mandates Commission"，*LNOJ*，Nov. – Dec. 1920，87 – 8.

[49] Albert Thomas，Director of the ILO，insisted on ILO representation. See LNA，R2，1/8627/161.

[50] MAE，SDN 620，Sarraut to George Leygues，13 Dec. 1920.

[51] LNA，R6，1/11046/248，Arthur Henderson to Drummond，18 Feb. 1921；1/10518/248，correspondence on the candidacy of Claparède.

[52] LNA，R39，1/15865/13940，W. E. Burghardt Du Bois，Secretary，Second Pan-African Congress，to the President of the Council of the League of Nations，15 Sept. 1921（printed as Assembly Document A. 148）；*Minutes of the First Assembly*，355 – 7；CAC，NBKR 4/440，Noel-Baker to Ormsby-Gore，24 Sept. 1921.

[53] Correspondence about Orts' appointment is to be found in Archives Générales du Royaume，Brussels，Orts Family Papers，File 172.

[54] 关于常设委任统治委员会各成员的信息是从标准传记辞典以及 LNA 各成员的档案中收集的：特别参见 S284 和 S1626 – 1628 以及 R2327 当中包含的每位成员间的通信的委任统治部档案。西奥多利出版了自传 *A Cavallo di Due Secoli*（Rome：La Navicella，1950），但并未在自

传中详细讨论他在该委员会的工作。

[55] LNA, S284 1 (6), File on Count de Ballobar, Rappard to Drummond, 14 June 1924.

[56] 关于日本在常设委任统治委员会的代表，特别参见 Thomas W. Burkman, *Japan and the League of Nations: Empire and World Order, 1914 – 1938* (Honolulu: University of Hawaii Press, 2008), 126 – 33。

[57] LNA, S284 1 (1) File on Bugge-Wicksell, Bugge-Wicksell to Drummond, 22 March 1921. Liv Wicksell Nordqvist 撰写了一部传记 *Anna Bugge Wicksell: En Kvinna fore sin tid* (Malmö: Liber Förlag, 1985)，但几乎没有讨论她在常设委任统治委员会的工作。关于布格 - 维克塞尔和丹尼维格的工作，见 Pedersen, "Metaphors of the Schoolroom: Women Working the Mandates System of the League of Nations", *History Workshop Journal*, 66 (2008), 188 – 207。

[58] 关于对奥姆斯比 - 戈尔之任命的争论，见 Callahan, *Mandates and Empire: The League of Nations and Africa, 1914 – 1931* (Brighton: Sussex Academic Press, 1999), 71 – 3。卡拉汉认为，奥姆斯比 - 戈尔"没有殖民地工作经历"，忽视了他战时在中东的经历。

[59] RH, ASAPS, G401, Harris to C. P. Scott, 22 Feb. 1921; Harris to Rappard, 28 Feb. 1921; and Letter, *The Times*, 22 March 1921.

[60] Van Rees, D. F. W., *Les Mandats internationaux: Le contrôle de l'administration mandataire* (Paris: Librairie Arthur Rousseau, 1927); Van Rees, D. F. W., *Les Mandats internationaux: Les principes généraux du régime des mandats* (Paris: Librairie Arthur Rousseau, 1928); Leopoldo Palacios, *Los Mandatos internacionales de la Sociedad de Naciones* (Madrid: Librería General de Victoriano Suarez), 1928; 在众多谈话和文章中，特别参见 William Rappard, "The Practical Working of the Mandates System", *Journal of the British Institute of International Affairs*, 4: 5 (Sept. 1925), 205 – 26。

[61] LNA，S 284 1（1），Bugge-Wicksell to Rappard，7 June 1922.

[62] 1 *PMCM*，40.

[63] 德国加入后，委员会讨论了再次举行公开会议的问题，一致认为这
不明智；见 12 *PMCM*，59 - 61。

[64] LNA，R78，1/52914/52914，Minute by Gilchrist，22 July 1926，and
list of recipients of mandates documents.

[65] 为建立希伯来大学，拉帕德在 1925 年与贝尔福一起赶赴巴勒斯坦，
格里姆肖和布格 - 维克塞尔也来到这里；奥尔茨在 1928 年去了坦噶
尼喀和比利时属刚果；鲁佩尔在 1933 年去了巴勒斯坦和叙利亚
（他的行动受到殖民地部和法国外交部的密切监督）；西奥多利和达
佩尼亚·加西亚（Da Penha Garcia）都在 20 世纪 30 年代访问了西
南非洲。从该委员会辞职之后，鲁佩尔访问了非洲的委任统治地并
毫不隐瞒地希望它们不久再次成为德国的。

[66] 3 *PMCM*，8.

[67] 1 *PMCM*，9，14. 西奥多利宣布了下次会议的文本修订；2 *PMCM*，3。

[68] 西奥多利在 10 月 10 日就他们的工作和他们希望澄清的议题对国联
行政院所做的口头总结，以及调查表的副本，见 *LNOJ*，Dec. 1921，
1124 - 33。

[69] CAC，NBKR 4/440，Baker to H. Wilson Harris，11 Oct. 1921.

[70] 演讲的内容和史末资对拉帕德的答复被重印在 2 *PMCM*，91 - 2。关
于特别具有安抚性的德语文本，见 NAN，Accession 312，File 9/24。

[71] 1 *PMCM*，33 - 5.

[72] "Resolution adopted by the Council on October 10，1921"，*LNOJ*，
Dec. 1921，1126，1133.

[73] NA，CO，323/884/61，"Minutes of a meeting held at the Colonial
Office on Oct. 28th to discuss various questions concerning mandates"；
and NA，CO 323/882，"Minutes of a meeting held at the Colonial
Office at 12 noon 23rd Nov. 1921".

[74] 2 *PMCM*, 16 – 19. 该小组委员会的报告见 LNA, R57, 1/17831/ 16844, 'Preliminary Report for the Secretary General on the Mission of the Sub-Committee of the Permanent Mandates Commission charged with the duty of ascertaining the views of the Mandatory Powers on the question of the national status of the inhabitants of mandated territories', 2 Dec. 1921。关于比利时的会见，见下一个注释；卡拉汉讨论了法国的审议意见，见 Callahan, *Mandates and Empire*, 112 – 14。

[75] AA, AE II/ (2977) 935, "Compte-rendu des délibérations de la Sous Commission des Mandats, chargée d'examiner la question de la nationalité des sujets des territoires à mandat, Brussels, 26 Nov. 1921".

[76] LNA, R57, 1/17831/16844, "Preliminary Report for the Secretary-General on the Mission of the Sub-Committee of the Permanent Mandates Commission charged with the duty of ascertaining the views of the Mandatory Powers on the question of the national status of the inhabitants of mandated territories", 2 Dec. 1921.

[77] Minutes of the 24th session of the Council, 6th and 14th meetings, 20 and 23 April 1923, *LNOJ*, June 1923, 567 – 72, 603 – 4.

[78] LNA, S1652 (1), "The 'London Agreement', 1923" 打字稿。在西南非洲的大约 90% 的成年德国人接受了这个提议，在 1925 年 3 月 15 日成为英国公民；1926 年已经归化的不列颠人的孩子们也成为英国公民。关于德国人社群的反应，特别是关于其尽管实现归化但维持"德国性"（Deutschtum）的尝试，见 Daniel Joseph Walther, *Creating Germans Abroad*: *Cultural Policies and National Identity in Namibia* (Athens, OH: Ohio University Press, 2002), 153 – 65。

[79] 关于穆辛加对国王阿尔伯特的抗议，见 AA, AE II/ (3296), 1885, File: "Musinga 1920 – 1930", Juyi Musinga to Albert, 16 June 1920；关于当地人对他的不满，以及除非他感到满意，否则当地人无法统治，见 AA, RWA (1) 12, Marzorati, Auditeur Militaire, to Minister

of the Colonies，8 July 1921。英国和比利时关于吉萨卡的冲突严重
连累了比利时人与穆辛加之间的关系，对这一冲突的详细讨论，见
Jean Rumiya，*Le Rwanda sous le régime du mandat belge*（1916 - 1931）
（Paris：L'Harmattan，1992），79 - 129。

[80] 1 *PMCM*，24.

[81] 阿内牧师和克拉斯阁下撰写的最初的备忘录和穆辛加提出的抗议，
见 LNA，R9，1/22262/1025 和 1/220403/1025；还可参见 2 *PMCM*，
69 - 72 和 Annexes 8 and 9，以及 *Rapport sur l'administration belge du
Ruanda et de l'Urundi pendant l'année 1921*，12 - 13。

[82] 关于国联对这一辩论的参与，其总结见 LNA，R70，1/29958/
29952，"Territory of the Former Colony of German East Africa under
Belgian and British Mandates. Proposals of the Belgian and British
Governments. Memorandum by the Secretary General"（16
Aug. 1923）。英国和比利时的通信载 *Correspondence Regarding the
Modification of the Boundary between British Mandated Territory and Belgian
Mandated Territory in East Africa*，PP 1923，Cmd. 1974。

[83] 关于克拉斯对于这一辩论最初的参与以及他在随后给比利时政府的
提议，见 AA，AE II/（3296），1885，File："Musinga 1920 - 1930"，
Classe to Resident，25 Feb. 1920 和 Auditor-General of Ruanda，to the
Colonial Minister，19 April 1921。

[84] 奥尔茨对奥姆斯比 - 戈尔的态度的描述见 Archives Générales du
Royaume，Brussels，Orts Family Papers，File 434，"Note pour
messieurs les Ministres des Affaires étrangères et des colonies"，15 Oct.
1921；奥姆斯比 - 戈尔第一次向丘吉尔提及这个问题，见 NA，CO
323/884/61，Ormsby-Gore to Churchill，17 Oct. 1921；另外，关于
第一次外交照会的失败，见 NA，CO 323/884/61，Louwers to Orts，
12 April 1922。

[85] 关于奥尔茨对其在第二次会上的工作的描述，见 AA，AE/II（3288）

1848, Orts to Colonial Minister, 15 Aug. 1922。阿勒维克·德·霍伊施写信向他致谢：Archives Générales du Royaume, Orts Family Papers, File 434, Halewyck to Orts, 19 Aug. 1922。

[86] Rappard in 1 *PMCM*, 24.

[87] 2 *PMCM*, 70; AA, AE/II (3288) 1848, Orts to Colonial Minister, 15 Aug. 1922.

[88] 3 *PMCM*, 92.

[89] Bodleian, Milner C 700, Lloyd George to Milner, 22 April 1919.

[90] 关于这些谈判的记录见 Bodleian, Milner C 700, 但关于它们最后条款的令人信服的总结，见 A. H. Charteris, "The Mandate over Nauru Island", *British Year Book of International Law*, 137 (1923 – 24), 137 – 52。

[91] *H. C. Deb.*, ser. 5, vol. 130, 16 June 1920, here at cols. 1308 – 13 (for Ormsby-Gore), 1317 – 21 (for Cecil), and 1321 – 23 (for Asquith). The 77 to 217 vote rejecting Ormsby-Gore's amendment is at col. 1349.

[92] "Phosphates and Principles: Debate on Nauru Agreement, Mandate and League", *The Times*, 17 June 1920, 12. 大约三个星期之后，当这一议案到达上议院时，塞西尔设法迫使通过一个修正案使这一议案服从于《国联盟约》之第 22 条。米尔纳坚持认为与《国联盟约》没有任何冲突，因为"门户开放"政策不适用于"丙类"委任统治地。"Phosphates of Nauru: Government Defeat in Committee", *The Manchester Guardian*, 7 July 1920, 6; H. L. Deb. , ser. 5, vol. 41, 29 July 1920, cols. 627 – 31。

[93] 2 *PMCM*, 38 – 57; National Library of Wales, Brogyntyn manuscripts, PEC 10/1/12, Ormsby-Gore to his mother, 10 Aug. 1922.

[94] "The Nauru Mandate: League Commission's Misgivings", *The Times*, 12 Aug. 1922, 7.

［95］ Roger C. Thompson, "Edge of Empire: Australian Colonization in Nauru, 1919 – 1939". in Donald H. Rubinstein, ed., *Pacific History: Papers from the 8th Pacific History Association Conference* (Mangilao: University of Guam Press, 1992), 273 – 80.

［96］ 瑙鲁政府建立的、调查委任统治和托管时期对瑙鲁之环境破坏的法律责任的三人调查委员会主席 Christopher Weeramantry, 提供了关于该委员会之调查结果的详细总结, 见 *Nauru: Environmental Damage under International Trusteeship* (Melbourne: Oxford University Press, 1992)。关于后来瑙鲁之诉求的历史, 特别参见 Antony Anghie 的描述, 他曾任该委员会的研究助理并继续撰写有关国际监督机制的有影响力的作品, " 'The Heart of my Home': Colonialism, Environmental Damage, and the Nauru Case", *Harvard International Law Journal*, 34: 2 (Spring 1993), 445 – 506。关于开发盛产海鸟粪的太平洋岛屿的完整故事, 参见 Gregory T. Cushman, *Guano and the Opening of the Pacific World: A Global Ecological History* (Cambridge: Cambridge University Press, 2013)。

第 3 章　整个世界都在讨论

［1］ RH, ASAPS, G401, Joseph Bell to Anti-Slavery Society, 30 Aug. 1919.

［2］ 一些学者已经考察了常设委任统治委员会的申诉程序。最透彻的研究, 包括关于常设委任统治委员会收到的申诉书的全面统计, 是 A. H. M. Van Ginneken, "Volkenbondsvoogdij: Het Toezicht van de Volkenbond op het Bestuur in Mandaatgebieden, 1919 – 1940," Dissertation, University of Utrecht, 1992。Aleksandar Momirov 依靠的是 Van Ginneken 对委任统治制度和托管制度的不同申诉制度的研究; 见 "The Individual Right to Petition in Internationalized Territories: From Progressive Thought to an Abandoned Practice", *Journal of the*

History of International Law，9（2007），203 - 31。Balakrishnan Rajagopal 把常设委任统治委员会的机制置于自下而上的压力塑造国际法的背景下：见 *International Law from Below*：*Development*，*Social Movements*，*and Third World Resistance*（Cambridge：Cambridge University Press，2003），67 - 71。以色列的 de Jesús Butler 在实践的系谱中提到了常设委任统治委员会机制；见 "A Comparative Analysis of Individual Petition in Regional and Global Human Rights Protection Mechanisms"，*University of Queensland Law Journal*，23：1（2004），22 - 53。

[3] LNA，R1，Minutes of the Commission on Mandates（Milner Commission），4th meeting，9 July 1919.

[4] 关于奥斯曼帝国的先例，见 Andrew Arsan，" 'This is the Age of Associations'：Committees，Petitions，and the Roots of Interwar Middle Eastern Internationalism"，*Journal of Global History*，7（2012），166 - 88；关于萨摩亚人和杜阿拉精英向德意志帝国议会的申诉，见 J. W. Davidson，*Samoa mo Samoa*：*The Emergence of the Independent State of Western Samoa*（Melbourne：Oxford University Press，1967），90；Ralph A. Austen and Jonathan Derrick，*Middlemen of the Cameroons Rivers*：*The Duala and their Hinterland c. 1600 - c. 1960*（Cambridge：Cambridge University Press，1999），128 - 9。

[5] 关于商人的抗议，见 NA，FO 608/215/955，Jonathan C. Holt，John Holt & Co.（Liverpool），to Balfour，25 Jan. 1919，and FO/608/215/2910，Association of West African Merchants to FO，13 Feb. 1919。关于喀麦隆的划分，见 Peter J. Yearwood，" 'In a Casual Way with a Blue Pencil'：British Policy and the Partition of Kamerun，1914 - 1919"，*Canadian Journal of African Studies*，27：2（1993），218 - 44，关于杜阿拉人对分治计划的抗议和对法国在 1919 年之占领的抗议，见 Michael D. Callahan，*Mandates and Empire*：*The League of Nations and Africa*，*1914 - 1931*（Brighton：Sussex Academic Press，1999），43 - 4，

and Ralph A. Austen and Jonathan Derrick, *Middlemen of the Cameroons Rivers*, 144 - 8。埃维人对多哥分治计划的反对得到非常详细的讨论，见 D. E. K. Amenumey, *The Ewe Unification Movement: A Political History* (Accra: Ghana Universities Press, 1989), 9 - 26；另见 Benjamin Lawrance, "Petitioners, 'Bush Lawyers', and Letter Writers: Court Access in British-Occupied Lomé, 1914 - 1920", in Benjamin N. Lawrance, Emily L. Osborn, and Richard L. Roberts, eds., *Intermediaries, Interpreters and Clerks: African Employees and the Making of Colonial Africa* (Madison: University of Wisconsin Press, 2006), 94 - 114。

[6] NA, FO 608/216/2239, Hugh Clifford, Governor, Gold Coast, to Walter Long, Colonial Office, 17 Dec. 1918; NA, FO 608/215/2050, Edward Holder to FO, 27 Dec. 1918.

[7] NA, FO 608/215/2050, Comment by Strachey, 15 Feb. 1919.

[8] 哈里斯关于延期批准委任统治制度和法国在委任统治的多哥和喀麦隆可能违反国联原则的许多信件和文章，见 ASAPS, G401。

[9] 迈克尔·卡拉汉发现了蒙萨在 1920 年向米尔纳和劳合·乔治提交的申诉书，以及他在 1921 年发给利物浦商会申诉书的命运，关于这一点参见 *Mandates and Empire*, 52, 117 - 19；另见 ASS G402, Mensah to Charles Roberts, LNU, 7 May 1921, and Harris to Mensah, 7 July 1921, and G401, Rappard to Harris, 3 June 1921。

[10] BLPES, LNU Archives, Microfilm Reel 430, Mandates Committee minutes, 12 Jan. 1921.

[11] "British Mandate for Palestine", *The Times*, 5 Feb. 1921, 7.

[12] LNA, R21, 1/11100/4284, Faysal to Drummond, 16 Feb. 1921. 侯赛因国王的抗议被国联行政院以未与土耳其达成和平条约为由裁决为"不可接受的"，可参见 LNA R21, and are discussed in Hussein D. Alkhazragi, "Un Petit Prince à la SDN: La lutte du roi Hussein du

Hedjaz pour l'indépendance des provinces arabes de l'empire ottoman",
Relations Internationales, 146（2011 - 12），7 - 23。

[13] 一些学者专家讨论了第一次叙利亚 - 巴勒斯坦大会（Syro-Palestinian
Congress），但时间经常被搞错，Khoury 说会议在 6 月举行而 Patrick
Seale 说在 7 月举行；见 Philip S. Khoury, *Syria and the French Mandate:*
The Politics of Arab Nationalism, 1920 - 1945 （Princeton: Princeton
University Press, 1987），221，和 Patrick Seale, *The Struggle for Arab*
Independence: Riad el-Solh and the Makers of the Modern Middle East
（Cambridge: Cambridge University Press, 2010），180。二者都引用
了 Marie-Renée Mouton 的文章，"Le Congrès syrio-palestinien de
Genève", *Relations Internationales*, 19（Autumn 1979），313 - 28，他
正确地指出此次大会的开幕时间为 8 月 25 日。关于对参会者的
更全面的描述，见 Friedhelm Hoffmann, *Die Syro-Palästinensische*
Delegation am Völkerbund und Šakīb Arslān in Genf, 1921 - 1936/46
（Berlin: Lit, 2007）。

[14] LNA, R21, 1/5947/4284, Note by Philip Baker for Captain Walters,
11 Sept. 1920.

[15] LNA, R15, 1/15299/2413, Drummond to Shibly Jamal, 3 Sept.
1921; 1/12676/2413, Walters to Rappard, 16 Sept. 1921, and
Wellington Koo to Hammad, 30 Sept. 1921.

[16] LNA, R21, 1/14993/4284, Memo by Rappard, 24 Aug. 1921;
R15, 1/15299/2413, Rappard to Drummond, 31 Aug. 1921.

[17] 这一非常紧张的信函见 LNA, R15, 1/15299/2413; see esp. Rappard
to Drummond, 1, 22, and 23（misdated 22）Sept. 1921, Drummond
to Rappard, 23 Sept. 1921。

[18] LNA, 1/16448/2413, Rappard to Drummond, 11 Oct. 1921, quoted
in Ania Peter, *William E. Rappard und der Völkerbund: Ein Schweizer*
Pionier der internationalen Verständigung（Bern: Lang, 1973），123.

[19] 1 *PMCM*, 22 - 3. 根据战争结束后达成的条约，大多数新的和重新建立的东欧国家赋予现在处于其国境之内的少数民族以特殊的权利，而且国联行政院已经为违反行为的申诉建立了一套机制。如果拉帕德和奥姆斯比 - 戈尔知道根据少数民族保护机制建立起来的申诉程序，可以使各政府把可能违反这些条约的行为提交给国联行政院（这一程序意味着，如果得到亲近国家的支持，这些申诉多半会得到审议），很明显他们并不认为这是有吸引力的，因为委任统治程序允许个人提出申诉而且是非常不同的。关于少数民族保护机制，特别参见 Carole Fink, *Defending the Rights of Others*: *The Great Powers*, *the Jews*, *and International Minority Protection*, *1878 - 1938* (Cambridge: Cambridge University Press, 2006)。

[20] 关于对代表团之影响和1921~1923年期间推翻委任统治制度之活动的周密分析，见 Sahar Huneidi, *A Broken Trust*: *Herbert Samuel*, *Zionism*, *and the Palestinians* (London: I. B. Tauris, 2001), chs. 3, 7. 该代表团设法让其看法进入主流媒体，参见，例如，Moussa Pasha Kazim El Husseini and Shibly Jamal, "The Future of Palestine", *The Times*, 19 Dec. 1921, 6, 以及随后4月4日、5月11日和6月3日关于阿拉伯人之不满的文章。关于上议院的辩论，见 *H. L. Deb.*, ser. 5, vol. 50, 21 June 1922, cols. 994 - 1033; "The Palestine Mandate", *The Times*, 23 June 1922, 17。

[21] 犹太复国主义组织接受了《白皮书》（魏茨曼已接受了关于其内容的咨询），而巴勒斯坦代表团预言这预示着对阿拉伯人口的"灭绝"，拒绝了它。关于这些反应，见 *Palestine*: *Correspondence with the Palestine Arab Delegation and the Zionist Organisation*, *PP* 1922, Cmd. 1700, 17 - 21。关于对《白皮书》的讨论，特别参见 Huneidi, *A Broken Trust*, 156 - 61, 和 Bernard Wasserstein, *The British in Palestine*: *The Mandatory Government and the Arab-Jewish Conflict*, *1917 - 1929* (1978; 2nd ed. Oxford: Basil Blackwell, 1991), 118 - 21。

[22] Minutes of the 19th session of the Council, *LNOJ*, 3: 8 (Aug. 1922), 824.

[23] Weizmann to Simon, 16 July 1922, *in LPCW*, vol. 11, ed. Bernard Wasserstein (New Brunswick, NJ: Transaction Books, 1977), 143 – 7.

[24] 2 *PMCM*, 8.

[25] LNA, Box R60, 1/22099/22099, " Submission to the League of Nations of Petitions from Inhabitants of Mandated Territories. Memorandum by the British Representative on Procedures to be Adopted" (24 July 1922).

[26] 2 *PMCM*, 15, and LNA, R50, 1/23071/22099, "Procedure to be followed in communicating. . . petitions" (1 Sept. 1922).

[27] Minutes of the 23rd session of the Council, 29 and 31 Jan. 1923, *LNOJ*, March 1923, 200 – 1, 211.

[28] *Records of the 3rd Assembly*, vol. 1, *Minutes*, Plenary session, 20 Sept. 1922, 156.

[29] ASAPS, G403, Henry Kau Gaba to Harris, 14 June 1924.

[30] 15 *PMCM*, 140.

[31] 8 *PMCM*, 165 – 6.

[32] 9 *PMCM*, 48.

[33] LNA, Box 2321, File A/15731/708, CPM 967, "Petitions. Note by M. Merlin" (18 Nov. 1929).

[34] LNA, R60, 1/24276/22099, "Pétitions d'habitants des Territoires sous Mandat. Projet de rapport soumis aux Membres de la Commission permanente des Mandats par le Marquis Alberto Théodoli, Président" (Oct. 1922).

[35] 不接受申诉在地方法庭裁决的决定是在卢格德的敦促下做出的；见 "General Procedure regarding Petitions: Note by Sir F. Lugard", in 4

PMCM，Annex 6，178 - 9。

[36] 西奥多利在 1924 年做出了关于"可接受性"的决定；例如，他提交委任统治委员会的报告，见 4 *PMCM*，146。这些程序——包括不排除以"暴力语言"表达的申诉书——在委任统治委员会 1925 年讨论申诉书期间得到澄清（7 *PMCM*，133）；还可参见亨廷顿·吉尔克里斯特在 1925 年撰写的备忘录，见 LNA R77 和 C. P. M. 558（1），"Summary of the Procedure to be Followed in the Matter of Petitions Concerning Mandated Territories"，Annex 4 in 12 *PMCM*，176 - 8。西奥多利还为每一次会议撰写了简要报告，列出他曾拒绝的申诉书清单并解释其拒绝的原因。关于"语言暴力"的少数民族保护机制的规则，见 Jane Cowan， "Who's Afraid of Violent Language? Honour，Sovereignty and Claims-Making in the League of Nations"，*Anthropological Theory*，33：3（2003），271 - 91。

[37] Van Ginneken，"Volkenbondsvoogdij，"217.

[38] 西奥多利特别采取了这种做法：见 11 *PMCM*，18，163；关于来自荷兰的成员范里斯获得类似信息的要求，见 12 *PMCM*，62 - 3。

[39] The Section Register can be found in LNA，S1681.

[40] 范·欣内肯在她的学位论文中提供了关于所有申诉书之来源、主题、处理情况、发表情况的全面统计，"Volkenbondsvoogdij"，211 - 18。

[41] 关于这一点，见 Simon Jackson，"Diaspora Politics and Developmental Empire：The Syro-Lebanese at the League of Nations"，*Arab Studies Journal*，21：1（Spring 2013），166 - 90。

[42] 关于巴勒斯坦委任统治制度进行的申诉，特别参见 Natasha Wheatley，"Mandatory Interpretation：Legal Hermeneutics and the New International Order in Arab and Jewish Petitions to the League of Nations"，*Past and Present*，no. 227（May 2015）。

[43] 瑙鲁人的抗议活动被镇压的历史已经被还原，见 Roger C. Thompson，

"Edge of Empire: Australian Colonization in Nauru, 1919 – 1939", in Donald H. Rubinstein, ed., *Pacific History: Papers from the 8th Pacific History Association* Conference (Mangilao: University of Guam Press, 1992), 273 – 80。

[44] Benjamin N. Lawrance, "Bankoe v. Dome: Traditions and Petitions in the Ho-Asogli Amalgamation, British Mandated Togoland, 1919 – 1939", *Journal of African History*, 46 (2005), 243 – 67.

[45] 关于这一点，见 Tilman Dedering, "Petitioning Geneva: Transnational Aspects of Protest and Resistance in South West Africa/Namibia after the First World War", *Journal of Southern African Studies*, 35: 4 (Dec. 2009), 785 – 801, and Rudolf G. Britz, Hartmut Lang, and Cornelia Limpricht, *A Concise History of the Rehoboth Basters until 1990* (Windhoek: Klaus Hess, 1999), 28 – 39。

[46] 关于该联盟在 20 多年里的出现和转变的一种非常复杂的描述，见 Benjamin N. Lawrance, *Locality, Mobility, and "Nation": Periurban Colonialism in Togo's Eweland, 1900 – 1960* (Rochester, NY: University of Rochester Press, 2007), ch. 5。卡拉汉非常好地追踪了该联盟和杜阿拉人的申诉书的命运，见 Callahan, *Mandates and Empire*, 149 – 54，和 *Sacred Trust*, 48 – 52。就像 Austen 和 Derrick 在 *Middlemen* 一书（第 144~152 页）中所做的，Andreas Eckert 也讨论了杜阿拉人的申诉书，见 *Die Duala und die Kolonialmächte: Eine Untersuchung zu Widerstand, Protest und Protonationalismus in Kamerun vor dem Zweiten Weltkrieg* (Münster and Hamburg: Lit, 1991)。

[47] 关于阿吉戈家族的争论，见 Lawrance, *Locality, Mobility, and "Nation"*, ch. 2, and Callahan, *Mandates*, 118 – 20。这个家族的一位成员在 1922 年和 1924 年之间反复致信哈里斯，哈里斯确实写信给德拉蒙德，试图翻转放逐的决定；这封信见 ASAPS, G402 和 G403。关于凯斯利·海福德以及其他许多重要但经常被忽视的反殖

民主义活动分子的信息，特别参见 Jonathan Derrick，*Africa's "Agitators": Militant Anti-Colonialism in Africa and the West*，*1918 – 1939* (New York: Columbia University Press，2008)。

[48] 这些事件让委任统治委员会感到困扰并让法国官方指派的代表 M. Besson 经历一段糟糕的时间。关于"洛美事件"，见 24 *PMCM*，52 – 5，122 – 6，和 Lawrance，*Locality*，*Mobility*，*and "Nation"*，69 – 89 and 139 – 40 (including footnotes 110 and 111)。关于喀麦隆妇女的抗议，见 Austen and Derrick，*Middlemen*，151 – 2。

[49] 关于申诉书之来源和主题的这一总结，来自我对常设委任统治委员会的报告和国联档案的研究。来自泛非大会和加维人 (Garveyites) 非常吸引人的申诉 (其中大多数在没有进行报告的情况下就被简单粗暴地否决了)，见 LNA，Boxes R39，R41，R60，R2344，R4123。

[50] Van Ginneken，"Volkenbondsvoogdij"，218.

[51] 24 *PMCM*，54.

[52] Balakrishnan Rajagopal，*International Law From Below: Development*，*Social Movements*，*and Third World Resistance* (Cambridge: Cambridge University Press，2003)，69.

[53] 24 *PMCM*，54."多哥德意志联盟"特别引起来自比利时和法国的常设委任统治委员会成员的愤怒，他们认为它是由热切要求归还其殖民地的德国人操纵的。例如，在 1927 年，梅兰和奥尔茨与法国政府的代表一起严厉斥责申诉者们为带有欺骗性诉求的怪人；见 11 *PMCM*，36 – 42。

[54] "Procedure in Respect of Petitions Regarding Inhabitants of Mandated Territories: Report by M. Salandra"，*LNOJ*，4: 3 (March 1923)，299.

[55] *LNOJ*，*Special Supplement No. 11*，*Records of the Third Assembly: Plenary Meetings*，vol. 1 (1922)，165.

[56] 关于 20 世纪 20 年代的这些发展，特别参见 Barbara J. Smith, *The Roots of Separatism in Palestine: British Economic Policy, 1920 - 1929* (Syracuse, NY: Syracuse University Press, 1993)。

[57] 伯纳德·沃瑟斯坦注意到了塞缪尔在 1919 年赴巴勒斯坦旅行，塞缪尔任高级专员使他认识到阿拉伯人强烈反对犹太复国主义，并多次致力于调解。见 Bernard Wasserstein, *Herbert Samuel: A Political Life* (Oxford: Oxford University Press, 1992), ch. 9。

[58] 关于 1922 ~ 1923 年对贝尔福政策的挑战及其再确认，特别参见 Sahar Huneidi, "Was Balfour Policy Reversible? The Colonial Office and Palestine, 1921 - 23", *Journal of Palestine Studies*, 27: 2 (Winter 1998), 23 - 41。

[59] 见 "Report on the State of Palestine During the Four Years of Civil Administration", Annex 2 和 "Letter from the President of the Executive Committee of the Palestine Arab Congress", Annex 3, both in 5 *PMCM*, 166 - 74。Abdelaziz A. Ayyad 的 *Arab Nationalism and the Palestinians, 1850 - 1939* (Jerusalem: PASSIA, 1999), 调查了巴勒斯坦阿拉伯大会执行委员会的历史，包括其向国联的申诉。

[60] Weizmann to Morris Rothenberg and Emanuel Neumann, 9 Nov. 1924, in *LPCW*, vol. 12, ed. Joshua Freundlich (New Brunswick, NJ, 1976), 249.

[61] LNA, S298 (2), "Record of a Conversation with Sir Herbert Samuel. June 17, 1922".

[62] 5 *PMCM*, 65; Ormsby-Gore had said much the same thing at the 4th session, 24 June - 8 July 1924, 88.

[63] 4 *PMCM*, 89.

[64] PMC, "Report", in 5 *PMCM*, 188 - 9.

[65] Weizmann to Rothenberg and Neumann, 9 Nov. 1924, in *LPCW*, vol. 12, 249.

[66] Weizmann to Samuel, 13 Nov. 1924, in *LPCW*, vol. 12, 255.

[67] Weizmann to Shuckburgh, 13 Nov. 1924, to Samuel, 13 Nov. 1924, to Rappard, 15 Nov. 1924, to Drummond, 17 Nov. 1924, in *LPCW*, vol. 12, 252 – 70, and LNA, S298（2）, Weizmann to Rappard, 14 Nov. 1924（for the "official" letter）.

[68] LNA, S298（2）, Rappard to Drummond, 24 Nov. 1924.

[69] LNA, S298（2）, Rappard to Drummond, 18 Nov. 1924, and Note by Rappard, 5 Dec. 1924.

[70] 犹太复国主义组织成功地向国联秘书处渗透的证据，见犹太复国主义者档案馆的文献，见本书第 12 章。

[71] Weizmann to Ludvik Singer, 21 Nov. 1924, Alexander Cadogan, 25 Nov. 1924, and Jean Fischer, 27 Nov. 1924, in *LPCW*, vol. 12, 272 – 3, 275, 277 – 8.

[72] Minutes of the 32rd session of the Council, 10 December 1924, in *LNOJ*, 6: 2（Feb. 1925）, 134.

[73] 关于国联秘书处对待雅各布森和犹太复国主义者要求"正式"地位之诉求的各种混乱的记录，见 LNA, S263。英国外交部在 1936 年也反对允许犹太复国主义者代表进入国联大会期间留给成员国代表团的区域；关于这一点，见 S1609, De Haller to Makins, 3 Dec. 1936。

[74] 魏茨曼与常设委任统治委员会许多成员之间的通信可见 *LPCW* 以及卢格德和拉帕德的文件；另见 Chaim Weizmann, *Trial and Error: The Autobiography of Chaim Weizmann*（New York: Harper and Brothers, 1949）, 375 – 8。关于戈德曼艰辛的旅行，参见日内瓦办公室的记录，现收藏于以色列的 CZA，特别是 CZA 藏戈德曼在 1934～1941 年的日记；以及 Nahum Goldmann, *The Autobiography of Nahum Goldmann: Sixty Years of Jewish Life*（New York: Holt, Rinehart, and Winston, 1969）, 137 – 44。

[75] 关于拉帕德的巴勒斯坦之行，特别参见 Victor Monnier, *William E. Rappard: Défenseur des libertés, serviteur de son pays et de la communauté internationale* (Geneva: Slatkine, 1995), 332 - 46, 和 Peter, *William E. Rappard*, 126 - 7。

[76] 7 *PMCM*, 127.

[77] 关于这一点，参见 Weldon C. Matthews, *Confronting an Empire, Constructing a Nation: Arab Nationalists and Popular Politics in Mandate Palestine* (London: I. B. Tauris, 2006), 34 - 42, 和 Philip Mattar, *The Mufti of Jerusalem: Al-Hajj Amin al-Husayni and the Palestinian National Movement* (New York: Columbia University Press, 1988), ch. 2。

[78] J. C. Hurewitz 正确地指出，"巴勒斯坦的委任统治制度"明显是以符合犹太复国主义者利益的方式制定的；见 J. C. Hurewitz, *The Struggle for Palestine* (1950; new ed. New York: Schocken Books, 1976), 18。

[79] Wheatley, "Mandatory Interpretation."

[80] 来自巴勒斯坦阿拉伯大会的两份申诉书，帕拉西奥斯关于这些申诉书的报告以及常设委任统治委员会的观察，见于 7 *PMCM*, 160 - 73, 180 - 1, 219。

[81] Wheatley, "Mandatory Interpretation".

[82] "Petition, dated April 25, 1927, from the 'Executive Committee of the Palestine Arab Congress': Report by M. Palacios", in 11 *PMCM*, 208.

第二部分　引子：盟友与对手

[1] RH, Lugard 119/4, Lady Lugard to Major E. J. Lugard, 22 July 1923.

[2] RH, Lady Lugard to Major E. J. Lugard, 29 July 1923.

[3] RH, Lugard 119/2, Ormsby-Gore to Lugard, 16 Feb. 1923.

[4] RH, Lugard, 151/1/16, Ruppel to Lugard, 24 Feb. 1933.

[５] Lord Lugard, *The Dual Mandate in British Tropical Africa* (1922; rpt. Hamden, CT: Archon Books, 1965).

[６] 见 Véronique Dimier 关于"双重委任统治"的敏锐的评论，载 Véronique Dimier, *Le Gouvernement des colonies, regards croisés franco-britanniques* (Brussels: Editions de l'Université de Bruxelles, 2004), 206 – 10。

[７] *Dual Mandate*, 48 – 58.

[８] *Dual Mandate*, esp. 197 – 229, and quoted 217.

[９] 关于英国殖民地行政管理已有大量成果出版，但关于"间接统治"特别精明的总结，参见 Karen E. Fields, *Revival and Rebellion in Colonial Central Africa* (Princeton: Princeton University Press, 1985), pp. 30 – 60，关于肯尼亚模式的表达，Bruce Berman and John Lonsdale, *Unhappy Valley: Conflict in Kenya and Africa* (London: John Currey, 1992)。

[１０] LNA, R6, 1/10005/248, jacket 1, Rappard to Lugard, 12 Feb. 1923.

[１１] *Dual Mandate*, 197 – 8.

[１２] LNA, S284 1 (9), Ormsby-Gore to Rappard, 17 Jan. 1921.

[１３] *Dual Mandate*, 198.

[１４] 关于这一点见 Benoît de L'Estoile, "Internationalization and 'Scientific Nationalism': The International Institute of African Languages and Cultures between the Wars", in Helen Tilley with Robert J. Gordon, ed., *Ordering Africa: Anthropology, European Imperialism and the Politics of Knowledge* (Manchester: Manchester University Press, 2007), 95 – 116。

[１５] 卢格德关于种族的思想在他参加的英国哲学研究所（British Institute of Philosophical Studies）的讨论中表现得非常明显，见"The Problem of Colour in Relation to the Idea of Equality", *Journal of*

Philosophical Studies, 1：2（April 1926），211 - 33，以及 Lugard，
"The White Man's Task in Tropical Africa"，*Foreign Affairs*, 5：1（Oct.
1926），57 - 68。George W. Stocking Jr. 指出了他们过时的特征，
见 *After Tylor：British Social Anthropology, 1888 - 1951*（Madison：
University of Wisconsin Press, 1995），383 - 4。

［16］ LNA, S284 1 (9), Ormsby-Gore to Rappard, 17 Jan. 1921.

［17］ Albert Sarraut, *La Mise en Valeur des colonies françaises*（Paris：Payot,
1923），关于转向"联合"，见 Alice L. Conklin, *A Mission to
Civilize：The Republican Idea of Empire in France and West Africa, 1895 -
1930*（Stanford：Stanford University Press, 1997），ch. 6。关于萨罗，
见 Martin Thomas, "Albert Sarraut, French Colonial Development and
the Communist Threat"，*Journal of Modern History*, 77：4（Dec.
2005），917 - 55。

［18］ 他被无罪释放，但也有人对他颇有微词，见 MAE, SDN 556 中的
通信。

［19］ NA, CO 323/956/32, Note by J. E. W. Flood, 15 Sept. 1926.

［20］ Margery Perham, *Lugard：The Years of Authority, 1898 - 1945*（London：
Collins, 1960），645.

第4章 来自奥兰治河的新闻

［1］ 3 *PMCM*, 117 - 18.

［2］ Records of the *Third Assembly*, vol. 1, *Minutes*, session of 8 Sept. 1922,
76, 81；关于沃尔顿提交的这份报告，见 session of 5 Sept. , 38 - 9。
关于贝勒加德，见 Patrick D. Bellegarde-Smith, "Dantès Bellegarde and
Pan-Africanism"，*Phylon*（1960 - ）, 42：3（1981），233 - 44。

［3］ *Records of the Third Assembly*, vol. 1, *Minutes*, session of 19 Sept. 1922,
142 - 3, and 20 Sept. 1922, 152 - 66.

［4］ Helmut Bley 在其著作中提供了关于德国制度的一种令人毛骨悚然的

描述，见 *Namibia under German Rule* (new ed. ，Hamburg：Lit，1996)，249 – 79；另见 Tony Emmett，*Popular Resistance and the Roots of Nationalism in Namibia，1915 – 1966* (Basel：P. Schlettwein，1999)，73 – 5。

[5] 关于1917年的申诉和与米尔纳进行的关于把领地分配给南非的影响的讨论，见 Bodleian，Milner C. 702，Schreiner to Milner，20 Jan. and 14 Feb. 1919。

[6] Union of South Africa，*Report on the natives of South West Africa and their treatment by Germany*，PP 1918，XVII，Cd 9146，4.

[7] Union of South Africa，*Report on the natives of South West Africa and their treatment by Germany*，PP 1918，XVII，Cd 9146，11. 许多西南非洲首领和酋长们（包括瓦姆巴德的邦德尔沃兹人的长者们，后来成为叛乱的领导人）的看法也被记录在 *Correspondence relating to the Wishes of the Natives of the German Colonies as to their Future Government*，PP 1918，XVII，Cd. 9210，10 – 21。

[8] NAN，ADM 157，File W41，Gorges to De Jager，21 Nov. 1917.

[9] 这一材料见 NAN，ADM 157，W41。特别参见 Gorges to Botha，23 Nov. 1917；Report on the Conference of Magistrates and Police Officers，Windhoek，28 Nov. 1917；Gorges to Minister of Defence，20 April 1918；and reports by E. Manning，Magistrate，Keetmansoop，12 March 1918，and T. L. O'Reilly，Military Magistrate，Omaruru，6 March 1918。

[10] NAN，ADM 157，W41，Gorges to Acting Prime Minister，8 April 1919.

[11] LNA，R11，1/37014/1347，" Statement by Mr. Hofmeyr to the Permanent Mandates Commission"，25 June 1924，22，25.

[12] LNA，R41，Union of South Africa，South West Africa Territory，*Report of the Administrator for the Year 1920* (Cape Town，1921)，15.

[13] 关于委任统治政府对德国人社群的政策及后者的反应，Daniel Joseph

Walther, *Creating Germans Abroad：Cultural Politics and National Identity in Namibia* (*Athens*, OH：*Ohio University Press*, 2002), 153 – 65。

[14] 直到最近，对处于委任统治之下的南非的描述大体上都是以官方出版物为基础的；这些出版物提供了关于政府政策的非常有用的资料，但关于非洲人之反应的信息非常少。见，例如，Gail-Maryse Cockram, *South West African Mandate* (Cape Town：Juta and Co., 1976)；I. Goldblatt, *History of South West Africa* (Cape Town：Juta & Co., 1971)；以及 John H. Wellington, *South West Africa and its Human Issues* (Oxford：Clarendon Press, 1967)。一个例外是 Ruth First 生动和充满激情的 *South West Africa* (Harmondsworth：Penguin, 1963)，它对各个非洲群体的历史和利益给予了很大关注。然而，最近最好的研究是 Tony Emmett 在 1987 年完成的毕业论文，现以 *Popular Resistance and the Roots of Nationalism in Namibia, 1915 – 1966* 为题出版，详细研究了温得和克的档案，提供了关于劳工与社会关系的详细描述，我已引用了该书的研究。德国人口的数字来自 Goldblatt, 200；1921 年的数字，来自 3 *PMCM*, 106。

[15] 政府在 1923 年报告说工资是每月 10 ~ 20 先令，外加食物，但农场主经常无法支付薪水；见 Union of South Africa, South-West Protectorate, *Report of the Administrator for the Year 1922* (Cape Town：Cape Times Ltd., 1923), 21。换句话说，养一只狗，征收的养狗税介于一个月到两个月的薪水，上升到离谱的 1 镑，或者五只狗征收的养狗税相当于一年或两年的薪水。

[16] 邦德尔沃兹人的起义已经受到学者的大量关注。汤因比在描述受委任统治政府时详细讨论了这一事件以及南非和国联的反应，见 *Survey of International Affairs, 1920 – 1923* (London：Humphrey Milford, 1925), 404 – 17。1961 年，A. M. Davey 调查了当代和学者的反应，见 *The Bondelzwarts Affair：A Study of the Repercussions, 1922 – 1959* (Pretoria：Communications of the University of South Africa, 1961)。

纳米比亚的大多数历史著作也给予这次叛乱很多关注。特别关注国
联之反应的描述，见 Cockram, *South West Africa Mandate*, 121 – 63;
关于邦德尔沃兹人生活条件的恶化和叛乱的社会原因，特别参见
Emmett, *Popular Resistance*, 111 – 24。对这次叛乱最扣人心弦的叙事
性描述，写得信马由缰但又表现出对莫里斯及其追随者的极大同情
的著作是 Richard Freislich, *The Last Tribal War*: *A History of the
Bondelswart Uprising* (Cape Town: C. Struik, 1964)。

[17] "Hottentot Rising. Rebels Bombed", *The Times*, 31 May 1922, 9.

[18] NAN, ADM 158, W60, Smuts to Hofmeyr, 2 July 1922.

[19] NAN, Acc. 312, File 19/73, Smuts to Hofmeyr, 5 July 1922.

[20] RH, ASAPS Archives, G402, M. Hoskens to Harris, 26 July 1922
and 3 Aug. 1922; LNA, R41, 1/22331/15778, Buxton and Harris to
Drummond, 3 Aug. 1922, and enclosing "Crushing of the Bondelzwart
Rebellion", *The African World*, 29 July 1922.

[21] Charles Roberts, President of the Anti-Slavery Society, at its Annual
Meeting, *ASRAF*, V, 13: 2 (July 1923), 51.

[22] "Annual Meeting of the Society", *ASRAF*, V, 13: 2 (July 1923), 51.

[23] RH, ASAPS Archives, G402, Murray to Harris, 2 Nov. 1922 and 25
May 1923.

[24] "Good old British Flag!" *The International* (Johannesburg), 25 May 1923.

[25] LNA, R10, 1/28258/1347, *Report of the Commission Appointed to
Enquire into the Rebellion of the Bondelzwarts* (Cape Town, 1923).

[26] LNA, R10, 1/29706/1347, CPM 49. "Bondelzwarts Rising: Extracts
from the Debate in the Union House of Assembly", 16.

[27] 3 *PMCM*, 113 – 16.

[28] 1923 年 7 月 23 日哈里斯和巴克斯顿致德拉蒙德的、要求常设委任
统治委员会听取能够代表邦德尔沃兹人看法的信重印于 3 *PMCM*,
Annex 8, 287 – 8。

[29] LNA, R10, 1/29706/1347, CPM 49. "Bondelzwarts Rising: Extracts from the Debate in the Union House of Assembly", 2.

[30] 3 *PMCM*, 123. 南非继续使用飞机威胁据称叛乱的土著，关于这一点见 Richard Dale, "The Armed Forces as an Instrument of South African Policy in Namibia", *The Journal of Modern African Studies*, 18: 1 (1980), 57 – 71。

[31] 3 *PMCM*, 120.

[32] 3 *PMCM*, 131 – 4.

[33] 3 *PMCM*, 128 – 30.

[34] LNA, S259, E. F. C. Lane, Cape Town, to Herbst, High Commission, London, 25 June 1923.

[35] 3 *PMCM*, 134 – 7.

[36] 3 *PMCM*, 183 – 7.

[37] 3 *PMCM*, 201 – 4, and LNA, R11, 1/31364/1347, CPM 76, "Opinion du membre portugais de la CPM sur l'Affaire du Bondelzwarts".

[38] 西奥多利致其同事们的声明的手写原稿，见 LNA S284 1 (15), Theodoli to PMC members, 9 Aug. 1923。

[39] 3 *PMCM*, 205 – 6; the draft of Theodoli's statement, mistitled "Lugard", is in LNA S298 (7).

[40] RH, Lugard 136/6, Lugard, "Bondelswarts"; a copy is also in LNA S298 (7).

[41] 3 *PMCM*, 203, and see LNA S284 1 (14), Lugard to Rappard, 15 Aug. 1923.

[42] 3 *PMCM*, 207.

[43] A. 47. 1923. VI, PMC, *Report on the Bondelzwarts Rebellion* (14 Aug. 1923).

[44] C. 550. 1923. IV, PMC, *Comments of the Accredited Representative of the*

Union of South Africa on the Commission's Report on the Bondelzwarts Rebellion, 23 Aug. 1923.

[45] LNA, R10, 1/30798/1347, Lugard to Rappard, 7 Sept. 1923 (handwritten); typed copy in S298 (7).

[46] Fourth Assembly, Plenary Meeting, 26 Sept. 1923, *LNOJ*, Special Suppl. no. 13 (Oct. 1923), 92 – 3.

[47] LNA, S263, File on 3rd meeting, 1923.

[48] Minutes of the 27th session of the Council, 13 Dec. 1923, *LNOJ*, 5: 2 (Feb. 1924), 339 – 41.

[49] Sara Pienaar 指出，南非在西南非洲的政策与它在联邦的政策是高度相似的，关于这一点它是不愿道歉的，它相信自己是正确的。见 Sara Pienaar, *South Africa and International Relations between the Two World Wars: The League of Nations Dimension* (Johannesburg: Witwatersrand University Press, 1987), 126。

[50] Fourth Assembly, Plenary Meeting, 26 Sept. 1923, *LNOJ*, Special Suppl. no. 13 (Oct. 1923), 92.

[51] 4 *PMCM*, 114 – 15.

[52] NAN, Acc. 312, 17/61, Hofmeyr to Smit, 6 Aug. 1924, and Smit to Hofmeyr, 5 July 1924.

[53] 里霍博斯人（Rehobothers）与政府之间长期的斗争已被完整记录在国联档案之中，并花费了常设委任统治委员会的大量时间。关于他们的申诉运动，见 Tilman Dedering, "Petitioning Geneva: Transnational Aspects of Protest and Resistance in South West Africa/Namibia after the First World War", *Journal of Southern African Studies*, 35: 4 (Dec. 2009), 785 – 801; 关于这一历史更广泛的内容，见 Rudolf G. Britz, Hartmut Lang, and Cornelia Limpricht, *A Concise History of the Rehoboth Basters until 1990* (Windhoek: Klaus Hess, 1999)。

[54] A. J. Christopher, "Official Land Disposal Policies and European

Settlement in Southern Africa, 1860 – 1960 ", *Journal of Historical Geography*, 9: 4 (1983), 371.

[55] Emmett, *Popular Resistance*, 105.

[56] NAN, Acc. 312, "The Visit of the Administrator to Warmbad", *Allgemeine Zeitung* (Windhoek), 9 Oct. 1926.

[57] 14 *PMCM*, 90, 102, 104, 108, 109, 116.

[58] 18 *PMCM*, 140 – 1.

[59] 6 *PMCM*, 70.

[60] 政府反对用于非洲人之需要的开支在常设委任统治委员会的备忘录中是一个不变的主题；见 22 *PMCM*, 368 – 9; 31 *PMCM*, 126 – 8; and 34 *PMCM*, 78, 323。Reinhard Kössler 指出，政府在 20 世纪 30 年代也开始清查从非洲人那里征收的牧业费，这是只用于保留地的；见他的 "From Reserve to Homeland: Local Identities and South African Policy in Southern Namibia", *Journal of Southern African Studies*, 26: 3 (Sept. 2000), 447 – 62。

[61] 14 *PMCM*, 101 – 4; see also Rappard's strenuous criticisms the previous year in 11 *PMCM*, 99.

[62] 11 *PMCM*; and see also 26 *PMCM*, 61; 27 *PMCM*, 158 – 9.

[63] *Namibia under South African Rule: Mobility and Containment*, ed. Patricia Hayes, Jeremy Silvester, Marion Wallace, and Wolfram Hartmann (Oxford: James Currey, 1998). 这本论文集非常好地探究了两次世界大战之间西南非洲的殖民者权力和种族等级的内部结构和管理；特别参见 Robert J. Gordon, "Vagrancy, Law & 'Shadow Knowledge': Internal Pacification", 51 – 76。

[64] Fourth Assembly, Plenary Meeting, 26 Sept. 1923, *LNOJ*, Special Suppl. no. 13 (Oct. 1923), 92 – 3.

[65] 1 *PMCM*, 14, 31.

[66] LNA, S298 (7), Freire d'Andrade, "Opinion du membre portugais de

la CPM sur l'Affaire des Bondelswarts"; and 4 *PMCM*, 116; 6 *PMCM*, 69; 11 *PMCM*, 98.

[67] 这些引述来自卢格德。5 *PMCM*, 27 - 8; 6 *PMCM*, 47 - 50.

[68] 原始手稿见 LNA, R74。所有四个备忘录都作为附件印在 7 *PMCM* 后面。

[69] Sir Frederick Lugard, "Economic Development of Mandated Territories in its Relation to the Well Being of the Natives", 7 *PMCM*, 194 - 7.

[70] Freire d'Andrade, "The Interpretation of that Part of Article 22 of the Covenant which Related to the Well-Being and Development of the Peoples of Mandated Territories", in 7 *PMCM*, 197 - 205.

[71] "Note by Sir F. Lugard on the Memorandum of M. Freire d'Andrade", and "Reply by M. Freire d'Andrade on Sir F. Lugard's Note", in 7 *PMCM*, 206 - 9.

[72] Frederick Lugard, *The Dual Mandate in British Tropical Africa* (1922; rpt. New York: Hamden, CT: Archon Books, 1965), 425 - 60, here at 431.

[73] 关于这份报告, 见 LNDM, Reel CPM - 1, CPM 46, Bugge-Wicksell, "A Comparative Study of Education in Mandated Territories", 23 March 1923; 及两个附录 1923 年 7 月 10 日的 CPM 46 (a) 和 1923 年 7 月 19 日的 CPM 46 (b)。关于委任统治委员会对于教育的态度, 还可参见 J. M. Barrington, "The Permanent Mandates Commission and Educational Policy in Trust Territories", *International Review of Education*, 22: 1 (1976), 和 Susan Pedersen, "Metaphors of the Schoolroom: Women Working the Mandates System of the League of Nations", *History Workshop Journal*, 66 (2008), 188 - 207。

[74] 这是布格 - 维克塞尔访问塔斯基吉 (Tuskegee) 之后的结论, 关于这一点见 LNDM, Reel CPM - 7, CPM 623, Bugge-Wicksell, "Memo regarding her visit to several coloured schools and universities in

the Southern United States", 1927。

[75] C. D. Rowley, "The Occupation of German New Guinea 1914 – 1921", in W. J. Hudson, ed. , *Australia and Papua New Guinea* (Sydney: Sydney University Press, 1971), 57 – 73。

[76] 关于这一点见 *Interim and Final Reports of the Royal Commission on Late German New Guinea*, *Parliamentary Papers* (Australia), 1920 – 21, III。

[77] 关于这一点见 ANA, A457/1, Pethebridge to Defence, 3 Dec. 1915, and Johnston to Defence, 14 March 1919。

[78] ANA, File A457/1, Trumble to Administrator, 9 April 1919, and PM's office to Administrator, Rabaul, 26 Sept. 1921.

[79] 关于这些案例，见 ANA Files A457/1 and A518/1；这些案例，以及包含在澳大利亚提交国联的年度报告中的关于对欧洲人之起诉的统计数据比政府对 1923 年《悉尼每日电讯报》公开披露的事件所做反应而采取的对暴虐行为的调查更能暴露问题，调查主要是去洗白问题：见 *Report of Inquiry into Allegations of Flogging and Forced Labour of Natives*, *by* A. S. Canning, in *Parliamentary Papers* (Australia), 1923 – 24, vol. 4。直到最近，很少著作是利用新几内亚政府的档案资料写成的，但一篇典范性的文章（也详细解释了坎宁的调查毫无结果的原因）是 Roger C. Thompson, "Making a Mandate: The Formation of Australia's New Guinea Policies, 1919 – 1925", *Journal of Pacific History*, 25: 1 (1990), 68 – 94。

[80] 这是澳大利亚代表 Joseph Carrodus 在 1926 年的看法，关于这一点见 Thompson, "Making a Mandate", 81。

[81] 关于 20 世纪 20 年代初坦噶尼喀的经济政策，特别参见 LNA, R40, 1/59624/15313, Report by His Britannic Majesty's Government to the Council of the League of Nations on the Administration of Tanganyika Territory for the Year 1926; 1/45468/15313, Donald Cameron, "Agriculture and Labour" (5 Aug. 1926)。

［82］ Charlotte Leubuscher, *Tanganyika Territory*: *A Study of Economic Policy under Mandate* (London: Oxford University Press, 1944), 22 – 5, 33.

［83］ Donald Cameron, "Native administration" (1925), quoted in 9 *PMCM*, 137. 卡梅伦详细解释了其关于土著政府的哲学，见 Cameron, *My Tanganyika Service* (London: George Allen & Unwin, 1939)，但对这种制度之特性和效果的深思熟虑的和批判性的总结，见 John Iliffe, *A Modern History of Tanganyika* (Cambridge: Cambridge University Press, 1979), ch. 10。

［84］ LNA, R39, 1/29970/15313, "African Territories under British Mandate" (7 Aug. 1923), 4. LNA, R40: 1/37084/15313, "Draft Observations on the Administration of Mandated Territories. Tanganyika" (7 July 1924), 4; 1/44414/15313, "Draft Observations. Tanganyika" (8 July 1925). "Report to the Council on the Work of the 11th session", in 11 *PMCM*, 202 – 3, and "Report", in 15 *PMCM*, 298.

［85］ 11 *PMCM*, 65, 203.

［86］ NA, FO 608/219/919, Note by Sir Charles Strachey, 18 Feb. 1919.

［87］ LNA, R1, 1/2371/161, "Memorandum on the Colonial Mandates for the Late German Colonies from the Anti-Slavery and Aborigines Protection Society", 12 July 1919.

［88］ LNA, R60, 1/19802/19802, Anti-Slavery Society to Drummond, 28 March 1922, and Rappard to Harris, 31 March 1922.

［89］ "The Land Question in Mandated Territories in Africa: Letter from the Anti-Slavery and Aborigines Protection Society", Annex 5 in 2 *PMCM*, 88 – 90.

［90］ 卡拉汉更详细地研究了坦噶尼喀土地立法的重要性及其草拟过程，见 *Mandates and Empire*, 80 – 4。

［91］ 英国委任统治的喀麦隆被分为两部分，北部又被分割开来，以至于到 1923 年三份独立的报告被提交常设委任统治委员会。到 1925 年，

有两部分：南部的喀麦隆省和"北喀麦隆"，后者又被分为四个部分，每一部分都由邻近的尼日利亚省进行管理。多哥被划分为两个部分，北部的部分被作为黄金海岸北部领地（Northern Territories of Gold Coast）的一部分统治着，南部的部分被作为黄金海岸殖民地（Gold Coast Colony）的一部分统治着。

[92] Callahan, *Mandates and Empire*, 104 – 21.

[93] 2 *PMCM*, 90; see also J. H. Harris, "Colonial Mandates and Native Rights", *The Manchester Guardian*, 18 March 1922.

[94] 2 *PMCM*, 23 – 5, 30 – 2.

[95] ASAPS, G404, Rappard to Harris, 15 Aug. 1922. Van Rees's memorandum, "The System of State Lands in B and C Mandated Territories", was printed in 3 *PMCM*, Annex 2, 216 – 39.

[96] 3 *PMCM*, 30, 144.

[97] "Legal Questions connection with the expressions 'Domaine de l'Etat'...: Memorandum by the Legal Section of the Secretariat", Annex I in 4 *PMCM*, 163 – 8, and for the Commission's view, *Report on the Work of the Fourth Session*, 3.

[98] 特别参见 Véronique Dimier's intelligent reading of mandates debates in "'L'internationalisation' du débat colonial: rivalités franco-britanniques autour de la Commission permanente des Mandats", *Outre Mers: Revue d'Histoire*, 89: 336 – 7 (2002), 333 – 60。

[99] 6 *PMCM*, 17 – 19, 25 – 7, 37.

第5章　轰炸大马士革

[1] LC, Gilchrist Papers, Box 19, File: "Quincy Wright".

[2] 对委任统治地叙利亚政治的权威描述，非常关注叛乱在改变叙利亚民族主义者的战略方面发挥的作用，见 Philip S. Khoury, *Syria and the French Mandate: The Politics of Arab Nationalism, 1920 – 1945* (Princeton:

Princeton University Press, 1987）。然而，Khoury 主要关注了城市贵族，就像 Michael Provence 已经指出的，暴乱主要是发生在农村；他的 *The Great Syrian Revolt and the Rise of Arab Nationalism*（Austin：University of Texas Press, 2005）提供了关于支撑暴乱的农村和非精英人口的社会联系和友谊的描述。Martin C. Thomas 挖掘了 Service des Renseignements——受委任统治政府依赖的情报网络——的记录，以提供政府自身和政府内部之分裂的有用的信息；见 "French Intelligence-Gathering in the Syrian Mandate, 1920 - 40", *Middle Eastern Studies*, 38：1（Jan. 2002），1 - 32。Stephen H. Longrigg 的 *Syria and Lebanon under French Mandate*（London：Oxford University Press, 1958）仍然是有用的，该书的撰写带着对哈希姆家族事业的极大同情。下面几段对这次叛乱的描述利用了所有这四部著作。

［3］Khoury, *Syria and the French Mandate*, 151 引用英国的资料估测叛军有 8000 ~ 10000 人，但 Provence, *The Great Syrian Revolt*, 62 指出，英国领事是根据初期严重高估叛军力量的法国资料做出这些估测的。德鲁兹山总人口在 20 世纪 20 年代只有大约 5 万人。

［4］阿特拉什公告的完整文本作为附件包含在叙利亚 - 巴勒斯坦大会 1925 年 9 月 29 日提交国联的申诉书之中（见 8 *PMCM*, 191）；Provence, *The Great Syrian Revolt*, 81 - 3, 也完整重印了该公告。

［5］法国宣称他们最初只使用空炮弹，这是历史学家们多半在重复的说法，但英国驻大马士革的领事斯马特记录了第一天晚上实弹造成的严重破坏。见 NA, FO 371/10852, E 7078, Smart to Chamberlain, 17 Nov. 1925。

［6］NA, FO 371/10850, E 4692, Phipps（Paris）to FO, 9 Aug. 1925.

［7］关于法国对萨拉伊（Sarrail）之审查的抱怨以及他们对伦敦媒体的依赖，见 NA, FO 371/10851, Phipps to Chamberlain, 4 Aug. 1925。

［8］"The Druse Rebellion", *The Times*, 10 Aug. 1925.

［9］"Agitation against General Sarrail", *The Times*, 10 Aug. 1925.

[10] 见，例如，"L'affaire du Djebel Druse"，*L'Asie Française*，25：234（Aug. – Sept. 1925），249 – 56。

[11] "The Damascus Revolt"，*The Times*，22 Oct. 1925.

[12] "Damascus Riots. The Full Story. City Shelled for 48 hours. Famous Places Destroyed"，*The Times*，27 Oct. 1925.《泰晤士报》的文章与英国领事 W. A. 斯马特在城市恢复平静后发给外交部的长篇电报中对叛乱和轰炸的描述是相符的（NA，FO 684/2，Smart to FO，Dispatch no. 220，25 Oct. 1925），这表明他是主要信息来源。

[13] LNA，Box R21，1/39401/4284，Lutfallah and Arslan, for the Syro-Palestinian Congress，to Giuseppe Motta，President of the 5th Assembly，17 Sept. 1924.

[14] Executive Committee of the Syro-Palestinian Congress, to Raoul Dandurand, President of the 6th Assembly, in 8 *PMCM*, Annex III, 174 – 97；关于阿尔斯兰，见，William L. Cleveland, *Islam Against the West: Shakib Arslan and the Campaign for Islamic Nationalism*（Austin：University of Texas Press, 1985），53，以及 Friedhelm Hoffmann, *Die Syro-Palästinensische Delegation am Völkerbund und Šakīb Arslān in Genf, 1921 – 1936/46*（Berlin：Lit, 2007），121。

[15] LNA，R23 和 R24 有大量关于这种抗议的档案，大约 70 份列在附录二当中，见 Annex II, 8 *PMCM*, 171 – 3。

[16] RH，Lugard Papers 129/4，Syrian American Society of the United States，*Memorandum on the Application of the Mandatory System of the League of Nations by France in Syria*（1926）.

[17] QW，Box 16，Folder 9，"Investigation of the Operation of the Near Eastern Mandates"（report，1926）.

[18] Quincy Wright，"The Bombardment of Damascus"，*The American Journal of International Law*，20：2（April 1926），263 – 80.

[19] J. O.，*Débats*（Chambre），18 Dec. 1925，4437 – 52；20 Dec. 1925，

4501 – 56.

[20] 斯马特的领事电报每天都提供关于大马士革发生的事件的非常生动的描述，见 NA，FO 684/2 和 FO 371/10850 – 18052。特别参见他的 1925 年 10 月 25 日的 220 号电报（副本见于 FO 684/2 和 FO 371/10851），这份电报全面描述了这次轰炸，斯马特在一星期之后有时间把完整的记录组合在一起而且张伯伦的电报（FO 684/2，Chamberlain to Smart, 26 Oct. 1925）批准了他的行动，且信件赞扬了他"合理的判断、机智和勇气"（见 FO 371/10852，E6891，Chamberlain to Smart, 9 Nov. 1925）。

[21] NA，FO 371/10851，E6673，Crewe（Paris）to FO，31 Oct. 1925，以及 W. Tyrrell 关于 220 号电讯的评论，提及向 M. de Fleuriau 读摘要的计划。

[22] NA FO 371/10851，E6673，Crewe（Paris）to FO，31 Oct. 1925.

[23] 7 *PMCM*，9 – 16.

[24] For France's agreement, see 7 *PMCM*，80 – 2.

[25] 7 *PMCM*，129 – 33.

[26] 关于这一点见 Cleveland，*Islam Against the West*，53 – 4，和 Hoffmann，*Die Syro-Palästinensische Delegation*，123 – 5。

[27] NA，FO 371/10851，E6771，Phipps to FO，n. d.

[28] MAE，SDN 566，Avenol to Jouvenel，17 Nov. 1925；and LC，Gilchrist Papers，Box 25，File："Mandates"，Note by Gilchrist，21 Nov. 1925.

[29] 斯马特的电报（以及来自贝鲁特的电报）记录了在叙利亚的法国行政管理机构中的反英情绪以及对他的反复攻击；见 NA，FO 371/10852，esp. E6967，Smart to FO，12 Nov. 1925，and FO 371/10854。

[30] 见 NA，FO 684/2，Dispatch no. 220，Smart to Chamberlain，25 Oct. 1925，and Dispatch no. 136（secret），Norman Mayers，Acting

Consul General in Beirut, to Chamberlain, 27 Oct. 1925。

[31] 斯马特很清楚地知道，"如果我们在亚洲的侨民受到如此肆意的伤害而得不到赔偿，将会使我们在东方面临不幸的政治后果"。见 NA, FO 684/2, Dispatch no. 217, Smart to FO, 24 Oct. 1925。

[32] NA, FO 684/2, Dispatch no. 217, Smart to Chamberlain, 25 Oct. 1925. 在后来的电报中，斯马特也请求外交部努力防止外约旦被反叛者用作基地并阻止伊拉克、埃及和巴勒斯坦的阿拉伯媒体上出现对法国之行为的激烈批评。

[33] NA, FO 371/10852, E6890, Oliphant to Phipps, 9 Nov. 1925, and E7090, Phipps to Oliphant, 11 Nov. 1925；关于张伯伦和埃默里与茹弗内尔在 1925 年 11 月 19 日会见的描述，见 FO 371/10853, E7420。

[34] NA, FO 371/10851, E6653, Memo by Lampson, 30 Oct. 1925, and comment by Chamberlain, 4 Nov. 1925.

[35] MAE, SDN 566, Berthelot to Fleuriau, 18 Nov. 1925.

[36] NA, CAB 24/175, C. P. 496 (25), Chamberlain to the Marquess of Crewe (Paris), 23 Nov. 1925.

[37] RH, Lugard 119/4, Lady Lugard to Leo Amery, 22 Feb. 1926.

[38] RH, Lugard 119/4, Lady Lugard to Leo Amery, 22 Feb. 1926.

[39] MAE, SDN 566, Briand to Resnard, 1 Dec. 1925.

[40] 关于西奥多利之不可信任的通信，见 MAE, SDN 566, de Caix to Berthelot, received 6 Jan. 1926；Resnard to Berthelot, 16 Jan. 1926；de Caix to Berthelot, 19 Jan. 1926。

[41] NA, FO 371/11505, E459, Smart to Chamberlain, 11 Jan. 1926.

[42] LNA, R24, 1/47643/4284, Notes about arrangements for Rome session.

[43] 不幸的是，只有最后的（校正过的）打印稿被送回了日内瓦；这见 LNA, R26。德·凯对鲁姆的评论，见 MAE, SDN 567, Robert de

Caix, "Note sur la session de la Commission des Mandats et sur son rapport à la Société des Nations" (13 March 1926)。

[44] RH, Lugard 119/4, Lugard to Lady Lugard, 16 and 17 Feb. 1926.

[45] 8 *PMCM*, 12.

[46] RH, Lugard 119/4, Lugard to Lady Lugard, 16, 17, and 18 Feb. 1926.

[47] RH, Lugard 119/4, Lugard to Lady Lugard, 17 and 27 Feb. 1926.

[48] RH, Lugard 119/4, Lugard to Lady Lugard, 2 March 1926.

[49] RH, Lugard 119/4, Lugard to Lady Lugard, 21 Feb. 1926.

[50] 8 *PMCM*, 45, 61.

[51] 8 *PMCM*, 126.

[52] 8 *PMCM*, 57, 87.

[53] 8 *PMCM*, 61.

[54] 8 *PMCM*, 156 – 60.

[55] 8 *PMCM*, 140 – 1.

[56] RH, Lugard 119/4, Lugard to Lady Lugard, 2 March 1926.

[57] 斯马特报告了法国军队在10月进行的"肆无忌惮的杀戮"和在11月对村庄进行的抢劫和焚烧；见 NA, FO 371/10852, Dispatch no. 221, Smart to FO, 26 Oct. 1925, and FO 684/2, Dispatch no. 228, 2 Nov. 1925。

[58] RH, Lugard 119/4, Lugard to Lady Lugard, 21 Feb. and 2 March 1926.

[59] MAE, SDN 566, de Caix to MAE, telegrams, 19 Feb. and 5 March 1926.

[60] MAE, SDN 567, Berthelot to Jouvenel, telegram, 6 March 1926.

[61] 鉴于这些报告的来源和目的，学者们应该对法国和国联档案中发现的这些报告怀着质疑。

[62] RH, Lugard 119/4, Lugard to Lady Lugard, 1 March 1926.

[63] "Report", in 8 *PMCM*, 198 – 208.

[64] MAE, SDN, 567, Robert de Caix, "Note sur la session de la Commission des Mandats et sur son rapport à la Société des Nations" (13 March 1926).

[65] Council Meeting, 39th session, 5th meeting, 17 March 1926, in *LNOJ*, 7: 4 (April 1926), 522 – 6.

[66] BLPES, LNU Archives, Reel 431, vol. 5/44, Mandates Committee, 30 March 1926.

[67] LC, Gilchrist Papers, Box 12, File: "Fosdick, 1926 – 1928", Gilchrist to Fosdick, 17 March 1926.

[68] LC, Gilchrist Papers, Box 19, File: "Quincy Wright", Gilchrist to Wright, 22 March 1926.

[69] LC, Gilchrist Papers, Box 19, File: "Quincy Wright", Wright to Gilchrist, 5 April 1926.

[70] LC, Gilchrist Papers, Box 19, File: "Quincy Wright", Gilchrist to Wright, 3 May 1926.

[71] LC, Gilchrist Papers, Box 19, File: "Quincy Wright", Wright to Gilchrist, 17 May 1926.

[72] Christine Manigand 提供了对茹弗内尔政府的非常美好的描述，见 *Henry de Jouvenel* (Limoges: PULIM, 2000), 200 – 28。

[73] NA, FO 371/11505, E459, Smart to Chamberlain, 11 Jan. 1926.

[74] 这一时期来自大马士革的斯马特的电报（NA, FO 371/11506）提供了对法国反叛乱行动的生动描述；他和他的继任者指出了反叛者的局限以及不存在派别杀戮的情况。

[75] LNA, S293 (3), Vaucher to Nansen, 27 Aug. 1926, enclosing "Mémorandum sur la situation en Syrie et au Liban en Juillet/Aout 1926" (19 Aug. 1926).

[76] 9 *PMCM*, 109 – 28; NA, CO 323/956/30, Minute by Clauson, 28

Aug. 1926.

[77] De Caix, "L'Organisation donnée à la Syrie et au Liban, de 1920 à 1923 et la crise actuelle", in Gerard D. Khoury, Une Tutelle coloniale: Le mandat français en Syrie et au Liban: Ecrits politiques de Robert de Caix (Paris: Belin, 2006), 422.

[78] MAE, SDN 568, Clauzel, "Note pour M. Berthelot", 18 Nov. 1926.

[79] 常设委任统治委员会不得不为这些报告等待很长时间。尽管德·凯说茹弗内尔已经决定迅速进行调查，实际上大约七个月之后在1926年6月常设委任统治委员会会议前才开始行动。德·凯承认，茹弗内尔在1925年的报告在政治上也是"无效"。关于这些文件的争论，见MAE, SDN 567, de Caix to Clauzel, 27 May 1926, and de Caix, "Note pour M. Philippe Berthelot", 26 May 1926; 9 *PMCM*, 110; MAE, SDN 568, de Caix to Briand, 2 Dec. 1926。

[80] MAE, SDN 567, "Note pour Monseiur Guerlet", 16 March 1926.

[81] NA, CO 323/956/30, Minute by Clauson, 28 Aug. 1926; "League Approves French Rule in Syria", *The New York Times*, 18 June 1926.

[82] MAE, SDN 568, de Caix to Briand, 2 Dec. 1926.

[83] 10 *PMCM*, 132.

[84] 10 *PMCM*, 140, 146.

[85] MAE, SDN 568, de Caix to Briand, 2 Dec. 1926.

[86] LNA, R23, 1/47458/4284, B. F. Dawson, telegram, 8 May 1926, and Dawson to Secretary General, 2 June 1926.

[87] LNA, R23, 1/47458/4284, Drummond to Catastini, 12 June 1926.

[88] LNA, R23, 1/47458/4284, Dawson to Catastini, 18 June 1926.

[89] LNA, R23, 1/47458/4284, Catastini to Dawson, 5 July 1926.

[90] 8 *PMCM*, 148.

[91] MAE, SDN 566, Berthelot to Sarrail, 30 Oct. 1925, and Sarrail to

MAE, 30 Oct. 1925, and marginal comments.

[92] LNA, R23, 1/47458/4284, Catastini to Dawson, 14 March 1927.

[93] De Caix, "L'Organisation donnée à la Syrie et au Liban, de 1920 à 1923 et la crise actuelle", in Khoury, *Une Tutelle coloniale*, 394 – 456.

[94] NA, FO 371/10851, E6771, Phipps to FO, n. d.

第 6 章　说 "不" 的太平洋人

[1] LNA, R 2324, 6A/25086/709, "A Samoan National Protest voiced at Vaimoso on March the 5th, 1930, by High Chief Tuimaleali'ifano", in *The Samoan Massacre: December 28th, 1929* (Tasmania, 1930).

[2] LNA, Box R32, 1/59448/9597, Bartlett to Catastini, 12 May 1927, enclosing Rowe to Bartlett, 29 April 1927.

[3] LNA, R32, 1/59448/9597, Rowe to Theodoli, 1 June 1927, and enclosing Newton Rowe, "The Samoa Mandate", *Foreign Affairs*, 8: 12 (June 1927).

[4] LNA, R32, File 1/59888/9597, Bartlett to Catastini, 3 June 1927, enclosing Westbrook to Bartlett, 2 May 1927.

[5] LNA, R32, File 1/59888/9597, File 1/60890/9597, Buxton to Secretary of the Permanent Mandates Commission, 19 July 1927.

[6] 西奥多利在 1927 年提到 1921 年的申诉书 (12 *PMCM*, 123), 所以委任统治委员会在那时是知道其内容的。

[7] 12 *PMCM*, 105 – 8, 111, 127.

[8] 12 *PMCM*, Annex 9, "Reports on Petitions", 195 – 7, and "Report", 203.

[9] 见 "The Maintenance of Authority in Native Affairs (no. 2) Ordinance", 1928, published in the *Supplement to the Western Samoa Gazette*, no. 74, 21 Feb. 1928, and *Legislative Council Debates*, 21 Feb. 1928, both in LNA, R2321, 6A/709/709, jacket 1。1928 年 6 月 8 日来自反奴隶制

协会的第二份申诉书，见 LNA Box R2322，6A/2713/709；1928 年 3 月 29 日来自纳尔逊的以及 1928 年 4 月 23 日提交的、来自 8000 名萨摩亚人的申诉书见 R2322，6A/2967/709。

[10] 尽管美属萨摩亚的抗议运动既不像在委任统治地那样广泛，也不像在委任统治地那样受到严酷镇压，"马乌"运动在美属萨摩亚也是非常活跃的，在这里它从美国当局获得了巨大让步。见 David A. Chappell，"The Forgotten Mau: Anti-Navy Protest in American Samoa，1920 – 1935"，*Pacific Historical Review*，69：2（May 2000），217 – 60。

[11] USNA，Microfilm Class M336，Reel 161，862m. 00/48，Department of the Navy to the Department of State，enclosing Graham to the Department of the Navy，29 June 1929.

[12] Malama Meleisea，*The Making of Modern Samoa: Traditional Authority and Colonial Administration in the Modern History of Western Samoa*（Suva，Fiji: Institute of Pacific Studies，1987），1；另见其 *Change and Adaptations in Western Samoa*（Christchurch，New Zealand: University of Canterbury，1992）。

[13] J. W. Davidson 对这个土地委员会（无疑它驳回的诉求比批准的要多）的工作进行了积极解读，见 J. W. Davidson，*Samoa mo Samoa: The Emergence of the Independent State of Western Samoa*（Melbourne: Oxford University Press，1967），64 – 5；关于警告，见 Meleisea，*Making*，44 – 5。

[14] 关于德国在萨摩亚的家长式统治，见 Evelyn Wareham，*Race and Realpolitik: The Politics of Colonisation in German Samoa*（Frankfurt: P. Lang，2002），31 – 63，和 George Steinmetz，"The Uncontrollable Afterlives of Ethnography: Lessons from 'Salvage Colonialism' in the German Overseas Empire"，*Ethnography*，5：3（2004），251 – 88。

[15] 关于"混血儿"，特别参见 Toeolesulusulu D. Salesa，"Half-Castes between the Wars: Colonial Categories in New Zealand and Samoa"，

New Zealand Journal of History，34：1（2000），98 - 116；Meleisea，*Making*，ch. 7；关于德国占领时期，Wareham，*Race*，ch. 5。

[16] 关于军政府，见 Mary Boyd，"The Military Administration of Western Samoa，1914 - 1919"，*The New Zealand Journal of History*，2：2（Oct. 1968），148 - 64；Meleisea，*Making*，102 - 25；Davidson，*Samoa mo Samoa*，93。

[17] 关于长老大会成员的死亡，见 Meleisea，*Making*，121；关于纳尔逊，见 Meleisea，*Making*，174 - 5，and Davidson，*Samoa mo Samoa*，94。

[18] Boyd，"Military Administration"，161 - 4.

[19] USNA，Microfilm Class M336，Reel 162，862m. 01/12，Quincy Roberts to Secretary of State，5 Aug. 1921.

[20] ANZ，ACHK 16603，G48/33，S/8，"A Humble Prayer to His Majesty George V. King of Great Britain & Ireland from the Government Councilors of British Samoa who Represent all the Districts and All the Natives of Western Samoa"，16 July 1921.

[21] ANZ，ACHK 16603，G48/33，S/8，Prime Minister's Office to Governor General，24 Aug. 1921；Governor General to Churchill，26 Aug. 1921；Churchill to Governor General，4 Nov. 1921. 关于泰特退回申诉书之努力的描述，见 USNA，Microfilm Class M336，Reel 162，862m. 01/12，Roberts to Secretary of State，5 Aug. 1921。

[22] 关于理查森的政府和"马乌"运动的出现，已有大量著作问世。Davidson 的 *Samoa mo Samoa* 和 Meleisea 的 *Making* 提供了非常详细的描述，虽然 Davidson 更多集中于与新西兰的政治冲突，Meleisea 更多集中于其社会影响。带有大量有趣的照片的叙事性的描述，见 Michael J. Field，*Mau*：*Samoa's Struggle Against New Zealand Oppression*（Wellington：A. H. and A. W. Reed 1984）。这里的描述参考了这三部著作。

[23] *Imperial Conference，1926，Appendices to the Summary of Proceedings*，PP

1926, Cmd. 2769, 188 – 9.

[24] USNA, Microfilm class M336, Reel 161, 862m. 00/20, Bryan to Secretary of the Navy, 3 Dec. 1926.

[25] USNA, Microfilm class M336, Reel 163, 862. 01/49, Roberts to Secretary of State, 25 Aug. 1927.

[26] LNA, R32, 1/61825x/9597 (mislabelled 1/61281), CPM 686, "Summary of the Report of the Royal Commission", 13 Dec. 1927.

[27] 惠灵顿对理查森的判断日益担忧, 不单是由他自己秘密的通信引起的, 更多是由派往阿皮亚的驱逐舰的司令官发出的坦率的电报引起的。尽管政府同意提供这些军队, 但他们强调他们对使用武力的担心并坚持要求理查森向惠灵顿汇报每一个行动。到 2 月底, 这位海军司令已确信, "目前的行政长官在任何条件下都不可能解决这场冲突"; 见 ANZ, ACHK 16603, G48/37, Commodore to Naval Secretary, 29 Feb. 1928。

[28] LNA, R2322, 6A/2090/709, Gilchrist, Memo for the Secretary General, 24 Feb. 1928, and note by Drummond, 27 Feb. 1928.

[29] LNA, R2322, File 6A/875/709, jacket 1, John Roberts (solicitor) to Marquis Theodoli, 15 June 1928.

[30] 13 *PMCM*, 110.

[31] 13 *PMCM*, esp. 115 – 16 on Nelson, 122 and 125 on the limits of the administration's power, and 116 – 19 on the character of the Samoans.

[32] 13 *PMCM*, 119.

[33] 5 *PMCM*, 49.

[34] "New Zealand: The Trouble in Samoa", *Round Table*, 18 (Dec. 1927), 191 – 210; Nosworthy is quoted 203.

[35] 13 *PMCM*, 115.

[36] LNA, Box R2323, 6A/5037/709, CPM 755, "Draft observations on Western Samoa. Text proposed by Lord Lugard", 25 June 1928.

[37] 13 *PMCM*, 136.

[38] 13 *PMCM*, 136.

[39] 13 *PMCM*, 155.

[40] "Report", Annex 7, in 13 *PMCM*, 229 – 30.

[41] LNA, Box R2322, 6A/2713/709, Buxton and Harris to Secretary General, 8 June 1928, reproduced as CPM 739.

[42] ANZ, IT1, EX1/63, Pt. 1, Richardson to Parr, 2 July 1928, and Coates to Drummond, 27 Sept. 1928.

[43] LNA, R2322, 6A/2713/709, CPM 762, "Petitions dated July 19, 1927 and June 8, 1928, from the Anti-Slavery and Aborigines Protection Society: Report by Mr. Kastl". 关于该协会的第一份驱逐土著酋长的申诉书，委任统治委员会只是报告说，酋长们只是被流放并未被从这个领地上驱逐出去，而且是根据法律对其进行流放的。

[44] J. V. Wilson to Drummond, 10 June 1927; Note by Drummond, 11 June 1927; Gilchrist to Catastini, 14 June 1927; Catastini to Drummond, 18 June 1927; Drummond to Catastini, 21 June 1927; all in LNA, R32, 1/29778/9597.

[45] LNA, R32, 1/59448/9597, Coates to Secretary General, 13 Sept. 1927.

[46] 美国驻墨尔本领事阿瑟·加雷尔斯（Arthur Garrels）告诉国务院，据他所听到的，罗的指控大体上是真实的。见 USNA, Microfilm M336, Reel 163, 862m. 01/43, Garrels to State, 21 July 1927。常设委任统治委员会批评帕尔在政府的能力方面误导了他们；见 16 *PMCM*, 118, 122。

[47] LNA, R2322, 6A/2712/709.

[48] LNA, Box R2322, 6A/2967/709, "The Petition of Olaf Frederick Nelson of Apia", 29 March 1928, quoted at paragraph 42.

[49] 13 *PMCM*, 152 – 3.

[50] LNA，Box R2323，6A/5037/709，CPM 755，"Draft observations on Western Samoa. Text proposed by Lord Lugard"，25 June 1928.

[51] "Report"，13 *PMCM*，Annex 7，229 – 30；and see Palacios' objections，155 – 7.

[52] LNA，R2322，6A/2967/709，petition submitted 23 April 1928.

[53] LNA，R2323，6A/4398/709，Coates to Secretary General，24 April 1928，and "Comment of General Sir George Richardson on the Petition of Certain Natives of the Territory"，CPM 742（14 June 1928）.

[54] 13 *PMCM*，196.

[55] 16 *PMCM*，113 – 14.

[56] LNA，Box R2322，6A/875/709，O. F. Nelson，*Samoa at Geneva：Misleading the League of Nations*（Auckland：n. p.，1928），and *A Petition to Geneva：The Hon. O. F. Nelson again Appeals*（Auckland：National Printing Co.，1930）.

[57] Lugard，Report on petitions by Nelson，CPM 1161（12 Nov. 1931）in LNA，Box R2322，6A/875/709.

[58] Taisi［O. F. Nelson］，*What the Samoans Want*（1930），in LNA，Box R2322，6A/875/709.

[59] 这是 Meleisea 提出的观点，见 Meleisea，*Making*，156，175 – 6，179。1934 年，允许放弃"欧洲人"地位的法律得以通过；见 35 *PMCM*，24 Oct. – 8 Nov. 1938，160，162。

[60] 16 *PMCM*，6 – 26 Nov. 1929，118（for Rappard），and 122（for Dannevig）；我更详细地讨论了这种语言，见 Susan Pedersen，"Metaphors of the Schoolroom：Women Working the Mandates System of the League of Nations"，*History Workshop Journal*，66（2008），188 – 207。

[61] For Toynbee，see SFA，Rappard Papers，Box 1977/1354，Toynbee to Rappard，16 April 1930.

[62] RH, Perham Papers 36/3 and 36/5，passim；另见佩勒姆去世后出版的其太平洋日记 *Pacific Prelude: A Journey to Samoa and Australasia, 1929* (London: Peter Owen, 1988)。

[63] RH, Perham Papers, 36/5/6 and 36/5/20.

[64] RH, Perham Papers, 36/5/19.

[65] 28 *PMCM*, 149, 153 – 4.

[66] 关于这一事件，已有大量描述，包括 Davidson, *Samoa mo Samoa*, 137 – 9。关于政府对杀戮的反应，可查阅惠灵顿的档案。

[67] ANZ, ACHK 16603, G48/37, S/17, Telegram, External Affairs to Administrator (Apia), 31 Dec. 1929.

[68] LNA, BOX R2323, File 6A/16670/709, "Telegram, dated January 2, 1930, from the New Zealand Government, relating to the riot which occurred at Apia on December 28th, 1929", C. 5. M. 2. 1030. VI (6 Jan. 1930), and "Telegrams dated January 28th and February 5, 1930, from the New Zealand Government relating to the riot which occurred at Apia on December 28th, 1929", C. 125. M. 43. 1930. VI (6 Feb. 1930).

[69] 艾伦的诽谤，见 ANZ, ACHK 16603, G48/37, S/17。Administrator to External Affairs, 3 April 1930。关于申诉书及委任统治委员会的反应，见 LNA, Box R2324, File 6A/23388/709。

[70] LNA, R2323, 6A/20424/709, Petition from Rev. A. John Greenwood; LNA, R2324, 6A/25086/709, correspondence with C. W. Owen; LNA R2324, 6A/23938/709, appeal by Hon E. A. Ransom; LNA R2324, 6A/23937/709, petition from Edwin William Gurr and William Cooper. 关于工党的反应，见 Bruce Brown, *The Rise of New Zealand Labour* (Wellington: Milburn, 1962), 127。

[71] LNA R2324, 6A/32498/709, "Samoan Petition, 1931".

[72] 1930 年 5 月 11 日 "马乌" 运动对赫伯特·胡佛 (Herbert Hoover)

的呼吁、1931 年"马乌"运动的首领们向三大国提出的重大申诉，以及来自"马乌"运动的支持者 E. W. 格尔（E. W. Gurr）和国际妇女争取和平与自由联盟的各种通信，可见 USNA，Box 6835，862m. 01。美国法律顾问坚持认为，不同于马乌运动的主张，德国（和美国）认为美属萨摩亚拥有完整的主权，所以协约国有权把它转到新西兰的委任统治之下。

[73] Rappard Papers, Box 1977/1354, Sheepshanks to Rappard, 30 March 1930.

[74] 在 1936 年第 30 次会议上，C. A. 贝伦德森向常设委任统治委员会解释了政府的新政策；见 30 *PMCM*，108 - 12。

[75] 28 *PMCM*，145，146，149.

[76] 30 *PMCM*，108 - 26，212；and see RH，Lugard Papers 139/1，Hailey to Lugard，4 Nov. 1936.

第三部分　引子：德国人加入国联

[1] AA，AE/II（2978）948，Herbette to Hymans，29 Sept. 1924.

[2] AA，AE/II（2978）948，Hymans to Herbette，28 Oct. 1924. 这种交流另见 MAE，SDN 545。

[3] 这一照会附在 "Letter from the German Government to the Secretary-General of the League"，12 Dec. 1924 之后，见 *LNOJ*，March 1925，323 - 6。

[4] PA，R29433，Memo（Secret），14 April 1926.

[5] 海因里希·施内是一个特别高产和苛刻的宣传家，出版了一系列专著和论文，为德国的殖民记录进行辩护并指责新的协约国政府的疏忽。施内与一位英国妇女结了婚，用英语和法语出版了几本这样的著作；特别参见 *The German Colonies under the Mandates*（Berlin：Brönner in Nowawes，1922）和 *German Colonization，Past and Future：The Truth about the German Colonies*（London：G. Allen & Unwin，1926）。特别是

《殖民杂志》（*Koloniale Rundschau*）对所有德国前殖民地和国联的监督机制都保持着监督。有关两次世界大战之间德国殖民运动的历史描述正在激增。特别是集中关注纳粹时期的早期描述，见 Wolfe W. Schmokel, *Dream of Empire: German Colonialism, 1919 – 1945* (New Haven and London: Yale University Press, 1964)，关于经济计划，见 Dirk van Laak, *Imperiale Infrastruktur: Deutsche Planungen für eine Erschließung Afrikas 1880 bis 1960* (Paderborn: Ferdinand Schöningh, 2004)。

[6] PA, R95613, Von Bülow, "Aufzeichnung", 6 Jan. 1926.

[7] GStA PK, VI. HA, Schnee Papers, Box 31, Brückner to Schnee, 30 April 1925.

[8] "... dass wir auch die uns noch nicht wieder zurückgegebenen früheren deutschen Schutzgebiete (abgesehen von dem japanischen Mandatsgebiet) wirtschaftlich in nicht zu langer Zeit so durchdringen, dass seine spätere Mandatsübertragung auf Deutschland nicht ausgeschlossen ist". PA, R29433, Von Brückner, "Richtlinien unserer Kolonialpolitik" (1924); see also van Laak, *Imperiale Infrastruktur*, 204 – 5.

[9] "zu einem in wesentlichen deutschen Lande würde", in PA, R29433.

[10] PA, R29433, Seitz to von Schubert, 3 March 1925, enclosing "Aufzeichnung über meine persönliche Auffassung der kolonialpolitishen Fragen".

[11] 见 PA R29433 Von Schubert to Seitz, 11 April 1925 及 1925 年 3 月 19 日和 23 日相关的备忘录。

[12] PA, R96524, "Kontrolle des Völkerbundes über die Mandate", 12 Aug. 1926; 另见 R96528, "Aufzeichnung. Zu Punkt 21 der Tagesordung der 43 Ratssitzung des Völkerbundes", III. a. 1. 8173/26 (27 Nov. 1926).

[13] NA, CO 323/965/6, Note by T. K. Lloyd, 22 Sept. 1926. 外交部和殖民地办公室官员之间的会议，继续概述了对 1926 年帝国会议的

政策，也是谨慎支持的。见 NA，CO 323/956/33，"Questions Connected with the Work of the Permanent Mandates Commission of the League of Nations: Memorandum Prepared for the Imperial Conference"，Oct. 1926，9-12。

[14] NA，CO 323/956/33，Note by Austen Chamberlain，19 Oct. 1926.

[15] PA，R29434，Von Schubert to Consulate（Geneva），1 Nov. 1926, and Aschmann（Geneva）to Von Schubert，11 Nov. 1926.

[16] NA，CO 323/956/34，Minute by Ormsby-Gore，16 Nov. 1926.

[17] LNA，S1608，no. 3，Drummond，"Record of Interview"，17 Nov. 1926，very confidential.

[18] PA，R29434，Note，2 Dec. 1926.

[19] PA，R29434，Stresemann to Embassies，26 April 1927.

[20] PA，R29434，Report，7 June 1927.

[21] AA，AE/II（2978）948，Foreign Ministry to Colonial Ministry and Prime Minister，19 May 1927.

[22] PA，R96528，Stresemann Abschrift，26 April 1927.

[23] Minutes of the 45th session of the Council，*LNOJ*，July 1927，791, and LNA，Box R8，1/60184/248，Drummond to Theodoli，18 June 1927.

[24] Reichstag Debates，326 sitting，23 June 1927，11005.

[25] AA，AE/II（2978）948，De Gaiffier to Foreign Ministry，27 July 1927.

[26] 11 *PMCM*，133-40，170-1，178-83，200；quoted 139-40, 180，200.

[27] LNA，S1608，no. 4，Memo by Gilchrist.

[28] 有关卡斯特尔的信息，见 LNA，S 1608，no. 4，jacket 1，note by Gilchrist，9 Aug. 1927，and AA，AE/II（2978），948，Everts to Vandervelde，1 Sept. 1927。

［29］有关鲁佩尔的信息，见 Ruppel, see LNA, R2327, 6A/19238/1143。

［30］PA, R29434, Seitz to AA, 9 December 1927.

［31］GStA PK, VI. HA, Schnee Papers, Box 31, Schnee to Stresemann, 9 Aug. 1927, and Stresemann to Schnee, 30 Aug. 1927.

［32］NA, CO 691/100/27, Kastl to J. Scott, Chief Secretary to Government of Tanganyika Territory, 10 Aug. 1928, and Note by Lloyd.

［33］关于帕拉西奥斯的评论见 PA, R96515, German Embassy (Madrid) to Foreign Ministry, 12 March 1930, 关于拉帕德的评论见 PA, R96535, Dufour-Feronce to De Haas, 1 July and 2 July 1929。

［34］NA, CO 323/986/1, G. Newlands to Ormsby-Gore, 1 Dec. 1927, 详细描述了在柏林与卡斯特尔的会谈。

第 7 章　围绕主权的斗争

［1］George Louis Beer, *The English-Speaking Peoples*: *Their Future Relations and Joint International Obligations* (New York: Macmillan, 1917), ix.

［2］《海曼斯报告》授权"行使完全主权，只要行使主权与履行"《国联盟约》关于"乙类"和"丙类"委任统治地的义务一致，但明确拒绝说明主权之归属。见 "Obligations falling upon the League of Nations under the terms of Article 22 of the Covenant (Mandates)", *LNOJ*, Sept. 1920, 334 – 41.

［3］*H. L. Deb.*, vol. 50, 21 June 1922, col. 1046 – 7.

［4］Minutes of the 18th session of the Council, 11th meeting, 17 May 1922, *LNOJ*, June 1922, 547.

［5］关于法学家们的争论，可以写成长篇论文（而且在两次世界大战之间已有长篇论文问世）。关于 1930 年之前争论状况令人信服的总结，见 Quincy Wright, *Mandates under the League of Nations* (1930; rpt. New York: Greenwood Press, 1968), 314 – 44。

[6] RH，Lugard 119/4，Lugard to Lady Lugard，20 Feb. 1926.

[7] LNA，R6，1/10005/248，see also S284（1）14，Lugard to Rappard，15 Aug. 1923.

[8] LNA，R6，1/10779x/249，Dossier on Van Rees，Rappard，"Note sur la Visite de Monsieur D. F. W. Van Rees，Membre Hollandais de la Commission Permanente des Mandats"（9 April 1921）.

[9] LNA，S1608，no. 3（1921 – 29），File on Procedure，"Nomination des Membres de la Commission permanente des Mandats comme rapporteurs pour des sujets spéciaux lors de l'examen des Rapports annuels des Puissance mandataire"（n. d.［1923］）.

[10] LNA，R8，1/50162/248，Catastini to Merlin，5 Dec. 1927.

[11] 关于范里斯的做法以及他对国联秘书处的要求，见 R2327，6A/1365/1422。

[12] D. F. W. Van Rees，*Les Mandats internationax：Le contrôle de l'administration mandataire*（Paris：Librairie Arthur Rousseau，1927），and *Les Mandats internationaux：Les principes généraux du régime des mandats*（Paris：Librarie Arthur Rousseau，1928）；and for Lugard's comment，RH，Lugard 122/3，Lugard to Leggett，22 Feb. 1937.

[13] Van Rees，"*The System of State Lands in B and C Mandated Territories*"，in 3 *PMCM*，Annex II，216 – 39.

[14] 3 *PMCM*，Annex II，219.

[15] 3 *PMCM*，Annex II，220 – 1.

[16] 4 *PMCM*，156 – 7.

[17] LNA，R5，1/47879/161，Gilchrist to Boheman，Ministry of Foreign Affairs，Stockholm，20 Nov. 1925.

[18] AA，AE II（3288）1848，Hymans to Drummond，17 Dec. 1920 and LNA，Box R9，1/10301/1025，Rappard，"Memorandum relative au projet de mandat belge"，14 Jan. 1921. 海曼斯宣称，这些条款与塞

进多哥和喀麦隆委任统治制度的条款是类似的。拉帕德持不同看法。

[19] AA, AE/II (3243) 1424, File on German colonial claims, 1925–28, "Note pour Monsieur le Ministre", 14 Dec. 1924.

[20] AA, AE/II (3243) 1424, Marzorati to Colonial Minister, 16 Feb. 1925.

[21] AA, AE/II (3243) 1424, Colonial Minister to Marzorati, 9 June 1925.

[22] AA, AE/II (3292) 1875, Halewyck de Heusch, "Note pour Monsieur le Ministre", and Memo, 25 June 1924, and Minister of the Colonies to Governor General of the Congo, 28 June 1924, and to the Royal Commissioner of Ruanda-Urundi, 1 July 1924.

[23] "Projet de mandat belge", Marzorati to Minister of the Colonies, 2 Sept. 1924.

[24] "Projet de mandat belge", Halewyck de Heusch, "Note pour M. le Secrétaire Général au sujet de la lettre de Monsieur Ryckmans à M. Camus" (confidential), 8 Jan. 1925.

[25] AA, AE/II (3292) 1876, File on German Protests against 1925 Law, German Note of 28 March 1925.

[26] AA, AE/II (3292) 1876, Note by Hymans, 27 April 1925.

[27] AA, AE/II (3292) 1876, Note by J. Davignon, Chef du Cabinet de M. Hymans, 2 May 1925.

[28] LNA, Box R9, 1/22769/1025, League Document C.593.1925.VI, "Mandates. Administration of Ruanda-Urundi. Memorandum by the German Government" (29 Sept. 1925). 这一文件还包含 1925 年 10 月 7 日德拉蒙德致比利时政府转交这一照会的信件的副本。关于德语文本，见 PA, R96512, Memorandum, 16 Sept. 1925。

[29] LNA, Box R9, 1/22769/1025, J. Wouter, for the Minister of Foreign

Affairs, to Eric Drummond, 16 Oct. 1925, and attached note, and Drummond to Hymans, 20 Oct. 1925.

[30] 7 *PMCM*, 52 – 76 passim, and "Report", in 7 *PMCM*, 215 – 16.

[31] Minutes of the 37th session of the Council, *LNOJ*, Feb. 1926, 136 – 7.

[32] PA, R96512, Aschmann, Consul (Geneva), to the Foreign Ministry, 23 Oct. 1925.

[33] PA, R96528, "Aufzeichnung. Zu Punkt 21 der Tagesordnung der 43 Ratssitzung des Völkerbundes" (27 Nov. 1926).

[34] 关于阿诺托的批评，见 Minutes of the 27th session of the Council, 27 Dec. 1923, in *LNOJ*, Jan. 1926, 334, 关于范里斯的反应，见 LNA, R8, 1/36856/248, CPM 144 (1), "Competence of the Mandates Commission. Memorandum by M. Van Rees" (24 June 1924)。卢格德也致信拉帕德，说常设委任统治委员会的能力问题应该得到解决，但德拉蒙德对拉帕德说让这些问题悬在那里是最好的：委任统治委员会的权利是明确的，他无疑能够确认，法国不会再次提出这个问题。关注这次通信，见 LNA S284 1 (14), Lugard to Rappard, 14 April 1924, and Rappard to Lugard, 29 April 1924, and LNA, S1608, no.1, correspondence between Drummond and Rappard, 28 April 1924。

[35] See, e. g., LNA, S1608, no.1, Rappard to Secretary General, "Record of an interview with Sir James Allen", 12 May 1924.

[36] LNA, S284, File：Theodoli, Chamberlain to Theodoli, 13 Dec. 1925.

[37] 外交部常务次官贾德干爵士（Alexander Cadogan）已致信国联要求提供关于申诉程序的信息，这意味着这一程序本身正在鼓励无根据的申诉。见 LC, Gilchrist Papers, Box 25, File："Petitions：Rules of Procedure, 1925 – 1927", Gilchrist to Catastini and Secretary General, 9 Oct. 1925；Minute by Gilchrist, 15 Oct. 1925；and "Procedure

Adopted in Replying to Mandates Petitions", [1926]。关于张伯伦的批评，见 1926 年 3 月 17 日国联行政院第 39 次会议的会议记录，见 *LNOJ*, April 1926, 525 – 6。

[38] PMC, "Report", 9 *PMCM*, 216.

[39] Minutes of the 41st session of the Council, 3rd meeting, 3 Sept. 1926, *LNOJ*, Oct. 1926, 1233 – 7；另见 Michael D. Callahan, *Mandates and Empire: The League of Nations and Africa, 1914 – 1931* (Brighton: Sussex Academic Press, 1999), 123 – 9。

[40] NA, CO 323/956/33, Copy of Minute by Sir Austen Chamberlain, 19 Oct. 1926.

[41] "Questions connected with the work of the Permanent Mandates Commission of the League of Nations: Memorandum Prepared for the Imperial Conference" (Oct. 1926), in *Imperial Conference, 1926. Appendices to the Summary of Proceedings*, PP 1926, Cmd. 2769, 222 – 7. 关于这一备忘录的草案，见 NA, CO 323/956/33。

[42] 见布鲁斯、科茨和赫尔佐格在 1926 年帝国会议上发表的声明。*Appendices to the Summary of Proceedings*, PP1926, Cmd. 2769, 135, 139, and *Imperial Conference*, PP 1926. *Summary of Proceedings*, PP1926, Cmd. 2768, 33。

[43] MAE, SDN 567, De Caix, "Note pour les services français de la Société des Nations", 14 Oct. 1926.

[44] 来自受委任统治国、得到广泛传播的这些报告，可见于 League of Nations Microfilm Collection, Reel 6: CPM 524, "Communication from the British Government dated November 8, 1926"; CPM 533, "Letter from the South African Government"; CPM 534, "Communication from the Government of New Zealand dated November 22nd 1926"; CPM 535, "Communication from the French Government dated November 23rd 1926"; CPM 539, "Communication from the

Australian Government received December 2nd 1926"; CPM 540, "Communication du Gouvernement japonais en date du 5 décembre 1926"; CPM 541, "Communication from the Belgian Government dated December 3rd 1926"; CPM 545, "Letter from the Australian Government"。

[45] Minute of the 43rd session of the Council, meeting of 10 Dec. 1926, *LNOJ*, Feb. 1927, 153, and Minutes of the 44th session of the Council, meeting of 7 March 1927, *LNOJ*, April 1927, 348.

[46] Minute of the 43rd session of the Council, meeting of 10 Dec. 1926, *LNOJ*, Feb. 1927, 152 – 3, and 11 *PMCM*, 200.

[47] 有关这一民意调查表的工作，见 3 *PMCM*, 14 – 7, and 6 *PMCM*, 45 – 6。

[48] 奥尔茨支持倾听反奴隶制协会关于邦德尔沃兹人问题的意见（3 *PMCM*, 64 – 7）；西奥多利正好在两年后提出了这个问题（7 *PMCM*, 33 – 5）。

[49] 8 *PMCM*, 156 – 60.

[50] LNA, Box R60, 1/51258/22099, CPM 405, "Note by Sir Frederick Lugard on the procedure with regard to memorials or petitions" (15 May 1926).

[51] 9 *PMCM*, 130; for the debate at this session, see 47 – 50, 52 – 6, 189 – 93.

[52] NA, CO 323/959/5, Note by Lloyd, 18 Aug. 1926.

[53] 更广泛的剪报信息，见 LNA, Box R52, File 1/55141/16466, 特别是 "The League and the Mandates", *Indian Social Reformer*, 18 September 1926; "Quarreling about Mandates", *The Washington Post*, 8 September 1926; and the former German colonial Governor Heinrich Schnee, in the *Deutsche Allgemeine Zeitung*, 26 Sept. 1926。

[54] Bodleian, Murray Papers, Box 199, fols. 44 – 6, Harris to Murray,

17 Sept. 1926.

[55] RH ASAPS, G404, Harris to Olivier, 27 Sept. 1926.

[56] BLPES Archives, LNU Archives, Microfilm Reel 431, Minutes of the Mandates Committee for 22 Oct. and for 3, 17 and 30 Nov. 1926. 另见 LNU 论文集的文章，*Headway*："Matters of Moment-Mandate Queries", Oct. 1926, 181; "Mandate Troubles", Nov. 1926, 212 – 13, and Warren Postbridge, "Mandates and Mandatories: Questions Great Britain does not like", Dec. 1926, 226; John Hills, "Mandates and the League" (letter), *The Times*, 24 Nov. 1926; "Power of Mandates Commission" (on the UDC protest), *The Manchester Guardian*, 20 Nov. 1926; "League's Control of Mandates" (on the LNU protest), *The Manchester Guardian*, 6 Dec. 1926。有关议会辩论，65 *H. L. Deb.*, ser. 5, 17 Nov. 1926, cols. 644 – 72, and 200 *H. C. Deb.*, ser. 5, 14 Dec. 1926, cols. 2876 – 99。

[57] 这些引证的内容来自 BLPES Archives, LNU Archives, Microfilm Reel 431, "Statement on the British Memorandum to the League Regarding Mandates Procedure", 1 Dec. 1926, and Sir Robert Hamilton in the Commons debate above, cols. 2888 – 92。

[58] Quoting Cecil, 65 *H. L. Deb.*, 17 Nov. 1926, col. 661.

[59] LC, Gilchrist Papers, Box 33, File: "Trip to the US, 1927", Gilchrist, "Note on the British Communication of November 8th, 1926".

[60] NA, CO 323/956/34, Minute by Ormsby-Gore, 16 Nov. 1926.

[61] "The Criticism of Mandatories", *The Manchester Guardian*, 5 Nov. 1926; and see 10 *PMCM*, 10 – 14.

[62] 3 *PMCM*, 106 – 7, and 6 *PMCM*, 63 – 4.

[63] 9 *PMCM*, 42.

[64] "Report", in 10 *PMCM*, 220.

[65] Minutes of the 41st session of the Council, session of 3 September 1926,

in *LNOJ*, Oct. 1926, 1235.

[66] "Mandates Debate: The Annexationist Interpretation", *The Manchester Guardian*, 22 Sept. 1926.

[67] "Report", in 10 *PMCM*, 182.

[68] "Report", in 10 *PMCM*, 182.

[69] LC, Gilchrist Papers, Friis to Gilchrist, 23 March 1927; and Minutes of the 44th session of the Council, 7 March 1927, *LNOJ*, April 1927, 347.

[70] Van Rees in 11 *PMCM*, 87 – 90.

[71] 关于这次询问，见 Van Rees in 11 *PMCM*, 90 – 106, 175 – 6, and the "Report", 204 – 5。关于范里斯在这个议题上的领导作用，见 LNA, Box R13, 1/60354/1347, CPM 612, "South West African Railways. Note by M. Van Rees" (n. d. [1927]), and 1/60492/1347, CPM 611, "Question of Sovereignty. Note by M. Van Rees" (n. d. [July 1927])。

[72] LNDM, Directors' Meeting Minutes, Reel 3, Meeting no. 178, 29 June 1927.

[73] Minutes of the 46th session of the Council, session of 8 Sept. 1927, *LNOJ*, Oct. 1927, 1119 – 20; QW, Addenda II, Box 8, Folder 5, Gilchrist to Wright, 24 Oct. 1927, and Wright to Gilchrist, 8 Dec. 1927.

[74] 沃思的公开发言经过南非总理和高级专员的审查。See NAN, Box 573, A59/16。

[75] 14 *PMCM*, 66 – 7, 71 – 9, 99, 115 – 17, and "Report", in 14 *PMCM*, 275.

[76] Minutes of the 54th session of the Council, *LNOJ*, April 1929, 507.

[77] 15 *PMCM*, 76 – 8.

[78] "Report", in 15 *PMCM*, 294.

[79] Minutes of the 56th session of the Council, session of 6 Sept. 1929, *LNOJ*, Nov. 1929, 1467.

[80] Minutes of the 57th session of the Council, session of 25 Sept. 1929, *LNOJ*, Nov. 1929, 1694.

[81] 国联秘书处来自南非的成员是国联财务主管西摩·杰克林（Seymour Jacklin）。关于其作用，以及关于更广泛主权问题之争论的描述，见 Sara Pienaar, *South Africa and International Relations between the Two World Wars: The League of Nations Dimension*（Johannesburg: Witwatersrand University Press, 1987）, 117 - 24。

[82] PA, R96515, Dufour-Feronce to Köpke, 19 Dec. 1929.

[83] Minutes of the 58th session of the Council, meeting of 13 Jan. 1930, *LNOJ*, Feb. 1930, 69 - 70; Annex 1184, 139.

[84] Hertzog to Drummond, 13 March 1930, and Hertzog to Drummond, 16 April 1930, *LNOJ*, July 1930, 383 - 9.

[85] LNA, R2327, 6A/7347/1143, "Extract from the House of Assembly Debates of the Union of South Africa".

[86] 6 *PMCM*, 60.

[87] PA, R96513, "Aufzeichnung: Souveränität über die Mandatsgebiete"（3 March 1927）.

[88] 14 *PMCM*, 80 - 3, 208 - 11; Van Rees and Kastl, "South West Africa. Status of Non-Native Inhabitants", in 16 *PMCM*, 187 - 90; 另见冯·舒伯特在 1930 年 1 月 13 日国联行政院会议上的声明，*LNOJ*, Feb. 1930, 73。

[89] NAN, Box 573, A59/16, Werth to Seitz, 19 Oct. 1928.

[90] 关于埃默里的作用，见 Leo S. Amery, *My Political Life, vol. 2, War and Peace, 1914 - 1929*（London: Hutchinson, 1953）, 360。

[91] PA, R28600, Sthamer to Foreign Ministry, telegram, 11 April 1924.

[92] *Indians in Kenya: Memorandum*, *PP 1923*, Cmd. 1922, 10.

［93］Bodleian, MSS Milner 389, Amery to Philip Kerr, 14 March 1919.

［94］"A United East Africa: Mr. Amery on Recent Progress", *The Times*, 12 June 1926; also *The Leo Amery Diaries*, ed. John Barnes and David Nicholson, vol. 1 (London: Hutchinson, 1980), 457–8.

［95］"German Claim to Colonies", *The Times*, 28 June 1926.

［96］*Future Policy in regard to East Africa*, PP 1927, Cmd. 2904, 5.

［97］围绕"更紧密联盟"（Closer Union）的争论，有大量的描述。埃默里、卡梅伦和格里格在他们各自的回忆录中都讲述了他们一方的故事：见 Amery, *My Political Life*, vol. 2, 360–2, 和 *The Leo Amery Diaries*, vol. 1, passim; Donald Cameron, *My Tanganyika Service* (London: George Allen & Unwin, 1939), 223–35; and Lord Altrincham［Sir Edward Grigg］, *Kenya's Opportunity* (London: Faber & Faber, 1955), 189–220。Margery Perham 概述了卢格德的非常重要的作用，见 *Lugard: The Years of Authority, 1898–1945* (London: Collins, 1960), 673–92。Robert Gregory 追溯了工党在这一问题上的政策，见 *Sidney Webb and East Africa: Labour's Experiment with the Doctrine of Native Paramountcy* (Berkeley: University of California Press, 1962)。Kenneth Ingham 对东非各领地内的看法给予了一定注意，见 *A History of East Africa* (London: Longman's, 1962), 310–23。唯一研究坦噶尼喀的受委任统治地位并对这一问题产生重要影响的，我从中获益良多的作品是 Michael D. Callahan, "The Failure of 'Closer Union' in British East Africa, 1929–31", *The Journal of Imperial and Commonwealth History*, 25: 2 (1997), 267–93。然而，殖民地部官员们对这一计划（无疑它在破坏这一计划方面也发挥了作用）一致较低的评价一直没有引起足够重视；当被要求评估希尔顿·扬在1929年1月提出的建议时，所有人都认为这些建议是不受欢迎、不切实际的，而且可能是违反宪法的。在这一问题上，副殖民地大臣奥姆斯比－戈尔坦率地表示他完全反对埃默里的期望，他写道，"我在意的

唯一一件事情是防止乌干达和坦噶尼喀领地变成肯尼亚或变得像肯尼亚"，特别是应该坚定地反对土著政策，见 CAC, Amery Papers, AMEL 1/4/39, File 2，特别是威尔逊（22 Jan. 1929）和奥姆斯比 - 戈尔（16 Jan. 1929 的备忘录）。埃默里不愿倾听他的同事的警告，这些会议的记录是非常清楚的，见 AMEL 1/4/39, File 1。

[98] 很明显，在其自传中，卡梅伦既坚持"委任统治制度的条款无论如何都没有扰乱或占据我的头脑"，因为它们"与我在尼日利亚政府中非常熟悉的那些条款是完全一致的"，也回忆了他在反对殖民者的计划时如何利用了这些条款。见 Cameron, *My Tanganyika Service*, 20, 85, 232。

[99] RH, Lugard 9/1, Cameron to Lugard, 31 Jan. 1927.

[100] 11 *PMCM*, 65 – 8.

[101] RH, Lugard 9/1, Cameron to Lugard, 31 Jan. 1927.

[102] Rappard in 21 *PMCM*, 32; see also Pierre Orts in 15 *PMCM*, 111 – 12.

[103] *Report of the Commission on Closer Union of the Dependencies in Eastern and Central Africa*, PP 1928 – 9, Cmd. 3234, 224, 228.

[104] 对这一看法的详细阐述，见 PA, R29434, "Die Hilton Young Commission"（30 Jan. 1929）, De Haas, "Aufzeichnung zum Bericht der Hilton-Young-Commission"（4 March 1929）。

[105] PA, R96530, "Aufzeichnung über ein Besprechung mit Herrn Geheimrat Kastl"（2 April 1928）. 值得注意的是，卡斯特尔坚持强调建立常设委任统治委员会的共同阵线价值。

[106] *Verhandlungen des Reichstages*, vol. 425, 94 Sitzung, 24 June 1929, 2877 – 8.

[107] PA, R29434, "Aufzeichnung für eine Unterhaltung mit dem englischen Botschafter über den Hilton-Young-Bericht"（2 Feb. 1929）, and Note（4 Feb. 1929）.

[108] PA, R29434, Note（13 Feb. 1929）. 在会议后提交的一份备忘录

中，英国否认《希尔顿－扬报告》违反了委任统治制度。见 PA，R29434，Brückner，"Aufzeichnung über die derzeitige Lage in Bezug auf die ostafrikanischen Unionspläne"（16 March 1929）。

[109] PA，R96530，"Aufzeichnung über ein Besprechung mit Herrn Geheimrat Kastl"（2 April 1928）.

[110] PA，R96515，Dufour to Koepke，19 July 1929.

[111] 15 *PMCM*，103－6，167－70，200－4，292.

[112] PA，R96515，"Aufzeichnung für die 56 Tagung des Völkerbundsrates über die Britisch-Ostafrikanischen Unions-Bestrebungen"（28 Aug. 1929）.

[113] Minutes of the 56th session of the Council，*LNOJ*，Nov. 1929，1470.

[114] *Statement of the Conclusions of His Majesty's Government in the United Kingdom as regards Closer Union in East Africa*，PP 1929－30，Cmd. 3574，16，关于重申"土著至上"，见 *Memorandum on Native Policy in East Africa*，PP，*1929－30*，Cmd. 3573。

[115] 德拉蒙德认为，卢格德不应该在这一联席委员会任职，因为委任统治委员会的成员不应该承担政府职务，因为这使他既在考虑英国政策的机构也在审议英国政策的机构中任职；但当卢格德反驳说如果在两个机构的成员身份都被认为是不合适的，他将会从常设委任统治委员会辞职而不是从联席委员会辞职时，德拉蒙德迅速让步了。关于这一点，见 RH，Lugard 119/2，correspondence with Drummond from Oct.－Nov. 1930。

[116] "Report"，in 18 *PMCM*，201－2.

[117] *Verhandlungen des Reichstages*，Bd. 428，184 Sitzung，26 June 1930，5864，and 185 Sitzung，27 June 1930，5914－15；见英国公务员关于德国之关注的深度说明，见于 NA，FO 371/14948，W602。

[118] Minutes of the 60th session of the Council，Meeting of 9 Sept. 1930，*LNOJ*，Nov. 1930，1304，关于德国的照会，见 NA，FO 371/

14948，W9126，"Aide Memoire"（4 Sept. 1930），and Callahan，"Failure"，274。

[119] PA，R28601，Schnee to Curtius，19 Jan. 1931.

[120] 关于这些抗议和申诉，见 *Protest der deutschen Wirtschaft gegen die Einverleibung von Deutsch-Ostafrika in das Britische Reich*（1931）；Hedwig von Bredow to PMC，1 Oct. 1930；Schnee to Secretary General，24 Jan. 1931；all in LNA，Box R2313，File 6A/21123/441。

[121] RH，Lugard 141/1，Kastl to Lugard，30 June 1930，and Lugard to Kastl，4 July 1930.

[122] RH，Lugard 122/3，Lugard to Leggett，22 Feb. 1937.

[123] NA，CO 822/28/4，Lugard to FO，20 Oct. 1930，and Callahan，"Failure"，277.

[124] Callahan，"Failure"，278.

[125] Joint Committee on Closer Union in East Africa，Report，*PP 1930 - 1*，7，8，15，16.

[126] 见来自印度协会（Indian Association）1932 年 9 月 19 日的申诉书，LNA，R4086，6A/2774/722。

[127] 22 *PMCM*，135.

[128] 23 *PMCM*，46 - 52.

[129] 23 *PMCM*，35 - 43，64 - 74，77 - 80，120 - 4，and "Report"，in 23 *PMCM*，189 - 91.

[130] AA，AE/II（2977）939，Orts to Tschoffen，8 July 1933.

[131] 31 *PMCM*，17.

[132] 22 *PMCM*，Annex 8，324.

第 8 章 市场经济或计划经济？

[1] 7 *PMCM*，65.

[2] 尽管允许受委任统治国在核心的政府服务和政治或安全需要方面得

到豁免，所有"乙类"委任统治制度文本中都包含关于经济平等的详细规定。1922 年的《英伊条约》有一个条款明确宣布国联成员国侨民之间的任何经济歧视都是不合法的，但在叙利亚委托统治制度文本中这些条款受到很大限制，在巴勒斯坦委任统治制度文本中删除了关于特许权的规定。美国坚持主张的独立谈判把同等的权利扩展到美国侨民。关于这些条款，见 Benjamin Gerig, *The Open Door and the Mandates System* (London: George Allen & Unwin, 1930), 109 – 12。

[3] 关于这一点，见 Richard A. Goodridge, "'In the Most Effective Manner'? Britain and the Disposal of the Cameroons Plantations, 1914 – 1924", *International Journal of African Historical Studies*, 29: 2 (1996), 251 – 77。

[4] 卢格德坚持要求调查德国财产的命运: 见 Lugard, "Ex-Enemy Estates in Mandated Territory", 3 *PMCM*, 286 – 7, and Lugard, "Ex-Enemy Property in Mandated Territory", 7 *PMCM*, 159 – 60。当信息到来时，这一点变得很清楚，尽管英国人试图卖掉这些产业，法国很大程度上利用优先购买权，以低价接收了这些产业。见 "The Present Situation as regards 'ex-enemy property' in Mandated Territories", 12 *PMCM*, 178 – 81。

[5] 常设委任统治委员会收集了信息并在三次会议期间讨论了这个议题，见 3 *PMCM*, 76 – 7, 311; 5 *PMCM*, 154 – 62, 177 – 80; 和 6 *PMCM*, 52 – 6, 117 – 19, 145, 151 – 8; 关于国联行政院的决定，见 Minutes, 35th session, 12th meeting, 15 Sept. 1925, in *LNOJ*, October 1925, 1363。

[6] Lugard, "Loans, Advances and Investment of Private Capital in Mandated Territories", in 5 *PMCM*, 177.

[7] Bugge-Wicksell, "Loans, Advances and Investments of Capital in Mandated Territories", 6 *PMCM*, 155.

[8] 关于这些报告，ANOM, SG Togo-Cameroun 24/217, 特别是 Neton to Foreign Ministry, 17 July 1920 和 Governor-General AOF to Colonial

Ministry, 9 July 1920。

[9] PA, R29433, Memo by the Kolonial Abteilung on Seitz's memo of 3 March 1925（19 March 1925）.

[10] 关于法国禁止德国在多哥和喀麦隆的商业活动，见 ANOM, SG Togo-Cameroun 24/217，关于他们在德国加入国联之后维持这一禁令的做法，见 ANOM, SG Togo-Cameroun, 24/207；和 Richard A. Joseph, "The German Question in French Cameroun, 1919 – 1939", *Comparative Studies in Society and History*, 17：1（Jan. 1975），65 – 90。

[11] 卡斯特尔的继任者尤利乌斯·鲁佩尔特别关注了法国在他曾服务过的喀麦隆的经济政策，并坚持认为法国在杜阿拉免征根据合同递送信件的（法国）船只的港口税的做法也使这些公司垄断了其他物品的运输，因而也违反了经济平等条款；见，例如 21 *PMCM*, 123 – 6, 131 – 3。部分是由于他的坚持，毫不奇怪，常设委任统治委员会进行的调查揭示出，受委任统治国在很大程度上对其自己的侨民做出很大让步（尽管坦噶尼喀在某种程度上是个例外）。参见常设委任统治委员会对这些让步的调查以及在此基础上进行的争论（见 22 *PMCM*, 3 Nov. – 6 Dec. 1932, 227 – 33, 253 – 4, 359 – 62）以及阿卢瓦西男爵（Baron Aloisi）（意大利人）和赫尔·冯·凯勒（Herr von Keller）（德国人）在 1933 年 1 月 24 日国联行政院第 70 次会议上所做的评论，见 *LNOJ*, 14：2（Feb. 1933），190 – 1。

[12] 见，如 ANOM, SG Togo-Cameroun, 24/211, Bonnecarrère to Sarrault, 29 Jan. 1923, and Sarraut to Foreign Ministry, 20 March 1923。

[13] 关于奴隶制度和强制劳动的会议，见 Suzanne Miers, *Slavery in the Twentieth Century*: *The Evolution of a Global Problem*（Walnut Creek, CA: Altamira Press, 2003），关于国际劳工组织在塑造处理"土著劳工"的规范中作用的分析，见 Luis Rodríguez-Piñero, *Indigenous Peoples*, *Postcolonialism*, *and International Law*: *The ILO Regime*（*1919 – 1989*）

（Oxford: Oxford University Press，2005）。

[14] Raymond Leslie Buell, *The Native Problem in Africa*, 2 vols. （New York: Macmillan，1928）.

[15] 引用的关于比尔的内容来自 RH，Lugard 9/1，Cameron to Lugard，22 Oct. 1925，关于申诉书的信息来自 LC，Gilchrist Papers，Box 10，File: Buell（henceforth LC，GP10/B），Buell to Gilchrist，27 April 1926。

[16] 日内瓦国际研究所的艾尔弗雷德·齐默恩（Alfred Zimmern）已经收到草案副本并分享给亨利·茹弗内尔，后者把该副本递交给法国外交部。然后法国外交部征询法国的非洲语言研究者亨利·劳伯（Henri Laboret）的看法。劳伯对喀麦隆的马尔尚（Marchand）的书所做的愤怒的总结和激烈抗议，法国外交部和殖民地部之间的内部通信以及压制这本书的努力等都可见 ANOM，AP 28。Véronique Dimier 也讨论了这个插曲，见 Véronique Dimier，*Le Gouvernement des colonies*，*regards croisés franco-britanniques*（Brussels: Editions de l'Université de Bruxelles，2004），252–3。

[17] LC，GP10/B，Buell to Gilchrist，28 June 1927.

[18] Buell，*Native Problem*，II，345–6；and LC，GP10/B，"Seventh Report to the Committee of International Research of Harvard University and Radcliffe"，sent from Edea，French Cameroun，16 March 1926，enclosed in Buell to Gilchrist，30 March 1926.

[19] 法国政府，对于再次被贴上委任统治机制的"坏孩子"的标签极为愤怒，拒不提交关于申诉的观察报告（相反，英国政府详细答复了每一个观点）；在第十五次常设委任统治委员会会议上，法国代表迪谢纳对委任统治委员会认为几乎不可能推进的问题反应越来越激烈。只有拉帕德坚定地为比尔的公正辩护，委任统治委员会只是微弱地决定，所提出的这些指控"或者是没有基础的，或者已经成为委任统治委员会调查的主题，都不能为国联行政院的干预辩护"。

朱诺德的申诉、受委任统治国的反应、常设委任统治委员会对这些文件的讨论，以及常设委任统治委员会的报告和决议，都见 15 *PMCM*, 20 - 3, 143 - 5, 241 - 9, and 297。比尔感谢拉帕德在争论中发挥的作用：SFA, Rappard Papers, 1977/135 1, Buell to Rappard, 4 Sept. 1929。

[20] LC, GP 10/B, Gilchrist to Buell, 6 Nov. 1925, and Buell to Gilchrist, 30 March 1926.

[21] AA, AE/II（3288）, 1849, Louis Franck, Memorandum, 15 June 1920. 对处于比利时委任统治之下的卢旺达和布隆迪，有一些很好的、非常详细的研究，尽管大多数是以比利时的记录为基础的，有一些研究还利用了口述历史和访谈，调和了那些经常理想化的资料来源。我已特别使用了 Jean Rumiya, *Le Rwanda sous le régime du mandat belge（1916 - 1931）*（Paris：Harmattan, 1992）; Innocent Nsengimana, *Le Rwanda et le pouvoir européen（1894 - 1952）: Quelles mutations?*（Bern：Peter Lang, 2003）; Joseph Gahama, *Le Burundi sous administration belge*（Paris：Karthala, 1983）; Alison Des Forges, *Defeat is the Only Bad News: Rwanda under Musinga, 1896 - 1931*（Dissertation, Yale University, 1972; publ. Madison：University of Wisconsin Press, 2011）; Catharine Newbury, *The Cohesion of Oppression: Clientship and Ethnicity in Rwanda, 1860 - 1960*（New York：Columbia University Press, 1988）; David Newbury 的文章现在收于 *The Land Beyond the Mists: Essays on Identity and Authority in Precolonial Congo and Rwanda*（Athens, OH：Ohio University Press, 2009）, 以及 Jean-Pierre Chrétien 的许多著作，特别是他的 *Burundi: L'histoire retrouvée. 25 ans de métier d'historien en Afrique*（Paris：Karthala, 1993）, 和 *The Great Lakes of Africa: Two Thousand Years of History*（New York：Zone Books, 2003）。关于弗兰克的初步计划，特别参见 Rumiya, *Rwanda*, 137 - 9, Nsengimana, *Rwanda*, 437 - 42, and Gahama, *Burundi*, 42 - 3。

[22] 4 *PMCM*, 69.

[23] Gahama, *Burundi*, 59.

[24] For Classe and feudalism, see Rumiya, *Rwanda*, 133 – 5.

[25] AA, AE/II (3288), 1849, Louis Franck, Memorandum, 15 June 1920.

[26] Rapport présenté par le gouvernement belge au Conseil de la Société des Nations au sujet de l'administration du Ruanda-Urundi pendant l'année 1925 (Brussels: n. p., 1926) 34. 这些报告将作为 *Ruanda-Urundi Report* [year] 被引用。

[27] Pierre Ryckmans, "Le Problème politique au Ruanda-Urundi", *Bulletin de la Société belge d'Etudes et d'Expansion*, Feb. 1925, rpt. in Ryckmans, *Dominer pour Servir* (Brussels: Albert Dewit, 1931), 163, 165.

[28] 戴维·纽伯里(David Newbury)强调了前殖民时期的卢旺达和布隆迪在种族认同、地区认同、保护关系形式、法院的权力和军队权力上的明显差异,坚持认为这些决不是其历史可以混谈的"双胞胎国家"——尽管这些历史很明显是在殖民统治的过程中强制纠缠在一起的。见其 "Precolonial Burundi and Rwanda: Local Loyalties, Regional Loyalties", in *The Land Beyond the Mist*, 281 – 339, here at 315。

[29] *Ruanda-Urundi Report 1925* (Brussels, 1926), 64.

[30] 5 *PMCM*, 65 – 7.

[31] 5 *PMCM*, 67.

[32] "Report", in 5 *PMCM*, 216.

[33] 范里斯在备忘录中列举了其观点, "What is the Forced or Compulsory Labour which is allowed in Territories under B and C Mandates and under what conditions is it allowed there?" 见 7 *PMCM*, Annex 4b, 154 – 6。

[34] 关于这次会议, 见 "Slavery Convention (Geneva, September 25, 1926)", *LNOJ*, 7: 12 (Dec. 1926), 1655 – 65, and, more

generally, Miers, *Slavery*, 100 – 33。

[35] 对下面讨论的卢卡卡伊胡拉大饥荒和 20 世纪 20 年代卢旺达的农业管理制度最好的、我受惠颇多的描述是，Anne Cornet, *Histoire d'une famine, Rwanda, 1927 – 30: Crise alimentaire entre tradition et modernité* (Louvain-La-Neuve: Université catholique de Louvain, 1996)；另见 David Newbury, "The 'Rwakayihura' Famine of 1928 – 1929", in *Histoire sociale de l'Afrique de l'Est (XIXe – XXe siècle). Actes du colloque de Bujumbura (17 – 24 octobre 1989)* (Paris, 1991), 269 – 85.

[36] *Ruanda-Urundi Report 1929* (Brussels, 1930), 79.

[37] 关于较早时期这些饥荒的著作非常少，这部分是因为比利时使它们保持平静状态。罗杰·博特 (Roger Botte) 使用 "白衣神父" ('White Fathers') 布道团的记录，提供了一种关于他们的破坏性影响的描述。见 Botte, "Rwanda and Burundi, 1889 – 1930: Chronology of a Slow Assassination, Part 2", *The International Journal of African Historical Studies*, 18: 2 (1985), 289 – 314。

[38] 14 *PMCM*, 12.

[39] SFA, Rappard Papers, Box 1977/135 3, J. E. T. Philipps to Rappard, 1 March 1929, enclosing J. E. T. Philipps to Sir William Gowers, 1 March 1929. 应精力充沛的比利时驻加西布的行政长官 Stoffin 的邀请，菲利普斯 (Philipps) 巡视了饥荒地区，对灾难的程度及比利时的反应有了很好的认识。

[40] J. E. Church, in *Ruanda Notes*, Jan. 1929; quoted in Cornet, *Histoire d'une famine*, 64.

[41] "A Stricken Land: Famine in the Ruanda", *The Times*, 16 April 1929, 17 – 18.

[42] 虽然常设委任统治委员会一再要求，但比利时人从未提供关于死亡率的可靠评估。安妮·科尔内 (Anne Cornet) 利用布道团和当地的记录做出了这一估算，但她指出天主教传教士估算多达 60000 人死

亡（或者占饥荒地区人口的20%），而德国宣传的是90000人（或30%）。见 Cornet, *Histoire d'une famine*, 40, 45。

[43] Portage statistics from *Ruanda-Urundi Report 1931* (Brussels, 1932), and see Cornet, *Histoire d'une famine*, 53.

[44] Ryckmans, "Tribune libre: la famine", *Essor colonial et maritime*, 20 June 1929, rpt. in Ryckmans, *Dominer pour Servir*, 177.

[45] 见前面列出的1927年、1928年和1929年比利时的报告，其中包含1928年7月、1929年7月和1930年7月画的地图。

[46] 见，例如，"Famine Stricken Natives", *The Scotsman*, 1 April 1929；"Lions on Famine Trail", *The New York Times*, 10 April 1929, 32；'A Stricken Land', *The Times*, 16 April 1929, 17–18。

[47] SFA, Rappard Papers, Box 1977/135 3, J. E. T. Philipps to Rappard, 1 March 1929, enclosing J. E. T. Philipps to Sir William Gowers, 1 March 1929.

[48] 比利时驻伦敦、巴黎和柏林的大使向外交部和殖民地部的报告追踪了官方和民众对德国之殖民诉求的反应，见 AA, AE/II (3243) 1424。

[49] 在1928年秋季的会议上，为回应卡斯特尔的批评，奥尔茨说比利时愿意雇佣其他国家侨民但没有人提出申请（见16 *PMCM*, 134）。于是，从堪萨斯城到拉脱维亚的内科医生们致信国联提供他们的服务，只被告知他们必须向布鲁塞尔申请；一位说他已经这么做了，但一直没有得到答复。关于这些，见 LNA Box R2342, File 6A/9006/5427。实际上，在1929年，比利时殖民地部内部确认了其只雇佣比利时侨民的决定，关于这一点，见 Cornet, *Histoire d'une famine*, 75。

[50] AA, AE/II (3300) 1936, Everts to Hymans, 27 April 1929, enclosing "Die Zustände in Ruanda: 'Das Land der lebenden und toten Skelette'", *Germania*, 24 April 1929. 注意标题中引用的内容出自丘奇发表在

《泰晤士报》的文章。

［51］Heinrich Schnee, "Die Hungersnot in Ruanda und die belgische Mandatverwaltung", *Koloniale Rundschau*, 1929, no. 12, 357 – 68.

［52］"The Ruanda Famine", *The Times*, 18 April 1929, 15; Cornet, *Histoire d'une famine*, 86 – 7.

［53］统计数据来自 *Ruanda-Urundi Report 1928*（Brussels, 1929）, 66 – 7; *Ruanda-Urundi Report 1929*（Brussels, 1930）, 81。

［54］该文件作为 *Ruanda-Urundi Report 1930*（Brussels, 1931）, 5 – 6 前言的一部分。

［55］*Ruanda-Urundi Report 1928*（Brussels, 1929）, 67, 并见马尔佐拉蒂关于土著不经意的评论（16 *PMCM*, 61）

［56］9 *PMCM*, 108.

［57］Ryckmans, "Tribune libre: la famine", *Essor colonial et maritime*, 20 June 1929, rpt. in Ryckmans, *Dominer pour Servir*, here at 180.

［58］Jean-Pierre Chrétien, "Féodalité ou féodalisation sous le mandat belge", in his *Burundi: L'histoire retrouvée*, 189 – 217.

［59］Gahama, *Burundi*, 104.

［60］见关于合并封地和废黜酋长的讨论, 19 *PMCM*, 126 – 7; 21 *PMCM*, 17 – 18; 和 22 *PMCM*, 233 – 4。

［61］Newbury, *Cohesion of Oppression*, 132, 153.

［62］"What is the Forced or Compulsory Labour which is allowed in Territories under B and C Mandates. . . Report by Mr. H. A. Grimshaw on the Memorandum by M. Van Rees", in 10 *PMCM*, 166.

［63］Gahama, *Burundi*, 104, and Chrétien, *Great Lakes of Africa*, 270 – 2.

［64］24 *PMCM*, 73.

［65］Resident Defawe to Governor-General, 2 May 1929, quoted in Gahama, *Burundi*, 81. 关于布隆迪君主政体的概况研究, 特别参见 René Lemarchand, "Burundi", in René Lemarchand, ed., *African*

Kingships in Perspective: *Political Change and Modernization in Monarchical Settings* (London: Frank Cass, 1977), 93 – 126。

[66] AA, AE II (3292) 1875, Marzorati to the Minister of the Colonies, 2 Sept. 1924.

[67] See the reports to the Governor-General from Marzorati (24 Jan. 1929) and Mgr. Classe (23 July 1929) about Musinga's alleged contacts with the British, in AA, RWA (1) 12; also the "Note sur Musinga" (22 Dec. 1930) by Mortehan, Commissaire-General of Rwanda, RWA 1 (15). 就在穆辛加被废黜前，卢旺达的驻扎官员 O. Coubeau 写了一份关于比利时之指控的详细总结。见 "Rapport au sujet du Mwami Musinga" (6 Aug. 1931), AA, RWA 1 (10)。

[68] SFA, Rappard Papers, Box 1977/135 3, J. E. T. Philipps to Rappard, 1 March 1929, enclosing J. E. T. Philipps to Sir William Gowers, 1 March 1929.

[69] David Newbury 关于国王名录（king-lists）的研究使我们看到，这些名录与其说是可靠的记录，不如说是合法化的工具；见他的 "Trick Cyclists? Recontextualiziing Rwandan Dynastic Chronology", in *The Land Beyond the Mists*, 252 – 77。

[70] 人们只能从比利时记录的穆辛加的行为来推断他的看法，但 Alison Des Forges 还利用 20 世纪 60 年代收集的口述历史，描绘了比利时的统治对穆辛加权威的弱化及后者反对这些入侵所做的长期努力的富有说服力的画面；见 Des Forges, chs. 7 – 9。对基督教在使卢旺达君主政体失去合法地位方面所发挥关键的作用，见 René Lemarchand, "Rwanda", in Lemarchand, ed., *African Kingships*, 67 – 92。

[71] AA, AE II/ (3296) 1885, File: "Destitution du sultan Musinga, 1929 – 1932", Halewyck de Heusch, "Propositions du Gouverneur du Ruanda-Urundi", 14 Aug. 1929.

[72] 1931 年 1 月 5 日瓦赞致克拉斯的信，表达了其罢黜穆辛加的计划并征询他的意见，见 RWA（1）15。1931 年 1 月 15 日克拉斯致瓦赞的信，同意罢黜穆辛加只会有好处并建议让他迅速离开尼扬扎，见 RWA（1）16。授权废黜穆辛加的信，见 RWA（1）15，Colonial Minister to Governor-General of Congo，26 June 1931。

[73] 21 *PMCM*, 18 - 19.

[74] Alison Des Forges 讨论了废黜穆辛加的问题，见 Alison Des Forges, "Defeat", 237 - 40。关于穆辛加的汽车引发的麻烦，见 AA，RWA（1）9，Voisin, Governor of Ruanda-Urundi（Usumbura），to Paradis, Delegate of the Resident（Nyanza），18 Aug. 1930, and Paradis to Voisin, 17 Dec. 1930。

[75] Reports sent by district officers are in AA, RWA（1）15.

[76] Ellen Gatti, *Exploring We Would Go*（New York: Charles Scribner's Sons, 1944），76.

[77] 24 *PMCM*, 74 - 5.

[78] 22 *PMCM*, 253 - 6.

[79] 30 *PMCM*, 130 - 52, passim.

[80] Annual report for the Nyanza region, 1930, quoted in Rumiya, Rwanda, 228.

[81] 特别参见海利关于这一效果的重要声明，35 *PMCM*, 51 - 2。

[82] 26 *PMCM*, 149; 30 *PMCM*, 148.

[83] Karuna Mantena, *Alibis of Empire: Henry Maine and the Ends of Liberal Imperialism*（Princeton: Princeton University Press, 2010）.

[84] 35 *PMCM*, 50 - 3, 63.

[85] Mahmood Mamdani, *Citizen and Subject: Contemporary Africa and the Legacy of Late Colonialism*（Princeton: Princeton University Press, 1996）. 关于非洲传统和部落结构之殖民 "创造" 的论述始于（有时涉及的是简单化的）Terence Ranger 的经典文章，"The Invention of

Tradition in Colonial Africa", in E. J. Hobsbawm and T. O. Ranger, eds. , *The Invention of Tradition* (Cambridge: Cambridge University Press, 1983), 211 - 62；对这一框架的明智的批评，见 Thomas Spear, "Neo-Traditionalism and the Limits of Invention in British Colonial Africa", *Journal of African History*, 44：1 (2003), 3 - 27。

[86] 关于这次会议见 "Convention concerning forced or compulsory labor", in International Labour Organization, *International Labour Conventions and Recommendations*, *1919 - 1981* (Geneva: ILO, 1982), 29 - 36；关于其谈判的过程，见 Miers, *Slavery*, 136 - 51。关于国际劳工组织在强制劳动方面的工作，见 Daniel Roger Maul, "The International Labour Organization and the Struggle against Forced Labour from 1919 to the Present", *Labour History*, 48：4 (2007), 477 - 500。

[87] Hiroshi Shimizu, "The Mandatory Power and Japan's Trade Expansion into Syria in the Inter-War Period", *Middle Eastern Studies*, 21：2 (April 1985), 152 - 71.

第 9 章　对帝国安全有利的独立

[1] LNA, S 284 1 (4), File: "Kastl".

[2] 16 *PMCM*, 141.

[3] 关于这次通信，见 *Policy in Iraq*. Memorandum by the Secretary of State for the Colonies, *PP 1929 - 30*, Cmd. 3440。

[4] See Lord Cushenden's explanation to the 51st session of the Council, 1 Sept. 1928, in *LNOJ*, Oct. 1928, 1452.

[5] 我已经利用国联和英国的档案重建了政治叙事，但也利用了三个出色研究：Peter Sluglett, *Britain in Iraq: Contriving King and Country*, *1914 - 1932*, 2nd ed. (New York: Columbia University Press, 2007); Charles Tripp, *A History of Iraq*, 3rd ed. (Cambridge: Cambridge University Press, 2007); 及 Toby Dodge, *Inventing Iraq: The Failure of Nation*

Building and a History Denied（New York：Columbia University Press，2003）。我从他们的著作中获益匪浅。

[6] *Draft Mandates for Mesopotamia and Palestine as submitted for the Approval of the League of Nations*, *PP 1921*, Cmd. 1176.

[7] LNA，R58，File 1/17516/17502，Fisher to the Council，17 Nov. 1921.

[8] LNA，S284（1）（9），Ormsby-Gore file，Rappard to Ormsby-Gore，29 May 1922.

[9] *Iraq. Treaty with King Faysal*, *PP 1922*, Cmd. 1757，here at Article IV，关于大量附属协议，见 *Protocol. . and Subsidiary Agreements*, *PP 1924*, Cmd. 2120。

[10] 值得注意的是，许多在伊拉克的英国军官认为，承诺的四年时间只是"对极端主义观点的一种让步"，而且完全期望该条约能延期。见 C. J. Edmonds，*Kurds, Turks and Arabs：Politics, Travel and Research in North-Eastern Iraq, 1919 – 1925*（London：Oxford University Press，1957），414‑15。

[11] 1924 年 9 月 20 日在国联行政院上的讨论以及国联行政院为使委任统治制度生效而做出接受《英伊条约》的决议都被英国出版，见 *Papers Relating to the Application to Iraq of the Principles of Article 22 of the Covenant of the League of Nations*, *PP 1924 – 25*, Cmd. 2317。

[12] 华莱士·莱昂（Wallace Lyon）的回忆录生动地描述了他在毫无热情的库尔德人当中组织支持伊拉克的工作的；见 D. K. Fieldhouse，ed.，*Kurds, Arabs and Britons：The Memoir of Wallace Lyon in Iraq, 1918 – 1944*（London：I. B. Tauris，2002），esp. 94 – 5。关于英国在摩苏尔论战（Mosul controversy）中的作用，见 Peter J. Beck，"'A Tedious and Perilous Controversy'：Britain and the Settlement of the Mosul Dispute, 1918 – 1926"，*Middle Eastern Studies*，17：2（April 1981），256 – 76，关于对国联调解过程的详细描述，见 Aryo

Makko，"Arbitrator in a World of Wars: The League of Nations and the Mosul Dispute, 1924 – 1925"，*Diplomacy & Statecraft*，21：4（2010），631 – 49。关于最后签订的条约，见 *Iraq. Treaty with King Faysal signed at Baghdad, 13th January, 1926, PP 1926*，Cmd. 2587。

[13] NA，CO 730/107/73，Memo by Hall，29 Dec. 1926 提到了多布斯的看法，NA，CO 730/119/10，C. P. 173（27），8 June 1927，circulating Dobbs to Amery，24 March 1927，以及 NA，CO 730/119/10，Dobbs to Amery，31 March 1927 更完整地提到了多布斯的看法。

[14] 这两处引文来自 NA，CO 730/107/73，Memo by Hall，29 Dec. 1926。霍勒斯·威尔逊（Horace Wilson）也认为，精心安排法国的拒绝将会是很好的选择，见 NA，CO 730/119/10，Minute by Wilson，11 March 1927。

[15] NA，CO 730/119/10，Minute by Hall，29 June 1927，and NA，CO 730/120/1，Trenchard，"Personal Note"，28 June 1927.

[16] NA，CO 730/119/10，Minute by Amery，15 March 1927，and C. P. 178（27），"Entry of Iraq into the League of Nations. Memorandum circulated by the Secretary of State for the Colonies"，9 June 1927.

[17] NA，CO 730/120/1，Cabinet 38（27），4 July 1927，and Amery to Dobbs，6 July 1927.

[18] *Iraq. Treaty between the United Kingdom and Iraq signed at London, December 14, 1927, PP 1927*，Cmd. 2998.

[19] 16 *PMCM*，17 – 20.

[20] NA，CO 730/150/3，Note by Clauson，received 28 Dec. 1929.

[21] 16 *PMCM*，33. 对前一年巴哈伊教徒的申诉书的讨论和报告，见 14 *PMCM*，189 – 90，275 – 6。常设委任统治委员会对巴哈伊教徒之申诉的审议变成了多年经常讨论的问题，甚至直到委任统治结束，这些问题仍未得到解决。关于这种国际活动的记录见 LNA，R2314，6A/7886/655。

[22] 16 *PMCM*, 141.

[23] "Report", in 16 *PMCM*, 203.

[24] Minutes of the 58th session of the Council, 13 Jan. 1930, *LNOJ*, Feb. 1930, 77, and of the 64th session, 4 Sept. 1931, *LNOJ*, Nov. 1931, 2058.

[25] 来自葡萄牙的成员德·佩尼亚·加西亚（de Penha Garcia）伯爵草拟的初步报告 "General Conditions that must be fulfilled before the mandate regime can be brought to an end in respect of a country placed under that regime" 已出版在 19 *PMCM*, Annex 8。这一问题在 1931 年 6 月第 20 次会议上得到讨论，最终报告题目也是 "General Conditions that must be fulfilled..." 出版在 20 *PMCM*, 228 – 30。

[26] 20 *PMCM*, 152; LNA, R2346, 6A/16601/16601, CPM 1183, "Contribution to the examination of the question of the general conditions required for the termination of the mandate regime... Note by M. Van Rees" (13 June 1931).

[27] 20 *PMCM*, 228 – 9.

[28] LNA, R2346, 6A/16601/16601, jacket 1, CPM 11997, "General Question. Termination of a Mandate. Note by Lord Lugard" (20 June 1931).

[29] De Penha Garcia, "General Conditions" (1930).

[30] 20 *PMCM*, 229.

[31] NA, CO 730/152/7, Minute by Hall, 21 Nov. 1930; Minutes by Shuckburgh, 25 Nov. 1930, and Drummond Shiels, 2 Dec. 1930; and Bourdillon's 1929 pledge to wait for League consent, in 16 *PMCM*, 33.

[32] NA, CO 730/152/7, Minute by Hall, 25 Oct. 1930; see also NA, CO 730/179/3, "Memorandum: Attitude to be adopted by the British Accredited Representative at the forthcoming meeting of the Permanent Mandates Commission" (n. d. [Oct. 1931]).

[33] *Special Report by His Majesty's Government. . . on the Progress of Iraq during the period 1920 - 1931*（London：HMSO，1931）。就像殖民地部的 J. E. Hall 所言，那些可能会"在日内瓦给人留下不好印象"的"真实"资料可能会被"淡化"，因为该报告的目的是说服国联，伊拉克政府已"足够文明"，可以赋予其独立——这一建议预示着大约 70 年后另一种伊拉克档案的臭名昭著的"渲染"。见 NA，CO 730/167/14，Note by Hall，30 March 1931。

[34] NA，CO 730/166/7，Note by Hall，26 June 1931.

[35] NA，CO 730/152/7，Minute by Flood，27 Oct. 1930.

[36] NA，CO 730/167/14，Cornwallis to Young，22 March 1931.

[37] Kedourie 的精彩分析依然非常值得阅读："The Kingdom of Iraq：A Retrospect"，in *The Chatham House Version and Other Middle-Eastern Studies*（New York：Praeger，1970），236 - 85。

[38] NA，CO 730/152/7，Minute by Flood，27 Oct. 1930.

[39] PA，R96537，Grobba，"Zu Punkt I der Tagesordnung der 58 Tagung des Völkerbundesrates"（23 Dec. 1929）.

[40] PA，R96543，Grobba，"Zu Punkt 2 der Tagesordnung der 62. Tagung des Völkerbundsrates"（23 Dec. 1930）.

[41] PA，R96540，Grobba，"XI Bundesversammlung. Punkt 2 Ziffer 8 II Mandats"（23 Aug. 1930）.

[42] PA，R96535，Kastl to Catastini，8 Dec. 1928，enclosed in Grobba，"Zu Punkt 2 der Tagesordnung der 54. Tagung des Völkerbundsrates. Mandate. Irak"（28 Feb. 1929）；copy in LNA，S 284 1（4），"Kastl".

[43] *Treaty of Alliance between the United Kingdom and Iraq*，*PP 1929 - 30*，Cmd. 3627.

[44] 19 *PMCM*，87.

[45] 21 *PMCM*，77.

［46］See Lugard's exchange with Humphrys in 20 *PMCM*, 130.

［47］CO 730/170/4, Memo by Hall, 10 Nov. 1931.

［48］来自德国委员会的引文出自 Timothy Mitchell, *Carbon Democracy: Political Power in the Age of Oil* (London：Verso, 2011), 48。

［49］Hankey's comment is from BL, Cecil Papers, Add MS 51071, Hankey to Balfour, 12 Aug. 1918, secret. 在圣雷莫，英国人为使法国同意他们对该领地的诉求，同意把为开发这些领地而建立的财团的25%的份额给予法国（大体上是被没收的德意志银行的份额）。关于这个石油协定，见 *Memorandum of Agreement between M. Philippe Berthelot... and Professor Sir John Cadman*, *PP 1920*, Cmd. 675。

［50］"红线"内（在给予设法维持个人在世界上最有利可图的企业之一的份额的亚美尼亚工程师 Calouste Gulbenkian 5% 的份额之后），所有的石油公司持有（从1928年起）同等股份：达西勘探公司（D'Arcy Exploration Company，一家英国的大型联合企业，持有其多数份额者是盎格鲁－波斯石油公司）；荷兰皇家壳牌石油公司（Royal Dutch/Shell，集合了英国和荷兰的石油利益）；法国石油公司（Compagnie Française des Pétroles，法国政府是其最大股东）；近东开发公司（Near East Development Corporation，一家包括标准石油公司的由美国公司组成的大型联合企业）。围绕中东石油展开的复杂和黑暗的外交已经被从几个角度进行了分析，尽管委任统治委员会作为谈判这些利益的舞台出现的方式已经在很大程度上被忽视了。我从 Peter Sluglett 的 *Britain in Iraq*、Mitchell 的 *Carbon Democracy* 以及后面引用的 Helmut Mejcher 的著作中获益匪浅。

［51］卡斯特尔的报告草案见 LNA, R59, 1/62947/17502, CPM 674, "Anglo-Persian Oil Concession. Report by M. Kastl" (7 Nov. 1927)。关于卡斯特尔修改后的报告，见 14 *PMCM*, 188, 213, and 247 - 9, 关于德国外交部对这一讨论的监视，见 PA, R76851, "Verlängerung der Konzession der Anglo-Persian Oil Company im Irak" (25 Oct.

1928）。

[52] 16 *PMCM*, 41 - 4.

[53] 弗里茨·格罗巴（Fritz Grobba）在其回忆录中声称，费萨尔在 1930 年对德国的一次访问中请求德国支持"英国石油开发公司"。见 Grobba,　"Deutsche Erdölinteressen in Arabien", in his *Männer und Mächte im Orient: 25 Jahre diplomatitischer Tätigkeit im Orient*（Göttingen: Musterschmidt, 1967），85 - 94。关于意大利购买该公司份额的信息来自 "Further communication to the Secretary-General dated September 19, 1929 from the British Oil Development Co., Ltd", in 18 *PMCM*, 179 - 80, and for the BOD more generally, Sluglett, *Britain in Iraq*, 112, 137 - 8, and 272, fn. 27, Helmut Mejcher, *Die Politik und das Öl im Nahen Osten*, vol. I（Stuttgart: Klett-Cotta, 1980），37 - 42, and Mejcher, "The International Petroleum Cartel（1928）, Arab and Turkish Oil Aspirations and German Oil Policy towards the Middle East on the Eve of the Second World War", in Klaus Jürgen Gantzel and Helmut Mejcher, eds., *Oil, the Middle East, North Africa and the Industrial States*（Paderborn: F. Schöningh, 1984），29 - 59。

[54] 关于这一点，见 Sluglett, *Britain in Iraq*, 139。

[55] 关于这些申诉书、报告和争论，见 18 *PMCM*, 80 - 1, 177 - 84, and 19 *PMCM*, 90 - 2, 102 - 3, 122 - 4, 150 - 2, 177 - 84。关于英国政府对这一事件的处理，见 NA, CO 730/168/12。

[56] 关于法国在输油管道问题上的外交，见 Peter A. Shambrook, *French Imperialism in Syria, 1927 - 1936*（Reading, UK: Ithaca Press, 1998），55 - 8，关于美国在调停英法争论中的重要作用，见 Edward Peter Fitzgerald, "Business Diplomacy: Walter Teagle, Jersey Standard, and the Anglo-French Pipeline Conflict in the Middle East, 1930 - 1931", *Business History Review*, 67: 2（Summer 1993），207 - 45。

[57] 20 *PMCM*, 144 - 9, 168 - 77, here at 147.

[58] PA, R96543, Grobba, "64 Tagung des Völkerbundsrates. Punkt 2 der Tagesordnung", III O 2676 (22 Aug. 1931).

[59] NA, CO 730/164/5, Bordonaro to Henderson, 6 July 1931.

[60] NA, CO 730/164/5, Hall minute, 30 July 1931.

[61] NA, CO 730/169/7, Hall minute, 9 Sept. 1931.

[62] Foreigh office, Eastern Department, "Iraq: Proposed Release from Mandatory Regime: Memorandum for British Representative on the Council of the League" (21 Jan. 1932), in *BDFA*, pt. II, ser. B, vol. 7, 376 – 7.

[63] NA, CO 730/169/7, "Record of interview between Lord Cecil and Signor Grandi", 2 Sept. 1931.

[64] 意大利的声明事先得到法国和英国的同意，目的是避免公开分歧，但仍然是非常强硬的。见 Minutes of the 64th session of the Council, 4 Sept. 1931, in *LNOJ*, Nov. 1931, 2049。

[65] NA, CO 730/1704, Memo by Hall, 10 Nov. 1931.

[66] 格罗巴关于德国在反对迫使伊拉克给予国联成员国最惠国待遇中的利益的分析，见 PA, R96543, Grobba, "Zu Punkt 2 der Tagesordnung der 62. Tagung des Völkerbundrates" (23 Dec. 1930)。

[67] Minutes of the 64th session of the Council, 4 Sept. 1931, in *LNOJ*, Nov. 1931, 2052.

[68] 21 *PMCM*, 77 – 8.

[69] NA, CO 730/169/8, "Notes of a meeting held in Mr. Rendel's room on Dec. 14th at 8: 30 pm to consider the Permanent Mandates Commission's report to the Council on the release of Iraq from the Mandatory Regime", 更多信息，见 Foreign Office, "Iraq: Proposed Release from Mandatory Regime", *BDFA*, pt. II, ser. B, vol. 7, 372 – 84。

[70] 关于这些对手，见 Martin Thomas, *Empires of Intelligence: Security Services*

and Colonial Disorder after 1914 (Berkeley: University of California Press, 2008)。

[71] NA, CO 730/152/7, Note by Shuckburgh, 25 Nov. 1930, and Memo by Clauson, 19 Nov. 1930.

[72] 20 *PMCM*, 33 – 8.

[73] NA, CO 730/166/7, Note by Hall, 1 Sept. 1931.

[74] 后面第 12 章讨论了"哭墙"的争论。

[75] 关于国联的少数民族保护机制，有一些非常优秀的著作，但特别参见 Carol Fink, *Defending the Rights of Others*: *The Great Powers*, *the Jews*, *and International Minority Protection*, *1878 – 1938* (Cambridge: Cambridge University Press, 2006)，关于德国的作用，见 Christoph Kimmich, *Germany and the League of Nations* (Chicago: University of Chicago Press, 1976)，ch. 7。Benjamin Thomas White 详细阐发了在法国委任统治的叙利亚"少数民族"成为活动类别的过程，见 Benjamin Thomas White, *The Emergence of Minorities in the Middle East*: *The Politics of Community in French Mandate Syria* (Edinburgh: Edinburgh University Press, 2011)。

[76] Population figures are from Tripp, *A History of Iraq*, 31.

[77] 关于这种控制的战略，特别参见 Pierre-Jean Luizard, "Le Mandat britannique en Irak: Une rencontre entre plusieurs projets politiques", in Nadine Méouchy and Peter Sluglett, eds., *The British and French Mandates in Comparative Perspective* (Leiden: Brill, 2004), 361 – 84。

[78] 关于哈希姆家族统治下的伊拉克脆弱但多元的制度的敏锐描述，见 Orit Bashkin, *The Other Iraq*: *Pluralism and Culture in Hashemite Iraq* (Stanford: Stanford University Press, 2009)。

[79] 代理高级专员 H. W. 扬告诉常设委任统治委员会，他发现库尔德人当中普遍存在的信念，国联行政院将会在伊拉克独立时提供一个独立的库尔德人国家，尽管他已经竭尽全力打消他们的这些想法。见

19 *PMCM*，78 - 80。

[80] LNA，R2316，6A/22413/655，jacket 1，containing petitions of 27 July and 5 Aug. 1930.

[81] LNA，R2316，6A/22413/655，jacket 1，"Observations, dated October 29th 1930, of the Mandatory Power"；另见 Minutes of the 62nd session of the Council, 22 Jan. 1931, in *LNOJ*, Feb. 1931, 185。

[82] LNA，R2316，6A/22413/655，jacket 1，CPM 1081，Report by Rappard（13 Nov. 1930）.

[83] NA，CO 730/16/2，Humphrys to Passfield, 10 Feb. and 13 Feb. 1931, also K. Cornwallis, British Advisor, to the Minister of the Interior, 4 Feb. 1931.

[84] 关于土耳其人、伊拉克人和波斯人为抵制库尔德人自治要求而进行的密谋，见 NA，CO 730/161/4，Humphrys to Passfield, 18 Feb. 1931, and NA，CO 730/161/1，Nuri to Humphrys, 25 Feb. 1931。

[85] NA，CO 730/161/4，Passfield to Humphrys, 3 March 1931. 然而，汉弗莱斯很好地理解了库尔德人的动乱与伊拉克政府的镇压之间的共生关系。见 NA，CO 730/161/1，Humphrys to Williams, editor of The Near East, 28 March 1931, private。

[86] LNA，R2316，6A/22413/655，CPM 1198，Rappard， "Report on the various petitions emanating from Kurdish sources"（22 June 1931）. 戴维·麦克道尔（David McDowall）将英国放弃给予库尔德人自治的承诺以及把库尔德人直接交给统一的伊拉克国家视作一种背叛；见 McDowall, *A Modern History of the Kurds*（London：I. B. Tauris, 1996），ch. 8。

[87] David Silverfarb 给出的亚述人口规模在 1933 年是 2.8 万人（*Britain's Informal Empire in the Middle East：A Case Study of Iraq, 1929 - 1941* [New York：Oxford University Press, 1986]，45），这是一个低估的数字。

[88] 拉萨姆及后来的义斋二十三世的大量申诉，见 LNA，R2317 and R2318，6A/22528/655。

[89] LNA，R2317，6A/22528/655，jacket 4，CPM 1208，"Petitions dated September 23rd 1930 and December 9th 1930 from Captain Rassam... Report by M. Orts"（26 June 1931）.

[90] LNA，R2318，6A/22528/655，jacket 6，Mar Shimun to the League of Nations，23 Oct. 1931 and 17 June 1932.

[91] 特别参见霍尔发起的下议院关于伊拉克政策和少数民族保护问题的两场辩论，见于 *H. C. Deb.*，vol. 242，31 July 1930，cols. 800－817，和 *H. C. Deb.*，vol. 255，23 July 1931，cols. 1784－1834；Dobbs letter to *The Times*，10 July 1931；A. T. Wilson，"Peace in Iraq"，*The Times*，22 May 1931，以及威尔逊在1931年10月说服常设委任统治委员会（特别是卢格德）采取强硬立场反对独立之证据，见 Rhodes House（Oxford），Lugard Papers 127/3。

[92] 关于这一点，见 Gilbert Murray to Arthur Henderson，14 Jan. 1931，和 "Confidential report of an interview by De Haller with Mr. Epstein of the League of Nations Union"，6 Feb. 1931，both in LNA Box S284，file 2。

[93] Ja 'far al- 'Askari to Major H. W. Young，19 Aug. 1930，appended to the observations of the Mandatory Power on Kurdish petitions，29 Oct. 1930；LNA Box R2316，6A/22413/655.

[94] 20 *PMCM*，122. 英国代表一直试图败坏拉萨姆的名声；除汉弗莱斯的评论外，还有扬的评论，见 19 *PMCM*，79，and NA，CO 730/166/7，Hall minute，26 July 1931。拉萨姆受到刺激，向国联提出了抗议，发出了大量关于其个性和诚信的信件。见 LNA，R2317，6a22528/655，jacket 4，Rassam to PMC Chairman，17 Sept. 1931，and jacket 5，Rassam to PMC Chairman，23 Oct. 1931。

[95] 20 *PMCM*，135.

[96] 20 *PMCM*, 135.

[97] NA, CO 730/170/4, Memo by Hall, 10 Nov. 1931.

[98] 关于 1933 年亚述人之灾难，已有大量著作问世。一个很好的描述见 Silverfarb, *Britain's Informal Empire*, ch. 4。当时任驻伊拉克大使，而且与义斋二十三世及伊拉克的几位部长都有很好交情的弗里茨·格罗巴作为目击者提供了"亚述悲剧"期间关于伊拉克的观念和政治的描述，见 *Männer und Mächte im Orient*, 75 - 85。来自汉弗莱斯及其他在伊拉克的英国官员关于他们调停危机和在 1933 年上半年平息亚述人军队的努力的报告，见 BDFA, pt. II, ser. B, vol. 8, 368 - 410 passim；关于八月危机的报告，包括行政督察员 R. S. Stafford 从齐美尔发出的完整描述这次屠杀的电报，仍见 BDFA, pt. II, ser. B, vol. 9, 204 - 357 passim, with Stafford's report at 223 - 4。Stafford 后来做了一个更全面的描述，见 *The Tragedy of the Assyrians* (London: Allen & Unwin, 1935)。伊拉克政府发布了一份《蓝皮书》，试图把冲突的责任从伊拉克军队转到法国人和亚述人自己身上；见 LNA, R4064, see telegrams from Nuri al-Sa'id, 7 Aug. and 22 Aug. 1933, 和 Government of Iraq, *Correspondence Relating to Assyrian Settlement from 13 July 1932 to 5 August 1933* (Baghdad, 1933)。义斋二十三世在 7 月和 8 月做出的绝望的申诉，见 LNA, S1633。

[99] NA, CO 730/169/8, Memo by Hall, 28 Nov. 1931.

[100] 21 *PMCM*, Annex 22, "Special Report of the Commission to the Council on the Proposal of the British Government with Regard to the Emancipation of Iraq", 222.

[101] NA, CO 730/169/8, "Memorandum" (n. d. [Dec. 1931]).

[102] 1932 年 1 月 28 日国联行政院第 66 次会议的会议记录，见 *LNOJ*, March 1932, 471 - 9。通过引入英国法官具有法定作用的新的司法制度，奥斯曼帝国投降协定成为可接受的了。尽管国联行政院要求英国和伊拉克确保每个国家都赞成这一机制，通过这一艰苦的

过程，在伊拉克的外国人的司法豁免最终被彻底废除了。关于这一工作，见 LNA，R2315，6A/10243/655。

[103] LNA，R2319，6A/35197/655，jackets 1 and 2，包含了根据 1932 年 1 月 28 日国联行政院决议任命的委员会的备忘录。关于雇佣库尔德人官员的声明使"语言方面的能力和知识而非种族"成为获得任命的条件，并赋予该委员会"尽可能"从该地区这些掌握重要官僚政治话语的人口中选择官员的职责。

[104] Carl Schmitt，"Völkerrechtliche Formen des modernen Imperialismus"，in *Positionen und Begriffe im Kampf mit Weimar—Genf—Versailles，1923 – 1939*（1940；rpt. Berlin：Duncker & Humblot，1994），184 – 203. 我采用了 Matthew Hannah 最近的译文，见 Matthew Hannah，"Forms of Modern Imperialism in International Law"，in Stephen Legg，ed.，*Spatiality，Sovereignty and Carl Schmitt：Geographies of the Nomos*（London：Routledge，2011），29 – 45，here at 30 – 1，40，44。

[105] "Großraum gegen Universalismus：Der völkerrechtliche Kampf um die Monroedoktrin"，in *Positionen*，335 – 43；trans. Matthew Hannah，"Großraum ver-sus Universalism：The International Legal Struggle over the Monroe Doctrine"，in Legg，ed.，*Spatiality*，46 – 54.

[106] Toynbee，"The Settlement of Turkey and the Arabian Peninsula"，13 Nov. 1918，转引自 Gordon Martel，"The Origins of the Chatham House Version"，in Edward Ingram，ed.，*National and International Politics in the Middle East：Essays in Honour of Elie Kedourie*（London：Frank Cass，1986），77 – 8。

[107] Sluglett，*Britain in Iraq*，140.

[108] 关于庞索制订一个将会使叙利亚的统一碎片化和维持法国之霸权的条约的努力，见 Shambrook，*French Imperialism in Syria*，chs. 2 – 3。关于德国和意大利的反对，见 Council Minutes of 24 Jan. 1933，*LNOJ*，Feb. 1933，190。

[109] 关于国联对亚述人危机做出反应的努力的记录，见 LNA，R2320，6A/39025/655 and S1630 and 1633；另见 1932 年 12 月 5 日和 15 日国联行政院的讨论，见 *LNOJ*, Dec. 1932, 1962 – 66 and 1984 – 85；关于卢格德带有负罪感的反应，见 RH, Lugard 128/1。

[110] Rappard to de Caix, 19 June 1936，转引自 Victor Monnier, *William E. Rappard: Défenseur des libertés, serviteur de son pays et de la communauté internationale* (Geneva: Slatkine, 1995), 449。

第四部分　引子：多国退出国联

[1] LNA, S1628, File on Ruppel, Ruppel to Catastini, 14 Nov. 1933.

[2] 关于日本人在中国东北的行动已有大量著作问世，但关于它影响日本的国际主义及其与日内瓦的关系的方式，见 Thomas Burkman, *Japan and the League of Nations: Empire and World Order, 1914 – 1938* (Honolulu: University of Hawaii Press, 2008), 和 Ian Nish, *Japanese Foreign Policy in the Interwar Period* (Westport, CT: Praeger, 2002), ch. 5。

[3] 关于这种看法的一个声明，见 Luther H. Evans, "Would Japanese Withdrawal from the League Affect the Status of the Japanese Mandate?", *The American Journal of International Law*, 27: 1 (1933), 140 – 2。

[4] 关于日本律师和日本外务省的看法，见 USNA, Box 6833, 862i. 01/249, Grew to Secretary of State, 10 Feb. 1933。海军部信息局的小宣传册 "Japan's Withdrawal from the League of Nations and the Japanese Mandatory Administration over the South Sea Islands" (Feb. 1933) 坦率地宣称，日本拥有这些岛屿的完全主权，见 862i/01/272, Grew to Secretary of State, 3 May 1933。

[5] USNA, Box 6833, 862i. 01/276, [Prentiss Gilbert], "General Discussion of the Political and Juridical Status of Areas under Mandate – with Special Reference to the Japanese Mandate" (8 Sept. 1933), 28.

[6] NA, CO 232/1234/8, Note by Lee, 18 May 1933. 1933 年 4 月，德国外交部一直坚持，由于国联对委任统治地拥有最终权威，国联行政院和常设委任统治委员会应该讨论日本退出国联的影响，但纳粹上台和德国的退出使这些计划突然终止了。见 PA，R 96517，Memos by Renthe – Fink，30 March 1933，and Memo of a departmental conference on the question，25 April 1933。

[7] USNA, Box 6834, 862i. 01/301, Prentiss Gilbert, " The Japanese Mandate", 15 Nov. 1934, 8 – 12.

[8] Minutes of the 90th session of the Council, 22 Jan. 1936, in *LNOJ*, Feb. 1936, 79.

[9] LNA, S1627, File on Sakenobe, De Haller to Avenol, 11 Nov. 1938.

[10] 这是奥尔茨的抱怨：SFA, Rappard Papers, Box 1977/135 36, Orts to Rappard, 10 May 1937。

[11] NA, CO 323/1332/9, Note by J. G. Lee, 2 July 1935.

[12] RH, Lugard Papers, Box 122/2, Dannevig to Lugard, 10 May 1936.

[13] RH, Lugard Papers, Box 122/2, Lugard to Dannevig, 15 May 1936.

[14] PA, R102268, German Consulate, Geneva, to AA, 28 May 1936.

[15] LNA, S1628, File on Theodoli, De Haller to Secretary General, 12 June 1936. 德·哈勒尔付出很大努力确保西奥多利同意修改备忘录以掩盖意见之不同的程度；关于这一点，见 LNA S1619，Note by De Haller；关于被软化版本的备忘录，见 29 *PMCM*，168 – 71。

[16] CZA, L22/960, Nahum Goldmann, "Report about two conversations with Marchese Theodoli, Chairman of the Mandates Commission, in Rome on May 3rd and 4th, 1937".

[17] SFA, Rappard Papers, Box 1977/13 36, Orts to Rappard, 13 April and 10 May 1937; Rappard to Orts, 15 April and 7 May 1937.

[18] RH, Lugard Papers, Box 122/2, Orts to Lugard, 18 May 1937, Lugard to Hailey, 19 May 1937, and Lugard to Orts, 21 May 1937. 最

后，西奥多利在 1937 年 12 月辞职了。

[19] MAE, SDN 556, Jules Laroche, French Ambassador in Brussels, to Yvon Delbos, Ministre des affaires étrangères, 22 April 1937.

[20] CAC, AMEL 2/1/27 Pt. 2, Smuts to Amery, 9 Dec. 1937.

[21] 由于让·莫内的继任者是来自法国的副秘书长，阿弗诺尔很明显是德拉蒙德的继任者，但他完全不适合这个职位，甚至非常正确的德拉蒙德都督促外交部阻止对他的任命，关于这一点见 BL, Cecil Papers, Add MS 51112, Drummond to Simon, 7 Jan. 1932；关于阿弗诺尔更广泛的信息，还可见 James C. Barros, *Betrayal From Within: Joseph Avenol, Secretary - General of the League of Nations, 1933 - 1940* (New Haven: Yale University Press, 1969)。

第 10 章　合法性危机

[1] 近年来出现了大量追踪反殖民主义知识分子与反殖民主义运动之间联系的著作。这些文献太多，这里无法一一引用，但有三部作品捕捉到了一些出乎意料的联系和影响，见 Mrinalini Sinha, *Specters of Mother India: The Global Restructuring of an Empire* (Durham, NC: Duke University Press, 2006); Susan Pennybacker, *From Scottsboro to Munich: Race and Political Culture in 1930s Britain* (Princeton: Princeton University Press, 2009); Kris Manjapra, *Age of Entanglement: German and Indian Intellectuals across Empire* (Cambridge, MA: Harvard University Press, 2014).

[2] George W. Baer 在被公认为优秀的研究意大利 - 埃塞俄比亚冲突的历史著作中提到了意大利讽刺般地运用了人道主义和反奴隶制话语，见 *Test Case: Italy, Ethiopia, and the League of Nations* (Stanford: Hoover Institution Press, 1976)，但关于这些意识形态如何弥漫在关于埃塞俄比亚的争论中的两个重要的新研究，见 Amalia Ribi, "'The Breath of a New Life'? British Anti-Slavery and the League of Nations",

Internationalism Reconfigured: *Transnational Ideas and Movements Between the Wars*, ed. Daniel Laqua（London：I. B. Tauris, 2011）, 93 - 113, 和 Jean Allain, "Slavery and the League of Nations：Ethiopia as a Civilised Nation", *Journal of the History of International Law*, 8（2006）, 213 - 44。

[3] 关于这场战争的"兼并"性质，见 Baer, *Test Case*, 43 - 5。

[4] 关于当代对非白人的这种反应的敏锐评估，见 Arnold Toynbee, *Survey of International Affairs*, 1935, vol. 2, *Abyssinia and Italy*（London：Oxford University Press, 1936）, 106 - 12；关于美国、英国，甚至日本的动员，见 Clifford L. Muse, Jr., "Howard University and U. S. Foreign Affairs during the Franklin D. Roosevelt Administration, 1933 - 1945", *The Journal of African - American History*, 87（Autumn 2002）, 403 - 15；S. K. B. Asante, "The Impact of the Italo - Ethiopian Crisis of 1935 - 36 on the Pan - African Movement in Britain", *Transactions of the Historical Society of Ghana*, 13：2（Dec. 1972）, 217 - 27；Richard Pankhurst, "Pro - and Anti - Ethiopian Pamphleteering in Britain during the Italian Fascist Invasion and Occupation（1935 - 1941）", *International Journal of Ethiopian Studies*, 1：1（Summer - Fall 2003）, 153 - 76；以及 J. Calvitt Clarke III, "The Politics of Arms not Given：Japan, Ethiopia and Italy in the 1930s", in *Girding for Battle*：*The Arms Trade in a Global Perspective*, *1815 - 1940*, ed. Donald J. Stoker, Jr., and Jonathan A. Grant（London：Praeger, 2003）, 135 - 53。Ibrahim Sundiata 非常好地描述了更早时候非洲裔美国人与另一个不稳固独立的非洲国家利比里亚的接触，见 *Brothers and Strangers*：*Black Zion*, *Black Slavery*, *1910 - 1940*（Durham, NC：Duke University Press, 2004）。

[5] CAC, NBKR 4/1, File 2, Noel Baker to Dalton, 12 Dec. 1935, 关于奥姆斯比·戈尔，见 Toynbee, *Survey 1935*, 108。

[6] 英国和法国希望安抚意大利是有充分理由的，为了防止它与德国结盟，但它们既不能阻止意大利的侵略也不能宽恕它（考虑到它们在国联承

担的责任），于是制定了一项既未保护埃塞俄比亚也未保护国联仅是疏远意大利的模棱两可的政策。关于冲突外交及其对国联之影响的深入讨论，见 Baer, *Test Case*; Zara Steiner, *The Triumph of the Dark: European International History, 1933 – 1939*（Oxford: Oxford University Press, 2011），ch. 3; 和 R. A. C. Parker, "Great Britain, France and the Ethiopian Crisis, 1935 – 1936", *The English Historical Review*, 89: 351（April 1974），293 – 332。迈克尔·卡拉汉正确地强调，特别是英国的外交官希望找到一种与"委任统治"理想相容的解决方案，但值得注意的是，他们这么做再次暴露出"托管制度"是多么容易被用来掩盖赤裸裸的帝国目的；毕竟，意大利也热切地提议在埃塞俄比亚遵守"委任统治原则"。见 Michael Callahan, *A Sacred Trust: The League of Nations and Africa, 1929 – 1946*（Brighton: Sussex Academic Press, 2004），78 – 87。

[7] 引文来自 24 *PMCM*, 92; 1938 年的人口统计（加罗林群岛 65% 为土著，马绍尔群岛 95% 为土著）来自 35 *PMCM*, 184。学者们同意，尽管日本在其委任统治地追求发展比其他受委任统治国更加积极，但这种发展给岛民们带来的利益非常少。关于日本的政策，特别参见 David C. Purcell, Jr., "The Economics of Exploitation: The Japanese in the Mariana, Caroline and Marshall Islands, 1915 –1940", *The Journal of Pacific History*, 11: 3（1976），189 – 211, 和 Mark R. Peattie, *Nan'yō: The Rise and Fall of the Japanese in Micronesia, 1885 – 1945*（Honolulu: University of Hawaii Press, 1988），esp. ch. 4。

[8] Ralph J. Bunche, "French Administration in Togoland and Dahomey," Dissertation, Harvard University, 1934, 127.

[9] 关于默里的政府，见 J. D. Legge, "The Murray Period", in W. J. Hudson, ed., *Australia and Papua New Guinea*（Sydney: Sydney University Press, 1971），32 – 56, 和 James Griffin, Hank Nelson, and Stewart Firth, *Papua New Guinea: A Political History*（Victoria:

Heinemann Educational, 1979）, 20 - 33。

[10] 这一描述来自 Heather Radi, "New Guinea under Mandate 1921 - 1941", in Hudson, ed. , *Australia and Papua New Guinea*, 74 - 137; Griffin et al. , *Papua New Guinea*, 46 - 58; 以及 Roger C. Thompson, "Making a Mandate: The Formation of Australia's New Guinea Policies, 1919 - 1925", *Journal of Pacific History*, 25: 1 (1990), 68 - 94。关于烈性酒的高进口（这是禁止售予土著的）, 见 13 *PMCM*, 32。

[11] 1930 年的数字来自 ANA, A518/1, AE 840/1/3, "New Guinea and Papua - return of employment of natives", 但《新几内亚报告》（*New Guinea Report*）中每年也都提供数字。关于支付给采金区的招募者的奖金, 见 Chinnery in 18 *PMCM*, 67 和 Hortense Hallock, "Life in New Guinea Goldfields", *Pacific Magazine*, Feb. 1932; 关于一位招募者的方法和道德的生动描述, 见 Margaret Matches, *Savage Paradise* (New York: The Century Co. , 1931), 205 - 6。

[12] "Our Critics - the P. M. C. ", *The Rabaul Times*, 3 Nov. 1933. W. J. Hudson 注意到, 允许像约瑟夫·库克爵士这样孤陋寡闻的吹牛者会见国联秘书处温和的外交官或常设委任统治委员会睿智的老狐狸们, 澳大利亚损害了自己的目标。见 Hudson, *Australia and the League of Nations* (Sydney: Sydney University Press, 1980), 139 - 44。

[13] 关于 Hubert 致 Gilbert 和 Mary Murray 女士的信, 见 Francis West, ed. , *Selected Letters of Hubert Murray* (Melbourne: Oxford University Press, 1970)。关于卢格德和拉帕德对这种信息的利用, 见 RH, Lugard 138/1, Gilbert Murray to Lugard, 31 March 1928 及 13 *PMCM*, 21 - 2, 28。委任统治委员会在 1927 年和 1928 年也就导致大量生命损失的远征质询澳大利亚代表; 关于这一点, 见 Patricia O'Brien, "Reactions to Australian Colonial Violence in New Guinea: The 1926 Nakanai Massacre in a Global Context", *Australian Historical Studies*, 43: 2 (2012), 191 - 209。

［14］ *New Guinea Report 1921 - 22*，52；另见 Coleman in 18 *PMCM*，46；Collins in 20 *PMCM*，22。

［15］ 见 Cook in 6 *PMCM*，85 和 Carrodus in 9 *PMCM*，22。

［16］ 对人类学与被委任统治的新几内亚的殖民政府之间关系最完整的描述是 I. C. Campbell，"Anthropology and the Professionalization of Colonial Administration in Papua and New Guinea"，*The Journal of Pacific History*，33：1（June 1998），69 - 90，但特别是关于钦纳里，见 Geoffrey Gray，"There are Many Difficult Problems：Ernest William Pearson Chinnery：Government Anthropologist"，*The Journal of Pacific History*，38：3（Dec. 2003），313 - 30；关于拉德克利夫 - 布朗在悉尼的时间，见 George W. Stocking，*After Tylor：British Social Anthropology*，*1888 - 1951*（Madison：University of Wisconsin Press，1995），339 - 52。

［17］ I. C. Campbell 强调了澳大利亚政府革新性的本质，但关于另一种观点，见 Radi，"New Guinea under Mandate 1921 - 1941"。

［18］ 见，如 Mead to Alfred Kroeber，25 Feb. 1930，见 *To Cherish the Life of the World：Selected Letters of Margaret Mead*，ed. Margaret M. Caffrey and Patricia A. Francis（New York：Basic Books，2006），245 - 6。

［19］ 关于这一点，见 Geoffrey Gray，"'Being Honest to My Science'：Reo Fortune and J. H. P. Murray，1927 - 1930"，*Australian Journal of Anthropology*，10：1（1999），56 - 76。

［20］ A. Le Breton Mount，"How Should We Treat the New Guinea Natives?"，*Pacific Islands Monthly*，26 Jan. 1932，30.

［21］ 18 *PMCM*，63.

［22］ E. W. P. Chinnery，"Applied Anthropology in New Guinea"，in *New Guinea Report 1932 - 3*，153 - 62，here at 159 and 161.

［23］ 关于著名的拉包尔罢工及其后果，见 Radi，"New Guinea under Mandate 1921 - 1941"，117 - 18，关于政府有关这一罢工的报告，

见 *New Guinea Report 1928 – 9*, 105 – 9。

[24] 18 *PMCM*, 62.

[25] Margaret Mead, *Letters from the Field*, *1925 – 1975* (New York: Harper & Row, 1977), 65.

[26] 9 *PMCM*, 24; 11 *PMCM*, 56; 18 *PMCM*, 44 – 79 *passim*; 20 *PMCM*, 15; 25 *PMCM*, 41, 45; 29 *PMCM*, 17.

[27] See, e. g. , 3 *PMCM*, 165 – 6, 25 *PMCM*, 46.

[28] 18 *PMCM*, 68.

[29] 31 *PMCM*, 157.

[30] 关于莱希的生活，特别参见 Bob Connolly and Robin Anderson, *First Contact* (New York: Viking Penguin, 1987), *passim*; 另见 James Griffin, "Leahy, Michael James (Mick) (1901 – 1979)", *Australian Dictionary of Biography*, http: //adb. anu. edu. au/ biography/leahy – michael – james – mick – 7134/tet12311, accessed 10 July 2012, and Douglas E. Jones, "Afterword", in Michael J. Leahy, *Explorations into Highland New Guinea*, *1930 – 1935* (Tuscaloosa: University of Alabama Press, 1991), 245 – 50。

[31] 凯特·布莱克默（Kate Blackmer）绘制了这副地图，但对莱希的路线的估计取自 Edward L. Schieffelin and Robert Crittenden, et al. , *Like People You See in a Dream*: *First Contact in Six Papuan Societies* (Stanford: Stanford University Press, 1991) 中的地图，对处于政府控制下地区的估计来自 Griffin, Nelson, and Firth, *Papua New Guinea*, 51。

[32] Michael Leahy and Maurice Crain, *The Land that Time Forgot*: *Adventures and Discoveries in New Guinea* (New York: Funk & Wagnalls, 1937), 150, 272.

[33] 莱希经常称自己为探险队的领导人，但钦纳里认为泰勒是 1933 年探险活动的领导人；见 E. W. P. Chinnery, "The Central Ranges of the Mandated Territory of New Guinea from Mount Chapman to Mount

Hagen", *The Geographical Journal*, 84：5 (Nov. 1934), 398 - 412。Robin Radford 关于上拉姆地区的详细描述还原了德国传教士十年的工作以及莱希的探险之前的勘探者们早期的旅行；见 Robin Radford, *Highlanders and Foreigners in the Upper Ramu：Tha Kainantu Area 1919 - 1942* (Melbourne：Melbourne University Press, 1987), esp. 76 - 7。

[34] Jack Hides 和 Jim O'Malley1935 年进入斯特里克兰（Strickland）和普拉里（Purari）峡谷的探险是 Schieffelin 和 Crittenden 的杰出研究 *Like People You See in a Dream* 的主题；关于后来的希德斯 - 莱希（Hides - Leahy）冲突，见第 247 页；另见 Tim Bayliss - Smith, "Papuan Exploration, Colonial Expansion and the Royal Geographical Society：Questions of Power/Knowledge Relations", *Journal of Historical Geography*, 18：3 (1992), 319 - 29。

[35] Michael Leahy, "The Central Highlands of New Guinea", *The Geographical Journal*, 87：3 (March 1936), 229 - 62；Leahy and Crain, *Land*, and Leahy, *Explorations*.

[36] Connolly and Anderson, *First Contact*.

[37] LNA, R4130, 6A/26211/4230, CPM 1878, Report from the Prime Minister's Office on the Anti - Slavery Society Petition, 17 May 1937, Annexure 'A'.

[38] Connolly and Anderson, *First Contact*, 66.

[39] Leahy, *Explorations*, 42 - 3, 150 - 3, Leahy and Crain, *Land*, 206 - 8. 值得注意的是，负责调查矿工 Bernard McGrath 被杀事件的政务专员得出相反的结论认为，麦格拉思是诱使土著进入其营地并因盗窃而残忍地枪杀他们后遭报复而被杀害的。关于经常讨论的麦格拉思的案子，见 ANA, A518/1, L841/1, pt. 2, E. Taylor, District Officer, to Director of District Services and Native Affairs, 17 March 1934, 以及来自麦格拉思姐姐的大量信件，认为"不允许土著被枪杀的黑人政府对他的死亡负责"（Nerva Levy to Earle Page, 8 March 1935）。

［40］ Leahy and Crain, *Land*, 126, 247.

［41］ Leahy and Crain, *Land*, 126 – 8.

［42］ Leahy, "Central Highlands", 246, 260.

［43］ Leahy, *Explorations*, 77; Leahy and Crain, *Land*, 225.

［44］ Leahy, *Explorations*, 65, 77 – 8, 182 – 3; Leahy and Crain, *Land*, 225 – 6.

［45］ 见 Lieut 的案子。B. C. Singleton and Captain Wittkopp, discussed in ANA, A 457/1, 710/3, T. Griffiths to Department of Defence, 14 July 1920, and the case of Arthur Winstone, discussed in ANA, A518/1, N840/1/3。

［46］ Bob Connolly and Robin Anderson, *First Contact* (film, 1983).

［47］ 关于莱希家族在高地地区 (Highlands) 的持久影响, Francesca Merlan and Alan Rumsey, *Ku Waru: Language and Segmentary Politics in the Western Nebilyer Valley, Papua New Guinea* (Cambridge: Cambridge University Press, 1991), 22 – 8。James Roy McBean 指出, 电影 First Contact 没有讨论莱希家族与高地地区持续的密切联系, 造成了在 "那时" 和 "现在" 之间比实际存在的更严重的分裂; 见 McBean, "Degrees of Otherness: A Close Reading of First Contact, Joe Leahy's Neighbors, and Black Harvest", *Visual Anthropology Review*, 10: 2 (Autumn 1994), 54 – 70; 关于这一电影的更广泛的内容, 见 Chris Ballard, "Watching First Contact", *Journal of Pacific History*, 45: 1 (June 2010), 21 – 36。

［48］ Goodenough in Leahy, "Central Highlands", 261 – 2, and Bayliss – Smith, "Papuan Exploration".

［49］ LNA, R4130, 6a/26211/4230, Harris to S. M. Bruce, 22 June 1936, contained in Harris to Director, Mandates Section, 23 Oct. 1936; 这一通信刊于 *ASRAF*, 26: 4 (Jan. 1937), 200 – 2。

［50］ 13 *PMCM*, 28.

[51] 20 世纪 30 年代中期该领地的三分之二仍处在有效控制之外；见 *New Guinea Report 1934 - 35*, 124。

[52] 新几内亚报告、常设委任统治委员会备忘录、《太平洋群岛月刊》（*Pacific Islands Monthly*）以及《拉包尔时报》（*Rabaul Times*）定期讨论了这些冲突。另见 RH Lugard 138/5, Gilbert Murray to Lugard, 20 July 1935；关于一位巡警的生与死的动人描述，见 Naomi M. McPherson, "'Wanted: Young Man, Must Like Adventure', Ian McCallum Mack, Patrol Officer", in Naomi M. McPherson, ed., *In Colonial New Guinea: Anthropological Perspectives* (Pittsburgh: University of Pittsburgh Press, 2001), 83 - 110。

[53] 27 *PMCM*, 17 - 19, 25.

[54] 关于这一点，见 ANA, A518/1, AZ840/1/3, 和 "Murder of Natives", *Pacific Islands Monthly*, 19 March 1936。

[55] Leahy and Crain, *Land*, 273; Radford, *Highlanders*, 146.

[56] ANA, A518/1, L841/1, pt. 2, Administrator, Rabaul, to Secretary, PM's Department, 28 Jan. 1937, 以及相应的证据。莱希的声明和泰勒的报告也包含在澳大利亚政府关于申诉书的报告之中，复本见 LNA, R2335, 6A/26211/4230。

[57] 31 *PMCM*, esp. 157.

[58] LNA, R2335, 6A/26211/4230, CPM 1904, 'Petition, dated November 19th, 1936, from Sir John Harris... Preliminary Report by Lord Hailey', 7 June 1937, and 31 *PMCM*, 80 - 2, 153 - 9.

[59] 27 *PMCM*, 18, 28.

[60] 例如，应国联行政院和总部在罗马的国际教育电影研究所（International Educational Cinematographic Institute）之要求，委任统治委员会在 1933 年着手处理"由于心态和文明的多样性而使用电影放映机"的问题，并敦促说，由于"电影展示极大地吸引了这些种族"，最好还是控制他们接触这种媒介的机会；见 23 *PMCM*, 14 -

16，188，and LNA，R 2349。

［61］ 26 *PMCM*，61.

［62］ 31 *PMCM*，123.

［63］ Dannevig on Herero education，in 26 *PMCM*，59.

［64］ LNDM，Reel CPM－17，CPM 2073 "General Statement Regarding Native Education and Social Services in African and South Seas Mandated Territories. Memorandum by Mademoiselle Dannevig"，21 June 1938.

［65］ NAN，SWAA Box 1980，A427/19，Botha to Secretary，SWA，19 Feb. 1935.

［66］ NAN，Acc. 312，19/72，Te Water to Hertzog，15 June 1935.

［67］ 有关行程的通信，见 NAN，SWAA Box 1980，File A427/19。

［68］ Allan D. Cooper，"The Institutionalization of Contract Labour in Namibia"，*Journal of Southern African Studies*，25：1（March 1999），121－38.

［69］ 关于哈恩，特别参见 Patricia Hayes，"'Cocky' Hahn and the 'Black Venus'：The Making of a Native Commissioner in South West Africa，1915－46"，*Gender & History*，8：3（Nov. 1996），364－92。

［70］ Patricia Hayes，"Northern Exposures：The photography of C. H. L. Hahn，Native Commissioner of Ovamboland，1915－1946"，in Wolfram Hartmann，Jeremy Silvester，and Patricia Hayes，eds.，*The Colonising Camera：Photographs in the Making of Namibian History*（Cape Town：University of Cape Town Press，1998），171－87，quoted at 177. 哈恩的照片版权仍属于他的家庭，我一直未能获得复制权，但 *The Colonising Camera* 一书提供了一种令人印象深刻的选择。

［71］ NAN，SWAA，Box 1980，A427/19，Hahn to Courtney－Clarke，1 Aug. 1935.

［72］ 31 *PMCM*，110－47 passim.

［73］ W. E. B. Du Bois，*The Souls of Black Folk*（1903；rpt. New York：

New American Library, 1969）.

［74］ 关于邦奇，见 Brian Urquhart, *Ralph Bunche：An American Odyssey* （New York：Norton, 1993）。

［75］ For which, see Alain Locke, "The Mandates System：A New Code of Empire"（unpublished, 1928?), in Charles Molesworth, ed. , *The Works of Alain Locke*（Oxford：Oxford University Press, 2012）, 509 - 27；Rayford Logan, "The Operation of the Mandate System in Africa", *The Journal of Negro History*, 13：4（Oct. 1928）, 423 - 77.

［76］ LC, Gilchrist Papers, Box 10, File "Buell", Buell to Gilchrist, 28 June 1927.

［77］ Pearl T. Robinson analyses Bunche's debt to Buell in "Ralph Bunche the Africanist：Revising Paradigms Lost", in Robert A. Hill and Edmond J. Keller, eds. , *Trustee for the Human Community：Ralph J. Bunche, the United Nations, and the Decolonization of Africa*（Athens, OH：Ohio University Press, 2010）, 69 - 90, to which I am indebted；see also Pearl T. Robinson, "Ralph Bunche and African Studies：Reflections on the Politics of Knowledge", *African Studies Review*, 51：1（April 2008）, 1 - 16.

［78］ Robert Vitalis 富有洞察力地追踪了比尔及其他早期国际关系学者思维背后的种族假设，见 "Birth of a Discipline", in David Long and Brian C. Schmidt, eds. , *Imperialism and Internationalism in the Discipline of International Relations*（Albany：State University of New York Press, 2005）, 159 - 81。

［79］ Bunche, "French Administration", 45, 73, 75；关于这种立场的梗概，见 J. C. Smuts, *Africa and Some World Problems*（Oxford：Clarendon Press, 1930）。

［80］ Bunche, "French Administration", 347, 354.

［81］ Bunche, "French Administration", 389.

第 11 章 当帝国停止运转时

[1] 310 *H. C. Deb.*, 6 April 1936, cols. 2556 – 7.

[2] 315 *H. C. Deb.*, 27 July 1936, col. 1177.

[3] 20 世纪 30 年代后期，出版了大量有偏见的学术著作，但在英国看来关于这场辩论的非常有用的总结，见 Royal Institute for International Affairs, *Germany's Claim to Colonies*, *Information Department* Paper no. 23, 2nd ed. (London：RIIA, February 1939)；关于国际上的看法，见 Emanuel Moresco, *Colonial Questions and Peace* (Paris：League of Nations, International Institute for Intellectual Co – operation, 1939)。关于到 1939 年为止国联图书馆中与殖民地有关的著作的目录，见 *Peaceful Change：Procedures, Population, Raw Materials, Colonies, in Proceedings of the Tenth International Studies Conference, Paris, June 28 – July 3, 1937* (Paris：League of Nations, International Institute for Intellectual Co – operation, 1938), 644 – 66。

[4] 最完整的描述 Andrew J. Crozier, *Appeasement and Germany's Last Bid for Colonies* (London：Macmillan, 1988)，但还可参见 Martin Thomas, *Britain, France and Appeasement：Anglo – French Relations in the Popular Front Era* (New York：Berg, 1997)；关于法国，见 Anthony Adamthwaite, *France and the Coming of the Second World War, 1936 – 1939* (London：Frank Cass, 1977)。

[5] Bodleian, Toynbee Papers, Uncat Box 117 关于柏柏尔参加国际研究大会的通信。

[6] Arnold J. Toynbee, "Peaceful Change or War? The Next Stage in the International Crisis", *International Affairs*, 15：1 (Jan. – Feb. 1936), 26 – 56.

[7] 对两次大战之间德国殖民运动最好的研究，已经为此处的描述提供了信息，仍然是 Wolfe W. Schmokel, *Dream of Empire：German*

Colonialism, 1919 - 1945（New Haven and London：Yale University Press, 1964），尽管最近学者们已开始更多注意威廉时期和魏玛时期的殖民运动。关于综述，见 Gisela Graichen and Horst Gründer, *Deutsche Kolonien：Traum und Trauma*（Berlin：Ullstein, 2007）；关于妇女的行动主义，见 Lora Wildenthal, *German Women for Empire, 1884 - 1945*（Durham, NC：Duke University Press, 2001）；关于纳粹的殖民行动主义，见 Karsten Linne 图文并茂的 *Deutschland jenseits des Äquators? Die NS - Kolonialplanungen für Afrika*（Berlin：Ch. Links Verlag, 2008）；关于当代非常有智慧的评估，见 Mary Townsend, "The Contemporary Colonial Movement in Germany", *Political Science Quarterly*, 43：1（March 1928）, 64 - 75。所有受委任统治国也都通过它们的大使、领事和情报人员密切关注德国的殖民修正主义。

[8] NA, AIR 2/1732，转引自 J. V. Perowne, "Memorandum Regarding German Colonial Aspirations"（20 June 1935）, 14.

[9] Schnee to Hitler, 20 March 1935, in *DGFP*, ser. C, vol. 3, 1033 - 7.

[10] ANOM, AP 900, "Revendications coloniales allemandes"（1936）, 14. Schmokel, *Dream of Empire*, 10, 在 1935 年底评估全部成员只有 4 万。

[11] 发给法国殖民地部的机密报告提供了关于该运动之活动的大量信息。本段很大程度上依靠 Kachinsky, "Rapport sur la question coloniale en Allemagne"（25 Aug. 1936）, 见于 ANOM, 1040, file on "Revendications coloniales allemandes"。

[12] 关于施内反对这一计划，见 GStA PK, VI. HA, Schnee Papers, Box 38, Schnee to Epp, 23 Nov. 1935。

[13] ANOM, AP 1040, File："Revendications coloniales allemandes：Notes Rachinsky", Directives for colonial education issued by the Nazi Party's Office of Colonial Policy, 1936.

[14] ANOM，AP 1040. Schmokel 的 *Dream of Empire* 中非常详细地阐述了这些发展，但还可参见 Mary E. Townsend，"The German Colonies and the Third Reich"，*Political Science Quarterly*，53：2（June 1938），186 - 206。

[15] Robert Boyce 认为，恰好我也是这样的看法，如果不承认盎格鲁 - 撒克逊人和条顿人比拉丁人和斯拉夫人优越这种种族假设在多大程度上构成其思想，就不可能解释 20 世纪 20 年代和 30 年代初英国和美国的错误政策。见 Boyce，*The Great Interwar Crisis and the Collapse of Globalization*（London：Palgrave Macmillan，2009），esp. 26 - 8，57 - 9，428 - 9。

[16] 关于道森，无疑是英国最不屈不挠的亲德国的修正主义者的非常有趣的案例，见 Stefan Berger，"William Harbutt Dawson：The Career and Politics of an Historian of Germany"，*The English Historical Review*，116：465（Feb. 2001），76 - 113；关于罗斯梅尔在《每日邮报》（*Daily Mail*）开展的活动，见 Crozier，*Appeasement*，59 - 61（尽管日期被错误地认为是 1935 年而不是 1934 年）。

[17] 关于这一点，见 Adamthwaite，*France*，111 - 72。

[18] 来自凯尔索尔的第一封信见 *Headway*，March 1935，56。关于回复函，见（除了其他之外）"Mandates are a Trust"，April 1935，62 及 Lord Olivier，"The Ex - German Colonies"，June 1935，112 - 13；关于亲德国的声明，见 Elizabeth Yandell，"Germany Must Expand—Or Disrupt the World！" June 1935，115，Yandell "Those German Colonies"，Aug. 1935，146，以及 Schnee，"The German Colonial Problem"，Oct. 1935，196。

[19] Mumford，"The Mandates System and Germany"，*Headway*，Aug. 1935，146 - 7.

[20] 见，如，来自亨利·T. 罗伯茨（Henry T. Roberts）的信，Oct. 1935，198，及 Wm J. Pearce，Feb. 1936，37。

[21] Leonard Barnes, "Germany's Colonial Claims", *Headway*, Sept. 1935, 165 – 6 暗含此意。

[22] Lugard, "Africa and the Powers", *The Times*, 19 and 20 Sept. 1935, and Lugard, "The Claim to Colonies", *The Times*, 13 and 14 Jan. 1936. 1935 年 12 月 3 日，卢格德在英国皇家国际事务研究所发表演讲时表达了类似观点；这篇演讲稿见 "The Basis of the Claim for Colonies", *International Affairs*, 15：1（Jan. – Feb. 1936），3 – 25。1 月发表在《泰晤士报》的文章被刊印于 *Journal of the Royal African Society*，见 "The Claims to Colonies", *Journal of the Royal African Society*, 35：139（April 1936），115 – 22。

[23] House of Commons debate of 5 Feb. 1936, quoted in *The Times*, 6 Feb. 1936, 7.

[24] 埃默里在其日记中指出，他与希特勒 "相处非常融洽"，"因为我们的许多思想在根本上是相似的"。1935 年 8 月 13 日的条目，见 *The Empire at Bay：The Leo Amery Diaries, 1929 – 1945*, ed. John Barnes and David Nicholson（London：Hutchinson, 1988），397。

[25] "An Inalienable Trust", *The Times*, 11 Feb. 1936, 8. 埃默里投入了大量工作挑战德国的案例（见，如 "General von Epp's Case Examined", *Journal of the Royal African Society*, 36：142 [Jan. 1937], 10 – 22）并培养英法对修正的联合抵抗（see CAC, AMEL, 1/5/51 – 2）。

[26] 统计数字来自 Schmokel, *Dream of Empire*, 90。

[27] 汤因比在这场运动中发挥了关键作用，不仅因为他智识敏锐，还因为他与他认为同情 "国际共管" 的德国学者和官员之间密切的联系，特别参见 Bodleian, Toynbee Papers, Box 76，其中包含与弗里茨·柏柏尔和其他德国对话者的通信，以及与诺埃尔 - 巴克斯顿及其他英国盟友的通信。关于一次重要的干预，见诺埃尔 - 巴克斯顿在上议院提出的敦促加强殖民地 "委任统治" 的议案，104 *H. L. Deb.*, 17 Feb. 1937, cols. 172 – 222；大约 400 位公众人物签

署了"国家和平与经济合作纪念"('National Memorial on Peace and Economic Cooperation'),其中既包括支持修改渥太华协议,也支持延长委任统治制度,见 *The Times*,11 Feb. 1937,9;为支持这些目标,向首相派出了代表团,见 *The Times*,23 March 1937。

[28] ANOM, AP 1040, Kachinsky, "Evolution de la question coloniale en Allemagne"(July 1937).

[29] Crozier, *Appeasement*, 164.

[30] 301 *H. C. Deb.*, ser. 5, 2 May 1935, col. 687; Crozier, *Appeasement*, 105 - 6; Callahan, *Sacred Trust*, 81.

[31] NA, AIR 2/1732, J. V. Perowne, "Memorandum Regarding German Colonial Aspirations"(20 June 1935).

[32] Vansittart, Nov. 1935, quoted in Crozier, *Appeasement*, 126.

[33] Crozier, *Appeasement*, 133.

[34] 克罗泽(Crozier)(第 6 章)和卡拉汉(Callahan, *Sacred Trust*, 94 - 6)讨论了普利茅斯委员会,另外还可参见非常有用的文章 A. Edho Ekoko, "The British Attitude towards Germany's Colonial Irredentism in Africa in the Inter - War Years", *Journal of Contemporary History*, 14:2(April 1979), 287 - 307。该委员会的记录,见 NA, CO 323/1398。

[35] NA, AIR 2/1732, E. N. Seyfret(Admiralty)to L. G. S. Payne(Air Staff), 21 March 1936. 关于外交部的看法,见 Crozier, *Appeasement*, 142 - 3。

[36] NA, CO 323/1398, Note by Eastwood, 17 June 1936.

[37] NA, CO 323/1398, CID, "Transfer of a Colonial Mandate or Mandates to Germany: Report of a Sub - Committee"(Plymouth Committee Report)(9 June 1936).

[38] 310 *H. C. Deb.*, 6 April 1936, cols. 3556 - 8;并见,如,埃默里请求直截了当地拒绝考虑首相的这些诉求,CAC, AMEL 1/5/50,

Statement, "Deputation to the Prime Minister", 19 May 1936。

[39] 在 7 月的关键外交政策辩论中，许多议员希望讨论政府安排一次补充会议，包括关于领土转让的前景。关于这些争论，见 315 *H. C. Deb.*, 27 July 1936, cols. 1115 – 1224, and 31 July 1936, cols. 1904 – 74；来自艾登的引文见 col. 1132。

[40] 关 于 国 联 经 济 和 财 政 组 织 （ League Economic and Financial Organization ），见 Patricia Clavin and Jens-Wilhelm Wessels, "Transnationalism and the League of Nations: Understanding the Work of its Economic and Financial Organization", *Contemporary European History*, 14: 4 （Nov. 2005）, 465 – 92。

[41] 关于霍尔的演讲的文本，见 "Britain and the League", *The Times*, 12 Sept. 1935, 7。

[42] Adam Tooze 在其研究纳粹经济政策的杰出著作中清晰解释了沙赫特的战略和成就，见 *The Wages of Destruction: The Making and Breaking of the Nazi Economy* （New York: Viking, 2006）, chs. 2 – 3。

[43] Hjalmar Schacht, "Germany's Colonial Demands", *Foreign Affairs*, 15: 2 （Jan. 1937）, 223 – 34.

[44] Plymouth Committee Report, 28 – 9；关于 20 世纪 30 年代英帝国的经济整合，还可参见 John Darwin, *The Empire Project: The Rise and Fall of the British World – System, 1830 – 1970* （Cambridge: Cambridge University Press, 2009）, 431 – 9。

[45] 关于英法对沙赫特的建议的考虑，见 Crozier, *Appeasement*, 197 – 206, Thomas, *Britain, France and Appeasement*, 68 – 9, 194 – 8。

[46] 关于国联进行的原材料调查，见 Crozier, *Appeasement*, 211 – 15。

[47] 比如，这是参与了伦敦政治经济学院 （LSE） 1937 年关于"和平变革"的系列讲座的两位经济专家所采取的立场，见 L. C. Robbins, "The Economics of Territorial Sovereignty", and T. E. Gregory, 'The Economic Basis of Revisionism', in C. A. W. Manning, ed.,

Peaceful Change: An International Problem（London：Macmillan，1937），39 – 60 and 63 – 77；Frederick Sherwood Dunn 也持这种立场，他撰写了一份关于参加国际研究会议的美国代表团的问题的调查报告，见 Peaceful Change: A Study of International Procedures（New York：Council on Foreign Relations，1937），英国经济学家 J. B. Condliffe 也持这种立场，他因这次会议而出版了一个主要作品，Markets and the Problem of Peaceful Change（Paris：International Institute of Intellectual Co - operation，1938）；还有其他许多学者也持这种立场。见 Douglas Rimmer 对这一辩论进行的出色调查，Douglas Rimmer，"Have - Not Nations：The Prototype"，Economic Development and Cultural Change，27：2（Jan. 1979），307 – 25，关于这次令人遗憾的被遗忘的国际研究会议，见 David Long，"Who Killed the International Studies Conference?"，Review of International Studies，32（2006），603 – 22。

[48] Condliffe，Markets，55 – 6.

[49] 关于这次会议，见 Schmokel，Dream of Empire，104 – 6；Tooze，Wages of Destruction，239 – 43。

[50] "German Claim to Colonies：Führer's Renewed Demand"，The Times，4 Oct. 1937，14；Vernon Bartlett，Gilbert Murray，Noel - Buxton，and A. J. Toynbee，"The Question of Colonies"，The Times，7 Oct. 1937，15.

[51] "The Claim to Colonies"，The Times，28 Oct. 1937，17；"A Sacred Trust"，The Manchester Guardian，10 Nov. 1937，10；关于德国对后面一篇文章的反应，见 MAE，SDN 547，François - Poncet to MAE，11 Nov. 1937。

[52] 107 H. L. Deb.，17 Nov. 1937，cols. 115 – 72.

[53] 关于这一文本，见 BLPES，LNU Archives，Reel 431，Meetings of the Mandates Committee，1 March 1938.

[54] "Memorandum：Conversation with Herr Hitler"，included in Neurath

to Henderson, 20 Nov. 1937, *DGFP*, ser. D. vol. 1, 55 – 67, here at 62.

[55] "Account by Lord Halifax of his Visit to Germany, November 17 – 21, 1939", *BDFA*, pt. II, ser. F, vol. 48, 360 – 70, here at 365. Andrew Roberts 认为哈利法克斯让希特勒看到英国多么不情愿努力限制他在东欧的行动; 见 "*The Holy Fox*": *A Life of Lord Halifax* (1991; rpt. London: Papermac, 1992), 67 – 75。

[56] NA, Cab. 23/90A, Cabinet 43, 24 Nov. 1937.

[57] 张伯伦的计划的演变已得到讨论, 见 Crozier, *Appeasement*, ch. 8, 及 Callahan, *Sacred Trust*, 141 – 6; 关于沙赫特的建议, 见 "Account by Lord Halifax", 368。

[58] 艾登和奥姆斯比 - 戈尔转引自 Callahan, *Sacred Trust*, 144。克罗泽 (*Appeasement*, 231 – 2) 对葡萄牙的反应进行了一些讨论, 但外交函件也揭示出布鲁塞尔的极大担忧和愤怒。只有捷克人, 受到德国威胁因而想抓住任何可能安抚它的东西, 对殖民地让步的前景给予了热切的支持——这种立场可能已经软化了它们的法国盟友。见 SDN 547 当中提交 MAE 的各种报告, 特别是 Delacroix (Prague) to Delbos, 3 Dec. 1937。

[59] Ribbentrop to Neurath and Hitler, 2 Dec. 1937, and to Neurath, 14 Dec. and 17 Dec. 1937, in *DGFP*, ser. D, vol. 1, 91, 124 – 5, 131 – 4.

[60] Memorandum by Neurath, 26 Jan. 1938, in *DGFP*, ser. D, vol. 1, 190 – 1.

[61] PA, R29990, Von Strempel to Weizsäcker, very secret, 11 Feb. 1938.

[62] Memorandum by Ribbentrop, 1 March 1938, in *DGFP*, ser. D, vol. 1, 228.

[63] 关于这一至关重要的会谈的报告, 见 "Notes of the Conversation

between the Chancellor and the British Ambassador in the Presence of the Minister for Foreign Affairs, Herr von Ribbentrop, on March 3, 1938, in Berlin", in *BDFA*, pt. II, ser. F, vol. 49, 360 – 70, 47 – 52。然而，我使用了德国外交部发给亨德森的更直接和更明确的英文文本，关于这一点，见 "Memorandum of the conversation between the Führer and the Royal British Ambassador in the Presence of Foreign Minister von Ribbentrop on March 3, 1938", enclosed in Ribbentrop to Henderson, in *DGFP*, ser. D, vol. 1, 240 – 9。

[64] BLPES, LNU Archives, Reel 431, Mandates Committee meeting, 9 Nov. 1938；另见 Lugard 141/10 中的副本，其中也包含卢格德（在会议上阅读时）所做的表示不同意见的记录。

[65] MAE, SDN 548, Corbin to MAE, 15 Dec. 1938.

[66] CAC, AMEL 2/1/28, pt. 2, Amery to Halifax, 15 Nov. 1938；另见 RH, Lugard 141/9, Lugard to MacDonald, 18 Nov. 1938，关于他对哈里斯继续提出殖民地转让的建议而进行的直率的批评，见 Lugard to Harris, 19 Dec. 1938。

[67] Quoted in Adamthwaite, *France*, 297.

[68] 关于这种观点的调查，见 John Perkins, "'Sharing the White Man's Burden': Nazi Colonial Revisionism and Australia's New Guinea Mandate", *Journal of Pacific History*, 24: 1 (April 1989), 54 – 69。

[69] 关于常设委任统治委员会在 1932 年和 1934 年对这一点的质疑以及日本代表的拒绝（包括来自日本的常设委任统治委员会成员），特别参见 22 *PMCM*, 115 – 16, 299, 367, and 26 *PMCM*, 89 – 91, 96。值得注意的是，常设委任统治委员会在 1932 年和 1934 年讨论的未经编辑的记录被秘密转交美国驻日内瓦领事 Prentiss Gilbert，他把这些会议记录转到了国务院，关于这一点，见 USNA Box 6833, 852i. 01/234 – 5, Gilbert to State, 15 Nov. and 3 Dec. 1932, and Box 6834, 862i. 01/301, Gilbert to State, 15 Nov. 1934。

[70] 关于防御工事的指控被一位在神户（Kobe）工作的德国商人里夏德·福格特（Richard Voigt）和巴勃罗·拉斯洛（Pablo Laslo）报告给了国联（见 LNA Box 4128，6A/15250/3192，and Box 4129，6A/36195/3192），并在 1935 年 2 月 2 日的《太平洋群岛月刊》上被提出来。美国海军情报办公室试图"检视"访问委任统治地的任何人；Dirk Anthony Ballendorf 概述了他们的调查结果，见 Dirk Anthony Ballendorf，"Secrets without Substance：U. S. Intelligence in the Japanese Mandates，1915 - 1935"，*Journal of Pacific History*，19：2（April 1984），83 - 99。肯塔基大学的保罗·克莱德（Paul Clyde）教授在 1934 年用几个月的时间在处于委任统治之下的岛屿进行旅行，他宣称他没有发现建立防御工事的证据，尽管他坦率地承认他的研究得到日本大使馆的帮助并得到满铁提供的奖学金资助（关于这一点，见 USNA，Box 6833，862i. 01/296，Interview with Dr Paul Clyde，18 Sept. 1934）。1937 年，美国驻横滨领事会见了一位挪威船长，他的船只在该群岛沉没，然后被访问这几个岛屿的日本船只救起；他报告了机场建设和大量海军行动的情况，三艘日本驱逐舰停泊在 Jaluit 港口，但没有建设防御工事的明显证据；见 USNA，Box 6834，862i. 01/329，Boyce to State，25 June 1937。

[71] 关于对防御工事问题之争论非常智慧的调查，见 Richard Dean Burns，"Inspection of the Mandates，1919 - 1941"，*Pacific Historical Review*，37：4（Nov. 1968），445 - 62；also Mark Peattie，*Nan'yō：The Rise and Fall of the Japanese in Micronesia，1885 - 1945*（Honolulu：University of Hawaii Press，1988），230 - 56。Burns 正确地指出，这一争论持续不断主要是因为，尽管日本可能没有公开加强这些岛屿，他们正在建设的设施很容易会转为军用；于是，日本未来对这些设施的使用就成为问题。也就是说，其他受委任统治国改进港口，兴修无线电塔、油箱和飞机场：不同寻常的是日本关于其行动的保密性。

[72] Dirksen to Foreign Ministry, 15 Jan. 1938, *DGFP*, ser. D, vol. 1, 818 – 19.

[73] Neurath to Dirksen, 18 Jan. 1938, in *DGFP*, ser. D, vol. 1, 822 – 3.

[74] Perkins, "Sharing the White Man's Burden", 68 – 9.

[75] 关于常设委任统治委员会对"更紧密的联盟"运动的批评，见 23 *PMCM*, 82 – 3, and 26 *PMCM*, 48 – 52, 62 – 4。Sara Pienaar 讨论了对"合并"议题及纳粹德国在这个领地的行动的处理，见 Sara Pienaar, *South Africa and International Relations Between the Two World Wars: The League of Nations Dimension* (Johannesburg: Witwatersrand University Press, 1987), 136 – 52, quoted 141。关于德国在南非和坦噶尼喀的领土收复主义，见 Crozier, *Appeasement*, ch. 4; Callahan, *Sacred Trust*, esp. 65 – 70; Graichen and Gründer, *Deutsche Kolonien*, 399 – 417; Daniel Joseph Walther, *Creating Germans Abroad: Cultural Policies and National Identity in Namibia* (Athens, OH: Ohio University Press, 2002), 166 – 79。

[76] William Kienzle, "German – South African Trade Relations, in the Nazi Era", *African Affairs*, 78: 310 (Jan. 1979), 81 – 90.

[77] CAC, AMEL 2/1/27, pt. 2, Smuts to Amery, 18 May 1936; "South Africa and German Colonies", *The Times*, 15 Sept. 1937; 皮纳尔探讨了南非对德国之诉求的看法，见 Pienaar, 143 – 52。

[78] 关于皮罗的与企业有关的修正主义（entrepreneurial revisionism），见 Crozier, *Appeasement*, 94 – 7, 156 – 7, 及 269 – 70, 此处引文在第 96 页。

[79] 在所有非官方的（non – official）6514 人当中，"非正式"（'unofficials'）的德国人有 2729 名，"非正式"的英国人有 2100 名；这些数字来自 John Iliffe, *A Modern History of Tanganyika* (Cambridge: Cambridge University Press 1979), 303。关于剑麻产业，

见 Nicholas Westcott, "The East African Sisal Industry, 1929 – 49: The Marketing of a Colonial Commodity during Depression and War", *Journal of African History*, 25（1984）, 445 – 61, 及 Iliffe, *A Modern History*, 303 – 4，他指出剑麻大多数输出到了欧洲大陆。

[80] USNA, Box 8637, 862s. 00/3, Talbot Smith to State, 14 Oct. 1938.

[81] RH, Lugard 141/9, Lugard to Joelson, 16 Nov. 1938, and Lugard to Himbury, 16 Nov. 1938.

[82] ANOM AP 900, "Revendications coloniales allemandes"（1936）.

[83] NA, FO 371/22514, File W3013, Williams（CO）to FO, 7 March 1938, enclosing Bourdillon to Ormsby – Gore, 10 Jan. 1938, and File W5302, Ormsby – Gore to Bourdillon, 19 April 1938.

[84] 关于 1938 年的劳工和人口数字，见 *Report by His Majesty's Government...on the Administration of the Cameroons under British Mandate for the year 1938*（London: HMSO, 1939）, 69 – 72, 106 – 7；本段还吸收了戴维·加迪尼耶（David Gardinier）的优秀文章的研究，见 David Gardinier, "The British in the Cameroons", in *Britain and Germany in Africa: Imperial Rivalry and Colonial Rule*, eds. Prosser Gifford and Wm. Roger Louis（New Haven: Yale University Press, 1967）, 513 – 55, and Victor T. Le Vine, *Le Cameroun du mandat à l'indépendance*（Dakar: Présence Africaine, 1984）, 156 – 61。

[85] ANOM, SG Togo – Cameroun, 30/279, Bonnecarrère to Colonies, 27 Dec. 1933.

[86] 关于常设委任统治委员会的批评，见 28 *PMCM*, 46 – 51。同时担任多哥专员的达荷美的专制的副总督 Maurice – Léon Bourgine 与他有主见的下属 Léon Guismar 之间的敌对，后者全力以赴且有效地反对了 Bourgine 把整个政府搬迁到达荷美的计划。关于这一冲突，见 ANOM, AP 605。

[87] 关于对多哥、喀麦隆及周边地区内部可能的德国人和德国同情者的

监视，存在大量档案，见 ANOM，Togo – Cameroun，Boxes 27，31，and 32；但特别参见 31/294，Marchand to Colonies，21 May 1928（关于在西班牙属地进行监视的努力），和 Repiquet to Colonies，2 Nov. 1934（关于对一个亲德国的杜阿拉团体的审判）。关于法德对抗对喀麦隆的影响，见 Richard A. Joseph，"The German Question in French Cameroun，1919 – 1939"，*Comparative Studies in Society and History*，17：1（Jan. 1975），65 – 90。

[88] ANOM，SG Togo – Cameroun，27/238，Folder on Seitz.

[89] 关于对围绕这一争论开展的外交进行的调查，见 Majid Khadduri，"The Alexandretta Dispute"，*The American Journal of International Law*，39：3（July 1945），406 – 25；关于对整个过程导致种族紧张的方式的生动描述，见 Sarah D. Shields，*Fezzes in the River：Identity Politics and European Diplomacy in the Middle East on the Eve of World War II*（Oxford：Oxford University Press，2011）。Keith Watenpaugh 阐释了这一争论对叙利亚民族主义的影响，见 Keith Watenpaugh，" 'Creating Phantoms'：Zaki al – Arsuzi，the Alexandretta Crisis，and the Formation of Modern Arab Nationalism in Syria"，*International Journal of Middle Eastern Studies*，28：3（Aug. 1996），363 – 89。关于土耳其加入国联的决定和紧张的 20 世纪 30 年代的外交，见 William Hale，*Turkish Foreign Policy，1774 – 2000*（London：Frank Cass，2000），ch. 2。

[90] LNA S1628，File：Orts，Orts to De Haller，13 Jan. 1937.

[91] 36 *PMCM*，222.

[92] MAE，SDN 593，Note，19 June 1939，248 – 53. 值得注意的是，德·凯在这次会议之前一直与德·哈勒尔（委任统治部主任）保持着联系，为的是确定常设委任统治委员会的立场，脱离亚历山大勒塔（Alexandretta）决议，徒劳地希望限制对委任统治制度本身的损害。关于这种努力，见德·凯和德·哈勒尔之间 1939 年春季的通信，见 LNA S1609，File：France。

［93］ *Peaceful Change*: *Procedures*, *Population*, *Raw Materials*, *Colonies*, 417 - 18.

［94］ 这些论点是由德国外交政策研究所（Deutsches Institut für Aussenpolitische Forschung）的 Fritz Berber、法国杰出的非洲文化研究者 Henri Labouret 以及比利时殖民时期的杰出人物 Octave Louwers 提出的，见 *Peaceful Change*: *Procedures*, *Population*, *Raw Materials*, *Colonies*, 436 - 8, 445 - 6, 464 - 7。

［95］ *Peaceful Change*: *Procedures*, *Population*, *Raw Materials*, *Colonies*, 459 - 62.

［96］ *Peaceful Change*: *Procedures*, *Population*, *Raw Materials*, *Colonies*, 450 - 1.

［97］ 引自 LNA, R4137, 6A/27984/27984, Negro Welfare Association, London, to PMC, 7 April 1937, 它表达了来自西班牙港的黑人福利与文化协会的抗议，但还可参见 ANOM, AP 900/1, Comité National de Défense des Intérêts du Cameroun to Moutet, 12 Nov. 1937 和 S. M. Kumaramangalam and K. Alleyne, "What Mandates Mean", *Headway*, Jan. 1939, 21 - 3, 以及更广泛的内容，参见 Susan Pennybacker, *From Scottsboro to Munich*: *Race and Political Culture in 1930s Britain*（Princeton: Princeton University Press, 2009）, esp. ch. 2。

第 12 章　当国际主义停止发挥作用

［1］ Arnold Toynbee, "The Present Situation in Palestine", *International Affairs*, 10: 1（Jan. 1931）, 58.

［2］ NA, CO 733/326/6, Ormsby-Gore to Wauchope, 24 Aug. 1937（draft）.

［3］ 关于圣雷莫协议，参见第 1 章；关于委任统治制度的批准和 1924 年的冲突，参见第 3 章。

［4］ 转引自 Walid Khalidi, introduction, *From Haven to Conquest*（Washington: Institute for Palestine Studies, 1987）, lxxxiii。

［5］ 国联时代撰写的研究成果往往密切关注委任统治委员会的工作；见，如 Nathan Feinberg, *Some Problems of the Palestine Mandate*（Tel Aviv: Shoshani's Print Co. , 1936）, 和 Campbell L. Upthegrove, *Empire by*

Mandate (New York: Bookman Associate, 1954 [written c. 1941]); 还有大量关于巴勒斯坦委任统治的法律文献。相反，国联终止之后完成的著述关注的是伦敦和巴勒斯坦，只是粗略地注意到日内瓦，例外有：Roger Heacock, " Le Système international aux prises avec le colonialisme: Les délibérations sur la Palestine dans la Commission Permanente des Mandates de la Société des Nations", in Nadine Méouchy and Peter Sluglett, eds. , *British and French Mandates in Comparative Perspective* (Leiden: Brill, 2004), 129 – 42 和 Susan Pedersen, " The Impact of League Oversight on British Policy in Palestine", in Rory Miller, ed. , *Palestine, Britain and Empire: The Mandate Years* (London: Ashgate, 2010), 39 – 65, 本章几部分吸收了这些成果。关于委任统治的第一个十年期间英国在巴勒斯坦的行政管理，见 Bernard Wasserstein 的权威著作 *The British in Palestine: The Mandatory Government and the Arab-Jewish Conflict, 1917 – 1929* (1978; 2nd ed. Oxford: Blackwell, 1991); 关于整个委任统治时期的情况，见 Tom Segev, *One Palestine, Complete: Jews and Arabs under the British Mandate* (New York: Henry Holt, 1999), Gudrun Krämer, *A History of Palestine: From the Ottoman Conquest to the Founding of the State of Israel* (2002; English ed. Princeton: Princeton University Press, 2008), 及 Ilan Pappe, *A History of Modern Palestine: One Land, Two Peoples*, 2nd ed. (Cambridge: Cambridge University Press, 2006)。关于伦敦的政策制定，特别参见 N. A. Rose, *The Gentile Zionists: A Study in Anglo-Zionist Diplomacy, 1929 – 1939* (London: Routledge, 1973) 和 Michael J. Cohen, *Palestine: Retreat from the Mandate* (New York: P. Elek, 1978)。

[6] Ze'ev Jabotinsky, " The Iron Wall" (1923), 摘录于 *The Political and Social Philosophy of Ze'ev Jabotinsky: Selected Writings*, ed. Mordechai Sarig (London: Vallentine Mitchell, 1999), 104 – 5。

[7] J. C. Hurewitz, *The Struggle for Palestine* (1950; new ed. New York: Schoken Books, 1976), p. 18.

[8] CZA, S25, 2951, Jacobson to Stein, 14 Nov. 1928，及拉帕德的报告草案，见 CZA, S25, 2951。

[9] 7 *PMCM*, 102 – 5；"Report", in 9 *PMCM*, 221 – 4；11 *PMCM*, 117, 201.

[10] 关于1929年的暴乱已有大量记述，《帕斯菲尔德白皮书》（Passfield White Paper）和麦克唐纳致魏茨曼的信有效地回应了它。关于暴乱之前的社会动员及暴乱本身的良好论述，见 Segev, *One Palestine*, chs. 13 – 15。Central Zionist Archives, L22/99 and S25/2951 中的记录明确表示，犹太复国主义组织在1928年正努力秘密地购买哭墙对面的财产并找到一位基督徒学者撰写一份历史性的报告，确立犹太人根据奥斯曼帝国的法律长期享有对于哭墙的权利，尽管当学者的研究报告似乎"对犹太人的案例不利而不是有利"时后一种努力不得不被抛弃（CZA, S25/2951, "Minutes of a Meeting... October 26, 1928", and L. Stein, "Wailing Wall—Further Petition to the Permanent Mandates Commission: Memorandum for the Zionist Executive" [1929]）。围绕特别是钱塞勒失败的土地立法之冲突的详细和杰出的描述，见 Kenneth W, Stein, *The Land Question in Palestine, 1917 – 1939* (Chapel Hill and London: University of North Carolina Press, 1984), chs. 3 – 4。

[11] Minutes of the 56th League Council, 6 Sept. 1929, in LNOJ, 10: 11 (Nov. 1929), 1465 – 72. 关于麦克唐纳的声明，见 Weizmann to Ramsay MacDonald, 1 Sept. 1929, in *LPCW*, vol. 14, ed. Camillo Dresner (New Brunswick, NJ, 1978), 14, and Minutes of the 10th Assembly, 19 Sept. 1929, in *LNOJ*, Special Supplement no. 75 (Geneva, 1929), 127。

[12] 16 *PMCM*, 108 – 10.

[13] 关于这一点，见 "Arab Grievances in Palestine"，*The Times*，11 April 1930，9；"Delegation's Statement"，*The Times*，14 May 1930，15。

[14] Weizmann to Felix Green，5 Dec. 1929，138 - 40，和 Weizmann to Malcolm MacDonald，21 May 1930，307 - 8，包括 Weizmann-Faysal 备忘录，二者均见于 *LPCW*，vol. 14。

[15] Weizmann to Shuckburgh，5 March 1930，*LPCW*，vol. 14，239 - 43.

[16] 17 *PMCM*，121 - 4.

[17] Weizmann to Rodolfo Foa，14 May 1930，283，Weizmann to Warburg，15 May 1930，286 - 96，both in *LPCW*，vol. 14.

[18] 17 *PMCM*，35 - 44.

[19] "Report"，in 17 *PMCM*，138，140.

[20] 暴乱是否是"有预谋的"、穆夫提的作用以及政府反应的快速与充分等问题依然是有争议的。Pinhas Ofer 和 Martin Kolinsky 根据殖民地部的记录，认为穆夫提与暴力有关，但肖委员会对其作用却轻描淡写，因为巴勒斯坦政府（Palestine Administration）倾向于进行调解；见 Pinhas Ofer，"The Commission on the Palestine Disturbances of August 1929：Appointment，Terms of Reference，Procedure and Report"，*Middle Eastern Studies*，21：3（July 1985），349 - 61；Martin Kolinsky，"Premeditation in the Palestine Disturbances of August 1929?"，*Middle Eastern Studies*，26：1（Jan. 1990），18 - 34。很遗憾，二者都提到常设委任统治委员会对肖报告批评性的反应但都没有指出常设委任统治委员会本身受到（甚至是用腹语术表达的）犹太复国主义立场影响的程度。Philip Mattar 也主要利用了英国的资料，坚持认为直到 1936 年穆夫提的立场基本上都是温和的；见 Mattar，*The Mufti of Jerusalem：Al-Hajj Amin al-Husayni and the Palestinian National Movement*（New York：Columbia University Press，1988），esp. 50 - 64。

[21] "Report"，in 17 *PMCM*，141 - 3.

[22] Minutes of the 56th League Council, 6 Sept. 1929, in *LNOJ*, 10：11 (Nov. 1929)，1465 – 72.

[23] 17 *PMCM*, 31, 56, 58, 62, 66, 70 – 1, 117.

[24] 17 *PMCM*, 29.

[25] "Report", in 17 *PMCM*, 140 – 3.

[26] 17 PMCM, 49 – 50, 82.

[27] "Report", in 17 *PMCM*, 145.

[28] NA, CO 733/193/10A, Minutes by Clauson, 10 July 1930, 关于麦克唐纳的声明、1930 年 7 月 17 日约翰·钱塞勒对首相的采访记录，转引自 Ofer, "The Commission on the Palestine Disturbances", 354。Ofer 认为，常设委任统治委员会的报告扰乱了英国政府，因为它"破坏了英国政府一直致力于的裁判形象"（357），尽管这无疑是正确的，常设委任统治委员会也不是公正的"裁判"。

[29] "Comments by the Mandatory Power", in 17 *PMCM*, 148 – 53. 英国也设法影响来自芬兰的成员的关于常设委任统治委员会之会议的报告；见 NA, CO 733/193/10B 中的通信。

[30] Minutes of the 60th session of the Council, *LNOJ*, 11：11 (Nov. 1930)，1291 – 6.

[31] 关于强调魏茨曼之作用的描述，特别参见 Segev, *One Palestine*, 335 –41, 和 Rose, *Gentile Zionists*, ch. 1。1930 年 11 月 18 日魏茨曼与内阁会见的逐字逐句的记录，见 Lugard 130/8。

[32] "Comments by the Mandatory Power", in 17 *PMCM*, 152, 及 Minutes of the 60th session of the Council, *LNOJ*, 11：11 (Nov。1930)，1295 – 6；另见 "The Palestine Mandate", *The Times*, 9 Sept. 1930, 12。

[33] 关于下议院的这一批评，特别参见 245 *H. C. Deb.*, 17 Nov. 1930, cols. 45 – 210。

[34] 魏茨曼立刻因在日内瓦的斗争而自嘲；见 Weizmann to Herbert

Speyer, 27 Oct. 1930, 12 和 Weizmann to Lugard, 4 Nov. 1930, 32, in *LPCW*, vol. 15, ed. Camillo Dresner（New Brunswick, NJ, 1978）。

[35] Weizmann to Max Warburg, 16 Jan. 1930, in *LPCW*, vol. 14, 199.

[36] 关于 20 世纪 30 年代初期巴勒斯坦的转型，见 Krämer, *A History of Palestine*, ch. 11；关于移民统计数据，见 Roza El-Eini, *Mandated Landscape: British Imperial Rule in Palestine, 1929 - 1948*（New York: Routledge, 2006）, 472。

[37] 关于这种日益恶化的形势，特别参见 Bernard Wasserstein, *On the Eve: The Jews of Europe Before the Second World War*（New York: Simon & Shuster, 2012）；特别关于波兰，见 Edward D. Wynot, Jr., "'A Necessary Cruelty': The Emergence of Official Anti-Semitism in Poland, 1936 - 39", *AHR*, 76: 4（Oct. 1971）, 1035 - 58。

[38] 关于新犹太复国主义组织，特别参见 Laurence Weinbaum, *A Marriage of Convenience: The New Zionist Organization and the Polish Government, 1936 - 1939*（Boulder, CO: East European Monographs, 1993）。

[39] 关于这一点，见 Robert S. Wistrich, "Zionism and its Jewish 'Assimilationist' Critics（1897 - 1948）", *Jewish Social Studies*, new ser., 4: 2（Winter 1998）, 59 - 111。

[40] LNA S1609, File: France, De Caix to Rappard, 20 June 1935.

[41] 关于纳粹德国与阿拉伯民族主义之间关系的棘手问题，特别参见 R. Melka, "Nazi Germany and the Palestine Question", *Middle Eastern Studies*, 5: 3（Oct. 1969）, 221 - 33; Lukasz Hirszowicz, "Nazi Germany and the Palestine Partition Plan", *Middle Eastern Studies*, 1: 1（Oct. 1964）, 40 - 65; David Yisraeli, "The Third Reich and Palestine", *Middle Eastern Studies*, 7: 3（Oct. 1971）, 343 - 53; Francis Nicosia, "Arab Nationalism and National Socialist Germany, 1933 - 1939: Ideological and Strategic Incompatibility", *International Journal of Middle*

Eastern Studies, 12∶3 （Nov. 1980），351 – 72。

[42] 关于委任统治地巴勒斯坦的土地问题，已有大量著作，但关于到 1937 年时犹太手中所有土地之 30% 的购买者犹太国家基金之政策的富有启发性的描述，见 Kenneth W. Stein，"The Jewish National Fund∶ Land Purchase Methods and Priorities，1924 – 1939"，*Middle Estern Studies*，20∶2 （April 1984），190 – 205；figures at 191。关于对阿拉伯人口的影响，见 Yehoshua Porath，*The Palestinian Arab National Movement∶ From Riots to Rebellion, vol. 2, 1929 – 1939* （London∶ Frank Cass，1977），82 – 7。

[43] 转引自 Porath，*Palestinian Arab National Movement*，vol. 2，34.

[44] 虽然波拉特 （Porath） 两卷本的研究仍然是至关重要的，但对 20 世纪 30 年代这些国际联系最详尽的论述是 Weldon C. Matthews，*Confronting an Empire，Constructing a Nation∶ Arab Nationalists and Popular Politics in Mandate Palestine* （London∶ I. B. Tauris，2006）。

[45] 关于这些努力，特别参见 Yehoshua Porath，*In Search of Arab Unity，1930 – 1945* （London∶ Frank Cass，1986），ch. 2。

[46] 关于 20 世纪 30 年代围绕立法委员会进行的复杂的外交，波拉特进行了最好的研究，见 Porath，*Palestinian Nationalist Movement*，vol. 2，143 – 61。

[47] Toynbee，"Present Situation"，49，54.

[48] Weizmann to Herbert Samuel，29 July 1920，in *LPCW*，vol. 10，ed. Bernard Wasserstein （New Brunswick，NJ，1977），2 – 5.

[49] 关于对官方犹太复国主义者 （official Zionists）、修正主义者以及一小群支持建立双民族国家的犹太复国主义者 （bi-nationalist Zionists） 等对立法委员会计划之态度非常好的描述，特别参见 Yehoyada Haim，"Zionist Policies and Attitudes towards the Arabs on the Eve of the Arab Revolt，1936"，*Middle Eastern Studies*，14∶2 （May 1078），211 – 31；以及 Israel Kolatt，"The Zionist Movement and the Arabs"，

in *Essential Papers on Zionism*, ed. Jehuda Reinharz and Anita Shapira (New York: NYU Press, 1996), 617 - 47。

［50］CZA, L22/856, Jacobson to Brodetsky, 5 Oct. 1932.

［51］CZA, L22/856, Jacobson to Brodetsky, 8, 16, and 20 Nov. 1932.

［52］22 *PMCM*, 194 - 201.

［53］CZA, L22/856, Jacobson to Brodetsky, 20 Nov. 1932.

［54］22 *PMCM*, 199, 363.

［55］见 Nathan Feinberg, "The Problem of the Legislative Council before the Permanent Mandates Commission", in *Some Problems of the Palestine Mandate*, 65 - 75。

［56］波拉特非常详细地研究了 1933 ~ 1936 年的谈判，见 Porath, *Palestinian Arab National Movement*, vol. 2, 147 - 59，他还在第 149 页指出，犹太事务局（Jewish agency）在 1935 年告知沃科普，它将进行抵制，即便在立法委员会被授予与阿拉伯人平起平坐的地位。

［57］关于斯内尔（Snell）勋爵反对该计划的议案，见 99 *H. L. Deb.*, 26 Feb. 1936, col. 750 - 95；关于韦奇伍德提出的议案，见 310 *H. C. Deb.*, 24 March 1936, col. 1079 - 1150,。

［58］Porath, *Palestinian National Arab Movement*, vol. 2, 158 - 9.

［59］奥尔茨坚持认为，委任统治委员会对英国不愿提供关于这次叛乱的完整信息的做法进行的严厉批判已出现在业已发布的会议记录当中，这一点见 27 *PMCM*, 137 - 8。

［60］在英国皇家国际事务研究所（Chatman House）的一次演讲中，Emile Ghory 非常清晰地表达了这种观点：见 Ghory, "An Arab View of the Situation in Palestine", *International Affairs*, 14：5（Sept. - Oct. 1936）, 688。

［61］CZA, S25/4265, Goldmann to Ben-Gurion, 15 June 1936.

［62］29 *PMCM*, 145 - 6, and see RH, Lugard 131/5, Weizmann to

Lugard, 29 Jan. 1936, and SFA, Rappard 1977/135 62, Weizmann to Rappard, 29 Jan. 1936.

[63] 关于阿拉伯国家的作用，特别参见 M. J. Cohen, "Origins of the Arab States" Involvement in Palestine', *Middle Eastern Studies*, 19: 2 (April 1983), 244 – 52 和 Norman Anthony Rose, "The Arab Rulers and Palestine, 1936: The British Reaction", *Journal of Modern History*, 44: 2 (June 1972), 213 – 31。

[64] 波兰敦促英国在 1934 年的国联大会上赋予巴勒斯坦更多移民许可；见 "The Palestine Mandate", *The Times*, 22 Sept. 1934, 另见 Beck 在 1937 年 9 月 14 日国联行政院第 98 次会议上的声明，见于 *LNOJ*, 18: 12 (Dec. 1937), 889, 903。

[65] 见科姆内在 1938 年 9 月 17 日国联行政院第 102 次会议上的声明，见 *LNOJ*, 19: 11 (Nov. 1938), 850。

[66] 见科马尔尼茨基在 1937 年 5 月 27 日国联行政院第 97 次会议上的声明，见 *LNOJ*, May-June 1937, 300, and Weinbaum, *Marriage*, 110 – 16。

[67] 312 *H. C. Deb.*, 18 May 1936, cols. 317 – 18, and 313 *H. C. Deb.*, 19 June 1936, cols. 1313 – 96.

[68] 关于 1936～1939 年叛乱，已有很多成果。关于强调英国当局不受节制的反应和不情愿进行镇压的描述，见 Charles Townshend, "The Defence of Palestine: Insurrection and Public Security, 1936 – 1939", *The English Historical Review*, 103: 409 (Oct. 1988), 917 – 49；关于最近的修正主义的强调英国反应之残忍的描述，见 Matthew Hughes, "Lawlessness was the Law: British Armed Forces, the Legal System and the Repression of the Arab Revolt in Palestine, 1936 – 1939", in *Britain, Palestine and Empire: The Mandate Years*, ed. Rory Miller (London: Ashgate, 2010), 141 – 56, 尽管 Hughes 也坚持认为，虽然是残忍的，但英国不如其他可比较的面对叛乱的帝国政权

严酷，也很少实施暴行；见 Matthew Hughes，"The Banality of Brutality: British Armed Forces and the Repression of the Arab Revolt, 1936 – 39", *English Historical Reivew*, 124：507（2009），313 – 54. 关于阿拉伯人的伤亡，见 Walid Khalidi，"Note on Arab Casualties in the 1936 – 39 Rebellion", in Khalidi, ed., *From Haven to Conquest*, Appendix IV，846 – 9。

［69］ Palestine Royal Commission，*Report*，*PP 1936 – 37*，Cmd. 5479，363 – 4，370 – 4.

［70］ Palestine Royal Commission，*Report*，*PP 1936 – 37*，Cmd. 5479，375 – 6，380 – 93.

［71］ 关于这一背景，见 Penny Sinanoglou，"British Plans for the Partition of Palestine，1929 – 1938", *The Historical Journal*, 52：1（2009），131 – 52。

［72］ Palestine Royal Commission，*Report*，395.

［73］ NA，CO 733/287/5，Note by O. G. R. Williams，15 Dec. 1936；"Report", in 29 *PMCM*，207；and comments by Orts, Minutes of the 93rd session of the Council，26 Sept. 1936，*LNOJ*，17：11（Nov. 1936），1183.

［74］ NA，CO 733/287/5，Eden to Ormsby-Gore，18 March 1937.

［75］ NA，CO 733/287/5，Rendel to League Secretary General，6 July 1937.

［76］ 236 *H. C. Deb.*，21 July 1937，cols. 2211 – 367.

［77］ NA，CO 733/326/6，Martin to Downie，8 Aug. 1937.

［78］ CZA，Z4/32092，［Goldmann?］to Weizmann，26 July 1937.

［79］ CZA，Z4/32092，Weizmann to Orts，1 and 14 Aug. 1937.

［80］ National Library of Wales，Aberystwyth，Brogyntyn Papers，PEC 10/1/15，Ormsby-Gore to his mother，16 Aug. 1937.

［81］ 关于这一声明，见 32 *PMCM*，14 – 25；"The League and Palestine",

The Observer, 1 Aug. 1937; "Mr Ormsby-Gore on Partition", *The Manchester Guardian*, 2 Aug. 1937。

[82] Weizmann to Peel, 19 June 1937, in *LPCW*, vol. 18, ed. Aaron Kleiman (New Brunswick, NJ: Transaction Books, 1979), 3 – 22.

[83] Weinbaum, *Marriage*, 106 – 10.

[84] NA, CO 733/326/6, Ormsby-Gore to Wauchope, 24 Aug. 1937.

[85] NA, CO 733/326/6, Hailey to Ormsby-Gore, 15 Aug. 1937.

[86] NA, CO 733/326/6, Ormsby-Gore to Wauchope, 24 Aug. 1937.

[87] "Report", in 32 *PMCM*, 229 – 30.

[88] 32 *PMCM*, 162 – 5.

[89] See "The Palestine Mandate", *The Times*, 6 Sept. 1937, 11, for one surprised reading.

[90] RH, Lugard 131/5, Lugard to Lord Islington, 8 Sept. 1936.

[91] 32 *PMCM*, 170.

[92] 32 *PMCM*, 14, 186 – 7; Minutes of the 98th session of the Council, 14 Sept. 1937, *LNOJ*, 18: 12 (Dec. 1937), 901.

[93] 关于犹太复国主义者对皮尔委员会（Peel Commission）之人口转移建议的反应，见 Benny Morris, "Revisiting the Palestinian Exodus of 1948", in Eugene L. Rogan and Avi Shlaim, (eds), *The War for Palestine*, 2nd ed. (Cambridge, 2007), 37 – 59。魏茨曼在 1937 年 8 月 14 日致奥尔茨的信中也详细阐述了人口转移的重要性，见 *LPCW*, vol. 18, ed. Aaron Kleiman (New Brunswick, NJ, 1979), 185 – 7。

[94] 魏茨曼在皮尔报告发布后致奥姆斯比 - 戈尔的信为犹太人同意分治计划确定了严格的条件；到 12 月时，这一计划已处于危险当中，他告诉莱昂·布鲁姆这个建议是"《贝尔福宣言》发表以来我们最大的胜利"，见 Weizmann to Ormsby-Gore, 15 June 1937, 118 – 19, 14 July 1937, 154 – 6, and 20 July 1937, 179 – 80; and Weizmann to

Léon Blum, 31 Dec. 1937, 277 – 9, in *LPCW*, vol. 18。关于犹太复国主义者在分治问题上的外交产生的相反效果的结果，见 Rose, *Gentile Zionists*, esp. 139 – 40; Cohen, Palestine, 34 – 8; 关于 Goldmann 对这一"错过的机会"的具有启发性的描述，见 Nahum Goldmann, *The Autobiography of Nahum Goldmann: Sixty Years of Jewish Life* (New York: Holt, Rinehart, and Winston, 1969), 179 – 81。

[95] 关于下议院在分治问题上批判性的辩论，见 332 *H. C. Deb.*, 8 March 1938, cols. 1737 – 94, 337 *H. C. Deb.*, 14 June 1938, cols. 79 – 189。

[96] 关于拉帕德在移民问题上对约翰·沙克伯勒（John Shuckburgh）爵士的尖锐质疑，见 34 *PMCM*, esp. 49 – 50, 52, 56。

[97] 关于魏茨曼的这种限制"与委任统治制度不相容"的主张，见 Weizmann to Ormsby-Gore, 10 Dec.1937, 253 – 6, and 21 Feb. 1938, 312 – 17, in *LPCW*, vol. 18。

[98] Weizmann to Rappard, 29 Jan. 1938, *LPCW*, vol. 18, 297 – 8.

[99] "Report", in 34 *PMCM*, 228. 国联行政院第 102 次会议上围绕常设委任统治委员会的报告进行的紧张的谈判，见 NA, FO 371/21888。

[100] "Comments of the Accredited Representative", in 34 *PMCM*, 240.

[101] Rose, *Gentile Zionists*, 152.

[102] Howard (Chanoch) Rosenblum, "Promoting an International Conference to Solve the Jewish Problem: The New Zionist Organization's Alliance with Poland, 1938 – 1939", *The Slavonic and East European Review*, 69: 3 (July 1991), 478 – 501, here at 487, 493.

[103] CZA, L22/960, M. K. [Meir Kahany], "Aus einem Gespräch mit dem polnis-chen Gesandten Komarnicki", 23 Nov. 1938.

[104] *Palestine Statement of Policy*, *PP*, Cmd. 6019 (May 1939).

[105] Weizmann to Rappard, 9 June 1939, in *LPCW*, vol. 19, ed. Norman

Rose（New Brunswick, NJ, 1979）, 112.

［106］ NA, CO 733/386/13, Interdepartmental Committee on Palestine, passim. The comment by Dufferin is from the 8th meeting, 11 Oct. 1938, the exchange between MacMichael and Bushe from the 4th meeting, 8 Oct. 1938.

［107］ 113 *H. L. Deb.*, 23 May 1939, col. 89.

［108］ 关于下议院的辩论和投票，见 347 *H. C. Deb.*, 22 May 1939, cols. 1925 – 2056, and 23 May 1939, cols. 2129 – 97。大多数保守党的反对者都弃权了，但大约 20 位杰出的张伯伦政府的批评者，包括丘吉尔、埃默里、哈罗德·麦克米伦（Harold Macmillan）和维维安·亚当斯（Vyvyan Adams）投了反对票。见 "Hundred Tories Abstain in Palestine Division", *The Manchester Guardian*, 24 May 1939, 11。

［109］ NA, CO 733/390/4, Butler Minute, 25 May 1939.

［110］ Weizmann to Solomon Goldman, 30 May 1939, *LPCW*, vol. 19, 91 – 5.

［111］ Weizmann to Rappard, 9 June 1939, *LPCW*, vol. 19, 111 – 12.

［112］ 36 *PMCM*, 98 – 9.

［113］ 36 *PMCM*, 121, 126 – 7.

［114］ 36 *PMCM*, 103, 113, 115.

［115］ 36 *PMCM*, 121.

［116］ 关于汉基与麦克唐纳之间关于其任命的通信，见 CAC, Hankey Papers, 9/1. Labour MPs Geoffrey Mander and Philip Noel-Baker objected to Hankey's appointment in the Commons, for which see NA, FO 371/24021。

［117］ Weizmann to Solomon Goldman, 30 May 1939, *LPCW*, vol. 19, 91 – 5.

［118］ CAC, Hankey Papers, 1/5, Diary, 18 April 1919.

［119］ CO 733/390/5, Hankey to MacDonald, 30 June 1939.

［120］ CO 733/390/5，Hankey to MacDonald，30 June 1939.

［121］ "Report"，in 36 *PMCM*，274 – 5.

［122］ NA，CO 733/390/5，Hankey to MacDonald，30 June 1939；and see CAC，Hankey Papers 9/2，for the full text of Hankey's speech.

［123］ 'Comments of HMG'，in 36 *PMCM*，286 – 9.

［124］ "Mandates Commission Rejects Palestine Policy"，*The Manchester Guardian*，18 Aug. 1939，13；"Zionist Congress Discusses Future Policy"，*The Manchester Guardian*，19 Aug. 1939，6.

［125］ 111 *H. L. Deb.*，8 Dec. 1938，cols. 412 – 67；Ormsby-Gore at col. 438.

［126］ LNA，S1608，no. 2，De Haller to Avenol，3 April 1939.

结语：形成中的法定国家地位

［1］ LNA，S1626，no. 4，"Réponse à la question posée au nom du secrétaire général ad intérim dans la note de Mr. Wilson du 29 Novembre 1939"，1 Dec. 1939.

［2］ NA，FO 371/24021，File W11508，Note by Randall，27 July 1939，and FO 371/24022，File W14147，Note by Randall，3 Oct. 1939.

［3］ 关于这一讨论，见 37 *PMCM*，119 – 22，129；关于德国的抗议及英国和法国的反应，见 Michael D. Callahan，*Sacred Trust：The League of Nations and Africa，1929 – 1946*（Brighton：Sussex Academic Press，2004），178 – 80。

［4］ SFA，Rappard 1977/135 36，Orts to Rappard，22 May 1940.

［5］ 关于阿弗诺尔在 1940 年春天的阴谋和莱斯特的重要作用，特别参见 James C. Barros，*Betrayal From Within：Joseph Avenol，Secretary-General of the League of Nations，1933 – 1940*（New Haven：Yale University Press，1969），和 Douglas Gageby，*The Last Secretary General：Sean Lester and the League of Nations*（Dublin：Town House，1999）。

[6] 关于莱斯特在会议上所受到的对待，见 Gageby, *The Last Secretary General*, 240 - 9。关于战时美国与英国在帝国之未来问题上的谈判，标准的描述仍然是 Wm. Roger Louis, *Imperialism at Bay: The United States and the Decolonization of the British Empire, 1941 - 1945* (New York: Oxford University Press, 1978)，但关于战争对反殖民主义的行动主义和殖民地民族主义的影响，已有大量研究成果问世。

[7] D. K. Fieldhouse 的 *Western Imperialism in the Middle East, 1914 - 1958* (Oxford: Oxford University Press, 2006) 提供了关于中东委任统治制度的整个历史及其终结的很好的总结，但更具戏剧性的描述，另见 Patrick Seale, *The Struggle for Arab Independence: Riad el-Solh and the Makers of the Modern Middle East* (Cambridge: Cambridge University Press, 2010)。

[8] 见斯图尔特·弗思 (Stewart Firth) 关于战争对岛民之影响的精彩总结，见 Stewart Firth, "The War in the Pacific", in *The Cambridge History of the Pacific Islanders*, ed. Donald Denoon (Cambridge: Cambridge University Press, 1997), 291 - 323；关于新几内亚，见 Paul Ham, *Kokoda* (Sydney: Harper Collins, 2004)。

[9] 战争对非洲的影响是一个太大的问题，这里无法讨论，但关于劳工榨取在刺激政治需求方面的重要作用，特别参见 Frederick Cooper, *Decolonization and African Society: The Labour Question in French and British Africa* (Cambridge: Cambridge University Press, 1996), ch. 4。

[10] 威尔斯在 1943 年被迫离开了国务院，但他在战后规划中的重要作用被重新发现，见 Christopher D. O'Sullivan, *Sumner Welles, Postwar Planning, and the Quest for a New World Order, 1937 - 1943* (New York: Columbia University Press, 2008)。

[11] 关于格里克，见 Gerlof D. Homan, "Orie Benjamin Gerig: Mennonite Rebel, Peace Activist, International Civil Servant, and American Diplomat, 1894 - 1976", *The Mennonite Quarterly*, Oct. 1999, at:

http：//www. goshen. edu/mqr/pastissues/oct99homan. html。

［12］关于托管制度的发展，特别是邦奇的工作的发展，特别参见 Brian Urquhart, *Ralph Bunche*：*An American Odyssey*（New York：Norton，1993），109 - 38, quoted 126；另见 Neta C. Crawford，"Decolonization through Trusteeship：The Legacy of Ralph Bunche"，in Robert A. Hill and Edmond J. Keller, eds. , *Trustee for the Human Community*：*Ralph J. Bunche, the United Nations, and the Decolonization of Africa*（Athens, OH：Ohio University Press, 2010），93 - 115。Stephen C. Schlesinger 也强调了爱德华·斯特蒂纽斯（Edward Stettinius）和哈罗德·史塔生（Harold Stassen）的作用，见 *Act of Creation*：*The Founding of the United Nations*（Boulder, CO：Westview Press, 2003），ch. 14。吉尔克里斯特提供了他关于旧金山协定的描述，见 "Colonial Questions at the San Francisco Conference"，*American Political Science Review*，39：5（Oct. 1945），982 - 92。

［13］安克尔的调查报告受到拉帕德的复审（见 SFA, Rappard 1977/135 7, Rappard to Anker, 31 July 1944）并被及时出版以在旧金山得到使用；见 *The Mandates System*：*Origin—Principles—Application*（Geneva：League of Nations, April 1945）。关于提供给芬克尔斯坦的资料清单，见 LNA, R4178, File 6A/43974/43974。

［14］关于托管制度的关键文件——《联合国宪章》第 11 ~ 13 章、托管理事会的议事规则以及托管协议之文本——作为附件见 H. Duncan Hall, *Mandates*, *Dependencies and Trusteeship*（Washington：Carnegie Endowment for International Peace, 1948），335 - 85。

［15］关于伦敦的讨论，见 United Nation Preparatory Commission, Committee 4（Trusteeship），*Summary Record of Meetings*：*24 November - 24 December 1945*, esp. meetings 5 - 6, pp. 12 - 15, on petitioning; meeting 7, pp. 16 - 17, on visits, and for the comment by Zeineddine（Syria），and meeting 14, p. 35, for the Ukrainian resolution。

[16] Meredith Terretta,"'We Had Been Fooled into Thinking that the UN Watches over the Entire World':Human Rights, UN Trust Territories, and Africa's Decolonization", *Human Rights Quarterly*, 34：2（May 2012）,329 – 60；Ullrich Lohrmann, *Voices from Tanganyika：Great Britain, the United Nations and the Decolonization of a Trust Territory, 1946 – 1961*（Berlin：Lit,2007）。关于新独立的国家在联合国倡导非殖民化和人权方面所做的工作,另见 Roland Burke, *Decolonization and the Evolution of International Human Rights*（Philadelphia：University of Pennsylvania Press,2010）。Neta Crawford 提供了一种关于道德观点（ethical arguments）、倡导团体（advocacy groups）以及政治利益如何相互作用改变殖民统治本质的细致入微的描述,见 *Argument and Change in World Politics：Ethics, Decolonization, and Humanitarian Intervention*（Cambridge：Cambridge University Press,2002）。

[17] 关于早期这些目标的很好的总结,见 Benjamin Gerig,"Mandates and Colonies", in *World Organization：A Balance Sheet of the First Great Experiment*（Washington：American Council on Public Affairs,［1942］）,211 – 30,特别是关于非洲裔美国人的行动主义,见 Penny M. Von Eschen, *Race Against Empire：Black Americans and Anti-Colonialism, 1937 – 1957*（Ithaca, NY, and London：Cornell University Press,1997）。

[18] Charles K. Webster,转引自 Marika Sherwood,"'There is No New Deal for the Blackman in San Francisco':African Attempts to Influence the Founding Conference of the United Nations, April-July 1945", *The International Journal of African Historical Studies*,29：1（1996）,71 – 94,here at 90。

[19] 对于英美关于大英帝国之未来的谈判的经典描述仍然是 Louis, *Imperialism at Bay*,但对特别是托管范围逐步削减的一种非常聪明的描述（intelligent account）,见 John J. Sbrega,"Determination versus

Drift：The Anglo-American Debate over the Trusteeship Issue，1941 – 1945"，*The Pacific Historical Review*，55：2（May 1986），256 – 80，关于在旧金山会议上新独立国家的失败，见 Sherwood，"There is No New Deal for the Blackman in San Francisco"。

[20] 关于西南非洲复杂的法律历史，特别参见 Gail-Maryse Cockram，*South West African Mandate*（Cape Town：Juta and Co.，1976）。

[21] 关于这些保留，见 Firth，"The War in the Pacific"，319.

[22] 正是亨廷顿·吉尔克里斯特奠定了"战略托管"选择的基础，见 "The Japanese Islands：Annexation or Trusteeship?"，*Foreign Affairs*，22（1943 – 44），634 – 42。美国、英国和法国在太平洋进行核试验的可悲历史及其对当地民众的影响（托管理事会没有采取行动缓解这种影响）得到非常好的总结，见 Stewart Firth and Karin von Strokirch，"A Nuclear Pacific"，*The Cambridge History of the Pacific Islanders*，ed. Donald Denoon（Cambridge：Cambridge University Press，1997），324 – 58。

[23] 与对委任统治制度的"理想主义的"描写相比，早在 1946 年，拉帕德已经注意到对托管制度的"现实主义的"描写；见 William Rappard，"The Mandates and the International Trusteeship Systems"，*Political Science Quarterly*，61：3（1946），408 – 19，关于最近非常有用的对比，见 Alexandru Gigorescu，"Mapping the UN-League of Nations Analogy：Are there Still Lessons to Be Learned from the League?"，*Global Governance*，11（2005），25 – 42。

[24] Rayford Logan，"The System of International Trusteeship"，*The Journal of Negro Education*，15：3（Summer 1946），285 – 99；and SFA，Rappard 1977/135 148，Rappard to Sweetser，8 Sept. 1945.

[25] 托管制度只是现在才开始得到它所应该得到的学术审查。早期有价值的研究，包括 James N. Murray Jr.，*The United Nations Trusteeship System*（Urbana：University of Illinois Press，1957），和 Ramendra

Nath Chowdhuri, *International Mandates and Trusteeship Systems: A Comparative Study* ('s-Gravenhage: Martinus Nijhoff, 1955); 关于东西方冲突的观点，见 Murray, *The United Nations Trusteeship System*, 241 - 2。关于最近的对该制度的地缘政治环境的出色的综述，见 Gordon W. Morrell, "A Higher stage of Imperialism? The Big Three, the UN Trusteeship Council, and the Early Cold War", in R. M. Douglas, Michael D. Callahan, and Elizabeth Bishop, eds., *Imperialism on Trial: International Oversight of Colonial Rule in Historical Perspective* (Lanham, MD: Lexington Books, 2006), 111 - 38。

[26] 关于"失败国家"（特别是在非洲）和关于殖民化与国家失败之间关系的文献数量太多，无法在这里概述，但三个角度非常不同的开创性成果，见 Basil Davidson, *Black Man's Burden: Africa and the Curse of the Nation State* (London: James Currey, 1992); Robert H. Jackson, *Quasi-States: Sovereignty, International Relations and the Third World* (Cambridge: Cambridge University Press, 1990); and Crawford Young, *The African Colonial State in Comparative Perspective* (New Haven: Yale University Press, 1994)。后殖民主义国家的危机已经导致人们，特别是政客们以及国际律师发出进行国际干预或者复兴托管机制的呼吁，见如 Gerald B. Helman and Steven R. Ratner, "Saving Failed States", *Foreign Policy*, 89 (Winter 1992), 3 - 20; Rosa Ehrenreich Brooks, "Failed States, or the State as Failure?", *The University of Chicago Law Review*, 72: 4 (Autumn 2005), 1159 - 96; Saira Mohamed, "From Keeping Peace to Building Peace: A Proposal for a Revitalized United Nations Trusteeship Council", *Columbia Law Review*, 105: 3 (April 2005), 809 - 40。在国际领土管理或国际性国家建设方面这些努力的历史资料调查，特别参见 Ralph Wilde, *International Territorial Administration: How Trusteeship and the Civilizing Mission Never Went Away* (Oxford: Oxford University Press, 2008) 和 Carsten

Stahn, *The Law and Practice of International Territorial Administration*: *Versailles to Iraq and Beyond* (Cambridge: Cambridge University Press, 2008)。

[27] LNA, R4178, 6A/43806/x, "Extract from Report of the 1st Committee to the 21st session of the Assembly".

[28] Winifred Holtby, "Better and Brighter Natives", in Paul Berry and Alan Bishop, eds., *Testament of a Generation*: *The Journalism of Vera Brittain and Winifred Holtby* (London: Virago, 1985), 181 – 5.

[29] Hall, *Mandates, Dependencies and Trusteeship*, 3 – 26.

[30] 在这方面，我的看法与文安立 (Odd Arne Westad) 提出的关于冷战时期的看法类似，见 Odd Arne Westad, *The Global Cold War*: *Third World Interventions and the Making of Our Times* (Cambridge: Cambridge University Press, 2005).

[31] SFA, Rappard 1977/135 31, Rappard to Lugard, 2 July 1942.

[32] SFA, Rappard 1977/135 37, Rappard to Palacios, 30 Dec. 1946.

[33] SFA, Rappard 1977/135 13, Catastini to Rappard, 1 Nov. 1945.

[34] SFA, Rappard 1977/135 36, Rappard to Orts, 19 Nov. 1952.

[35] SFA, Rappard 1977/135 36, Rappard to Orts, 11 May 1957.

[36] Rappard, 'The Mandates and the International Trusteeship Systems', 416.

[37] Archives Générales du Royaume, Brussels, Famille Orts Papers, File 389, 'Souvenirs de ma Carrière', 189 – 90.

[38] SFA, Rappard 1977/135 62, Rappard to Vera Weizmann, 8 Nov. 1949.

[39] SFA, Rappard 1977/135 36, Orts to Rappard, 13 Nov. 1952, and Rappard to Orts, 19 Nov. 1952.

参考文献

Multiple works by a single author are in order of publication date

CONTEMPORARY PUBLISHED SOURCES, INCLUDING MEMOIRS, EDITIONS, AND LETTERS

Lord Altrincham [Sir Edward Grigg]. *Kenya's Opportunity*. London: Faber & Faber, 1955.

Amery, Leo S. 'General von Epp's Case Examined', *Journal of the Royal African Society*, 36:142 (January 1937), 10–22.

Amery, Leo S. *My Political Life*, vol. 2, *War and Peace, 1914–1929*. London: Hutchinson, 1953.

[Anker, Peter.] *The Mandates System: Origin—Principles—Application*. Geneva: League of Nations, 1945.

Antonius, George. 'The Machinery of Government in Palestine', *Annals of the American Academy of Political and Social Science*, 164 (November 1932), 55–61.

Antonius, George. *The Arab Awakening: The Story of the Arab National Movement*. London: Hamish Hamilton, 1938.

Azikwe, Ben. 'Ethics of Colonial Imperialism', *Journal of Negro History*, 16:3 (July 1931), 436–46.

Barnes, John, and David Nicholson, eds. *The Empire at Bay: The Leo Amery Diaries, 1929–1945*. London: Hutchinson, 1988.

Beer, George Louis. *The English-Speaking Peoples: Their Future Relations and Joint International Obligations*. New York: Macmillan, 1917.

Beer, George Louis. *African Questions at the Paris Peace Conference*. London: Dawsons of Pall Mall, 1968.

Berry, Paul, and Alan Bishop, eds. *Testament of a Generation: The Journalism of Vera Brittain and Winifred Holtby*. London: Virago, 1985.

Buell, Raymond Leslie. *The Native Problem in Africa*. 2 vols. New York: Macmillan, 1928.

Bunche, Ralph J. 'French Administration in Togoland and Dahomey', Dissertation, Harvard University, 1934.

Bunche, Ralph J. 'French Educational Policy in Togo and Dahomey', *Journal of Negro Education*, 3:1 (January 1934), 69–97.

Caffrey, Margaret M., and Patricia A. Francis, eds. *To Cherish the Life of the World: Selected Letters of Margaret Mead*. New York: Basic Books, 2006.

Cameron, Donald. *My Tanganyika Service*. London: George Allen & Unwin, 1939.

Carr, E. H. *The Twenty Year Crisis, 1919–1939: An Introduction to the Study of International Relations*. London: Macmillan, 1940.

Cecil, Robert. *The First Assembly: A Study of the Proceedings of the First Assembly of the League of Nations*. London: Macmillan, 1921.

Charteris, A. H. 'The Mandate over Nauru Island', *British Year Book of International Law*, 137 (1923–24), 137–52.

Chinnery, E. W. P. 'The Central Ranges of the Mandated Territory of New Guinea from Mount Chapman to Mount Hagen', *The Geographical Journal*, 84:5 (November 1934), 398–412.

Clyde, Paul H. *Japan's Pacific Mandate*. New York: Macmillan, 1935.

Condliffe, J. B. *Markets and the Problem of Peaceful Change*. Paris: Inte· .tional Institute of Intellectual Co-operation, 1938.

Davis, Harriet Eager. *Pioneers in World Order: An American Appraisal of the League of Nations*. New York: Columbia University Press, 1944.

de Madariaga, Salvador, *Morning without Noon*. Farnsworth, England: Saxon House, 1974.

Derso, Alois, and Emery Kelen. *Le Testament de Genève: 10 années de coopération internationale*. Paris: Georges Lang, 1931.

Du Bois, W. E. B. *The Souls of Black Folk*. 1903; rpt. New York: New American Library, 1969.

Dunn, Frederick Sherwood. *Peaceful Change: A Study of International Procedures*. New York: Council on Foreign Relations, 1937.

Edmonds, C. J. *Kurds, Turks and Arabs: Politics, Travel and Research in North-Eastern Iraq, 1919–1925*. London: Oxford University Press, 1957.

Emmet, E. 'The Mandate over South-West Africa', *Journal of Comparative Legislation and International Law*, 3rd series, 9:1 (1927), 111–22.

Evans, Luther H. 'The General Principles Governing the Termination of a Mandate', *The American Journal of International Law*, 26:4 (October 1932), 735–58.

Evans, Luther H. 'The Emancipation of Iraq from the Mandates System', *American Political Science Review*, 26:6 (December 1932), 1024–49.

Evans, Luther H. 'Would Japanese Withdrawal from the League Affect the Status of the Japanese Mandate?', *The American Journal of International Law*, 27:1 (1933), 140–2.

Evans, Luther H. 'International Affairs: The Japanese Mandate Naval Base Question', *American Political Science Review*, 29:3 (June 1935), 482–7.

Feinberg, Nathan. *Some Problems of the Palestine Mandate*. Tel Aviv: Shoshani's Print Co., 1936.

Fieldhouse, David, ed. *Kurds, Arabs and Britons: The Memoir of Wallace Lyon in Iraq, 1918–1944*. London: I. B. Tauris, 2002.

Gatti, Ellen. *Exploring We Would Go*. New York: Charles Scribner's Sons, 1944.

Gerig, Benjamin. *The Open Door and the Mandates System*. London: George Allen & Unwin, 1930.

Gerig, Benjamin. 'Mandates and Colonies', *World Organisation: A Balance Sheet of the First Great Experiment*. Washington: American Council on Public Affairs, [1942].

Carr, E. H. *The Twenty Year Crisis, 1919–1939: An Introduction to the Study of International Relations*. London: Macmillan, 1940.

Cecil, Robert. *The First Assembly: A Study of the Proceedings of the First Assembly of the League of Nations*. London: Macmillan, 1921.

Charteris, A. H. 'The Mandate over Nauru Island', *British Year Book of International Law*, 137 (1923–24), 137–52.

Chinnery, E. W. P. 'The Central Ranges of the Mandated Territory of New Guinea from Mount Chapman to Mount Hagen', *The Geographical Journal*, 84:5 (November 1934), 398–412.

Clyde, Paul H. *Japan's Pacific Mandate*. New York: Macmillan, 1935.

Condliffe, J. B. *Markets and the Problem of Peaceful Change*. Paris: International Institute of Intellectual Co-operation, 1938.

Davis, Harriet Eager. *Pioneers in World Order: An American Appraisal of the League of Nations*. New York: Columbia University Press, 1944.

de Madariaga, Salvador, *Morning without Noon*. Farnsworth, England: Saxon House, 1974.

Derso, Alois, and Emery Kelen. *Le Testament de Genève: 10 années de coopération internationale*. Paris: Georges Lang, 1931.

Du Bois, W. E. B. *The Souls of Black Folk*. 1903; rpt. New York: New American Library, 1969.

Dunn, Frederick Sherwood. *Peaceful Change: A Study of International Procedures*. New York: Council on Foreign Relations, 1937.

Edmonds, C. J. *Kurds, Turks and Arabs: Politics, Travel and Research in North-Eastern Iraq, 1919–1925*. London: Oxford University Press, 1957.

Emmet, E. 'The Mandate over South-West Africa', *Journal of Comparative Legislation and International Law*, 3rd series, 9:1 (1927), 111–22.

Evans, Luther H. 'The General Principles Governing the Termination of a Mandate', *The American Journal of International Law*, 26:4 (October 1932), 735–58.

Evans, Luther H. 'The Emancipation of Iraq from the Mandates System', *American Political Science Review*, 26:6 (December 1932), 1024–49.

Evans, Luther H. 'Would Japanese Withdrawal from the League Affect the Status of the Japanese Mandate?', *The American Journal of International Law*, 27:1 (1933), 140–2.

Evans, Luther H. 'International Affairs: The Japanese Mandate Naval Base Question', *American Political Science Review*, 29:3 (June 1935), 482–7.

Feinberg, Nathan. *Some Problems of the Palestine Mandate*. Tel Aviv: Shoshani's Print Co., 1936.

Fieldhouse, David, ed. *Kurds, Arabs and Britons: The Memoir of Wallace Lyon in Iraq, 1918–1944*. London: I. B. Tauris, 2002.

Gatti, Ellen. *Exploring We Would Go*. New York: Charles Scribner's Sons, 1944.

Gerig, Benjamin. *The Open Door and the Mandates System*. London: George Allen & Unwin, 1930.

Gerig, Benjamin. 'Mandates and Colonies', *World Organisation: A Balance Sheet of the First Great Experiment*. Washington: American Council on Public Affairs, [1942].

Gerig, Benjamin. 'Significance of the Trusteeship System', *Annals of the American Academy of Political and Social Science*, 255 (January 1948), 39–47.

Ghory, Emile. 'An Arab View of the Situation in Palestine', *International Affairs*, 14:5 (September–October 1936), 684–99.

Gilchrist, Huntington. 'The Japanese Islands: Annexation or Trusteeship?', *Foreign Affairs*, 22 (1943–44), 634–42.

Gilchrist, Huntington. 'Colonial Questions at the San Francisco Conference', *American Political Science Review*, 39:5 (October 1945), 982–92.

Gilchrist, Huntington. 'Trusteeship and the Colonial System', *Proceedings of the Academy of Political Science*, 22:2 (January 1947), 95–109.

Goldmann, Nahum. *The Autobiography of Nahum Goldmann: Sixty Years of Jewish Life.* New York: Holt, Rinehart and Winston, 1969.

Grobba, Fritz. *Männer und Mächte im Orient: 25 Jahre diplomatitischer Tätigkeit im Orient.* Göttingen: Musterschmidt, 1967.

Hales, James C. 'Some Legal Aspects of the Mandates System: Sovereignty; Nationality; Termination; Transfer', *Transactions of the Grotius Society*, 23 (1937), 85–126.

Hales, James C. 'The Creation and Application of the Mandates System', *Transations of the Grotius Society*, 25 (1939), 185–284.

Hales, James C. 'The Reform and Extension of the Mandates System: A Legal Solution of the Colonial Problem', *Transactions of the Grotius Society*, 26 (1940), 163–210.

Hall, H. Duncan. *Mandates, Dependencies and Trusteeship.* Washington: Carnegie Endowment for International Peace, 1948.

Howard-Ellis, C. [Konni Zilliacus]. *The Origin, Structure and Working of the League of Nations.* Boston: Houghton Mifflin, 1929.

Kelen, Emery. *Peace in their Time: Men Who Led Us In and Out of War, 1914–1945.* New York: Alfred A. Knopf, 1963.

Khoury, Gerard D. *Une Tutelle coloniale: Le mandat français en Syrie et au Liban: Ecrits politiques de Robert de Caix.* Paris: Belin, 2006.

[King, Henry, and Charles Crane], 'King-Crane Report on the Near East', *Editor & Publisher*, 55:27 (2 December 1922).

Koloniale Reichsarbeitsgemeinschaft. *Protest der deutschen Wirtschaft gegen die Einverleibung von Deutsch-Ostafrika in das Britische Reich*, n.p., 1931.

Labouret, Henri. *Le Cameroun.* Paris: Centre d'Etudes de Politique étrangère, 1937.

Leahy, Michael J. 'The Central Highlands of New Guinea', *The Geographical Journal*, 87:3 (March 1936), 229–62.

Leahy, Michael J. *Explorations into Highland New Guinea, 1930–1935.* Tuscaloosa: University of Alabama Press, 1991.

Leahy, Michael, and Maurice Crain. *The Land that Time Forgot: Adventures and Discoveries in New Guinea.* New York: Funk & Wagnalls, 1937.

The Letters and Papers of Chaim Weizmann, vols. 8–19. New Brunswick, NJ: Transaction Books, 1976–79.

Locke, Alain. 'The Mandates System: A New Code of Empire' (1928), in *The Works of Alain Locke*, ed. Charles Molesworth. Oxford: Oxford University Press, 2012, 509–27.

Logan, Rayford. 'The Operation of the Mandates System in Africa', *The Journal of Negro History*, 13:4 (October 1928), 423–77.

Logan, Rayford. 'The System of International Trusteeship', *The Journal of Negro Education*, 15:3 (Summer, 1946), 285–99.

Lugard, Frederick. 'The Problem of Colour in Relation to the Idea of Equality', *Journal of Philosophical Studies*, 1:2 (April 1926), 211–33.

Lugard, Frederick. 'The White Man's Task in Tropical Africa', *Foreign Affairs*, 5:1 (October 1926), 57–68.

Lugard, Frederick. 'Colonial Administration', *Economica*, 41 (August 1933), 248–63.

Lugard, Frederick. 'Africa and the Powers', *Journal of the Royal African Society*, 35:138 (January 1936), 4–17.

Lugard, Frederick. 'The Basis of the Claim for Colonies', *International Affairs*, 15:1 (January–February 1936), 3–25.

Lugard, Frederick. *The Dual Mandate in British Tropical Africa*, 1922; rpt. Hamden, CT: Archon Books, 1965.

Mair, L. P. 'Colonial Administration as a Science', *Journal of the Royal African Society*, 32:129 (October 1933), 366–71.

Manning, C. A. W., ed. *Peaceful Change: An International Problem*. London: Macmillan, 1937.

Matches, Margaret. *Savage Paradise*. New York: The Century Co., 1931.

Mead, Margaret. *Letters from the Field, 1925–1975*. New York: Harper & Row, 1977.

Moresco, Emanuel. *Colonial Questions and Peace*. Paris: League of Nations, International Institute for Intellectual Co-operation, 1939.

Nelson, O. F. *Samoa at Geneva: Misleading the League of Nations*. Auckland: n.p., 1928.

Nelson, O. F. *A Petition to Geneva: The Hon. O. F. Nelson again Appeals*. Auckland: National Printing Co., 1930.

Nelson, O. F. 'What the Samoans Want', reprinted from the *New Zealand Samoan Guardian*, 23 Oct. 1930.

'New Zealand: The Trouble in Samoa', *Round Table*, 18 (December 1927), 191–210.

Padmore, George. *Africa and World Peace*, 1937; rpt. London: Frank Cass, 1972.

Palacios, Leopoldo. *Los Mandatos internacionales de la Sociedad de Naciones*. Madrid: Librería General de Victoriano Suarez, 1928.

'Peaceful Change: Procedures, Population, Raw Materials, Colonies'. *Proceedings of the Tenth International Studies Conference, Paris, 28 June–3 July 1937*. Paris: League of Nations, International Institute for Intellectual Co-operation, 1938.

Perham, Margery. *Pacific Prelude: A Journey to Samoa and Australasia*, 1929. London: Peter Owen, 1988.

Perth, Lord [Sir Eric Drummond] et al. 'The Future of the Mandates: A Symposium', *African Affairs*, 43:173 (October 1944), 159–71.

Potter, Pitman B. 'League Publicity: Cause or Effect of League Failure', *Public Opinion Quarterly*, 2:3 (July 1938), 399–412.

Rappard, William. *International Relations as Viewed from Geneva*, 1925; rpt. New Haven: Yale University Press, 1975.

Rappard, William. 'The Practical Working of the Mandates System', *Journal of the British Institute of International Affairs*, 4:5 (September 1925), 205–26.

Rappard, William. *The Geneva Experiment*. London: Oxford University Press, 1931.

Rappard, William. 'The Mandates and the International Trusteeship Systems', *Political Science Quarterly*, 61:3 (1946), 408–19.

Rappard, William. 'Mandates and Trusteeships with Particular Reference to Palestine', *Journal of Politics*, 8 (1946), 520–30.

Ritsher, Walter H. 'What Constitutes Readiness for Independence', *American Political Science Review*, 26:1 (February 1932), 112–22.

Rowe, Newton. 'The Samoa Mandate', *Foreign Affairs*, 8:12 (June 1927).

Royal Institute for International Affairs. *Germany's Claim to Colonies*. Information Department Paper No. 23. 2nd ed., London: RIIA, February 1939.

Ryckmans, Pierre. *Dominer pour Servir*. Brussels: Albert Dewit, 1931.

The Samoan Massacre: December 28th, 1929. Tasmania: n.p., 1930.

Sarraut, Albert. *La Mise en Valeur des colonies françaises*. Paris: Payot, 1923.

Schacht, Hjalmar. 'Germany's Colonial Demands', *Foreign Affairs*, 15:2 (January 1937), 223–34.

Schmitt, Carl. 'Völkerrechtliche Formen des modernen Imperialismus', in *Positionen und Begriffe im Kampf mit Weimar—Genf—Versailles, 1923–1939*, 1940; rpt. Berlin: Duncker & Humblot, 1994.

Schnee, Heinrich. *The German Colonies under the Mandates*. Berlin: Brönner in Nowawes, 1922.

Schnee, Heinrich. *German Colonization, Past and Future: The Truth about the German Colonies*. London: G. Allen & Unwin, 1926.

Schnee, Heinrich. 'Die Hungersnot in Ruanda und die belgische Mandatverwaltung', *Koloniale Rundschau*, 1929, no. 12, 357–68.

Smuts, J. C. *The League of Nations: A Practical Suggestion*. New York: The Nation Press, 1919.

Smuts, J. C. *Africa and Some World Problems*. Oxford: Clarendon Press, 1930.

Stafford, R. S. *The Tragedy of the Assyrians*. London: Allen & Unwin, 1935.

Stoyanovsky, Jacob. *La Théorie générale des Mandats internationaux*. Paris: Presses universitaires de France, 1925.

Temperley, H. W. V. *The Second Year of the League: A Study of the Second Assembly of the League of Nations*. London: Hutchinson, 1922.

Theodoli, Alberto. *A Cavallo di Due Secoli*. Rome: La Navicella, 1950.

Townsend, Mary E. 'The Contemporary Colonial Movement in Germany', *Political Science Quarterly*, 43:1 (March 1928), 64–75.

Townsend, Mary E. 'The German Colonies and the Third Reich', *Political Science Quarterly*, 53:2 (June 1938), 186–206.

Toynbee, Arnold J. *Survey of International Affairs, 1920–1923*. London: Humphrey Milford, 1925.

Toynbee, Arnold J. 'The Present Situation in Palestine', *International Affairs*, 10:1 (January 1931), 38–68.

Toynbee, Arnold J. 'Peaceful Change or War? The Next Stage in the International Crisis', *International Affairs*, 15:1 (January–February 1936), 26–56.

Toynbee, Arnold J. *Survey of International Affairs, 1935*, vol. 2, *Abyssinia and Italy*. London: Oxford University Press, 1936.

Van Rees, D. F. W. *Les Mandats internationaux: Le contrôle de l'administration mandataire*. Paris: Librairie Arthur Rousseau, 1927.

Van Rees, D. F. W. *Les Mandats internationaux: Les principes généraux du régime des mandats*. Paris: Librairie Arthur Rousseau, 1928.

Weizmann, Chaim. *Trial and Error: The Autobiography of Chaim Weizmann*. New York: Harper & Brothers, 1949.

West, Francis, ed. *Selected Letters of Hubert Murray*. Melbourne: Oxford University Press, 1970.

Wright, Quincy. 'Sovereignty of the Mandates', *American Journal of International Law*, 17:4 (October 1923), 691–703.

Wright, Quincy. 'The United States and the Mandates', *Michigan Law Review*, 23:7 (May 1925), 717–47.

Wright, Quincy. 'The Bombardment of Damascus', *The American Journal of International Law*, 20:2 (April 1926), 263–80.

Wright, Quincy. 'National Sovereignty and Collective Security', *Annals of the American Academy of Arts and Sciences*, 186:1 (1936), 94–104.

Wright, Quincy. *Mandates under the League of Nations*. 1930; rpt. New York: Greenwood Press, 1968.

Yanaihara, Tadao. *Pacific Islands under Japanese Mandate*. New York: Oxford University Press, 1940.

SECONDARY SOURCES

General

Adamthwaite, Anthony. *France and the Coming of the Second World War, 1936–1939*. London: Frank Cass, 1977.

Albrecht-Carrié, René. 'Italian Colonial Policy, 1914–1918', *The Journal of Modern History*, 18:2 (June 1946), 123–47.

Allain, Jean. 'Slavery and the League of Nations: Ethiopia as a Civilised Nation', *Journal of the History of International Law*, 8 (2006), 213–44.

Andrew, Christopher M., and A. S. Kanya-Forstner. 'France, Africa, and the First World War', *The Journal of African History*, 19:1 (1978), 11–23.

Andrew, Christopher M., and A. S. Kanya-Forstner, *France Overseas: The Great War and the Climax of French Imperial Expansion*. London: Thames and Hudson, 1981.

Anghie, Antony. 'Colonialism and the Birth of International Institutions: Sovereignty, Economy, and the Mandate System of the League of Nations', *NYU Journal of International Law and Politics*, 7 (2002), 513–634.

Anghie, Antony. *Imperialism, Sovereignty and the Making of International Law*. Cambridge: Cambridge University Press, 2004.

Arsan, Andrew. '"This is the Age of Associations": Committees, Petitions, and the Roots of Interwar Middle Eastern Internationalism', *Journal of Global History*, 7 (2012), 166–88.

Arsan, Andrew, Su Lin Lewis, and Anne-Isabelle Richard. 'The Roots of Global Civil Society and the Interwar Moment', *Journal of Global History*, 7:2 (2012), 157–65.

Asante, S. K. B. 'The Impact of the Italo-Ethiopian Crisis of 1935–36 on the Pan-African Movement in Britain', *Transactions of the Historical Society of Ghana*, 13:2 (December 1972), 217–27.

Austen, Ralph A. 'Varieties of Trusteeship: African Territories under British and French Mandate, 1919–1939', in *France and Britain in Africa*, ed. Prosser Gifford and Wm. Roger Louis. New Haven: Yale University Press, 1971, 515–42.

Aydin, Cemil. *The Politics of Anti-Westernism in Asia: Visions of World Order in Pan-Islamic and Pan-Asian Thought*. New York: Columbia University Press, 2007.

Baer, George W. *Test Case: Italy, Ethiopia, and the League of Nations*. Stanford: Hoover Institution Press, 1976.

Bain, William. *Between Anarchy and Society: Trusteeship and the Obligations of Power*. Oxford: Oxford University Press, 2003.

Barrington, J. M. 'The Permanent Mandates Commission and Educational Policy in Trust Territories', *International Review of Education*, 22:1 (1976), 88–94.

Barros, James C. *Betrayal from Within: Joseph Avenol, Secretary-General of the League of Nations, 1933–1940*. New Haven: Yale University Press, 1969.

Barros, James C. *Office without Power: Secretary-General Sir Eric Drummond, 1919–1933*. Oxford: Clarendon Press, 1979.

Bellegarde-Smith, Patrick D. 'Dantès Bellegarde and Pan-Africanism', *Phylon (1960–)*, 42:3 (1981), 233–44.

Bendiner, Elmer. *A Time for Angels: The Tragicomic History of the League of Nations*. New York: Knopf, 1975.

Berger, Stefan. 'William Harbutt Dawson: The Career and Politics of an Historian of Germany', *The English Historical Review*, 116:465 (February 2001), 76–113.

Berman, Bruce, and John Lonsdale. *Unhappy Valley: Conflict in Kenya and Africa*. London: John Currey, 1992.

Benton, Lauren. 'From International Law to Imperial Constitutions: The Problem of Quasi-Sovereignty, 1870–1900', *Law and History Review*, 26:3 (2008), 595–619.

Borowy, Iris. *Coming to Terms with World Health: The League of Nations Health Organisation, 1921–1946*. Frankfurt: Peter Lang, 2006.

Boyce, Robert. *The Great Interwar Crisis and the Collapse of Globalization*. London: Palgrave Macmillan, 2009.

Brooks, Rosa Ehrenreich. 'Failed States, or the State as Failure?', *The University of Chicago Law Review*, 72:4 (Autumn 2005), 1159–96.

Burke, Roland. *Decolonization and the Evolution of International Human Rights.* Philadelphia: University of Pennsylvania Press, 2010.

Burton, Margaret E. *The Assembly of the League of Nations.* University of Chicago Press, 1941; rpt. NY: Howard Fertig, 1974.

Butler, Israel de Jesús. 'A Comparative Analysis of Individual Petition in Regional and Global Human Rights Protection Mechanisms', *University of Queensland Law Journal*, 23:1 (2004), 22–53.

Callahan, Michael D. *Mandates and Empire: The League of Nations and Africa, 1914–1931.* Brighton: Sussex Academic Press, 1999.

Callahan, Michael D. *A Sacred Trust: The League of Nations and Africa, 1929–1946.* Brighton: Sussex Academic Press, 2004.

Chowdhuri, Ramendra Nath. *International Mandates and Trusteeship Systems: A Comparative Study.* 's-Gravenhage: Martinus Nijhoff, 1955.

Clarke, J. Calvitt III. 'The Politics of Arms not Given: Japan, Ethiopia and Italy in the 1930s', *Girding for Battle: The Arms Trade in a Global Perspective, 1815–1940*, ed. Donald J. Stoker, Jr., and Jonathan A. Grant. London: Praeger, 2003, 135–53.

Clavin, Patricia. *Securing the World Economy: The Reinvention of the League of Nations, 1920–1946.* Oxford: Oxford University Press, 2013.

Clavin, Patricia, and Jens-Wilhelm Wessels. 'Transnationalism and the League of Nations: Understanding the Work of its Economic and Financial Organization', *Contemporary European History*, 14:4 (November 2005), 465–92.

Cohen, Albert. *Belle du Seigneur*, 1968; English ed. *Her Lover*, trans. David Coward. London: Penguin Classics, 2005.

Cohrs, Patrick. *The Unfinished Peace after World War I: America, Britain, and the Stabilisation of Europe, 1919–1932.* Cambridge: Cambridge University Press, 2006.

Conklin, Alice L. *A Mission to Civilize: The Republican Idea of Empire in France and West Africa, 1895–1930.* Stanford: Stanford University Press, 1997.

Cooper, Frederick. *Decolonization and African Society: The Labor Question in French and British Africa.* Cambridge: Cambridge University Press, 1996.

Cooper, John Milton. *Breaking the Heart of the World: Woodrow Wilson and the Fight for the League of Nations.* Cambridge: Cambridge University Press, 2001.

Cowan, Jane. 'Who's Afraid of Violent Language? Honour, Sovereignty and Claims-Making in the League of Nations', *Anthropological Theory*, 33:3 (2003), 271–91.

Craft, Stephen G.V. K. *Wellington Koo and the Emergence of Modern China.* Lexington: University Press of Kentucky, 2004.

Crawford, Neta. *Argument and Change in World Politics: Ethics, Decolonization and Humanitarian Intervention.* Cambridge: Cambridge University Press, 2002.

Crawford, Neta. 'Decolonization through Trusteeship: The Legacy of Ralph Bunche', in *Trustee for the Human Community: Ralph J. Bunche, the United Nations, and the Decolonization of Africa.* Athens: Ohio University Press, 2010, 93–115.

Crozier, Andrew J. 'The Establishment of the Mandates System, 1919–25: Some Problems Created by the Paris Peace Conference', *Journal of Contemporary History*, 14:3 (July 1979), 483–513.

Crozier, Andrew J. *Appeasement and Germany's Last Bid for Colonies*. London: Macmillan, 1988.

Darwin, John. *The Empire Project: The Rise and Fall of the British World-System, 1830–1970*. Cambridge: Cambridge University Press, 2009.

Davidson, Basil. *Black Man's Burden: Africa and the Curse of the Nation State*. London: James Currey, 1992.

Derrick, Jonathan. *Africa's 'Agitators': Militant Anti-Colonialism in Africa and the West, 1918–1939*. New York: Columbia University Press, 2008.

Dimier, Véronique. 'Direct or Indirect Rule: Propaganda around a Scientific Controversy', in *Promoting the Colonial Idea: Propaganda and Visions of Empire in France*, ed. Tony Chafer and Amanda Sackur. London: Palgrave, 2002, 168–83.

Dimier, Véronique. ' "L'Internationalisation" du débat colonial: Rivalités franco-britanniques autour de la Commission permanente des Mandats', *Outre Mers: Revue d'Histoire*, 89:336–7 (2002), 333–60.

Dimier, Véronique. *Le Gouvernement des colonies, regards croisés franco-britanniques*. Brussels: Editions de l'Université de Bruxelles, 2004.

Douglas, R. M., Michael D. Callahan, and Elizabeth Bishop. *Imperialism on Trial: International Oversight of Colonial Rule in Historical Perspective*. Lanham, MD: Lexington Books, 2006.

Dubin, Martin David. 'Towards the Bruce Report: The Economic and Social Programmes of the League of Nations in the Avenol Era', in *The League of Nations in Retrospect*. Berlin: W. de Gruyter, 1983, 42–72.

Dubin, Martin David. 'Transgovernmental Processes in the League of Nations', *International Organization*, 37:3 (1983), 469–93.

Dubow, Saul. 'Smuts, the United Nations and the Rhetoric of Race and Rights', *Journal of Contemporary History*, 43 (2008), 45–74.

Egerton, George W. *Great Britain and the Creation of the League of Nations*. Chapel Hill: University of North Carolina Press, 1978.

Ekoko, A. Edho. 'The British Attitude towards Germany's Colonial Irredentism in Africa in the Inter-War Years', *Journal of Contemporary History*, 14:2 (April 1979), 287–307.

Fields, Karen E. *Revival and Rebellion in Colonial Central Africa*. Princeton: Princeton University Press, 1985.

Fink, Carole. *The Genoa Conference: European Diplomacy, 1921–1922*. Chapel Hill: University of North Carolina Press, 1984.

Fink, Carole. *Defending the Rights of Others: The Great Powers, the Jews, and International Minority Protection, 1878–1938*. Cambridge: Cambridge University Press, 2006.

Firth, Stewart. 'The War in the Pacific', in *The Cambridge History of the Pacific Islanders*, ed. Donald Denoon. Cambridge: Cambridge University Press, 1997, 291–323.

Frecot, Janos, ed. *Erich Salomon 'Mit Frack und Linse durch Politik und Gesellschaft': Photographien 1928–1938*. Halle, Leipzig, and Passau: Schirmer/Mosel, 2004.

Gageby, Douglas. *The Last Secretary General: Sean Lester and the League of Nations*. Dublin: Town House, 1999.

Gorman, Daniel. *The Emergence of International Society in the 1920s*. Cambridge: Cambridge University Press, 2012.

Graichen, Gisela, and Horst Gründer. *Deutsche Kolonien: Traum und Trauma*. Berlin: Ullstein, 2007.

Grant, Kevin. 'Trust and Self-Determination: Anglo-American Ethics of Empire and International Government', in *Critiques of Capital in Modern Britain and America: Transatlantic Exchanges*, ed. Mark Bevir and Frank Trentmann. London: Palgrave, 2002, 151–73.

Grant, Kevin. *A Civilized Savagery: Britain and the New Slaveries in Africa, 1884–1926*. New York: Routledge, 2005.

Grant, Kevin. 'Human Rights and Sovereign Abolitions of Slavery, c. 1885–1950', in *Beyond Sovereignty: Britain, Empire and Transnationalism, c. 1880–1950*, ed. Kevin Grant, Philippa Levine, and Frank Trentmann. London: Palgrave Macmillan, 2007, 80–102.

Grant, Kevin. 'The British Empire, International Government, and Human Rights', *History Compass*, 11:8 (2013), 573–83.

Grayson, Richard S. *Austen Chamberlain and the Commitment to Europe: British Foreign Policy, 1924–29*. London: Frank Cass, 1997.

Grigorescu, Alexandru. 'Mapping the UN-League of Nations Analogy: Are There Still Lessons to be Learned from the League?', *Global Governance*, 11 (2005), 25–42.

Haas, Ernst B. 'The Reconciliation of Conflicting Colonial Policy Aims: Acceptance of the League of Nations Mandate System', *International Organization*, 6:4 (November 1952), 521–36.

Hale, William. *Turkish Foreign Policy, 1774–2000*. London: Frank Cass, 2000.

Helman, Gerald B., and Steven R. Ratner, 'Saving Failed States', *Foreign Policy*, 89 (Winter, 1992–1992), 3–20.

Hodge, Joseph Morgan. *Triumph of the Expert: Agrarian Doctrines of Development and the Legacies of British Colonialism*. Athens, OH: Ohio University Press, 2007.

Homan, Gerlof D. 'Orie Benjamin Gerig: Mennonite Rebel, Peace Activist, International Civil Servant, and American Diplomat, 1894–1976', *The Mennonite Quarterly*, vol. 73, no. 4, October 1999.

International Labour Organisation, *International Labour Conventions and Recommendations, 1919–1981*. Geneva: ILO, 1982.

Jackson, Peter. 'Tradition and Adaptation: The Social Universe of the French Foreign Ministry in the Era of the First World War', *French History*, 24:2 (2010), 164–96.

Jackson, Robert H. *Quasi-States: Sovereignty, International Relations and the Third World*. Cambridge: Cambridge University Press, 1990.

Janken, Kenneth Rogert. *Rayford W. Logan and the Dilemma of the African-American Intellectual.* Amherst: University of Massachusetts Press, 1993.

Kimmich, Christoph. *Germany and the League of Nations.* Chicago: University of Chicago Press, 1976.

Kinnear, Mary. *Woman of the World: Mary McGeachy and International Cooperation.* Toronto: University of Toronto Press, 2004.

Knock, Thomas J. *To End All Wars: Woodrow Wilson and the Quest for a New World Order.* Princeton: Princeton University Press, 1992.

Kuehl, Warren F., and Lynne K. Dunn. *Keeping the Covenant: American Internationalists and the League of Nations, 1920–1939.* Kent, OH: Kent State University Press, 1997.

Lake, Marilyn, and Henry Reynolds. *Drawing the Global Colour Line: White Men's Countries and the International Challenge of Racial Equality.* Cambridge: Cambridge University Press, 2008.

Lang, Michael. 'Globalization and Global History in Toynbee', *Journal of World History,* 22:4 (December 2011), 747–83.

Laqua, Daniel, ed. *Internationalism Reconfigured: Transnational Ideas and Movements Between the World Wars.* London: I. B. Tauris, 2011.

Lauren, Paul Gordon. *The Evolution of International Human Rights: Visions Seen.* Philadelphia: University of Pennsylvania Press, 1998.

The League of Nations in Retrospect: Proceedings of the Symposium. Berlin: W. de Gruyter, 1983.

L'Estoile, Benoît de. 'Internationalization and "Scientific Nationalism": The International Institute of African Languages and Cultures between the Wars', in Helen Tilley with Robert J. Gordon, ed., *Ordering Africa: Anthropology, European Imperialism and the Politics of Knowledge.* Manchester: Manchester University Press, 2007, 95–116.

Legg, Stephen, ed. *Spatiality, Sovereignty and Carl Schmitt: Geographies of the Nomos.* London: Routledge, 2011.

Lewis, David Levering. *W. E. B. Du Bois: Biography of a Race, 1868–1919.* New York: Henry Holt, 1993.

Lewis, David Levering. *W. E. B. Du Bois: The Fight for Equality and the American Century, 1919–1963.* New York: Henry Holt, 2000.

Linne, Karsten. *Deutschland jenseits des Äquators? Die NS-Kolonialplanungen für Afrika.* Berlin: Ch. Links Verlag, 2008.

Lloyd, Lorna. *Peace through Law: Britain and the International Court in the 1920s.* London: Royal Historical Society, 1997.

Löhr, Isabella, and Roland Wenzlhuemer. *The Nation State and Beyond: Governing Globalization Processes in the Nineteenth and Early Twentieth Centuries.* Heidelberg: Springer, 2013.

Long, David. 'Who Killed the International Studies Conference?', *Review of International Studies,* 32 (2006), 603–22.

Long, David, and Brian C. Schmidt. *Imperialism and Internationalism in the Discipline of International Relations.* Albany: State University of New York Press, 2005.

Louis, Wm. Roger. 'The United States and the African Peace Settlement of 1919: The Pilgrimage of George Louis Beer', *The Journal of African History*, 4:3 (1963), 413–33.

Louis, Wm. Roger. *Great Britain and Germany's Lost Colonies, 1914–1919*. Oxford: Clarendon Press, 1967.

Louis, Wm. Roger. 'The United Kingdom and the Beginning of the Mandates System, 1919–1922', *International Organization*, 23:1 (1969), 73–96.

Louis, Wm. Roger. *Imperialism at Bay: The United States and the Decolonization of the British Empire, 1941–1945*. New York: Oxford University Press, 1978.

Louis, Wm. Roger. *Ends of British Imperialism: The Scramble for Empire, Suez and Decolonization*. London: I. B. Tauris, 2006.

Mamdani, Mahmood. *Citizen and Subject: Contemporary Africa and the Legacy of Late Colonialism*. Princeton: Princeton University Press, 1996.

Manela, Erez. *The Wilsonian Moment: Self-Determination and the International Origins of Anticolonial Nationalism*. Oxford: Oxford University Press, 2007.

Manigand, Christine. *Les Français au service de la Société des Nations*. Bern: Peter Lang, 2003.

Manjapra, Kris. *Age of Entanglement: German and Indian Intellectuals across Empire*. Cambridge, MA: Harvard University Press, 2014.

Mantena, Karuna. *Alibis of Empire: Henry Maine and the Ends of Liberal Imperialism*. Princeton: Princeton University Press, 2010.

Maul, Daniel Roger. 'The International Labour Organization and the Struggle against Forced Labour from 1919 to the Present', *Labour History*, 48:4 (2007), 477–500.

Mazower, Mark. *No Enchanted Palace: The End of Empire and the Ideological Origins of the United Nations*. Princeton: Princeton University Press, 2009.

Mazower, Mark. *Governing the World: The History of an Idea*. New York: Penguin, 2012.

McCarthy, Helen. *The British People and the League of Nations: Democracy, Citizenship and Internationalism, c. 1918–45*. Manchester: Manchester University Press, 2011.

Méouchy, Nadine, and Peter Sluglett, eds. *British and French Mandates in Comparative Perspective*. Leiden: Brill, 2004.

Metzger, Barbara H. M. 'The League of Nations and Human Rights: From Practice to Theory', Dissertation, University of Cambridge, 2001.

Metzger, Barbara H. M. 'Towards an International Human Rights Regime during the Inter-War Years: The League of Nations' Combat of Traffic in Women and Children', in *Beyond Sovereignty: Britain, Empire and Transnationalism, c. 1880–1950*, ed. Kevin Grant, Philippa Levine, and Frank Trentmann. London: Palgrave Macmillan, 2007, 54–79.

Miers, Suzanne. *Slavery in the Twentieth Century: The Evolution of a Global Problem*. Walnut Creek, CA: Altamira Press, 2003.

Miller, Carol. 'The Social Section and Advisory Committee on Social Questions of the League of Nations', in *International Health Organizations and Movements*, ed. Paul Weindling. Cambridge: Cambridge University Press, 1995, 154–76.

Mitrany, David. *A Working Peace System: An Argument for the Functional Development of International Organization.* New York: Oxford University Press, 1944.

Mohamed, Saira. 'From Keeping Peace to Building Peace: A Proposal for a Revitalized United Nations Trusteeship Council', *Columbia Law Review*, 105:3 (April 2005), 809–40.

Momirov, Aleksandar. 'The Individual Right to Petition in Internationalized Territories: From Progressive Thought to an Abandoned Practice', *Journal of the History of International Law*, 9 (2007), 203–31.

Monnier, Victor. *William E. Rappard: Défenseur des libertés, serviteur de son pays et de la communauté internationale.* Geneva: Slatkine, 1995.

Moorhouse, Frank. *Grand Days.* Sydney: Pan Macmillan, 1993.

Moorhouse, Frank. *Dark Palace.* New York: Knopf, 2000.

Morrell, Gordon W. 'A Higher State of Imperialism? The Big Three, the UN Trusteeship Council, and the Early Cold War', in *Imperialism on Trial: International Oversight of Colonial Rule in Historical Perspective*, ed. R. M. Douglas, Michael D. Callahan, and Elizabeth Bishop. Lanham, MD: Lexington Books, 2006, 111–38.

Murray, James N., Jr. *The United Nations Trusteeship System.* Urbana: University of Illinois Press, 1957.

Muse, Clifford L. Jr. 'Howard University and U.S. Foreign Affairs during the Franklin D. Roosevelt Administration, 1933–1945', *The Journal of African-American History*, 87 (Autumn 2002), 403–15.

Nish, Ian. *Japan's Struggle with Internationalism: Japan, China and the League of Nations, 1931–33.* New York: Kegan Paul International, 1993.

Nish, Ian. *Japanese Foreign Policy in the Interwar Period.* Westport, CT: Praeger, 2002.

Nordqvist, Liv Wicksell. *Anna Bugge Wicksell: En Kvinna före sin tid.* Malmö: Liber Förlag, 1985.

Northedge, F. S. *The League of Nations: Its Life and Times.* Leicester: Leicester University Press, 1986.

O'Sullivan, Christopher D. *Sumner Welles, Postwar Planning, and the Quest for a New World Order, 1937–1943.* New York: Columbia University Press, 2008.

Omissi, David. *Air Power and Colonial Control: The Royal Air Force, 1919–1939.* Manchester: Manchester University Press, 1990.

Parker, R. A. C. 'Great Britain, France and the Ethiopian Crisis, 1935–1936', *The English Historical Review*, 89:351 (April 1974), 293–332.

Pearce, Robert. *Sir Bernard Bourdillon: The Biography of a Twentieth-Century Colonialist.* Oxford: Kensal Press, 1987.

Pedersen, Susan. 'Settler Colonialism at the Bar of the League of Nations', in Caroline Elkins and Susan Pedersen, eds, *Settler Colonialism in the Twentieth Century* (New York: Routledge, 2005), 113–34.

Pedersen, Susan. 'The Meaning of the Mandates System: An Argument', *Geschichte und Gesellschaft*, 32:4 (October–December 2006), 560–82.

Pedersen, Susan. 'Back to the League of Nations', *American Historical Review*, 112:4 (October 2007), 1091–117.

Pedersen, Susan. 'Metaphors of the Schoolroom: Women Working the Mandates System of the League of Nations', *History Workshop Journal*, 66 (2008), 188–207.

Pedersen, Susan. 'Getting out of Iraq—in 1932: The League of Nations and the Road to Normative Statehood', *American Historical Review*, 115:4 (October 2010), 975–1000.

Pedersen, Susan. 'Samoa at Geneva: Petitions and Peoples before the Mandates Commission of the League of Nations.' *Journal of Imperial and Commonwealth History*, 40:2 (June 2012), 231–61.

Pennybacker, Susan. *From Scottsboro to Munich: Race and Political Culture in 1930s Britain.* Princeton: Princeton University Press, 2009.

Perham, Margery. *Lugard: The Years of Authority, 1898–1945.* London: Collins, 1960.

Peter, Ania. *William E. Rappard und der Völkerbund: Ein Schweizer Pionier der internationalen Verständigung.* Bern: Lang, 1973.

Rajagopal, Balakrishnan. *International Law from Below: Development, Social Movements, and Third World Resistance.* Cambridge: Cambridge University Press, 2003.

Ranger, T. O. 'The Invention of Tradition in Colonial Africa', in *The Invention of Tradition*, ed. E. J. Hobsbawm and T. O. Ranger. Cambridge: Cambridge University Press, 1983, 211–62.

Ranshofen-Wertheimer, Egon F. *The International Secretariat: A Great Experiment in International Administration.* Washington: Carnegie Endowment for International Peace, 1945.

Renoliet, Jean-Jacques. *L'Unesco oubliée: La Société des Nations et la coopération intellectuelle, 1919–1946* (Paris: Publications de la Sorbonne, 1999).

Ribi, Amalia. ' "The Breath of a New Life"? British Anti-Slavery and the League of Nations', *Internationalism Reconfigured: Transnational Ideas and Movements Between the World Wars*, ed. Daniel Laqua. London: I. B. Tauris, 2011, 93–113.

Richard, Anne-Isabelle. 'Competition and Complementarity: Civil Society Networks and the Question of Decentralizing the League of Nations', *Journal of Global History*, 7:2 (2012), 233–56.

Rietzler, Katharina. 'Experts for Peace: Structures and Motivations of Philanthropic Internationalism in the Interwar Years', in *Internationalism Reconfigured: Transnational Ideas and Movements between the Wars*, ed. Daniel Laqua. London: I. B. Tauris, 2011, 45–65.

Rimmer, Douglas. 'Have-Not Nations: The Prototype', *Economic Development and Cultural Change*, 27:2 (January 1979), 307–25.

Roberts, Andrew. *'The Holy Fox': A Life of Lord Halifax*, 1991; rpt. London: Papermac, 1992.

Robinson, Pearl T. 'Ralph Bunche and African Studies: Reflections on the Politics of Knowledge', *African Studies Review*, 51:1 (April 2008), 1–16.

Robinson, Pearl T. 'Ralph Bunche the Africanist: Revising Paradigms Lost', in *Trustee for the Human Community: Ralph J. Bunche, the United Nations, and the Decolonization of Africa*, ed. Robert A. Hill and Edmond J. Keller. Athens, OH: Ohio University Press, 2010, 69–90.

Rodríguez-Piñero, Luis. *Indigenous Peoples, Postcolonialism, and International Law: The ILO Regime (1919–1989)*. Oxford: Oxford University Press, 2005.

Rovine, Arthur W. *The First Fifty Years: The Secretary-General in World Politics, 1920–1970*. Leyden: A. W. Sijthoff, 1970.

Rucker, ' "A Negro Nation within the Nation": W. E. B. Du Bois and the Creation of a Revolutionary Pan-Africanist Tradition', *The Black Scholar*, 32:3/4 (Autumn 2002), 37–46.

Sbrega, John J. 'Determination versus Drift: The Anglo-American Debate over the Trusteeship Issue, 1941–1945', *Pacific Historical Review*, 55:2 (May 1986), 256–80.

Schlesinger, Stephen C. *Act of Creation: The Founding of the United Nations*. Boulder, CO: Westview Press, 2003.

Schmokel, Wolfe W. *Dream of Empire: German Colonialism, 1919–1945*. New Haven and London: Yale University Press, 1964.

Schneer, Jonathan. *The Balfour Declaration: The Origins of the Arab-Israeli Conflict*. New York: Random House, 2010.

Schneider, Michael A. 'The Intellectual Origins of Colonial Trusteeship in East Asia: Nitobe Inazô, Paul Reinsch and the End of Empire', *American Asian Review*, 17:1 (Spring 1999), 1–48.

Scott, George. *The Rise and Fall of the League of Nations*. New York: Macmillan, 2003.

Sherwood, Marika. ' "There is No New Deal for the Blackman in San Francisco": African Attempts to Influence the Founding Conference of the United Nations, April–July 1945', *The International Journal of African Historical Studies*, 29:1 (1996), 71–94.

Shilliam, Robbie. 'What about Marcus Garvey? Race and the Transformation of Sovereignty Debate', *Review of International Studies*, 32 (2006), 379–400.

Sinha, Mrinalini. *Specters of Mother India: The Global Restructuring of an Empire*. Durham, NC: Duke University Press, 2006.

Skran, Claudena M. *Refugees in Inter-War Europe: The Emergence of a Regime*. Oxford: Clarendon Press, 1995.

Sluga, Glenda. *Internationalism in the Age of Nationalism*. Philadelphia: University of Pennsylvania Press, 2013.

Spear, Thomas. 'Neo-Traditionalism and the Limits of Invention in British Colonial Africa', *Journal of African History*, 44:1 (2003), 3–27.

Stahn, Carsten. *The Law and Practice of International Territorial Administration: Versailles to Iraq and Beyond*. Cambridge: Cambridge University Press, 2008.

Stedman, Andrew David. ' "A Most Dishonest Argument": Chamberlain's Government, Anti-Appeasers, and the Persistence of League of Nations Language before the Second World War', *Contemporary British History*, 25:1 (2011), 83–99.

Steiner, Zara. *The Lights That Failed: European International History, 1919–1933*. Oxford: Oxford University Press, 2007.

Steiner, Zara. *The Triumph of the Dark: European International History, 1933–1939*. Oxford: Oxford University Press, 2011.

Stocking, George W., Jr. *After Tylor: British Social Anthropology, 1888–1951*. Madison: University of Wisconsin Press, 1995.

Strachan, Hew. *The First World War in Africa*. Oxford: Oxford University Press, 2004.

Sundiata, Ibrahim. *Brothers and Strangers: Black Zion, Black Slavery, 1914–1940*. Durham, NC: Duke University Press, 2003.

Terretta, Meredith. '"We had been fooled into thinking that the UN watches over the whole world": Human Rights, UN Trust Territories, and Africa's Decolonization', *Human Rights Quarterly*, 34:2 (May 2012), 329–60.

Thomas, Martin. *Britain, France and Appeasement: Anglo-French Relations in the Popular Front Era*. New York: Berg, 1997.

Thomas, Martin. 'Albert Sarraut, French Colonial Development and the Communist Threat', *Journal of Modern History*, 77:4 (December 2005), 917–55.

Tilly, Helen, with Robert J. Gordon, ed. *Ordering Africa: Anthropology, European Imperialism, and the Politics of Knowledge*. Manchester: Manchester University Press, 2007.

Tooze, Adam. *The Wages of Destruction: The Making and Breaking of the Nazi Economy*. New York: Viking, 2006.

Unger, Gérard. *Aristide Briand: Le ferme conciliateur*. Paris: Fayard, 2005.

Upthegrove, Campbell L. *Empire by Mandate*. New York: n.p., 1954.

Urquhart, Brian. *Ralph Bunche: An American Odyssey*. New York: Norton, 1993.

Van Ginneken, Anique H. M. 'Volkenbondsvoogdij: Het Toezicht van de Volkenbond op het Bestuur in Mandaatgebieden, 1919–1940', Dissertation, University of Utrecht, 1992.

Van Ginneken, Anique H. M. *Historical Dictionary of the League of Nations*. Lanham, MD: Scarecrow Press, 2006.

Van Laak, Dirk. *Imperiale Infrastruktur: Deutsche Planungen für eine Erschließung Afrikas 1880 bis 1960*. Paderborn: Ferdinand Schöningh, 2004.

Vitalis, Robert. 'The Graceful and Generous Liberal Gesture: Making Racism Invisible in American International Relations', *Millennium: Journal of International Studies*, 29:2 (2000), 331–56.

Vitalis, Robert. 'Birth of a Discipline', in David Long and Brian C. Schmidt, eds, *Imperialism and Internationalism in the Discipline of International Relations*. Albany: State University of New York Press, 2005, 159–81.

Von Eschen, Penny M. *Race Against Empire: Black Americans and Anticolonialism, 1937–1957*. Ithaca, NY, and London: Cornell University Press, 1997.

Walters, Francis P. *A History of the League of Nations*. Oxford: Oxford University Press, 1952.

Wasserstein, Bernard. *On the Eve: The Jews of Europe Before the Second World War*. New York: Simon & Shuster, 2012.

Webster, Andrew. 'The Transnational Dream: Politicians, Diplomats and Soldiers in the League of Nations' Pursuit of International Disarmament, 1920–1938', *Central European History*, 14:4 (November 2005), 493–518.

Weltsch, Robert. 'A Tragedy of Leadership (Chaim Weizmann and the Zionist Movement', *Jewish Social Studies*, 13:3 (July 1951), 211–26.

Wertheim, Stephen. 'The League of Nations: A Retreat from International Law?', *Journal of Global History*, 7:2 (2012), 210–32.

Westad, Odd Arne. *The Global Cold War: Third World Interventions and the Making of Our Times*. Cambridge: Cambridge University Press, 2005.

Wilde, Ralph. *International Territorial Administration: How Trusteeship and the Civilizing Mission Never Went Away*. Oxford: Oxford University Press, 2008.

Wildenthal, Lora. *German Women for Empire, 1884–1945*. Durham, NC: Duke University Press, 2001.

Wintzer, Joachim. *Deutschland und der Völkerbund, 1918–1926*. Paderborn: Ferdinand Schöningh Verlag, 2006.

Wolf, Hans-Georg. 'British and French Language and Educational Policies in the Mandate and Trusteeship Territories', *Language Sciences*, 30 (2008), 553–74.

Wright, Jonathan. *Gustav Stresemann: Weimar's Greatest Statesman*. Oxford: Oxford University Press, 2002.

Yearwood, Peter. *Guarantee of Peace: The League of Nations in British Policy, 1914–1925*. Oxford: Oxford University Press, 2009.

Young, Crawford. *The African Colonial State in Comparative Perspective*. New Haven: Yale University Press, 1994.

Zilliacus, Stella. *Six People and Love*. New York: John Day, 1957.

'A' Mandates

Middle East General

Alkhazragi, Hussein D. 'Un Petit Prince à la SDN: La lutte du roi Hussein du Hedjaz pour l'indépendance des provinces arabes de l'empire ottoman', *Relations Internationales*, 146 (2011–12), 7–23.

Fieldhouse, D. K. *Western Imperialism in the Middle East, 1914–1958*. Oxford: Oxford University Press, 2006.

Fisher, John. 'Syria and Mesopotamia in British Middle Eastern Policy in 1919', *Middle Eastern Studies*, 34:2 (April 1998), 129–70.

Fisher, John. *Curzon and British Imperialism in the Middle East, 1916–1919*. London: Frank Cass, 1999.

Fisher, John. 'Lord Robert Cecil and the Formation of a Middle East Department of the Foreign Office', *Middle Eastern Studies*, 42:3 (2006), 365–80.

Fromkin, David. *Peace to End All Peace: The Fall of the Ottoman Empire and the Creation of the Modern Middle East*. New York: Henry Holt, 2001.

Hoffmann, Friedhelm. *Die Syro-Palästinensische Delegation am Völkerbund und Šakīb Arslān in Genf, 1921–1936/46*. Berlin: Lit, 2007.

Mouton, Marie-Renée. 'Le Congrès syrio-palestinien de Genève', *Relations Internationales*, 19 (Autumn 1979), 313–28.

Reynolds, Michael A. *Shattering Empires: The Clash and Collapse of the Ottoman and Russian Empires, 1908–1918*. Cambridge: Cambridge University Press, 2011.

Seale, Patrick. *The Struggle for Arab Independence: Riad el-Solh and the Makers of the Modern Middle East*. Cambridge: Cambridge University Press, 2010.

Thomas, Martin. *Empires of Intelligence: Security Services and Colonial Disorder after 1914*. Berkeley and Los Angeles: University of California Press, 2008.

Palestine and Transjordan

Alon, Yoav. 'Tribal Shaykhs and the Limits of British Imperial Rule in Transjordan, 1920–46', *Journal of Imperial and Commonwealth History*, 32:1 (January 2004), 69–92.

Alon, Yoav. *The Making of Jordan: Tribes, Colonialism and the Modern State*. London: I. B. Tauris, 2007.

Ayyad, Abdelaziz A. *Arab Nationalism and the Palestinians, 1850–1939*. Jerusalem: PASSIA, 1999.

Cohen, Michael J. *Palestine: Retreat from the Mandate: The Making of British Policy, 1936–45*. New York: P. Elek, 1978.

Cohen, Michael J. 'Origins of the Arab States' Involvement in Palestine', *Middle Eastern Studies*, 19:2 (April 1983), 244–52.

Cohen, Michael J. *The Origins and Evolution of the Arab-Zionist Conflict*. Berkeley: University of California Press, 1987.

El-Eini, Roza I. M. *Mandated Landscape: British Imperial Rule in Palestine, 1929–1948*. New York: Routledge, 2006.

Gilmour, David. 'The Unregarded Prophet: Lord Curzon and the Palestine Question', *Journal of Palestine Studies*, 25:3 (Spring 1996), 60–8.

Haim, Yehoyada. 'Zionist Policies and Attitudes towards the Arabs on the Eve of the Arab Revolt, 1936', *Middle Eastern Studies*, 14:2 (May 1078), 211–31.

Hirszowicz, Lukasz. 'Nazi Germany and the Palestine Partition Plan', *Middle Eastern Studies*, 1:1 (October 1964), 40–65.

Hughes, Matthew. 'The Banality of Brutality: British Armed Forces and the Repression of the Arab Revolt, 1936–39', *English Historical Reivew*, 124:507 (2009), 313–54.

Hughes, Matthew. 'Lawlessness was the Law: British Armed Forces, the Legal System and the Repression of the Arab Revolt in Palestine, 1936–1939', in *Britain, Palestine and Empire: The Mandate Years*, ed. Rory Miller. London: Ashgate, 2010, 141–56.

Huneidi, Sahar. 'Was Balfour Policy Reversible? The Colonial Office and Palestine, 1921–23', *Journal of Palestine Studies*, 27:2 (Winter 1998), 23–41.

Huneidi, Sahar. *A Broken Trust: Herbert Samuel, Zionism, and the Palestinians*. London: I. B. Tauris, 2001.

Hurewitz, J. C. *The Struggle for Palestine*, 1950; new ed. New York: Schocken Books, 1976.

Khalidi, Rashid. *Palestinian Identity: The Construction of Modern National Consciousness*. New York: Columbia University Press, 1997.

Khalidi, Walid, ed. *From Haven to Conquest*. Washington: Institute for Palestine Studies, 1987.

Kolatt, Israel. 'The Zionist Movement and the Arabs', in *Essential Papers on Zionism*, ed. Jehuda Reinharz and Anita Shapira. New York: NYU Press, 1996, 617–47.

Kolinsky, Martin. 'Premeditation in the Palestine Disturbances of August 1929?', *Middle Eastern Studies*, 26:1 (January 1990), 18–34.

Krämer, Gudrun. *A History of Palestine: From the Ottoman Conquest to the Founding of the State of Israel*, 2002; English ed. Princeton: Princeton University Press, 2008.

Mattar, Philip. *The Mufti of Jerusalem: Al-Hajj Amin al-Husayni and the Palestinian National Movement*. New York: Columbia University Press, 1988.

Matthews, Weldon C. *Confronting an Empire, Constructing a Nation: Arab Nationalists and Popular Politics in Mandate Palestine*. London: I. B. Tauris, 2006.

Melka, R. 'Nazi Germany and the Palestine Question', *Middle Eastern Studies*, 5:3 (October 1969), 221–33.

Miller, Rory, ed. *Palestine, Britain and Empire: The Mandate Years*. London: Ashgate, 2010.

Nicosia, Francis. 'Arab Nationalism and National Socialist Germany, 1933–1939: Ideological and Strategic Incompatibility', *International Journal of Middle Eastern Studies*, 12:3 (November 1980), 351–72.

Pappe, Ilan. *A History of Modern Palestine: One Land, Two Peoples*, 2nd ed. Cambridge: Cambridge University Press, 2006.

Pedersen, Susan. 'The Impact of League Oversight on British Policy in Palestine', in *Palestine, Britain and Empire: the Mandate Years*, ed. Rory Miller. London: Ashgate, 2010, 39–65.

Porath, Yehoshua. *The Palestinian Arab National Movement: From Riots to Rebellion*, vol. 2, *1929–1939*. London: Frank Cass, 1977.

Porath, Yehoshua. *In Search of Arab Unity, 1930–1945*. London: Frank Cass, 1986.

Rogan, Eugene L., and Avi Shlaim, eds. *The War for Palestine*, 2nd ed. Cambridge: Cambridge University Press, 2007.

Rose, Norman A. 'The Arab Rulers and Palestine, 1936: The British Reaction', *Journal of Modern History*, 44:2 (June 1972), 213–31.

Rose, Norman A. *The Gentile Zionists: A Study in Anglo-Zionist Diplomacy, 1929–1939*. London: Routledge, 1973.

Rosenblum, Howard (Chanoch). 'Promoting an International Conference to Solve the Jewish Problem: The New Zionist Organization's Alliance with Poland, 1938–1939', *The Slavonic and East European Review*, 69:3 (July 1991), 478–501.

Segev, Tom. *One Palestine, Complete: Jews and Arabs under the British Mandate*. New York: Metropolitan Books, 2000.

Sherman, A. J. *Mandate Days: British Lives in Palestine, 1918–1948*. Baltimore: Johns Hopkins University Press, 2001.

Sinanoglou, Penny. 'British Plans for the Partition of Palestine, 1929–1938', *The Historical Journal*, 52:1 (2009), 131–52.

Smith, Barbara J. *The Roots of Separatism in Palestine: British Economic Policy, 1920–1929*. Syracuse, NY: Syracuse University Press, 1993.

Smith, Charles. 'Communal Conflict and Insurrection in Palestine', in *Policing and Decolonization: Politics, Nationalism and the Police, 1917–1965*, ed. David M. Anderson and David Killingray. Manchester: Manchester University Press, 1992, 62–83.

Stein, Kenneth W. 'The Jewish National Fund: Land Purchase Methods and Priorities, 1924–1939', *Middle Estern Studies*, 20:2 (April 1984), 190–205.

Stein, Kenneth W. *The Land Question in Palestine, 1917–1939*. Chapel Hill and London: University of North Carolina Press, 1984.

Townshend, Charles. 'The Defence of Palestine: Insurrection and Public Security, 1936–1939', *The English Historical Review*, 103:409 (October 1988), 917–49.

Wasserstein, Bernard. ' "Clipping the Claws of the Colonizers": Arab Officials in the Government of Palestine, 1917-48', *Middle Eastern Studies*, 13:2 (May 1977), 171–94.

Wasserstein, Bernard. *The British in Palestine: The Mandatory Government and the Arab-Jewish Conflict, 1917–1929*, 1978; 2nd ed. Oxford: Basil Blackwell, 1991.

Wasserstein, Bernard. *Herbert Samuel: A Political Life*. Oxford: Oxford University Press, 1992.

Weinbaum, Laurence. *A Marriage of Convenience: The New Zionist Organization and the Polish Government, 1936–1939*. Boulder: East European Monographs, 1993.

Wheatley, Natasha. 'Mandatory Interpretation: Legal Hermeneutics and the New International Order in Arab and Jewish Petitions to the League of Nations', *Past and Present*, no. 227 (May 2015).

Wilson, Mary C. *King Abdullah, Britain and the Making of Jordan*. Cambridge: Cambridge University Press, 1987.

Wistrich, Robert S. 'Zionism and its Jewish "Assimilationist" Critics (1897–1948)', *Jewish Social Studies*, new series, 4:2 (Winter 1998), 59–111.

Wynot, Edward D. Jr. ' "A Necessary Cruelty": The Emergence of Official Anti-Semitism in Poland, 1936–39', *American Historical Review*, 76:4 (October 1971), 1035–58.

Yisraeli, David. 'The Third Reich and Palestine', *Middle Eastern Studies*, 7:3 (October 1971), 343–53.

Syria and Lebanon

Cleveland, William L. *Islam Against the West: Shakib Arslan and the Campaign for Islamic Nationalism*. Austin: University of Texas Press, 1985.

Eldar, Dan. 'France in Syria: The Abolition of the Sharifian Government, April–July 1920', *Middle Eastern Studies*, 29:3 (July 1993), 487–503.

Firro, Kais M. *Inventing Lebanon: Nationalism and the State under the Mandate*. London: I. B. Tauris, 2003.

Gelvin, James L. *Divided Loyalties: Nationalism and Mass Politics in Syria at the Close of Empire*. Berkeley: University of California Press, 1998.

Jackson, Simon. 'Diaspora Politics and Developmental Empire: The Syro-Lebanese at the League of Nations', *Arab Studies Journal*, 21:1 (Spring 2013), 166–90.

Khadduri, Majid. 'The Alexandretta Dispute', *The American Journal of International Law*, 39:3 (July 1945), 406–25.

Khoury, Philip S. *Syria and the French Mandate: The Politics of Arab Nationalism, 1920–1945*. Princeton: Princeton University Press, 1987.

Longrigg, Stephen H. *Syria and Lebanon under French Mandate*. London: Oxford University Press, 1958.

Moubayed, Sami. *Syria and the USA: Washington's Relations with Damascus from Wilson to Eisenhower*. London: I. B. Tauris, 2012.

Provence, Michael. *The Great Syrian Revolt and the Rise of Arab Nationalism*. Austin: University of Texas Press, 2005.

Rafez, Abdul-Karim. 'Arabism, Society, and Economy in Syria, 1918–1920', in *State and Society in Syria and Lebanon*, ed. Youssef M. Choueiri. Exeter: University of Exeter Press, 1993, 1–26.

Shambrook, Peter A. *French Imperialism in Syria, 1927–1936*. Reading, UK: Ithaca Press, 1998.

Shields, Sarah D. *Fezzes in the River: Identity Politics and European Diplomacy in the Middle East on the Eve of World War II*. Oxford: Oxford University Press, 2011.

Shimizu, Hiroshi. 'The Mandatory Power and Japan's Trade Expansion into Syria in the Inter-War Period', *Middle Eastern Studies*, 21:2 (April 1985), 152–71.

Thomas, Martin C. 'French Intelligence-Gathering in the Syrian Mandate, 1920–40', *Middle Eastern Studies*, 38:1 (January 2002), 1–32.

Watenpaugh, Keith. '"Creating Phantoms": Zaki al-Arsuzi, the Alexandretta Crisis, and the Formation of Modern Arab Nationalism in Syria', *International Journal of Middle Eastern Stuides*, 28:3 (August 1996), 363–89.

White, Benjamin Thomas. *The Emergence of Minorities in the Middle East: The Politics of Community in French Mandate Syria*. Edinburgh: Edinburgh University Press, 2011.

Zamir, Meir. *The Formation of Modern Lebanon*. Ithaca and New York: Cornell University Press, 1985.

Zamir, Meir. 'Faisal and the Lebanese Question, 1918–20', *Middle Eastern Studies*, 27:3 (July 1991), 404–26.

Zamir, Meir. *Lebanon's Quest: The Road to Statehood, 1926–1939*. London: I. B. Tauris, 2000.

Iraq

Bashkin, Orit. *The Other Iraq: Pluralism and Culture in Hashemite Iraq*. Stanford: Stanford University Press, 2009.

Beck, Peter J. '"A Tedious and Perilous Controversy": Britain and the Settlement of the Mosul Dispute, 1918–1926', *Middle Eastern Studies*, 17:2 (April 1981), 256–76.

Dodge, Toby. *Inventing Iraq: The Failure of Nation Building and a History Denied*. New York: Columbia University Press, 2003.

Fitzgerald, Edward Peter. 'Business Diplomacy: Walter Teagle, Jersey Standard, and the Anglo-French Pipeline Conflict in the Middle East, 1930–1931', *Business History Review*, 67:2 (Summer 1993), 207–45.

Kedourie, Elie. 'The Kingdom of Iraq: A Retrospect', in *The Chatham House Version and Other Middle-Eastern Studies*. New York: Praeger, 1970, 236–85.

Luizard, Pierre-Jean. 'Le Mandat britannique en Irak: Une Rencontre entre plusieurs projets politiques', in *The British and French Mandates in Comparative Perspectives/*

Les Mandats français et anglais dans une perspective comparative, ed. Nadine Méouchy and Peter Sluglett. Leiden: Brill, 2004, 361–84.

Makko, Aryo. 'Arbitrator in a World of Wars: The League of Nations and the Mosul Dispute, 1924–1925', *Diplomacy & Statecraft*, 21:4 (2010), 631–49.

McDowall, David. *A Modern History of the Kurds*. London: I. B. Tauris, 1996.

Mejcher, Helmut. *Die Politik und das Öl im Nahen Osten*. Stuttgart: Klett-Cotta, 1980.

Mejcher, Helmut. 'The International Petroleum Cartel (1928), Arab and Turkish Oil Aspirations and German Oil Policy towards the Middle East on the Eve of the Second World War', in *Oil, the Middle East, North Africa and the Industrial States*, ed. Klaus Jürgen Gantzel and Helmut Mejcher. Paderborn: F. Schöningh, 1984, 29–59.

Mitchell, Timothy. *Carbon Democracy: Political Power in the Age of Oil*. London: Verso, 2011.

Silverfarb, David. *Britain's Informal Empire in the Middle East: A Case Study of Iraq, 1929–1941*. New York: Oxford University Press, 1986.

Sluglett, Peter. *Britain in Iraq: Contriving King and Country, 1914–1932*, 2nd ed. New York: Columbia University Press, 2007.

Townshend, Charles. *Desert Hell: The British Invasion of Mesopotamia*. Cambridge, MA: Harvard University Press, 2011.

Tripp, Charles. *A History of Iraq*, 3rd ed. Cambridge: Cambridge University Press, 2007.

Vinogradov, Amal. 'The 1920 Revolt in Iraq Reconsidered: The Role of Tribes in National Politics', *International Journal of Middle Eastern Studies*, 3:2 (April 1972), 123–39.

'B' Mandates

Cameroon

Austen, Ralph A., and Jonathan Derrick, *Middlemen of the Cameroons Rivers: The Duala and their Hinterland, c. 1600–c. 1960*. Cambridge: Cambridge University Press, 1999.

Eckert, Andreas. *Die Duala und die Kolonialmächte: Eine Untersuchung zu Widerstand, Protest und Protonationalismus in Kamerun vor dem Zweiten Weltkreig*. Münster and Hamburg: Lit, 1991.

Gardinier, David. 'The British in the Cameroons', in *Britain and Germany in Africa: Imperial Rivalry and Colonial Rule*, ed. Prosser Gifford and Wm. Roger Louis. New Haven: Yale University Press, 1967, 513–55.

Goodridge, Richard A. ' "In the Most Effective Manner"? Britain and the Disposal of the Cameroons Plantations, 1914–1924', *International Journal of African Historical Studies*, 29:2 (1996), 251–77.

Joseph, Richard A. 'The Royal Pretender: Prince Douala Manga Bell in Paris, 1919–1922', *Cahiers d'Etudes Africaines*, 14:54 (1974), 339–58.

Joseph, Richard A. 'The German Question in French Cameroun, 1919–1939', *Comparative Studies in Society and History*, 17:1 (January 1975), 65–90.

Le Vine, Victor T. *Le Cameroun du mandat à l'indépendance.* Dakar: Présence Africaine, 1984.

Yearwood, Peter J. '"In a Casual Way with a Blue Pencil": British Policy and the Partition of Kamerun, 1914–1919', *Canadian Journal of African Studies*, 27:2 (1993), 218–44.

Togo

Amenumey, D. E. K. *The Ewe Unification Movement: A Political History.* Accra: Ghana Universities Press, 1989.

Lawrance, Benjamin N. 'Language between Power, Power between Languages: Further Discussion of Education and Policy in Togoland under the French Mandate, 1919–1945', *Cahiers d'etudes africaines* (2001), 517–40.

Lawrance, Benjamin N. 'Bankoe v. Dome: Traditions and Petitions in the Ho-Asogli Amalgamation, British Mandated Togoland, 1919–1939', *Journal of African History*, 46 (2005), 243–67.

Lawrance, Benjamin N. *Locality, Mobility, and 'Nation': Periurban Colonialism in Togo's Eweland, 1900–1960.* Rochester, NY: University of Rochester Press, 2007.

Lawrance, Benjamin N. 'Petitioners, "Bush-Lawyers" and Letter-Writers: Court Access in British Occupied Lome', in Benjamin N. Lawrance, Emily L. Osborn, and Richard L. Roberts, eds. *Intermediaries, Interpreters and Clerks: African Employees and the Making of Colonial Africa.* Madison: University of Wisconsin Press, 2006.

Rwanda and Burundi

Botte, Roger. 'Rwanda and Burundi, 1889–1930: Chronology of a Slow Assassination, Part 2', *The International Journal of African Historical Studies*, 18:2 (1985), 289–314.

Chrétien, Jean-Pierre. *Burundi: L'histoire retrouvée. 25 ans de métier d'historien en Afrique.* Paris: Karthala, 1993.

Chrétien, Jean-Pierre. *The Great Lakes of Africa: Two Thousand Years of History.* New York: Zone Books, 2003.

Cornet, Anne. *Histoire d'une famine.* Louvain-La-Neuve: Université catholique de Louvain, Centre d'histoire de l'Afrique, 1996.

Des Forges, Alison. 'Defeat is the Only Bad News: Rwanda under Musinga, 1896–1931', Dissertation, Yale University, 1972; publ. Madison: University of Wisconsin Press, 2011.

Gahama, Joseph. *Le Burundi sous administration belge.* Paris: Karthala, 1983.

Kabagema, Innocent. *Ruanda unter deutscher Kolonialherrschaft, 1899–1916.* Frankfurt: Peter Lang, 1993.

Lemarchand, René, ed. *African Kingships in Perspective: Political Change and Modernization in Monarchical Settings.* London: Frank Cass, 1977.

Louis, Wm. Roger. *Ruanda-Urundi, 1884–1919.* Oxford: Clarendon Press, 1963.

Newbury, Catharine. *The Cohesion of Oppression: Clientship and Ethnicity in Rwanda, 1860–1960.* New York: Columbia University Press, 1988.

Newbury, David. 'The "Rwakayihura" Famine of 1928–1929', in *Histoire sociale de l'Afrique de l'Est (XIXe–XXe siècle). Actes du colloque de Bujumbura (17–24 octobre 1989)*, Paris, 1991, 269–85.

Newbury, David. *The Land Beyond the Mists: Essays on Identity and Authority in Precolonial Congo and Rwanda.* Athens, OH: Ohio University Press, 2009.

Nsengimana, Innocent. *Le Rwanda et le pouvoir européen (1894–1952): Quelles mutations?* Bern: Peter Lang, 2003.

Rumiya, Jean. *Le Rwanda sous le régime du mandat belge (1916–1931).* Paris: L'Harmattan, 1992.

Tanganyika

Callahan, Michael D. 'The Failure of "Closer Union" in British East Africa, 1929–31', *The Journal of Imperial and Commonwealth History*, 25:2 (1997), 267–93.

Gregory, Robert. *Sidney Webb and East Africa: Labour's Experiment with the Doctrine of Native Paramountcy.* Berkeley: University of California Press, 1962.

Iliffe, John. *A Modern History of Tanganyika.* Cambridge: Cambridge University Press, 1979.

Ingham, Kenneth. *A History of East Africa.* London: Longman's, 1962.

Leubuscher, Charlotte. *Tanganyika Territory: A Study of Economic Policy under Mandate.* London: Oxford University Press, 1944.

Lohrmann, Ulrich. *Voices from Tanganyika: Great Britain, the United Nations and the Decolonization of a Trust Territory, 1946–1961.* Berlin: Lit, 2007.

Westcott, Nicholas. 'The East African Sisal Industry, 1929–49: The Marketing of a Colonial Commodity during Depression and War', *Journal of African History*, 25 (1984), 445–61.

'C' Mandates

South West Africa / Namibia

Bley, Helmut. *Namibia under German Rule*, new ed. Hamburg: Lit, 1996.

Britz, Rudolf G., Hartmut Lang, and Cornelia Limpricht, *A Concise History of the Rehoboth Basters until 1990.* Windhoek: Klaus Hess, 1999.

Christopher, A. J. 'Official Land Disposal Policies and European Settlement in Southern Africa, 1860–1960', *Journal of Historical Geography*, 9:4 (1983), 369–83.

Cockram, Gail-Maryse. *South West African Mandate.* Cape Town: Juta and Co., 1976.

Cooper, Allan D. 'The Institutionalization of Contract Labour in Namibia', *Journal of Southern African Studies*, 25:1 (March 1999), 121–38.

Dale, Richard. 'The Armed Forces as an Instrument of South African Policy in Namibia', *The Journal of Modern African Studies*, 18:1 (1980), 57–71.

Davey, A. M. *The Bondelzwarts Affair: A Study of the Repercussions, 1922–1959.* Pretoria: Communications of the University of South Africa, 1961.

Dedering, Tilman. 'Petitioning Geneva: Transnational Aspects of Protest and Resistance in South West Africa/Namibia after the First World War', *Journal of Southern African Studies*, 35:4 (December 2009), 785–801.

Emmett, Tony. *Popular Resistance and the Roots of Nationalism in Namibia, 1915–1966.* Basel: P. Schlettwein, 1999.

First, Ruth. *South West Africa.* Harmondsworth: Penguin, 1963.

Fisch, Maria. *Die südafrikanische Militärverwaltung (1915–1920) und die frühe Mandatszeit (1920–1936) in der Kavango-Region/Namibia*. Cologne: Rüdiger Köppe Verlag, 2004.

Freislich, Richard. *The Last Tribal War: A History of the Bondelswart Uprising*. Cape Town: C. Struik, 1964.

Goldblatt, I. *History of South West Africa*. Cape Town: Juta & Co., 1971.

Hayes, Patricia. ' "Cocky" Hahn and the "Black Venus": The Making of a Native Commissioner in South West Africa, 1915–46', *Gender & History*, 8:3 (November 1996), 364–92.

Hayes, Patricia. 'Northern Exposures: The photography of C. H. L. Hahn, Native Commissioner of Ovamboland, 1915–1946', in *The Colonising Camera: Photographs in the Making of Namibian History*, ed. Wolfram Hartmann, Jeremy Silvester, and Patricia Hayes. Cape Town: University of Cape Town Press, 1998, 171–87.

Hayes, Patricia, Jeremy Silvester, Marion Wallace, and Wolfram Hartmann, eds, *Namibia under South African Rule: Mobility and Containment*. Oxford: James Currey, 1998.

Kienzle, William. 'German-South African Trade Relations, in the Nazi Era', *African Affairs*, 78: 310 (January 1979), 81–90.

Kössler, Reinhard. 'From Reserve to Homeland: Local Identities and South African Policy in Southern Namibia', *Journal of Southern African Studies*, 26:3 (September 2000), 447–62.

Pienaar, Sara. *South Africa and International Relations between the Two World Wars: The League of Nations Dimension*. Johannesburg: Witwatersrand University Press, 1987.

Walther, Daniel Joseph. *Creating Germans Abroad: Cultural Policies and National Identity in Namibia*. Athens, OH: Ohio University Press, 2002.

Wellington, John H. *South West Africa and its Human Issues*. Oxford: Clarendon Press, 1967.

Western Samoa

Boyd, Mary. 'The Military Administration of Western Samoa, 1914–1919', *The New Zealand Journal of History*, 2:2 (October 1968), 148–64.

Brown, Bruce. *The Rise of New Zealand Labour*. Wellington: Milburn, 1962.

Chappell, David A. 'The Forgotten Mau: Anti-Navy Protest in American Samoa, 1920–1935', *Pacific Historical Review*, 69:2 (May 2000), 217–60.

Chaudron, Gerard. 'New Zealand's International Initiation: Sir James Allen at the League of Nations, 1920–1926', *Political Science*, 64:1 (2012), 62–80.

Davidson, J. W. *Samoa mo Samoa: The Emergence of the Independent State of Western Samoa*. Melbourne: Oxford University Press, 1967.

Field, Michael J. *Mau: Samoa's Struggle Against New Zealand Oppression*. Wellington: A. H. and A. W. Reed, 1984.

Lawson, Stephanie. *Tradition versus Democracy in the South Pacific: Fiji, Tonga and Western Samoa*. Cambridge: Cambridge University Press, 1996.

Meleisea, Malama. *The Making of Modern Samoa: Traditional Authority and Colonial Administration in the Modern History of Western Samoa.* Suva, Fiji: Institute of Pacific Studies, 1987.

Meleisea, Malama. *Change and Adaptations in Western Samoa.* Christchurch, New Zealand: University of Canterbury, 1992.

Salesa, Toeolesulusulu D. 'Half-Castes between the Wars: Colonial Categories in New Zealand and Samoa', *New Zealand Journal of History*, 34:1 (2000), 98–116.

Steinmetz, George. 'The Uncontrollable Afterlives of Ethnography: Lessons from "Salvage Colonialism" in the German Overseas Empire', *Ethnography*, 5:3 (2004), 251–88.

Wareham, Evelyn. *Race and Realpolitik: The Politics of Colonisation in German Samoa.* Frankfurt: P. Lang, 2002.

Nauru

Anghie, Antony. ' "The Heart of my Home": Colonialism, Environmental Damage, and the Nauru Case', *Harvard International Law Journal*, 34:2 (Spring 1993), 445–506.

Cushman, Gregory T. *Guano and the Opening of the Pacific World: A Global Ecological History.* Cambridge: Cambridge University Press, 2013.

Thompson, Roger C. 'Edge of Empire: Australian Colonization in Nauru, 1919–1939', in *Pacific History: Papers from the 8th Pacific History Association Conference*, ed. Donald H. Rubinstein. Mangilao: University of Guam Press, 1992, 273–80.

Weeramantry, Christopher. *Nauru: Environmental Damage under International Trusteeship.* Melbourne: Oxford University Press, 1992.

New Guinea

Ballard, Chris. 'Watching *First Contact*', *Journal of Pacific History*, 45:1 (June 2010), 21–36.

Bayliss-Smith, Tim. 'Papuan Exploration, Colonial Expansion and the Royal Geographical Society: Questions of Power/Knowledge Relations', *Journal of Historical Geography*, 18:3 (1992), 319–29.

Campbell, I. C. 'Anthropology and the Professionalization of Colonial Administration in Papua and New Guinea', *The Journal of Pacific History*, 33:1 (June 1998), 69–90.

Connolly, Bob, and Robin Anderson, *First Contact.* Film: 1983; Book: New York: Viking Penguin, 1987.

Gray, Geoffrey. ' "Being Honest to My Science": Reo Fortune and J. H. P. Murray, 1927–1930', *Australian Journal of Anthropology*, 10:1 (1999), 56–76.

Gray, Geoffrey. 'There are Many Difficult Problems: Ernest William Pearson Chinnery: Government Anthropologist', *The Journal of Pacific History*, 38:3 (December 2003), 313–30.

Griffin, James. 'Leahy, Michael James (Mick) (1901–1979)', *Australian Dictionary of Biography*, http://adb.anu.edu.au/biography/leahy-michael-james-mick-7134/tet12311, accessed 10 July 2012.

Griffin, James, Hank Nelson, and Stewart Firth. *Papua New Guinea: A Political History.* Victoria: Heinemann Educational, 1979.

Ham, Paul. *Kokoda*. Sydney: Harper Collins, 2004.

Hudson, W. J., ed. *Australia and Papua New Guinea*. Sydney: Sydney University Press, 1971.

Hudson, W. J., ed. *Australia and the League of Nations*. Sydney: Sydney University Press, 1980.

Jones, Douglas E. 'Afterword', in Michael J. Leahy, *Explorations into Highland New Guinea, 1930–1935*. Tuscaloosa: University of Alabama Press, 1991, 245–50.

McBean, James Roy. 'Degrees of Otherness: A Close Reading of *First Contact, Joe Leahy's Neighbors*, and *Black Harvest*', *Visual Anthropology Review*, 10:2 (Autumn 1994), 54–70.

McPherson, Naomi M., ed. *In Colonial New Guinea: Anthropological Perspectives*. Pittsburgh: University of Pittsburgh Press, 2001.

Meaney, Neville. *Fears and Phobias: E. L. Piesse and the Problem of Japan*. Canberra: National Library of Australia, 1996.

Merlan, Francesca, and Alan Rumsey. *Ku Waru: Language and Segmentary Politics in the Western Nebilyer Valley, Papua New Guinea*. Cambridge: Cambridge University Press, 1991.

O'Brien, Patricia. 'Reactions to Australian Colonial Violence in New Guinea: The 1926 Nakanai Massacre in a Global Context', *Australian Historical Studies*, 43:2 (2012), 191–209.

Perkins, John. 'Sharing the White Man's Burden: Nazi Colonial Revisionism and Australia's New Guinea Mandate', *Journal of Pacific History*, 24:1 (April 1989), 54–69.

Radford, Robin. *Highlanders and Foreigners in the Upper Ramu: Tha Kainantu Area 1919–1942*. Melbourne: Melbourne University Press, 1987.

Rowley, C. D. 'The Occupation of German New Guinea, 1914–1921', in *Australia and Papua New Guinea*, ed. W. J. Hudson. Sydney: Sydney University Press, 1971, 57–73.

Schieffelin, Edward L., Robert Crittenden, et al. *Like People You See in a Dream: First Contact in Six Papuan Societies*. Stanford: Stanford University Press, 1991.

Thompson, Roger C. 'Making a Mandate: The Formation of Australia's New Guinea Policies, 1919–1925', *Journal of Pacific History*, 25:1 (1990), 68–94.

Willis, Ian. 'Rabaul's 1929 Strike!', *New Guinea*, 5:3 (September/October 1970), 6–24.

Japanese mandated islands

Ballendorf, Dirk Anthony. 'Secrets without Substance: U.S. Intelligence in the Japanese Mandates, 1915–1935', *Journal of Pacific History*, 19:2 (April 1984), 83–99.

Beasley, W. G. *Japanese Imperialism, 1894–1945*. Oxford: Oxford University Press, 1987.

Burkman, Thomas W. *Japan and the League of Nations: Empire and World Order, 1914–1938*. Honolulu: University of Hawaii Press, 2008.

Burns, Richard Dean. 'Inspection of the Mandates, 1919–1941', *Pacific Historical Review*, 37:4 (November 1968), 445–62.

Denoon, Donald, ed. *The Cambridge History of the Pacific Islanders*. Cambridge: Cambridge University Press, 1997.

Higuchi, Wakako. 'Japan and War Reparations in Micronesia', *The Journal of Pacific History*, 30:1 (1995), 87–98.

Myers, Ramon H., and Mark R. Peattie. *The Japanese Colonial Empire, 1895–1945*. Princeton: Princeton University Press, 1984.

Peattie, Mark R. *Nan'yō: The Rise and Fall of the Japanese in Micronesia, 1885–1945*. Honolulu: University of Hawaii Press, 1988.

Purcell, David C., Jr. 'The Economics of Exploitation: The Japanese in the Mariana, Caroline and Marshall Islands, 1915–1940', *The Journal of Pacific History*, 11:3 (1976), 189–211.

Rattan, Sumitra. 'The Yap Controversy and its Significance', *The Journal of Pacific History*, 7 (1972), 124–36.

Schencking, J. Charles. 'Bureaucratic Politics, Military Budgets and Japan's Southern Advance: The Imperial Navy's Seizure of German Micronesia in the First World War', *War in History*, 5:3 (1998), 308–26.

插图授权

Albert Harlingue/Roger-Viollet/The Image Works: 5.1

Alexander Turnbull Library, New Zealand: 6.1; 6.2, 6.3, 6.5 (Photographer: Alfred James Tattersall); 6.4 (Photographer: Francis Gleeson)

Archives de la Ministère des Affaires Etrangères, Gouraud Papers: 1.5, 1.6, 1.7, 5.3

Bodleian Library of Commonwealth and African Studies, Lugard Papers: Frontispiece (122/1); 4.5 (160/12/f.1)

Bundesarchiv, Germany: 1.3 (Photographer: Walther Dobbertin); 8.1, 11.6

Geheimes Staatsarchiv Preußischer Kulturbesitz, Schnee Papers: 11.2

Imperial War Museum: 1.4

Library of Congress, George Grantham Bain Collection: 1.1; G. Eric and Edith Matson Collection: 1.8, 1.9, 3.2, 5.2, 5.5, 9.1, 9.2, 12.1, 12.2, 12.3, 12.4, 12.5, 12.6, 12.8

Mary Evans/Süddeutsche Zeitung Photo: 7.1, 11.1, 11.4, 11.5

Moorland-Spingarn Research Center, Howard University Archives: 10.5

Namibian National Archives: 4.2, 4.3, 4.4

National Library of Australia: 10.1 (Photographer: Sarah Chinnery); 10.2, 10.3, 10.4 (Photographer: Michael Leahy)

Rapport présenté par le Gouvernement belge au Conseil de la Société des Nations au sujet de l'Administration du Ruanda-Urundi: 8.2 (1928); 8.3 and 8.4 (1929)

Stadtarchiv Stadt Freiburg: 11.3

University of Chicago Library, Quincy Wright Papers: 5.4

UNOG Library, League of Nations Archives, Geneva: 2.1, 2.2, 3.1, 4.1, III.1, III.2, 12.7

Wikipedia.com (public domain): 1.2

索　引